U0503563

吕梁考古成果集

（1957—2019 年）

吕梁市文物局　编

文物出版社

图书在版编目（CIP）数据

吕梁考古成果集（1957—2019 年）/ 吕梁市文物局编 . —北京：文物出版社，2021.2

ISBN 978 – 7 – 5010 – 7074 – 9

①吕… Ⅱ.①吕… Ⅲ.①考古工作 – 成果 – 汇编 – 吕梁 Ⅳ.①K872.253

中国版本图书馆 CIP 数据核字（2021）第 026074 号

吕梁考古成果集（1957—2019 年）

编　　者：吕梁市文物局

责任编辑：许海意
封面设计：谭德毅
责任印制：张道奇

出版发行：文物出版社
社　　址：北京市东直门内北小街 2 号楼
邮　　编：100007
网　　址：http：//www.wenwu.com
经　　销：新华书店
印　　刷：宝蕾元仁浩（天津）印刷有限公司
开　　本：889mm × 1194mm　1/16
印　　张：41.5
版　　次：2021 年 2 月第 1 版
印　　次：2021 年 2 月第 1 次印刷
书　　号：ISBN 978 – 7 – 5010 – 7074 – 9
定　　价：260.00 元

前　言

　　吕梁市位于山西省中部西侧，地处黄河中游，吕梁山脉由北向南纵贯全境，西隔黄河同陕西相望。千百年来，钟灵毓秀，人文荟萃，古代文化遗存积淀丰厚。山西吕梁地区的考古学文化时代序列相对完整，出土文物内涵丰富，既有鲜明的地方特色，又与陕西、内蒙古和中原地区文化有着紧密的联系，吕梁地区的考古发现和研究，日渐成为考古学界重要的关注焦点。

　　吕梁地区最早的考古工作可上溯至 1929 年中国古脊椎动物学奠基人杨钟健和法国著名地质古生物学家德日进教授在吕梁山北段的地质与古生物调查，这次调查在柳林一带发现了旧石器地点。大规模的考古调查和发掘工作则始于 20 世纪 50 年代。随着国家基本建设规模的不断扩大与发展，抢救性考古发掘成为考古工作的主流，吕梁地区考古发现惊喜不断，成就辉煌。

　　旧石器时代柳林、交城旧石器地点等大量古文化遗存的发现和研究，确凿地证明早在数十万年前，吕梁地区就是古人类繁衍生息的重要区域。新石器时代仰韶时期、庙底沟二期、龙山时期诸类型文化，如汾阳峪道河、杏花村、石楼岔沟、兴县刘家峁等遗址，特别是近年来兴县碧村石城和玉石器的发现和研究，大大加深了考古学界对吕梁地区考古学文化特色和文明起源阶段重要性的认识。汾阳宏寺、孝义二十九亩地、岚县荆峪堡等夏时期文化遗存和吕梁山一线商代青铜文化的发现，加强了学界对山西夏商时期文化格局分布和方国文化内涵的了解。

　　吕梁地区是晚商青铜器发现较为集中的地区，已经出土青铜器的地点有柳林高红、石楼二郎坡、后兰家沟、桃花者、贺家坪、义牒、圪垛坪、会坪、褚家峪、曹家垣等。柳林高红商代夯土基址被评为 2006 年度全国十大考古新发现。石楼桃花者出土的龙形觥，觥身的造型和鼍纹在青铜器中极为少见，考古学家李零先生认为，此器在"研究龙在商代艺术中的形象最有代表性"。吕梁商代晚期青铜器既具北方草原青铜文化特色，又体现出强烈的中原商王朝风格，对于研究商代各区域文化交流和方国文化有重要意义。据学者研究，这些青铜器可能是商代晚期鬼方的遗物。

　　两周时期的重要发现基本遍布吕梁整个区域，交口东周墓、临县三交战国墓、柳林杨家坪战国墓、离石区阳石村墓地、车家湾墓地、岚县梁家庄东周墓地等。这些重要发现，丰富了晋国史和晋文化研究的素材。吕梁地区东汉画像石墓发现较多，颇具特色，集中发现于离石、中阳、方山、柳林等地，题材有神话传说、历史故事、官宦生活等，用绘画和雕塑语言再现了汉代的社会文化和宗教思想。汾阳唐曹怡墓的发现，打开了吕梁地区粟特人研究的一扇窗户。宋金元时期，壁画墓葬的发现较为集中，如汾阳东龙观宋金家族墓地、兴县红峪村元代壁画墓等，墓葬壁画题材广泛，匠心独具，反映出当时发达的商业文化生活，为研究我国古代建筑、社会经济和民俗文化等提供了丰富的实物资料。

多处重要的考古发现表明，吕梁地区不仅拥有风景迤逦、沁人心脾的自然风光，而且积淀了千姿百态、雄浑厚重的传统文化，是黄河文明的重要源头，是华夏文明的重要根系，是中原和北方古文化区系的重要纽带。多种文化在吕梁地区汇聚，交流，碰撞，融合，造就了自强不息、奋发进取的吕梁儿女，铸就了吕梁人民不断开拓创新、永攀高峰的吕梁精神。

吕梁，是黄河母亲怀抱中的一方热土，是中国传统文化的发祥地之一。《吕梁考古成果集（1957—2019 年）》，立足吕梁考古发现，旨在反映吕梁地区考古工作成果，推动吕梁地区考古学研究，为考古学界、历史学界和文化艺术界等提供学术交流资料。本辑收录吕梁数十年来的考古发掘报告，是对吕梁考古工作的一次集中汇聚和反映，是加强吕梁历史和传统文化研究、获取文化自信的重要举措，是贯彻习近平总书记视察山西讲话精神的实践成果，是落实习近平总书记"建设中国特色、中国风格、中国气派考古学"指示精神的积极探索，是加快建设文化强省、支撑高质量转型发展的切实行动，是推进吕梁文旅事业大繁荣大发展的一次极好的努力和尝试！

浩浩黄河，巍巍吕梁；春耕夏耘，秋获冬藏！近百年来，山西吕梁地区的考古工作得到了中央有关单位、省市文博单位、各大专院校的有力支持和大力协助，倾注了许多学者、专家、领导的心血。新时代，新作为，编辑出版《吕梁考古成果集（1957—2019 年）》，谨以此，向那些为吕梁地区考古工作给予支持的单位和专家学者们致以深深的感谢和敬意！并期望有更多考古同仁走近吕梁，爱上吕梁，与我们共同推动吕梁文博工作和文旅事业迈上新台阶、踏上新征程、谱写新篇章！

是为序。

编　者

2020 年 10 月

目　　录

史前时期

夏商周时期

汉唐时期

宋元明清时期

史前时期

山西石楼县一陆龟化石

许春华 李有恒 韩德芬 陆庆伍

（中国科学院古脊椎动物与古人类研究所）

1971 年 5 月中旬，山西省地质局 213 地质队石楼县普查小组邓惠森同志来信我所，报道在该县城西，板桥与前老子窝之间公路旁，曾有人认为是更新世初期至中期（Q1～2）的层位中，发现 1 件化石。

为追查这一线索，本所派人前去现场。发掘后，化石暴露，为一龟化石，属陆龟。

本区黄土非常发育，除一些大而宽阔的河流两岸出露新第三系的"三趾马红土"和上三迭统（T3）外，其他地区均有黄土覆盖。产龟化石地点附近的地层剖面由上而下为（图一）：

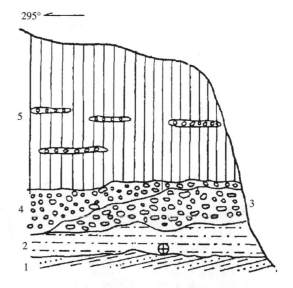

第四系（Q1～3）

5，黄土：浅黄色，未见埋藏土，中夹透镜状砾石层。厚约15 米。

4，松散砾石层：微红黄色。厚 0～4 米。

3，部分胶结的砾石层：浅黄色。厚 0～3.5 米。

——————剥蚀面——————

新第三系（N2）

2，棕红色砂质土：钙质胶结较紧。其中砂粒较粗，肉眼可见，并含有黄色，黄绿色砂页岩小颗粒，和少量的钙质结核。龟化石即产于此层靠下部。厚 2～3 米。

——————角度不整合——————

上三迭统（T3）

1，夹绿色砂岩和紫红、黄绿、灰色页岩互层。

图一　山西石楼板桥西地层剖面示意图
1. 砂页岩　2. 棕红色砂质土　3. 部分胶结的砾石层
4. 松散砾石层　5. 黄土　⊕. 龟化石埋藏位置

在剖面 3～5 层中，未发现化石，它们的时代难以肯定。从上下层位关系以及和前人资料比较，3层可能属于早更新世（Q1），代表更新世底部砾岩，4～5 层可能属于中、晚更新世（Q2～3）。

刘东生等（1964 年）研究晋西黄土与晚第三纪"三趾马红土"（保德阶）的关系时，认为：该区"三趾马红土层基本上都可以划分为三组：底部一般是砾石层；中部为浅棕红色亚黏土层，并常夹有数层石灰质结核；上部为紫红色黏土层，通常质地纯净黏度较重，若干层次具有土壤剖面的特性。上述三层的厚度，除中部浅棕红色亚黏土层较稳定外，其他各层变化均较大"。在产龟化石地点附近，在上三迭统之上未发现砾石层，而是棕红色砂质土直接与三叠纪地层（T3）成角度不整合接触。如按刘东生等的地层划分，则附图中的棕红色砂质土约相当于上述的第二组，因此产龟化石地层的时代可订为上新世初期。

陆龟科（Testudinidae Gray）

陆龟属（Testudo Linnaeus）

石楼陆龟（Testudo shilouensis sp. nov.）

标本　一件相连的背腹甲，背甲保存 2/3 以上，后部缺失，腹甲保存较少（标本编号：V. 4027，地点编号：71091）；此外还有同一个体的一侧肱骨、尺骨、桡骨等，均残缺不全。

特征　个体大，轮廓近于椭圆，前缘显平直。盾沟宽深，骨板坚厚。颈盾狭长呈小等腰三角形。椎板分化规则，第一椎板似椭圆，二、四、六椎板八边形，三、五椎板六边形，六边形两侧短边在前。肋板内、外缘的长短对应更替。肋缘沟重叠肋缘缝。缘板和缘盾较宽，顺肋板弧度向下平斜，在腹面与舌腹甲和下腹甲延伸的两侧缝连。骨桥不甚宽。腹甲前叶甚短，形呈椭圆的一端。上腹甲边缘加厚，但不向前伸出。内腹甲宽锥形，尖端朝前，肱胸沟宽弧形在其后绕过。

产地和时代　山西省吕梁专区石楼县板桥西约四华里的公路旁。上新世初期。

标本描述　这件标本受压，局部变形显著，特别表现在如下几点：

1. 右侧缘板与肋板大部陡直，几形成垂直面，和左侧平斜的背甲，对照鲜明。

2. 腹甲内凹，向上翘起，且向左侧偏移，致使腹甲中线偏左到达椎、肋盾沟投影线以外。

3. 舌下缝向内断开形成小陡坎，以致下腹甲上的中线更向左侧位移。

4. 所有背甲，腹甲上裂缝深重处，都是骨缝所在，而盾沟受影响较小。因骨缝穿透甲壳，为薄弱处。

5. 左侧缘板裂纹较深，靠前的少部分缘板沿肋缘缝内陷，靠下端的稍破碎，骨桥处往前端稍错开。

由整个标本形态看来，左侧背甲直到椎盾，原来形状基本未变，甲壳高度所受影响不大，甲壳其他构造沟纹尚清晰，因此，对种属的鉴定未造成困难。

此背甲第一对缘盾前缘略残缺，后部从第四椎盾后缘起向左右两边全部断失。腹甲的右侧鼠蹊凹保存，腹盾的后部向左前方斜失，故腹甲保存约 2/3。背甲、腹甲上下破裂面斜向左下方，骨板围成似心形。横破面上，背甲在两侧缘板处最厚，在左侧厚 16.7

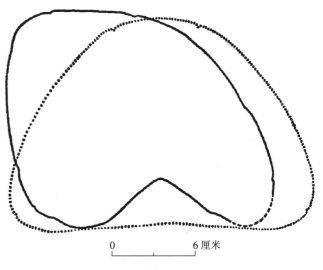

0　　　　6厘米

图二　甲壳最高处横断面复原图（前面视）

——复原前轮廓　……复原后轮廓

毫米，右侧厚 12.4 毫米，腹甲厚度在中线附近为 6.7 毫米。除去形变的影响，甲壳的实际高度不难复原（图二 甲壳最高处横断面复原图），经测量高为 144 毫米，向前部高度渐减，凸度平斜。背甲现保留的部分，长 211 毫米，估计原来总长可达 270 毫米左右，最大宽度经复原为 214 毫米，因此，长、宽、高的比例约为 4∶3∶2，高度大于长度的一半。所以甲壳显得穹窿状高起。

仅第一椎盾五边形，长度大于宽度，两前边相交，顶端成为颈盾底边，两侧边向外稍鼓突，至后部收缩，后边呈弧状向前平缓弯曲。第二、三、四椎盾都横宽，长度小于宽度。二椎盾较小，前边短，后边长，形似梯状。四椎盾最大。三、四椎盾都为六边形，六边形前后两边彼此平行，长度大，左右两侧四边互相对称，每侧成大的钝角相交。肋盾宽大，第一肋盾为三角形，其他呈长方形。

颈板宽，最大处为 65.9 毫米，长为 51.9 毫米，其两侧外凸，向前收缩。

似椭圆形的第一椎板后缘较凸。第二、四、六椎板八边形甚大于三、五椎板的六边形，但各椎板都是宽度大于长度（参看测量表）。以第一、五、六椎板骨缝界线最明晰，但其他椎板外形仍易分辨。八边形两侧长边的前部，程度不同的内凹，而六边形的前边中部向后浅凹，其两旁稍凸出，成两个小的缓起波峰。两旁侧缘盾与缘板长方形，近乎垂直于和其相接的肋缘沟（亦即甲壳长轴方向）。

背、腹甲盾片和骨板测量

（单位：毫米）

	椎盾				颈盾	左侧肋盾		
	1	2	3	4		1	2	3
最大长度	67.8	46.9	48.7	53.7	13.2	61.8	49.5	50.0
最大宽度	51.6	53.3	66.4	71.0	8.7	79.2	92.4	92.0

	椎板					
	1	2	3	4	5	6
最大长度	34.3	25.2	26.6	28.6	23.8	38.3
最大宽度	26.0	36.4	34.7（±）	43.0	33.9	42.8

	右侧肋板					
	2	3	4	5	6	7
内缘长	16.7	34.7（±）	21.2	31.3	21.8	—
外缘长	35.4	19.2	35.0	18.6	31.0	19.5

	上腹甲	舌腹甲	内腹甲	喉盾	肱盾	胸盾
中线处长度	38.9	59.9	33.5	31.2	34.2	12.5

腹甲保存的宽度为 172.7 毫米，长度为 159.1 毫米，估计全长为 230 毫米。腹甲复原后宽为 206 毫米，腹甲前叶长度仅 58.6 毫米，为全长的 1/4。上腹甲增厚，厚达 23.6 毫米。内腹甲最大长度为 34.2 毫米，最大宽度 37 毫米，两侧边和后缘相交稍圆钝，整个形状为一两边对称的矮锥形，其后不远肱胸沟向两边伸达腋凹处，各有一小弯曲。喉肱沟左右切割内腹甲，在靠顶端的近 1/3 处交接。胸

盾短。胸腹沟向前微成两波伏。舌下缝较平直，横贯腹甲，向两边直达骨拼中点处。骨拼在右侧保存完全，宽 97.2 毫米。

肱骨向前弯曲较大。肢骨性质同一般陆龟。

讨论：

石楼标本的基本轮廓，如隆凸的甲壳，近椭圆的外形，以至构造上的共同特点，如椎板的形伏变化和排列，肋缘沟，肋缘缝两者的重合关系，肱胸沟位置靠后，肋板内外缘长度的变化情况等，都显示出它应归入陆龟属（Testudo）。

华北上新世地层中，特别是山西省"三趾马红土"中，所发现的陆龟属化石材料很丰富，至今，仍可说在我国已知的龟鳖类化石内，其种类和数量最多。当上新世之初，华北一带红土堆积时期，可以推想，气候和环境大致很适于陆龟类的生活和繁盛。

20 世纪 20 年代末，华北上新世出土的陆龟属化石已被区分为五六个种，有些只知大略地点和层位。

《中国龟鳖类化石》（叶，1963）一书，对华北的陆龟类化石作过全面整理，并提出总括性意见，说明华北上新世时的陆龟之间，虽有许多差异，但一致性也很强，因此，是否真的代表有这么多种，目前难以最后肯定。就形态而言，华北上新世的各种陆龟，尚能各自鉴别。此书又就山西榆社一标本的椎盾、椎板、上腹甲等不同特点，与河南陆龟（T. honanensis）比较，而另立一新种，即榆社陆龟（T. yushesis）。

但是，以现有资料看，华北上新世已定名的各种陆龟，是否出自同一层位，大概也不能完全肯定或明确。

石楼这个种，体型大，超过以往所知"三趾马红土"中陆龟的大小。过去已知种中，以陕西陆龟（T. shensiensis）个体大，最大长度 214 毫米，宽 115 毫米；而最小种类，如河南陆龟（T. honanensis），长仅 135 毫米，宽 107 毫米，比之石楼的标本，这些陆龟的体型都相差甚远。再者，本标本更有上述的构造上的特异点，就如：椎板形态的排列，内腹甲的形式，都是以往所知上新世红土的陆龟中未曾见的。虽然，红土中早定的六七种陆龟化石，种间区分不很明显，但是，显而易见，本文所述的种 Testudo shilouensis sp. nov. 与上一类群的陆龟，较易区别开。

如拿本种和这一类群比较，在椎板形状上，有些相似于河南陆龟（T. honanensis），因后者有若干椎板也成八边形和六边形相替排列，但它内腹甲的形状和体型甚小，都与本种显然不同；陕西陆龟（T. shensiensis）体格较大，背甲也较隆凸，但其椎板的变化和内腹甲等基本形态，都与本种无共同处。再如，三趾马陆龟（T. hipparionum）、榆社陆龟（T. yushensis）、山西陆龟（T. shansiensis）等种类，其形态和本种更少接近。

Mlynarski 1968 年曾描述了两种陆龟科的化石：Geochelone insolitus 和 Geochelone oskarkuhni。前者属渐新世，个体甚大，后者属上新世，有较完整的背甲。两种甲壳都甚高，但由内腹甲的形状，唇的增厚和椎板的情况观察，都不同于石楼的种。

据目前资料，我国陆龟属化石不下十数种，石楼的标本与其他地区发现的比较，差别更大。从现有资料，陆龟属化石在我国地理分布广，南到云南、广西，西到甘肃；其地质历史也很长，从始新世延续到更新世初，但东北地区未有报道。陆龟化石材料虽较多，但它在我国系统发展上的概貌，尚未明了。本文的标本产地较明确，地质层位较清楚，多少表示上新世时，在山西以至华北一带，也适于体型较大的陆龟生活。

参考文献

1. Wiman. C. ：Fossile Schildkroten aus China. *Pal. Sin.* ，Ser. C，Vol. 6，Fag. 3，1930，25–48.

2. Gilmore. C. W. ：Fossil Turtles of Mongolia. *Bull. Amer. Mus. Nat. Hist.* ，Vol. 59，Art. 4，1931，232–253.

3. Thomson. J. S. ：The Anatomy of the Tortoise. *Sci* ，*Pro. Roy. Dub. Soc.* ，Vol. 20，N. S. No. 28，1932，367–372.

4. Miynaraki. M. ：Nates on tortoises（Testudinidae）from the Tertiary of Mongolia. Results of the Polish–Mongolian Palaeontological Expeditions，I. *Palaeont. Pol.* ，19，1968，85–97.

5. 叶祥奎：《中国龟鳖类化石》，《中国古生物志》新丙种第 18 号，1962 年，第 27 ~ 52 页。

6. 刘东生等：《黄河中游黄土》，科学出版社，1964 年，第 85 ~ 101 页。

7. 周明镇等：《晋西南几个晚新生代地层剖面的观察》，《古脊椎动物与古人类》1965 年第 9 卷第 3 期，第 258 ~ 260 页。

（原载《古脊椎动物与古人类》1973 年第 1 期）

山西柳林的锯齿龙类化石

高克勤

（中国科学院古脊椎动物与古人类研究所）

锯齿龙类是生活在晚二叠世的一个早期爬行动物类群，化石多见于南非和苏联。此外，在英国、东德、意大利及坦桑尼亚也有零星发现。国内这类化石的报道最初是在 1963 年，此后，在山西及河南境内陆续有所发现。1980 年夏，笔者与山西区测队的阎还中同志一起，从柳林县薛村附近的石千峰组顶部地层中，采获一不完整的锯齿龙类骨架，包括右下颌骨、脊椎、肋骨、肩带、左前肢及甲片等材料。现将这批化石记述如下。

一、标本记述

杯龙目　Cotylosauria Cope，1894

前棱蜥形亚目　Procolophonia Romer，1966

锯齿龙科　Pareiasautidae Cope，1896

黄河龙，新属　Hanghesaurus gen. nov.

属的特征（见属型种）　Huanghesaurus liulinensis.

柳林黄河龙，新种　Huanghesaurus liulinensis，sp. nov.

（图一至七）

正型标本　一不完整的骨架，包括保存较好的右下颌及部分左下颌骨骼；13 个脊椎；左肩胛骨、前乌喙骨和乌喙骨；左右锁骨及间锁骨；左前肢肱骨、尺骨、桡骨及部分前足骨骼。此外，还有若干肋骨和甲片。古脊椎动物与古人类研究所标本编号：V 6722。

产地及层位　山西柳林薛村；上二叠统石千峰组顶部，紫红色砂质泥岩。

种的特征　个体大。下颌弓宽 U 形。齿骨联合高，夹板联合牢固。下颌关节后突（postarticular process）较发达。牙齿数目多，排列紧凑。齿冠竖向拉长，轻微互叠。牙尖多，分布均匀。脊椎深双凹型，背椎侧凹较深。神经棘高，比较粗壮。肩胛骨长，无匙骨沟（cleithrum groove）。肩峰（acromion）较发达，中度外翻，位置很低。肩臼长，位置靠后，其肩胛骨部分长于乌喙骨部分。乌喙板低且长，前乌喙骨明显长于乌喙骨。锁骨、间锁骨都很粗壮。肱骨短而粗笨，近端扩张很大，远端扩张甚小，两端相互扭转强烈。内外髁孔均较发育。尺骨、桡骨较长，尺骨肘突（olecranon）发达。

标本描述 该标本的右下颌骨、脊椎、肩带和左前肢保存较好，尤其是下颌牙齿的牙尖，肩峰、肩臼及前肢骨骼的关节髁、关节窝和髁孔等具有鉴定意义的构造特征均较清楚，为国内同类其他标本所不及。

1. 下颌

锯齿龙类的下颌突出的特征是在腹侧隅骨部位发育一个比较粗壮的隆突（protuberance）。我们的标本右下颌保存较好，虽缺失隅骨，但可以左侧者为补充。左下颌则仅有隅骨和夹板骨保存。

齿骨 比较粗壮，约占下颌外侧的前二分之一左右。该骨外侧面平滑，靠近联合部位发育三个可能与骨骼滋养有关的小孔。这些孔的大小和排列方式与苏联头甲龙的相似。由于齿骨与夹板骨分离保存，我们可以直接观察下颌内部的构造特征：麦氏管（mecklian canal）上方，齿骨显著加厚，构成麦氏管的顶壁。

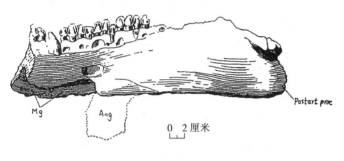

夹板骨 较薄，在下颌外侧露出较多。该骨在下颌联合处变得异常粗壮，左右两支牢固愈合，几乎看不出界限痕迹。下颌联合高约110毫米，其中夹板联合约占55毫米。

隅骨 较小，向后延伸很短，主体构成下颌腹侧隆突。该突矩形，中等大小，与其他类型，如锯齿龙属（Pareiasaurus）比较为平滑，位置也较靠前。

下颌的其他骨骼，如冠状骨、关节骨、前关节骨及上隅骨均已愈合在一起，难以分清各骨界限，但就一般构造来说，仍清楚地反映出锯齿龙类下颌的基本特征。

下颌外侧，上隅骨的开孔较大，位置似较头甲龙者为靠前。关节骨的两个关节

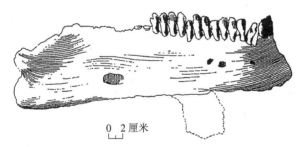

图一 柳林黄河龙（新属，新种）右下颌内、外面观
Mg: 麦氏沟；Ang: 隅骨；Postart proc: 关节后突

髁内侧者大，位置稍靠前；外侧者小，位置略靠后。两髁之间是一个较深的凹沟。在已知的同类材料中，除苏联的头甲龙以外，一般下颌关节后突都很微弱。V6722标本的关节后突较发达，并且有较明显的肌痕，说明附着于此突上的下颌降肌是很发达的。

下颌齿系 右下颌齿骨保存有19颗牙齿（最后5颗只有牙根保存），加上未保存的前第三齿全数应为20颗。其中前第四齿发育不正常，内外反向，连同第三齿的脱落可能都是外伤所致。

牙齿排列紧凑，齿冠之间轻微互叠，牙根深嵌于齿骨之中。齿冠竖向拉长，外侧凸面有较明显的竖棱伸至牙根部位。内侧两边微凹，中间凸起，齿冠横带（cingulum）上几乎看不出在其他属类常见的那些小瘤尖。同外侧一样，也有竖棱从牙尖伸至牙根部位。单个牙齿的牙尖数目多达17个，均匀地分布在齿冠边缘上。该下颌牙齿系列全长约为220毫米。

2. 脊椎和肋

计有 4 个颈椎和 9 个背椎保存，其中两个颈椎保存较好，另外两个的神经棘或关节突已经破损。背椎中 5 个较好，其余 4 个破损较严重，有的仅只椎体部分保存。

颈椎　锯齿龙类有 6 个颈椎，我们标本的 4 个相连颈椎代表包括枢椎在内的后 4 个。这些颈椎具有以下特征：神经管直径大；椎体双凹深，无侧凹，都有比较明显的腹中脊（medioventral ridge）和两个都发育在椎体上的横突——上副突（diapophysis）和副突（parapophysis）。

枢椎短小，上副突和副突的位置都很低，二者间距极小。前关节突的关节面长圆形，微向中线倾斜。两关节突平行伸向前方，伸出很短。两后关节突未保存。特化的神经棘保存不完全，但可看出是板状的。椎体高约 90 毫米，长约 95 毫米，宽约 80 毫米。

第四至第六颈椎特征大致相同：前后关节突斜向前后方向伸出，横向伸宽很小；神经棘纤细，向上稍变粗，顶端膨大部位具向后的两个突起供前部轴肌附着。保存下来的 4 个相连颈椎全长约 350 毫米，加上未保存的寰椎及寰前椎，估计该标本的颈长在 450 毫米以上。

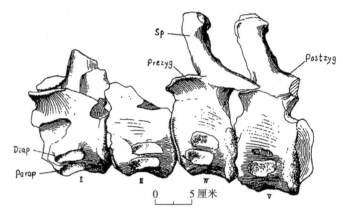

图二　柳林黄河龙（新属，新种）颈椎侧面观
Prezyg：前关节突；Postzyg：后关节突；Sp：神经棘；
Diap：上副突；Parap：副突

背椎　由于 9 个背椎是散乱保存的，加之背椎间的差别远不及颈椎者为显著，不易确定各椎的确切位置，但可以大致排列出它们的前后顺序。

椎体均为深双凹型，侧凹也较深。几个前部的背椎，腹中脊已经消失，副突已与上副突愈合并升高到椎弓位置上，但仍有一粗脊与椎体相连。椎下窝（hypantrum）和椎下突（hyposphene）都较明显。前后关节突斜向两侧伸出，伸宽较大。上副突还未与前关节突完全愈合。神经棘较后面的背椎者为纤细，顶端与颈椎者相似，也有两个供轴肌附着的突起。

中部背椎的椎体侧凹加剧，其下前方有一发达的斜切三角面，可能是间椎体的赋存位置所在。前后关节突直向两侧伸出，伸宽较大，关节面宽平。上副突与前关节突完全愈合在一起，椎下突和椎下窝不如前部背椎的为明显。下面是一个中部背椎的测量数据，借此可帮助我们了解该标本背椎的一般特征。

脊椎全高 300 毫米；椎体长 80 毫米；神经棘高 100 毫米；椎体宽 50 毫米；关节突伸宽 260 毫米；椎体高 100 毫米。

锯齿龙类的背椎一般 15 个左右，上述的 9 个，从其构造特征来看，可能代表前部及中部的背椎，而后部背椎、荐椎及荐后椎则未保存。

肋骨　保存的十几根肋骨中，多数不完整，但可根据形态特征区分出颈肋与背肋。

颈肋短而直，为双头肋。肋小头（capitula）和肋结节（tuberculum）发达，二者"Y"状分开。

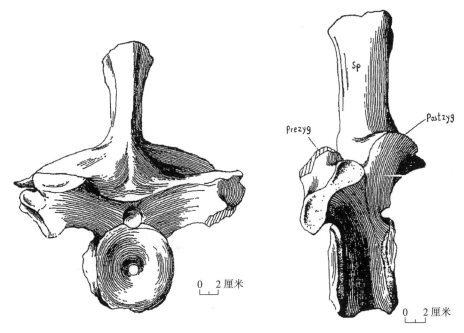

图三　柳林黄河龙（新属，新种），背椎前视及侧视

从左侧最后一颈肋测得全长约为170毫米。前部背椎所带肋骨纤细，肋小头与肋结节相距较远，其间凹口极浅，显示出从双头颈肋向典型背椎全头肋的过渡特点。中部背椎的肋骨已完全变成全头肋，肋条扁宽并向内侧弯曲，肋头关节面可长达120毫米。肋条后缘发育较深的凹槽和发达的翼状突起，供肋间血管、神经赋存和腹外斜肌、骶棘肌及肋间肌附着。

3. 肩带

V6722标本的肩带部分保存较好，除缺失右侧肩胛骨、乌喙骨和前乌喙骨以外，其余各骨都很完整。材料包括左肩胛骨、乌喙骨、前乌喙骨，左右锁骨和间锁骨。

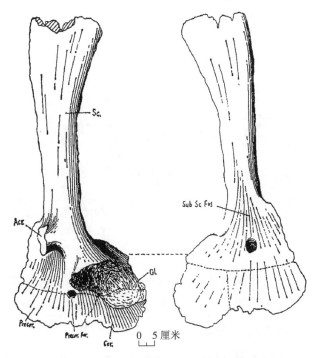

图四　柳林黄河龙（新属，新种），左肩胛-乌喙骨侧面及内面观
Sc: 肩胛骨；Acr: 肩峰；Gl: 肩臼；Precor: 前乌喙骨；Precorfor: 前乌喙孔；Cor: 乌喙骨；Subscfos: 肩胛下窝

肩胛骨　狭长，较直，微向后斜。近端肩峰上方最窄，为110毫米。远端具一桨状展宽部分，最大宽度为200毫米。该骨较厚，全长约750毫米，为已知同类化石中肩胛骨最长者。此骨背侧前缘平滑，无匙骨沟。肩峰发达，矩形，中度外翻，位置很低。臼上窝（supraglenoid fossa）明显退化，臼上孔遗坑已近消失，而臼上扶隆（supraglenoid buttress）却很发达。该骨内侧面比较平滑，肩胛下窝（sub-scapular fossa）很浅。前乌喙孔（precoracoid foramen）的内侧开孔较大，近三角形，位于肩胛骨内侧下端。

乌喙板　仅有与肩胛骨愈合的左侧者保存，由前乌喙骨和乌喙骨组成。此二骨也已相互愈合，但仍可从愈合处的脊隆分出二者的界限。前乌喙骨低，明显长于乌喙骨，但比后者为薄。前乌喙孔大，圆形，直径为 35 毫米，位于肩臼的前下方。

乌喙骨短，较厚，其长度只有前乌喙骨的三分之二左右。整个乌喙板的前后最大长度为 390 毫米。肩臼由肩胛骨和乌喙骨参与组成，其肩胛骨部分长于乌喙骨部分。臼窝较深，向下后方向拉长，宽约 110 毫米，最大长度为 230 毫米。

锁骨　粗壮发达，远近两端宽窄差异很大。腹侧下端最宽，为 105 毫米，向背方趋于变窄，顶端只有 55 毫米宽。背侧顶端有许多小瘤突，为大多角肌（trapezium）的附着之处。该骨的中下段后缘，发育粗壮的翼突与间锁骨相关节。左右两锁骨的平直长度均为 510 毫米。

间锁骨　"T" 形，较粗笨，其前部的横带（cross-bar）左右延伸约 380 毫米，后部的竖柄（stem）短而宽，最大宽度达 140 毫米。从横带前缘至竖柄的后端全长约 320 毫米。

4. 前肢

材料包括左侧肱骨、尺骨、桡骨及部分左前足骨骼，其中以尺骨和桡骨保存最好，肱骨远端破损，但内外髁孔尚有保存。

肱骨　短而粗笨，保存长度为 380 毫米，估计完整长度应在 420～450 毫米之间。该骨近端强烈扩张，最大宽度达 360 毫米；远端扩张较小，不到 200 毫米。两端相互扭转约 50° 角。骨干极短，柱状，截面为 55 × 75 毫米。

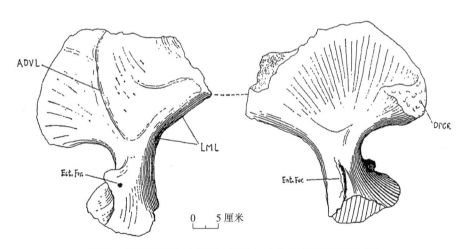

图五　柳林黄河龙（新属，新种）左肱骨背侧及腹侧面观
ADVL：前背腹线；LML：侧中线；Ectfor：外髁孔；
Entfor：内髁孔；DPCR：三角肌脊

近端前背腹线（anterior dorso-ventral line）很粗大。三角肌脊（dorsal-pectral crest）长度中等，约为 160 毫米。侧中线（lateral-medial line）圆滑的凸隆，从近端关节髁延伸到骨干远端的膨大部位。近端关节面带状，最宽 82 毫米，二分性不明显。

远端滑车窝（trochlear fossa）比较深。外上髁（ectepicondylar）比较粗大，旋后肌突（supinator process）发达。外髁孔圆形，直径约为 12 毫米。内上髁（entepicondylar）不太粗壮，但内髁孔很发育。孔长 40 毫米，由很薄的外侧孔壁桥形拱起形成。该孔位置靠近肱骨的腹内侧前方。

尺骨　全长 560 毫米。近端膨大，最宽约 200 毫米。近端关节面长 150 毫米，宽 80 毫米，二分性较明显。近侧前端的两个乙状突起（sigmoid process）比较发达，两突起之间的乙状凹槽（sigmoid notch）也比较深。肘突很发达，长约 120 毫米。骨干较细，轴前中下段有粗壮的翼状突起。骨干远端稍许变粗，关节面平。

桡骨　全长 390 毫米，两端膨大，中段收缩。两端关节面的凹窝均较深，近端者最大长度为 140 毫米，最大宽度为 85 毫米。远端者最大长度为 135 毫米，最大宽度为 95 毫米。骨干直径平面为 50 × 70 毫米。

前足　锯齿龙类的腕部一般由八块骨组成，腕式为 3·0·1·4。V6722 标本的左前足只保存了桡腕骨，其余七块骨则均未保存。

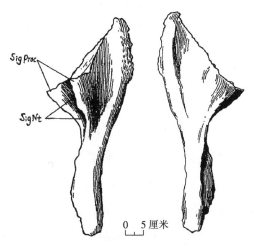

图六　柳林黄河龙（新属，新种）左尺骨外侧及内侧面观
SigProc：乙状突；SigNt：乙状凹槽

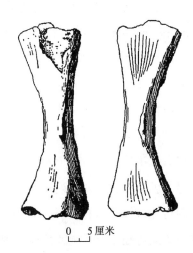

图七　柳林黄河龙（新属，新种）
左桡骨外侧及内侧面观

桡腕骨硕大，远近两端间的长度为 90 毫米。近端关节面为一椭圆形凸面，最大长度约 160 毫米。该关节面四周都有脊状边界控制桡—腕关节的活动范围。轴前边界较轴后者更靠远端，表明该关节主要从事向前的活动。

掌骨和指骨各有两块保存，因材料太少而未能对该标本的指式作出判断。就目前所知，锯齿龙类的指式一般是 2·3·3·3·1 或者是 2·3·3·3·2。

5. 甲片

与化石骨架一起，还发现有 20 多块零散的甲片。根据形状和大小可分为两类：一类块大，较厚，大小约在 60×80 毫米左右，背面具一较大的中心瘤，边部许多小瘤，估计可能是肩部的甲片；另一类较小，一般在 40×50 毫米左右，比前述者为薄，外形贝壳状，背面的中心瘤和放射褶都比较弱。这类可能是背中线或中线两侧的甲片。看来，该动物的皮甲是比较发达的。

二、比较与讨论

本文记述的 V6722 标本，据其形态特征，无疑应归入杯龙目的锯齿龙科。

迄今为止，世界各地发现的属于该科的化石已有近 20 个属之多。其中，发现于英国苏格兰的 Elginia 是一个体型很小，头上发育角状突的特殊类型。东德的 Hauboldisaurus 和 Parasaurus 目前还有疑问，前者层位较低，并且只有甲片材料，现被归到 Rhipaeosauridae（Kuhn，1970），而后者很可能应并入前棱蜥科的 Sclerosaurus（Kuhn，1969）。意大利的 Pachypes 只有足印材料。这些属类与本文记述的化石类型关系都不很大，无须详细对比。V6722 标本的主要比较对象是南非、苏联和国内的同类化石。

与南非的属类相比较，V6722 标本在下颌骨形态、牙尖数目、齿冠、肩峰、肩臼及乌喙板的形态特征方面，明显地区别于 Anthdon、Pareiasuchus、Bradysaurus 及 Dolichpareia 等化石类型。较为近似的是锯齿龙属，但亦不尽相同。我们标本的齿冠较长、下颌关节后突比较发达、隅骨隆突呈矩形、肱骨扭转角度也较大，从这些特征差异来看，二者显然不宜归为一属。

苏联的锯齿龙类除与南非同属的上已讨论外，还有 Rhipaeosaurus、Leptoropha、Parabradysaurus、Proelginia 和 Scutosaurus 5 个属。其中前两个类型具有个体很小、牙尖极少及肢骨纤细等原始特征，已由 Chudinov 于 1955 年另立一科——Rhipaeosauridae。该科可能与锯齿龙科的祖先关系很近。Proelginia 已被归入头甲龙属，而 Parabradysaurus 的分类位置几经辗转，最后归入巨头类的 Estemennosuchidae 科。在这些化石中，与 V6722 标本最相近的是头甲龙。尽管二者在下颌隆突的形状及头后骨骼的粗壮程度等方面差别甚大，不能归为同属，但它们的牙齿数目最多都是 20 颗，牙尖数目都达到 17 个，齿冠都有拉长特点，下颌关节后突也都比较发达，表明 V6722 标本与头甲龙的相似远较与其他同类化石的相似为明显。就牙尖数目和排列特征来说，这两个化石类型基本上处于同一进化水平上。

国内可比较的化石有四属，其中较重要的是石千峰龙（Shihtienfenia）和山西龙（Shansisaurus）。虽然这两个属都还没有下颌或牙齿发现，但是，三者在头后骨骼方面的差别是明显的，说明新标本不宜归入石千峰龙或山西龙中的任何一属。它们之间的特征比较可列表如下。

	Huanghesaurus	Shihtienfenia	Shansisaurus
肩胛骨长	750 毫米	630 毫米	510 毫米
肩　峰	发达，位置很低	微弱，位置较低	不甚发达，位置低
乌喙板	前乌喙骨长于乌喙骨	前乌喙骨等于乌喙骨	前乌喙骨短于乌喙骨
肩　臼	长且深，螺旋形	短而浅，不成螺旋形	长且深，螺旋形
肱骨扭转	约 50°	约 40°	
内外髁孔	发育	不发育	

国内的另外两个属，河南龙（Honania）与济源龙（Tsiyuania），是杨钟健教授于 1979 年建立的。这两个属都只有牙齿材料，新标本不易与其作其他方面的特征比较，但是，仅就牙齿特征也可将三者区别开来。济源龙牙尖数目很小，只有 7 个，而新标本的有 17 个之多，二者差别很大。河南龙的牙尖虽然较多，但其齿冠较窄，几乎与牙根同宽，这也与新标本明显不同。

从以上比较不难看出，本文记述的采自山西柳林石千峰组顶部的 V6722 标本，为一新的锯齿龙类型，我们建议将其命名为柳林黄河龙（Huanghesaurus liulinensis, gen. et sp. nov.），归锯齿龙科。

以往，锯齿龙类化石以南非发现的属种数目为多，据 Brink 和 Haughton（1954）所列名单，有 11

个属近 30 个种的化石。尽管如此，这类化石在南非晚二叠世动物群中所占的比例还是很小的，该动物群的成分是以二齿兽类（Dicynodonts）和兽齿类（Theriodonts）为主的。就目前来说，我国华北的晚二叠世地层中，虽也有二齿兽及兽齿类的零散牙齿发现，但主要的化石类型仍只是锯齿龙类。这类化石的多次发现表明其可能代表一个以锯齿龙类为主要成分的动物群。这样的动物群成分特征与南非的情况是有所不同的。

苏联的晚二叠世锯齿龙类化石主要产于德维纳统（Dvina Series）的第 Ⅱ 和第 Ⅳ 两个化石带中，尤以后者所产化石为丰富。第 Ⅳ 带又分为 A、B 两层，其中 B 层即为头甲龙的产出层位。本文记述的柳林黄河龙标本与头甲龙在下颌及牙齿特征上有较明显的相似之处，显示出二者进化水平一致的特征，因此，本文记述的化石层位，应大致与苏联德维纳统第 Ⅳ 带的 B 层相当。

本文是在叶祥奎老师指导下完成的。并承地科院程政武同志、武汉地院北京研究生部李凤麟同志，本所周明镇，刘宪亭、翟人杰、李传夔、郑家坚、董枝明、李锦玲等同志审阅文稿并提出宝贵意见，笔者在此表示感谢。图版照片由杜治同志拍摄、张杰同志洗印，文中插图由杨明婉同志绘制，笔者在此一并致谢。

参考文献

1. 杨钟健、叶祥奎：《锯齿龙类在我国的初次发现》，《古脊椎动物与古人类》1963 年第 3 期，第 195～212 页。

2. 杨钟健：《河南济源一新晚二叠世动物群》，《古脊椎动物与古人类》，1979 年第 2 期，第 99～113 页。

3. 程政武：《陕甘宁盆地中生代地层古生物（下册）》，第 1980 年，第 115～119 页。

4. Boonstra. L. D. , 1932：Pareiasaurian studies. Pt. Ⅷ—The osteology and myology of the Iocomoter apparatus. B. —Fore limb. *Ann. S. Afr. Mus.* Vol. 28, pt. 4.

5. ————, 1934：Pareiasaurian studies. Pt. Ⅸ—The cranial osteology. *Ann. S. Afr. Mus.* Vol. 31. pt. 1.

6. ————, 1934：Pareiasaurian studies. Pt. Ⅺ—The vertebral column and ribs. *Ann. S. Afr. Mus.* Vol. 31, 49–66.

7. Broom, R. , 1936；On some new genera and species of Karroo fossil reptiles, with notes on some others. *Ann. Trans, Mus.* Vol. 18, 349–386.

8. Hartmann-Weinberg, A. P. , 1937：Pareiasauridae als Leitfossilien. *Problems of Paleontology.* Vol. 2, 649－704.

9. Haughton, S. H. et Boonstra, L. D. , 1929；Pareiasaurian studies. Pt. Ⅴ-On the pareiasaurian mandible. *Ann. S. Afr. Mus.* Vol. 28, 261–289.

10. Haughton, S. H. et Brink, A. S. , 1954：A bibliographical list of reptilia from the Karroo beds of Africa. *Palaeont. Afr,* Vol. 2, 9–16.

11. Kitching, J. W. , 1970：A short review of the Beaufort zoning in South Africa. *Sec, Gond. Symp.* 309–312.

12. ————, 1977：The distribution of the Karroo vertebrate fauna. Bernard Price Inst. Palaeont, Research memoir 1.

13. Kuhn, O. , 1969：Handbuch der Palaoherpetologie Encyclopedia of Paleoherpetology. Teil 6, 60–87. Stuttgart.

14. ————. 1970：Die Saurier des deutschen Rotligenden. Verlag gebr geiselberger Altotting. 38–39.

15. Olgon, E. C. , 1957：Catalogue of localities of Permian and Triassic terrestrial vertebrates of the territories of U. S. S. R. *Jour,*

Geol. Vol. 65, 196–226.

16. ————, 1962：Late Permian terrestrial vertebrates, U. S. A. and U. S. S. R. Trans, *Amer. Philos. Soc.* Vol. 52 （2）, 1–196.

17. Romer, A. S. . 1968：Notes and comments on vertebrate paleontology. *Chicago Univ. Press*, 96–106.

18. ————, 1970：Tetrapod vertebrate and Gondwanaland. *Sec. Gond. Symp.* 111–124.

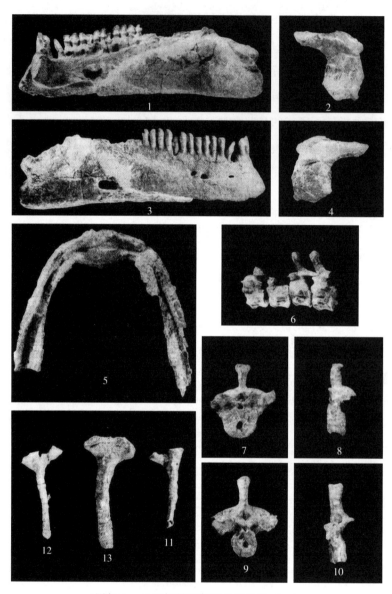

图版 I　山西柳林的锯齿龙类化石（一）

Huanghesaurus liulinensis, gen. et sp. nov. （V6722）

1～2. 右下颌内侧及外侧面观×1/4；3～4. 左下颌隅骨内侧及外侧面观×1/4；5. 夹板骨顶视×1/4；6. 第三至第六颈椎侧视×1/10；7～8. 前部背椎前视及侧视×1/10；9～10. 中部背椎前视及侧视×1/10；11～13. 颈肋及背椎肋骨×1/10（杜治 摄）

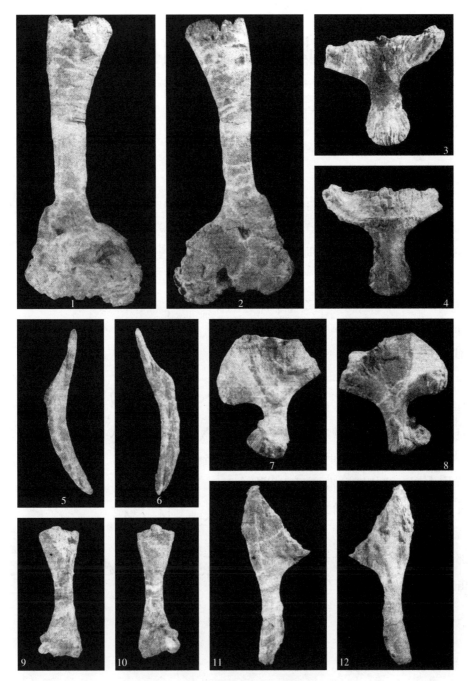

图版 II 山西柳林的锯齿龙类化石（二）

Huanghesaurus liulinensis, gen. et sp. nov. （V6722）

1～2. 左肩胛－乌喙骨背侧及腹侧面观；3～4. 间锁骨背侧及腹侧面观；5～6. 左、右锁骨后面观；7～8. 左肱骨背侧及腹侧面观；9～10. 左桡骨外侧及内侧面观；11～12. 左尺骨外侧及内侧面观（杜治　摄）

（原载《古脊椎动物与古人类》1983 年第 3 期）

山西交城旧石器文化的发现

贾兰坡　王择义

1957 年 3 月的下旬，中国科学院古脊椎动物研究室太原工作站王择义同志等在山西交城县境发现了一批打制石器，研究室接得报告后，于 4 月初派贾兰坡、张森水和刘增等同志前往协助进行了一次为时一星期的调查工作。

打制石器分布在西冶河和瓦窑河之间的地区里（图一），分布面积很广，就这次调查所知，南由虑子峁（白玉峁）北行经范家庄、西岭、高家圪台、木槽村、细曲、横头圯、马岭，一直到野则嘴，在南北 20 公里、东西 10 公里的范围内都有零星的材料发现。前后两次一共发现 45 个地点。

用同样原料打制的石器的分布面积还不止此，1956 年王择义同志在交城县城以北约 15 公里的偏交村即捡到过 1 件用交互方法由角页岩石核的两面打击成的石器。本年春，山西博物馆高寿田秘书在文水县西南部的上贤村和西北部的西峪口也捡到过具有人工打击痕迹很清楚的角页岩石片。

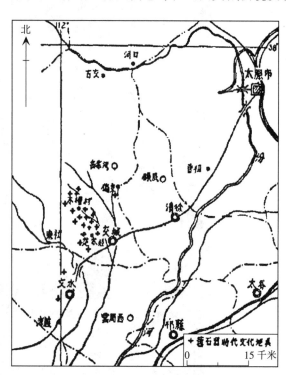

图一　山西交城旧石器文化分布示意图

一、地层观察

在这次调查的区域内，所观察到的新生代地层有下列三层：

Ⅲ. 黄土层

Ⅱ. 红色土层——周口店期

Ⅰ. 红土层——? 蓬蒂期（上新世初期）

底部基岩为三叠纪的紫色砂页岩。

范家庄附近海拔约 1500 米，在这一带可以看到许多下部被山梁连接一起而上部呈圆形的孤立小山头，当地人称作"峁"。这些圆形孤立的小山头的顶部，在基岩之上都像帽子一样覆盖着红色土（Reddish clay）和黄土（Loess）。有的山头顶部的黄土虽被侵蚀掉，使红色土显露于地表，但没有红色土堆积的山头在这一带是不多见的。

范家庄一带的红色土最厚可达25米，黄土很薄，堆积在5米以上者并不多见。红色土的性质比黄土稍硬，色微红，不甚黏结，层中并含有结核带，在红色土最发育的地方，上下曾见有四个结核带。结核一般是下部较大而密，上部较小而稀；在黄土层中从未见到有成带的结核。

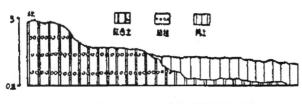

图二　范家庄南1公里路边断崖的剖面图

黄土和红色土的分界，在这一地带不仅由颜色不同可以划分开来，同时在黄土之下红色土之上并常有结核带存在。特别是在范家庄南约1公里路边的断崖上，还可以看到在红色土层的侵蚀面上堆积着黄土，使红土和黄土的分界相当明显（图二）。

前后两次调查所发现的打制石器（包括有人工打击痕迹的材料在内），绝大部分都是从地表上捡拾的。在这一带凡是有红色土显露于地表而有结核的小山头上几乎都可以捡到，并且有的石器表面还黏结着结核，只有一小部分的材料是采自于原生层中，如在范家庄卢子峁的红色土上部的结核带中采到几件石器。在范家庄以北附近的后岩岭顶部的红色土层的结核带中也发现少许具有人工打击痕迹的石片（图三）。

木槽村北距范家庄15公里，海拔大约1700米。在这一带也星布着许多圆形的小山头，分列于成排的山梁上。土状堆积相当发育，除有与范家庄一带相同性质的红色土和黄土外，在红色土之下还有一层红土（Red clay），这层红土在范家庄一带则未见到。根据红土的性质观察，它的时代或为蓬蒂期。

图三　西岭北1公里后岩岭剖面图

红土呈深橘红色，比红色土坚硬而黏结，最厚可达30米。红土和红色土基本上从土色即可以区别开来，且在两层之间常出结核层相隔。红土层中有结核存在，结核巨大而多密结一起构成网状层，其性质有如淡水石灰岩，一般厚达0.8米。红土中的结核层有时呈倾斜或交错状。在木槽村西北1.5公里的一个断崖上，可以看到红土层的侵蚀面上又有红色土堆积，其分界颇为明显（图四）。

在木槽村一带所发现的打制石器的情况和范家庄一带是相同的，绝大部分都是在山头红色土的地表上捡拾的，也都是和结核混在一起的。

在红土层或它的结核层里从来没有发现过任何具有人工打击痕迹的材料，由此也证明了此项石器产生于红色土层中。

在木槽村东北7.5公里的野则嘴，有一条河谷宽深而水量很小的河流，当地人叫作野则嘴沟，为瓦窑河的上游。在高出现在河床40米的河岸可以见到成堆的砾石，并断续分布在河的东西两岸，是为古老河床的残迹，我们暂称它为高台地，不过此次没有在这一带的高台地的砾石里找到有人工打击痕迹的材料。

在交城以北约 10 公里的郑家庄西北芜窝河的两岸还可以看到两个台地，高台地约与野则嘴附近的台地相等，在离现在河床约 15～20 米高的河岸也堆积有成堆的砾石，我

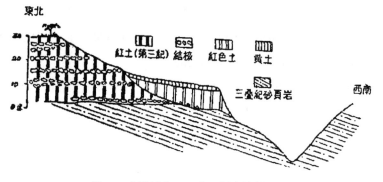

图四　木槽村北 1.5 公里断崖的剖面图

们称它为低台地。在这附近的高、低台地的砾石上均覆盖有黄土，在低台地砾石层之上黄土之下曾发现有人工打击的石片和石核各 1 件（图五）。

由这一带地层里发现的化石很少，只是由地表面的结核层里找到了几件田鼠的头骨，其中有 Siphneus tingi、Siphneus arvicolinus 和 Siphneus foutanieri 等。可惜层位不明。

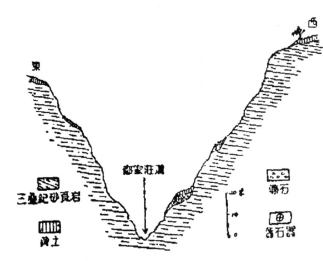

图五　郑家庄西北瓦窑河剖面图

二、旧石器文化

在这一带发现的旧石器时代文化遗物，以石器为代表，前后两次发现的石器包括人工打击的石片和石核在内一共有千余件。其中绝大部分都是石片，只有一小部分是具有第二步加工的石器。原料以角页岩为最多，其他如火石和石英则很少。

石片　大小均有，石片角（劈裂面和台面之间棱角）一般都很大，根据我们手中存的材料共测量了 38 件，其中最小者为 94°，最大者为 140°，其中以 110°～130° 之间者最多，约占总数的 90%。

宽而短的石片，一般都有大的台面和大的石片角，而且劈裂面和半锥体也比较平坦，这样性质的石片是以石核锐缘的部分在石砧上摔击而产生的（图六）；此外还有一种较长而薄的石片，台面和石片角都较小，半锥体比较显著，像这样的石片是用锤状物由石核的台面上直接打击下来的（图七-1）。用这两种方法生产石片的石核也有发现。具有第二步加工的真正石器发现很少，根据全部材料估计大约仅占 2%，其中包括砍伐器、石核器和刮削器等。

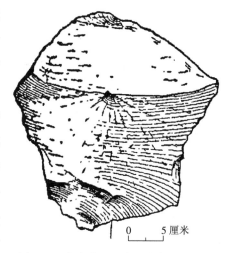

图六　具有大台面、大石片角和半锥体比较平坦的大石片

砍伐器 共得4件，1件是将椭圆形砾石的一端用交互方法打击成弯曲的钝刃；2件是沿着石核的周围边缘打击成锐刃，其中较大的1件为了便于手握，还保存一部分未击成刃的边缘；此外还有1件是将大石片向背面加工成为锐刃的圆形器物。

石核器 共得3件，轮廓呈椭圆形，中部很厚，表面均有打击痕迹，由于用交互打击的结果，边缘呈鲜明的弯曲状（图七-2、3）。

刮削器 较为普遍，一种是用厚石片将一面边缘修整成弧形的钝刃（图七-4），加工较细；此外还有一些只修整石片的部分边缘，加工粗糙（图七-5、6A）。

尖状器 只有1件，是用厚火石片由两侧边缘向石片的背面在尖端加工而成，修整痕迹粗糙（图七-6）。

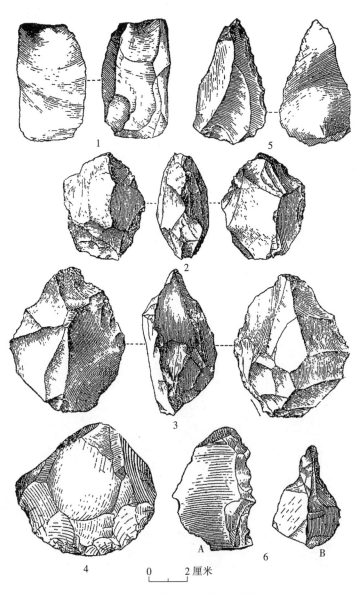

图七　山西交城发现的旧石器
1. 具有小台面、小石片角和半锥体显著的较长石片 2. 石核器之一 3. 石核器之二 4. 厚刮削器
5. 修整石片边缘的刮削器之一 6. A. 修整石片边缘的刮削器之二 B. 尖状器

这批材料的岩石性质和生产石片的方法基本上是和丁村遗址中所发现者相同。石器的种类也并没有超出丁村石器的范围。此次新发现的石核石器以由两面用交互方法打击者为多，这一性质在丁村遗址里特别明显。

三、小　结

根据我们这次调查所知交城打制石器分布面积很广，不过我们所调查的地点都不是当时人们的居住地方，也不是制作石器的场所，因为在这一带没有见到灰层而且每处所遗留的材料根本也不多。

这批文化材料的性质，无论由原料、打击石片的方法和第二步加工的情形观察，和交城以南约450 公里的丁村文化十分相近，可能为旧石器时代初期后一阶段的产物。根据现有的材料观察，不会比丁村文化期为早。绝大部分的材料虽然是由红色土层地表分布有结核的地方捡到的，由原生红色土的结核带中发现很少，还无法证明是否都产于同一地层中，但非产于红土层和黄土层中则无疑义。

根据文献记载在西冶河以西和古交镇以北都有寒武奥陶纪石灰岩，将来如果能沿着西冶河往北进行一次调查并注意这一带洞穴，这一文化主人的住地很可能会被发现的。我们前后在上述一带虽作了两次调查，但都为时很短，又未进行发掘，暂时还不可能有深入的了解，只能对那一带的地层与采得的文化遗物作如上的初步观察。

（原载《考古通讯》1957 年第 5 期）

吕梁山西麓旧石器文化探析

石金鸣

（山西省考古研究所）

1929 年夏季，吕梁山西麓发现旧石器时代遗存。那时，周口店北京猿人第一个头盖骨尚未被发现；中国旧石器文化的发现与报道仅见于甘肃庆阳、宁夏水洞沟、陕西油房头和内蒙古的大沟湾。70 年之后有幸参加在吕梁召开的山西省考古学会第四次年会暨学术研讨会，特撰拙文以示敬意和纪念，并请晋人记住两位杰出的科学家、山西旧石器的最早发现者——杨钟健与德日进教授。

一、资料与背景

1929 年，中国古脊椎动物学奠基人杨钟健将周口店遗址的发据工作交由年轻的裴文中主持，遂与法国著名地质古生物学家德日进教授来到山西。从桑干河、滹沱河到汾河上游的静乐，并沿岢岚横穿吕梁山北段抵晋西北保德与河曲，西涉黄河经陕西府谷、神木、榆林、米脂、绥德，在吴堡东渡黄河再入山西，由今柳林沿黄河东岸南下至河津，再溯汾河而上经霍州、灵石返回太原，结束了为期 3 个月的莲蒂纪后黄土期前地质古生物考察。此次调查在山西发现了 4 个旧石器地点，它们是河曲县旧县的火山村、河曲巡镇镇南 5 公里的黄河沿岸、柳林县与陕西吴堡隔岸相望的黄土底砾层以及柳林许家坪附近（1971 年以前分属于离石县和中阳县）（Teilhard and Young，1930）。采集的石制品虽然不多，意义却十分重大，它将山西的历史提早了近十万年。

1958 年 9～11 月，为了配合万家寨水库淹没区文物保护与抢救工作而进行的考古调查中。著名考古学家张森水在内蒙中南部和山西西北部发现了 31 处旧石器地点（张森水，1959）。这批材料的研究与公布得到裴文中教授的高度重视，从而促成了张森水 1959 年 8 月和 9 月的第二次调查，再次发现 68 个地点（张森水，1960）。笔者曾请教过张先生有关 40 年前的调查经历，获悉从万家寨到老牛湾，山西境内共发现了 10 个地点。

1965 年，由周明镇、黄万波、张玉萍、汤英俊、黄学诗组成的地质古生物调查组在蒲县薛关发现一处旧石器晚期遗址（周明镇等，1965）。1979 和 1980 年，山西省考古研究所与丁村文化工作站正式发掘薛关遗址，出土近 5 千件石制品和一批动物化石（王向前、丁建平、陶富海，1983）。

1979 年 9 月，文本亨、卫奇、陈哲英、李有成等在河曲县巡镇河会村和石梯子村的黄河左岸各发现一处旧石器地点，前者为中更新世晚期；后者归晚更新世早期（文本亨等，1983）。

1980 年 3 月，阎金铸先生在吉县东城乡西村清水河畔的柿子滩发现一处遗址，同年 4 月至 8 月进行了正式发掘，出土文化遗物约 2 千件，时代为旧石器晚期之末（解希恭、阎金铸、陶富海，1989）。此外，80 年代在保德李贤垯红色土底部砂砾层中发现过石器；在乡宁、吉县、大宁的文物普查中先后发现 34 处旧石器晚期地点。

至此，吕梁山西麓到黄河左岸共发现 52 个旧石器时代遗址和地点，属于早期的 2 个，中期的 5 个，晚期的 45 个。遗憾的是除薛关和柿子滩外，其余皆为调查采集。即便如此，我们仍然认为这些经艰苦调查而获得的珍贵资料对了解和研究山西西部史前文化具有重要价值和意义。

二、文化及序列

旧石器时代早期属于这时期的有保德县李贤垯采集的 1 件砍斫器及河曲县河会村的十余件石制品。二者均出自黄河第二级阶地的红色土底砾层，地质时代为中更新世末期，即旧石器时代早期的较晚阶段。石制品材料为五台系石英岩砾石，以直接法制作石片与石器，成器的标本很少。由于没有开展进一步的发掘，在石制品材料极度贫乏的现状下我们无法了解到更多的信息，仅知道在旧石器时代早期，吕梁山西麓的黄河沿岸就有了人类的活动踪迹。

旧石器时代中期 1929 年发现的 4 个地点与 1979 年发现的石梯子地点共 5 处，分布在河曲与柳林。标本采集的不多，经加工过的亦不足 10 件，从许家坪采到的刮削器制作比较简单。依传统的理论，这些发现于黄河沿岸黄土底砾层的遗物属于晚更新世早期，亦即旧石器时代中期。与早期的材料基本一致，看不出有什么质的变化。

旧石器时代晚期目前尚没有旧石器晚期之初的文化报道，而距今 2 万年以后，吕梁山西麓的旧石器地点骤然增多，尤其是南部地区，发现了数十处遗址。当然这也与临汾地区文物部门的重视及科研人员占有上的绝对优势不无关系。这一地区的最重要材料出自吉县柿子滩和蒲县薛关，二者的地貌背景、埋藏环境、文化内涵、主体文化的时代，甚至发掘的时间都惊人的一致，只是前者文化层位较多、面积较大、保存得更好一些。

燧石和石英岩是工具的主要原料，打片技术直接与间接并用；石器以小型者居多，具有成熟的压制修整技术；细石核包括楔状、船底形、半锥状和似锥状；工具组合为利削器、端刮器、尖状器、雕刻器、琢背小刀和锥钻。典型工具是以石英岩砾石产生的零台面石片制成的长型双尖尖状器和卵圆形弧刃刮削器，器身多保留砾石面，刀缘却加工得规整而精细，貌似古朴却凝聚着高超的制作技术。两处遗址的年代已有一系列碳十四测试数据，以细石器工业为主的上文化层距今 16000～10000 年。需要说明的是，柿子滩下文化层因出土遗物过少，至今未作过年代学研究，这些问题的逐步解决将有助于诠释上下层文化间的关系。

柿子滩遗址的西北曾发现两幅岩画，内容可能与舞蹈、狩猎及原始宗教有关。虽然我们不能肯定它就是柿子滩人的作品，但也没有确凿证据否认其旧石器时代的属性，它是中国旧石器考古学上的重要发现之一。笔者曾于 1993 年和 1999 年两次考察柿子滩遗址，本应让吉县人民骄傲和珍爱的精美岩画竟被愚昧无知的不法败类凿毁得伤痕累累、面目皆非，令人遗憾和痛心！

吕梁山北段西北隅的近十处地点虽然都采自地表，但因张森水先生的主持和研究而引人瞩目。它与内蒙古清水河、准格尔及托克托的材料共同显示了一种独特的地域文化，代表性石制品包括长形石核与长石片、狭长的杏仁状尖状器、三角形尖状器、舌状尖状器、半月形刮削器和梭形刮削器。石器的原料基本上都是石英岩，第二步加工运用了软锤和指垫法、技术娴熟而高超，工具规整且对称，完全可与饮洲旧石器晚期奥瑞纳和梭鲁特的同类型工具相媲美。原研究者认为这批石器与新石器时代的石制品比较有明显的不同，与旧石器时代晚期的石器作比较却有许多相似之处，因而确认它们是旧石器时代晚期的遗物。多年来脱层石器的断代问题一育困扰着我们，尤其是面对细石器工业出现以前缺乏地层、古生物和年代学证据的石制品材料。导师贾兰坡教授曾多次鼓励我试作以石制品器形、技术与组合模式探索其时代和分期的研究课题，终因工程艰难，自愧难以胜任，唯恐有负先生厚望而不敢涉足。笔者基本赞成张森水先生对其时代的判断，同时还认为某些类型的其仍见于中国北方以长城草原地带为中心的新石器文化之中，故而不排除个别地点已进入新石器时代的可能性。

三、比较和讨论

德日进与杨钟健当年发现的石器虽然不多，但"由所发现之情形，可证明旧石器时代人类不仅分布于甘肃东部及河套边沿，且分布于山陕间之黄河流域"（Teilhard and Young, 1930）。自那时以来整整70年，客观地讲，这一地风的旧石器考古工作做得还远远不够，我们不曾做过全面而系统的调查；除柿子滩和薛关外，没有实施更多的规模化发掘作。2万年以前的文化遗存因材料不足而难究其详貌和渊源发展，2万年以后这一地区才迎来了成批的晚期智人以及他们的文化。

偏关一带的晚期文化自发现之后即引起诸多学者关注，当时便认识到它是"这一地一种特殊的旧石器文化"（张森水，1959）；后来又进一步将其划入中国北方"长石片一细石器工业"中的细石器亚工业的多样器物组合群内，具体表现在典型细石器与精致的石器共存，后来发现的蒲县薛关和吉县柿子滩也在本组合群中（张森水，1991）。这一组合主要分布在河套地风的黄河沿岸，其类型和技术的波及地区可能相当广，它含有西亚乃至更西地区旧石器时代中期和晚期早段的一些技术成分，显示出旧石器时代晚期广泛存在的文化交流，好像是一群拥有莫斯特期和奥瑞纳期技术的人群在河套地区和黄河沿岸活动过，相当集中地留下反映这些娴熟技术的石器，些技术通过文化交流传入离黄河两岸更远的地方，甚至越过太行山进入河北境内（张森水，1999）。有的学者将其归入石叶工业，认为加工精致的新月形刮削器、端刮器和长身石核等可以与水洞沟工业对比，而后者是与丙方同时期文化有较多相似之处的石器工业（黄慰文，1989）。著名考古学家李炎贤教授则认为不能片面地用文化传播与交流解释石叶工业在中国旧石器晚期的出现，还要考虑文化的趋同现象。石叶工业虽然盛行于两方旧石器时代晚期，但在我国旧石器时代中期的丁村和板井子，甚至一些早期遗址中都有石叶制品的发现，表明以石叶为主要特征的晚期文化系列很可能是在吸收中国旧石器时代早、中期文化技术与传统的基础上发展起来的（李炎贤，1993）。

关于薛关的旧石器遗存，发现之初即认为与水洞沟的标本相似（周明镇等，1965），正式发掘后的比较研究认为，这里的文化内涵与虎头梁们一定的相似性，但加工方法却不尽相同；与内蒙古清水河等地的尖状器和半月形刮削器相比则有更多的相似之处，它们之间或许存在着现在尚不明了的某种关系（王向前、丁建平、陶富海，1983）。柿子滩典型细石器中楔状和船底形石核与萨拉乌苏、虎头梁、下川、薛关等地出土的极为相似；而行片石器的特点与内蒙古中南部和山西西北部黄河畔的石器及薛关的同类工有更多的一致性．有些器物甚至同出一模，表明了它们在文化传统方面的共同性，是黄河中游地区具有特色的义化（解希恭、阎金铸、陶富海，1989）。

综观诸家之见，对吕梁山西麓旧石器晚期文化的内涵与性质之看法并无大的分歧，文化的归属方面也持相同或相近的观点。在此也愿陈述己见，以期斧正柿子滩与薛关的石制品文化与同时期的其他遗址样主要由两部分织成：细石核及其产品细石叶和以石片制作的诸类型工具。现就已知绝对年代并有地层的几处重要遗址的细石核类型作简单统计与分析：柿子滩，楔状 79、船底形 64、锥状 35、漏斗状 30；薛关，船底形 53、楔状 19、半锥状 10、似锥状 5、漏斗状 4；7701 地点，船底形 3、楔状 2，锥状 1（王建、陶富海、王益人，1994）；下川，锥状 100、平锥状 5、楔状 34、漏斗状 24、料状 10、船底形少见（王建、王向前、陈哲英，1978）；虎头梁，镞状 236、柱状 17（盖培、卫奇，1997）。这样，船底形石核占重要地位的有薛关、7701 和柿子滩；下川的很少；虎头梁无。锥状和半锥状石核下川最多；柿子滩、薛关与 7701 则占一定比例；虎头梁无。楔状石核以虎头梁占绝对优势；其他依次为柿子滩、Y71、薛关和下川。柱状石核只见于下川和虎头梁、且均居次要地位。通过比较我们可以看出，与柿子滩、薛关亲疏关系者依次为 7701、下川、虎头梁。尤其是船底形石核突出地将柿子滩、薛关和 7701 联系在一起。

在石片和石叶工具组合中，刮削器大类下的端刮器是 5 个遗址中最多的类型，但是长身端刮器在虎头梁几乎占到 30%，下川的约占 10%，其他 3 处的则更少些；柿子灌和薛关没有或很少有下川的典型工具石核式刮别器与三棱尖状器；而 7701 的石核式刮削器数量与下川一样仅次于端刮器。另一方面，柿子滩和薛关最具代表性的长形双尖尖状器、卵圆和半圆形弧刃刮削器不见于 7701 和下川，虽然在虎头梁能找见它们的影子，而最为相近或一致的器物则大量出现在偏关清水河一带，后者发现的长形石核、长形尖状器和新月形刮削器在水洞沟工具组合中也能找到相似的标本。需要指出的是，偏关一带的标本皆采自地表，并不能代表当时当地石制品文化的全貌。

通过以上比较分析，我们对柿子滩薛关的文化遗迹有了更进一步的认识：1. 两处遗址最典型的器物是船底形石核、短身圆头小刮削器、梭形双尖尖状器、半月形和卵因弧刃刮削器；2. 绝对年代距今 16000～10000 年，分布区域北超内紫古清水河、南抵汾河与黄河交汇地带，西临黄河沿岸、东到吕梁山麓。3. 细石器内涵和技术与 7701 最为接近，其次为下川，与虎头梁有一定差异；4. 以石英岩砾石石片制作的典型工具和偏关清水河一带的采集品基本一致，与虎头梁的同类型器物有相近的一面，但与 7701 和下川文化的则相距略远。结合绝对年代数据群的先后分布，笔者认为它是旧石器时代晚期之后段，以山西南部 7701 细石器遗存为代表的细石器工业，沿黄河北上，与河套地区东进之水洞沟文化相互碰撞，而诞生在吕梁山西麓的一种新的旧石器文化。鉴于它鲜明的文化特色和明确的时空分布，有必要赋予其新的文化名称。考虑到柿子滩遗址地层完备、内涵丰富、保存较好等不可替代之优势，建议名其为"柿子滩文化"。

本文是在张森水教授的鼓励下完成的，写作过程中又得谢飞教授慷慨赐教，在此谨向二位先生深致谢意。

参考文献

1. 文木亨、卫奇、陈哲英、李有成：《晋西北黄河岸边新发现的旧石器地点》，《人类学学报》1983 年第 2 卷第 3 期，第 231～235 页。

2. 王建、陶富海、王益人：《丁村旧石器时代遗址群调查发掘简报》，《文物季刊》1994 年第卷第 3 期，第 175 页。

3. 王向前、丁建平、陶富海：《山西蒲县薛关细石器》，《人类学学报》1983 年第 2 卷第 2 期，第 162～171 页；李炎贤：《中国旧石器时代晚期文化的划分》，《人类学学报》1993 年第 12 卷第 3 期，第 214～223 页。

4. 张森水：《内蒙中南部和山西西北部新发现的旧石器》，《古脊椎动物与古人类》1959 年第 1 卷第 1 期，第 31～40 页。

5. 张森水：《内蒙中南部旧石器的新材料》，《古脊椎动物与古人类》1960 年第 2 卷第 2 期，第 129～140 页。

6. 张森水：《中国北方石器时代业分类初探》，《文物春秋》1991 年第 1 期，第 34～42 页。

7. 张森水：《小口子史前地点发现的石制品研究》，《人类学学报》1999 年第 18 卷第 2 期，第 81～101 页。

8. 周明镇、黄万波、张玉萍、汤英俊、黄学诗：《晋西南几个晚新生代地层剖面的观察》，《古脊椎动物与古人类》1965 年第 9 卷第 3 期，第 256～267 页。

9. 盖培、卫奇：《虎头梁旧石器时代晚期遗址的发现》，《古脊椎动物与古人类》1977 年第 15 卷第 4 期，第 287～300 页；黄慰文：《中国旧石器时代晚期文化》，载于吴汝康、吴新智、张森水《中国远古人类》，科学出版社，1989 年，第 68～74 页。

10. 解希恭、阎金铸、陶富海：《山西吉县柿子滩中石器文化遗址》，《考古学报》1989 年第 3 期。

11. Teilhard de Chardin, P. and Young, C. C. . Preliminary observation son the pre-Loessic and post-Pontian formations in Western Shansi and Northern Shensi. Geol. Mem. , Ser. A, 1930. No. 8, 3235.

（原载《山西省考古学论文集》，山西人民出版社，2000 年）

山西汾阳县峪道河遗址调查

山西省考古研究所

峪道河遗址是近年来在山西省新发现的一处重要遗址。1981 年 3 月，山西省考古研究所对该遗址作了一次比较细致的调查，参加者有王克林、罗新、孟力、李小克、畅红霞、海金乐。

遗址位于山西省汾阳县境内，距县城北约 6 公里处的峪道河公社周围（图一）。其地理环境，地处汾水以西、缓坡丘陵的山前地带，后连起伏的吕梁山脉。南临太军公路，依山临水，前眺开阔。由调查所见，这处遗址的文化遗存比较丰富，分布十分广阔，由南向北峪道河公社的李家沟纵深到田褚、水泉，东扩至崖头、峪口等几个自然村，而以李家沟至田褚间较集中，绵延数里，范围很大，总面积约 680 万平方米。与汾阳杏花村东堡和文水上贤遗址连成一线。

在调查中，我们在水土流失形成的深沟和断崖上发现多处石灰面、烧土面房基和陶窑以及瓮棺葬等遗址，并着重清理了 3 座瓮棺葬。文化堆积一般都较厚，最厚的文化层竟可达 5 米左右。在地面或断崖的灰层里采集到不少陶器和石器的标本，其中以陶片数量最多。根据对这些标本的考察，这处遗址所跨的时代很长，有仰韶、龙山、夏、东周和汉等几个时期，其中以仰韶、龙山时期的遗存较丰富而集中。遗址范围之大，年代延续之久，这在山西其他地区是不多见的。因此对研究该地区仰韶、龙山和夏时期的考古文化将具有一定的参考价值。现将这次调查的主要收获报告如下：

图一　遗址位置示意图

一、仰韶文化时期遗存

瓮棺葬发现一座，编号为 W1。墓的形制为长方形竖穴坑。东西向。瓮棺为两件陶瓮，口对口扣在一起平躺于墓穴内。瓮棺内置一副小孩骨架，无随葬品。墓长一米，宽与深均不详。①

---

① W1 是挂在李家沟村附近的断崖上，两件器物一半都暴露在外面，很难从上往下清理，所以我们从断崖上清理出来，故此，仅知其长度而不知其宽和深度。W2、W3 是挂在田褚村边的断崖上，情况与 W1 相同，所以其形制不详。

这时期发现的遗物皆为陶器残片，据器的残状，器形有小口尖底瓶、弦纹罐，彩陶钵、彩陶盆、泥质盆和一些彩陶片等。纹饰有线纹、弦纹、素面等，以线纹为最多，彩陶均为细泥红陶，彩纹有圆点、直线和钩叶纹等。陶质有泥质、细泥和夹砂三种。

　　小口尖底瓶　小口双唇，尖底呈锐角，饰以线纹，泥质红陶，制法系泥条盘筑（图二－3、4）。

　　弦纹罐　圆唇，内沿有折棱，肩饰以弦纹，夹砂褐陶（图二－5）。

　　瓮　瓮棺葬葬具，共两件，形制纹饰基本相同。标本 W1：1，折沿，鼓腹，下腹微内曲，肩部附錾耳一对，器表饰线纹，有打磨的痕迹，夹砂褐陶。口径 35.5、底径 17.5、通高 48 厘米（图二－7、图六－2）。

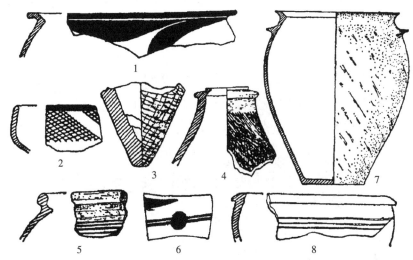

图二　陶器（仰韶文化）

1. 彩陶盆　2. 彩陶钵　3. 尖底瓶底　4. 小口尖底瓶口　5. 弦纹罐　6. 彩陶片　7. 瓮　8. 盆

　　盆　唇沿外斜口稍敛，腹部微鼓，饰数道弦纹，泥质褐陶（图二－8）。

　　彩陶钵　口微敛，圆折腹，橘黄色细泥陶，口部饰窄条彩带，下饰网纹，红彩（图二－2）。

　　彩陶盆　折沿，圆唇，细泥红陶，饰黑彩钩叶纹（图二－1）。

　　此外还发现不少彩陶片，皆为细泥红陶黑彩，饰以钩叶纹、圆点纹和直线纹等（图二－6）。

二、龙山文化时期遗存

　　遗迹发现石灰面和烧土面房基三座，形状不清，但由断崖或冲沟提供的剖面，残石灰面房基长 2.5～3.6 米、厚 0.5～1 厘米，居住面下用草拌泥垫底，厚约 5 厘米。此外还发现几处残破的窑址。墓葬发现两座，均为瓮棺葬，编号为 W2、W3。

　　W2，已残，被水冲刷破坏。葬具仅存一蛋形三足瓮，内置小孩骨架一副，瓮平置于墓穴内，南北向，无随葬品。清理时发现陶器（葬具）的腹及底部涂有白色草拌泥和石灰，并有烧的痕迹。该墓的形制不详。①

　　W3，葬具为 5 件陶器，皆残。有 1 件蛋形三足瓮（一底部残，一腹至底部残）、1 甂（下部残）、1 尊（下部残）、1 甑（上部残）。5 件残器拼凑在一起平躺于墓穴内，瓮棺内置骨架一副。在清理该墓

　　① W1 是挂在李家沟村附近的断崖上，两件器物一半都暴露在外面，很难从上往下清理，所以我们从断崖上清理出来，故此，仅知其长度而不知其宽和深度。W2、W3 是挂在田褚村边的断崖上，情况与 W1 相同，所以其形制不详。

的过程中，发现骨架都已朽腐，根据牙齿和股骨的残状看是一较大的小孩或一成人，因 5 件残器拼凑起来是可以容纳一个成人的。该墓为南北向，形制不详。

　　遗物发现的有石器和陶器，大体上可以分为生产工具、生活用具两类。

　　生产工具中有石斧、石刀、盘状器和陶刀等。石斧，有两种不同形式的，可分二式：Ⅰ 式，长方形扁体状，磨制，正刃正锋，较锋利（图三 -1）；Ⅱ 式，近长方体扁体状，背部较平，磨制十分光滑，偏刃斜锋，较锋利（图三 -2）。石刀，已残，据其残状应为长方形，扁体状，一面刃，中部有钻孔，为两面钻，磨制（图三 -4）。陶刀，为线纹泥质红陶片打磨而成，残其两端，两面钻孔（图三 -5）。盘状器，边缘有打制痕迹，两面中部为原石面，直径 13 厘米（图三 -6）。另外还采集到一些残陶环，一般断面为扁体状，多属泥质黑陶，表面磨光，外径 7.6、内径 4.8 厘米（图五 -3）。

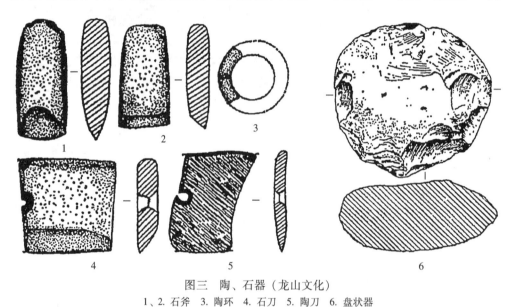

图三　陶、石器（龙山文化）
1、2. 石斧　3. 陶环　4. 石刀　5. 陶刀　6. 盘状器

　　生活用具中，除瓮棺葬具外，大都为碎陶片，器形有蛋形三足瓮、鬲、尊、甑、甗、罐、豆、斝、盉、折肩罐等，以蛋形三足瓮、鬲、甗等器物碎片最多，在断崖的灰层中和地面上到处可见，陶质以泥质灰陶和夹砂灰陶占多数，另外还有少量的泥质褐陶和磨光黑陶，纹饰多绳纹和篮纹，有少量的附加堆纹、契形点纹和弦纹。其特点是泥质灰陶大多饰篮纹，夹砂灰陶饰绳纹。

　　蛋形三足瓮　标本 W2：1，平敛口，鼓腹，腹下部有析棱，圜底附三空足，空足内有小泥球，泥质褐陶，通体饰竖直宽条篮纹，制法为泥条盘筑；由足、底和器身三部分粘接而成。粘接痕迹清楚可辨，口径 27、通高 60.7 厘米（图四 -1）。标本 W3：1，底部残，形制与 W2：1 相同，泥质灰陶，饰横篮纹，口径 26.7、残高 48.5 厘米（图四 -2、图六 -1）。还有一种三足瓮，上部磨光，器身饰弦断篮纹和篮纹交叉拍印形成的方格纹。

　　甗　标本 W3：2，下部残，敛口，器身修长，最大径居腹上部，下腹内收，腹中部饰对称鋬耳一对，外形似一深腹敛口罐，腰内有箅格。饰粗绳纹，夹砂灰陶，口径 27.7、残高 31.5 厘米（图四 -9）。

　　甑　W3：3，上部残，器壁斜直微内曲，平底微内凹，甑孔排例不规则，孔为两面钻，有未钻透者，器体修长，饰横篮纹，泥质灰陶，底径 10.4、残高 25 厘米（图四 -11）。

　　尊　W3：4，下部残，敞口外侈，长颈内收，折肩，口沿内饰弦纹一道。器表饰篮纹。肩部磨光，

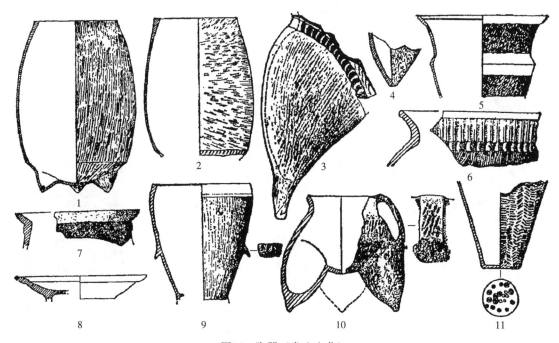

图四　陶器（龙山文化）

1、2 蛋形三足瓮（W2：1、W3：1）　3、耳、6. 鬲　5. 尊（W3：4）　7. 夹砂罐　8. 豆　9. 甗瓦（W3：2）
10. 斝　11. 甑（W3：3）

下饰有一周瓜籽状坑点点纹，泥质磨光黑皮陶。口径 38、残高 22.8 厘米（图四 –5）。

豆盘　扁厚圆唇，浅盘，泥质灰陶，盘内磨光，口径 18 厘米（图四 –8）。

夹砂罐口　尖唇，宽折沿，颈饰一周索状堆纹，下饰绳纹，夹砂褐陶（图四 –7）。

鬲　标本皆残，采集标本多为大片口沿和袋足部分。鬲口为圆唇高领外敞，领部饰宽条竖篮纹，颈饰一道附加堆纹，下饰绳纹（图四 –6）。鬲足有两种，一种为肥袋足，有较明显的实足跟，袋足上部饰索状附加堆纹一条，下饰绳纹（图四 –3）；另一种鬲足，无实足跟，袋足内有反绳纹痕迹，应为模制（图四 –4），还有一种高直领鬲，裆部有双錾。皆饰绳纹，夹砂灰陶。

斝　罐形，附三肥袋足，器耳黏附于口与袋足之上，饰杂乱绳纹，夹砂灰陶，制法系手制，由耳、袋足和器身三部分粘接而成，器高 16 厘米（图四 –10，图六 –3、4）。

盉　仅采集到口沿连带流的部分。敛口，流为简状，泥质灰陶。

另外，有几件陶器较为少见，但仅陶器（片）据其残片，器形有盆、斝和鬲的实足与"东下冯类型"邯郸基本相同[①]等，可以为更多文化探索提供了一点资料。

盆　侈口，沿微卷，尖圆唇，腹微鼓，下腹内收。另一种卷沿，下腹内收，腹饰舌形錾，外表均饰小坑点式绳纹，夹砂灰陶（图五 –2、5）。

斝　上部残，袋足上部饰一道链条状附加堆纹，有不明显的实足尖，夹砂灰陶，饰细绳纹（图五 –1）。

鬲足有两种，一种为矮胖锥体状，足跟底断面圆平；另一种亦为锥状。皆饰三至四道横、竖沟槽，

① 东下冯考古队：《山西夏县东下冯遗址东区、中区发掘简报》图九之 1，《考古》1980 年 2 期；邹衡：《夏商周考古学论文集集》第三篇图十 –2，1980 年。

竖槽较明显（图五 - 3、4）。

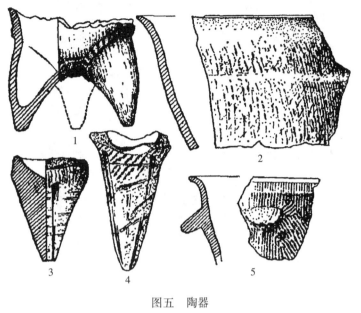

图五　陶器
1. 斝　2、5. 盆　3、4. 鬲足

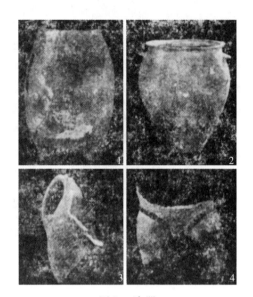

图六　陶器
1. 三足瓮（W2∶1）　2. 瓮（W1∶1）　3、4. 斝

三、结　语

吕梁地区的考古工作做得不多，对这一地区各时期的文化面貌、内涵是不很清楚的。通过这次对峪道河遗址的调查，使我们对这一地区的文化有了一个初步的了解。从而深入探索该地区各时期文化性质、和人们文化共同体有着一定的参考价值。

首先由采集到的标本和清理出的瓮棺葬具，其时代主要为仰韶、龙山（或许有类似"东下冯类型"的遗物）时期，但这两个阶段的遗物并不是单纯的，如仰韶文化阶段的标本 W1∶1，形制特征与半坡遗址第四期的同类器基本相同[1]；而其他一些器形，如双唇口尖底瓶、盆等，和彩陶花纹，又与仰韶文化庙底沟类型的同类器相同，具有庙底沟类型的特征，所以峪道河遗址仰韶文化时期的遗存又可分为庙底沟类型时期和半坡四期。鬲足跟有沟槽曾见于磁具下七垣的"二里头文化"[2]；斝裆部饰的锁链状附加堆纹见于邯郸涧沟的先商文化[3]。"东下冯类型""先商文化"和"二里头文化"的年代均在夏代，因此，这些遗物应相当于夏代。

峪道河遗址龙山文化时期的遗存，根据陶器特征，亦有早期之分，除斝和夹砂罐的年代较早外（庙底沟 II 期前后），其他器物皆相当于龙山时期（或称为龙山晚期）。该遗址龙山文化时期遗存较丰富，遗物也较多，是我们这次调查的主要收获，特别是 W2、W3 的陶器，为我们提供了一组可与其他

---

① 《西安半坡》图一〇二之3；张忠培：《试论东庄村和西王村遗存的文化性质》，文中对半坡遗址分为四期，《考古》1979 年 1 期。

② 河北省文管处：《磁县下七垣遗址发掘报告》，图八之7，《考古学报》1979 年 2 期。

③ 邹衡：《夏商周考古学论文集》第三篇图十之8，1980 年。

地区进行比较的共生器物。W2、W3 的一组器物与内蒙古南部准格尔旗大口第二期有很多相同的因素。[①] 大口第二期也盛行瓮棺葬，并且其葬具蛋形三足瓮（报告中称袋足瓮）同峪道河遗址的葬具—蛋形三足瓮十分相似；此外尊、甗等陶器也大体一致；在葬俗上，大口二期也有"在陶器底部敷一层白色草拌泥，有的还有烟熏的痕迹"和用口部和底部的残器物作为葬具的作风；在纹饰方面，大口二期也存在着弦断篮纹和瓜子状坑点纹；在年代上，大口二期的年代为"早于偃师二里头商文化，晚于客省庄二期文化"，其相对年代当在龙山时期。峪道河遗址的龙山遗存与大口二期的年代也相当。

据此，我们认为，山西晋中吕梁地区各阶段的考古文化，它的仰韶文化时期，与陕晋豫地区同时期表现的文化特征，共性是主要的。而龙山文化时期，情况就不同了，个性即地域性突出，如很有特点的蛋形三足瓮，除在山西和内蒙古南部大量发现外，其他地区都很少有发现或没有发现过。而在龙山之后，在山西的吕梁山西麓一线和晋中盆地都大量的发现这种器物。[②] 据我们调查和发表的材料，从汾河中游（包括晋中盆地）、上游一直到内蒙古南部，都存在着峪道河遗址龙山文化时期的遗存。这就表明，在这个地区存在着一个相对独立的考古文化，存在着考古文化区系类型的问题。

执笔：王克林、海金乐

（原载《考古》1983 年第 11 期）

---

① 吉发习、马耀圻：《内蒙古准格尔旗大口遗址的调查与试掘》，《考古》1979 年 4 期。

② 寿田：《太原光社新石器时代遗址的发现与遭遇》中发表的蛋形三足瓮，《文物参考资料》1957 年 1 期；又据山西省考古研究所调查，在吕梁山西麓的孝义、汾阳、交城、文水、岢岚和晋中盆地的太谷，太原等地均发现过这种器物。

山西石楼岔沟原始文化遗存

中国社会科学院考古研究所山西工作队

岔沟遗址是 1980 年秋我们在石楼调查时发现的。

石楼县位于山西省的西部，濒临黄河，属吕梁地区。这里的黄土高原，由于长期的雨水侵蚀，被切割成一条条的沟壑，原面破碎，成为典型的沟壑峁梁地区。岔沟村现属石楼县城关公社所辖，在县城东约 4 公里。屈产河自东向西流经县城，折向西北，注入黄河，岔沟村就在屈产河北岸的黄土山坡上。这里河谷狭窄，两侧崖壁陡峭。当地屈产河面海拔为 905 米，而村北原顶的高度为 1220 米。现在岔沟村的村民就分散居住在屈产河北的半山腰上（图一）。

我们在沿屈产河调查时，最初在岔沟村所在的半山腰上发现两处龙山文化的白灰面居住房址。后来，根据村民提供的线索，又在岔沟村西、果园所在的另一条黄土山梁上发现较多的龙山文化白灰面居住遗迹。这类居住遗迹，由岔沟村向西，沿着屈产河，断断续续地分布在向阳的山腰上，一直到石楼城关附近的东庄。在山脚的洼地还可以采集到少量的灰色篮纹陶片等。

为了解这种原始文化的面貌，1980 年秋，我们在岔沟村内发掘了两座龙山文化白灰面房址（F1、F2），又在东庄试掘一座龙山文化白灰面房址。1981 年春，我们在岔沟村西的山梁上发掘十七座龙山

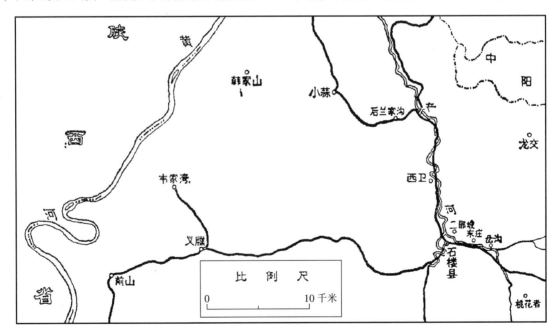

图一　石楼岔沟遗址位置示意图

文化的居住址（F3～F15、F17～F20），两个龙山文化灰坑（H1、H2）；另外，还发掘一座仰韶文化居住遗迹（F16）。

在发现居住遗迹的地方，都没有发现文化层堆积，地表土以下即露出居住遗迹，房址就挖在生土上，因此，所有的居住遗迹都没有文化层叠压关系。

现将岔沟的原始文化居住遗址整理报告如下。东庄试掘的一处居住遗迹附后供参考。

一、仰韶文化遗存

仰韶文化的房址只发现一座（F16），位于接近原顶的一条狭窄的山梁上，左右两侧均为深沟。房址所在地海拔为1118米，是这次调查发掘中位置最高的一座房址。

这座房址的东西两侧都被深沟破坏，南临断崖，也已毁坏，只保存很少一部分。东西残存2.1、南北残存3.6米，墙保存高1.55米。方向以通过火塘中心的南北剖线为准，197°（图二）。

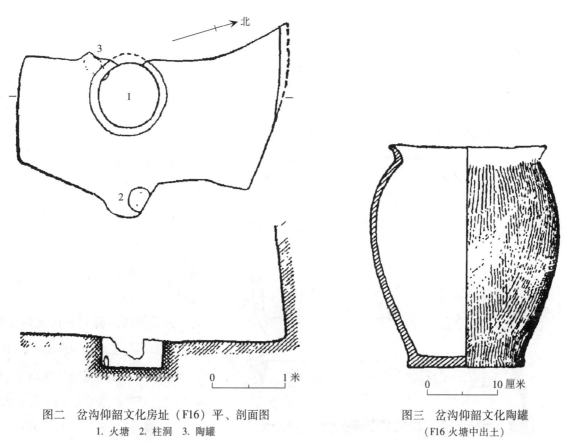

图二　岔沟仰韶文化房址（F16）平、剖面图
1. 火塘　2. 柱洞　3. 陶罐

图三　岔沟仰韶文化陶罐
（F16火塘中出土）

平面形状无法确定，从保存的一段长约2.3米的弧形北墙推测，可能是圆形的。这段弧形墙壁的底部向外扩出20厘米，口小底大，壁面不整齐，没有保留任何加工修整的痕迹。

居住面比较平整，在生土地面上涂抹两层细泥，每层厚均为1.5厘米。

在距北墙约2米处的居住面上，有一个圆形的火塘，内径0.85、外径1.1、深0.4米。火塘平底，在西南角上向外挖一个坑，内放一个保存炭火的陶罐，陶罐的口部和火塘相通。其做法是先按火塘的外径在地面上挖一个深0.4米的圆坑，然后在西南角按陶罐的大小再向外横掏一个小坑，将陶罐横放在坑内，使陶罐的口部与火塘底部取平，用土填实，再用泥涂抹火塘的底部和周壁，并留出和陶罐相通的壁孔。由于长期烧火，火塘底部及周壁都烧成红烧土硬面。在火塘以东紧靠断崖处，保存有一个柱洞，圆形，内径 32、外径 50、深 50 厘米。柱洞底部为尖锥形，用陶片和黄土填实。

屋内的堆积为黄土，土质较松，文化遗物极少，只发现几片陶片，其中有一片是细泥红陶钵的残片。

屋内出土的唯一完整器物，是火塘里的陶罐。夹砂红陶，含砂粒较粗。敛口，卷沿，鼓腹，平底。颈部以下施粗绳纹，底部也有粗绳纹。器形不甚规正，略呈扁圆形，口径 20.2 ~ 21.5、底径 15.2 ~ 16、高 30.4 厘米（图三）。

这座房址很残破，从残存部分看，它和岔沟村发现的其他房址不同，所出的陶器也完全不同，可以确认两者分属不同的文化系统。从陶器的特征来看，F16 应是仰韶文化的遗存。

二、龙山文化遗存

（一）房屋遗迹

在岔沟村发掘的龙山文化的居住遗迹共 19 座，在东庄试掘一座，合计 20 座。现按编号次第分别说明如下：

F1 位于岔沟村半山腰的断崖上。在 F1 西南相隔约 10 米和 50 米的断崖上，还暴露着两座白灰面的房屋遗迹，但都因过于残破，未加清理（图四）。

F1 的居室为圆角长方形，居室的南墙和门道都已被破坏，但居室南墙还残留东西两个转角，所以居室的平面得以复原。

这里的房屋都是依山向阳修筑的，所以大都不是正南北方向的。F1 的居室东西长 5.2、南北宽约 4 米。方向以东墙为准，150°。居室的四壁保存高度不一，南墙被断崖破坏，东西两壁保存较完好，高 1.5 米，北壁高 3.8 米，但保存较差，只有 0.3 米高为原壁面，由此往上墙壁多有坍塌，已非原状。由东西两壁保存较好的部分看，自上而下略向外扩，呈弧形。屋内填满淤土，在淤土中夹杂二层红生土，在淤土下、居住面

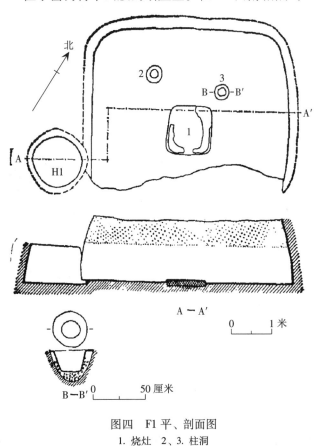

图四　F1 平、剖面图
1. 烧灶　2、3. 柱洞

之上，有一层灰土，厚约 20 厘米。淤土中没有发现任何遗物，在灰土中只有几片篮纹灰陶片。

在居室的西南角、西墙的外侧连着一个小灰坑，圆形，袋状。口径 1.26、底径 1.5、深 1.15 米，灰坑的底部低于居住面 15 厘米。坑内堆积灰土，出土遗物很少，只有陶片十余片。小灰坑是附属于 F1 的窖穴，出入口开在西墙上。

室内的居住面用白灰涂抹而成，非常平整、光滑，有些地方已残破。居住面的做法是先在挖好的地坪上抹二层草泥土，每层厚 0.5 厘米，其上再抹一层白灰，厚 0.6 厘米，经压磨而成。墙壁上也抹白灰墙皮，做成高 0.85 米的墙裙。白灰墙皮很薄，厚 0.1 厘米，极易剥落，从保存较清晰的地方可以看出曾经先后涂抹过三层。

在居住面中部偏南，有一圆角方形的烧灶。灶的长、宽均为 1.1 米，平底，低于居住面 2 厘米。灶的底部也抹白灰，周围还有一圈宽 2 厘米用白灰抹成的灶边。由于长期烧火，灶底中央部分的白灰面已经残破，露出的黄土灶底已烧成暗红色。另外，在居室东北角和西墙中部的居住面上，各有一处很小的烧火坑，周围的白灰面都已烧成红黑色。

在灶的北面，东西两侧各有一个柱洞，东侧的柱洞靠前，西侧的柱洞偏后。两个柱洞的形状、大小、做法都相同。柱洞为圆形，平底，口径 35、底径 20、深 30 厘米。柱洞经解剖，其做法是先挖一个口径 45、深 30 厘米的圆锥形坑，底部用黄土夹小石子夯实，厚 10 厘米，然后立柱，在柱子周围的空隙处填黄土及小石子夯实。

F2 在 F1 的西面，与 F1 隔沟相望。调查时，在断崖上发现有白灰居住面和烧灶的红烧土，清理结果，只保存有半间居室（图五）。

居室的南半部以及门道均为断崖所破坏。从残存的部分看，平面也是圆角长方形的，东西长 3.6、南北残存 2 米。方向以东西墙为准，170°。墙壁上下略呈弧形，以墙高 85 厘米处度量，内收约 20 厘米，口小底大。85 厘米以上周壁，已非原来壁面。从北墙观察，原高度约有 3 米。

居住面做法和 F1 相同，也是先在底部抹草泥土，但只有一层。在草泥土之上涂抹一层白灰，厚 0.6 厘米，白灰面也压磨得很平整、光滑。墙壁上也抹一层薄薄的白灰墙皮，高 85、厚 0.1 厘米。

居住面中部也有一个烧灶，灶的南半部已为断崖所破坏。灶的周围有一圈烧红的草泥土硬面，宽 7 厘米，高与居住面平齐。灶是平的，但没有涂抹白灰的痕迹。灶的中央烧成红色，厚 14 厘米。在灶的外围还放着三块石头，靠灶的一侧都已烧成

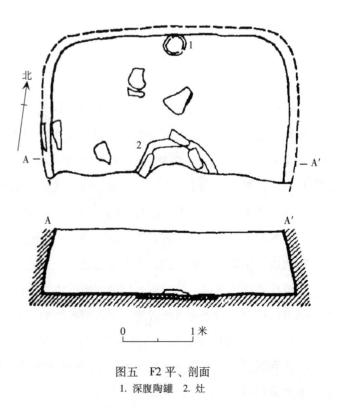

图五　F2 平、剖面
1. 深腹陶罐　2. 灶

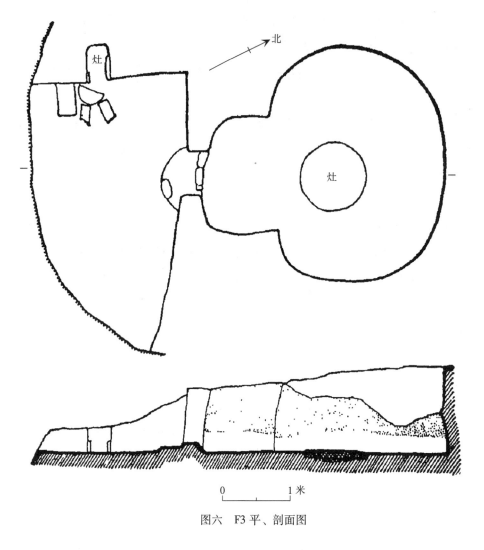

图六　F3 平、剖面图

红色，可能是当作支架用的。

靠北墙的中部，立放着完整的直口深腹粗绳纹陶罐 1 件，高 50 厘米。

在房屋里填满了淤土，没有发现任何遗物。

F3 位于岔沟村西另一条土梁的半山腰上。这里的龙山文化居住遗迹分布比较密集，F3 附近还有 F4 等白灰面房址多座。F3 海拔 1070 米，高出屈产河河床约 80 米。

F3 是这次发掘中最完整的一座房址。平面呈凸字形，居室略呈椭圆形，中央有圆形烧灶，南面有一条凸出的门道，门在门道顶端的中央，门外有一片院落，院落的西侧有一个室外的露天灶坑。

居室东西长 4.15、南北宽 3.1 米，门道长 1.4、宽 2、门宽 0.8 米。方向以门道为准 203°（图六）。

墙壁都是生土壁，上下略有弧度，以后墙保存较好的高 0.7 米处度量，居住面向外扩出 0.1 米。墙壁最高约 1.55 米，靠上部均有坍塌，已非原来壁面。墙面上先抹一层厚 0.3 厘米的草泥土，再抹一层白灰墙皮，高 40、厚 0.3 厘米。居住面也是先涂一层草泥土，厚 0.3 厘米，再抹一层白灰，压磨光滑，厚 0.5 厘米。居室中央偏南有一圆形烧灶，直径 1.23 米。其做法是先按灶的大小向下挖深 10 厘米，四周抹白灰，再填土压实，使之较周围居住面略隆起 1~3 厘米，灶的表面未见抹白灰的痕迹。烧灶范围内因长期烧火呈暗红色，表面有龟裂纹。

门道在居室的南面，稍偏东，门道两侧的墙不对称，东壁长 1.4、西壁长 0.8 米，呈弧形转角。门道和居室的拐角，门道南端的转角，都有相连接的白灰墙皮。门宽 0.8、深 0.4 米。门前有二级台阶，第一级宽 0.38、高 0.13；第二级宽 0.4、高 0.1 米。门和门道之间，横放一块石板，作为门限。

门外到断崖边，有东西宽约 6、南北长约 2.7 米的一片平地，可能是这座房屋的院子。地面和室内居住面大致在同一平面上，西端有一长方形的烧灶，灶东西长 0.7、南北宽 0.4、深 0.67 米。灶的两

侧壁都贴有石板，灶内烧成暗红色。这个院落和烧灶应是
F3 的组成部分。室内、室外的地面上填满淤土和黄土，
仅南部及东南角的居住面上有 10 厘米厚的一层灰土堆积，
出土一百余片陶片。

F4 在 F3 的西面，相隔 3 米，海拔高度与 F3 相同。
F4 的西面和南面都临断崖，房屋部分被毁，只保存居室
的大部分和一部分门道。

F4 也是一座凸字形的房址，居室圆角长方形，西北
角和西南角被毁，烧灶保存完好。F4 居住面东西残长 2.6
米，如以烧灶的中心计，原长度约为 3 米，南北宽 2.6
米。门道在南面，只保存东壁一部分，残长 1.15 米，西
壁和门被破坏。方向以门道东壁为准，206°（图七）。

墙壁也是生土壁，保存最高处为 1.3 米，上下略呈弧
形，居住面向外扩出 20 厘米。墙上先抹草泥土，再抹白

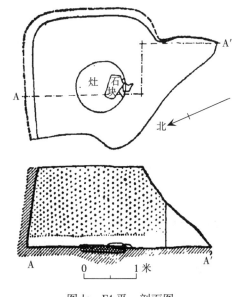

图七　F4 平、剖面图

灰面墙皮，厚 0.2 厘米，大部分已剥落，保存最高的只有 20 厘米。居住面也是在草泥土上再抹白灰，
厚 0.3 厘米，表面压磨光滑。

居室中央有一圆形烧灶，直径 1 米。做法是先按灶的大小下挖深 9 厘米，周壁抹白灰，与居住面
的白灰面相连，应是一次筑成。再垫土压实，表面抹一层白灰，烧灶的中央部分较居住面隆起 2 厘米。
烧灶表面因长期烧火，白灰面呈黑色。烧灶上放着几块石头。门道的东壁略呈弧形，比居室的东墙缩
进 0.6 米，则门道原宽约 1.8 米。门道的地面也有白灰面，大都残破，门道的东壁上也抹白灰墙皮，
但已剥落。

房址内堆积黄土，上层较松，下层较硬，并夹有一层淤土。靠近居住面有少许灰土，出少量陶片
及白灰面渣末。

F5 这是保存比较完整的房址之一，它坐落
在海拔 1080 米的山坡上，东、南面临断崖。向
西不到 10 米，有 F6、F7，三座房屋东西排成
一列。

在表土层 10 厘米以下即露出上口，房址平
面也是凸字形，方向以门道东壁为准 175°
（图八）。

居住面呈圆角长方形，现存居室上口收成
半圆形，口小底大。上口东西长 4.4、南北宽
3.3 米，居住面向四周扩出，东西长 5.25、南
北宽 4.3 米。现存墙壁西南角最低为 1.3 米，
东北部最高为 2.2 米。门道略偏东，门道的南

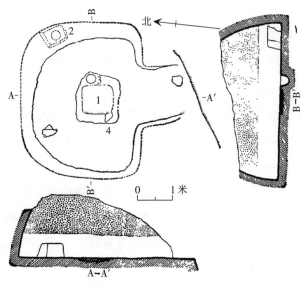

图八　F5 平、剖面图
1. 灶　2. 锅台　3. 柱洞　4. 石头

端被断崖所毁。门道东壁较直，西壁斜向东南，北宽 2、南宽 1.7、残长 1.7 米。墙壁是生土壁，距居住面高 0.85 米以下抹白灰墙皮。在壁上涂一层草泥土，厚 0.3～0.5 厘米，再抹一层白灰面，厚 0.3 厘米，白灰墙皮大部已剥落。生土壁面未经加工。门道的两壁也有白灰墙皮，大都剥落。

居住面用白灰涂抹再压磨而成，有的地方已残破。居住面有两层，大概是下一层居住面损坏后，又在上面另抹一层。白灰面厚 0.5～0.8 厘米。在靠近墙根的居住面上，有一圈宽约 0.6 厘米的红线，是用红颜料画在白灰面上的。这种情况在其他一些房址中也有发现。

居室中央有一烧灶，已毁坏，从残留的痕迹看，为方形圆角，东西 1.15、南北 1.25 米，灶面为红烧土，低于居住面 3～5 厘米。灶的西南角放一块石头，经火烧过。在居室的东北角，有一个用黄土砌成的锅台，形状为截顶方锥形。底部东西宽 0.65～0.7、南北长 0.7～1.1 米；顶部东西宽 0.45～0.5、南北长 0.5～0.7、高 0.45 米。锅台中央有圆形灶口，口径 32、底径 37 厘米。灶门偏在东南角上，底宽 30、高 25 厘米。灶门外壁上有因烧烤而成的红烧土面。这种灶仅发现此一例。在烧灶东北的居住面上，有一个柱洞，圆形，口径 32、深 42 厘米。

室内填黄土，土质较松，南部有大块的生土，可能是从上壁塌下来的。接近居住面处有零星的灰土堆积，出土陶片 100 片，仅复原陶杯 1 件。

F6　位于 F5 和 F7 之间，东距 F5 约 5 米，西距 F7 不足 3 米。海拔 1082 米。房址大部分已被破坏，只保存居室的北墙以及东墙和西墙的一小部分。居室北墙的东西两端都作圆形转角，推测居室也是圆角长方形。居住面东西长 4.04、南北残存 1.6、残高 0.8 米。方向以东西壁为准，165°。墙壁为生土，其上涂白灰墙皮，做法和其他房屋一样，也是先涂一层草泥土，再涂白灰墙皮，白灰墙皮厚 0.3～0.4、高 80 厘米。居住面涂白灰，厚 0.4～0.5 厘米，经压磨平整光滑。

居室东北、西北角，各有一个向外扩的烧土洞，前者宽 25、高 40 厘米，后者宽 25、高 30 厘米。东北角的烧土洞尽头，还连接一个直径 4 厘米的圆形孔洞，一直通到 0.8 米以外的地表。这种烧土洞的功用还不清楚。

F7　位于 F6 之后，海拔高度与 F6 相同。房址被毁殆尽，只保存居室的北壁和西北转角。居室的平面大概也是圆角长方形的，东西长 4.3、南北残存 1.1 米，北墙保存最高处 0.55 米。方向 225°。

居住面很平整，白灰面厚 0.3 厘米。墙壁为生土壁，先涂草泥土，再抹白灰墙皮。白灰墙皮厚 0.3 厘米，高度仅存 0.55 米。

F8　位于 F7 的西南约 15 米，西面紧邻 F9，两屋并列，相距不足 3 米。海拔 1078 米。房址保存居室的大部分，门道因临断崖而被毁。居室的平面为圆角长方形，东西长 4.2、南北宽 335 米。方向以东西壁为准，225°（图九）。

表土层下即露出居室的上口，上口略小于居住面。北壁保存最高为 0.95 米，东西两壁保存的高度不一，北高南低，0.7～0.1 米。居室的四壁为生土壁，也是先涂一层厚 0.3 厘米的草泥土，再抹一层厚 0.3 厘米的白灰墙皮，白灰墙皮保存高 15 厘米左右。居住面也抹白灰面，厚 0.3 厘米，白灰面经压磨，比较平整。

居室中央偏南有一圆角方形烧灶，东西、南北均长 1.3 米。烧灶的底部低于居住面约 4 厘米，烧灶的四壁抹白灰，再填土压实，使烧灶表面高出居住面约 2 厘米。表面未抹白灰，烧成红烧土面。在居室东北角有一个柱洞，直径25、深38厘米。柱洞立柱后，四周用黄土夹碎陶片砸实。

居室内填满黄土和淤土，在接近居住面的堆积中，出土十几片碎陶片。

F9　位于F8西面约3米，两屋东西并列。海拔1078米。房址暴露在断崖上，只保存居室的北半部，烧灶以南已被毁。居室圆角长方形，居住面东西长3.7、南北残存2.9米。方向225°。居室的墙壁为生土，涂一层草泥土，再抹一层白灰墙皮，大部分已脱落。北墙保存最高，0.95米。居住面上涂一层白灰面，厚0.2厘米，表面光滑平整。居室中央偏东，有一圆形烧灶，部分被断崖破坏，直径1.38米，烧灶面比居住面高出1厘米，全部烧成红烧土面。

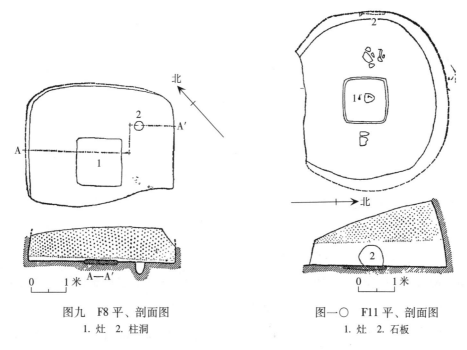

图九　F8平、剖面图
1. 灶　2. 柱洞

图一〇　F11平、剖面图
1. 灶　2. 石板

居室内堆积为黄土，在西北角有一层灰土，夹有白灰墙皮的碎块。灰土中出土陶片十多片，复原夹砂红陶鬲1件。

F10　位于F7正南约20米，西面紧邻F11、F12，三座房址东西排成一列。F10的东面紧临深沟。隔沟和F13相望，其南为断崖。海拔1073米。房址仅存一段北墙和一片白灰面的居住面。东西残存2.9、南北残存1.4米。房屋的平面形状不清。北墙保存最高处1.5米，墙上的白灰墙皮已脱落。在距居住面高0.8米以上的墙壁上，有一片烧土面，高0.7、宽0.75米。居住面上抹了二层草泥土和白灰面。

屋内填淤土，在近居住面的堆积中发现极少几片陶片。

F11　位于F10的西面约2米，海拔1074米。南面为断崖，门道已被毁，只保存居室。居室平面为圆形，袋状。居室上口东西直径4.6、南北残存3.6米；居住面东西直径4.9、南北残存4.1米。方向177°（图一〇）。

居室的周壁为生土，保存最高的有1.9米。墙面先抹草泥土，厚0.2厘米，再抹白灰墙皮，高0.85米，厚0.1厘米。由于白灰墙皮很薄，大部分已剥落。在西墙的壁上靠近居住面，砌入一块石板，高0.55、宽0.65米，用途不明。

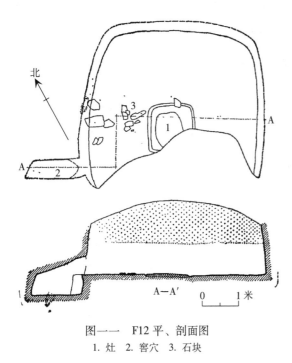

图一一　F12平、剖面图
1. 灶　2. 窖穴　3. 石块

居住面是在地面上先涂一层草泥土，厚1厘米，再抹一层白灰面，厚0.6厘米。在居住面上，靠近墙根有一圈宽2厘米的红线。居室中央有一圆角方形的烧灶，长、宽各1.3米。烧灶的四边有一圈宽5厘米的草泥土边。烧灶是先挖一个略低于居住面的方坑，用草泥土做出灶边，和居住面取平，再用土填平，其上抹草泥土，已烧成红烧土硬面。

屋内堆积黄土和淤土。由于这座房址位于一条冲沟处，存积的陶片较多，出土同时期的陶片100多片，复原泥质灰陶篮纹壶1件。

F12　位于F11西北约3米处，海拔1075米（图一一）。保存居室的大部分，居室的东南角连同门道均被断崖破坏。居室平面为圆角长方形，上小底大。居室上口东西长4.9、南北残存4米；居住面东西长5.2、南北残存4.6米。方向210°。

居室的四壁为生土，北墙保存最高处2米。墙面先涂一层草泥土，再抹白灰墙皮。白灰墙皮高0.85~0.9米，很薄，厚0.15厘米，大部分剥落。居住面很平整，抹草泥土后，再抹白灰面，总厚1厘米。在居住面上靠近墙根处，用红颜料画出一周红线，宽1厘米左右。

居室中央偏南有一个圆角方形的烧灶，东西1.34、南北1.3米。烧灶是先按灶的大小从地面下挖深10厘米，再填土夹石灰块砸实，在表面抹草泥和白灰面。烧灶四周有宽6厘米的灶边，较居住面低1厘米，中央的烧土面高出居住面1厘米。在烧灶的西侧，居住面上散放着一些石块。在居室的西南角，从墙上向外掏出一个窖穴，口宽55、高50厘米，窖穴长1.3、宽0.5米，窖穴的底部比居住面低0.6米。由此可以证明，F1居室西南角的圆形窖穴，也是该屋的室内窖穴。

屋内堆积比较纯净的黄土，包含物很少。靠近居住面的地方有少许灰土。出土陶片20多片，都出自灰土和窖穴中，复原泥质灰陶双鋬直腹罐1件。

F13　位于一条窄山梁上，隔一条深沟与沟西的F10东西遥对。海拔1070米。房屋紧临深沟，绝大部分被冲毁，只残存东边一小部分。房址平面可能也是圆角长方形。居室东西残长1.14、南北宽4.3米，墙壁保存高0.9米。方向195°。

居室的东壁保存完整，墙上先涂草泥土，厚0.6厘米，再抹白灰墙皮，高0.5米，厚0.1厘米。居住面先涂草泥土，厚0.6厘米，再抹白灰面，厚0.6厘米。

室内堆积纯净的黄土，土质较松，只发现1片泥质灰陶篮纹陶片。

F14　是这次发掘中位置最低的一座房址，海拔1013米，距屈产河河床25米。房址只保存居室的一半，烧灶以南已被破坏。居室平面为圆角长方形，上小底大。居住面东西长4.4、南北残存3.5米，北壁保存最高1.7米，方向160°。

居室的墙为生土，墙面先涂草泥土，再抹白灰墙皮，白灰墙皮高0.7米，厚0.1厘米，大部分已脱落。

居住面是先抹草泥土，再抹白灰面，白灰面厚 0.3 厘米。居住面上靠墙根处，用红色颜料画一圈红线，宽 2 厘米。居室中央有烧灶，圆角方形，南边已残毁，东西 1.1、南北残存约 1.1 米。烧灶四周略高于居住面，灶的表面也抹白灰面，中间部分为红烧土硬面。

室内堆积土质较松的黄土，较纯净，出土几块陶片。

F15　位于 F5 以东的另一条山梁上，中间隔着一个大深沟。海拔 1078 米。只保存居室北部一小部分，大半个烧灶及其以南部分已破坏。居室平面为圆角长方形，东西长 4.85、南北残存 3.4 米。方向 167°。

墙壁为生土，北墙比较完整，保存最高处 1.8 米。墙面先涂一层草泥土，厚 0.5 厘米，再抹白灰墙皮，白灰墙皮高 1.05 米，厚 0.1 厘米。居住面有三层，每层都是先涂草泥土，再抹一层白灰面，白灰面厚 0.3 厘米。三层共厚 6 厘米，表面平整光滑。这表明房屋经长期居住，居住面经三次修整。

烧灶残存一小半，圆角方形，东西长 1、南北残存 0.6 米。烧灶较居住面低 1.5 厘米，先抹草泥土，再抹白灰面。白灰面厚 0.3 厘米，与最上一层居住面相接。烧灶以下 9 厘米处，还有一层红烧土硬面，很可能是第一或第二层居住面时期的烧灶。

屋内堆积比较纯净的黄土，距居住面高 0.16 米和 0.44 米处，有二道明显的水淤痕迹。填土中遗物极少，在近居住面的堆积中发现十多片陶片。

F17　位于 F14 北的一条山梁的尖端上，海拔 1050 米。房址紧临断崖，大部分被毁，只保存北墙和东西墙很少一部分。从北墙及其东西两个转角看，居室也是圆角长方形。居室东西长 2.9、南北残存 0.8 米。北墙保存最高处 0.55 米。方向 213°。

墙壁为生土，墙面先涂一层草泥土，再抹白灰墙皮。白灰墙皮厚 0.4 厘米，大部分已剥落，东北角保存最高处 0.3 米。居住面也是白灰面，厚 0.3 厘米，表面平整。

屋内堆积黄土，质松。近居住面有很薄一层灰土，出陶片数片。

F18　位于山梁的东北较高处，海拔 1101 米（图一二）。房屋的东面为断崖、深沟，东半部被破坏，只保存居室的西半部及一部分门道。平面凸字形，居室平面圆角长方形，南面伸出一条门道。居室东西残长 3、南北宽 3.2、门道西壁残长 1.1 米。方向 135°。如以烧灶中线为轴线复原，居室东西长 4.4、门道宽 2 米。

墙壁为生土，北墙保存最高处 1.44 米，西墙最高 0.9 米，门道西壁残高 0.44 米。墙上有白灰墙皮，厚 0.2 厘米，高 1.1 米，保存不好，一部分已脱落。

居住面用白灰筑成，先在地面上涂厚 0.2 厘米一层阜泥土，再抹一层白灰，厚 0.1 厘米。居住面表面很平整，靠墙根处，有一圈宽 2 厘米的红线，一直延续到门道西墙下。中央有烧灶，圆角方形，长、宽 1.2 米。烧灶周围有一圈用草泥土圈成的灶边，宽 6 厘米，烧灶内为草泥土的烧土硬面，烧灶的表面略低于居住面。

屋内堆积黄土，出土陶片 40 余片。

F19　位于 F15 东北，相距约 10 米。海拔 1083 米。房址绝大部分被破坏，残存居住面一片，东西长 1.1、南北宽 0.65 米。因保存太少，不知其原形。居住面有三层，每层都是先涂草泥，土，再抹

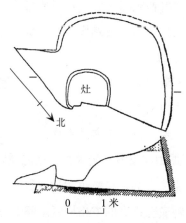

图一二　F18 平、剖面图

白灰，白灰面厚 0.1 厘米，三层居住面共厚 10 厘米。

F20　位于 F18 东北约 25 米的断崖边上。海拔 1110 米。房址绝大部分被破坏，只残存一段墙壁和一片居住面。居住面东西残长 1.4、南北残宽 0.5、墙高 0.2 米。房屋原形不详。居住面有二层，先抹草泥土，再抹白灰面，白灰面厚 0.4 厘米。靠墙根的居住面上也有宽 2 厘米的红线。

东庄 F1　1980 年秋季调查时发现和清理的。东庄在石楼县城关，房址位于东庄村的半山坡上。其西面约 7 米处，还有一座房址，因过于残破，未清理。东庄 F1 南临断崖，南部被破坏，只保存完整的北墙和东、西墙的一小部分。从北墙及其东、西两个转角看，居室的平面也是圆角长方形。居室东西长 3.75、南北残存 1.75 米。方向 190°。

墙壁是生土，原墙面保存高 2.2 米，都经加工修饰。由居住面到高 1.15 米的墙面上，先涂草泥，再抹白灰墙皮，白灰墙皮厚 0.3 厘米，保存非常完好。白灰墙皮以上到高 2.2 米，墙面上抹草泥土墙皮，厚 1.5 厘米。两者相接处，草泥墙皮压住白灰墙皮约 5 厘米。2.2 米以上的墙壁因有坍塌，已非原墙面。墙壁上下有弧度，从高 2.2 米处到居住面，向外扩出约 0.4 米。居住面上抹白灰面，厚 0.4 厘米，表面光滑平整，保存较好。

室内堆积黄色淤土，非常纯净，无任何文化遗物。

除房址以外，在岔沟还发现清理二座龙山文化的灰坑。

H1　在 F15 东南约 7 米的断崖上。灰坑南半部被断崖破坏，平面可能是椭圆形，口小底大。坑口东西 1.5、南北残存 0.9 米，坑底东西 2、南北残存 1.5、坑深 1.5 米。坑内填灰土，土质很松，出土陶片较多，共 200 余片，复原陶鬲、陶罐各 1 件。

H2　位于 F20 南面的断崖上，长圆形袋状坑，南部被断崖破坏一部分。坑口东西长 1.7、南北残存 1.6 米，坑底东西长 1.9、南北残存 1.8、坑深 2 米。坑壁和坑底都较平整，有加工修整的痕迹。坑中堆积灰土，出土陶片 20 多片，复原陶罐 1 件。

（二）文化遗物

岔沟遗址中出土的遗物数量很少，发掘的 19 座房址和 2 个灰坑所得陶片只有 764 片。大体可分为夹砂灰陶、夹砂红陶、泥质灰陶、泥质红陶几种。夹砂红陶和泥质红陶中包括一些褐色陶。夹砂陶的掺和料颗粒都较大，特别是陶胎厚、器形大的陶器，都掺有小石子或小石片，这是就地采用经风化或加工打碎的小石片作为掺和料。夹砂陶约占 55%；泥质陶约占 45%；灰陶占大多数，约为 78%；红陶约占 22%。

陶片的表面处理，有的拍印绳纹、篮纹或方格纹，有的素面打磨光亮，还有极少数表面绘白彩或红、白两彩的。

绳纹只见于夹砂陶片，约占陶片总数的 52%，绳纹一般比较粗，主要见于鬲和深腹罐类。篮纹约占总数的 32%，绝大部分是泥质陶，有罐、壶等。磨光陶约占总数的 14%，有豆、盘等。彩陶共发现八片，大都是在篮纹陶片的表面用白彩绘出线条或几何图形。如 F15 的一片篮纹灰陶片，其上有用白彩画横竖相交的方格网纹。F8 的一片灰陶片上，有二条平行白彩，其下有斜行的白彩，可能是瓶形器的颈部。只有一片施红白二彩，H2 的一片灰陶，绘相并的一道红彩和一道白彩，其下有红、白两色相并的斜线和垂直线。还有附加堆纹，常见于陶罐的口部或颈部，用宽泥条粘在器壁，再用工具拍打出印痕，个别的做成锯齿状。有的豆柄部，饰有镂孔。

大部分器物是手制的，采用泥条盘筑的方法。平底器的底部是另接的，器口也往往是另接的，捏合后用工具刮削，在口沿部分略加抹光。鬲等三足器的尖锥形空足是模制的，将空足接在圜底罐上，再将罐底掏通。有的经轮修，有些器口残片上，有明显的同心圆痕。磨光陶是这个陶器群中质量最好的器物，表面整洁、光亮，有黑、红、褐色几种，器形只发现有豆和盘。

这次发掘所得陶片很少，能复原的器物更少，能分辨出器形者有鬲、罐、缸、壶、杯、豆、盘等。

鬲　复原2件。一件出于F9，直口，短颈，鼓腹，三尖锥形袋状空足，腹上部有一对锯齿状器耳，其位置与三足错开。夹砂红陶，颈以下饰粗绳纹。口径14.5、高21.6厘米（图一三－2）。另一件出于H1，器形与F9所出者相同，三足更向外撇，器形也较大。夹砂灰陶，颈以下通体饰横篮纹。器耳位于腹上部，是在器身拍印篮纹后粘接上的。耳的边沿作锯齿状，其上拍印篮纹，并有三个三角形戳记。口径25、高32.8厘米（图一三－3）。还发现一些鬲的残片，有器形较大者，如H1出土的一件鬲足，夹砂灰陶，绳纹，足上部的直径约21、残高24厘米。也有较小的，如H1出土的一件鬲足，夹砂灰陶，篮纹，足上部直径8、残高10厘米（图一四－6）。

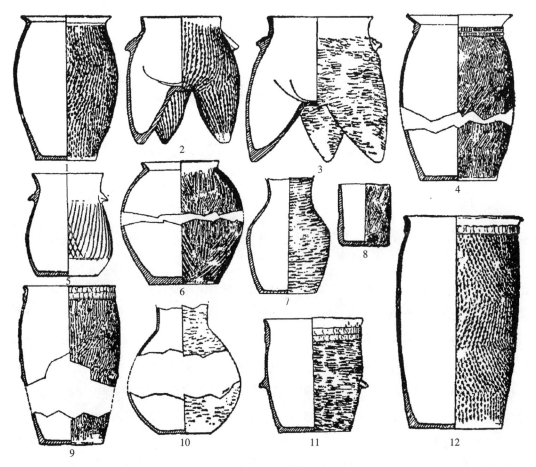

图一三　龙山文化陶器

1、4. 折沿深腹罐（H2）　2、3. 鬲（F9、H1）　5. 折腹双耳罐（H1）　6. 折沿罐（H2）　7、10. 壶（D11、H1）　8. 杯（F5）　9、11、12. 直腹罐（F1、F12、F2）

直腹罐　完整的2件。一件出于F2，直筒状，侈口，直腹，平底。夹砂灰陶，通体饰粗绳纹，口沿下有一周附加堆纹。口径27.8～28.5、高49.3厘米（图一三－12）。此罐出土时完整地放在F2的北墙下，附近还有一些厚0.6厘米的岩石板碎片，经粘对，大致能复原成圆形，正适于覆盖在罐口上。另一件出自F12，侈口，直腹，平底，腹中部两侧有一对锯齿状耳。泥质灰陶，口以下饰横篮纹，口沿下饰附加堆纹两周。制法采用泥条盘筑法手制。口径23.5、高26厘米（图一三－11）。此外，还有一些同类器残片，F1出土的一件，夹砂红陶，直口，口下有二周附加堆纹，饰粗绳纹，残高26.8厘米（图一三－9）。F12出土的一件，夹砂红陶，饰粗绳纹，口下有两周附加堆纹（图一四－1）。

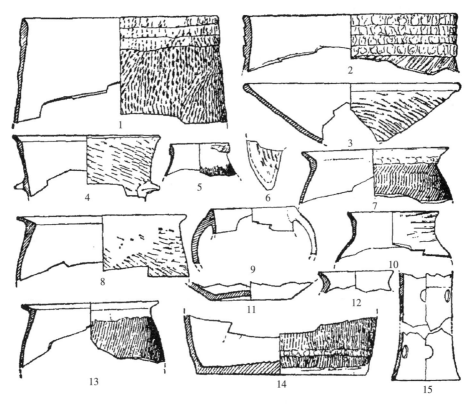

图一四　龙山文化陶器

1. 直腹罐（F12）　2、14. 缸（F5、12）　3、11. 盘（H1）　4、8. 盆（F12、8）　5. 小罐（F3）　6. 高足（H1）　7、13. 折沿罐（F18、H2）　9. 带耳罐（H1）　10. 直口罐（F12）　12. 折沿小罐（F11）　15. 豆（H1）

折沿深腹罐　复原1件，出于H2，夹砂灰陶。敛口，折沿，深腹，平底。口沿以下饰斜行绳纹。泥条盘筑法手制，罐底从器外粘接，内底有绳纹，外底无纹。口径22.8、高33厘米（图一三－1）。H2出土一件残片，器形与上件相同，夹砂灰陶。口沿下饰较规整的细绳纹，颈部饰两周锯齿状附加堆纹（图一三－4）。F18出土的一件残片，夹砂灰陶，折沿下有一周附加堆纹，饰粗绳纹（图一四－7）。H2和F11还出土一种器形较小的折沿罐。前者的折沿是后接的，折沿泥条压住器身的绳纹，折沿表面有同心圆痕。夹砂灰陶，饰绳纹（图一四－13）。后者为小罐口沿，折沿，夹砂灰陶（图一四－12）。

折腹双耳罐　复原1件，出自H1。侈口，高领，腹略鼓，大平底，颈两侧有一对鸡冠形耳。夹砂红陶，颈以下施篮纹，其上饰划纹，器底有篮纹。口径12.5、高18厘米（图一三－5）。

此外，还有一些不同器形的陶罐残片。H1出土的一件，泥质红陶，侈口，高领，器口残留一宽条形器耳，不能确定是单耳或双耳罐。器口及颈部磨光，耳上拍印宽条篮纹（图一四－9）。H2出土的一件，夹砂红陶，折沿较窄，圆鼓腹，平底，饰粗绳纹（图一三－6）。F3出土的一件小罐残片，夹砂灰陶，敛口，斜肩，饰细绳纹，口部还保存一泥条器耳（图一四－5）。F12出土的一件，泥质灰陶，直口，弧肩，口部略加磨光，肩饰篮纹（图一四－10）。

缸　均残。F5出土的一件口沿残片，夹砂灰陶，掺和碎石颗粒较大，器形也较大，口下有三周泥条附加堆纹（图一四－2）。F12出土一件缸底，夹砂灰陶，掺碎石颗粒，内底有绳纹，外底无纹，缸底由外面粘接在缸体上，近底部的器壁上有一周泥条附加堆纹（图一四－14）。

盆　均残。F12出土一件残片，泥质灰陶，口沿略外折。口下有钮，器表饰篮纹（图一四－4）。F8出土的一件，泥质红陶，口沿外折，器表饰篮纹（图一四－8）。

壶　复原1件，出于F11，泥质灰陶。小口，口沿略残，高颈，斜肩，直腹，平底。器表饰篮纹。颈径10.3、底径10、残高20.2厘米（图一三－7）。H1出土一件壶的残片，泥质灰陶，有颈，圆鼓腹，平底，表面饰篮纹（图一三－10）。F9出土大型壶形器的许多残片，但未能复原。泥质红陶，器壁较薄，器表施篮纹。侈口，长颈，折肩。

杯　复原1件，出于F5。夹砂灰陶，制作较粗糙，表面饰绳纹。圆筒状，平底。口径9.2、高10.5厘米（图一三－8）。F3出土的一件，也是圆形直口筒状，泥质灰陶，表面施篮纹。

盘　均残。H1出土两件残片。一件是盘口，敞口，圆唇，斜腹。泥质黑陶，盘内壁磨光，外壁拍印篮纹。口径约33.5、残高9厘米（图一四－3）。另一件是盘底，凹底，斜壁。泥质红陶，盘内壁磨光，外壁施篮纹。底径11.5、残高4厘米（图一四－11）。

豆　均残。H1发现几片磨光泥质褐陶片，属于同一件豆柄的碎片，豆柄为圆筒形，直径约7.5、残高14厘米。其上有两排圆镂孔，上下交错，其上有一周凹弦纹（图一四－15）。

这次发掘的陶片中，磨光陶很少，大都出于H1，器形有豆、盘、带耳小罐等，均未能复原。但这几件残器却显示出在制陶业上达到的工艺水平。

除陶器以外，还出土极少几件石制、陶制的工具。

石刀　2件均残。一件出自H1，砂岩，长方形，磨制，一边有刃，一端中部打出凹口，另一端残。残长5.6厘米（图一五－6）。另一件

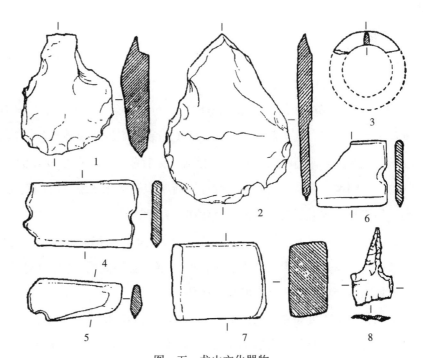

图一五　龙山文化器物

1. 石斧（F3）　2. 石铲（F5）　3. 陶环（F18）　4. 陶刀（F6）　5、6. 石刀（F11、H1）
7. 磨石（F12）　8. 尖扶器（F3）

出于 F11，原为长条形穿孔石刀，残损后改磨，孔由两面钻成，已残。残长 7.3 厘米（图一五 -5）。

陶刀　1 件。已残，出于 F6。长条形，一边有刃，一端略宽，一端略窄，两端均残，残损处各有半个圆形穿孔。这件陶刀是用陶土烧制的，一面无纹，一面拍印篮纹。残长 9 厘米（图一五 -4）。

石铲　1 件。出于 F5，扁平桃形，圆刃，打制。长 19、最宽 15 厘米（图一五 -2）。

石斧　1 件。残，出于 F3。有肩，圆刃，打制。残长 14、宽 11 厘米（图一五 -1）。

尖状器　1 件。出于 F3，细石器。长尖锥形，下端残损。残长 2.5 厘米（图一五 -8）。

磨石　1 件。已残，出于 F12，方柱体。残长 7.5、宽 5.5、厚 3 厘米（图一五 -7）。

陶环　1 件。残，出于 F18。灰陶，磨光。外径 6.3、内径 3.7 厘米（图一五 -3）。

三、几点认识

（一）岔沟两种原始文化的面貌

山西西部石楼一带的原始文化遗存，过去由于缺乏应有的调查工作，几乎是一无所知。这次在岔沟的发掘，发现了两种不同的原始文化遗存，即仰韶文化和龙山文化。经过发掘，对这两种文化遗存有了初步的了解。

关于仰韶文化遗存，只发现一座残房址和保存在灶塘里的一件陶罐。房屋的形状、结构不清，无法复原。但有一点是很清楚的，即它和岔沟发现的龙山文化房址完全不同。它不用白灰涂地面和抹墙，灶塘的结构也不相同。类似的房址和灶塘在其他地区的仰韶文化遗存中曾有发现，还有那件陶罐，因此，我们确认岔沟的这种遗存是属仰韶文化系统的。

1980 年秋，我们在石楼县的部分地区曾做过一些调查，在城关公社二郎坡、小蒜公社后蓝家沟和西卫公社慕苏村都采集到仰韶文化陶片。其中尤以二郎坡遗址比较丰富。这个遗址位于屈产河东、二郎坡村北约 1 公里的山崖上，断崖上暴露有断断续续的灰土堆积。经钻探，发现在南北长约 100、东西宽约 15～30 米的范围内，都有文化层堆积。在这里采集的陶片都是泥质或夹砂红陶，器形有圜底钵、敛口瓮、大口罐等。钵类器表面磨光，罐类器表面多饰线纹或绳纹。也有少数彩陶，如钵的口沿施宽条红彩，也有红彩平行线纹，也有黑彩的。在后蓝家沟还曾发现在泥质红陶表面涂白衣再绘黑彩的。在岔沟、二郎坡、后蓝家沟发现的陶片无疑属仰韶文化系统，由于发现的资料很少，又缺乏本地区可供类比的资料，因此，岔沟的仰韶文化遗存究竟属何类型，现在很难论定。

龙山文化遗存，共发掘十九座房址、两个灰坑，发掘的陶片几乎全部是龙山文化遗物。

第一，房屋是建在半山腰上、平面呈凸字形窑洞式的，用白灰涂抹居住地面，还用白灰抹墙裙。室内的灶为方形或圆形，灶面略高出居住面。

第二，陶器主要是夹砂灰陶和泥质灰陶，夹砂陶中有的掺颗粒较大的石子。器形有鬲、罐、缸、盆、壶、杯、豆、盘等。陶器的表面，夹砂陶大都饰绳纹，泥质陶多饰篮纹，也有少数磨光的，只限于豆、盘类。附加堆纹较发达，器耳也很普遍，大都是鸡冠形的。少数陶片上画白彩，大都为平行线条或交叉呈网状，极个别的陶片上有红、白两彩。

第三，生产工具有石斧、铲、刀等，有磨制的，也有打制的。此外，还有细石器工具。

以上这些特征在本地区的龙山文化遗址中具有普遍性。1980 年秋季调查时，在石楼城关公社的东庄、北板桥、段庄、指南，西卫公社的孟家塌、杜梨树沟，小蒜公社的后蓝家沟都发现有这种文化遗存。从调查的情况看，在分布上，它比仰韶文化要稠密得多。

试以岔沟的龙山文化遗存和山西境内或其他地区的相当龙山时期的诸文化遗存相比较，可以看出它和庙底沟第二期文化有更多的共同因素。

庙底沟第二期文化的房屋平面也是凸字形的，居室是圆形的，门道凸出，地面也用白灰涂抹。但这种房屋是半地穴式的，居室外围有一圈柱洞，可立柱筑墙，房顶大概是尖锥形的。门道是台阶式的，居室内无烧灶。这些都不同于岔沟的窑洞式房屋，可能是由于两地的地形不同而形成房屋结构的差异。

庙底沟第二期文化的陶器也是以夹砂灰陶、泥质灰陶为主，纹饰主要是篮纹和绳纹，附加堆纹很盛行，很多陶器上也有一对鸡冠形耳，也有大口筒状深腹罐等，这些都和岔沟的龙山文化遗存相同。庙底沟二期文化有斝无鬲，岔沟有鬲无斝，但两者也有类似的地方，都是用折腹圜底罐下接三袋状空足。在岔沟的龙山文化遗存中，没有发现鼎和尖底瓶类的残片，这也有可能是我们所得资料甚少。此外，两者的彩陶也不相同，庙底沟二期文化未发现在篮纹陶器上用白灰浆画成的白彩。尽管这样，我们仍然认为岔沟龙山文化遗存是属庙底沟二期文化系统的。

(二) 岔沟龙山文化房屋的复原

发掘的 19 座房址中，保存较好的有 11 座，其中有 3 座在居住面上有一个或二个柱洞，其他 8 座均无柱洞。现以保存最好的 F3（无柱洞）、F5（有一个柱洞）为例，参考其他房址的情况，试作复原（图一六）。

1. 房屋的基本形式。房址都位于岔沟村北和村西的半山腰上，这些房屋的顶部无一幸存。首先从地形上看，19 座房址中 F14 位置最低，海拔 1013 米，下距河滩为 25 米。F20 位置最高，海拔 1110 米，距山顶 45 米。大多数集中在海拔 1065～1085 米之间，这一带地形无明显的崖壁，但坡较陡，这些房屋二五成群地排列在一起，上下相距高差在六七米间。F3 在这集中地段的偏下部分，海拔 1070 米，这是保存最好的一座房址，除居室、门道和门等部分外，还保存门前的一片院落。室内外地面平坦，在同一水平面上，门口有台阶式的门槛。居室平面略呈椭圆形，无柱洞，四壁向内拱曲，保存最高处有 1 米。室内堆积多为坍塌的生土。残壁以上，四周也都有生土塌陷痕迹。以上表明这是一个生土洞穴，为穹隆顶。F5 为海拔 1080 米，它的上方未发现其他房址。除门口部分已被破坏，其他部分保存完好。F5 除在居住面近中心处有一个柱洞外，其他和 F3 基本相同。F5 居室的壁面保存最高有 2.2 米，拱曲弧度更大，残壁以上也是生土塌陷痕迹，未发现任何其他顶盖的迹象，这亦表明屋顶是生土穹隆顶。因此，F5 的柱洞只能是加固和支撑洞顶的，这种情况至今在岔沟村居民所住的窑洞中仍有发现。至于支撑原因，就 F5 而论，屋顶跨度大也许是主要的。因此，F5 不会是另一种形式，它和 F3 一样，都是穹隆顶的生土洞穴房屋。可能都是在生土的陡坡上开出一层层阶梯状的崖面，然后横穿筑穴的，门前台面即形成院落。

由于所有房屋的顶部全部塌毁，它们的确切高度无法知道，只能根据遗迹现状和一般生活的实际

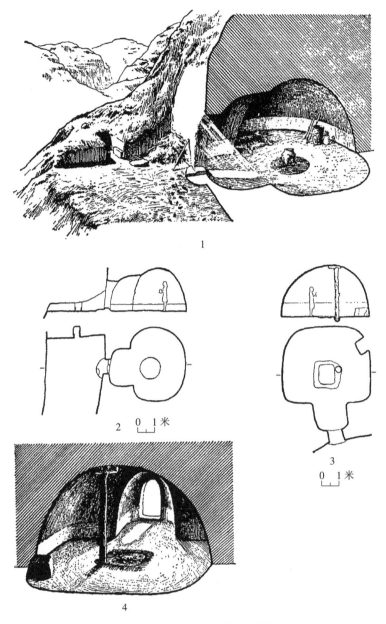

图一六　龙山文化房址复原图
1. F3 透视、剖面图　2. F3 复原平、剖面图　3. F5 复原平、剖面图
4. F5 透视、剖面图

需要，估计它的大致高度。如以 F5 为例：

第一，从断面形状看，居室四壁向内拱曲，其曲线不似正圆弧形，而是下段较直，上段弧度较大，因此，洞顶超过现存壁高不会很多。

第二，既然柱子是支撑洞顶的，柱高应等于顶高。要将加工好的柱子移入室内立于柱洞中，其长度最多不能超过洞底平面的宽容度。

第三，按一般生活起居的需要，有 2.5 米左右的高度就能保证在屋内活动的方便。

根据以上分析，通过延长残壁弧线所得洞顶曲线，F5 复原顶高为 2.9 米，这应是比较接近原来高度的。当然，这些房屋室内面积大小不一，其顶的高矮也不会都一样。一般来说，其顶高比大致接近于 3∶5，据此，F3 的复原高度为 2.4 米。

2. 柱的支撑方法。一般穹隆顶支柱，柱要稍倾斜，先将柱头撑好，然后打击柱脚，但这种做法往往不能预先准确地限定柱脚位置，也就不必要柱洞。岔沟的 F1、F5、F8 是有柱洞的，而柱洞周壁自口向下均匀内收，说明柱子是直立的，其支法应是先将柱脚顶住柱洞一壁，然后将柱推直，使柱脚沉入柱洞。这样，尽管柱子的尺寸大体合适，柱顶和洞顶之间会有空隙，还必须在柱顶加楔一条横木，使支撑柱呈丁字形。它的作用是使支柱撑紧并扩大支撑面，由于是穹隆顶，加楔的横木不会很长。

3. 门和门道的顶部。门和门道只是作为室内外的通道，因此，它的顶部不必与居室顶同高。F3 是按照门宽 0.75 米的适当比例复原为 1.7 米。门为拱形。根据门道左右两壁向内拱曲，门的里口上部进深大，下部进深小，向后向上倾斜的情况看，门道顶应是前低后高的半个穹隆形，与居室顶部衔接形成较高的门道内口，故 F3 复原最大高度为 2 米。F5 基本参照 F3 的情况，根据其居室较大，对门的高、宽和门道顶部的尺寸做了适当的加大。

除 F3、F5 以外，F4、F18 也保存部分门道，而且基本情况相同，所以，我们推测它们的前半部分的结构也应该是相似的。

通过上述复原，可以看到两个很突出的特点。

第一，整个房屋的平面呈凸字形。从发表的房屋的平面图看，居室大都宽度大于或稍大于进深，即使居室残破的也可根据灶坑的位置推测其长宽。由于居室的横向跨度大，根据经验，生土洞穴最易在洞口塌方，特别是横向跨度愈大，问题就愈突出，因此，洞口要小而不能大。为解决上述矛盾，把整个房屋处理成凸字形，门口相当狭小，而设计一个较宽阔的门道，像个小门厅，这种处理方法获得多方面的效果。首先，它既保证了洞口距居室有足够的进深，又避免由于门道细长而造成的出入不便。其次，这个门道成为居室与洞口的过渡，使整个房屋各部分的跨度由里向外逐步递减，愈近门口，跨度愈小，符合安全的要求。还有，为采光创造了更好的条件，延长了室内的光照时间。这种形状的洞穴是否可以认为是我国早期横穿式窑洞的主要特征，还有待更多的发掘材料来证明。

第二，19 座房屋室内都用白灰抹居住面，多数有白灰墙裙，有的在墙根下还画红线。用白灰抹居住面，一般都认为是防潮，这对窑洞式的房屋有更大的需要。但是有的房屋白灰面很薄，只有 1~2 毫米，因此，毋宁说是其下的草泥土发挥了更多的防潮作用。白灰面在采光方面也起了积极的作用，由于门口狭小，一天之中室内光照时间很短，因此，利用大面积的白色地面和墙裙的反光作用，可使早晚的室内光线稍好些。至于墙根的一周红线，是否为划分居住面和墙裙的界限，目的在引起注意，避免在近墙处碰壁。如此，则红线的应用首先在它的实用意义，其次才是它的装饰效果。

以上两点说明在构思上是巧妙的，但对于窑洞普遍存在的通风问题，没有发现采取任何措施的迹象。至于 F3 除居室中有灶以外，在门外院落的一侧另有一个灶坑，其他房屋是否均如此，不能肯定。

这种凸字形穹隆顶的生土洞穴是迄今发现最早的窑洞建筑，由于它在适应自然条件、施工简便、又不需要更多的其他建筑材料等方面具有突出的优点，因此，几千年来作为一种居住形式，至今在我国北方的广大黄土地带占有重要地位。

（三）岔沟原始文化的年代

由于岔沟遗址没有文化层堆积，各个房址又没有打破关系，因此，无法确定它们之间的相对年代。我们从各个房址中采集到的白灰地面和墙皮标本中，选择一部分，请本所实验室测定其年代，现将测定结果列表如下：

实验室编号	地点	测定材料	距今年数（半衰期 5730）	树轮校正年数	历年
ZK1042	岔沟 F1	白灰面	4050 ± 110	4465 ± 155	2515B. C.
ZK1043	岔沟 F2	白灰面	3995 ± 110	4400 ± 155	2450B. C.
ZK1044	岔沟 F3	白灰而	3960 ± 70	4355 ± 130	2450B. C.
ZK1045	岔沟 F4	白灰面	3860 ± 70	4230 ± 130	2280B. C.
ZK1046	岔沟 F5	白灰面	4025 ± 70	4435 ± 130	2485B. C.
ZK1047	岔沟 F12	白灰面	3900 ± 70	4280 ± 130	2330B. C.
ZK1048	岔沟 F14	白灰面	3720 ± 70	4055 ± 95	2105B. C.
ZK1049	东庄 F1	白灰面	3965 ± 70	4360 ± 130	2410B. C.

测定 8 个数据，岔沟占 7 个，另一个是东庄的，其中年代最老的是岔沟 F1，树轮校正值为距今 4465±155 年，最轻的是岔沟 F14，树轮校正值为距今 4055±95 年，两者相差 410 年，假定说它们分别代表岔沟龙山文化遗存的上下限，那么，这种文化在岔沟延续约 400 年之久。

我们颇怀疑岔沟 F14 的年代是偏轻的。上述所测 8 个数据，其中 7 个年代都比较集中，约在公元前 2500～前 2300 年之间，唯独 F14 差距较大，它不但比年代最老的 F1 晚 410 年，即使比年代次轻的 F4 也晚 175 年。岔沟这一群房屋遗迹，基本情况相同，似不应有个别房屋年代如此悬殊。F14 坐落的位置最低，而且正处于一个由冲沟造成的凹陷处，雨水冲刷和积水都较多，是否因此而影响到它的测年结果也未可知。

关于庙底沟第二期文化的碳十四测年数据有以下几个（半衰期均为 5730）：

ZK111	陕县庙底沟 H588：5	木炭	4260±95	4730±145	2780B. C.
ZK894	武功浒西庄 H16	木炭	4290±110	4765±155	2815B. C.
ZK964	武功浒西庄 H30	木炭	4000±100	4405±150	2455B. C.
ZK960	武功浒西庄 F7	白灰面	3880±80	4255±135	2305B. C.

以上 4 个数据中，前二个比岔沟最老的还要早 300 年，后两个和岔沟的相当，特别是浒西庄 F7，测定年代所用的材料也是白灰面。这座房屋的地层关系较晚，属于浒西庄龙山文化中较晚的遗迹。这可以作为判断岔沟龙山文化年代的一个比较材料。

另外，河南龙山文化的碳十四测年数据也可以参考，但为了便于比较，我们只选择那些以白灰面为测定材料的数据（半衰期均为 5730）。

ZK770	安阳后冈 79AHF19	白灰渣	3990±100	4390±150	2440B. C.
ZK769	安阳后冈 79AHF19	白灰渣	3960±100	4355±150	2405B. C.
ZK746	安阳后冈 79AHF19	木炭	4095±105	4525±150	2575B. C
ZK771	安阳后冈 79AHF25	白灰面	3750±100	4095±120	2145B. C.
ZK866	永城王油坊 T25：5	白灰面	3885±100	4260±150	2310B. C.
ZK621	夏县东下冯 F203	白灰面	3700±100	4030±120	2080B. C.

后冈 F19 被认为是河南龙山文化早期的房屋，它的 3 个数据中，两个是用白灰渣，一个是用木炭测定的，而结果不同，这也是我们所以限定比较材料的原因。后冈 F25、王油坊 T25：5 都被认为是河南龙山文化的中期，东下冯 F203 测得的年代最晚。以这一组数据和岔沟一组数据相比较，两者前后交错，而后者是较早的。

参加岔沟遗址的调查和发掘、报告的整理和编写的有张长寿、郑文兰同志。报告中有关龙山文化房屋的复原部分由张孝光同志执笔。地形图由汪义亮同志测绘，左崇新同志制作遗址地形和几座房屋的模型。器物照相和绘图是由本所技术室同志承担的。

在调查和发掘过程中，我们得到石楼县文化局、石楼县文化馆和馆长杜有才同志的热情帮助，谨向他们表示衷心的感谢。

1.岔沟原始文化遗存所在的地形　　　　　　2.F1(龙山)

3.F16 的火塘(仰韶)　　　　　　4.F11(龙山)

山西石楼岔沟原始文化遗存

1.F3(北→南)　　　　　　2.F3(南→北,由门外向里看)

3.F3(室外的院落)　　　　　　4.F5(西→东)

山西石楼岔沟龙山文化房址

1.F12（北→南）　　　2.F18

3.东庄 F1（白灰面墙裙）　　　4.F8

山西石楼岔沟龙山文化房址

山西石楼岔沟出土陶器

（原载《考古学报》1985 年第 2 期）

山西娄烦、离石、柳林三县考古调查

晋中考古队

吕梁山区素以商代北方青铜器的发现而受到考古界的关注。1982 年和1983 年春季，晋中考古队先后两次进入吕梁山区，在娄烦、离石和柳林三县进行专题考古调查，基本上认识了这一地区新石器时代至商代古遗存的面貌和特征。这里简要报道这两次工作的主要收获。

一、娄烦县调查情况

娄烦县隶属太原市，在太原的西北方向。境内山峦起伏，沟壑纵横，唯有狭窄的河谷地带较为平缓。主要河流有汾河及其支流岚河，涧河等，县城西面有一座最大容量为 7 亿立方米的汾河水库。上述河流沿岸及库区周围，古代遗址分布比较集中，也是我们的重点调查地段。我们复查了河家庄、旧娄烦等遗址，新发现遗址 15 处，其中的童子崖、河家庄两遗址经过试掘。此外还清理了一些已损毁的残破房址和灰坑。因水库水位变化及水土流失等缘故，调查的遗址中，保存情况较好的并不多。

下面通过几个有代表性的遗址的介绍，概略地反映娄烦县古代遗存的年代序列。

（一）童子崖

童子崖村在涧河北岸，东距县城仅 1.5 公里。遗址分布在村北的土丘上，地势北高南低，范围约 35000 平方米。试掘是在遗址南、北部分别开两条探沟，另外还清理了两座房址和几个灰坑。试掘获得的层位关系和陶器组合面貌的差异，反映了该遗址经历四个阶段：

第一阶段以房址 F2 的陶器为代表。

F2 位于遗址南部，在耕土层下开口，打破生土。因破坏严重，平面形状已不清楚。房址为半地穴式，仅东面尚存一小段高 0.3 米的残壁。墙壁和地面均抹草拌泥，并经烧烤，表面形成一层厚 0.03 米的青色硬壳，其下约有厚

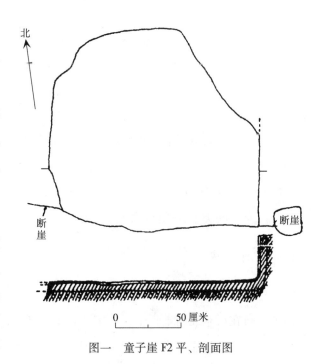

图一 童子崖 F2 平、剖面图

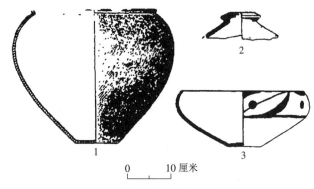

图二　童子崖遗址陶器

1. 罐（F2∶1）　2. 壶（0∶28）　3. 钵（F3∶3）

（1、2. 第一阶段；3. 第二阶段）

0.05 米的生土也呈红色（图一）。

F2 出土的陶器质地有夹砂和泥质两种。夹砂陶质地粗酥，多为红褐色和浅灰色。泥质陶质地细腻，胎较薄，多为浅灰色和红色。器表或施绳纹、弦纹，或为素面。器类有鼓腹罐、圜底钵等（图二 - 1）。此外，还采集到折唇口壶残片（图二 -2）。

第二阶段以房址 F3 的陶器为代表。

遗迹有房址（F3）和灰坑（H7）各 1 座。F3 仅残剩一片形状不规则的居住面，面上敷有草拌泥，有一个直径 0.08 米的柱洞。居住面分上下两层，各厚约 0.01 米，其间夹有一层厚约 0.03 米的灰土层，两层居住面均经烧烤。H7 为圆形锅底状。

遗物主要是陶器口夹砂陶多呈灰色和褐色，泥质陶均为红色。器表多施线纹、弦纹，有一部分素面陶器和饰黑彩的彩陶。器类有罐、瓶、盆、钵，瓮等（图二 -3）。

第三段以灰坑 H5、H8 的陶器为代表。

遗迹只见灰坑，呈圆形袋状和圆形直筒状。

遗物有陶器和石器等。陶器分夹砂陶和泥质陶两种。夹砂陶以灰色为主，有少量褐色。泥质陶多为红褐色和灰色。器表以施绳纹和横篮纹为主，有少量方格纹，附加堆纹和鸡冠状耳较发达，此外还有楔形戳点纹等。夹砂陶器以罐为主，大体有两种：一种深腹，器身多施较粗的绳纹和附加堆纹；一种圆鼓腹，器身施纹理细密的绳纹或粗糙的方格纹、篮纹。罐以外还有缸、周缘呈花边状的假圈足碗等。泥质陶器有小口罐、瓮、壶、钵、碗等（图三）。石器有斧、锛、凿、刀、纺轮等。

据陶器的面貌和特征，本遗址第三阶段遗存尚可细分为早晚两期。早期以 H5、H8 为代表，红褐陶数量较多，附加堆纹很发达，典型陶器有宽沿的夹砂深腹罐、肩部圆鼓的泥质小口壶等。晚期以 H3、H6 为代表，以灰陶为主，红褐陶少见，附加堆纹减少，典型陶器有窄沿的夹砂深腹罐和折肩的泥质小口壶。

第四阶段以探沟 T1 第二层的陶器为代表。此类遗存与河家庄同类遗存相同，详见下文。

（二）河家庄

河家庄隶属城关公社，在县城东北 1.5 公里处。遗址分布在村东北的土丘上，范围约在 250 00 平方米以上。土丘北靠周洪山，南临涧河，南北相

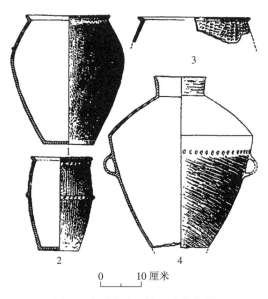

图三　童子崖遗址第三阶段陶器

1、2、3 罐（H5∶2、H3∶1、H8∶16）

4. 小口罐（H6∶3）　（1、3. 早期；2、4. 晚期）

对高度差约有 30 米。1980 年太原市文物考古部门曾调查了这个遗址并做过试掘。此次复查，在遗址南部开了两条小探沟，并清理了 1 座残房址和几个残灰坑。

河家庄遗址有两个阶段的堆积。

第一阶段遗迹有房址（F1）和灰坑（H1）各 1 座，内涵与童子崖第四阶段相同。F1 为半地穴式，已残。东西长 4.7、南北残宽 1.4 米，原应为方形或长方形。墙壁保存最高处有 0.8 米。门道位于南壁正中，宽 1.1、长 0.2 米。地面和壁面曾经过烧烤，上抹一层厚 0.09 米的白灰（图四）。H1 为圆形直筒状坑。

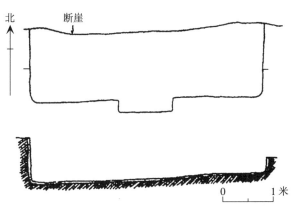

图四　河家庄 F1 平、剖面图

遗物仅见陶器一种。质地分夹砂陶和泥质陶。大部分为灰色，有少量褐色和极少量黑色、红色。器表以施绳纹和篮纹为主。器类有鬲、罐、瓮等（图五 - 1）。

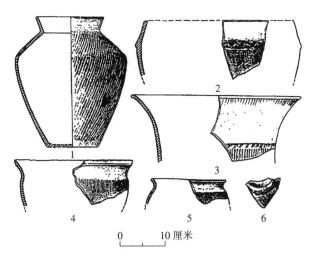

图五　河家庄，羊圈庄遗址陶器
1、5. 罐（河 F1∶1，羊 02）　2. 斝（羊 020）
3. 尊（羊 010）　4. 盆（羊 04）　6. 鬲足（羊 06）

第二阶段的遗迹只发现灰坑，有圆形袋状、圆形直筒状和圆形锅底状三种。

遗物中的陶器有夹砂和泥质两种质地。灰陶最多，褐陶其次，有极少量黑陶。绳纹的施用很普遍，弦纹一般加压在绳纹上，有少量素面磨光的泥质陶器。口沿内外壁多经打磨或留有慢轮修整痕迹。器类中具有代表性的是高领带实足根的鬲，其他有上部作敞口盆形的甗、斝、小口广肩罐、盆、瓮、豆等（图六）。还有陶垫、石刀、石铲、骨凿、骨铲以及卜骨等遗物。

第二阶段的灰坑中，H6 在层位上晚于 H8。对陶器的分析表明它们分别代表河家庄第二阶段遗存的早晚两期。

童子崖和河家庄两遗址的分期大体能概括这次发现的娄烦县古遗存的序列与编年。另在羊圈庄遗址采集的部分陶片的特点表明（图五 - 2 ~ 6），它晚于河家庄 H1、F1 代表的阶段，而早于河家庄 H8 代表的阶段，这类遗存与汾阳县峪道河遗址 H1 代表的阶段大体相当。归纳如下表：

阶段		代表遗存
一		童子崖 F2
二		童子崖 F3
三	早	童子崖 H5、H8
	晚	童子崖 H3、H6

续　表

阶段		代表遗存
四		河家庄 H1、F1
五		羊圈庄采集陶器
六	早	河家庄 H8
	晚	河家庄 H6

调查中还发现一些东周时期的遗存。娄烦县其他古遗址的遗存均可归入以上序列的各阶段。

二、离石县、柳林县调查情况

离石县是吕梁行署所在地，西与柳林县相连。晋、陕两省交界处的黄河自北而南流过柳林县西境，黄河对岸便是陕西的吴堡。两县境内多山梁沟谷，少平川，地势东高西低。主要

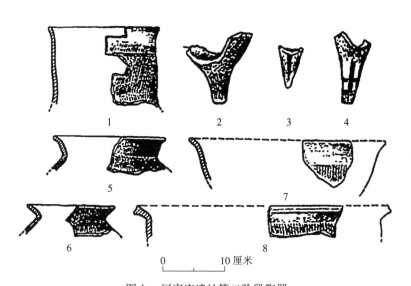

图六　河家庄遗址第二阶段陶器
1. 鬲（H8：6）　2~4. 鬲足（H8：11、H5：11、H6：5）　5、6. 罐（H8：15、H6：2）
7、8. 盆（H8：8、H6：3）　　（1~3、6、7. 早期；4、6、8. 晚期）

河流是三川河。三川河是东川、北川和南川三条河流汇聚后的总称。北川河自方山县南下至离石与东川河交汇，再向西至离石、柳林两县交界处纳入来自中阳方面的南川河，最后穿过柳林县西注黄河。

离石境内的东川河，北川河下游及柳林境内的三川河沿岸是这次调查的主要地段，这里共发现遗址 10 多处，其中 3 处经过试掘。依据对调查、试掘所获层位关系及其内涵的分析，离石、柳林两县古代遗存可分为六个阶段。以下按编年顺次叙述各阶段遗存的内涵。

（一）第一阶段遗存

只在离石吉家村和后赵两遗址采集到一些陶片。

吉家村位于东川河北岸，遗址在村西南 1 公里处，范围约 5000 平方米，有两个阶段的遗存。

后赵位于北川河西岸，遗址在村东，范围约 3000 平方米，也有两个阶段的遗存。

采集到的第一阶段陶器和陶片分夹砂陶和泥质陶两种。质地夹砂陶为红褐色或灰褐色，泥质陶均为红色。器表多见绳纹和弦纹，发现少量指甲纹。器形有罐、瓮、钵等（图七）。此种遗存类同于娄烦第一阶段。

（二）第二阶段遗存

在离石的吉家村、马茂庄和柳林的
杨家坪都大量见到。吉家村和杨家坪都
发现属于这个阶段的房址。

吉家村房址 F1 仅存东北一角，东壁
残长 3.5、北壁残长 4.12 米，两壁互相
垂直，墙壁保存最高处有 0.7 米。未发
现门道、灶和柱洞等。居住面和壁面均
抹一层草拌泥，经烧烤。居住面上有大

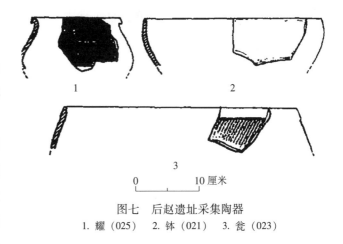

图七　后赵遗址采集陶器
1. 耀（025）　2. 钵（021）　3. 瓮（023）

量破损的陶器和残陶片，其上压有大量草拌泥块和烧土块（图八）。

遗物有陶器、石器等。陶器有夹砂和泥质两种质地，部分泥质陶较细腻。夹砂陶为红褐色或灰褐
色，泥质陶以红色为主，有极少量灰色和黑色。器表多施线纹和弦纹，有一部分是素面并磨光。泥质
陶中有许多饰有黑彩，其纹样一般由圆点、直线和弧形三角构成。夹砂陶器有罐、缸、器盖等；泥质
陶器有瓶（图九－1）、罐、瓮、盆、钵、碗等。

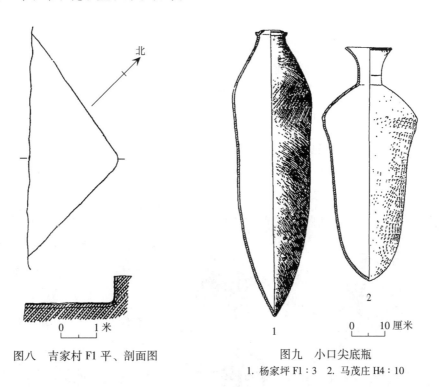

图八　吉家村 F1 平、剖面图

图九　小口尖底瓶
1. 杨家坪 F1∶3　2. 马茂庄 H4∶10

此种遗存类同于娄烦第二阶段。

（三）第三阶段遗存

主要见于马茂庄遗址。在遗址东部清理的 4 座残灰坑均属第三阶段，其中 2 座为圆形锅底状，2 座
为圆形袋状。有一个灰坑打破了属第二阶段的文化层。

遗物中的陶器分夹砂和泥质两种质地。夹砂陶多数质地粗酥，胎厚；少量含均匀的细砂，胎较薄。夹砂陶的颜色一般为黄褐或灰褐，有少量为红褐。泥质陶以橙红色为主，另有少量黄色和灰色。器表多见线纹，新出现篮纹和少量方格纹。附加堆纹多见，流行大鸡冠状耳。泥质陶中有一部分彩陶，多见红彩，或有褐彩。彩陶纹样有垂线纹、蝶须纹以及菱形、三角形和菱形网格组成的图案等。夹砂陶器有侈沿罐、敛口罐、缸、盆、碗等，泥质陶器有喇叭口的尖底瓶、小口罐、侈沿中口罐、盆、钵、碗等（图九 -2、图一五 ~ 一七）。

其他遗物有陶刀、陶环、石镞、骨镞等。

（四）第四阶段遗存

见于乔家沟、双务都、后赵等遗址。

乔家沟遗址在乔家沟村东北的土丘上，西临北川河，与后赵隔河相对。遗址地势东高西低，范围约 3000 平方米，基本上是第四阶段堆积，仅在遗址边缘采集到少量第五阶段陶片。调查时清理了 1 座残房址（F1）6 个灰坑和 2 个陶棺墓。

乔家沟 F1 为长方形半地穴式，门向为 306°，长 3. 2、宽 2. 5 米，穴壁保存最高处约 0. 45 米。门道宽 0. 6，长 0. 45 米，略高于居住面。室中央有椭圆形柱洞一个，长径 0. 54、短径 0. 42、深 0. 35 米，底部垫有许多陶片。居住面，门道和穴壁上有一层厚 0. 02 米的白灰（图一〇）。

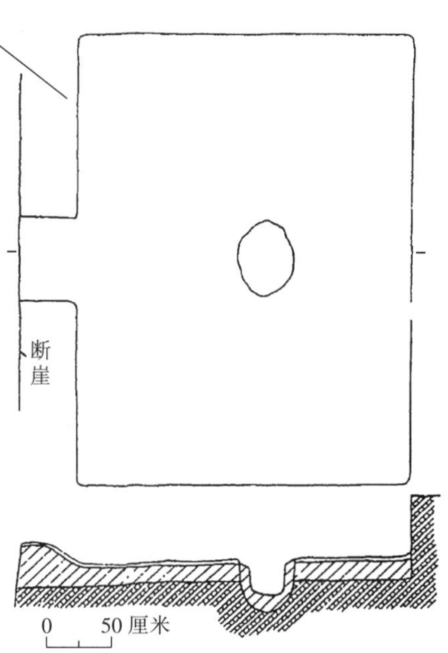

图一〇 乔家沟 F1 平、剖面图

灰坑多为圆形袋状，也有锅底状。

陶棺墓均为土坑竖穴，葬具由几个瓮、罐去掉口或底相扣合而成。人骨在陶棺中仰身直肢，头向北。

遗物中的陶器有夹砂和泥质两种质地，大多为灰色或灰褐色，少量为红色或红褐色，黑陶极少。器表多施绳纹或篮纹，除少数例外，绳纹一般施于夹砂陶，篮纹施于泥质陶上。其他有附加堆纹、弦纹、划纹、戳点纹等，素面陶器很少。陶鬲三空足的结合多采用斜接法和对接法。主要器类有双鋬耳斝式鬲、单把鬲，上部为敛口甗的、斝、小口罐、尊、壶、盆、甑、豆、瓮等（图一一 -1、2，图一一八）。其他遗物有陶环、石刀、石镞、骨锥和卜骨等。

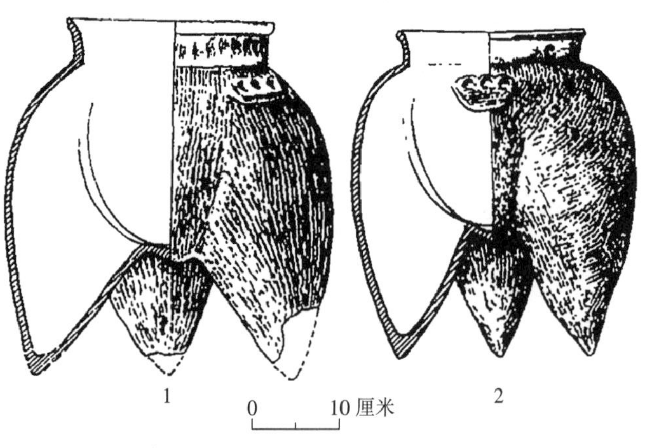

图一一 乔家沟遗址出土陶鬲
1. H6 : 18 2. H1 : 1

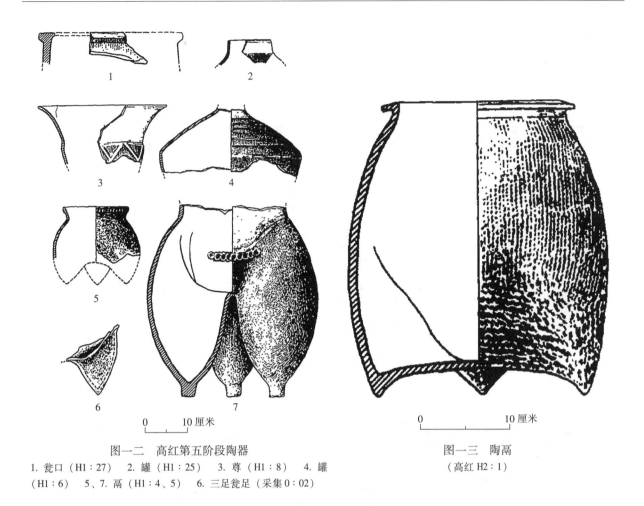

图一二　高红第五阶段陶器

1. 瓮口（H1∶27）　2. 罐（H1∶25）　3. 尊（H1∶8）　4. 罐
（H1∶6）　5、7. 鬲（H1∶4、5）　6. 三足瓮足（采集0∶02）

图一三　陶鬲
（高红 H2∶1）

本段遗存与娄烦第四阶段相近似。

（五）第五阶段遗存

主要发现于离石的后赵、马茂庄、双务都和柳林的高红等遗址。在杨家坪、壬家沟、歧则沟、袁家庄、下水西、上安等地采集到少量陶片，但未见到堆积。

高红位于三川河北岸，东距县城约11.5公里，西距黄河军渡5公里。遗址在村南800米开外，地势北高南低，范围约1万平方米。调查时清理了1座残窑址（Y1）和2个灰坑（H1、H2），其中H1属第五阶段，H2和Y1属第六阶段。此外还采集到第　阶段的少量陶片。

第五阶段陶器除夹砂和泥质两种质地外，还有一类掺陶碴的粗陶。颜色以珠为主，褐色次之。器表普遍施细绳纹，还有少量附加堆纹、指窝牧、弦纹，同心圆印纹和雷纹等。绳纹大体有两类，一类浅、细或纹理散乱；另一类纹理较清楚，相对较粗、深。部分陶器绳纹施至口唇上，有的陶器口唇部作花边状。

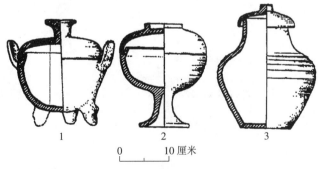

图一四　高红村收集的陶器
1. 鼎（高03）　2. 豆（高04）　3. 壶（高01）

手制陶器较多。器类有矮锥足或矮平足的鬲、甗、小口广肩罐、盆、簋、三足瓮、尊、碗、纺轮等（图一二）。此外还有骨镞、骨簪等遗物。

图一五　陶罐（马茂庄 H5：12）

图一六　陶罐（马茂庄 H4：8）

图一七　陶罐（马茂庄 H5：15）

图一八　陶鬲（乔家沟 H1：1）

（六）第六阶段遗存

主要见于离石的双务都、柳林的高红等遗址。陶器以调查中采集和试掘到的生活实用器为一组，以从当地农户手中收集来的随葬礼器为一组。前者多见红褐陶，后者仅有泥质灰陶一种，分别代表了两个年代组。

第一组有鬲（图一三）、罐、盆、壶、豆等器，当属春秋中晚期。

第二组有带盖的鼎、豆、壶等器（图一四），年代当属战国时期。

三、结　论

把离石、柳林古文化的编年序列与娄烦编年加以对应比较，可得到下表：

离石和柳林		娄烦
阶段	代表遗存	
一	后赵采集品	第一阶段
二	吉家村 F1	第二阶段
三	马茂庄 H4、H5	
		第三阶段
四	乔家沟 H5、H6	第四阶段
		第五阶段
		第六阶段
五	高红 H1	
六	高红 H2、Y1	

从表中看到，娄烦第二、三两阶段间尚有缺环，而三川河流域第三、四两阶段间的缺环我们可用石楼西岔沟遗址的材料来填补。[①]

石楼是柳林的南邻，两县属同一地区，古文化面貌的差异不很大。西岔沟被称为仰韶文化遗存的 F16 出土的陶罐，约相当于离石和柳林第三阶段偏晚。西岔沟被称为"龙山文化遗存"的诸单位，需作进一步分析。就发表的陶器看，出鬲的 H1、F9 中不见 H2 等单位所出的折沿罐、折沿深腹罐或直腹罐，它们是两类不同的遗存。另外 F1、F2、F12 等单位的直腹罐与 H2、F11、F18 等单位的折沿罐、折沿深腹罐也不同出，它们也可以区分开来。这样，西岔沟被称为龙山文化遗存的诸单位，依早晚顺序可分为：1. 以折沿罐和折沿深腹罐为代表特征的 H2、F11、F18 组 2. 以直腹罐为代表特征的 F1、F2、F12 组；3. 以鬲为代表特征的 HI、F9 组。2、3 组间的差别显然大于 1、2 组间的差别。1、2 组为一个阶段，年代在离石和柳林三、四两阶段之间，与娄烦第三阶段相当。而 3 组和乔家沟 H5、H6 同属离石和柳林的第四阶段，前者代表第四阶段早期，后者代表晚期，其年代与娄烦第四阶段大致相当。

与娄烦第五、六阶段年代相当的遗存在离石和柳林未能得到确认，与离石和柳林第五阶段年代相当的遗存在娄烦也未能得到确认。

三县第一阶段遗存陶器的面貌，部分与半坡文化近似，如圜底钵等；部分如小口壶等，又与后冈一期文化相同。从目前发现看，这类遗存可暂归入后冈一期文化范畴。

三县第二阶段遗存面貌和性质基本同于汾阳、孝义第一阶段遗存[②]。

---

① 中国社会科学院考古所山西队：《山西石楼西岔沟原始文化遗存》，《考古学报》1985 年第 2 期。

② 晋中考古队：《山西汾阳孝义两县考古调查和杏花村遗址的发掘》，《文物》1989 年第 4 期。

离石和柳林第三阶段遗存面貌和性质，也基本同于汾阳和孝义第二阶段遗存，但马茂庄所出一件方格纹的喇叭口尖底瓶显得独特，值得注意。

娄烦第三阶段早晚两期、石楼西岔沟 1、2 组，与汾阳和孝义第三浴段早晚两期年代大体相当，面貌也大体相同，仅娄烦的早期略呈个性，如红褐色的泥质陶和少量夹砂陶，以及粗方格纹等特征不见于汾阳和孝义，也不见于离石和柳林。这种差异当与娄烦以北乃至河套地区同时期遗存有关联。①

娄烦第四阶段的主要材料与汾阳和孝义第四阶段的早期相似，唯罐、瓮上特粗而深的绳纹是其个性的反映。离石和柳林（包括石楼）第四阶段中，以西岔沟 3 组为代表的早期，陶鬲三个空足斜接，间距也较大，与汾阳和孝义第四阶段的早期相同；以乔家沟 H5、H6 为代表的晚期，双鋬耳鬲加少量单把鬲的主体结构与汾阳和孝义第四阶段晚期相同，但乔家沟所出的少量双鋬耳鬲，贴耳部位是一个在相邻两空足间，另一个在一只空足的最外侧，这一特征不同于汾阳和孝义，而与河北蔚县同时期陶鬲相同，② 这是耐人寻味的现象。

以高红 H1 为代表的离石和柳林第五段遗存的发现，是这次工作的重要收获之一。这类遗存陶质以掺陶碴的夹砂陶数量多而富有特色。夹砂陶有深灰、浅灰和褐色三种，器内外皮均较粗糙。泥质陶数量占第二位，以褐色为多，还有浅灰色的，质地细腻，多数质地坚硬，少量的较松软。纹饰以细绳纹为主，还有雷纹和划纹。陶器的基本组合是鬲、空足三足瓮、小口罐、盆、尊、罐等。这类遗存已知的分布地点还有陕两清涧李家崖③、绥德薛家渠④。论年代，高红 H1 最早，约相当于殷墟时期。从目前发现的这类遗存的分布和年代的线索看，它们与吕梁山屡见的青铜器关系最为密切，两者可能属于同一考古学文化。

执笔：卜工、陈冰白、许伟；摄影：李言；绘图：李夏廷

（原载《文物》1989 年第 4 期）

① 吉发习：《准格尔旗东部新石器时代文化遗址调查》，《鄂尔多斯文物考古文集》。

② 张家口考古队：《1979 年蔚县新石器时代考古的主要收获》，《考古》1981 年第 2 期。

③ 张映文、智荣：《陕西清涧李家崖古城址发掘简报》，《考古与文物》1988 年第 1 期。

④ 北京大学考古系商周考古实习组，陕西省考古研究所商周研究室：《陕西绥德薛家渠遗址的试掘》，《文物》1988 年第 6 期。

山西汾阳孝义两县
考古调查和杏花村遗址的发掘

晋中考古队

汾阳县和孝义县地处太原盆地南部，南北接邻，汾河纵贯两县东境。孝义县在南，境内大部为吕梁山东麓山地、山前浅丘和缓坡地。汾阳县境内西部亦多为山前浅丘和缓坡地，东部为河谷平原。两县地势倾斜，海拔高度自西南向东北渐降。一些小河流、干沟横穿两县山前地带，东会汾河。古文化遗址多分布在海拔 800 米左右的缓坡地带，在较低的东部河谷平原未发现古文化遗址。

现将晋中考古队 1982 年在上述两县的工作收获，依照编年的顺序，选取几个有代表性的遗址，作一简要报道。

一、段家庄

段家庄属汾阳县三泉乡，遗址在村东，南距虢义河近百米，遗址所在台地高出河床 20～30 米。遗址范围约 2 万平方米。在遗址的一处断崖边开 2×10 平方米的探沟 1 条，发现 1 座房址和 3 个灰坑。

房址 F1 为半地穴式，南部残缺，推测其平面形状为长方形。残长 4.8、宽 4 米，墙壁残高 0.5 米。地面及壁面上均抹一层草拌泥，西部的地面有经过烧烤的痕迹。室内中部有两个大小相同的柱洞，直径 0.2、深 0.4 米。室内靠东壁处残留下灶坑一侧的烧土壁。门道位置应在房址残缺部（图一）。

段家庄发掘或采集的陶器及残片有夹砂和泥质两种质地。泥质陶一部分胎较细腻。夹砂陶多为红褐或灰褐色，泥质陶多为红色，有少量灰色。纹饰有线纹、弦纹等。部分泥质陶饰黑彩，彩陶纹样以圆点、弧形三角构成的图案为主。另有一部分素面陶器，还有极少量的附加堆纹。制法主要是泥条盘筑，口沿上

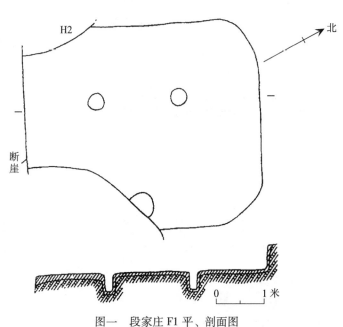

图一　段家庄 F1 平、剖面图

常见慢轮痕迹，口部套接叠唇的做法很流行。

主要器类有叠唇直腹的罐、缸、鼓腹罐、重唇小口尖底瓶、葫芦形口瓶、卷沿彩陶盆、叠唇盆、钵、碗、器盖等（图二、图一〇）。据少量器物如盆、碗排比情况提供的线索看，段家庄遗址有作更细分期的可能。其他遗物还有陶刀、纺轮、石铲等。

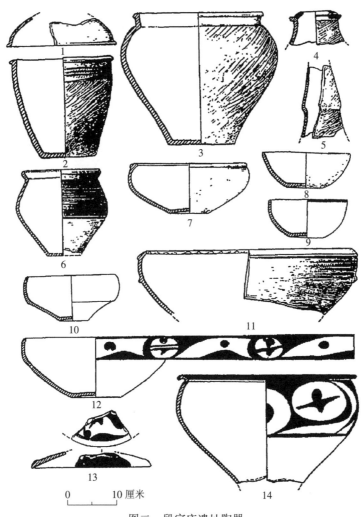

图二　段家庄遗址陶器

1、13. 器盖（H3：21，H2：2）　2、3、6. 罐（H3：3、9、18）　4、5. 瓶口（H2：1、5）　7、11、14. 盆（H3：1、H3：19、7）　8～10. 碗（H1：1，H3：12、02）　12. 钵（03）

二、杏花村

杏花村属汾阳县，现由东堡和西堡两大部分组成。遗址分布在东堡以东，面积约 15 万平方米。地势北高南低，其间分为几个或自然形成或人为造成的阶地。吕梁山脉绵亘于其西北，太（原）汾（阳）公路经过其南。整个遗址按试掘及发掘探方的分布划为五个工作区，Ⅰ～Ⅳ区均为遗址部分，Ⅴ区是一处墓地。

根据获得的层位关系及对其内涵的分析，杏花村遗址的堆积形成经历了八个阶段。

第一段以窑址 Y201、灰坑 H262 为代表。

Y201 上部基本被毁坏，据残存的火道痕迹推断应为横穴式。窑室部分似为椭圆形，火膛应为方形或长方形。窑室与火膛间有一条倾斜的主火道，火道至窑室下分岔呈环状。火膛及火道的底和壁都被烧成一层青绿色硬壳，其下很厚的一层生土也被烧烤成红色（图三）。

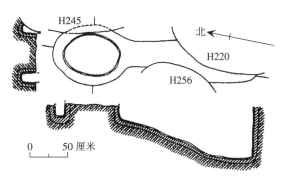

图三　杏花村遗址

H262 为不规则的锅底状灰坑。坑内出土的陶器及陶片有夹砂和泥质两种质地。夹砂陶以红褐或灰褐色为主，有少量黄褐色；泥质陶以红色为主，另有少量灰色。纹饰有线纹、弦纹和部分饰黑彩的彩陶等，彩陶纹样主要是由较规整的弧形三角组成的宽条带纹和网格宽条带纹。有的器物口唇外缘作花边状，有的器物有一对鸡冠状耳。制法与段家庄遗址陶器相同。

器类有直腹缸、双錾耳弧腹叠唇的罐、鼓腹弦纹罐、小口瓶、卷沿彩陶盆、彩陶钵、彩陶碗、器盖等。此外还有陶刀、陶环等遗物（图四－1～5）。

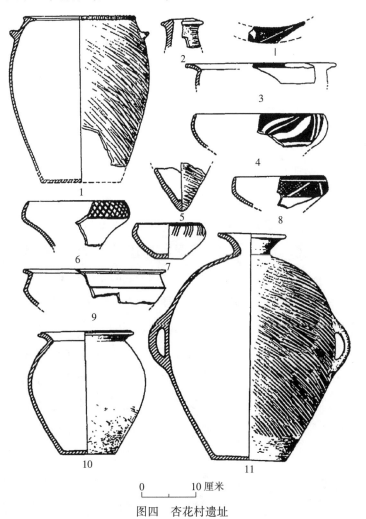

图四　杏花村遗址

1. 夹砂罐（H262：3）　2、5. 小口尖底瓶（0：3，H202：9）　3、9. 盆（H262：7，0：29）　4、6～8. 泥质钵（H262：6，0：11，0：10，0：9）　10. 素面夹砂罐（H11：3）　11. 小口平底篮纹壶（0：8）（1～5 为第一段；6～11 为第二段）

第二段以灰坑 H11 为代表。

H11 为一圆形筒状坑，其中出土的陶器及陶片的质地、陶色与 H262 大体相同，惟泥质红陶颜色较浅，夹砂灰褐陶数量稍显增多。所饰三、四道为一组的线纹有别于 H262 的散乱线纹，弦纹基本不见，新出现细篮纹。彩陶以红彩为主，纹样多见网状宽带纹和有间隔的网状宽带纹，还有垂线纹。制法也同 H262。主要器类有弧腹叠唇（仅见痕迹）罐、侈沿鼓腹罐、泥质小口罐、彩陶盆、彩陶钵、彩陶碗等（图四–6～11）。泥质小口壶是取代小口瓶而出现的新器形。

第三段以灰坑 H2、H5、H23 等单位为代表。

这些单位所出陶器以夹砂和泥质灰陶为主，其次是褐胎灰陶和褐陶，另有少量黑陶。夹砂陶器上一般施绳纹、附加堆纹，泥质陶上多施篮纹、戳点纹，也有一部分为素面。能反映陶器制法的现象有慢轮痕迹和套接痕迹，套接痕迹一般见于器物的颈部或肩部。

夹砂陶器有侈沿深腹的缸，罐等，泥质陶器有小门罐、壶、深腹盘口盆、钵、碗、器盖等。此外还有两侧带缺口的陶刀和石斧，石环、骨匕等遗物（图五）。

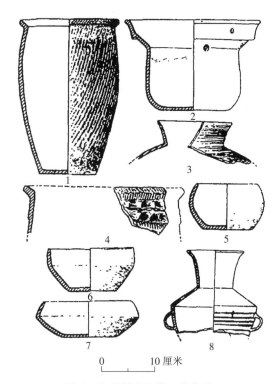

图五　杏花村遗址第三段陶器

1. 罐（H2∶5）　2. 盆（H2∶4）　3. 小口罐（H23∶5）　4. 缸（H23∶17）　5、7. 钵（H23∶4，H23∶1）　6. 碗（H5∶2）　8. 壶（H2∶1）

第四段以灰坑 H118 等单位为代表。此段遗存在杏花村遗址分布面最广。

这一阶段的遗迹有双室窑洞式房址和单室半地穴式房址、陶窑、袋形穴及灰坑等。

房址 F201 为单室半地穴式．面积很小，南北长 2.35、东西宽 1.95、现存墙壁高 0.28 米，室内踩踏硬面厚达 0.1 米。在室内中部偏北和西南角各有一个口径 0.25 米的柱洞，内填碎陶片，底部垫一块不大的石片，西南角的柱洞内还垫有石球 1 件。在南壁下还有一个直径 0.08 米的小柱洞。室内中部略偏南处有两小片红烧土面，室内堆积土中也夹杂不少红烧土块。房址东南部被灰坑 H227 破坏，尚存的墙壁周围未发现门道（图六）。

遗物主要是陶器。陶器质地有夹砂、泥质两种。灰陶最多，有少量褐陶、黑陶和极少量红陶，灰陶中有一部分为褐胎。夹砂陶多施绳纹，也有施篮纹、方格纹或绳纹、篮纹兼施的。泥质陶多施篮纹，也有少量施绳纹、方格纹的。此外还有弦纹、划纹、戳点纹、附加堆纹（包括装饰性的附加泥条、泥饼）等。素面陶器很少。贴附的器把手中，鋬耳较常见。在器物内壁可见到泥条盘筑痕迹和套接痕迹。

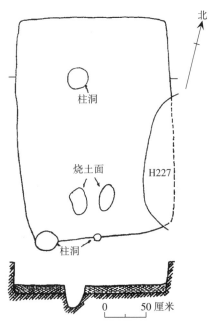

图六　杏花村遗址 F201 平、剖面图

主要器物有双鋬耳鬲（图七－10）和少量单把斝式鬲（图一一）、斝、敛口的甗、夹砂深腹罐、泥质小口罐、泥质大口罐、尊、瓮、壶、粗柄豆、斜腹盆、折腹盆、甑、器盖等。

其他遗物有陶刀、陶环、陶垫、陶抹子、厚体和扁平体的石斧、石凿、石锛、石锤、石刀、石纺轮、压制的燧石镞，以及骨制的凿、锥、簪、针、镞等。

第五段以灰坑 H317 为代表。

此段陶器的基本组合与前段相同。双鋬耳斝式鬲和单把斝式鬲的形态均有显著变化，后者形态与后来的单把鬲非常相似，是单把斝式鬲向单把方体鬲转化的重要阶段（图七－6、图一二）。

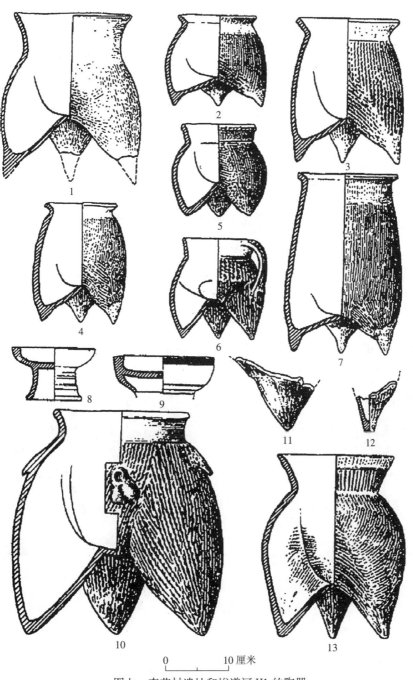

图七　杏花村遗址和峪道河 H1 的陶器

1~5、7、10、13. 鬲（H313：1，M29：1，H303：1，0：037，0：030，H309：1，H118：3，H1：1）　6. 单把斝式鬲（H317：1）
8、9. 豆（M52：1，M20：1）　11. 三足瓮瓮足（H1：5）　12. 鬲足（H1：7）　（11~13 为峪道河；余为杏花村出土）

第六段典型单位有灰坑 H313 等。

遗迹有灰坑、陶窑等。灰坑均为锅底状，平面呈圆形或不规则形。

陶器分夹砂和泥质两种质地。夹砂陶略多于泥质陶，各类器形几乎都包括这两种陶质，这一点明显有别于前面各阶段。灰陶数量最多，褐陶其次，有少量的褐胎黑陶。器表主要施绳纹，少量篮纹仅见于泥质陶器上，此外还可见附加堆纹、弦纹、戳点纹等。绳纹一般较浅，纹理散乱。篮纹浅而细，均为竖行。弦纹压施在绳纹或篮纹之上。

陶器种类有带实足根的高领鬲（图七 –1）、敞口及敛口的甗、瓮、罐、盆、豆等。其他遗物还有石器如扁平石斧、柳叶形石镞、石刀、石凿等。

第七段直接叠压在第六段遗存之上，以灰坑 H303 等单位为代表。

遗迹仅见灰坑一种，均为锅底状，平面呈椭圆形或圆形。

遗物中陶器质地有夹砂和泥质两种。夹砂陶细而且匀。灰陶占绝大多数，只有极少量的褐陶或红陶。器表施绳纹最普遍，还有弦纹、附加堆纹、划纹等。

主要陶器有鬲（图七 –3、图一三）、甗、瓮、罐、盆、豆，此外还有石镰、石锛、骨针，棒槌状和三棱形骨镞等。

第八段以 H309 和 V 区墓地的部分陶器为代表。

V 区的墓地位于整个遗址的南部，已受到当地制砖窑场的严重破坏。窑场附近抛弃的大量人骨和破碎陶器表明有很多墓葬已完全被毁，也有些墓底还留存在取土后形成的地面以下。我们清理的主要是这些幸存的残墓。

所有墓葬都是小土坑竖穴单人墓。一般长 2、宽 1 米左右，最大的长 3、宽 1.9 米，最深的墓从墓口到墓底有 1.7 米。多数墓为南北向，人骨多作仰身直肢，只有两例为俯身直肢，一例为侧身屈肢，头向北。墓地西部有 4 座墓为东西向，人骨头向西。大多数墓内有棺木腐烂后的灰痕，棺板厚 0.05 ～ 0.15 米不等。有 2 座墓人骨下有殉狗的腰坑。

随葬品有陶器和石（玉）器两类。陶器每墓仅出 1 件，非鬲即豆（图七 –2、4、5、8、9，图一四，图一五，其中 4、5 为采集品，但可确认为墓葬所出）。石（玉）器只在 2 座墓中出 3 件小饰物，有的置于人骨头部，有的置于腰部，有的含在口中。

这批墓葬年代跨度大，部分陶器较 H309 鬲（图七 –7）晚，或可再分出一段。

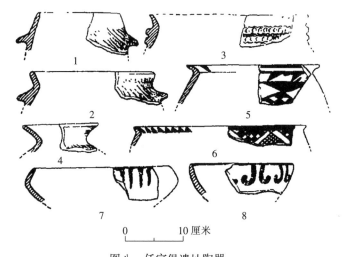

图八　任家堡遗址陶器

1、2. 罐（03，T1③：2）　3. 缸（H3：1）　4. 小口罐（01）
5、6. 盆（H2：1，T1④：6）　7. 钵（T1③：1）　8. 碗（04）

三、任家堡

任家堡在汾阳县三泉镇的东北。

遗址位于村北，面积约 4000 平方米。在遗址边缘开了一个 4×4 平方米的探方。

试掘或采集到的陶器残片有夹砂陶和泥质陶两种。夹砂陶基本上都是红褐色或褐色，泥质陶多为橘黄色，有少量橙红色和灰色。器表或施线纹或为素面。泥质陶中有一部分为彩陶，多为褐彩，少量为红彩。彩陶纹样有窄条带纹、菱形或三角形网格纹、背纹等。流行大鸡冠状器耳和起加固作用的附加堆纹。

夹砂陶器仅见罐类，有厚侈沿罐、叠唇外侧已被抹平的敛口罐等。泥质陶器有侈沿鼓腹罐和小口侈领罐、折沿盆、折腹钵、碗、陶环等（图八）。

任家堡遗址内涵比较单一，陶器的部分特点如夹砂的红褐陶、线纹、施红彩的彩陶等与杏花村第二段相似，另一部分特点如侈沿的罐、褐陶等又与下面介绍的临水遗址 H1 相似，表明它的年代在杏花村第二段和临水 H1 之间。又橘黄色的泥质陶、褐彩等是这类遗存所特有的。

四、临　水

遗址位于孝义县白壁关乡临水村东南，南临下堡河。遗址范围约 2 万平方米。调查中清理了 1 座残破灰坑（H1）。

H1 出土陶器的质地分夹砂和泥质两种。夹砂陶灰色居多，褐色其次；灰陶中有一部分为褐胎。泥质陶也多为灰褐或褐胎灰陶。夹砂陶器主要施绳纹和附加堆纹，泥质陶器以施篮纹为主，或为素面。可辨识的器形有夹砂的侈沿深腹缸和罐，泥质的侈沿罐、盆等（图九）。

五、峪道河

遗址位于汾阳县峪道河乡周围，李家沟、田褚、崖头、峪口几个自然村都有分布。调查时采集到仰韶时代和龙山时代的陶片，并清理了 1 座灰坑（H1）。

H1 所出陶器有泥质陶和夹砂陶。纹饰以绳纹为主，篮纹较少。陶器表面的颜色作黄褐色或深黑色。器形有高领鬲、空足三足瓮、甗等（图七－11～13）。

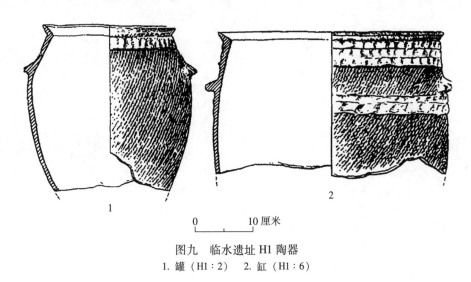

图九　临水遗址 H1 陶器
1. 罐（H1∶2）　2. 缸（H1∶6）

图一〇　陶盆（段家庄: 07）

图一一　单把斝式鬲（杏花村 H118∶10）

图一二　陶鬲（杏花村 H317∶3）

图一三　陶鬲（杏花村 H303∶1）

图一四　陶鬲（杏花村 M29∶1）

图一五　陶豆（杏花村 M52∶1）

以上介绍的五个遗址的各类遗存，基本上反映了汾阳、孝义两县新石器时代至商代考古文化的编年序列。美中不足的是这一序列中缺乏段家庄遗存即庙底沟类型以前的诸阶段遗存。对这一编年序列的认识可归纳如下表：

期	段	典型遗存
仰韶	1	段家庄　H3
	2	杏花村　H262
	3	杏花村任家堡　H11 采集陶器
	4	临水　H1
	5	杏花村　H2、H5
龙山	6	杏花村　H118
	7	杏花村　H317
夏	8	峪道河　H1
	9	杏花村　H313
商	10	杏花村　H303
	11	杏花村　H309 墓地部分陶器

表中第 1、2 两段属于成熟的庙底沟文化，约相当于仰韶时代中期；第 3 至 5 段相当于仰韶时代晚期，其中第 3 段与吕梁山区离石马茂庄 H4 代表的遗存年代相当，[①] 但这里已不见小口尖底瓶。临水 H1 与太谷白燕 H99 代表阶段相当，杏花村 H2、H5 则与太谷白燕 H538 代表阶段相当。[②] 杏花村 H118 代表的第 6 段与山西忻州游邀 H348 等单位年代相近，[③] 是晋中地区龙山时代早期的遗存。杏花村 H317 等单位与离石乔家沟 H6 等单位代表的阶段相当，[④] 属于龙山时代晚期。以高领鬲和空足三足瓮为代表的峪道河 H1 明显晚于此地龙山时代的遗存，与忻州游邀夏代早期遗存基本相同。第 10 和 11 段显然属于商代。其中，杏花村墓地的大部分陶器属于晚商时期，个别或属于商周之际。值得注意的是这里的陶鬲谱系有区别（图七 -2、4、5），当分属三个不同的文化系统。

执笔：陈冰白、卜工、许伟；摄影：李言；绘图：李夏廷

（原载《文物》1989 年第 4 期）

---

① 晋中考古队：《山西娄烦、离石、柳林三县考古调查》，《文物》1989 年第 4 期。

② 晋中考古队：《山西太谷白燕遗址第一地点发掘简报》《山西太谷白燕遗址第二、三、四地点发掘简报》，《文物》1989 年第 3 期。

③ 忻州考古队：《1987 年山西省忻州市游邀遗址发掘简报》，《考古》1939 年第 1 期。

④ 晋中考古队：《山西娄烦、离石、柳林三县考古调查》，《文物》1989 年第 4 期。

兴县刘家峁遗址发掘简报

山西省考古研究所　吕梁市文物技术开发中心

2010 年 11 月，为配合山西省中南部铁路通道建设工程，经报国家文物局批准，山西省考古研究所对铁路所涉吕梁市兴县段刘家峁遗址进行了抢救性考古发掘。现将发掘情况简报如下。

一、遗址概述及发掘情况

兴县位于山西省西北部，吕梁市北端，东邻岚县、岢岚，南连临县、方山，北倚保德，西隔黄河与陕西省神木县相望。刘家峁属瓦塘镇，南距兴县县城 30 公里。发源于岢岚县马跑泉的岚漪河，由东向西流经岚县、兴县青草沟、瓦塘，于裴家川口汇入黄河。遗址即位于岚漪河南端刘家峁村西侧的一个小山包上，属顶部浑圆、斜坡较陡的黄土丘陵，处于岚漪河二级台地。发掘前为现代耕地（图一）。

根据中南部铁路通道穿越区域和征地范围，我们设定了发掘地点，因施工单位的原因，发掘地点被挖掉一部分。根据地形和实际情况，将整个发掘区分作三个部分：Ⅰ区布探方 10 米 ×10 米 1 个、5 米 ×5 米 2 个；Ⅱ区 5 米 ×5 米 56 个；Ⅲ区 5 米 ×5 米 4 个。发掘面积总计 1650 平方米。Ⅰ区中心坐标：N38°39′140″，E111°22 375″；Ⅱ区中心坐标：N38°39′131″，E111°22 370″；Ⅲ区中心坐标：N38°39′141″，E111°22362″。发掘工作自 2010 年 11 月 3 日开始，至 2010 年 12 月 20 日田野工作基本结束，历时 47 天。

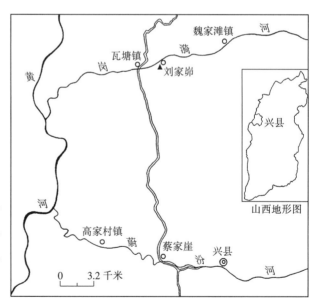

图一　刘家峁遗址地理位置示意图

二、地层堆积与文化分期

发掘区地层可分三层（图二）。

第一层：耕土层。厚度 20～35 厘米。土质较疏松，土色为灰褐色，包含有近现代的瓷片、瓦片、草木灰等。

第二层：土色黄褐色，含炭灰粒，土质较致密。厚度 10～40 厘米。出土东周时期的文化遗物。

第三层：深褐色土，土质较软，包含物以陶片为主，另含料姜石块等。厚度 10～30 厘米。出土仰韶时代文化遗物。

第三层为下浅黄色生土。

发掘区文化层分布不均匀，仅在Ⅱ区的部分探方发现有三层，Ⅰ区和Ⅲ区没有第三层。一些文化层并不起分段间隔作用，即打破它的遗迹或被它叠压的遗迹可以与之同段。

通过整理各区主要遗迹单位之间的相互关系，并结合相关单位内出土器物的总体特征，可将该遗址的文化遗存从早到晚分为仰韶晚期和东周两个时段。

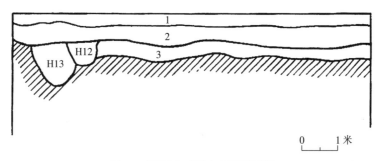

图二　ⅡT406、T506 北壁剖面图

三、仰韶晚期遗存

该文化遗迹以灰坑为主，共 15 个。平面形状有圆形、椭圆形、长条形和不规则形四类，形制上可分筒状、袋状、锅底状和不规则形等。大部分为不规则形，灰坑规模最大者口径约 8.5 米，最小者 0.3 米，最深者 1.85 米，最浅者 0.25 米。坑内堆积以黄褐土为主，部分灰坑填土分四层。坑内多夹杂碎石块、红烧土块、炭粒等。遗物以陶片为主。以ⅡH 11（图三）为例，口部近圆形，坑壁向内倾斜，锅底状，坑壁及坑底较粗糙。口径 1.7 米，深 1.25 米，坑内堆积有四层。包含夹砂和泥质灰陶、红陶。第一层黑褐色土，土质疏松，内含灰屑、烧土块、小石子等，深 0.3 米；第二层黑色土，内含烧土块等，土质疏松，深 0.15～0.3 米；第三层黄褐土，土质较硬，深 0.2～0.4 米；第四层黄褐土，土质较硬，深 0.2 米。

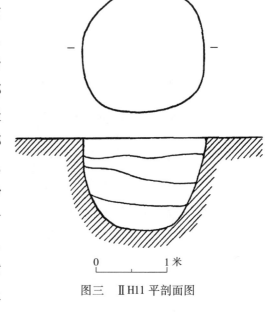

图三　ⅡH11 平剖面图

本期遗物以生活用具陶器为主，生产工具和装饰品等极少发现。生活用具全为陶制品，器类主要有缸、罐、盆、豆、瓶、钵等器类。下面按出土单位介绍。

1. ⅡT0406③

标本 13 件。

侈口鼓腹罐　夹砂灰陶，侈口，束颈，鼓腹。ⅡT0406③：4，尖唇，折沿，束颈，素面。口径 22 厘米，残高 3 厘米（图四 -8）。ⅡT0406③：9，尖圆唇，卷沿，颈部饰一道附加堆纹。残高 7.5 厘米（图四 -1）。ⅡT0406③：10，仰折沿，尖圆唇，器身饰斜篮纹。口径 13 厘米，残高 5 厘米（图四 -6）。

直腹罐　ⅡT0406③：1，夹砂红陶，方唇，侈口，仰折沿，直腹，素面。口径 22、残高 9 厘米（图四 -9）。

矮领罐　ⅡT0406③：6，夹砂灰陶，方圆唇，敛口，矮领，圆鼓腹，素面。口径 4.5、残高 4.5 厘米（图四 -5）。

直壁缸　夹砂灰陶，方唇。ⅡT0406③：8，直口，窄平沿，颈部饰一道附加堆纹，压印成网格状，器身饰线纹组成的条带状纹。残高 7 厘米（图四 -2）。ⅡT0406③：7，侈口，折沿，颈部以下饰五道附加堆纹，器身饰斜篮纹。口径 40、残高 10.5 厘米（图四 -11）。

器底　ⅡT0406③：12，夹砂灰陶，下腹斜收，平底微凹，饰斜线纹。底径 15.2、残高 6 厘米（图四 -13）。

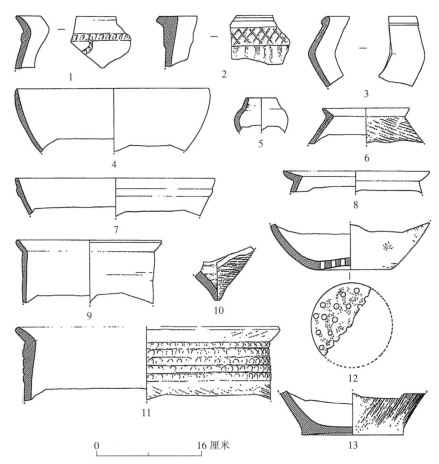

0　　　　　　16 厘米

图四　ⅡT0406③出土陶器

1、6、8. 侈口鼓腹罐（ⅡT0406③：9、T0406③：4）　2、11. 直壁缸（ⅡT0406③：8）　3. 折腹盆（ⅡT0406③：5）　4. 钵（ⅡT0406③：2）　5. 矮领罐（ⅡT10406③：6）　7. 敞口盆（ⅡT0406③：3）　9. 直腹罐（ⅡT0406③：1）　10. 尖底瓶（ⅡT0406③：11）　12. 甑底（ⅡT0406③：13）　13. 器底（ⅡT0406③：12）

尖底瓶　ⅡT0406③：11，泥质灰陶，底部呈乳头状，底尖夹角近90°，饰横篮纹，泥条盘筑。残高7厘米（图四–10、图五）。

甑底　ⅡT0406③：13，泥质灰陶，下腹斜收、略弧，凹底，底部有穿，素面。底径12、残高6.5厘米（图四–12）。

图五　仰韶陶尖底瓶（ⅡT0406③：11）

钵　ⅡT0406③：2，泥质红陶，尖圆唇，口微敞，圆弧腹，素面。口径29、残高9厘米（图四–4）。

折腹盆　ⅡT0406③：5，泥质红陶，敛口，折腹，素面。残高9.4厘米（图四–3）。

敞口盆　ⅡT0406③：3，泥质灰陶，红胎，圆唇，敞口，斜腹，上腹饰一道附加堆纹。口径30、残高5.5厘米（图四–7）。

2．ⅠH1

标本4件。

侈口鼓腹罐　ⅠH1：4，夹砂灰陶，方圆唇，侈口，宽折沿，束颈，鼓腹，上腹饰一道弦纹。口径22、残高5.5厘米（图六–2）。

直壁缸　夹砂灰陶，方唇，唇面有凹槽，侈口，折沿。ⅠH1：2，颈部饰一道附加堆纹。残高6.5厘米（图六–1）。ⅠH1：3，上腹较直，颈部饰两道附加堆纹，器身饰斜线纹。口径38、残高7.5厘米（图六–4）。

豆　ⅠH1：1，泥质灰陶，口残，圆盘，盘底平，高柄圈足。残高15厘米（图六–3）。

3．ⅠH2

标本5件。

直壁缸　ⅠH2：5，夹砂灰陶，方唇，唇面有凹槽，窄折沿，直口，

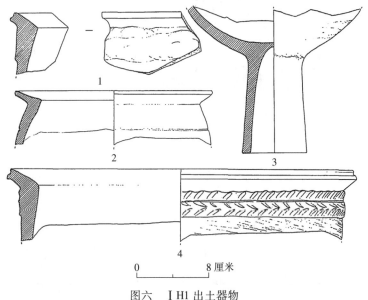

图六　ⅠH1出土器物

1、4.（ⅠH1：2、ⅠH1：3）　2.侈口鼓腹罐（ⅠH1：4）　3.豆（ⅠH1：1）

直腹，颈部饰三道凸弦纹。口径43、残高11厘米（图七–5）。

钵　泥质红陶，弧腹，素面。ⅠH2：1，尖唇，直口。口径32.2、残高10厘米（图七–4）。ⅠH2：2，圆唇，微敛口，平底略内凹。口径13、底径4、高6.2厘米（图七–2）。ⅠH2：3，口微敞，尖圆唇。口径13、残高4.3厘米（图七–1）。

纺轮　ⅠH2：4，泥质灰陶，锥状，上窄下宽，剖面呈梯形，中部有圆孔，素面。底部外径3.8、内径0.8、高2.9厘米（图七–3、图八）。

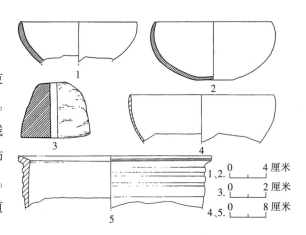

4. Ⅰ H3

标本 6 件。

侈口鼓腹罐　夹砂灰陶，侈口，斜折沿，束颈，鼓腹，颈部饰一周附加堆纹，器身饰篮纹。Ⅰ H3：1，方唇，器身饰横、斜篮纹。口径 22、残高 8 厘米（图一○ -3）。Ⅰ H3：4，方唇，器身饰横篮纹。口径 22、残高 4 厘米（图九 - 1）。Ⅰ H3：5，方圆唇，器身饰斜篮纹，颈腹间饰三道附加堆纹。口径 14、残高 4 厘米（图九 -6）。

直壁缸　Ⅰ H3：3，夹砂灰陶，方圆唇，侈口，宽折沿，腹壁较直，颈下饰三道附加堆纹，器身拍印竖线纹。口径 36、残高 8.5 厘米（图九 -5）。

图七　Ⅰ H2 出土器物
1、2、4. 钵（Ⅰ H2：3、Ⅰ H2：2、Ⅰ H2：1）
3. 纺轮（Ⅰ H2：4）　5. 直壁缸（Ⅰ H2：5）

器底　Ⅰ H3：6，夹砂灰陶，斜腹，平底。残高 7.5 厘米（图九 -4）。

折腹钵　ⅠH3：2，泥质红褐陶，圆唇，敛口，折腹，折腹处饰一道凹弦纹。口径 24、残高 5 厘米（图九 -2）。

5. Ⅱ H5

标本 7 件。

侈口鼓腹罐　侈口，斜折沿，束颈，鼓腹。Ⅱ H5：5，夹砂灰陶，尖圆唇，颈部饰一周附加堆纹。口径 26、残高 5 厘米（图一○ -5）。Ⅱ H5：6，夹砂红陶，圆唇，器身饰斜线纹。口径 24、残高 7 厘米（图一○ -2）。Ⅱ H5：7，夹砂灰陶，圆唇，器身饰斜细绳纹。口径 25、

图八　仰韶陶纺轮（Ⅰ H2：4）

残高 5 厘米（图一○ -4）。

大口罐　Ⅱ H5：4，夹砂灰陶，方圆唇，侈口，折沿，束颈，颈下饰四道附加堆纹。口径 40、残高 8 厘米（图一○ -6）。

夹砂罐　Ⅱ H5：2，夹砂灰陶，方唇，侈口，仰折沿，器身饰细绳纹。残高 11.5 厘米（图一○ -1）。

直壁缸　ⅢH5：3，夹砂灰陶，圆唇，侈口，仰折沿，上腹较直，颈下饰三道附加堆纹，器身饰细绳纹。口径 36、残高 9.5 厘米（图一○ -3）。

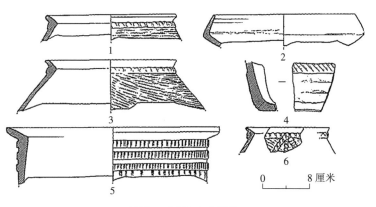

图九　Ⅰ H3 出土器物
1、3、6. 侈口鼓腹罐（Ⅰ H3：4、Ⅰ H3：1、Ⅰ H3：5）　2. 折腹钵（Ⅰ H3：2）
4. 器底（Ⅰ H3：6）　5. 直壁缸（Ⅰ H3：3）

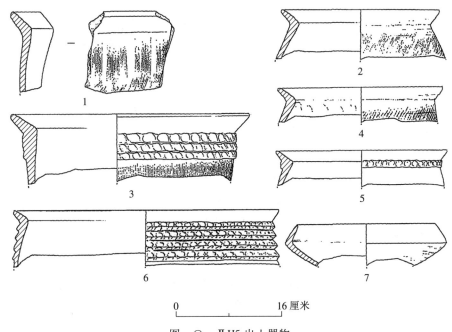

图一〇　Ⅱ H5 出土器物

1. 夹砂罐（Ⅱ H5：2）　2、4、5. 侈口鼓腹罐（Ⅱ H5：6、Ⅱ H5：7、Ⅱ H5：5）　3. 直壁缸（Ⅱ H5：3）　6. 大口罐（Ⅱ H5：4）7. 折腹钵（Ⅱ H5：1）

折腹钵　Ⅱ H5：1，泥质灰陶，敛口，尖圆唇，折腹，素面。口径21、残高6厘米（图一〇 -7）。

6. Ⅱ H11

标本13件。

侈口鼓腹罐　夹砂灰陶，侈口，斜折沿，束颈，鼓腹。Ⅱ H11：3，尖唇，器身饰竖线纹。口径12、残高5.5厘米（图一一 -4）。Ⅱ H11：7，方圆唇，颈部饰一道附加堆纹。口径18、残高6厘米（图一一 -2）。Ⅱ H11：12，唇面有一凹槽，素面。口径12、残高4.6厘米（图一一 -1）。Ⅱ H11：13，尖圆唇。口径23、残高7厘米（图一一 -9）。

直壁缸　Ⅱ H11：5，夹砂灰陶，方圆唇，唇面有凹槽，微敛口，宽平沿，颈下饰四道附加堆纹。残高6.8厘米（图一一 -7）。

夹砂罐　Ⅱ H11：6，夹砂灰陶，近口部饰两道弦纹，器身饰竖线纹。残高6厘米（图一一 -6）。Ⅱ H11：9，夹砂红陶，字母口，腹部较厚，口部饰方格纹，腹部饰竖绳纹。残高24厘米（图一一 -10）。Ⅱ II11：11，夹砂红皮陶，灰胎，方唇，折沿，沿面有凸棱，束颈，鼓腹，器身饰数道凸弦纹。口径16、残高4厘米（图一一 -5）。

器底　Ⅱ H11：4，夹砂灰陶，平底外撇出沿。底径24、残高7厘米（图一一 -11）。Ⅱ H11：8，夹砂红陶，下腹斜收，平底，饰竖细绳纹。底径22、残高7厘米（图一一 -13）。Ⅱ H11：10，夹砂灰陶，平底，饰竖细绳纹。底径22、残高5.5厘米（图一一 -12）。

尖底瓶　Ⅱ H11：2，泥质黄褐陶，喇叭口，素面。口径16、残高4.7厘米（图一一 -3）。

折腹钵　Ⅱ H11：1，泥质灰陶，方圆唇，敛口，折腹，下腹斜收，平底，素面。口径18.4、底径8、高11厘米（图一一 -8）。

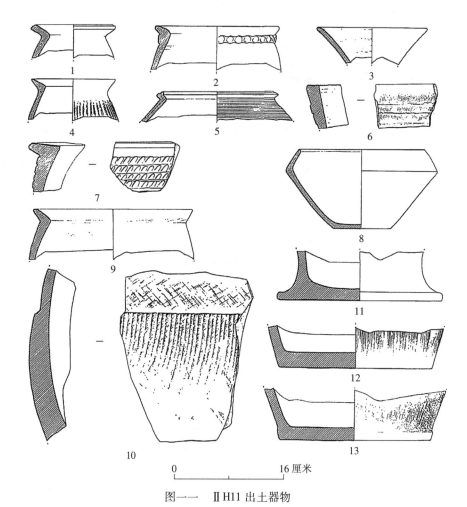

图一一　ⅡH11 出土器物

1、2、4、9. 侈口鼓腹罐（ⅡH11：12、ⅡH11：7、ⅡH11：3、ⅡH11：13）　3. 尖底瓶（ⅡH11：2）　5、6、10. 夹砂罐
（ⅡH11：11、ⅡH11：6、ⅡH11：9）　7. 直壁缸（ⅡH11：5）　8. 折腹钵（ⅡH11：1）　11、12、13. 器底（ⅡH11：4、
ⅡH11：10、ⅡH11：8）

7. ⅡH15

标本 30 件。

尖底瓶　ⅡH15：8，泥质灰陶，尖圆唇，喇叭口。口径 17、残高 9 厘米（图一二 - 3）。
ⅡH15：9，泥质灰陶，尖圆唇，喇叭口，颈部饰三道由线纹组成的带状纹。口径 16、残高 9.3 厘米
（图一二 - 2）。ⅡH15：10，泥质红陶，退化双唇口。口径 4、残高 2.7 厘米（图一二 - 5）。
ⅡH15：11，底部，泥质灰陶，底尖呈乳头状，底尖夹角为钝角，泥条盘筑，饰篮纹。残高 5 厘米
（图一二 - 14）。

钵　ⅡH15：5，泥质灰陶，尖圆唇，敞口，圆弧腹，素面。口径 19、残高 7.4 厘米（图一二 -
4）。ⅡH15：6，细泥红陶，表皮泛黄，敞口，尖圆唇，圆弧腹，口部饰宽红褐彩带一道。口径 24、残
高 5.4 厘米，彩带宽 4.4 厘米（图一二 -7）。ⅡH15：7，细泥红陶，表皮泛黄，敞口，尖圆唇，圆弧
腹，口部饰宽黑彩带一道。口径 28、残高 15 厘米，彩带宽 4.6 厘米（图一二 -9）。

折腹钵　ⅡH15：13，泥质灰陶，尖圆唇，敛口，折腹，上腹有穿孔。口径 25、残高 5.5 厘米
（图一二 -10）。

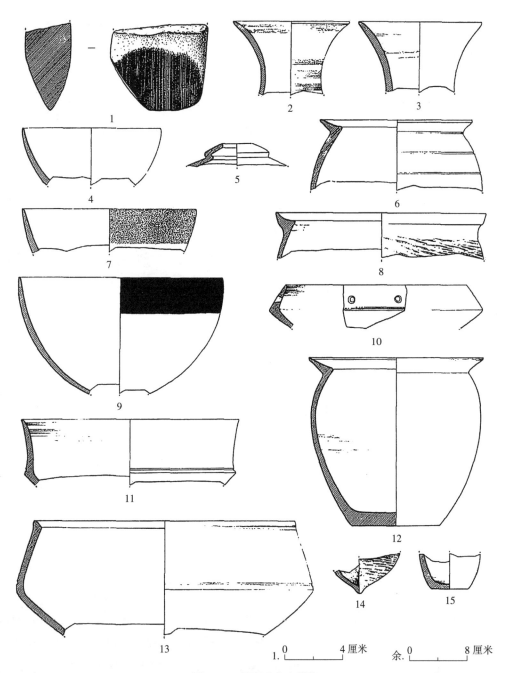

图一二　ⅡH15 出土器物

1. 石斧（ⅡH15：1）　2、3、5、14. 尖底瓶（ⅡH15：9、ⅡH15：8、ⅡH15：10、ⅡH15：11）　4、7、9. 钵（ⅡH15：5、Ⅱ
H15：6、ⅡH15：7）　6、8、12. 侈口鼓腹罐（ⅡH15：14、ⅡH15：15、ⅡH15：2）　10. 折腹钵（ⅡH15：13）　11、13. 折
腹盆（ⅡH15：3、ⅡH15：4）　15. 器底（ⅡH15：12）

折腹盆　泥质灰陶，折腹，折腹处有一道凹弦纹。ⅡH15：3，敞口，尖唇。口径 30、残高 8.5 厘
米（图一二－11）。ⅡH15：4，敛口，方唇。口径 36、残高 15 厘米（图一二－13）。

石斧　ⅡH15：1，通体磨光，体扁宽。残长 5.7、残宽 3.2 厘米（图一二－1）。

侈口鼓腹罐　侈口，束颈，鼓腹。ⅡH15：2，泥质灰陶，尖唇，折沿，沿面有凹槽，平底，素面
磨光。口径 24、底径 12、高 22 厘米（图一二－12）。ⅡH15：14，夹砂灰陶，黑皮磨光，尖唇，折沿，
器身饰凹弦纹。口径 21、残高 9.1 厘米（图一二－6）。ⅡH15：15，夹砂红陶，尖唇，沿面微凹，器

身饰绳纹。口径29、残高5.8厘米（图一二-8）。ⅡH15：16，夹砂灰陶，尖圆唇，斜沿，器表饰篮纹。残高6厘米（图一三-10）。ⅡH15：17，夹砂灰陶，侈口，折沿，尖圆唇，素面。口径22、残高8厘米（图一三-14）。ⅡH15：18，夹砂红陶，尖圆唇，斜折沿，器身饰细绳纹。口径27、残高9.5厘米（图一三-8）。ⅡH15：19，夹砂灰陶，方唇，斜折沿，颈部饰一道附加堆纹。口径24、残高4厘米（图一三-15）。ⅡH15：20，夹砂红陶，方圆唇，斜折沿，颈部饰一道附加堆纹，器身饰细绳纹。口径20、残高5厘米（图一三-12）。ⅡH15：24，夹砂灰陶，斜沿，方唇，束颈，颈部饰一道附加堆纹，器身饰竖线纹。口径27、残高8厘米（图一三-7）。

直壁缸　ⅡH15：25，夹砂灰陶，胎的颜色红、褐相间，方唇，侈口，器身饰斜线纹。口径31、残高6.4厘米（图一三-2）。ⅡH15：29，夹砂红陶，方唇，唇有凹槽，器身饰交错细绳纹。口径38、残高21厘米（图一三-13）。ⅡH15：30，夹砂红陶，表皮泛黄，方圆唇，腹较直，近口部饰四道附加堆纹，器身饰篮纹。口径33、残高23厘米（图一三-6）。

大口罐　夹砂灰陶，斜折沿。ⅡH15：23，方圆唇，直口，上腹较直，颈下饰锥刺纹，被弦纹间隔。残高16厘米（图一三-1）。ⅡH15：21，方唇，侈口，颈下饰两道附加堆纹，器身绳纹。口径36、残高7厘米（图一三-9）。ⅡH15：22，方圆唇，侈口，颈下饰四道附加堆纹，堆纹上又压成齿状。口径38、残高6厘米（图一三-11）。

器底　ⅡH15：12，泥质灰陶，下腹略收，平底，素面。底径5、残高4.5厘米（图一二-15）。ⅡH15：26，夹砂灰陶，下腹斜收，平底，饰竖线纹。底径20、残高8厘米（图一三-3）。ⅡH15：27，夹砂灰陶，下腹斜收，平底。底径22、残高5.5厘米（图一三-4）。ⅡH15：28，夹砂灰陶，红胎，下腹斜收，平底较厚。底径28.5、残高7.5厘米（图一三-5）。

8. ⅡH16

标本6件。

器底　ⅡH16：2，夹砂灰陶，下腹斜收，平底，下腹饰三道附加堆纹。底径20、残高6.8厘米（图一四-2）。

尖底瓶　ⅡH16：1，泥质灰陶，方唇，唇面微凹，喇叭口，器表饰横篮纹。口径19、残高6.5厘米（图一四-1）。ⅡH16：4，泥质灰陶，方唇，喇叭口，器表饰横篮纹。口径19.5、残高8.2厘米（图一四-3、图一五）。ⅡH16：5，泥质黄褐陶，底尖呈乳头状，底尖夹角为钝角，器表饰篮纹，残留有红彩的痕迹，泥条盘筑。残高28厘米（图一四-5、图一六）。ⅡH16：6，泥质黄褐陶，下腹圆折，上腹饰篮纹，下腹饰有网状红彩纹样，泥条盘筑。腹径23、残高27厘米（图一四-6、图一七）。

折腹钵　ⅡH16：3，泥质灰陶，折腹，素面。残高8.5厘米（图一四-4）。

9. ⅡH17

标本13件。

侈口鼓腹罐　夹砂灰陶，侈口，束颈，鼓腹。ⅡH17：6，方圆唇，仰折沿，沿面有一道凹槽，器身饰竖细绳纹。口径16、残高6厘米（图一八-1）。ⅡH17：8，方唇，唇面有一道凹槽，仰折沿，颈部饰一道附加堆纹，器身饰斜篮纹。口径20、残高9.5厘米（图一八-9）。ⅡH17：13，尖圆唇，折沿，颈下有一小鋬，器身饰竖细绳纹。口径28、残高8厘米（图一八-5）。

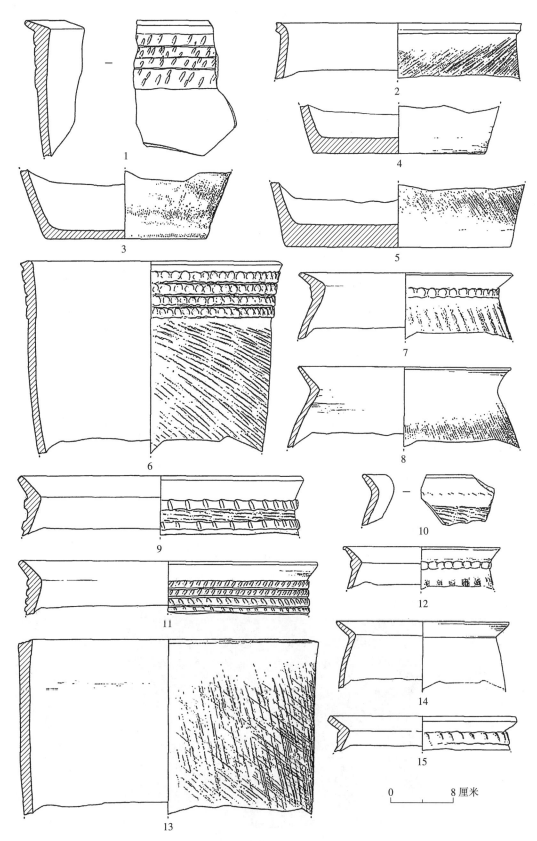

图一三　ⅡH15 出土器物

1、2、6、13. 直壁缸（ⅡH15：23、ⅡH15：25、ⅡH15：30、ⅡH15：29）　　3、4、5. 器底（ⅡH15：26、ⅡH15：27、ⅡH15：28）
7、8、10、12、14、15. 侈口鼓腹罐（ⅡH15：24、ⅡH15：18、ⅡH15：16、ⅡH15：20、ⅡH15：17、ⅡH15：19）　　9、11. 大口罐
（ⅡH15：21、ⅡH15：22）

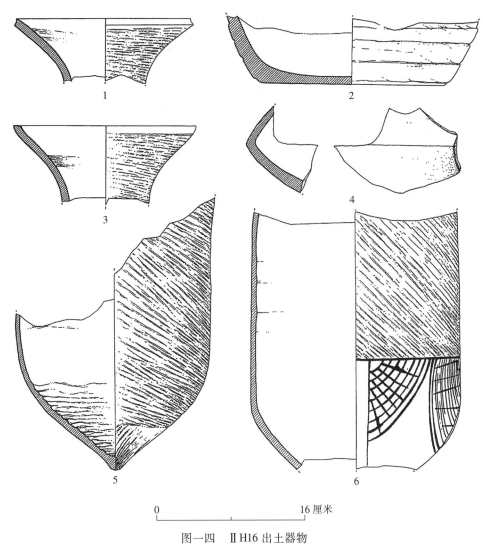

0 ├──────────────┤ 16 厘米

图一四　Ⅱ H16 出土器物

1、3、5、6. 尖底瓶（Ⅱ H16：1、Ⅱ H16：4、Ⅱ H16：5、Ⅱ H16：6）　2. 器底（Ⅱ H16：2）　4. 折腹钵（Ⅱ H16：3）

图一五　仰韶陶尖底瓶（Ⅱ H16：4）

图一六　仰韶陶尖底瓶（ⅡH16：5）　　　图一七　仰韶陶尖底瓶（ⅡH16：6）

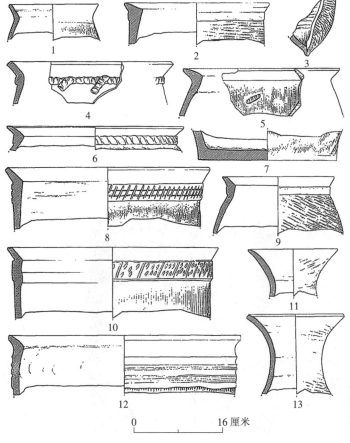

图一八　ⅡH17 出土器物

1、5、9. 侈口鼓腹罐（ⅡH17：6、ⅡH17：13、ⅡH17：8）　2. 直腹罐（Ⅱ
H17：5）　3、11、13. 尖底瓶（ⅡH17：4、ⅡH17：2、ⅡH17：3）　4、6. 大
口罐（ⅡH17：7、ⅡH17：10）　7. 器底（ⅡH17：1）　8、10、12. 直壁缸
（ⅡH17：12、ⅡH17：9、ⅡH17：11）

大口罐　夹砂灰陶，侈口，束颈，鼓腹。ⅡH17：7，方唇，斜沿，颈部饰一道附加堆纹，腹部另饰附加堆纹。口径 30、残高 7 厘米（图一八 - 4）。ⅡH17：10，尖圆唇，折沿，沿面有一道凹槽，颈部饰一道附加堆纹。口径 32、残高 4 厘米（图一八 - 6）。

直腹罐　ⅡH17：5，夹砂灰陶，敞口，折沿，尖圆唇，上腹较直，颈部饰一道附加堆纹。口径 26、残高 7 厘米（图一八 - 2）。

直壁缸　敞口，方唇，折沿，直壁。ⅡH17：9，夹砂灰陶，红褐胎，唇面有一道凹槽，直腹，颈下饰一道附加堆纹，下饰竖线纹。口径 38、残高 12 厘米（图一八 - 10）。ⅡH17：11，夹砂灰陶，颈下饰数道附加堆纹。口径 42、残高 9.5 厘米（图一八 - 12）。ⅡH17：12，夹砂灰陶，方唇，颈部饰三道附加堆纹，压印成网格状，器身饰竖细绳纹。口径 37、残高 10 厘米（图一八 - 8）。

器底　ⅢH17：1，夹砂灰陶，下腹斜收，平底，内有席纹痕。底径 25、残高 5 厘米（图一八 -7）。

尖底瓶　泥质红陶。Ⅱ H17：2，尖圆唇，喇叭口。口径 16、残高 8 厘米（图一八 - 11）。Ⅱ H17：3，方圆唇，喇叭口，束颈。口径 17、残高 13.5 厘米（图一八 -13）。Ⅱ H17：4，底尖呈乳头状，器表饰篮纹，泥条盘筑。残高 10 厘米（图一八 -3）

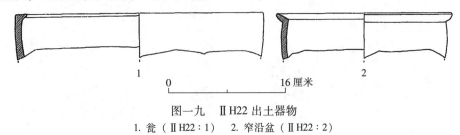

图一九　Ⅱ H22 出土器物
1. 瓮（Ⅱ H22：1）　2. 窄沿盆（Ⅱ H22：2）

10. Ⅱ H22

标本 2 件。

瓮　Ⅱ H22：1，夹砂灰陶，敛口。口径 34、残高 6 厘米（图一九 -1）。

窄沿盆　Ⅱ H22：2，泥质灰陶，红胎灰皮，圆唇，侈口，斜折沿，弧腹，素面。口径 24、残高 6厘米（图一九 -2）。

11. Ⅱ H34

标本 4 件

侈口鼓腹罐　Ⅱ H34：4，夹砂灰陶，方圆唇，侈口，束颈，仰折沿，沿面有一道凹槽，素面。口径 12、残高 3.5 厘米（图二〇 -1）。

器底　ⅢH34：1，夹砂灰陶，下腹斜收，平底，器身饰斜篮纹。底径 14、残高 8 厘米（图二〇 -3）。

直壁缸　Ⅱ H34：2，夹砂灰陶，方唇，直口，窄折沿，颈下饰附加堆纹，压印成麦穗状，器身饰竖细绳纹。残高 11.5 厘米（图二〇 -2）。

尖底瓶　Ⅱ H34：3，泥质灰陶，圆唇，喇叭口。口径 14、残高 4 厘米（图二〇 -4）。

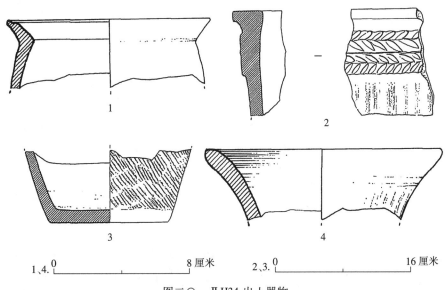

图二〇　Ⅱ H34 出土器物
1. 侈口鼓腹罐（Ⅱ H34：4）　2. 直壁缸（Ⅱ H34：2）　3. 器底（Ⅱ H34：1）　4. 尖底瓶（Ⅱ H34：3）

四、东周文化遗存

共发现灰坑37个。平面形状有方形、圆形、椭圆形、长条形和不规则形四类，形制上可分筒状、锅底状和不规则形等。大部分为不规则形，灰坑规模最大者口径约3.25米，最小者0.5米，最深者1.3米，最浅者0.4米。坑内堆积以黄褐土、黑褐土、红褐土为主，部分灰坑填土分两层。坑内多夹杂红烧土块、炭粒等。遗物以陶片为主。

本期遗物仍以生活用具陶器为主，器类主要有鬲、罐、盆、浅盘豆等。下面按出土单位介绍。

1. Ⅱ T0406②

标本13件。

鬲　夹砂灰陶。Ⅱ T0406②：1，裆部略下垂，锥状足，器身饰粗绳纹。残高7厘米（图二一－1、图二二）。Ⅱ T0406②：2，方唇，折沿，束颈，圆肩，裆部下垂，锥状足，上腹饰竖细绳纹，底部饰粗绳纹，器高与器身最大径之比接近于1∶1。口径11.4、高13厘米（图二一－2、图二三）。ⅡT0406②：5，方唇，仰折沿，束颈，鼓腹，饰粗绳纹。口径25、残高6.5厘米（图二一－11）。Ⅱ T0406②：6，尖唇，口微敞，折沿，沿面有凹槽，束颈，器身饰绳纹。口径24、残高7厘米（图二一－12）。Ⅱ T0406②：10，平裆，锥状足，裆部饰粗绳纹。残高15厘米（图二一－7）。Ⅱ T0406②：11，平裆，锥状足，裆部饰粗绳纹。残高7厘米（图二一－8）。Ⅱ T0406②：12，平裆，柱状足，裆部饰粗绳纹。残高9.5厘米（图二一－9、图二四）。

双耳罐　Ⅱ T0406②：9，夹砂灰陶，方唇，沿侈卷，颈长，肩部有双环耳，弧腹，素面。口径9、残高9厘米（图二一－4）。

陶釜　Ⅱ T0406②：4，夹砂灰陶，方唇，侈口，束颈，圆弧腹，器身饰交错细绳纹。口径19、残高15厘米（图二一－10）。

盆　Ⅱ T0406②：8，夹砂灰陶，口微敞，斜折沿，尖唇，器身饰交错细绳纹。口径40、残高5厘米（图二一－13）。

器底　Ⅱ T0406②：13，夹砂灰陶，凹底，底部外面有席纹痕。底径13、残高2厘米（图二一－3）。

矮领罐　ⅡT0406②：7，泥质灰陶，方唇，口微侈，矮领，器身饰绳纹被弦纹间隔。口径20、残高5.8厘米（图二一－6）。

豆　Ⅱ T0406②：3，泥质灰陶，方唇，浅盘，盘外方折角，盘壁微内凹，盘底较平，柄细长，呈竹节状，座底呈喇叭口状。口径13、底径9.6、通高15.2厘米（图二一－5、图二五）。

2. Ⅱ T0607②

标本11件。

鬲　夹砂灰陶。Ⅱ T0607②：6，方唇，侈口，仰折沿，束颈，圆肩，器身饰粗绳纹。口径26、残高11厘米（图二六－10）。Ⅱ T0607②：7，裆略下垂，粗短柱状足，裆部饰绳纹。残高10厘米（图二六－9）。Ⅱ T0607②：8，弧裆，锥状足，裆部饰绳纹。残高9厘米（图二六－11）。Ⅱ T0607②：9，柱

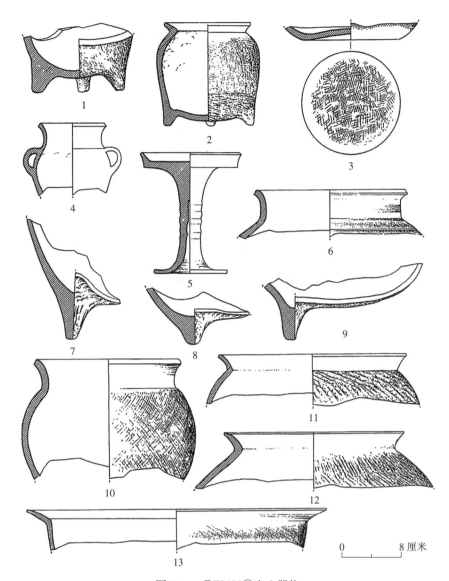

图二一　ⅡT0406②出土器物

1、2、7、8、9、11、12. 鬲（ⅡT0406②: 1、ⅡT0406②: 2、ⅡT0406②: 10、ⅡT0406②: 11、ⅡT0406②: 12、ⅡT0406②: 5、Ⅱ
T0406②: 6）　3. 器底（ⅡT0406②: 13）　4. 双耳罐（ⅡT0406②: 9）　5. 豆（ⅡT0406②: 3）　6. 矮领罐（ⅡT0406②: 7）
10. 陶釜（ⅡT0406②: 4）　13. 盆（ⅡT0406②: 8）

图二二　东周陶鬲（ⅡT0406②: 1）

图二三　东周陶鬲（ⅡT0406②: 2）

图二四　东周陶鬲（ⅡT0406②：12）

图二五　东周陶豆（ⅡT0406②：3）

状足，裆部饰绳纹。残高6厘米（图二六-8）。ⅡT0607②：10，细长柱状足，裆部饰细绳纹。残高9.5厘米（图二六-7）。

盆　夹砂灰陶，侈口，弧腹。ⅡT0607②：4，方唇，斜折沿，器身饰细绳纹。口径22、残高8.5厘米（图二六-3）。ⅡT0607②：5，方圆唇，卷沿，器身饰细绳纹被弦纹间隔。口径18、残高8.5厘米（图二六-2）。

器底　ⅡT0607②：3，夹砂灰陶，底较厚，略内凹，素面。底径6、残高4厘米（图二六-6）。

豆　泥质灰陶，方唇，口微敞，浅盘，盘外方折角，盘壁微内凹，盘底较平。ⅡT0607②：1，柄细长，呈竹节状，座底呈喇叭口状。口径12.2、底径10厘米，通高15.3厘米（图二六-5、图二七）。ⅡT0607②：2，细长柄。口径14、残高10厘米（图二六-1）。ⅡT0607②：11，柄细长，底座呈喇叭口状。口径13、底径9、通高14.6厘米（图二六-4）。

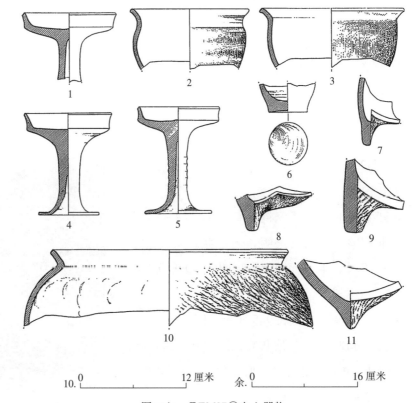

图二六　ⅡT0607②出土器物

1、4、5. 豆（ⅡT0607②：2、ⅡT0607②：11、ⅡT0607②：1）　2、3. 盆（ⅡT0607②：5、ⅡT0607②：4）　6. 器底（ⅡT0607②：3）　7、8、9、10、11. 鬲（ⅡT0607②：10、ⅡT0607②：9、ⅡT0607②：7、ⅡT0607②：6、ⅡT0607②：8）

图三七　东周陶豆（ⅡT0607②∶1）

3. ⅠH23

标本 5 件。

鬲　ⅠH23∶5，夹砂灰陶，柱状足，下腹部饰粗绳纹。残高 12 厘米（图二八 -2）。

矮领罐　泥质灰陶，侈口，卷沿，矮颈，领部和器身饰浅绳纹。ⅠH23∶3，方唇。口径 14.5、残高 4 厘米（图二八 -4）。ⅠH23∶4，沿面微凹，方唇。口径 16、残高 4.5 厘米（图二八 -5）。甑　ⅠH23∶1，泥质灰陶，斜腹，腹饰绳纹，近底部抹去，平底，底部有数个圆形小孔。底径 15.5、残高 7 厘米（图二八 -3）。

豆　ⅠH23∶2，泥质灰陶，盘甚浅，圆折角，盘底较平，柄细长，底残。口径 11.8、残高 7.5 厘米（图二八 -1、图二九）。

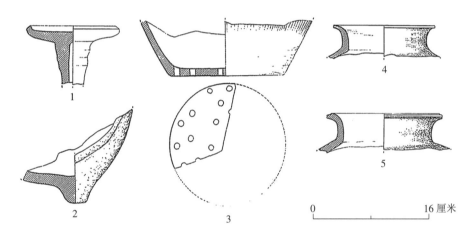

0 ———————— 16 厘米

图二八　ⅠH23 出土器物
1. 盘豆（ⅠH23∶2）　2. 鬲（ⅠH23∶5）　3. 甑（ⅠH23∶1）　4、5. 矮领罐（ⅠH23∶3、ⅠH23∶4）

4. ⅡH9

标本 12 件。

支钉　10 件。泥质灰陶，圆锥状，实心，素面。如Ⅱ H9∶1，泥质灰陶，圆锥状，实心，素面。底径 2.6、高 3.5 厘米（图三〇 -3、图三一）。

角器　Ⅱ H9∶2，残长 9.5 厘米（图三〇 -2）。

纺轮　Ⅱ H9∶3，泥质灰陶，圆饼状，体较厚，中部有圆孔，饰绳纹被抹平。底径 5.4、内径 0.9 厘米（图三〇 -1、图三二）。

5. ⅡH12

标本 3 件。

鬲　夹砂灰陶。Ⅱ H12∶1，足跟略呈柱状，

图二九　东周陶豆（ⅠH23∶2）

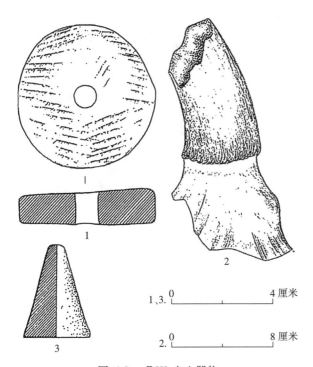

图三○　ⅡH9 出土器物

1. 纺轮（ⅡH9：3）　2. 鹿角（ⅡH9：2）　3. 支钉（ⅡH9：1）

档部饰粗绳纹。残高 11.5 厘米（图三三 - 1）。ⅡH12：2，方唇，侈口，斜沿，束颈，器身饰绳纹。口径 26、残高 6 厘米（图三三 - 3）。

钵　ⅡH12：3，泥质灰陶，方唇，侈口，卷沿，短颈，颈部内凹较深，口沿、器身磨光。口径 23、残高 6.5 厘米（图三三 - 2）。

6. ⅡH21

标本 3 件。

鬲　ⅡH21：2，夹砂灰陶，锥状足，档部饰粗绳纹。残高 7 厘米（图三四 - 2）。

盆　ⅡH21：1，夹砂灰陶，方圆唇，折沿，沿面有凹槽，弧腹，器身饰竖绳纹被弦纹间隔。口径 24、残高 9.4 厘米（图三四 - 1）。

图三一　东周陶支钉

图三二　东周陶纺轮（ⅡH9：3）

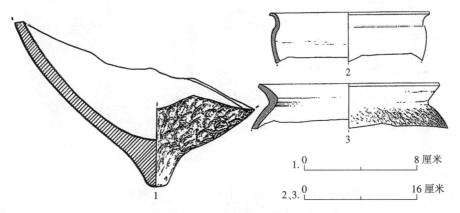

图三三　ⅡH12 出土器物

1、3. 鬲（ⅡH12：1、ⅡH12：2）　2. 钵（ⅡH12：3）

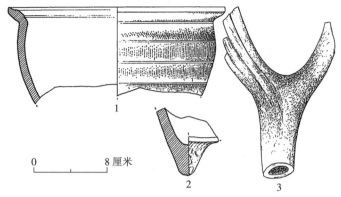

图三四　ⅡH21 出土器物　　　　　　　图三五　东周角器（ⅡH21∶3）
1. 盆（ⅡH21∶1）　2. 鬲（ⅡH21∶2）　3. 鹿角（ⅡH21∶3）

角器　ⅡH21∶3，一端有切割痕，残长 22.4 厘米（图三四 -3、图三五）。

7. ⅡH30

标本 10 件。

鬲　ⅡH30∶6，夹砂灰陶，方唇，侈口，束颈，器身饰绳纹。口径 22、残高 4.5 厘米（图三六 -5）。ⅡH30∶10，夹砂灰陶，柱状足，器身饰绳纹。残高 20 厘米（图三六 -7）。

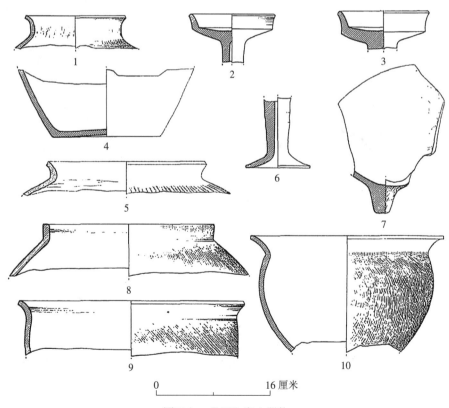

图三六　ⅡH30 出土器物
1. 矮领罐（ⅡH30∶7）　2、3、6. 盘豆（ⅡH30∶3、ⅡH30∶2、ⅡH30∶4）　4. 器底（ⅡH30∶1）　5、7. 鬲（ⅡH30∶6、ⅡH30∶10）　8. 瓮（ⅡH30∶8）　9. 盆（ⅡH30∶9）　10. 陶釜（ⅡH30∶5）

陶釜　Ⅱ H30：5，夹砂灰陶，方唇，敞口，沿微卷，束颈，弧腹，器身饰交错细绳纹。口径 27、残高 15.5 厘米（图三六 – 10）。

盆　Ⅱ H30：9，夹砂灰陶，方唇，侈口，上腹较直，器身饰绳纹。口径 32、残高 7.5 厘米（图三六 – 9）。

矮领罐　Ⅱ H30：7，泥质灰陶，方唇，侈口，矮领，器身饰绳纹，颈部绳纹被抹去。口径 14、残高 4.2 厘米（图三六 – 1）。

瓮　Ⅱ H30：8，泥质灰陶，直口，方唇，矮领，器身饰交错细绳纹。口径 24、残高 7 厘米（图三六 – 8）。

器底　Ⅱ H30：1，泥质灰陶，下腹斜收，平底微凹，素面。底径 15、残高 9 厘米（图三六 – 4）。

豆　泥质灰陶。Ⅱ H30：2，浅盘，圆唇，盘壁微内凹，盘外方折角。口径 12.4、残高 5 厘米（图三六 – 3）。Ⅱ H30：3，浅盘，方唇，盘外方折角，盘壁斜直，盘底稍下凹。口径 12、残高 6.4 厘米（图三六 – 2）。ⅡH30：4，柄细长，呈竹节状，底座呈喇叭口状。底径 9、残高 9.5 厘米（图三六 – 6）。

五、结　语

（一）对仰韶文化遗存的认识

仰韶时期的文化遗物以生活类陶质器皿为主，可分作泥质陶和夹砂陶两种陶系。泥质陶比例低于夹砂陶，占陶片总数的 24%，可分细泥和泥质两种。细泥陶土多经淘洗，质地细腻；而泥质陶土一般未经淘洗，只是陶土经过筛选，质地不够细腻。一般讲，施彩的钵为细泥陶，瓶、盆、豆等为泥质陶，但两者间的区别不是特别严格。只是陶色分灰和红两类。其中泥质红陶和泥质灰陶的比例相差不大。夹砂陶占陶片总数的 76%，陶质较粗，一般较坚硬，所含砂粒一般像夹砂罐都比较大，而夹砂罐以外的器物所含砂粒一般较小。夹砂陶色多不均匀，以灰色为主，占陶片总数的 57%。另有褐陶，约占总量的 18.6%（表一）。

表一　刘家峁遗址典型灰坑Ⅱ H15 陶系统计

纹饰 ／ 陶质陶色	夹砂		泥质		合计	百分比（%）
	灰	褐	灰	红		
素面	54	21	22	16	113	23.59
绳纹	17	22	6		45	9.39
线纹	76	23		3	102	21.29
弦纹	66	0			66	13.77
附加堆纹	19	0			19	3.90
篮纹	42	25	20	47	134	27.97
合计	274	89	48	66	479	
百分比（%）	57.2	18.58	10.02	13.77		

纹饰，除素面外，主要是篮纹、绳纹、附加堆纹和线纹。其他辅助性纹饰还有锥刺纹、弦纹、网格纹、窄带纹等。施彩颜色以红、黑彩为主，多直接绘于磨光后的器表。部分尖底瓶和泥质罐上饰有白色彩绘。篮纹都是横向和斜向拍印，不见竖向的，一般用于泥质陶器，如尖底瓶等；绳纹一般用于夹砂器，竖向或斜向拍印，主要见于夹砂罐上。附加堆纹比较发达，都压印成波浪状，多在夹砂罐等器物的颈部施一道或数道。同其他纹饰一同使用时，其顺序一般是先饰绳纹，再饰附加堆纹。素面陶多为磨光，都用于泥质陶器，制作比较精致。

制法，以手制为主，仍采用泥条盘筑法，相当一部分泥质陶器经慢轮修整。慢轮修整的细密轮纹多见于泥质类器物口沿，如敛口钵、泥质罐、尖底瓶口沿等。尖底瓶的底部制法，一是通常所见泥条盘筑，内壁可见所遗留的盘筑痕迹；另一种器内侧以底尖为中心，向四周放射形皱线，不见盘筑痕迹，其制法可能是用手将泥片兜起，然后外壁进行修整，拍印纹饰，从而在器壁内侧形成放射形皱线。一般较大的器物，口、底与器体三部分分制套接。

综观刘家圪遗址新石器时代遗存之面貌，陶器的陶系、陶色、纹饰、制法、器形等诸方面，均反映了仰韶晚期文化的特征。器形，以罐类器的数量最多，其中泥质系陶器器形有尖底瓶、罐、豆、钵；夹砂系器形主要有侈口鼓腹罐、直壁缸、夹砂罐。其中常见的喇叭口、底呈钝角形的尖底瓶，饰一道或数道附加堆纹的侈口鼓腹罐、泥质罐、折腹钵、圆形盘豆等，与晋南地区河津固镇二期[①]、西王村三期[②]、垣曲上亳仰韶晚期遗存晚段[③]等文化遗存的同类器均相似或相同；与内蒙古中南部仰韶时代晚期文化遗存中的同类器也表现出极大的相像，因此刘家圪遗址仰韶遗存与上述遗址及相关遗存年代相当，即处于仰韶文化的晚期阶段，大致相当于西王村三期文化时期或西王村三期文化较早阶段。

刘家圪遗址侈口、上腹微内曲的折腹盆和敛口折腹盆为内蒙古中南部仰韶文化遗存所习见，[④] 如 H15 折腹盆（H15：4、H15：3）分别同于西园 F5 组（F9：12）和白泥窑子 BLG1 组（BLG1：04），但在汾河盆地较为少见。体饰附加堆纹的直壁缸，折沿，唇面有凹槽以及部分夹砂罐唇面或沿面有凹槽的文化特征在垣曲上亳较为常见，而在内蒙古中南部基本不见。部分尖底瓶和泥质磨光陶器表面有残损不清的白彩痕迹以及一些尖底瓶器表绘有方格纹，分别与渭河盆地宝鸡福临堡遗址[⑤]和临潼姜寨遗址[⑥]出土的仰韶晚期器物作风类似。

晋、陕、蒙三地仰韶晚期的文化因素在刘家圪融汇、交流，从而形成了有别于三地遗存的文化风貌，体现了处于晋、陕、蒙交界地域的仰韶晚期文化遗存的独有特征。因此，刘家圪遗址仰韶时期文化遗存应是晋西北地域仰韶时代晚期文化遗存的一种类型，可称之为"刘家圪类型"。

（二）对东周文化遗存的认识

刘家圪遗址东周文化层出土的陶器，完整或能复原者很少，绝大多数为不能复原的残片。器形有

① 山西省考古研究所、山西省考古学会：《三晋考古》（第二辑），山西人民出版社，1996 年。
② 中国科学院考古研究所山西工作队：《山西芮城东庄村和西王村遗址的发掘》，《考古学报》1973 年第 1 期。
③ 山西省考古研究所：《垣曲上亳》，科学出版社，2010 年，第 95 ~ 143 页。
④ 内蒙古文物考古研究所：《内蒙古中南部原始文化研究文集》，海洋出版社，1991 年，第 63 页图二、第 69 页图五。
⑤ 陕西省考古研究所宝鸡工作站：《宝鸡市福临堡遗址 1984 年发掘简报》，《考古与文物》1987 年第 6 期。
⑥ 半坡博物馆、陕西省考古研究所、临潼县博物馆：《姜寨——新石器时代遗址发掘报告》，文物出版社，1988 年。

鬲、盆、甑、盘豆、罐、瓮等。陶器的基本组合为鬲、盘豆、罐。陶器质料分为泥质陶和夹砂陶。绝大多数为泥质陶，器类有矮领罐、豆等。泥质陶多未经淘洗，除豆类器外，多掺有细小砂粒，杂质较多，尤其是罐类。夹砂陶主要用于鬲、釜等炊具，所占比例较少。就陶色而言，器表以灰陶为主，另有少量褐陶、黑陶。灰陶中以浅灰色为主。磨光器少见。纹饰以绳纹为主，另有少量弦纹。鬲器身上下部分纹饰、质地有别，下半部胎厚，夹粗砂，绳纹也粗。豆全部为素面。制陶工艺有手制和轮制。鬲、盆等主要是手制，豆类器多为轮制，器物沿部常留有制作中旋转形成的旋痕。

刘家峁遗址出土的东周文化遗物表现出了较强的一致性，应处于同一社会发展阶段，无论从器物组合、陶质陶色，抑或纹饰特征，都与侯马铸铜遗址出土的战国早期阶段的同类器物相似，如鬲，短颈，沿斜侈，圆肩，鼓腹，通体矮胖，裆部拱形较低平，或下垂；豆盘较浅平，壁近直，柄部粗细不匀；双耳罐 T0406②: 9 同于铸铜遗址双耳罐 XXⅡH630③：1、XXⅡH682H306：1 等。[①]

（三）余论

刘家峁遗址地层薄，各层出土遗物均不甚丰富，可能与该遗址处于山区、土地贫瘠、自然环境和生存条件不够优越有关；而且，由于这次发掘是为配合基本建设而进行的，属于抢救性质，揭露的面积不够大，只能就工程占用的部分进行发掘，所以发现和清理的遗迹仅灰坑一种，未发现房址和墓葬，因此，本次发掘所反映的文化面貌显然不够全面。这使我们的全面考察和研究受到一定局限，但通过发掘，仍然获得了一批较珍贵的实物资料。

刘家峁位于山西省西北，地处黄河中游，长城沿线。北接内蒙古，西跨黄河入陕西，地理位置优越，处于晋、陕、蒙三省交界地带，是文化交流汇聚的中心。刘家峁遗址仰韶文化遗存的发现，加深了我们对仰韶文化的进一步认识，填补晋西北新石器时代遗存文化谱系的缺环，有利于加深对史前时期晋、陕、蒙间文化传播、交流通道的认识和了解。

兴县春秋属晋，战国属赵。刘家峁遗址发现的东周陶器与晋南地区晋国腹地的陶器极其相似，其总体特征已属于晋文化的范畴，因此，刘家峁东周遗存的发现对于进一步了解晋文化的分布范围及其影响有重要意义。

执笔：郭智勇；绘图：孙先徒

（原载《中国国家博物馆馆刊》2012 年第 9 期）

---

① 山西省考古研究所：《侯马铸铜遗址》，文物出版社，1993 年，第 354 页，图一九三－2、3。

玉石之路黄河道再探

——山西兴县碧村小玉梁史前玉器调查①

叶舒宪

（上海交通大学人文学院）

一、聚焦山西兴县碧村小玉梁

2005 年笔者在中国社会科学院研究生院指导一位博士生的学位论文选题，建议从中国玉文化视角重审《穆天子传》一书，并希望以此作为具有创新性的跨学科研究目标。从那时起，自己也开始思考《穆天子传》所记周穆王从西域归来"载玉万只"的可信性，参与到"玉石之路"是否存在和路线如何的持续探讨中。2008 年，根据在甘肃陇中地区及河西走廊等地的多次调查情况，撰写了《河西走廊：西部神话与华夏源流》②一书，希望在距今四千年上下的两个史前玉文化地区——西北的齐家文化和中原的陶寺文化、二里头文化之间，找出相互关联的实物线索，充实并丰富有关史前玉石之路的思考内容及相关神话传说线索，特别是上古时代对夏文化的记忆中之西北要素（如"禹出西羌"说）与考古新发现的物质文化间的对应情况（图一）。

2012 年 5 月，在榆林文联徐亚平先生协助下，笔者初次到陕西神木县石峁遗址考察，并目验神木博物馆收藏的龙山文化玉器，思考其玉料的取材情况。在 2012 年 11 月 23 日北京京瑞大厦召开的首届全国玉器收藏文化研讨会上，宣读论文《玉石之路黄河段刍议》，③首次提出华夏文明起源期西玉东输的运输路线之黄河段问题。同年还在《丝绸之路》杂志刊发《黄河水道

图一　从周穆王西游路线看玉石之路雁门关道示意图
（箭头所指为穆王出塞路线）

---

① 此文为国家社科基金重大招标项目"中国文学人类学理论与方法研究"（10&ZD100）阶段性成果。

② 叶舒宪：《河西走廊：西部神话与华夏源流》，云南教育出版社，2008 年。

③ 叶舒宪：《玉石之路黄河段刍议》，全文先刊于出山网：http://news.chushan.com/index/article/id/67993。

与玉器时代的齐家古国》一文，① 根据多年考察所得经验，推测史前期玉石之路进入中原地区有三条路线——黄河道、渭河道和泾河道，基本上是黄河及其支流承担着漕运玉料的水路交通功能。在家马和马车的技术引入中原之前（即商代以前），水陆运输是远距离贸易活动最为简单易行的运输方式。这就较充分地解释了《穆天子传》记述的西周帝王去西域昆仑山为什么绕道而行的疑问：他先北上黄河河套地区，通过当地豪强政权河宗氏祭拜河神后，再沿河西行。反过来也能说明《穆天子传》不是纯虚构的文学小说，而在某种程度上反映着西玉东输路线的历史隐情。后来多方面的研究信息又表明：西周第五代帝王穆天子或许并不是开创西玉东输文化运动的第一人。在距今四千多年的龙山文化和齐家文化时代，西玉东输的传播现象就已经存在，其运输对象不仅有较为遥远的新疆和田玉，还包括较近的甘青地区的祁连玉、马衔山玉，二者是分布在甘青宁等地的齐家文化玉器生产的主要原料。不过，作为最后一个中国史前期的地方性玉文化，齐家文化与此前的北方红山文化、南方凌家滩文化和良渚文化的用玉区别，就在于其玉材取用范围超越了就地取材的限制，有少量来自河西走廊以西地区的优质和田玉料。一旦和田玉料经过齐家文化的中介作用输入中原国家，就在后来商周两代玉器生产中后来居上，逐渐取代了史前的地方玉料，成为"帝王玉"和"温润如玉"等儒家价值观的原型物质，为玉文化在精神上"先统一中国"提供出独一无二的物质基础。至于甘肃省文物考古研究所等单位新近在肃北马鬃山发现的古代玉矿，目前起讫年代拟定为战国至汉代，② 是否能够论证为更早年代，现在除了两片四坝文化的陶片外，还有待于日后的更多发掘证据。四坝文化始于距今 3700 年前，其分布的地理空间包括整个河西走廊在内。马鬃山玉矿的开采如果始于四坝文化，那就和位于河西走廊以东地区的晚期齐家文化相互联通起来，或表明齐家文化大量玉器生产用料中，部分玉石来自河西走廊以西、新疆以东的沙漠戈壁区。

比齐家文化年代稍早的中原龙山文化和陶寺文化，以及山西芮城清凉寺的庙底沟二期文化批量使用玉礼器的材料来源问题，迄今仍处在悬而未决状态。2013 年 4 月和 6 月，笔者再度到神木县石峁遗址考察，追踪考古新发现的神木县石峁遗址龙山文化古城及其玉礼器使用情况，并筹办学术会议。2013 年 6 月 14～16 日，上海交通大学联合中国收藏家协会学术研究部、陕西省考古研究院、陕西省文联和《丝绸之路》杂志社，在榆林举办首届"中国玉石之路与玉兵文化研讨会"，③ 邀请海内外近 20 名专家，展开跨学科的研究与对话，让文学人类学一派学者与考古学专家及从事一线发掘的考古工作者实现面对面的交流学习，并实地考察石峁玉器和石峁古城考古发掘现场，确认 4000 多年前的玉礼器生产加工和用于建筑城墙的情况④，提示西北地区玉料沿着黄河水陆而批量运输到黄河中下游的线索，探索长达三四千年的"西玉东输"文化现象⑤，对玉石之路是丝绸之路前身的学术命题展开具体的线路求证⑥。会上，甘肃省文物考古研究所王辉所长报告了马鬃山玉矿的发掘情况，古方则报告了他到

---

① 叶舒宪：《黄河水道与玉器时代的齐家古国》，《丝绸之路》2012 年第 17 期。

② 甘肃省文物考古研究所：《甘肃肃北马鬃山玉矿遗址 2011 年发掘简报》，《文物》2012 年第 8 期。

③ 叶舒宪、古方主编：《中国玉石之路与玉兵文化研讨会论文集》，中华书局，2014 年；参看高功：《探索玉石之路追寻远古文明——"中国玉石之路与玉兵文化研讨会"在榆林市召开》，《收藏界》2013 年第 7 期；陈航：《文学人类学为中华文明探源提供新思路》，《中国社会科学报》2013 年 6 月 26 日。

④ 杨骊《从石峁遗址看华夏玉石之路》，叶舒宪《以物的叙事重建失落的历史世界》，《中国社会科学报》2014 年 7 月 4 日文学版。

⑤ 叶舒宪：《西玉东输与华夏文明的形成》，《光明日报》2013 年 7 月 25 日理论版。

⑥ 叶舒宪：《丝绸之路前身为玉石之路》，《中国社会科学报》2013 年 3 月 8 日博物版。

甘肃临洮考察马衔山玉料及其与齐家文化玉器用料的对比情况。将二位专业人士的报告结合起来看：从肃北的马鬃山到陇中的马衔山，要穿越一千公里的河西走廊，那恰好是出产祁连玉的祁连山所在。从马鬃山到新疆和田昆仑山白玉河，则又有一千五百公里之遥。在如此广大范围发现古人采玉用玉的玉料原生矿藏，给西玉东输现象的研究带来十分复杂的局面，大大超出以往的预想。

　　2013 年春夏的两次石峁遗址考察，在不经意间还获得一个信息：神木县石峁遗址和新华遗址出土玉器都不是孤立的现象。陕西北部分布着十分密集的龙山文化遗址。神木县龙山文化研究会收集的龙山文化玉器，有一部分来自黄河对岸的山西省兴县的史前文化遗址，那边的情况与以往的陕西神木县类似，缺乏正规的考古调研和有组织的科学发掘，大量的史前玉器由当地村民有意无意间采得，经由文物商贩（主要来自介休）传播到国内外的古玩市场。一旦这些采自黄河两岸的四千年文物被摆在北京潘家园古玩城（目前聚集在一起的几座古玩经营大楼包括：北京古玩城、天涯古玩城、正庄古玩城、鸿玉博古玩城等）古董商店的精致橱窗，就完全失去了其原有的出土地点之身份认证信息，成为高古玉收藏家之间反复转卖的珍赏玩物，其证明失落的历史之功能也就基本上丧失殆尽。有鉴于此，文学人类学同仁在跨学科学习古玉的同时，也引导师生去北京、上海、西安、兰州等地古玩城观摩出土玉器的各种样品，参与中国收藏家学会学术研究部组织的各项古玉研讨观摩活动，让师生们通过实践尝试辨析由当代工厂和作坊生产的仿古玉与出土真古玉之区别，学会在第一线辨识和采集古玉标本的能力。榆林会议之后，笔者的两位博士研究生——上海交通大学人文学院研究生张玉、中国社会科学院研究生院文学系研究生夏陆然留在神木县，调研当地龙山文化研究会收藏的石峁玉器。二人通过对当地行家的访谈，记录了黄河对岸的山西方面流传龙山文化玉器的点滴信息。于是，一个从"河西"拓展到"河东"的调研计划，就随着相关新信息的出现而逐渐形成。

　　经过一年的筹划，2014 年 6 月，"玉石之路山西道"实地调研计划由上海交通大学、中国社会科学院专家组成联合考察小组，于 6 月 10 日至 16 日到晋北地区展开调研。考察小组成员有中国社会科学院民族学与人类学研究所易华研究员、山西省作协的作家溯源（王永）和笔者共三人。山西方面的协助者有山西省代县雁门文化研究会负责人杨继东、山西省工商局马春生、忻州市委宣传部副部长边树平、忻州市文物管理处处长郭银堂、山西省考古研究所所长谢尧亭、研究员薛新明等，陕西方面的协助人有陕西神木县龙山文化研究会会长胡文高和古玉收藏家王先生等。

　　这次调研以实地考察为主，先在大同到雁门山一带考察《穆天子传》所记周穆王西行昆仑山的出塞路线，然后分别踏查新旧雁门关遗址，在代县文物管理所（文庙）和忻州文物管理处探查观摩出土文物（图二）。14 日自忻州抵达太原。于 6 月 15 日清晨从太原驱车出发，沿着太原至佳县的高速路西行，过娄烦县后下高速路北上，改走国道，绕山道而行数十公里，经岚县，到达兴县

图二　山西代县白草口古雁门关前的进山通道

县城。上午十点左右，由兴县工商局的同志接引，再驱车沿着蔚汾河西行，来到高家村镇，蔚汾河与黄河交汇处的一座黄土山梁上，考察山川形势和水路的走向。当地的山梁叫小玉梁，外来人不知道为什么会有这样的名称，不过乍听之下就会联想到美玉。小玉梁山下的村庄叫碧村，听起来又和玉有关。村名为什么这样叫呢？在忻州时听郭银堂介绍，这个村子叫璧村或玉璧村。抵达当地才弄明，汉语同音字的口口相传，出现误解的称呼也在情理之中。莫非碧村的得名与当地出产青碧色古玉器有关？暂不得而知。

如果说《史记·赵世家》和《穆天子传》的记录明确了雁门关与昆山之玉东进中原有关，那么，除了这一条商周到秦汉时期的陆路之外，还应有另一条更早的玉石之路黄河道的存在，大约始于四千年前后，比陆路的雁门关道还要早约一千年。对此，传世文献中几乎找不到什么记录。因为龙山文化晚期和夏代都没有留下文字材料。要求证此一条水陆运输线的存在，主要凭借远古留下的物证。这意味着需要从山西方面的偏关、河曲、保德、兴县、临县、柳林、石楼等地，沿黄河流向做拉网式调查，尤其是调研龙山文化时期前后的遗址及其用玉的情况。就目前著录的晋西北一带考古发现史前玉器情况，仅有《中国出土玉器全集·山西卷》著录的一件"三孔玉器"[1] 出土于柳林县，现藏于柳林县文物旅游管理所。这件史前玉器的取材是青玉，灰绿色，玉表下有典型的西北玉料之褐色斑块。这些特征大致吻合马鬃山和马衔山玉料。此器长达 36 厘米。制作这样一件玉器所需玉料之长之大，是可以想见的。在缺乏玉矿资源的中原地区，大小块的玉料都主要靠从西部的玉矿丰富地区输入。由于这一地区缺乏正式考古发掘报告等相关资料，这一件史前玉器的孤证似乎难以说明问题。

一旦晋北地区发现有和黄河西岸的陕西石峁遗址同一时代的玉器分布情况，那么黄河水道作为古人西玉东输的交通线假说，才可以得到水落石出一般的揭示。

图三　山西兴县碧村小玉梁山眺望黄河，　　　　图四　山西兴县与黄河交汇的蔚汾河，
　　　河对面即陕西神木县（秦时上郡）　　　　　　　龙山文化遗址所在

二、小玉梁的龙山文化陶片和玉器

到达黄河边上时，有从黄河对岸赶来的陕西神木县龙山文化研究会王先生等二人，他们也一大早驱车出发，走了一个多小时赶来接应我们。这是前日晚间打电话给神木县龙山文化研究会会长胡文高先生告知我们此行的调研目的，胡先生特意安排的引路向导。王先生为调研龙山文化玉器的出土和流

① 古方主编：《中国出土玉器全集》第 3 卷，科学出版社，2005 年，第 52 页。

传情况，以前曾多次过黄河到这里考察，熟悉小玉梁山上的古文化遗迹和上山路线（图三、四）。据他说，上周有山西省考古研究所的两位专家去石峁遗址参观，回山西时经过兴县，南他带路，也曾来小玉梁山看过遗址。在他带领下，我们沿着非常狭窄的土路，艰难地行车上山，将车停在土山坡顶，面对着脚下缓缓流动的黄河。

这里的黄河水流之所以舒缓，是其上游修筑了水坝的缘故。由此河道溯流而上二百多公里，在位于山西省版图西北角的偏关县境内，有水流湍急而显得异常壮观的晋陕大峡谷，它头顶着"中国十大最美大峡谷之一"的桂冠，还有黄河大拐弯处长达四十里老牛湾。借用当地百姓的民谣来形容："九曲黄河十八湾，神牛开河到偏关。明灯一亮受惊吓，转身犁出个老牛湾"。试想远古时期，黄河上根本没有修筑任何人工的水利设施，那野性奔腾而咆哮的场景，正所谓"卷起千堆雪"，一定比现在的这一副驯顺的样子要更加富有诗情画意。

图五　碧村小玉梁山上的龙山文化古城墙遗迹

考察小组在位于兴县的黄河与蔚汾河交汇处之碧村小玉梁山上看到石块堆砌的史前城墙遗迹（图五）。因为地理空间限制，这里的石城规模显然无法和石峁古城相比。山头上还散落着被掘的古墓葬群（图七）。大家俯身观察地表，随手就能采集到陶器碎片（图六），从经验判断应该是龙山文化的，和去年在石峁当地采集的陶片几乎别无二致。笔者和易华研究员次日在山西考古所将一些采集的灰色陶片交给谢尧亭所长审验，他毫不犹像就认定是龙山文化陶片。不过山西方面对晋西北地区的史前文化没有组织过大规模发掘，不知有多少未知的文化之谜沉睡在地下等待后人去认识。考察完小玉梁山的史前文化遗址，我们又随着向导指引，到当地百姓中的收藏界人士家中，观赏当地田间采集或收购的龙山文化玉器（图八）。这一位收藏者的史前玉器大约有几十件，以玉铲、玉璧、玉环和三璜联璧、二璜联璧为主，也有个别的玉琮。从其器形、工艺风格和玉材情况看，均与黄河对岸的石峁玉器如出一辙，其中还有少量玉贝（图九）。如果能够确认这批玉器属于龙山文化时代，那将是非常重要的研究线索。在兴县以北的保德县，考古工作者已经发现商代铜贝的批量存在（1971 年山西保德县城西南黄河岸边的林遮峪村商墓中一次出土 109 枚磨背式大型无文铜贝，目前是山西省博物院展出的镇馆之宝，图一〇）。实物海贝和模仿实物贝的玉贝、铜贝等，曾作为最早的货币而使用。在闭关锁国状态下的小农经济中，一般不需要流通货币；而在早期商品流传和贸易多发地区则最容易催生贝币的货币用途。要说兴县、保德县一带早在商代或商代之前的史前期就有商品贸易活动，那么其贸易对象又是何物呢？"走西口"是晋北地区知名度最高的外出经商模式。但是"走西口"始于何时，贸易何种货物的问题，却没有现成的答案。如果"走西口"的路线图与黄河有关，那么沿黄河一线的保德和兴县有早期的玉贝铜贝，莫非是为了西玉东输的重要贸易活动而充当早期货币？

图六　考察组在兴县碧村小玉梁山采集的龙山文化陶片

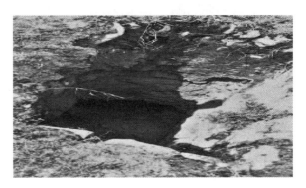

图七　碧村小玉梁山上被盗掘的墓葬

图八　兴县民间收藏的史前玉器

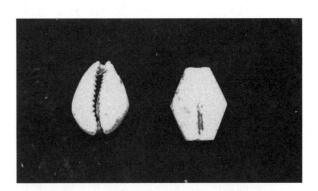

图九　兴县民间收藏的史前玉贝（待鉴定）

图一〇　山西保德县出土商代铜贝（山西博物院藏）

　　俯瞰小玉梁山角下缓缓流淌的黄河水流，这里作为黄河码头的自然条件是得天独厚的。为什么这里的史前墓葬中能够批量地出现中原地区龙山文化所罕见的玉器？考察组次日回到太原后，在山西考古研究所与薛新明研究员的长谈对话，为解答上述疑问确定了基本的思路。薛研究员是晋南黄河边的清凉寺墓地主要发掘者，那里发现了整个中原地区最早的批量使用的玉礼器。[①] 他认为是当地史前期盐湖资源的商贸活动催生出史前社会中最早的"晋商"阶层，他们的墓葬中出现批量的随葬玉器，其玉料来源是西部地区，玉器是作为当时社会中最早的货币和财富筹码，能够用来交换商品和积累财富的。晋南运城地区大盐湖的盐业资源借助于黄河水道网而运输到南方各地。依靠盐商生涯的特殊财富效应而在整个中原地区率先拥有珍稀的玉器的那些人，不是别人，就是占据地利的这一批史前中国的盐商—晋商集团。薛研究员还对我们说，清凉寺墓葬出土的玉器已经由北京地质大学专家做出成分检测，结论即将在今年底前后发表，那就是该地玉器采用来自西北地区的玉料和来自南方的工艺加工而成。

2013 年 10 月在郑州召开的一次中原考古研讨会上，初识薛新明，当时就咨询过山西方面史前玉器出土情况，并相约来年春一起去晋西北考察。谁料到八个月后又在山西考古所的办公室里不期而遇地举行了这次专业性的访谈，对话持续两个多小时，薛研究员还特意赠送他早年的发掘报告及新发表的论文油印本。在 6 月 16 日下午太原至北京的火车上，笔者仍然延续思考着史前盐商与玉商的问题。盐是生活必需品，历来由国家出面掌控其生产和运输、分配。汉代的《盐铁论》能够成为古文经典，表明治国者对经营盐业的高度重视。玉不是人类生存的必需品，中国古人却喜欢说"宁为玉碎不为瓦全"的豪言壮语，这表明玉成为国人在精神价值追求方面首屈一指的物质，其重要性甚至超过柴米油盐。玉究竟在何时、如何成为华夏文明的最高价值的？研究玉石之路的全部意义或许都潜含在这里。

当今中国人耳熟能详并引以为豪的口头禅是：中华文化上下五千年。可是今天能够得到科学实证的五千年前的国都何在？其君主是谁？在位多少年？接替为王者又是谁？国人迄今对这一系列问题都是一无所知！自 20 世纪 80 年代以来，在北方西辽河一带发现的五六千年前的红山文化遗址及出土玉器，终于打破了我们求索华夏文明源头的迷茫状态，让一个失落已久的史前玉文化世界重新呈现出来。玉文化最大的特点是由神话信仰所支撑的文化传承脉络，八千年不曾中断，至今仍然清晰可辨。从距今八千年的兴隆洼文化、赵宝沟文化到红山文化，发源于北方的玉文化经过数千年缓慢传播，覆盖到中国大部分地区，最后经过龙山文化和齐家文化，覆盖到中原和西北。玉文化就这样早于秦始皇的武力征服两千年，率先在精神上统一了中国。"化干戈为玉帛"的文明核心价值，直接来自史前玉教信仰驱动下的玉文化传播与玉料资源贸易。

探寻中国神话之根源，就相当于探寻中国文化之根源，目前看来没有比玉崇拜更早更切实的研究对象。出土的玉礼器比出土的甲骨文汉字，足足要早五千年。将玉石之路梳理清楚，将逐步揭开东亚洲文明从生产方式到精神信仰的特质。

三、总结与研究展望

寻访和采集史前期玉器，应该是属于高古玉收藏家的行业。为了研究中国文化的源流而走入此道，

---

① 参看李百勤、张惠祥：《坡头玉器》，《文物世界》2003 年增刊。古方主编：《中国出土玉器全集》第 3 卷，科学出版社，2005 年，第 1~17 页图版。

对于笔者来说，已经是近十年的习惯。博物馆中陈列的考古发掘品数量有限，不足以展开系统研究，深入民间做田野调查，能够相对弥补知识上的欠缺，甚至获得书本记载以外的重要信息。俗话说"眼见为实耳听为虚"，对玉石之路的考察而言，尤其如此。

此次玉石之路山西道的实地考察与调研活动，取得重要成果。隐约感觉到某些具体的实地见闻，其探索性的意义非同一般。如商代或更早的贝币的存在，已有学者说是中国最早发展起来的货币雏形，证明商代或更早时代沿黄河地带已经有发达的商品贸易活动。从玉石之路视角看，其贸易对象很可能包括沿黄河上游而来的西北玉料资源。"走西口"这样的商贸活动可以上溯到三四千年前，耐人寻味。

在兴县的黄河边高地看到龙山文化遗迹和史前玉器，意义更加深远。在兴县以西的黄河对岸，陕西考古工作者已经发现神木县高家堡镇石峁龙山文化古城大量用玉礼器的情况，此前在神木新华、神木以南的佳县、延安等地也发现龙山文化玉器。佳县紧邻黄河，延安至黄河的距离不足一百公里。河东河西的情况对照起来看，启示性很大。石峁古城下方就是黄河支流秃尾河，沿秃尾河向东四十公里到黄河。黄河东西两岸的龙山文化城池和玉礼器在沉睡四千年之后相继重见天日，而且都临近黄河或黄河支流而分布，这就大致暗示出史前期玉石之路黄河道存在的清晰证明线索。

当前国家号召重建丝绸之路经济带，人们的目光一致从西安或洛阳向西看，遗忘了丝绸之路开通以前的玉石之路经过山西进入中原国家的重要路径。秦晋之间的黄河路线以及山西北部长城沿线的雁门关路线，分别充当着史前和文明早期的玉石之路进关中原的战略要地意义，现在似乎等到了根据新的调研情况正本清源、重新评估的好时机。考察组希望能组织二期或更多的调研活动，在适当的时候举办学术研讨会，将过去朦胧不清的问题逐渐厘清。

经过这次调研，已经大致可以明确如下观点：

第一，玉石之路山西道，是目前所知中国历史上开辟年代最早、持续时间最长久的沟通西域之路线。

第二，玉石之路山西道，至少有一新一老两条路径：黄河道始于约 4000 多年前的龙山文化—齐家文化时期；雁门关道始于约 3000 年前，商周之后家马引入中原并成为新兴运输手段以后。在没有马和车的条件下远距离陆路运输玉石十分艰难，当不如水陆漕运方便。

第三，现有中国史料中最早提到与玉石之路相关的中原国家地名为什么集中在晋北地区：从《穆天子传》讲到的漳水、滹沱河、隃之关隥即雁门关，[①] 到《战国策·赵策》《史记·赵世家》所记录的句注，[②] 即雁门关，其地为战国时期赵国"三宝"，即赵国赖以立国的三种战略资源自北方草原地区进入中原之门户。三宝分别为胡犬、代马、昆山之玉。聚焦这三种外来物资的进关之路，凸显出雁门关在早期中西交通史上的重要性。在汉武帝派张骞凿空西域之前，或许就是山西道承载着前丝绸之路的沟通与运输功能。这对于深入考察德国人李希霍芬 19 世纪后期提出的"丝绸之路"假说背后的历史真相，有着本土立场上溯本求源的知识创新意义。

第四，与玉石之路东端的入关路线同样重要，还有玉石之路西端的起始路线问题。这意味着对战

① 顾实：《穆天子传西征讲疏》，中国书店，1990 年，第 3～13 页。
② 司马迁：《史记》，中华书局，1982 年第 2 版，第 1817～1818 页。

国以来"昆山之玉"说的具体起源地点的辨识。据《战国策·赵策》中"赵收天下且以伐齐"篇中陈述：

> 赵收天下，且以伐齐。苏秦为齐上书说赵王曰："……且夫说士之计，皆曰韩亡三川，魏灭晋国，恃韩未穷，而祸及于赵。且物固有势异而患同者，又有势同而患异者。昔者楚人久伐而中山亡。今燕尽韩之河南，距沙丘，而至钜鹿之界三百里；距于捍关，至于榆中千五百里。秦尽韩、魏之上党，则地与国都邦属而壤挈者七百里。秦以三军强弩坐羊唐之上，即地去邯郸二十里。且秦以三军攻王之上党而危其北，则句注之西，非王之有也。今鲁句注禁常山而守，三百里通于燕之唐、曲吾，此代马胡驹不东，而昆山之玉不出也。此三宝者，又非王之有也。今从于强秦国之伐齐，臣恐其祸出于是矣。①

《战国策》姚宏注云：鲍本补曰"胡驹"，《史》作"胡犬"。郭璞云，胡地野犬，似狐而小也。鲍本《后志》，金城临羌有崑山。正曰：《禹贡》，雍州贡球琳、琅玕。《尔雅》，崑仑虚之嘐琳、琅玕。《李斯传》，崑山之玉。《正义》云，崑冈在于阗国东北，出玉。按，武帝以于阗山出玉，故号玉所出曰崑仑。② 这就是说，将新疆的于阗南山当作昆仑，是汉武帝亲自查验汉使采集回来的玉石后，根据古书加以命名的。西汉以前所说的"昆山之玉"，可能系泛指西部高原出产玉石，因为那时还没有官方确认的昆仑山之具体方位。把青海的金城临羌地方的山也称作"崑山"，就反映着这种含混的"昆山之玉"观念。史前时代的玉石之路是否与西汉武帝时代由张骞等人开通的丝绸之路大致重合？如果二者并不重合，那么史前玉石之路的路线图又是怎样的？看来，除河西走廊以外，至少还有一条北方草原之路，将西部昆仑山脉和祁连山脉的玉矿资源地与中原国家玉料消费地链接起来。根据甘肃肃北蒙古族自治县新近发现马鬃山玉矿的开采和运输情况，还参照笔者参与组建的"玉帛之路文化考察团"2014 年 7 月在甘肃瓜州县等地的考察和采样，今日甘肃省与新疆和内蒙古接壤的一带地区，存在着历史上并没有任何记载的玉石山玉矿资源。以"玉帛之路文化考察团"考察的瓜州境内大头山露天白玉矿为例，其山长度为 25 公里，海拔高度仅为两千多米。其距离中原的里程要比于阗昆仑山少一千多公里。构成该山体的山石基本为玉石，其资源储量之大，尚未有科学的估算，其玉料的玉质情况如何，也尚待进一步检验。由于没有经过考古发掘，暂不知古代人是否也曾发现并开采此山的玉料，犹如二百多公里以外的马鬃山玉矿那样。

从游动不定的昆仑，到固定地点的昆仑，其情况如同历史上不断游动的玉门关，皆为玉教信仰驱动下的中国神话地理观建构的产物，属于极富研究价值的生动案例。

在总结和展望时，可以为二期调研提示的学术问题也有更多方面，兹列举如下：

第一，与玉石之路货物运输相关的民间故事、传说等，晋北地区的玉石神话（三重证据）。

第二，寻找当地汉代以前的出土玉器和传世玉器情况（包括博物馆和私人收藏）。重点考察玉石之路黄河道的存在，如何连接起西部的齐家文化和中原的陶寺文化、二里头文化，在各自出土的玉器

① 刘向集录《战国策·赵策》，上海古籍出版社，1985 年，第 606~609、611 页。

② 刘向集录《战国策·赵策》，上海古籍出版社，1985 年，第 606~609、611 页。

器形和用料的对比中，找出其统一性和差异性。

第三，忻州（县）双堡村采玉人王有德在清代道光二十一年，于新疆和田昆仑山下白玉河畔刻石文字留名一事，展开忻州当地田野调研，包括双堡村和其他村落的调研：为什么大量忻州人清代去新疆采玉？"走西口"的极端远距离经商形式，与晋商传统之溯源研究。忻州人文化记忆中的新疆成分分析。忻州为什么有地名叫瑶池？

第四，代县—忻州至保德、河曲、偏关的路线图，明清以前的道路情况，走西口的地理民族志调研。探寻玉石之路山西道的新老路径之联系：黄河道与雁门关道之间是否有互动关系？黄河道古今水陆运输情况的对比。

第五，战国时期中山国、赵国、燕国等玉器之多，应为接近玉石之路进中原的关口，并与运送玉石的外族人活动相关。考察线索：游牧者与玉石之路运输。自王国维考证鬼方，徐中舒考证禹氏考为大月氏，或为塞族人，印欧人；还需要探考究竟的有：白狄之源，娄烦国人种考，林胡考，《穆天子传》中的"禺知之平"考等等。对中山国玉器铜器的外来文化因素研究，可最终建构出胡汉文化交汇的视角。

（原载《民族艺术》2014 年第 5 期）

兴县猪山的史前祭坛

——第六次玉帛之路考察简报

叶舒宪

一、考察缘起及学术背景

第六次玉帛之路考察，作为国家社科基金特别委托项目草原文化研究的子项目2015"草原玉石之路"调研的一部分，又称"玉帛之路黄河河套段考察"，于2015年1月设计考察路线，于7月15日至23日完成全程调研计划。考察团主要成员为上海交通大学叶舒宪教授、中国社会科学院民族学与人类学研究所研究员易华博士、内蒙古社科院研究员包红梅博士。配合考察的地方人士分别来自包头博物馆、固阳县历史文化研究会、固阳县公安局、固阳县红色收藏博物馆、呼和浩特民间收藏家协会、鄂尔多斯青铜博物馆、准格尔旗收藏家协会、准格尔旗博物、兴县龙山文化收藏研究协会、神木县石峁文化收藏研究协会、府谷县府州民俗文化博物馆，以及兴县二十里铺村民向导等等。

这次考察围绕着河套地区史前文化的分布而展开，起点在阴山山脉之外的固阳县秦长城及大乌兰古城遗址，终点在河套南部黄河两岸的两个站点：山西兴县高家村镇碧村小玉梁龙山文化遗址和陕西神木县新发现的龙山文化石头城——石峁古城，总行程约2000公里，历经包头、固阳、鄂尔多斯、准格尔、托克托、伊金霍洛旗、河曲县、五寨县、岢岚县、兴县、神木县、府谷县等12个市县，考察古遗址10个，其中龙山文化遗址7个。大乌兰古城、阿善遗址、寨子圪坦、寨子上、魏家峁郝湾村遗址、兴县高家村镇碧村小玉梁遗址、府谷县善家峁古城遗址、神木县高家堡镇石峁古城、托克托县的云中古城遗址，在民间采集和征集龙山文化陶片和石器、玉器标本一批，为进一步的检测和研究获取线索和一手资料。

总结以往的六次玉帛之路实地考察，第一次考察以西玉东输的进关路径为主，集中认识自河套地区进入中原地区的水陆两条路径——周穆王所走过的雁门关道（陆路）和更早时期的黄河道（水路），后者又是历史时期山西人所谓"走西口"的出关路线。这是目前所知连接西域与中原的"丝绸之路"之最原始的路径，其早期的运输货物也和丝绸无关，用《战国策·赵策》的话说，主要是三种：其中两种是无机物，即代马、胡犬；一种是有机物，即"昆山之玉"。第二次考察以西玉东输的主干线路河西走廊天然大通道为主，聚焦该地区的史前文化遗址——齐家文化、四坝文化和沙井文化及其相关性，兼及祁连山两侧的玉矿资源调查。第三次考察为环腾格里沙漠路网的考察，求证人尽皆知的河西走廊通道与罕为人知北方沙漠地带通道之间的关联。第四和第五次考察为新疆青海以外的古代玉文化的玉源探索，聚焦新发现的甘肃玉料原产地即"二马"山（临洮马衔山和肃北马鬃山）的玉矿资源情况。得出对中国西部玉矿资源区的总体性新认识，以及对玉石之路北线即草原道的新认识。在以上五次考察基础上的第六次考察，其路线设计的初衷，既有填补空缺意义的全新目标，如对河套地区龙山文化遗址及玉文化传播线路的探索；也有对以往考察的追踪式回访，如对山西兴县小玉梁龙山文化遗址和陕西神木县石峁古城及相关玉器的考察。

第六次玉帛之路考察的目标定位较为明确，即内蒙古中南部的河套与长城地带，那里自古就是农耕文化与游牧文化、渔猎文化的交错地带，长期以来呈现出不同文化的冲突与融合，给中原文明带来重要的北方文化元素。苏秉琦先生在《中国文明起源新探》一书中，把黄河河曲地区视为中国文化标志性器物陶鬲的发祥地，并做出如下的推测：

> 源于关中，作为仰韶文化主要特征器物之一的尖底瓶，与源于河套地区土著文化的蛋形瓮结合，诱发了三袋足器的诞生。我们曾经长期注意，寄希望于中原地区是否也有这种现象？……但事实上，我们没有找到这类残片的踪影。看来，三袋足器的诞生，源于何时、何地、何条件促成，这个长时间使考古学者感到困惑的问题的谜底可能就在北方的河曲地带这一角。三袋足器的发源地不在中原而在北方的重要意义在于，把源于中原的仰韶文化更加明确无误地同青铜时代的鬲类挂起了钩，而这一关键性转折发生在北方区系，是两种渊源似乎并不相同的文化的结合或接触条件下产生的奇迹。

> 对燕山南北长城地带进行区系类型分析，使我们掌握了解开这一地区古代文化发展脉络的手段，从而找到了连接中国中原与欧亚大陆北部广大草原地区的中间环节，认识到以燕山南北长城地带为重心的北方地区在中国古文明缔造史上的特殊地位和作用。中国统一的多民族国家形成的一连串问题，似乎最集中地反映在这里，不仅秦以前如此，就是以后，从"五胡乱华"到辽、金、元、明、清，许多重头戏都是在这个舞台上演出的。[①]

陶鬲之所以被认定为中国文化的标志性器物，是因为世界上其他国家和地区的考古文物中没有此种类型的器物。根据器物形态的演化原理，陶鬲被看成史前多元的地域性文化经过长期融合之后催生出的一种新型陶器代表。笔者认为聚焦河套地区的史前文化交流与融合现象，如今更加值得学界关注的，除了陶器，还应该有史前的石城与玉礼器。神木县石峁古城遗址和玉器的发现，加上新华遗址发现的龙山文化玉器，都是这方面的突出代表，而且石城与玉器很可能是比陶鬲更加重要的标志物。一方面，陶鬲在公元前 5~4 世纪的春秋时代全面退出了历史舞台，没有在后来的文明史中留下太多的印记，而建城和玉器的传统历史时期直到今日还在延续，成为举世无双的文化传统。另一方面，陶鬲的出现是不同地域文化陶器的汇流与融合，但被融合的也仅仅是制陶技术和工艺方面的要素，缺乏更深厚的精神方面的要素作用。而陕北地区龙山文化玉器的出现，则既包含着史前治玉技术传播，也包含着玉礼器所承载的神话信仰传播，类似于宗教信仰方面的传教现象。正是这种玉教信仰的精神要素的

---

① 苏秉琦：《中国文明起源新探》，生活·读书·新知三联书店，1999 年，第 50~51 页。

驱动，才使得在陶鬲彻底消失的春秋时代，孕育出儒家的"君子比德于玉"新教义，不断强化和演绎着华夏文明国家层面的帝王贵族佩玉制度。

从历史兴衰的时间积累层次上审视，河套地区文化的黄金时代既不在商周、秦汉魏晋，也不在辽、金、元、明、清，而是在史前的龙山文化时期，即距今 4500 年至 4000 年前后。多年以前在陕西历史博物馆参观时拍摄到一张陕西地区龙山文化分布图（图一），给人留下深刻印象的是：陕北地区即延安到榆林一带，是龙山文化遗址最密集的区域，堪称星罗棋布。这和近现代以来的贫瘠落后的陕北黄土高原印象，反差极大。耐人寻味的是，4000 年以前的陕北和河套地区为什么会是当时中国境内文化非常发达的地区呢？

从老虎山、永兴店、朱开沟的特色陶器，到鄂尔多斯青铜器，均属赫赫有名的重要区域性文化之代表。有关河套地区以及长城地带的文化交流通道作用，苏秉琦特别强调太行山沿线的沟通南北方文化的交通意义，重点解析的案例实物是陶器类型，但是他基本上没有考虑黄河水道的文化交流通道意义，也相对忽略了这一地区龙山文化时期玉器生产高峰的情况及其源流关系。这正是本次考察的学术着眼点之一。

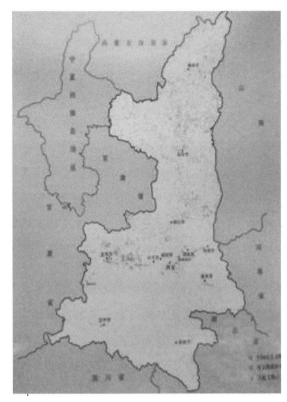

图一　陕西龙山文化分布示意图

二、长城的原型：史前石城与黄河运输线

7 月 16 日，在固阳县历史文化研究会会长等文化人士的引领下，来到该县的著名遗址——秦长城遗址，领略大秦帝国最北端的军事防卫性建筑，那完全是用当地石板堆筑起来的石城，顺着山脊绵延而展开，叫人不由得想起边塞诗中"不叫胡马度阴山"的豪迈诗句。毛泽东的时代又在这里投入巨资（28 亿）修筑起守备二师的地下要塞，为的是对付可能从苏联和蒙古国方面前来的敌人攻击。与长城不同的是，地下要塞是将山体内部挖掘成四通八达的防空洞形式，将千军万马和弹药粮草等完全隐藏起来。我上中学时恰好赶上那个"深挖洞广积粮"的时代风潮，也曾经义务地参与挖防空洞的劳动。试想，要是早生两千年，遇上秦始皇的年代，也许参加的义务劳动就不是跟随伟大领袖指示去挖防空洞，而是像孟姜女丈夫范子良那样修筑戍边的万里长城吧？国家的边塞，就是这样两千年来始终与国内的每一个成员发生着剪不断的联系。

看过秦长城和守备二师的地下军事要塞，随后又驱车到大乌兰的无名古城遗址（图二），领略早已失落在阴山北麓支脉山系中的不为人知的文化秘密。经过走乡穿镇的一阵疾驰，越野车来到一个杳无人烟的山坳里，已经没有路，只能沿着一条河川的沙土河床艰难前行。遇到一块石碑，停车近前细看，只见碑的正面写着"包头市文物保护单位：大乌兰城址"。背面是说明文字：

> 位于固阳县西斗铺镇大乌兰村西北，南距秦长城3公里。城址建在比较隐蔽的山洼里，沿四周山脊砌筑石墙围成，俗称"城圐圙"。城址平面呈不规则圆形，城墙基底宽3.5米，顶宽1米，残高0.4－1.5米，面积160万平方米。南侧两山之间的沙河槽为正门，宽25米。东墙中段设一门，城墙建筑方式主要以石块垒砌和外侧石砌、中间填土两种方法构成，在城址外围有8处类似烽燧的石砌建筑基址。城内无遗迹。城内及城墙四周向外100米为保护范围，文物保护区内禁止采石、采矿等一切危害文物安全行为。

图二　内蒙古固阳县大乌兰石城

这一天，学到的第一个蒙古语词汇是"圐圙"，意思是指围起来的草场，多用于村镇名。如马家圐圙（在内蒙古），今多译作"库伦"。当地百姓给这个遗址起名叫"城圐圙"，似乎是要化生为熟，把陌生的未知对象变成可以理解的已知事物。但是对文史学者来说，问题并没有解决：这个"城圐圙"如果只是一个用城墙围起来的草场，那么什么样的牧民社会有如此巨大的劳动力储备，能够用石块累筑起160万平方米的山顶城池？放牧者又是何人，需要在这样坚固的壁垒之中享受天下太平的放牧生活，需要多少军队才能守住这160万平方米的山间要塞。最后还有一个必须解答的前提性问题：这个城的建筑年代如何？是古代的还是近现代的？从修筑方式和城墙上石头表面的斑斑苔藓情况看，这绝不是现代的工程，因为这里远近荒芜无人迹，一定是古代的某一次巨大战乱或文化变迁，才把这座曾经辉煌之石头城变成眼下这样苍凉无比的断壁残垣。那究竟是什么年代的建筑呢？百思不得其解，既然包头市人民政府2012年9月20日所立的碑文中都没有说明其年代，这一定是个未解之谜。我们随即冒着飘风和阵雨，徒步上山，考察这座无名的古城，希望能够从采集到的陶片或人工器物方面，找到一些断代的证据。一个小时过去了，我们从南城墙走到北城墙，竟然没有发现一片碎的陶片，也没有找到一个铜质或石质的箭头。远近所见，只有石头蛋和羊粪蛋而已。

一般认为，建城而居是农业定居社会的产物，游牧民族逐水草而居，根本不需要建城。帐篷或蒙古包，就是最好的机动性的住所。距离秦长城仅有3公里的这座石头城，莫非是更早的新石器时代农民所建造的？那时候的北方草原上，连匈奴人的祖先也还没有出现，筑城所要抵御的敌人又会是谁呢？

7月17日，考察团在包头东南方的黄河岸边考察又一个著名的史前古城——阿善遗址，没料到这里的工业开发和植树造林已经将古城的遗迹消灭殆尽，但是俯拾即是的灰陶片无言地述说着这里四五千年前的文化兴旺情况，居然还采集到一只完整无损的黑石斧，和在博物馆中陈列的新石器时代工具别无二致。根据考古学的观点，内蒙古中南部的新石器文化出现较晚，第一批农人不是当地土著，而是中原地区仰韶文化北上的移民，距今 7000 年前后来到河套一带。随后又有大约三次北上的移民浪潮。"仰韶文化王墓山下类型"，或称"仰韶文化白泥窑子类型""海生不浪文化"等，便是其结果。①大青山前沿黄河的台地，是仰韶文化居民青睐的居住地。在本地，仰韶文化的最后阶段称为阿善三期文化或阿善文化，时间在公元前 3000～2500 年间，与中原地区庙底沟二期文化大抵同时，处于仰韶文化向龙山文化过渡阶段。② 随后兴起的龙山文化，以岱海地区的凉城老虎山文化和准格尔旗的永兴店文化为突出代表。不过二者均未发现规模性的玉礼器生产，估计玉文化的影响是外来传播的结果。在公元前 2000 年前后的龙山文化晚期遗址如伊金霍洛旗的朱开沟遗址、神木的石峁遗址中，便出现发达的玉文化要素。

　　本来计划沿着黄河的弯道逐一考察阿善、西园、莎木佳、黑麻板、威俊等 11 座史前古城遗址。包头市文管所的向导霍卫平同志费了很大功夫好不容易才帮我们找到一个阿善遗址的石碑，其余的也就可想而知，只好暂时放弃。不过问题还是留待思考：史前人为什么要在黄河沿线一带修筑一字排开的石头城呢？每个石头城中间的距离仅为 5 公里左右，连接起来似乎成为一道防线，所守护的不是作为漕运大通道的黄河运输线吗？

　　21 世纪以来，学界有一种观点认为：长城不是凭空出世的，规模巨大的万里长城始于史前期的局部石城。如张长海在《从考古材料谈长城的起源》一文中提出，长城的原型即是史前的古城。长城经发生、发展到形成，经历了古国、方国和帝国三个阶段，虽然在各自所处的阶段不同，表现的形式不同，所要保护的范围大小也不同，但防御的内涵却贯彻始终。长城的发展阶段——最初的古国时代，由于生产力水平不高以及集团规模较小而人力物力有限，单个石城只能防御有限的范围，随着生产力的发展和社会组织的形成，石城址聚落群保卫的范围也越来越大，到秦帝国形成之后，防御工程更加庞大，终于产生了把战国时期秦、赵、燕各国长城串联起来的万里长城。在一定时空范围内，长城就是极限防御的具体表现。③ 还有学者从另一角度论述这种长城原型说，将其追溯到 20 世纪末苏秉琦先生的假说。韩建业《试论作为长城"原型"的北方早期石城带》一文，希望能够进一步论证苏秉琦的说法。苏秉琦先生曾经敏锐地指出，北方早期青铜文化（夏家店下层文化）的小型城堡带，与战国秦汉长城并行，可称作长城的"原型"。若是这样，内蒙古中南部等地与战国秦汉长城并行的新石器时代的石城带，就有可能是更早的长城"原型"。将早期石城与象征中华的长城相联系，无论对于理解石城的功能，还是研究长城的渊源以至于农业民族和北方非农业民族的关系，都具有重要意义。但以往的研究者均对石城带的整体功能关注不够，对苏秉琦先生的这个论断也未给予应有的注意。④

————————

① 田广金：《论内蒙古中南部史前考古》，《考古学报》1997 年第 2 期。
② 塔拉主编：《草原考古学文化研究》，内蒙古教育出版社，2007 年，第 40～41 页。
③ 张长海：《从考古材料谈长城的起源》，《文物世界》2009 年第 2 期。
④ 韩建业：《试论作为长城"原型"的北方早期石城带》，《华夏考古》2008 年第 1 期。

崔漩、崔树华认为，公元前 2700 年前，岱海周围兴起老虎山文化，此前退居到当地的海生不浪文化被取代。同时大口一期文化也兴起于河曲地带，并迫使阿善文化向北撤退。在阿善文化的东部和南部这两支异军突起的同时，阿善文化也随之进入了它的晚期。当时的内蒙古中南阿善文化以大青山西段为中心，老虎山文化以岱海周围为中心，大口一期文化以河曲地带为中心，形成三足鼎立的局面，大体延续到公元前 2300 年前后。老虎山文化和阿善文化又都熔合进大口一期文化，形成后期的大口一期文化。在西部又出现了客省庄文化系统的一个北支，那便是以西园四期和朱开沟 M2001 为代表的文化遗存。公元前 2100 年前后，都含有三足瓮的两种南北并存的我国北方青铜文化，又取代大口一期文化和客省庄文化系统的北支，在比内蒙古中南部还要大的地域内，揭示了文明史的新篇章。① 在上述学术认识背景下，有学者较具体地调研了河套地区的史前石城分布情况，成为本次考察的引导性文献。其中魏峻的报告《内蒙古中南部史前石城的初步分析》和包头市文物管理所《内蒙古大青山西段新石器时代遗址》② 等文章，帮助最多。如大青山的新石器时代遗址中有两个史前祭坛的情况：

> 莎木佳和黑麻板遗址发现的祭坛遗址，是继辽宁省喀左县东山咀祭祀建筑群以后国内发现的又一批原始社会宗教遗迹。莎木佳和黑麻板的祭坛遗址出现于阿善第三期文化晚段，C14 年代为 4240±80 年，其年代晚于东山咀祭祀遗址。但它们之间还是存在不少共同的特点，如在地形选择上，都是建筑在面对河川的岗梁之上；在建筑形式方面，都有大方框里边套筑小方框和用石块垒砌成的圆形圈。所不同的是，东山咀遗址除祭祀遗迹外，尚无与物质生活有关的建筑遗存，而大青山西段诸遗址中的祭坛是和村落同建在一起。祭坛的规模且小。③

同文中还提到蒙古族祭天石堆"敖包"的史前原型问题，摘录如下：

> 阿善遗址西台地南端岗梁上的石堆建筑群，1979 年我们调查遗址时就已发现，当时疑其是一座'敖包'。根据民族学提供的资料，蒙古族和达斡尔族分别有祭'敖包'和'鄂博'的原始宗教习俗，其意思是在山岗上用土或石块垒成圆堆来祭祀诸神。这次复查遗址时，对它周围的环境和与之有关的地面建筑遗存进行缜密的观察和分析，石堆建筑群所在的岗梁除绕遗迹其东、西、南三面筑有石砌围墙外，尚无其他发现。发掘资料表明，石墙是属于阿善第三期文化晚段遗存。至于'敖包'，在阴山北部地区蒙古族聚居的地方，的确是经常可以看到的，但它们都是单独垒一个石堆。这种原始宗教习俗，其渊源所自，仍不免要追溯到以自然界为崇拜对象的原始社会。④

石头城、类似敖包的石堆、体现方圆结构的石头祭坛，其中或许还潜含着天文观测与星象神话等观念内容，这就是此行所看到的北方地区龙山文化遗留在山地之间的特色建筑，而且是再三地遇到此类遗址。7 月 19 日，考察组在被称为"远东金字塔"的准格尔旗寨子圪旦遗址，看到更加壮观的史前石质建筑依山河而展开的景象（图三、四）。据当地文物部门立碑上的介绍：

---

① 崔漩、崔树华：《内蒙古中南部的原始城堡及相关问题》，《内蒙古社会科学》1991 年第 3 期。
② 北京大学中国考古学研究中心等编：《古代文明》第 2 卷，文物出版社，2003 年，第 65～84 页。
③ 包头市文物管理所：《内蒙古大青山西段新石器时代遗址》，《考古》1986 年第 6 期。
④ 包头市文物管理所：《内蒙古大青山西段新石器时代遗址》，《考古》1986 年第 6 期。

图三　被称为"远东金字塔"的　　　　图四　寨子圪旦遗址似乎守护着黄河
准格尔旗寨子圪旦遗址

　　寨子圪旦遗址的时代距今约 5000 年左右，由石筑围墙环绕，依山顶部的自然地形而建，平面略呈椭圆形，南北最长 160 米，东西最宽 110 米，面积约 1.5 万平方米。在遗址的中心地带，有一底边长约 30 米的覆斗形高台建筑基址，其性质应该属于主要履行宗教事务的祭坛。寨子圪旦遗址是中国北方地区迄今为止发现的时代最早的具有石城性质的遗址，也是为数极少的、集防御与宗教为一体的原始社会晚期古人类聚落中心遗址。居住在这里的主人，拥有和天、神沟通的能力，拥有凌驾于其他部落之上的特权。无论构成形态，还是功能、性质等，均堪称远东地区的"金字塔"。

　　这样类比"金字塔"的命名与其说是考古学者的专业命名，不如说更像媒体的宣传语汇。有一点相似之处是外形上的，而根本的不同是：金字塔用巨大石块累筑而成，其工程之浩大艰巨，超乎想象。而本土的山上祭坛，是利用山包的高耸形状，只在其地表上铺上一些碎石而已。其工程量无法和金字塔相提并论。

　　7 月 20 日下午自山西河曲县抵达兴县，随即走访了去年曾经调查过的高家村镇碧村小玉梁遗址，山西考古研究所已经在此展开数月的发掘工作，在紧邻黄河和蔚汾河的一座小山顶上，石头筑成的一座巨大房址清晰可辨，房址的地面用的是龙山文化常见的白石灰铺面，唯有房子中央的地面部位有一块巨大的圆形石板，上面没有白灰，似乎是室内的中央灶台，但看上去又没有一点烧土的迹象，1.5 米左右的直径，比一般的灶台也要大出许多。是否有祭祀或天文观测的作用，暂不能贸然下结论。

三、兴县猪山上的石城和史前祭坛

　　7 月 21 日，先在新落成的兴县龙山文化研究会张会长处看当地采集的古物，一件黑色石雕的鱼较为引人注目，据说是在兴县二十里铺山上的龙山文化遗址采集的。该遗址在学界和网络上都找不出任何著录的资料线索，完全是一处未开发的史前遗址。于是，张会长邀请他的一位熟人——二十里铺村民任玉新，作为向导带领我们去攀登那一座隐蔽在采石场后面的猪山。因为它地处二十里铺村的后方，当地人又习惯称"后山"。在山上，地势比较平坦，四面散开的石头城墙和庞大的山顶建筑遗迹历历在目。这又是一座依山傍河而修筑的史前建筑群，其规模之宏伟和设计之巧妙，超过此次考察已经看到的所有遗址。其特征是，以方圆几公里范围内的山峰为界，在四边上依山修筑用石块夹泥土堆砌而成的城墙（图五）。虽然如今已经残破不堪，但是依然能够大体上辨识出来。如在后山即北面山坡的城墙断壁下面，有一条干涸的山泉或溪水流淌的河道，顺山而下（图六）。史前先民充分利用山脉的走向，选中古城中央一条正南北向延展开来的山梁，作为与天体子午线对应的地上坐标，再沿着这个长长的山梁，在地表上铺石头层和石圆圈等，就如同要划出纵贯北京城南北的中轴线一般。与山顶古城中轴线形成十字交叉的，还有一条东西向的土坡形成的直线，上面也是铺满石块。这样一纵一横便形成一个人工利用自然地势而修造的巨大十字形，给山顶的古城的增添了更加神奇而神秘的气氛（图七、图八）。旁边的一座圜丘之上，如今是耕种的农田，我们轻易在土层中发现的白灰面碎片，表明这里也曾经有和几十公里外的小玉梁山龙山文化建筑物同类的建筑。

图五　兴县二十里铺猪山北侧的史前城墙

图六　猪山史前城墙下的干涸溪水

图七　山顶的另一端指向黄河的支流蔚汾河

图八　东西走向的石城墙，与子午线交叉构成十字形

　　按照比较宗教学家伊利亚德的看法，这种通过划"十"字的方式建构的宇宙山，一般具有象征宇宙中心的意蕴。用神话学的术语来称呼，就是所谓"宇宙神山"。一般用作祭天拜神的神圣空间，也是后来文明国家的政治统治中心。

　　山的形象出现于那种表述天国和尘世联系的图式中，因此它被认为是处在世界的中心。事实上，在许许多多的文化体系中，我们的确听到过这种意义的山；既有现实中的，也有神话中的，它们都坐落于世界的中央。①

如果需要追问这座史前圣山石城及其祭天台的建筑和使用年代，那么遍地俯拾即是的史前文化陶片，能够给出大致的答案：夹砂红陶，粗绳纹的灰陶和磨光黑陶，还有典型的龙山文化三足陶鬲的残件器足。这座罕见的山上石头古城及其天文祭台应该是新石器时代后期的，以龙山文化时期为主。这和考察团从内蒙古阴山北麓看到的大乌兰石城，大青山南麓的阿善石城，准格尔旗黄河沿岸的寨子圪旦遗址等，形成远近呼应的一种别样文化景观。

目前的学术出版物中找不到有关兴县猪山（后山）的任何考察和发掘记录，这完全是被历史忘却的 4000 年前的文化圣地。根据陶片的情况，我推测它和石峁古城、兴县小玉梁遗址的年代大致相当。相信有朝一日会引起专业工作者和政府部门的重视，或许能够在此地建造一座国家级的史前遗址公园，给较为贫瘠的晋北地区找到文化旅游的重要增长点。

田野考察归来，继续补习有关史前古城建筑的专业论述，读到马世之主编《中国史前古城》② 一书，书中对国内史前古城所在几大地域的生态带和文化区进行梳理，分析从村落到城邑的文化演进轨迹，找出古城的产生、形成、发展的规律。该书把中国史前古城划分为六个区域，逐区逐城进行具体论述。书中概况指出：中原地区史前古城已发现 8 座，其中仰韶文化晚期城址 1 座，河南龙山文化城址 7 座。从时代看，其早期可达距今 5500 年前，晚期可至距今 4000 年前，跨度为 1500 年。海岱地区史前古城已发现 16 座，其中大汶口文化城址 1 座，大汶口—龙山文化城址 3 座，山东龙山文化城址 12 座。从时代看，上限可达距今 5500 年以前，下限可延至距今 4000 年前，跨度约为 1500 年。江汉地区史前古城已发现 10 座，其中大溪—屈家岭文化城址 1 座，其余为屈家岭文化城址或屈家岭—石家河文化城址。从时代看，上限可达距今约 6000 年前，下限至距今约 4200 年前，跨度约 1800 年。江浙地区史前古城主要是太湖地区的莫角山良渚文化城 1 处，时间跨度大体距今 5200 年前至距今 4200 年前之间。巴蜀地区史前古城共 6 座，分布在成都平原，均为宝墩文化，其时代大体在距今 4500 年前至 4000 年前之间，跨度约 500 年之久。河套地区已发现史前古城 19 处 23 座，除 2 座为海生不浪文化城址外，其余皆属于老虎山文化（龙山文化）。从分布地域看，凉城岱海周围 4 座，包头大青山南麓 10 座，准格尔与清水河之间南下黄河两岸 9 座。其时代上限距今 5000 年前，下限距今约 4000 年前，时间跨度约 1000 年。在六个地区作者汇集了 64 座史前古城址，被认为"大体上相当于中国历史上的五帝时代"。对这样的判断，笔者认为是用考古学材料求证神话传说时代的常见做法。目前还没有证实的把握。值得我们注意的是，全国共发现 64 座史前古城址，仅仅河套地区就有 23 座。其占比超过全国总数的三分之一。这意味着什么？为什么在黄河中游一带，黄河和黄河支流成为史前古城最集中分布的地带？史前的河套地区为什么人口众多，文化繁荣？这是否和黄河的漕运和贸易通道作用有关？迄今为止对此问题还缺乏研究。山西考古研究所等单位 2004 年出版《黄河漕运遗迹》一书，也只是围绕晋

---

① 伊利亚德：《神圣与世俗》，王建光译，华夏出版社，2002 年，第 12 页。
② 马世之主编：《中国史前古城》，湖北教育出版社，2003 年。

南地区黄河沿岸地区做调研，发现汉代的黄河确实发挥着重要的漕运作用。[①] 可惜对于晋北和河套地区，还没有展开调研工作。从理论上推测，汉代的漕运不是汉代人发明的，应该是渊源有自。就齐家文化与龙山文化的关联而言，黄河的纽带作用是不容忽视的。双向的交流和影响一定存在。中国史前交通史研究，应该是一个尚待开发的领地。充分理解黄河在华夏文明发生期的交通四方作用，足以带来历史认知的新层面。

四、方法论小结

读《论语》有关古礼的言论看，孔圣人对三代器物文化抱有一种强烈的认同感。这里面隐含着古物学家的格物致知倾向。用考古学理论家马修·约翰逊的话说，"多数考古学家因为沉迷于古物而爱上这个学科"。[②] 由此看，文学人类学一派特别强调的四重证据法，认为纸上得来的知识毕竟肤浅，需要有实际考察的知识相互印证。遗址、遗迹和文物，作为第四重证据，其认知意义目前还远远没有得到足够的重视。这不光是研究方法问题，也是个人爱好和生活趣味的问题。吴大澂、刘鹗、罗振玉这些对第二重证据（甲骨文）情有独钟的学人，原来都是古物古董的热情收集者。罗振玉在给日本版《有竹斋古玉谱》写的序言中说道：

> 予往岁尝欲依据经传，考之实物，继中承之书（指吴大澂《古玉图考》），而为释瑞，久未克就，而二十年中所傀及的古玉，约百器。经辛亥之变，避地海东，出所藏长物，以赡朝夕，于是东邦友人上野有竹先生，尽得予所藏古玉，并选良工精印，以传艺林。[③]

原来率先关注第二重证据甲骨文的罗振玉，也是最早意识到第四重证据即文物的考史作用之先知先觉者，可惜他流亡日本时迫于生计而将自己收藏 20 年的古玉全部出售给日本藏家。这样一来，他传承吴大澂的鉴识古玉之学的著述计划，也就随之付诸东流。其弟子兼挚友王国维能够提出二重证据说，却与四重证据擦肩而过。直到后来考古学、人类学勃兴，通过文物来探索已经失落的历史面目的可能性，才变为现实。从傅斯年、胡适等对新史料学的强调和对发掘古物的高度重视，到在哈佛大学人类学系获得学位，归国后亲自从事考古发掘的李济，终于将超越二重证据法的大思路明确提示出来。田野考古和田野调查的重要性，从李济到张光直，得到考古学、人类学专业内的重视，但是远未得到文史哲学者的重视。四重证据法能否推广实施，一场学术观念上的"人类学转向"是至关重要的。只有转向之后，才有可能超越学科本位主义的限制，自觉培育对文明史的整体性认识。

（原载《百色学院学报》2015 年第 4 期）

---

① 山西考古研究所等编：《黄河漕运遗迹》，北京科学技术文献出版社，2004 年。

② 马修·约翰逊：《考古学理论导论》，魏峻译，岳麓书社，2005 年，第 61~64 页。

③ 上野有竹：《有竹斋藏古玉谱》，罗振玉序，那志良等译，台北中华书局，1971 年，第 8 页。

山西兴县碧村发现龙山石城及大型石砌房址

张光辉　　海金乐　　王晓毅

（山西省考古研究所）

碧村遗址位于山西省吕梁市兴县高家村镇碧村北，地处黄河与蔚汾河交汇处，是进出黄河的重要关口之一，历史上著名的"合河城"和"合河关"就在碧村附近。该遗址东距兴县县城约 20 公里，西离陕西省神木县石峁遗址直线距离 51 公里，遗址面积约 75 万平方米，自西向东主要包括寨梁上、小玉梁、殿乐梁、城墙圪垛等四个台地，含仰韶、龙山、汉代、辽金、明清等阶段堆积，以龙山时期遗存最为丰富，遍布整个遗址。

2014 年 6 月，山西省考古研究所研究人员在考察陕西石峁遗址出土玉器时，得知兴县也有类似玉器出土。根据这一线索，在碧村小玉梁进行了初步调查，发现了大量积石堆积和盗洞。在向山西省文物局汇报情况后，成立了课题组。2014 年对该遗址及周边区域开展了系统调查，2015 年进行了小规模的科学发掘。

一、前期调查

2014 年 9 月对碧村遗址进行了系统调查，初步确认了碧村遗址南、北、西分别以蔚汾河、猫儿沟、黄河为天然屏障，仅在遗址东部的城墙圪垛边缘砌筑了一道城墙。而小玉梁则是该遗址一个核心区域，在小玉梁台地顶部暴露有大型石砌房址，以往还出土有不少玉石器。同时，为从更大范围内了解碧村遗址的相关情况，10～11 月又对碧村遗址所在蔚汾河流域开展了调查，发现史前遗址 12 处，以仰韶中期、龙山时期为主。此外，还发现 3 处汉代墓地。

在这些遗址中，存在龙山时期石墙的石城遗址 5 处，除碧村遗址外，其他面积多在 10 万平方米以下。遗址范围内可见遗迹主要有灰坑和白灰面房址，还有零星窑址；地表遗物以陶片为主，可辨器形有鬲、瓮、斝、高领罐等，还有少量细石器。这些石城主要位于蔚汾河或黄河岸边的山梁上，相邻城址间距在 10 公里左右。遗址周围多有深谷、河流环绕，石墙一般砌筑在远离河岸的缓坡上，其余各面利用天然沟壑或河谷作为天然屏障，形成了一个相对封闭的区域。在碧村周围不到 100 平方公里的范围内，发现的这些带有防御性质的石砌城墙，其构筑的独立单元所代表的人群虽然表现出相同的考古学文化面貌，但他们之间可能互不隶属，相互之间既有联系，又互相防御。

同时，在已发现的石城遗址中，其小地名常有"城"字，如四方城与古城岭两处遗址，目前在地表仍保留有 1～2 米高的龙山时期石砌城墙，墙体立面规整，砌筑方式清晰可见。

二、勘探与发掘

2015 年 4 月，在调查基础上对碧村遗址重点区域小玉梁进行了全面勘探，确认了地下遗迹分布状况。在对该区域的钻探中，发现有连续分布的积石及白灰面，结合暴露的盗洞观察，这些遗存可能是白灰地面的石砌排房，而城墙圪垛上也发现了石墙的线索。经国家文物局批准，5～7 月，分别对小玉梁和城墙圪垛上的重要遗迹进行了小规模发掘。在小玉梁台地上共清理龙山时期房址 2 座，灰坑 13座，还有一段石砌护坡性质的墙体及一处墩台。城墙圪垛台地清理了一段宽约 3 米的龙山时期石砌城墙。

1. 大型石砌房址

小玉梁发掘的主要收获是发现 4 座大型石砌房址。本次集中清理了其中的两座，均为耕土层下开口，长方形地面建筑，两者中间共用一堵石墙，白灰铺地。在这两座房址的南北两侧，还分别连接着两座同类房址，此次发掘仅揭露部分，未做全面清理。

房址石墙建造统一而有序，多为长石砂岩错缝平砌，石块之间以砂质黏土坐浆，个别墙体采用砾石垒砌；立面均较规整，转角方正，互不咬合。墙宽一般约 0.8 米，仅东墙宽约 1.2 米，墙体地面以上的残高最大达 1.1 米。同时，通过对打破房址的盗洞进行清理发现，两座房址在建造时，首先是平整地面并夯实，然后进行垫土取平并砌筑石墙，再次垫土后，最终涂抹草拌泥和白灰。

同时，房址大小及其细部情况也略有差异。F1 北墙长 11.6 米，东墙长 6.4 米，占地面积约 74 平方米，地面白灰厚约 0.4 厘米。房址中央偏东位置为一直径约 1.6 米的圆形地面灶，灶坑周壁涂抹有白灰，中间放置一块有"S"形裂纹的圆形石块，石块外围垫土，并涂抹一层硬面，石块及硬面均被烧结成青灰色，其上还附着一层薄薄的灰烬。紧贴东墙根内侧，有一长条形熟土台，残长 3 米、宽 0.5米、高 0.21 米，熟土台上部与侧面均涂抹有白灰，这一设置可能与搁放物品有关。F1 仅在东南角发现一宽约 0.9 米的偏门，呈斜坡状通向室外。而房址西墙破坏严重，是否存在门道难以直接确定，但根据与其相连的 F2 石铺院落位于西侧的情况，不排除 F1 主门道仍在西侧的可能。

F2 保存较为完整，是目前所见同时期规模最大的石砌房址，东西长 9.2 米、南北宽 8.2 米，占地面积达 75.5 平方米；白灰面异常坚硬，厚约 1 厘米。该房址地面灶与 F1 的灶址南北呈一条直线排列，直径达 2 米以上，两者建造方式雷同。F2 东墙封闭，并向南北延伸，与其他房址相连。西墙外发现部分石铺地面，基本与西墙相连，且略低于 F2 房内白灰地面，属于 F2 的室外院落，据此可确定其主门道应在西面。在 F2 白灰面之下，还发现早期的白灰地面，表明该房址存在二次改造利用的情况。

2. 护坡墙与墩台

在小玉梁东侧缓坡地带，距离 F1 和 F2 以东约 5 米处，发现了一段西北至东南向的石墙 Q1，长15.2 米，宽约 0.6 米。墙体与前述两座房址东墙平行。石墙建筑方式是将台地周边的缓坡下切至生土，在生土边上垒砌石块，局部再立置条石。这道墙体外立面较规整，可能是包围小玉梁顶部石砌房址的一道护坡墙。

Q1 北端发现一方形石包墩台，残长约 4.8 米、宽约 4.3 米。修建墩台时先挖一方形基槽，在基槽四周用石块垒砌"回"字形墙体，其内填塞黄土，再于黄土上铺筑七层以上的石块。

3. 石砌城墙

碧村遗址的石砌城墙位于遗址东面，地处城墙圪垛这一台地的边缘，这段石墙南连蔚汾河，北接猫儿沟，长度约 180 米。本次对城墙局部进行了发掘，清理长度共计 11.5 米，确认石墙宽约 3 米，方向 20°，城墙上部破坏严重，仅存底部及基槽。墙体残高约 0.15 米，内部杂乱，为大小不一的石块堆筑而成，两侧立面规整。基槽直接打破生土，石墙紧贴基槽而建。在石墙东侧散落有大量原始城墙倒塌后形成的土石混合堆积。

4. 遗物

碧村遗址出土遗物以陶器为主，多见于灰坑中，以夹砂灰陶居多，泥质灰陶和褐胎黑皮陶次之，可辨器形有鬲、甗、敛口斝、管流盉、蛋形瓮、高领罐、粗柄豆、大口尊等。此外，也有零星黑色或褐色的细石叶。在打破 Q1 和 F2 的灰坑中，出土了大量龙山晚期的陶片，而在两座房址墙体之内以及房址白灰面之下，也发现了龙山晚期的鬲、罐等残片。在小玉梁 Q1 附近的文化层限制了对晋陕高原文明进程的探索，碧村遗址考古工作的系统开展正好顺应了这一客观需要。

通过近两年的工作，取得了一些成果。首先，第一次在晋西高原发现了龙山时期的石砌房址和城墙，进一步深化了学术界对史前时期北方石城遗址分布范围的认识。其次，该遗址发现了龙山时期规模最大的石砌房址，并确认了小玉梁上大型石砌排房的存在，为认识晋西乃至北方石城遗址的聚落形态与社会结构提供了崭新的考古资料。第三，碧村遗址玉器的发现，为玉文化传播路线探索在黄河东岸找到了新的重要支撑点。第四，碧村遗址地处黄河与蔚汾河的关键出入口，遗址规模大，等级高，与神木石峁直线距离也不足百公里，战略地位和社会辐射效用显著，这为探索黄河两岸地区文化与社会交流，提供了一个重要突破口，也为探索石峁文化与陶寺文化之间的关系奠定了基础。

（原载《中国文物报》2015 年 8 月 28 日第 8 版）

山西兴县碧村发现龙山时期石城

今年9月13日，山西省考古研究所对外公布，碧村遗址考古发掘取得重大成果，首次在晋西高原发现龙山时期石城及大型石砌房址。其中，史前遗址12处，以仰韶中期、龙山时期为主，出土有丰富的陶器。碧村遗址位于山西省吕梁市兴县高家村镇碧村北，地处黄河与蔚汾河交汇处。该遗址面积约75万平方米，自西向东主要包括寨梁上、小玉梁、殿乐梁、城墙圪垛等四个台地，含仰韶、龙山、汉代、辽金、明清等阶段堆积，以龙山时期遗存最为丰富，遍布整个遗址。

2014年6月，山西省考古研究所研究人员对该遗址及周边区域开展了系统调查。今年进行了科学发掘。在小玉梁台地上共清理龙山时期房址2座，灰坑13座，还有一段石砌护坡性质的墙体及一处墩台。城墙圪垛台地清理了一段宽约3米的龙山时期石砌城墙。出土遗物以陶器为主，多见于灰坑中，以夹砂灰陶居多，泥质灰陶和褐胎黑皮陶次之，器形有鬲、甗、敛口斝、管流盉、蛋形瓮、高领罐、粗柄豆、大口尊等。

考古人员在调查中，还见到了民间人士收藏的部分玉器。据了解，这些玉器主要出土于小玉梁及附近区域，数量近百件，种类有璧、环、臂钏、琮、刀、钺、璜等。其中玉璧形式多样，有环形璧、牙璧、多璜联璧等，这批玉器流行素面，玉质多为青白玉，还有少量墨玉，细腻温润。工艺上，盛行片切割，钻孔技术发达。

专家表示，这一发现，深化了学术界对史前时期北方石城遗址分布范围的认识，为认识晋西乃至北方石城遗址的聚落形态与社会结构提供了崭新的考古资料。最重要的是碧村遗址玉器的发现，为玉文化传播路线探索在黄河东岸找到了新的重要支撑点。

图一　采集的玉璧　　　　　　图二　采集的琮、钺、刀

（原载《文史月刊》2015年第10期）

2015年山西兴县碧村遗址发掘简报

山西省考古研究所　兴县文物旅游局

碧村遗址位于山西省吕梁市兴县高家村镇碧村村北，地处黄河与蔚汾河的交汇处，东距兴县县城约20公里，西距陕西省神木县石峁遗址约51公里（图一）。该遗址总面积约75万平方米，包含仰韶、龙山等时期遗存，龙山时代遗存遍布整个遗址。遗址分布范围北至猫儿沟，南达蔚汾河，西抵黄河，东至城墙圪垛附近，自东向西依次为城墙圪垛、殿乐梁、小玉梁和寨梁上等地点，所在地势自西向东逐步抬升，海拔在810~880米之间（图二）。

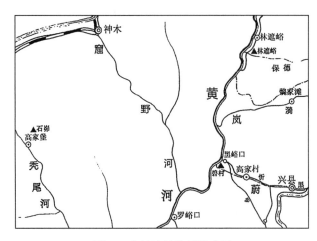

图一　碧村遗址位置示意图

图二　碧村遗址地形图

2015年5月至7月，在前期系统调查的基础上，山西省考古研究所对遗址中心的小玉梁和东部的城墙圪垛等两个地点进行了小规模发掘，发现了大型石砌房址、护坡墙等重要遗迹，并在遗址东部发现了残存城墙的相关线索。

一、地层及堆积情况

小玉梁地点布5×5米探方6个，10×10米探方1个，总计发掘350平方米。该区域①、②层为近现代堆积，此次清理的房址、护坡墙、灰坑等遗迹均在②层下开口，以T3北壁和T6南壁剖面为例介绍如下：

T3位于小玉梁顶部，地势中间高两侧低，地层较为复杂。

①层属现代耕土层，为浅黄土堆积，土质疏松，夹杂大量植物根茎，厚 0.1 ~ 0.2 米。

②层为土石混合堆积，厚度在 0.1 ~ 0.5 米之间，该层下开口的 H13 打破 F2。

③层为石墙倒塌后的乱石堆积，分布于房址东墙外侧附近，厚 0.3 ~ 1.1 米，这类堆积与 F2①、F1①层的乱石堆积一致，均是石墙坍塌后形成的。在 F2 东墙外侧③层下，发现有连续水平分布的灰烬层，并延伸到 F1、F4 东墙外侧，该灰烬层属于房址使用期间的堆积。此外，从盗洞 D17 剖面观察，房址之下还有约 0.5 ~ 1.7 米厚的文化堆积（图三）。

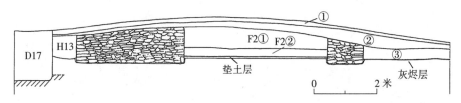

图三　T3 北壁剖面图

T6 位于小玉梁东侧坡地上，该探方①、②层与 T3 对应层位土质土色及包含物一致，但 T6 内由西及东的坡状堆积尤为明显。①层厚 0.1 ~ 0.3 米；②层厚 0.1 ~ 0.4 米，此层下开口有护坡墙 Q1 及其墩台、H8、H9、H11、H12 等，H11、H12 打破 Q1，三者均位于护坡墙西侧，其下可见生土；③层分布于 T6 及其相邻探方内的护坡墙东部，属于其东侧陡坡上的堆积。该层为黄褐土，土质略硬，厚 0.5 ~ 1.5 米，出土零星陶片，其下为生土（图四）。

城墙圪垛地点发掘区位于疑似城墙的附近区域，揭露 175 平方米。该地点地层堆积较为简单，①、②层与小玉梁台地上的堆积一致，只是堆积厚度略有差异。该地点①层厚 0.1 米，②层堆积厚 0.3 米，②层下发现一组石墙，石墙基槽打破生土层。

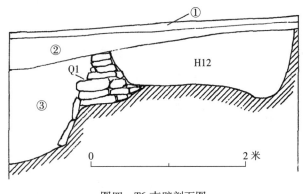

图四　T6 南壁剖面图

二、遗　迹

小玉梁地点清理了龙山时期石砌房址 2 座，护坡墙 1 段，还发现 13 座灰坑；城墙圪垛地点清理了一组宽约 3 米左右的石砌墙体（图五）。

1. 房址

本次共发现房址 4 座，位于小玉梁最高一级台地的东部，均为地面式建筑，白灰铺地，由南及北编号分别为 F4、F1、F2、F3，这 4 座房址南北两两相连，呈一线排列，以规模较大的 F2 为中心，南北房址的东墙依次向西缩进，除最南面的 F4 外，F2 及其南北次位上的 F1 和 F3 东墙均宽达 1.2 米（图六、图七）。

图五　石砌房址及护坡墙

　　2015 年在小玉梁集中清理了保存较好的 F1 和 F2。两座房址内部堆积分为两层，F1①、F2①为墙体坍塌形成的乱石堆积；F1②、F2②为黄褐土堆积，夹杂少量陶片。

　　F1 平面呈长方形，室内面积约 25.2 平方米。现存门道位于 F1 东南角，宽约 0.9、长 1.2 米，呈斜坡状向外延伸。室内进深 7、间宽 3.6 米。火塘位于房址中央偏东位置，圆形，直径约 1.6 米，周壁涂抹有白灰，中间放置一块有"S"形裂纹的圆形石块，石块外围垫土，并涂抹一层硬面，使其与地面平齐，石块及硬面均被烧结成青灰色，其上还附着一层薄薄的灰烬（图八）。地面涂抹一层厚约 0.4 厘米的白灰，平整而光滑。紧贴东墙内侧设有一熟土二层台，残长 3、宽 0.5、高 0.21 米，二层台上部与侧面抹有白灰。整座房址除西南角被毁外，其他墙体走向明确，其中北墙长 11.6、宽 0.8、残高 0.2 米，东墙长 5.4、宽 1.2、残高 0.3 米，南墙残长 7、宽 0.8、残高 0.1 米，西墙残长 1.3、宽 0.8、残高 0.2 米。

　　F2 平面为方形，方向 260°，由室

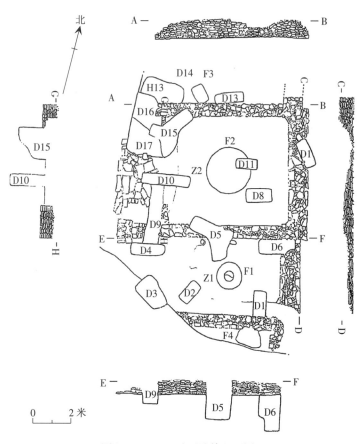

图六　F1、F2 平面及其立面图

图七　F1 与 F2（南—北）

内外两部分组成。房址原门道位于西侧，已被毁。室内面积 30 平方米，进深 6、间宽 5 米。火塘位于中部偏东位置，圆形，直径约 2 米，与 F1 内的火塘处于同一直线上，建造方式基本相同。F2 地面较 F1 低约 0.5 米，涂抹一层厚约 1.2 厘米白灰，白灰面之下有厚约 0.1 厘米的草拌泥。该房址除西墙被毁外，其余各面墙体保存较好，其中北墙长 9.7、宽 0.8、残高 1.1 米，东墙长 8.2、宽 1.2、残高 0.9 米，南墙长 12、宽 0.8、残高 0.7 米（图九、图一〇），西墙残长 1.8、残高 0.6 米。房址院落位于西墙外，仅存局部片石平铺的地面，残宽约 4.4、残长约 2.2 米，四周不见围墙，整体较室内白灰面低约 0.2 米。

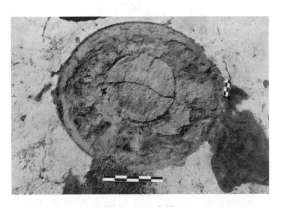

图八　F1 火塘

图九　F2 北墙内侧

两座房址在建筑上极为考究，修筑前先平整硬化地面，再挖建略呈倒梯形的基槽，部分基槽底部经夯打坐实。石墙为分段砌筑，各段墙体间既相对独立，又互相依靠，内外立面垂直平齐，除个别墙体采用砾石砌筑外，多数墙体为长石砂岩错缝平砌，石块之间垫衬砂质黏土。

2. 护坡墙

Q1 位于石砌房址东侧一道南北

图一〇　F2 南墙（西—东）

向陡坡附近，方向 170°，其走向与 F1、F2 东墙一致，属于小玉梁东侧的一道护坡墙（图一二）

坡墙位于小玉梁发掘区 T4、T5、T6、T7 西部，主体由东南向西北延伸，长 11.6、宽 0.6、残高 0.26～1 米。护坡墙在建造时，主要是沿陡坡垂直下切至一定深度，再紧贴生土边砌筑垒砌而成，砌筑方式与房址一致，但壁面略显粗糙，石块外露的一面参差不齐，仅局部有规整立面，个别部位在墙体外侧还立置有预防滑坡的条形护坡石。

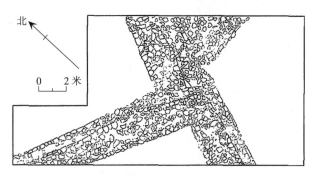

图一一　城墙圪垛石墙平面图

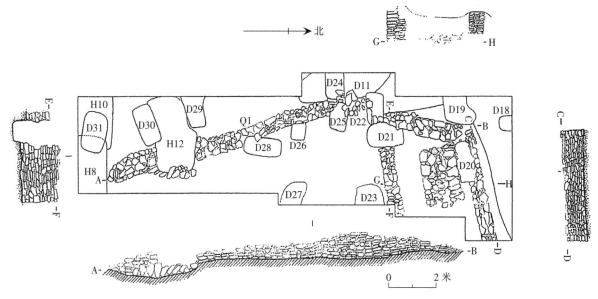

图一二　护坡墙及其墩台

在紧贴护坡墙拐角东侧有一"回"字形石包墩台，东部被断崖破坏，现存墩台南北宽 4.3、东西长 4.8 米。墩台四周用片石包砌，其内填塞质地略硬的黄土，在墩台中心偏西北位置，用片石层层垒砌，形成一方形站台，站台长 2.2、宽 1.6、残高约 0.6 米。石包墙宽约 0.6～0.7 米；南墙立面垂直平齐，残高 1.6 米；北墙和西墙外立面参差不齐，残高分别为 0.85、0.95 米。在北墙和东墙外侧发现墩台石包墙残存的基槽，该基槽在由西及东呈坡状堆积的③层下开口，口大底小，深 0.4 米，其内发现有少量龙山时期灰陶片。

3. 灰坑

本次清理的灰坑共 13 座，平面以圆形和圆角方形为主，还有一些不规则形坑，时代多为龙山时期，现以 H12 为例，介绍如下：

H12 位于小玉梁 T6、T7 之间，②层下开口，并打破护坡墙 Q1，口部近似圆角方形（图一三），弧壁、平底，长 3、宽 1.6、坑深 1 米。坑内填土为黄褐色花土，土质疏松，出土器物有蛋形瓮、高领罐、圈足盘等（图一四至一九）。

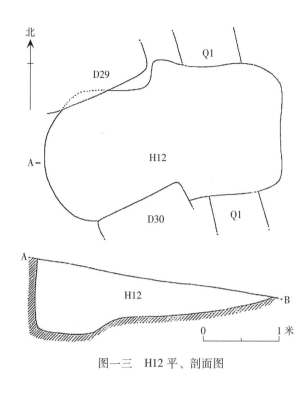

图一三　H12 平、剖面图

4. 城墙及相关遗迹

城墙圪垜地点距离碧村小玉梁约 1 公里，在城墙圪垜东端发现大量散落的石块，绵延近 200 米，据当地村民回忆，这是平田整地时将原城墙推倒后形成的堆积（图二〇）。

2015 年，在城墙圪垜贴近疑似城墙附近清理了一段长约 11.5 米的主墙，方向 20°，宽约 3 米左右，经勘探此段石墙仍在向两端延伸，该段主墙走向与其南部坍塌积石堆积方向大体一致。揭露的部分墙体主要为基槽部分，并有高约 0.2 米的石墙裸露出来。墙体的修建是紧贴基槽，呈一直线向前延伸，边缘石块略为规整，但内部杂乱无章，由大小不一的砂岩堆置而成。在主墙西侧还有向西延伸的一段西墙，这段墙体较主墙略窄，宽约 2.5 米左右，方向 110°，其东端与主墙西侧连为一体，属于一次修建而成。此外，主墙东侧也残存有局部石墙。各组墙体有一定的建造顺序，但都有经二次加宽的迹象（图一一）。

图一四　蛋形瓮（H12：2）

图一五　蛋形瓮（H12：3）

图一六　蛋形瓮（H12：1）

图一七　折肩罐（H12：4）

图一八　蛋形瓮足部（H12：1）

图一九　圈足盘（H12：9）

三、遗　物

碧村遗址本次发掘出土遗物主要为陶器，多见于灰坑中，以夹砂灰陶居多，泥质灰陶和褐胎黑皮陶次之。典型器物有鬲、斝、圈足盘、蛋形瓮、高领罐等。纹饰以绳纹、左斜向篮纹为主；绳纹以粗深的乱绳纹为主，还有少量细绳纹；篮纹分为两类，一类深、乱，一类宽、浅。

鬲　夹砂，斜直领。H5：1，夹砂灰陶。叠唇，领略高，溜肩。口部压印绳纹花边，肩部饰竖向粗深绳纹。口径 17.5、残高 10 厘米（图二一 - 1）。H5：2，夹砂灰黑陶，局领，口沿外侧有一对称舌状鋬手，鋬手上有刻划三角纹。

下颈部及肩部饰细绳纹，口径 12、残高 6 厘米（图二一 - 4）。H5：3，夹砂灰陶。方唇，敞口，高领。口沿内侧有旋纹，腹饰绳纹。口径 17.5、残高 13 厘米（图二一 - 2）。

斝　F2②：1，夹砂灰陶。敛口，圆腹，最大腹径处置对称舌状鋬手。饰竖向粗绳纹。口径 23、残高 12 厘米（图二一 - 3）。H5：6，夹砂灰黑陶。袋足，下接实足根。饰绳纹。口径 22.5、残高 12 厘米（图二一 - 6）。

盉　H5：9，泥质灰陶，仅存管状流（图二一 - 5）。

圈足盘　H12：9，泥质浅灰陶。敞口，厚圆唇，浅盘，弧腹，平底，粗柄，高圈足，略呈喇叭状。圈足镂空。口径 11、通高 10 厘米（图一九、图二一 - 7）。

蛋形瓮　敛口、空足、蛋形、篮纹，有泥质和夹砂之分。H12：1，泥质浅灰陶。圆方唇，唇面内倾，未出沿，敛口，斜腹，近底部

图二〇　城墙坍塌后的积石走向

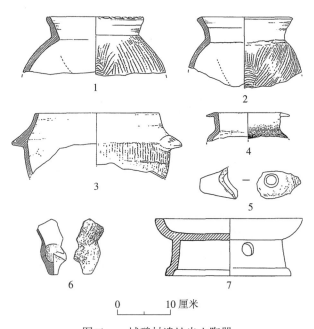

图二一　城碧村遗址出土陶器

1、2、4. 鬲（H5：1、3、2）　3、6. 斝（F2②：1、H5：6）
5. 盉（H5：9）　7. 圈足盘（H12：9）

硬折，圜底，三空尖足。口沿附近置对称的羊首鋬，双鋬之间饰弦纹和戳刺纹，鋬手以下器腹及空足之间为左斜向的浅篮纹。口径15.5、最大径25.5、通高36厘米（图一六、图一八、图二二－1）。H12：7，泥质浅灰陶。器腹残。近底部硬折，圜底，三钝空足。腹饰浅篮纹。口径32、残高56厘米（图二二－2）。H12：6，蛋形瓮。浅灰陶，夹粗砂。斜腹，近底部硬折，圜底，三钝空足。腹部饰粗深篮纹，下腹转折处饰附加泥条一周。残高24厘米（图二一－3）。H12：8，泥质深灰陶。器底残。方唇，内出沿，斜腹，近底部硬折。口沿以下饰宽浅篮纹。口径27、残高21厘米（图二二－4）。H12：2，泥质浅灰陶。尖方唇，唇面内倾，出沿，斜弧腹，近底部硬折，圜底，三空尖足。口沿唇面至空足之间饰横丝的浅篮纹。口径26.5、最大径46.5、通高53.5厘米（图一四、图二三－1）。H12：3，红褐胎夹砂灰黑陶，陶质较疏松。尖方唇，唇面内倾，出沿，斜直腹，近底部硬折，圜底，三空尖足。口沿附近磨光，腹部及空足以上饰横丝的浅篮纹。口径27、最大径48.3、通高50厘米（图一五、图二三－2）。

折肩罐　H12：4，泥质灰黑陶。敞口，厚圆唇，高领，折肩，腹部斜收，平底。颈、肩、腹分段套接而成。器表饰竖向浅篮纹。口径19.5、肩径34、底径13、通高40厘米（图一七、图二三－3）。H12：5，泥质深灰陶。口部残。硬折肩，斜直腹，平底。肩、腹部饰左斜向的深篮纹。肩径29.3、底径13.2、残高32厘米（图二三－4）。

四、结　语

碧村遗址是晋西地区首个确认存在石砌城墙的人型遗址，本次发掘，基本了解了其年代和义化面貌，这为进一步考古工作奠定了基础。

1. H5、H12 为代表的单位年代较晚。H12、H13 出土的蛋形瓮、折肩罐与黄河西侧的神木新华遗址晚期 1999W1[①]、2001M1[②] 器物组合及形制相同；H5 出土的斜直领鬲及其口沿装饰双鋬的风格与新华遗址晚期 96H27：1、99F3：3 相近。新华遗址晚期约相当于龙山时代末期，碧村遗址 H5、H12、H13 等单位年代与之相当。

---

① 陕西省考古研究所，榆林市文物保护研究所：《神木新华》，科学出版社，2005 年，第 205 页。

② 陕西省考古研究所，北京大学考古文博学院等：《2001 神木新华遗址调查简报》，载《神木新华》，科学出版社，2005 年，第 377 页。

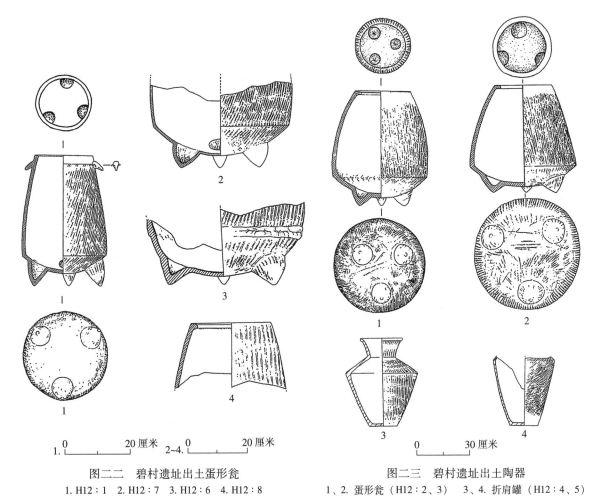

图二二　碧村遗址出土蛋形瓮　　　　　　　　　图二三　碧村遗址出土陶器
1. H12：1　2. H12：7　3. H12：6　4. H12：8　　　1、2. 蛋形瓮（H12：2、3）　3、4. 折肩罐（H12：4、5）

　　而关于石砌房址及护坡墙的年代，有如下层位关系：H12→Q1、H13→F2，所以，以 F2 为代表的这组石砌房址及东侧护坡墙 Q1 的年代下限也可确认，两者至迟在龙山时代末期已被毁。此外，在作为 Q1 组成部分的墩台基槽内，发现有龙山时代中晚期的折肩罐、敛口斝（盉）。而 F2 北墙墙体内，夹杂有龙山时代中晚期陶片，这说明了 Q1 及 F2 的年代上限不早于龙山时代中期。

　　2. 需要特别指出的是，史前时期的石砌房址以往在陕蒙地区的老虎山[①]、阿善[②]、朱开沟[③]、寨子塔[④]、寨子上[⑤]、小沙湾[⑥]、石峁[⑦]、寨峁[⑧]、郑则峁[⑨]等遗址有较多发现，其年代上限相当于庙底沟二

①　内蒙古文物考古研究所：《老虎山文化遗址发掘报告集》，载《岱海考古（一）》，科学出版社，2000 年，第 207 ~ 209 页。
②　内蒙古社会科学院蒙古史研究所等：《内蒙古包头市阿善遗址发掘简报》，《考古》1984 年第 2 期，第 103 ~ 104 页。
③　内蒙古文物考古研究所：《内蒙古朱开沟遗址》，《考古学报》1988 年第 1 期，第 306 ~ 307 页。
④　内蒙古文物考古研究所：《准格尔旗寨子塔遗址》，载《内蒙古文物考古文集（第二辑）》，中国大百科出版社，1997 年，第 283 ~ 285 页。
⑤　内蒙古文物考古研究所：《准格尔旗寨子上遗址发掘简报》，载《内蒙古文物考古文集（第一辑）》，中国大百科出版社，1994 年，第 177 ~ 179 页。
⑥　内蒙古文物考古研究所：《准格尔旗小沙湾遗址及石棺墓地》，载《内蒙古文物考古文集（第一辑）》，中国大百科出版社，1994 年，第 225 ~ 227 页。
⑦　孙周勇、邵晶：《石峁遗址：2015 年考古纪事》，《中国文物报》2015 年 10 月 5 日。
⑧　陕西省考古研究所：《陕西神木县寨峁遗址发掘简报》，《考古与文物》2001 年第 3 期，第 8 ~ 9 页。
⑨　陕西省考古研究所陕北考古队，榆林地区文管会：《陕西府谷县郑则峁遗址发掘简报》，《考古与文物》2000 年第 6 期，第 22 ~ 23 页。

期，下限略晚于龙山时代，房址格局多为单间，面积一般在 20 平方米左右。而如同碧村 F1～F4 这类结构相对完整的石砌排房，在北方新石器时代考古中尚属首次发现，各房址相对独立，均有自己的火塘，个别还有二层台等生活设施，有别于莎木佳遗址那类面积近 300 平方米，却无火塘的大房址①，后者被认为是大型集会、议事的场所②。而碧村遗址分间石砌排房位于遗址地理中心，居高临下，并配有护坡墙及墩台等防护设施，其性质可能应为上层人员居所。

此外，在文化面貌上，碧村遗址流行的这类管流盉、双鋬蛋形瓮等器类，少见于晋中同时期遗存中，而在黄河西岸的陕蒙地区较为流行，其常见的鬲、斝、圈足盘、蛋形瓮、折肩罐等器物，也是陕蒙交汇地区龙山时代晚期以来的典型器类。同时，碧村遗址所见的石砌建筑这类遗存，在吕梁山以东也未有发现。这些特征表明了吕梁山东西两侧这一时期文化面貌的差异性，从侧面反映了碧村遗址所在的晋西地区，与陕蒙等黄河沿岸地区同时期遗存的关系应更为密切。

执笔：王晓毅、张光辉、海金乐、白勇；绘图：孙先徒

（原载《考古文物》2016 年第 4 期）

---

① 包头市文物管理所：《内蒙古大青山西段新石器时代遗址》，《考古》1986 年第 6 期，第 188 页。

② 韩建业：《中国北方地区新石器时代文化研究》，文物出版社，2003 年，第 213～214 页。

山西兴县白崖沟遗址调查简报[*]

山西省考古研究所

　　白崖沟遗址位于吕梁市兴县恶虎滩镇白崖沟村北，与蔚汾河下游的碧村遗址相距40公里。2015年8月，山西省考古研究所在对蔚汾河干流进行系统调查时发现，随后又对其进行了复查，确认该遗址是龙山时代的一座大型石城聚落（图一）。

一、遗址概况

　　该遗址地处蔚汾河北岸的二级阶地上，范围东抵高崖沟，西至明通沟，南接蔚汾河，北达大梁顶、崖河顶，面积约120万平方米。遗址所在区域地形为三沟分两山，地势由南及北逐步抬升，海拔一般在1200～1300米之间，个别区域海拔达1450米（图二）。

　　通过对其系统调查，在遗址东、西、北三面各发现有一段石砌城墙，城内冲沟两侧分布有大量白灰面房址，此外，在老峪墕及明通沟附近发现一些护坡墙；除房址内发现一些陶片外，在遗址地表基本不见遗物。这里就该遗址相关发现作一具体介绍。

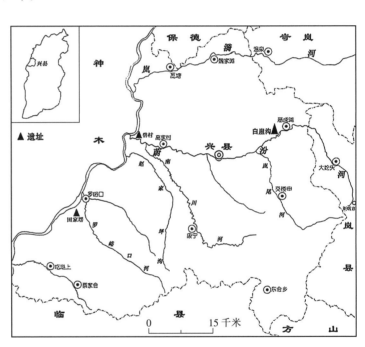

图一　白崖沟遗址地理位置示意图

二、遗　迹

1. 城墙

　　石砌城墙位于遗址东、西、北三面，地表可见其明确的延伸方向，墙体坍塌严重，但多可见其墙

---

　　* 本课题为"十三五"重点项目"河套地区聚落与社会研究"阶段性成果，得到了国家文物局2016年重点文物保护专项的支持。

图二　白崖沟遗址地貌（南→北）

体原始立面，根据石墙走向分别编号为 Q1、Q2、Q3、Q4、Q5、Q6、Q7。这些城墙均修筑于山脊上，方向随地形而走，城墙外侧多有深沟险壑，形成了遗址边缘的多重防御体系（图三）。

Q1、Q2、Q3、Q4、Q5 构成了白崖沟遗址较为完整的一道城圈，这道城圈迂回曲折，总周长约 2.1 公里，城内面积约 100 万平方米。Q6、Q7 是白崖沟

遗址北部又一道城墙，与 Q2、Q3 基本平行，四者所圈围面积约 20 万平方米。Q6、Q7 北侧为冲沟，南侧为平缓的阶地，其围护区域应是南部，所以这两道石墙是依托 Q2、Q3 向北扩展的又一道北墙。由此，Q1～Q5 构成了该遗址的内城城圈，而 Q6、Q7 则是其外城，两者所围合面积达 120 万平方米。

白崖沟遗址的城圈并不完整闭合，在部分区域还利用了原始冲沟形成屏障，如 Q2 与 Q3、Q4 与 Q5、Q6 与 Q7 之间均存在一些深沟，城墙从山顶延伸至沟边即止。在隆起山包顶部也未发现石墙延伸的迹象。

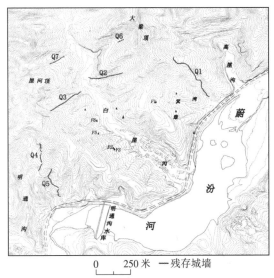

0　　250 米　—残存城墙

图三　白崖沟遗址地形及遗迹分布示意图

城墙采用砂岩的方形片石砌筑，两侧所用的石块较规整，有齐整的立面。现存石墙均为单层，残高 0.3 - 0.5 米，宽度约 1.5 米（图四），与其他石城遗址所见城墙的单层墙体宽度基本一致。

2. 护坡墙

白崖沟遗址发现有护坡墙的地点共有三处，最为密集的是老峪垴（图五）。此外，在 Q5 西侧和 Q1 中部西侧墙体附近也有一些护坡墙。

老峪垴是一高耸的缓台，位于白崖沟中部偏东位置，地处遗址中心地带。在缓台西侧的一些地坎上，发现了断断续续的护坡石墙，紧贴地坎砌筑，逐层向上，直达台地顶部，各级缓台间隔约 2～3 米。

图四　石砌城墙 Q6 局部

3. 房址

白崖沟遗址集中发现房址的区域有白崖沟东西两侧、簸箕湾北侧、明通沟东侧等。部分房址可明确为窑洞，门道朝向河流沟谷方向，面积在6～12 平方米左右。白灰铺地，墙壁呈弧形内收，墙裙有涂抹白灰的现象；除圆形地面灶外，还有壁灶，地面灶一般位于房址中央，灶址周围通常有黑色地画。现以 F1、F2、F5、F6 举例如下：

图五　老峪塄（西→东）

（1）F1

F1 位于白崖沟东侧，老峪塄与簸箕湾交汇处的山坳上，中心坐标 N：38.514223°，E：111.294135°，海拔 1285 米。

该房址为窑洞建筑，方向74°；开口于表土层下，口距地表约 0.6～0.8 米。平面呈圆角方形，墙壁呈弧形内收，残高 0.8 米，白灰地面东西宽2.2、南北残长1.9 米（图六）。

房址内填土为黄色淤土，夹杂褐色斑块，土质较硬。出土有零星篮纹或绳纹陶片，可辨器形有折沿瓮等。

灶址位于房址中央，圆形地面灶，仅存一半，灶坑直径1、深0.06 米，坑壁抹有一层白灰，坑内填充浅黄土，灶面经烧烤呈深红色。

在灶址四周发现有黑色绘画，绘于白灰地面之上，围绕灶址为中心，呈鸟形。在房址东北角局部白灰被破坏裸露出垫土面的地方，还看见连续的黑色绘画，从白灰地面直接穿过垫土，形成连续绘画。

柱洞仅见一个，位于室内西北角地面上，圆形，口径0.2、深0.29 米，坑壁及底部衬垫陶片。

（2）F2

位于白崖沟西侧山腰中部缓坡上，南邻 F3，北侧为一冲沟，东面为白崖沟，坐标 N：38.512128°，E：111.288445°，海拔1318.5 米。

该房址为窑洞式，方向52°。开口于表土层下，口距地表约 0.46～0.76 米。平面为圆角方形，地面涂抹白灰，四壁呈弧形内收，西墙长2.3、北墙残长1.46、残高0.8 米（图七）。

房址内填土为黄色砂质黏土，靠近断崖处土质湿润且疏松，

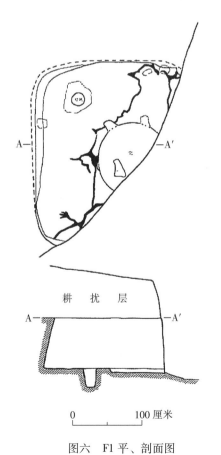

耕扰层

A—　　　　　—A'

0　　　　100 厘米

图六　F1 平、剖面图

填土内仅发现一件篮纹折肩罐陶片。

地面灶位于房址中央，残存一半，圆形，残径0.38、坑深0.08米，坑壁抹有一层白灰，坑底经火烧烤，坑内填充浅黄土，灶面有一层红烧土。在灶址西侧的白灰面上绘有黑色地画，呈枝蔓或鹿角状。

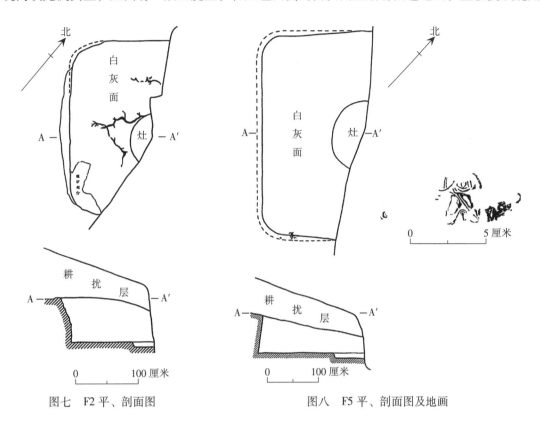

图七　F2 平、剖面图　　　　　　图八　F5 平、剖面图及地画

（3）F5

位于白崖沟西侧山腰上，南北两侧为冲沟，面向白崖沟，在F5同一地坎断面暴露有多座房址。地理坐标　N：38.513068°，E：111.288880°，海拔1296.9米。

F5为窑洞式房址，方向47°。①层下开口，直接打破生土，口距地表0.46～0.6米。墙壁呈袋状，口小底大，残高0.76米。房址地面为圆角方形，白灰铺面，北壁2.06、西墙残长3.4、南墙残长1.34米，东壁无存（图八）。

房址内上部填土为浅黄花土，近底部为褐色花土，夹杂灰色斑块和红烧土块，极少见陶片。

在房址中央残存半个圆形地面灶址，灶坑残径0.6米，灶壁涂抹

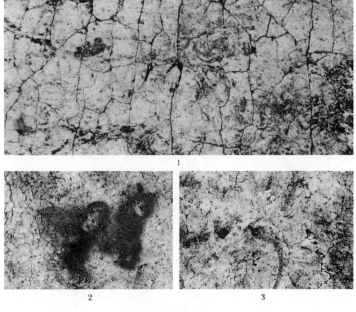

图九　白崖沟地画
1. F5 西南角　2. F6 西北角　3. F6 中北部

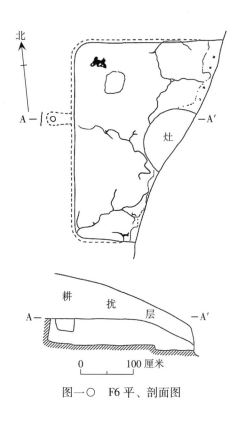

图一〇　F6 平、剖面图

白灰，内有红烧土，上部为一层烧结的红烧土。

在房址白灰面西南角附近发现有黑色的地画，面积 5 × 5 厘米，主要内容似一跨步前行的人物（图九 -1）。

（4）F6

该房址位于白崖沟西侧缓坡上，地理中心坐标 N：38.516747°，E：111.288457°，海拔 1277.9 米。

F6 耕土层下开口，直接打破生土。口距地表约 0.36 - 0.96 米，方向 94°，平面为圆角方形。墙壁内呈弧形内收，残高 0.46 米，西壁长 3.8 米，北壁残长 2.4 米，南半部分被破坏，残长 1 米（图一〇）。

房址内填土分为两层，上层为浅黄花土，夹杂褐色斑块，土质干硬，近底部填土为灰褐土，土质湿软，夹杂零星陶片。

房址地面及墙壁四周抹一层厚约 1 厘米的白灰，白灰面平整而光滑。在房址南部中央设有一圆形地面灶，仅存一半。灶坑直径 1.34、深 0.1 米，中央放置一块方形烧石，周圈填塞黄土，已被烧成红色，灶壁立面也涂抹白灰。与地面灶正对的房址西壁上掏挖一拱形壁灶，灶门高 0.24 米，灶门北侧为与之连通的柱状烟囱，通向室外。

在房址白灰面之上，以灶址为中心，绘制有连续的黑色地画，内容有条带、飞鸟、走兽等。走兽位于西北角，飞鸟位于地面灶和壁灶之间，鸟头朝南，展翅，双翼连接两灶，黑彩条带在灶址南北两侧迂回（图九 -2、3）。

在房址地面灶范围内发现有筒腹罐 1 件。

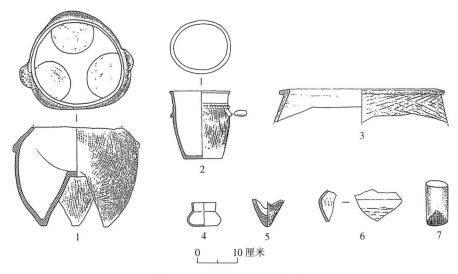

图一一　白崖沟遗址出土器物

1、5. 鬲（F4：1、F3：2）　2. 筒腹罐（F6：1）　3. 折沿瓮（F1：1）　4 壶（F3：1）　6. 折肩罐（F2：1）
7. 石斧（采集：01）

三、遗　物

该遗址地表遗物较少见，仅发现少量陶片。在房址内出土了少量陶器，包括鬲、筒腹罐、壶、折沿瓮、折肩罐等。

鬲　F4：1，夹砂陶，袋足上部呈灰黑色，下部呈浅褐色。口部不明，宽裆，位于肩与裆交汇处置对称鋬手。通体饰绳纹。残高 23 厘米（图一一 -1）。F3：2，鬲足，饰绳纹。残高 6.5 厘米（图一一 -5）。

筒腹罐　F6：1，泥质灰陶。方唇，敞口，平沿内倾，筒腹。颈肩交汇处有按压一周泥条，肩部置对称的舌状鋬手，腹部饰竖向粗深绳纹。口径 15.5、底径 10、通高 17 厘米（图一一 -2）。

壶　F3：1，泥质灰黑陶。直口，鼓腹，小平底。口径 7.2、底径 6、通高 6 厘米（图一一 -4）。

折沿瓮　F1：1，泥质灰陶。方唇，折沿，外倾，斜直腹。饰粗篮纹。口径 42、残高 8 厘米（图一一 -3）。

折肩罐　F2：1，泥质灰陶。仅存肩部，折肩，肩以下饰横篮纹（图一一 -6）。

石斧　采集：01。青灰色砂岩，长条形。刃部与器身宽均为 5.5、残长 11.3 厘米（图一一 -7）。

四、结　语

白崖沟遗址是蔚汾河流域史前时期最大的一座石城，在整个晋西地区这类规模城址目前也仅发现这一例，这一发现对于认识区域社会的发展进程具有重要意义，而其年代也成为一个关键问题。白崖沟房址内出土的宽裆鬲（P4：1）、筒腹罐（F6：1），与青石遗址龙山时代前期单位 H22：23、3 相近[①]；在乔家湾遗址龙山前期遗存中也有此类器物发现，如 F14：1、F13：1[②]。其他房址内出土的折沿瓮（F1：1）、小口壶（F3：1）也均为龙山前期遗物。同时，在遗址范围内并未发现龙山晚期遗存。根据以上情况来看，白崖沟遗址年代主要为龙山前期。

该遗址与蔚汾河下游龙山晚期的碧村遗址相距约 40 公里，两者时代也存在一定差距，这为进一步认识蔚汾河流域区域社会的发展演变提供了有效路径。此外，从白崖沟遗址自身来说，在遗址周围发现的石砌城圈，沟谷两侧随阶地集中分布的窑洞式房址，粗线条地展现了其聚落内部的大体轮廓，也为分析该区域龙山时期石城的聚落结构提供了典型案例。

此外，部分房址内发现的地画内容丰富，在我国史前时期较为罕见，这为研究早期绘画史，探索北方古人类的信仰观念提供了珍贵的实物资料。

执笔：张光辉；绘图：安根、孙先徒

（原载《中国国家博物馆馆刊》2017 年第 3 期）

---

①　山西省考古研究所、忻州文物管理处：《定襄青石遗址发掘报告》，《忻阜高速公路考古发掘报告》，上海古籍出版社，2012 年，第 45 ~ 48 页。

②　王晓毅：《山西岢岚县乔家湾龙山文化晚期遗址》，《考古》2011 年第 9 期。

2016 年山西兴县碧村遗址发掘简报

山西省考古研究所　山西大学历史文化学院考古系　兴县文物旅游局

　　碧村遗址的考古工作开始于 2014 年，首次开展以碧村遗址为中心的基础调查，明确了碧村遗址为龙山时代大型石城聚落，城内面积约 75 万平方米。2015 年，在对碧村遗址勘探的基础上，选取了小玉梁和城墙圪垛两个地点进行了小规模试掘，在小玉梁台地发现了大型石砌房址和护坡墙。①

　　为了进一步了解碧村遗址的核心区域——小玉梁台地的性质及其功能分区，2016 年 5 ~ 10 月，由山西省考古研究所和山西大学考古系联合组成碧村考古队，开展了对小玉梁台地的考古发掘（图一）。

　　本年度发掘面积约 1500 平方米，对小玉梁台地的主体进行了大面积揭露。明确台地中部分布有 5 座石砌排房，排房东部分布有灰坑，推测为生活垃圾区。此外，在台地北部、南部均发现有石墙遗迹，台地东北部发现一组被分割为四间房址的石砌建筑。

一、地层关系

　　2016 年碧村遗址小玉梁台地的发掘区域，地层堆积相对简单，主要遗迹现象均叠压于①表土层下。表土层为浅黄色粉沙土，土质疏松，夹杂较多的植物根系、石块等，出土有瓷片、板瓦、陶片等遗物，厚约 10 ~ 24 厘米，为近现代扰土层。

二、遗　迹

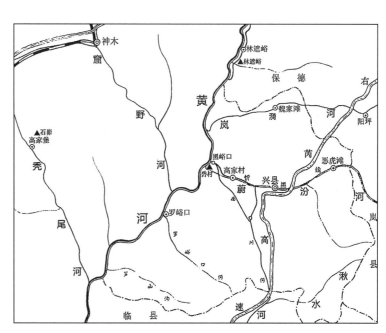

图一　碧村遗址地理位置图

　　以下主要对台地中部的石砌排房和其东部的 1 座灰坑进行介绍。（封二：1）

---

①　山西省考古研究所、兴县文物旅游局：《2015 年山西兴县碧村遗址发掘简报》，《考古与文物》2016 年第 4 期。

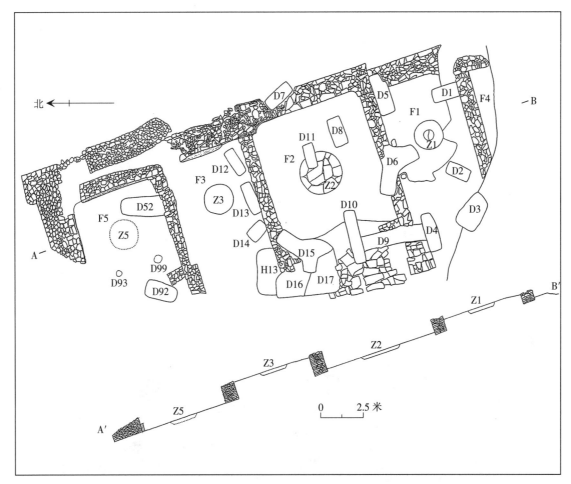

图二　石砌排房平剖面图

1. 石砌排房

小玉梁台地中部共发现 5 座石砌房址（图二）。这 5 座石砌排房以 F2 为中心，南北各有 2 座，彼此相连，布局上呈相间排列方式，主次分明。南北残长 30 米，东西宽 13 米，占地面积超过 400 平方米。房址平面均呈长方形，中间共用一堵东西向隔墙，隔墙宽约 0.8 米，排房东墙宽 1.2 米。以 F2 东墙外立面为基准，南北两侧房址的东墙依次往西缩进 0.3 米、1 米。5 座房址均使用白灰地面，除 F4 保存较差外，其余 4 座房址中心均有圆形火塘。房址的门道朝向，最大房址 F2 门道朝西，因其房外西部有用石板铺砌的活动面；其南侧的 F1 门道开于东南角，北侧的 F3、F5 门道开于东北角。

2015 年已清理了 F2、F1、F4，本年度主要清理了 F3、F5。

F3 位于 T127051 南部，开口于①层下。平面呈长方形，方向 260°。该房址的北、东、南墙保存较好，西墙无存。东西走向的北墙和南墙宽约 0.8 米，残长 8.5 米；南北走向的东墙宽 1.4 米，长约 4 米，室内面积不小于 35 平方米。墙体内立面相对平整，其中，东墙内立面保存有较厚一层草拌泥，而且白灰地面与墙体相接部位的白灰面呈竖向分布，推测房内墙上很可能涂抹有白灰面墙裙。灶址位于房址中部略偏东，依据残留烧结的白灰面范围，推测灶址直径约 1.8 米。房址东北角有一缺口，东墙北端略呈弧形，推测应为 F3 的东北门址，与 F1 东南门址布局一致。（图三、四）

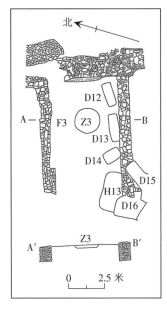
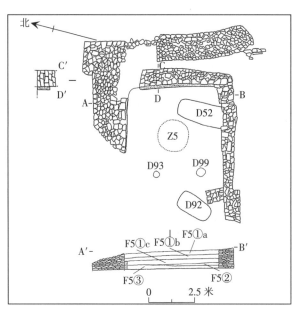

图三　F3 平剖面图　　　　　　　　　　图五　F5 平剖面图

图四　F3 航拍图　　　　　　　　　图六　F5 东墙内壁草拌泥

从 H13、D16 的剖面可以看到，F3 目前的白灰面之下约 1 米处，还有一层白灰面，表明该房址经过二次修建再利用。

F5 位于 T127051 和 T137051 南部，开口于①层下。平面略呈长方形，方向 260°。室内面积约 33 平方米，东西长 6 米，南北宽 5.5 米（图五）。从文物保护的角度考虑，借助盗洞 D52 四壁剖面情况，即可对 F5 结构有大体的了解，所以仅清理了房内的倒塌堆积。①层为倒塌堆积，厚约 85 厘米，其下为②层黄色垫土层，厚约 6 厘米，也可能是室内踩踏硬面；再往下是③层小花斑垫土，厚约 15 厘米；小花斑土之下即为白灰面，D52 四壁均有分布，结合 D89、D93 及 D92 所见白灰面的范围，基本确定 F5 西墙以内均有白灰面，且保存相对较好。白灰面之下涂抹有草拌泥。在 D52 西壁可看到明显的白灰面灶址，直径超过 1 米。通过观察，可以复原出灶址的建造方式，即先挖一深约 10 厘米的圆形浅坑，周边及坑底涂抹一层白灰面，再垫土与地面齐平后涂抹白灰面；依据 F2 灶址的情况，不排除 F5 灶址中间摆放石板的可能性。灶址位于房址中部略偏东，直径推测在 1.8 米左右。经测量，F5 白灰面与残存的东墙顶端相差约 1 米。在目前残存东墙顶部往下约 0.3 米处，发现墙体内立面开始涂抹有厚约 0.1 米的草拌泥，并经火烤。（图六）

房址东北角有一缺口，未发现石墙，应为门道。东墙北段略宽，南段略窄，墙宽 0.7 ~ 1 米，长 5.5 米。倚靠东墙南端内立面砌筑南墙，南墙与 F3 北墙为同一墙体，在其近西端倚靠南墙内立面往北砌筑西墙，从而可以明确南墙的长度为 5.5 米。西墙宽约 1 米，残长 1.1 米。残存的北墙西段宽 1.8 米，北墙东段墙体加宽，相对于 F5 的其他墙体，北墙往东延伸，残长 7 米。此外，在 F5 东墙的东侧约 0.5 米处，还发现一段墙体，目前宽约 2 米，南北向延伸至 F3 东墙。该墙的东立面很规整，所以确认为墙体；但是该墙的西立面不规整，且多填塞碎石。推测该墙是 F3、F5 的护墙，并与 F5 东墙形成狭窄的过道，即 F3 东北门出来后通过此回廊，直到 F5 东北部走出院落外。

F5 内的倒塌堆积分为三小层：①a 层为红烧土层，包含有较多的大块红烧土、炭屑，厚约 30 厘米。①b 层为灰烬层，包含有较多的大块木炭，靠近墙体附近有红烧土块、较大石块的倒塌堆积，厚 25 厘米。①c 层为红烧土层，质地较致密，包含大量烧土粒、炭屑等，厚约 30 厘米。每层均出土有碎小陶片，以灰陶为主，可明确为龙山时期，此外，还有个别小石片出土。

另外，在 F5 北墙外发现了小烧土粒层的踩踏硬面，推测为房址使用期间的户外活动面。在 F5 北墙外开一小探沟，明确了 F5 北墙的建造方式。即先开挖深约 0.5 米的基槽，其内填充花斑褐土并加工硬实，再往上铺垫两三层中小石块，之后再在其上砌筑墙体。F5 北墙基槽内的外侧石块铺垫宽度窄于其上墙体约 0.25 米，基槽石块周边填塞花斑褐土。

2. 灰坑

本次清理的灰坑主要位于 5 座石砌排房的东部，时代主要为龙山时期。结合在小玉梁台地中、西部基本不见灰坑的现象，推测台地东部为生活垃圾分布区。现以 H24 为例，介绍如下：

H24 位于 F5 东部，横跨四个探方，即 T132041 西北、T137041 西南以及 T127051 东北、T137051 东南。开口于 ① 层下，被 D62、D68、G1 打破。平面为圆形，剖面为筒状平底；壁面近底部有加工痕迹，较光滑；底部明显，底面经加工处理。口径 3.8 米，坑深 3.6 米。坑底中心略偏东留有一直径约 1.2 米、高 0.3 米的黄土台；在黄土台的南北两侧还发现直径约 0.2 米填花斑褐土的圆形遗迹；底部西半侧有花斑硬土分布，硬土里面夹杂有草秆，残存厚度约 5 厘米，可能为草拌泥。可见，H24 最初有其特定的功用，可能作为窖穴，废弃之后才用作灰坑。（图七）

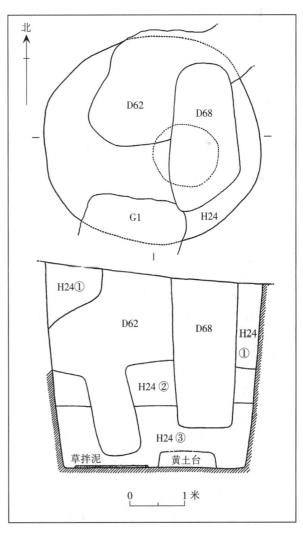

图七　H24 平面、剖面图

灰坑内的填土可分为三层：①层黄褐土，土质略疏松，夹杂少量的树根、石块、红烧土块和炭粒，出土陶片、动物骨骼、石器等，厚约 1.9 米；②层灰土，土质疏松，夹杂有较多炭屑，出土大量陶片、动物骨骼、小石片等，厚约 0.6 米；③层黄土，土质略疏松，夹杂少量褐色斑块，厚约 1.1 米。

H24 出土遗物相当丰富，陶器有蛋形瓮、折肩罐、大口尊、斝、鬲、豆、盆、圆陶片等。卜骨、骨针的数量较多，还有骨锥、骨镞、骨匕等骨器。石器有石斧、石锤、石杵、石球、细石器等。此外，还出土有彩绘陶片、小蚌环组成的蚌饰、残玉璧 1 件，以及较多的小石片。

三、遗　物

此次发掘出土遗物以陶器为大宗，其次为石器和骨器，还发现有蚌饰、卜骨、玉器等。现以 H24 出土遗物为代表进行介绍。

1. 陶器

陶色以灰陶为主，少量褐陶和黑皮陶；陶质以泥质为多，夹砂稍少；纹饰以篮纹最多，绳纹次之，少量方格纹、弦纹等。器形常见空三足器，包括蛋形瓮、斝、斝、鬲、盉，还有高领折肩罐、大口尊、盆、豆、甑等。典型标本介绍如下：

高领折肩罐　2 件。均泥质灰陶，唇部加厚。标本 2016XBH24：6，侈口，尖圆唇加厚，高领。领部饰篮纹。口沿内外可见水平状细密轮纹。口径 18 厘米，残高 6 厘米，唇厚 0.6 厘米，领部厚 0.52 厘米（图八 -4）。标本 2016XBH24：22，侈口，圆唇略加厚，高领，领部斜直，折肩，斜弧腹，平底。领、肩部饰竖篮纹，腹部饰左下倾向的篮纹。腹部裂缝处遗留 2 个钻孔，单面钻成。口径 20 厘米，高 38.4 厘米，底径 14.4 厘米，唇厚 0.49 厘米，孔径 0.62～0.67 厘米（图八 -5、图九）。

大口尊　2 件。标本 2016XBH24：7，泥质褐胎黑皮陶，侈口，呈喇叭形，圆唇加厚，高领、领部斜直，领肩连接处有一周凹槽。口沿内外素面磨光，领部可见竖向篮纹。内壁口沿下有横向刮抹痕，领部内壁遗留水平状垫窝，垫窝上部密布横向修抹痕，内壁领肩相接处经过刮削。口径 35 厘米，残高 9.6 厘米，唇厚 0.63 厘米，领厚 0.58 厘米（图八 -9）。标本 2016XBH24：27，泥质灰陶，侈口，呈喇叭形，尖圆唇略加厚，高领，领部斜直，折肩。口沿、肩部素面磨光，遗留细密轮纹。领部竖向粗篮纹经横向修抹。领部一裂缝处有一对单面钻孔。口径 49 厘米，残高 14.5 厘米，唇厚 0.75 厘米，领部厚 0.57 厘米，孔径 0.69～0.71 厘米（图八 -8）。

蛋形瓮　6 件。标本 2016XBH24：19，泥质褐胎灰皮陶，敛口，方唇，内折沿，腹微弧，近底部硬折，折棱明显，最大径位于折棱处，圜底，三钝尖足。口沿处素面，腹部至足部饰浅疏篮纹。上腹部沿裂缝对称分布 3 组 6 个单面钻孔。内壁遗留多周垫窝，袋足内呈放射状皱褶，足腹连接处按压一周圆窝。口径 30 厘米，高 68 厘米，最大径 45 厘米，唇厚 1 厘米，腹壁厚 0.84 厘米（图八 -3）。标本 2016XBH24：20，夹细砂灰陶，掺杂少量料礓石颗粒。敛口，方唇，内折沿，弧腹。腹部饰左下倾向的篮纹。口沿内外经修抹，内壁口沿下遗留一周水平状大垫窝。该器可能经过度烧制而变形，局部有烧流迹象。口径 24 厘米，残高 45 厘米，唇厚 1.14 厘米，腹壁厚 0.74 厘米（图八 -2）。标本 2016XBH24：23，泥质褐陶，敛口，圆唇，内折沿，微弧腹，近底部硬折，折棱明显，圜底，三空尖

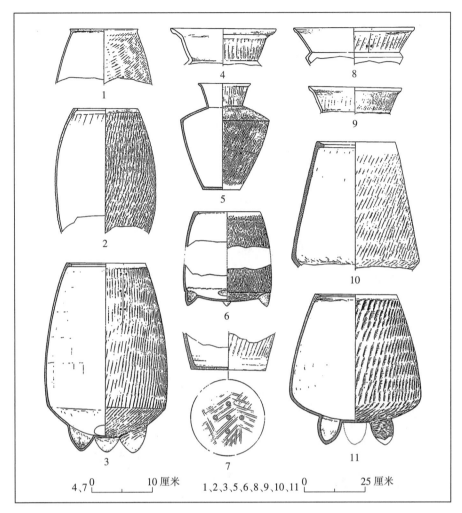

图八　H24 出土陶器之一

1~3、6、10、11. 蛋形瓮（H24：24、20、19、23、26、25）　　4、5. 高领折肩罐（H24：6、22）　　7. 甗（H24：8）
8、9. 大口尊（H24：27、7）

足。最大径位于近底部折棱处。口沿以下饰篮纹，下腹部至底部残留一片条带状白灰面，宽 4 厘米，厚 5 厘米。折棱处内壁有一周垫窝，袋足内壁呈放射状皱褶。口径 20 厘米，残高 27.5 厘米，腹壁厚 0.72 厘米（图八 - 6）。标本 2016XBH24：24，夹中砂红褐胎灰皮陶，敛口，圆方唇，内折沿，斜弧腹。器身拍印左下倾向的浅疏篮纹，腹壁中部可见 2 个圆形单面钻孔。内壁口沿贴附一周泥条并经按压。口径 32 厘米，残高 25 厘米，唇厚 1.34 厘米，壁厚 0.75 厘米（图八 - 1）。标本 2016XBH24：25，敛口，方唇，内折沿，腹微弧，近底部缓折，圜底，三钝空足。口沿素面抹光，腹、底、袋足皆饰左下倾向的带丝篮纹。近底部折腹处内壁有一周大垫窝，袋足内侧挤压成放射状皱褶。口径 33 厘米，高 58.8 厘米，最大径 53.4 厘米，唇厚 0.8 厘米，腹壁厚 0.66 厘米（图八 - 11）。标本 2016XBH24：26，泥质褐陶，敛口，方唇，内折沿，斜直腹，近底部硬折，折棱明显，最大径位于折棱处。器表饰左下倾向

图九　高领折肩罐 H24：22

的篮纹。内壁分布有较多杂乱垫窝。口径 31.5 厘米，残高 50 厘米，最大径 51.5 厘米，唇厚 1.24 厘米，腹壁厚 0.75 厘米（图八 - 10）。

甑　1 件。标本 2016XBH24：8，夹细砂灰陶，掺杂料礓石颗粒，残存底部，下腹斜直，平底，底部双面钻有 5 个圆孔，其中 4 个两两相对，另一个位于它们的连线交点上。腹部饰左下倾向的浅疏篮纹，外底拍印交错篮纹。底径 12.6 厘米，残高 6.1 厘米，腹壁厚 0.64 厘米，底厚 0.46 厘米（图八 -7）。

敞口盆　3 件。均泥质灰陶，敞口，圆唇加厚，斜腹，平底。标本 2016XBH24：1，口沿素面磨光，腹部隐约可见左下倾斜的浅疏篮纹，内壁遗留较杂乱刮削痕。口径 26 厘米，高 8.2 厘米，底径 12.8 厘米，唇厚 0.95 厘米（图十：4）。标本 2016XBH24：2，腹微弧。口沿及内壁素面磨光，腹部饰浅粗竖篮纹，近底部经横向修抹。口径 30 厘米，高 11 厘米，底径 13.4 厘米，唇厚 1.1 厘米。（图十：6，图十一）标本 2016XBH24：21，口沿外侧唇部中间有一周浅凹槽。腹部隐约可见左下倾斜的浅疏篮纹，口沿内外素面磨光，内壁修抹痕较杂乱。口径 28.2 厘米，高 7.4 厘米，底径 14.8 厘米，唇厚 0.97 厘米（图十 -5、图十二）。

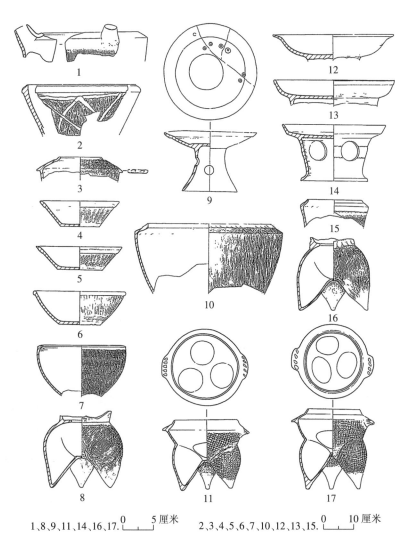

图十　H24 出土陶器之二

1. 盉（H24：14）　2、8、10、16. 甗（H24：15、17、11、16）　3、11、15、17. 敛口罕（H24：13、10、12、9）　4 ～ 6. 敞口盆（H24：1、21、2）　7. 敛口盆（H24：18）　9、12 ～ 14. 豆（H24：3、4、5、28）

敛口盆　1件。标本2016XBH24：18，夹粗砂灰陶，敛口，圆唇加厚，弧腹。器表密布带丝竖篮纹，近似网格纹。口径26厘米，残高16厘米，壁厚0.67厘米（图十 - 18）。

豆　4件。标本2016XBH24：3，泥质褐陶，敞口，尖圆唇，浅盘，斜直腹，底部微内弧，圈足，略呈喇叭形。通体素面磨光。豆盘腹部开裂处可见7个钻孔，其中6个钻透，1个未钻透，均为单面钻。圈足4个镂孔。口径17厘米，高10.5厘米，盘深2厘米，唇厚0.58厘米，足厚0.45厘米，钻孔直径0.35～1.02厘米，镂孔直径1.58～1.68厘米（图十 - 9，图十三）。标本2016XBH24：4，泥质褐胎黑皮陶，敞口，圆唇，浅盘，弧腹，粗柄。通体素面，内壁磨光，外壁遗留水平状细密轮纹。盘底连接处断面可见一条泥条缝。口径20厘米，残高3.9厘米，盘深3.1厘米，唇厚0.4厘米，壁厚0.47厘米（图十 - 12）。标本2016XBH24：5，泥质黑陶，敞口，圆方唇，浅盘，弧腹，平底，粗柄。通体素面磨。口径19.8厘米，残高4厘米，盘深2.5厘米，盘底厚0.46厘米，唇厚0.39厘米，柄厚0.47厘米（图十 - 13）。标本2016XBH24：28，泥质黑皮陶，敞口，圆方唇，折腹，浅盘，圈足有镂孔4个。器表与盘内壁素面磨光，圈足上饰两道凹弦纹。圈足内壁密布细密轮纹，盘底外侧遗留红色颜料。口径17厘米，高9厘米，盘深1.8厘米，唇厚0.38厘米，盘底厚0.46厘米（图十 - 14）。

盉　1件。标本2016XBH24：14，夹中砂灰陶，敛口，斜方唇，管状流，折肩，斜直腹。口沿至上腹部及流部素面磨光，下腹部饰绳纹。内壁折肩处分布一周垫窝，管状流内部附有一层水垢。残长9厘米，残高3.5厘米，流径2厘米，唇厚0.68厘米，腹壁厚0.52厘米（图十 - 1）。

甗　4件。标本2016XBH24：11，夹细砂褐胎灰陶，陶色不匀，局部呈红褐色，敛口，方唇，折肩，腹微弧。口沿外贴一周附加堆纹并压印成一周花边，肩腹部滚压细密竖绳纹。内壁口沿下与折肩下各有一周水平状垫窝。口径50厘米，残高22厘米，唇厚1.26厘米，腹壁厚0.74厘米（图十 - 10）。标本2016XBH24：15，夹中砂灰陶，敛口，圆唇加厚，唇面有一周凹槽，斜直腹。口沿内外素面磨光，腹部先饰绳纹，后施加多周交错堆纹。内壁密布杂乱修抹痕与垫窝。残断处内壁可见泥片相贴痕迹。口径36厘米，残高17厘米，唇厚1.62厘米，腹壁厚0.83厘米（图十 - 2）。标本2016XBH24：16，残存腰部以下，夹细砂灰陶，束腰，腰部有一圈腰隔，联裆，袋足。器表饰绳纹，腰部附加一周堆纹并按压。残高17厘米，腰隔宽1.14厘米，腰隔厚0.71厘米，壁厚0.66厘米（图十 - 16）。标本2016XBH24：17，残存腰部以下，夹细砂灰陶，束腰，腰部有一圈腰隔，联裆，袋足。腰部和裆部均经修抹，袋足饰绳纹，近底部绳纹经修抹。残高18厘米，壁厚0.5厘米，腰隔宽2厘米，腰隔厚0.6厘米（图十 - 8）。

敛口鬲　4件。标本2016XBH24：9，夹细砂灰陶，敛口，圆唇，折肩，折肩处施加一对舌状鋬手，微弧腹，分裆，裆底部外突，三空袋足较圆润。口沿及肩部素面磨光，鋬手上各饰4个戳印纹，腹部至袋足施加密集网格纹，足跟素面。两鋬手之间的腹部刻划有一条斜线。口径8.5厘米，高12.8厘米，唇厚0.33厘米（图十 - 17、图十四）。标本2016XBH24：10，夹细砂灰陶，敛口，圆唇，折肩，斜腹，分裆，裆底部外凸，袋足圆润。肩部素面磨光，折肩处置一对舌状鋬手，鋬手上戳印5个三角形凹槽。腹部与袋足饰网格纹，腹部与袋足相接处经过修抹。口径11.5厘米，高12.3厘米，唇厚0.37厘米（图十 - 11、图十五）。标本2016XBH24：12，夹细砂黑陶，敛口，圆唇，折肩，斜直腹。口沿至上腹部素面磨光，口沿下及上腹部各有一道弦纹，上腹部弦纹之下饰一周戳印纹，其下腹部饰左下倾向的绳纹。腹部有裂缝处遗留 2 个圆形单面钻孔。与器表戳印纹相对应的内壁向内突起。口径 18 厘米，残高 8.6 厘米，唇厚 0.65 厘米，腹壁厚 0.67 厘米（图十 –15）。标本 2016XBH24：13，夹中砂灰陶，敛口，圆唇，口沿下有一周凹槽，折肩，折肩处附加一对舌状鋬手，斜直腹。肩腹部饰略左下倾向的绳纹，鋬手上戳印两个三角形小坑。口沿内外经修抹，遗留细密轮纹。口径 14 厘米，残高 7.5 厘米，唇厚 0.9 厘米，腹壁厚 0.54 厘米（图十 –3）。

图十一　敞口盆 H24：2　　　图十二　敞口盆 H24：21　　　图十三　豆 H24：3

图十四　敛口罐 H24：9　　　　　图十五　敛口罐 H24：10

圆陶片　5 件。标本 2016XBH24：29，泥质灰陶，为一圜形器底改制而成，平面圆形，剖面为弧形。内底素面，外底饰密集交错绳纹。周缘经磨制，局部遗留打制痕迹。直径 7.7 厘米，厚 0.4 厘米（图十六 –9）。标本 2016XBH24：30，由泥质褐陶残片从外表向内面打制而成，平面近圆形。器表饰篮纹。最大径 3.6 厘米，厚 0.58 厘米（图十六 –3）。标本 2016XBH24：31，泥质褐胎灰皮陶残片磨制而成，平面近似弧边五边形。器表饰浅篮纹，周缘磨制痕迹明显。最大径 3.5 厘米，厚 0.72 厘米（图十六 –2）。标本 2016XBH24：34，由泥质灰陶残片磨制而成，平面近六边形。器表饰带丝篮纹，周缘经磨制。最大径 2.1 厘米，厚 0.37 厘米（图十六 –7）。标本 2016XBH24：35，由泥质褐胎黑皮陶残片磨制而成，平面近圆形。器表素面磨光，周缘磨制。直径 2.5 厘米，厚 0.43 厘米（图十六 –8）。

纺轮　2 件。标本 2016XBH24：32，由泥质褐胎灰皮陶残片打制而成，平面略呈弧边三角形。器表饰浅篮纹，中心有一双面对钻而成的钻孔，周缘由内外交错打制而成。最大径 3.4 厘米，厚 0.48 厘米，孔径 0.65 厘米（图十六 –4）。标本 2016XBH24：33，泥质褐胎灰皮陶，内外交错打制而成，平面近圆形。表面饰篮纹，内壁中心遗留一未钻透圆孔，为纺轮半成品。最大径 4.3 厘米，厚 0.64 厘米，孔径 0.62 厘米（图十六 –1）。

2. 石器

石杵　2 件。标本 2016XBH24：36，器形较大，呈柱体，底端较粗，顶端略细，横截面呈圆角方形。通体磨制。长 20 厘米，最宽处 6 厘米（图十六 –22）。标本 2016XBH24：37，砂岩，器身短粗，

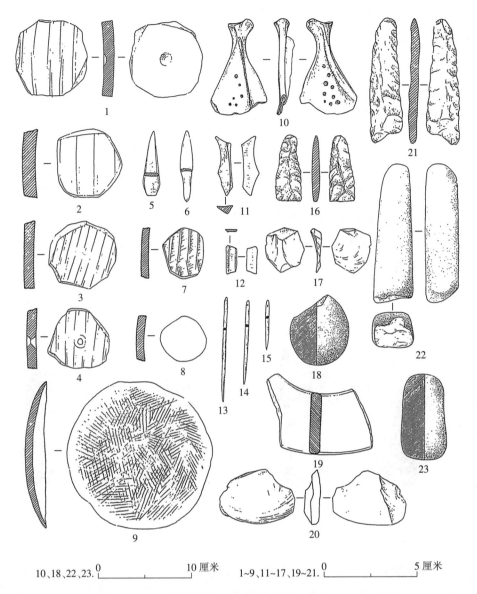

10、18、22、23.　0 ——————— 10 厘米　　　1～9、11～17、19～21.　0 ——————— 5 厘米

图十六　H24 出土小件

1、4. 纺轮（H24：33、32）　　2、3、7～9. 圆陶片（H24：31、30、34、35、29）　　5、6. 骨镞（H24：48、47）　　10. 卜骨（H24：46）
11、12. 石叶（H24：42、43）　　13～15. 骨针（H24：49－51）　　16、21. 细石器（H24：41、40）　　17、20. 石片（H24：45、44）
18. 石球（H24：38）　　19. 玉璧（H24：39）　　22、23. 石杵（H24：36、37）

呈圆柱体，中部略细，两端略粗，横截面近圆形。通体磨制，顶端与末端均遗留有砸击痕迹。器身高
8.8 厘米，直径 4.4～4.8 厘米（图十六－23。）

　　石球　1 件。标本 2016XBH24：38，砂岩，椭圆形，琢制后再磨制。短径 6.5 厘米（图十六－18。）

　　细石器　2 件。标本 2016XBH24：40，柳叶形，两面均经过压剥法精细加工，布满剥落碎片的疤痕，尖头，边刃薄锐。长 6.4 厘米，宽 1.7 厘米，厚 0.43 厘米（图十六－21、图十七－1）。标本 2016XBH24：41，柳叶形，通体经压剥法加工，由内侧向外侧压剥，器身密布剥落碎片的疤痕，尖头，边刃锐利。长 3.4 厘米，宽 1.3 厘米，厚 0.39 厘米（图十六－16、图十七－2）。

　　石叶　2 件。标本 2016XBH24：42，不规则形，横截面近三角形。压剥而成，周缘锐利。长 3 厘米，宽 0.8 厘米（图十六 - 11）。标本 2016XBH24：43，较扁平，平面近长方形。一面可见三条纵向平行整齐剥片痕迹，另一面较平坦，边缘锐利。长 0.9 厘米，宽 0.5 厘米（图十六 - 12）。

石片　2 件。标本 2016XBH24：44，不规则形，顶端小台面经修整，一侧可见清晰打击点与同心波纹，另一侧经两次剥制。长 3.9 厘米，宽 2.7 厘米，厚 0.8 厘米（图十六 - 20）。标本 2016XBH24：45，不规则形，顶端有一修整过的小台面，一侧台面下有一半锥体，另一侧经过多次剥制。长 2 厘米，宽 2.3 厘米，厚 0.5 厘米（图十六 - 17）。

3. 骨器

骨镞　2 件。标本 2016XBH24：47，完整，长叶形，较扁平，尾端与铤界线分明，长扁铤。正面磨光，遗留修抹痕迹，背面粗糙，保留骨腔原貌，铤部经切削。长 3.6 厘米，宽 0.7 厘米，厚 0.18 厘米（图十六 - 6、图十八 - 1）。标本 2016XBH24：48，铤残，扁平三角形，锐圆尖，两侧刻划深长凹槽，应该是与小石片组合使用。

图十七　细石器 H24：40、41

图十八　骨镞 H24：47、48

通体磨制，器表遗留打磨痕迹，一面可见骨腔痕迹。长 3.3 厘米，宽 0.9 厘米，厚 0.37 厘米（图十六 - 5、图十八 - 2）。

骨针　3 件。通体磨光，体直，横截面呈圆形，锐圆尖，顶端钻有一圆形小孔，器形有长有短。标本 2016XBH24：49，较细长，长 5.4 厘米，最大径 0.13 厘米（图十六 - 13、图十九 - 1）。标本 2016XBH24：50，长 4.3 厘米，最大径 0.18 厘米（图十六 - 14、图十九 - 2）。标本 2016XBH24：51，器形较短小，长 2.5 厘米，最大径 0.13 厘米（图十六 - 15、图十九 - 3）。

卜骨　1 件。标本 2016XBH24：46，肩胛骨制成，未加修整，骨臼、外侧缘完整，内侧缘与肩胛冈残损。背面分布 9 处灰黑色灼烧痕迹，呈圆形或椭圆形，正面可见 6 处与背面相对应的圆形灼烧痕迹，故为背面灼烧透至正面。长 13.5 厘米，宽 8.5 厘米，最厚处 2 厘米，灼痕直径 0.53 ~ 1 厘米（图十六 - 10）。

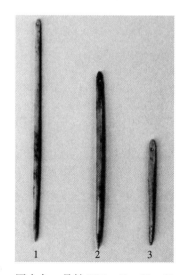

图十九　骨针 H24：49、50、51

4. 其他

玉璧　1件。标本 2016XBH24：39，器残，横截面近长方形，内缘较厚，外缘略薄，内外壁均微外弧。通体磨光，器身遗留较杂乱磨制痕迹。内径 3.1 厘米，内缘厚 0.7 厘米，外缘厚 0.52 厘米（图十六－19、图二十）。

蚌饰　标本 2016XBH24：52，共 129 个，其中 110 个完整。完整的蚌环大小基本一致。通体磨光，中间有一穿孔。器身整体直径为 0.9 厘米，厚 0.1 厘米；穿孔的直径为 0.3 厘米（图二十一）。

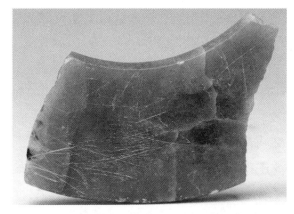

图二十　玉璧 H24：39

四、结　语

1. 相对年代分析

从器类以及形制来看，H24 的蛋形瓮、甗、敛口盉、大口尊、圈足盘、折肩罐等典型器类，均可在神木寨峁遗址第二期遗存中找到形制相近的同类器。① 例如，H24 的蛋形瓮为微敛口、平沿或斜沿内折，折圜底，与寨峁二期蛋形瓮 AH60：18 形制相近。大口尊 H24：27 大侈口、窄折肩、斜收腹的特征，与寨峁二期同类器 AH18：14 形制相同。甗 H24：11、H24：16 分别与寨峁二期 AT4011②：7、AH60：17 相近。敛口盉 H24：4 与寨峁二期 AT4010③：17 相近。圈足盘 H24：5 与寨峁二期 AH60：21 相近。高领折肩罐 H24：1 与神木新华遗址早期的

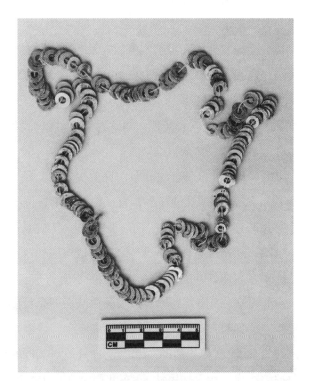

图二十一　蚌饰 H24：52

99F22：1 同类器相近。此外，新华 99F22 单位出土的敛口甗、平折沿敛口蛋形瓮与碧村 H24 的同类器也相近。②

除了典型器类形制相近之外，碧村的石砌房址在寨峁遗址二期（AF2）③、郑则峁遗址二期（F3）④也均有发现，且形制较相近。尤其是郑则峁 F3 与碧村石砌房的建造方式相近，例如房址均为长方

①　陕西省考古研究所：《陕西神木县寨峁遗址发掘简报》，《考古与文物》2002 年第 3 期。

②　陕西省考古研究所、榆林市文物保护研究所：《神木新华》，科学出版社，2005 年，第 43 页。

③　陕西省考古研究所：《陕西神木县寨峁遗址发掘简报》，《考古与文物》2002 年第 3 期。

④　陕西省考古研究所陕北考古队、榆林地区文管会：《陕西府谷县郑则峁遗址发掘简报》，《考古与文物》2000 年第 6 期。

形或近方形。石墙均用石板砌筑而成，壁面用草拌泥抹筑，只是郑则峁 F3 的厚 5 厘米，而碧村 F5 的草拌泥厚 10 厘米。草拌泥壁面上抹有白灰墙裙，这在碧村 F3 也有体现。白灰面下面均有草拌泥。

由此可见，以碧村 H24 为代表的一类遗存，相对年代与寨峁二期、新华早期遗存相当，略早于碧村 H12、H5 为代表的一类遗存。[1] 依据已有学者的研究成果，碧村 H24 遗存相当于吕智荣先生提出的寨峁文化第 3 段[2]，孙周勇先生的新华文化寨峁期[3]和北方地区龙山晚期早段遗存[4]。

2. 石砌排房相关问题探讨

5 座石砌排房主次分明，体现出统一的规划布局。

首先，从砌筑次序来看，先砌筑 F2 东墙，再依靠东墙南、北立面向西缩进 0.3 米后，依次砌筑 F1、F3 东墙，然后再往西缩进 1 米后砌筑 F4、F5 东墙。东墙砌筑好之后，再倚靠东墙的内立面分别砌筑东西向的南、北隔墙。最后再依靠南、北隔墙的内立面砌筑西墙。最先完工的应是 5 座石砌排房的中心最大房址 F2，之后依次是 F1、F3，再次是 F4、F5。

其次，白灰地面高程基本一致。从目前保存的情况来看，中心房址 F2 与最北端的 F5 白灰面基本处于同一高程，而 F2 南北两侧的 F1、F3 白灰面高程相近，后者高于前者。二者的白灰面高程相差约 1 米。从 F3 周边的盗洞可以看到，F3 有两层白灰面，二者高程相差也是 1 米，而且 F3 下层白灰面与 F5 目前白灰面处于同一高程。如此，基本可以确定这 5 座石砌排房至少经历了一次再修建过程，所以才会有上、下两层白灰地面。

第三，5 座灶址呈直线分布，且主次分明。F2 直径 2.5 米的圆形灶址位于房址的中心，而其南北两侧 F1、F3、F5 的灶址略小，直径约 1.8 米，位于各自房址的中部略偏东的位置，正好与 F2 灶址呈一条南北向直线分布。

第四，从排房整体布局来看，3 门道均应朝西。中心大房 F2 西门外铺有石板，而其南北两侧的房址另外还在东墙处开有偏门，分别朝向东南、东北。

由此可知，5 座石砌排房最早的白灰面即是目前 F5、F2 保存的白灰地面，使用一段时间后经历了再次修建，即目前 F3、F1 的上层白灰地面。结合 F3 目前所残存的东北门道，可以推测 F5 东北角的缺口，即为 F5 二次修建后的东北门道，只是与其同时的白灰地面已经被破坏了。而且，F5 东墙与其东侧的护墙构成回廊，居民从 F3 东北门出来，走过道，与 F5 居民一起从东北部出院落；所以，F5 东北部及其护墙的北侧，很可能是 F3、F5 居民通往 H24 的门道。

距今 5000 年左右，黄河两岸地区的石围墙和石墙地面式房屋大量出现，形成仰韶四期北方地区特有的聚落形态。[5] 碧村遗址是目前晋西高原首次发现的龙山时期大型石城聚落，在聚落核心区的小玉梁台地的中部分布有 5 座石砌排房，主次分明，布局规整，在目前北方地区龙山时期石城聚落中也是罕见的。石砌排房东部以 H24 为代表是其生活垃圾区，但 H24 最初可能是作为窖藏之用，填土中出土

① 王晓毅，张光辉：《兴县碧村龙山时代遗存初探》，《考古与文物》2016 年第 4 期。
② 吕智荣：《陕北、内蒙古中南部及晋北地区寨峁文化》，《史前研究》，三秦出版社，2000 年。
③ 孙周勇：《新华文化述论》，《考古与文物》2005 年第 3 期。
④ 孙周勇：《公元前第三千纪北方地区社会复杂化过程考察——以榆林地区考古资料为中心》，《考古与文物》2016 年第 4 期。
⑤ 韩建业：《中国北方地区新石器时代文化研究》，文物出版社，2003 年，第 263 页。

有残玉璧、蚌串饰，较多的卜骨、骨针、细石器，大量的小石片等。再结合小玉梁台地石砌围墙的发现，以及大量被盗掘的玉器，足以说明这 5 座石砌排房居住者身份的不一般，很可能是以碧村为中心的聚落群的上层人员。

执笔：王晓毅、王小娟、张光辉；绘图：孙先徒

1. 碧村遗址小玉梁台地中部五座石砌排房及 H24 分布图

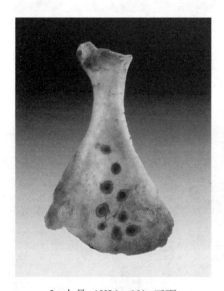

2. 卜骨（H24：46）正面　　　　　　3. 卜骨（H24：46）背面

（原载《中原文物》2017 年第 6 期）

离石德岗仰韶中期聚落遗址

张光辉　　刘吉祥

（山西省考古研究所）

德岗遗址位于吕梁市离石区信义镇德岗村南，地处小东川河南岸河前坡地上，面积 5 万平方米，时代主要为仰韶中期。该遗址所在的离石附近，特别是北川河、东川河、南川河沿岸地区，分布有众多的史前时期遗址，以往经调查和试掘的有离石马茂庄、乔家沟、双雾都、

图一　发掘区远景（北-南）

段家坪、信义等，其中仰韶中期有七处，面积最大的为信义遗址，属于该区域这一时期的中心聚落。

2019 年 4~7 月，为配合祁县至离石高速公路建设，山西省考古研究所与吕梁市文物考古调查勘探队对工程建设涉及的区域进行了发掘，发掘区以自然冲沟为界，分东西二区展开，揭露面积 1825 平方米，发现一批仰韶中期遗存，主要为五边形房址及与其相关的火塘、灰坑。

一、房址概况

本次发掘揭露房址共计七座，其中四座可见其完整形状，平面呈五边形，还有一座叠压在 F1 之下，未做正式发掘。这些房址门道朝

图二　德岗遗址五边形房址 F3

图三　德岗遗址 F1 火塘

北，面向河道，其中 F1 面积较大，达 130 余平方米，其它房址规模较小，均在 20 平方米左右。此外，还有一些房址因破坏仅存圆形坑状火塘。

从其分布来看，东区五座，以方向 25° 的 F3 为中心，略呈"人"字形分布，其他尾随 F3 的则从不同方向偏向该房址所指方位。五座房址总体可分三排，F3 居于最北部，紧邻其右的 F4 尾随其后，两者大体自呈一排，F6 居于中间一排，F2、F5 位于南排，此外南排 F5 西侧原应有一房址，被毁后仅存火塘。西区仅有 F1 和 F1 之下叠压的 F7，距离 F7 西部 20 余米处发现一火塘，应为一房址的残留。

图四　德岗遗址 F3、F4 排布情况

这批房址屋内靠近后墙地面上一般放置有一批器物，如尖底瓶、平底瓶、敛口钵、弧腹小平底盆、深腹罐、旋纹罐、带盖小罐等，还有少量生产工具如石铲、石斧等。

F1 坐南朝北，方向 25°，平面呈五边形，建筑面积 130 余平方米。该房址结构较完整，由门道、火塘、居住面及墙体等部分组成。门道位于居住面北部居中位置，正对 F1 火塘，与操作间相连。门道口路面由石块铺筑而成，长 4.6、宽 0.8 米。火塘位于居室内近门道处，平面呈椭圆形。口径 1.48 - 1.7、底径 1.6、坑深 1.6 米。坑口附近留有青灰色烧结面。坑内壁及底部涂抹一层草伴泥，并经烧烤呈红色。正对门道凸出一弧形矮坎，坎下为弧顶暗道的火塘通风口。居住面涂抹一层经烧烤的青灰色烧结面，厚 0.02 米。在居住面东南角发现少量陶器，包括敛口钵、小陶杯等。居室内保留柱洞两处，均位于 F1 南部。柱洞直径 0.35 - 4 米，其中一柱洞保留有经火烧后的炭化木柱。房址墙体除门道两侧保存较差外，其余各侧墙体均残留 0.5 - 0.7 米不等的高度。南墙长 8.5、东墙残长 8.1、西墙残长

3.4、北墙东段长 3.5 米，北墙西段长度不明。从东、西墙残存的原始墙体来看，其墙面较光滑，且均从下向上弧收，这一现象也见于其他保留有原始墙面的房址。另外，与 F1 同时且处于同一平面的袋状坑 H2 仅存斜壁部分，上部被毁的高度在 0.5 米以上，据此判断 F1 原始地面以下的墙体高度至少在 1 米以上，根据上述两个方面，不排除该批房址为半窑洞建筑的情况。

图五　F3 原始墙壁倾斜状态

图六　H2 内出土鹿骨

图七　德岗遗址房址 F1

图八　F1 墙体倾斜面

二、学术意义

首先，德岗遗址所见的这批房址时代明确，出土器物组合丰富，以尖底瓶、平底瓶、敛口钵、夹砂罐等为主，其年代约与附近的离石吉家村 F1、汾阳段家庄 H3、娄烦童子崖 F3 年代与陶器特征上基本一致，处于仰韶中期中段。文化面貌与晋南典型庙底沟文化也大同小异，仅是缺乏釜灶等代表性器物，这就为探索庙底沟文化向河套地区的发展路径提供了新材料。

图九　德岗遗址 F4 出土器物组合

其次，德岗遗址延续了该区域仰韶中期聚落的选址惯性，居于河前缓坡或阶地。该聚落的房址以25°为主方向布局，体现了先期的规划性及社会的向心观念；个别房址规模有所悬殊，同时出现大量实用陶器和部分生产工具，初步揭示了石城出现之前晋陕高原地区的社会演进和文明化要素的萌芽状况。

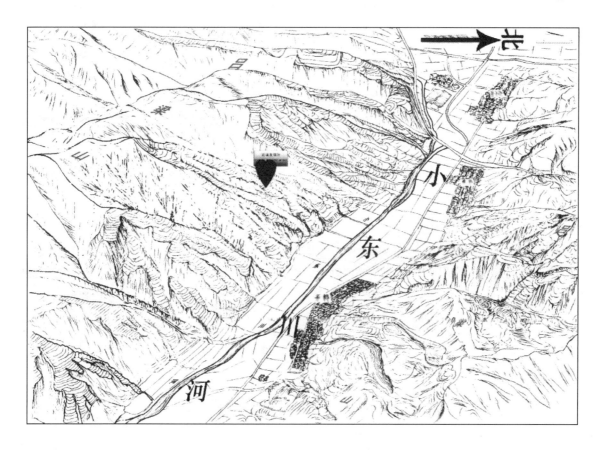

图一○　德岗遗址地貌示意图

同时，这也是山西境内发现的较为完整的一批仰韶中期五边形房址，此类房址是庙底沟文化的一类特色遗存，流行年代距今 6000 – 5500 年，目前主要见于豫西、晋南、关中一带，如陕县庙底沟、灵宝西坡、翼城北橄、襄汾桃园、临潼姜寨、华县泉护、白水下河、彬县水北、陇县原子头，规模多较大。同时，内蒙古中南部、三北、辽西等也有一些发现，如凉城王墓山下、大同马家小村、蔚县三关、翁牛特旗老牛槽沟等遗址，其结构与之类似，但规模小，数量少，并不是其流行的中心区。关于其源流，从目前的发现也可窥其一二，仰韶中期早段就已出现这类房址，如翼城北橄 F2 和王墓山下 IF1 是目前所见最早的五边形房址，此时其各边墙的夹角较小，略大于 90°，五边形不很突出；此后的仰韶中期中晚段，五边形房址发展成熟，五边夹角变大，达到 110°左右，火塘两侧折角后移；仰韶晚期、龙山时期该类房址已基本趋于消失，其五边结构也不甚标准，如内蒙古中南部的庙子沟、龙山时期后城咀等遗址就有零星发现。

此外，关于德岗五边形房址的斜壁及其较高的地穴式墙体，是需要特别注意的一个问题。以往认为窑洞最早出现于仰韶晚期的黄河中游地区，山西中北部是一个重要分布区域，关于其起源问题限于材料难以深入讨论，德岗五边形房址的发现为探索窑洞起源问题提供了新的重要线索。

图一一　德岗遗址 F1 墙体倾斜状态

（原载《中国文物报》2020 年 3 月 6 日 专题版）

夏商周时期

山西汾阳县宏寺遗址调查

马　升　段沛庭

（山西省考古研究所　汾阳县文化局）

一、概　况

1990 年冬，笔者对汾阳境内已发现的古代遗址进行了复查，在省文物保护单位北垣底遗址至杏花村遗址之间新发现数处遗址，其中以宏寺遗址面积最大，堆积较厚，遗物较多。现简要介绍如下。

宏寺遗址位于汾阳县城东北约 3.5 公里处。行政隶属汾阳县峪道河镇（图一）。遗址东西宽约 400 米，南北长约 500 米，整个村庄就建在遗址上，村民在修建房屋时随处可捡到陶片。遗址遭受破坏相当严重。在村北保存较好的遗址一角，近年也因砖场取土破坏得所剩无几。

我们在该遗址调查时采集到一些遗物，从砖场的取土处断面可看到灰坑等遗迹现象，灰土堆积最厚处可达 2 米。从采集到的遗物看，其文化内涵相当丰富，其中主要的可分为两个时期，第一期属于龙山文化时期，第二期属于夏时期。尤以第二期的遗物为多。

参加此次调查的有马升、段沛庭、韩守林、刘冬生等人。

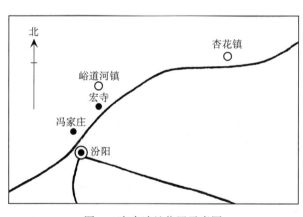

图一　宏寺遗址位置示意图

二、遗　物

采集到的遗物绝大部分为陶器，且多为残碎片。陶质分夹砂陶和泥质陶两类。陶色多为灰陶，陶器可辨器形的有鬲、罐、盆、甑、甗、尊、杯、瓮、钵等。现分期予以介绍：

（一）第一期遗物

1. 陶器

鬲　在采集到的陶器中数量较多，但多残碎，均为夹砂灰陶。标本 FH 采：5，口部残缺，侈口，领较高，大袋足，袋足部分饰较粗绳纹。残高 22.4 厘米（图二 – 5）。标本 FH 采：38，鬲足，袋足，饰较细绳纹。残高 10 厘米（图五 - 6）。

罐　为采集到的陶器中数量最多者，种类也较多，但都残碎，有夹砂灰陶与泥质灰陶两种。标本FH 采：2，残，卷沿，鼓腹，上腹饰对称双耳，腹施绳纹。口径 20.8、残高 6.8 厘米（图二 - 2）。标本 FH 采：12，残，侈口，尖唇，折领，溜肩，腹微鼓，素面。口径 7.2、残高 6.8 厘米（图三 - 1）标本 FH 采：13，卷沿，尖唇，圆鼓腹，素面。口径 8.4、残高 9.2 厘米（图三 - 6）。标本 FH 采：14，罐之底部，腹微鼓，底内凹。底径 5.6、残高 7.2 厘米（图三 - 11）。标本 FH 采：29，方唇，折沿，鼓腹，施绳纹。口径 16 厘米（图四 - 5）。

鬲　采集数量较少，个体也小，泥质灰陶。标本FH 采：10，残，圆唇，敛口，折腹，两侧饰对称的宽状錾手，口沿部分磨光，下施浅细绳纹。口径 8.7 厘米（图二 - 4）。标本 FH 采：40，残，圆唇，敛口，折腹，折腹处施窄带状一周附加堆纹，上部磨光，下施绳纹（图五 - 8）。标本 FH 采：37，足，袋足状，素面（图五 - 5）。

甑　标本 FH 采：29，

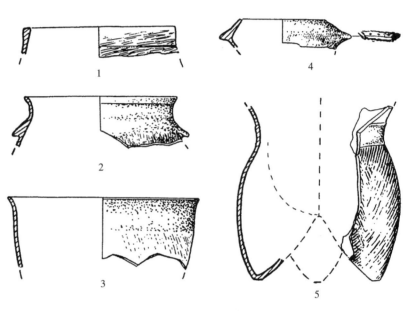

图二　宏寺遗址陶器
1. 瓮（FH 采：1）2. 罐（FH 采：2）3. 盆（FH 采：7）4.（FH 采：10）5. 鬲（FH 采：5）

为甑之底部，夹砂灰陶，胎较厚，底有 5 个圆孔，素面。底径 12 厘米（图五 - 7）。

盆　采集数量较多，形制各异，多为泥质陶，少有夹砂者。标本 FH 采：7，尖圆唇，侈口，腹微鼓，口沿部位素面，下施较浅绳纹，泥质灰陶。口径 26.4、残高 9.2 厘米（图二 - 3）。标本 FH 采：15，尖唇，大侈口，腹内收，口沿外侧贴一层薄条。口径 22、残高 7.2 厘米（图三 - 2）。标本 FH 采：17，尖圆唇，侈口，施弦纹（图三 - 10）。标本 FH 采：18，尖圆唇，敞口，腹内收微鼓，口沿内侧下面有一周凹槽，夹砂灰陶，素面。口径 36、残高 12 厘米（图三 - 13）。标本 FH 采：34，尖圆唇，侈口，施篮纹（图五 - 4）。

杯　1 件，夹砂灰陶。标本 FH 采：21，底部残缺，桥状单耳，侈口，尖唇，直腹。口径 8、残高 7.6 厘米（图三 - 5）。

缸　发现较少，夹砂粗灰陶。标本 FH 采：22，方唇，敞口，直腹，施斜向篮纹（图三 - 7）。

钵　数量极少，泥质灰陶。标本 FH 采：35，为钵之腹片，有錾手，施斜向篮纹（图五 - 2）。

2. 蚌器

仅采集到两件蚌刀，另有许多损坏之蚌器。标本 FH 采：41，蚌片较小，较薄，一面开刃，有使用痕迹，形近三角形，长约 9.5 厘米（图六 - 1）。标本 FH 采：42，蚌片较大，较厚，也为一面开刃，使

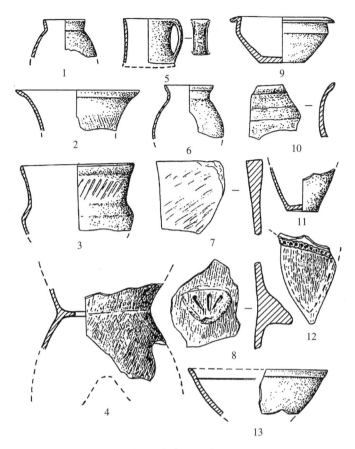

图三　宏寺遗址陶器

1、6、11. 罐（FH 采：12、13、14）　2、9、10、13. 盆（FH 采：15、16、17、18）　3. 双腹盆（FH 采：19）　4. 甗（FH 采：20）　5. 杯（FH 采：21）　7. 缸（FH 采：22）　8. 鋬手（FH 采：23）　12.（FH 采：24）

施细密绳纹（图三 - 4）。

大口尊　泥质灰陶。标本 FH 采：33，尖圆唇，卷沿，高领，腹微鼓，通体施以细密绳纹。口径 37.8、残高 10.2 厘米（图五 - 1）。

罐　夹砂灰陶。标本 FH 采：27，残，尖唇，小口，卷沿，溜肩，鼓腹，通体施细密绳纹。口径 11.2、残高 14.4 厘米（图四 - 4）。

有大小两种。标本 FH 采：24，小之足，袋足状，上部与腹交接处施窄带状附加堆纹一周，其余处施细绳纹（图三 - 12）。标本 FH 采：30，为大 之口部，方唇，直口，腹微鼓，口沿处素面，下施两窄条附加堆纹，腹部则施"之"字形附加堆纹，并以细绳纹作底。口径 54、残高 11.7 厘米（图四 - 2）。

甑　夹砂灰陶，为甑之底部。标本 FH 采：

用痕迹明显，形近长方形。长约 11.2 厘米（图六 - 2）。

（二）第二期遗物

第二期遗物发现较多，且集中采集于遗址的东北部，仅见陶器。

鬲　发现较多，均为夹砂灰陶。标本 FH 采：28，较为完整，圆唇，唇内侧有一周凹槽，高领，袋足，裆较高，实足根较高，且有捆绑凹槽，口沿以下施细密绳纹。口径 26、残高 30.8 厘米（图四 - 3）。标本 FH 采：31，鬲足，高实足根，施有隐约可见之绳纹。残高 14 厘米（图四 - 6）。

甗　2 件，均为夹砂灰陶。标本 FH 采：25，为甗之上半部，尖圆唇，侈口，腹微鼓，有双鋬，口沿以下施细密绳纹。口径 32.2、残高 28 厘米（图四 - 1）。标本 FH 采：20，为之中部，上腹鼓，大袋足，中间槽隔较宽，

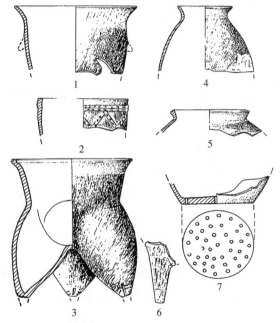

图四　宏寺遗址陶器

1. 甗（FH 采：25）　2.（FH 采：30）　3. 鬲（FH 采：28）　4. 罐（FH 采：27）　5. 罐（FH 采：29）　6. 吊足（FH 采：31）　7. 甑（FH 采：32）

32，厚胎，素面，底有数十个小孔。底径 15.2 厘米（图四 -7）。

　　盆　泥质灰陶。标本 FH 采: 16，圆唇，大卷沿，折腹，下腹内收成平底，素面。口径 15.2、底径 8、高 8 厘米（图三 -9）。标本 F H 采: 19，尖圆唇，敞口，领较高，腹凸出，素面，领部施一周斜向篮纹。口径 20、残高 11.8 厘米（图三 -3）。

　　瓮　蛋形三足瓮，发现的腹片及足较多。均为夹砂灰陶，夹粗砂，胎较厚。标本 FH 采: 1，圆唇，口微敛，腹稍鼓，施斜向篮纹。口径约 42.4 厘米（图二 -1）。标本 FH 采: 36，瓮足. 有小实足根，施粗绳纹（图五 -3）。

　　此处，还发现有许多鋬手。标本 FH 采: 23，夹砂灰陶，施绳纹，鋬手向上施绳纹及三点锥刺纹（图三 -8）。

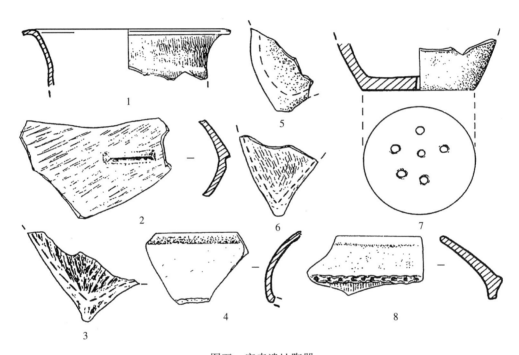

图五　宏寺遗址陶器

1. 大口尊（FH 采: 33）　2. 钵（FH 采: 35）　3. 三足瓮足（FH 采: 36）　4. 盆（FH 采: 34）　5. 足（FH 采: 37）　6. 鬲足（FH 采: 38）　7. 甑（FH 采: 29）　8.（FH 采: 40）

三、小　结

　　宏寺遗址是汾阳县境内已发现的比较重要的一处遗址。该遗址距离峪道河遗址不足 2 公里，其文化内涵较为接近或相同。相比之下，宏寺遗址比峪道河遗址的文化内涵更丰富，尤其是夏时期的东西宏寺遗址的堆积分布集中，其时代跨度也较长，从新石器时代直到东周时

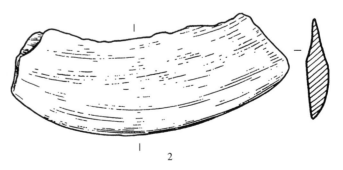

图六　宏寺遗址蚌器（2/3）

1、2. 蚌刀（FH 采: 41、42）

期。其中主要的是龙山文化晚期、夏时期的遗存。它也是吕梁地区已发现的遗址文化内涵较丰富的一处。

遗址中采集到的遗物绝大多数是陶器，且多残碎。第一期遗物，陶器多为灰陶，陶质以夹砂陶为主，主要器形有鬲、罐、、盆、甗等。其中鬲最具代表性，其个体较大，大口袋足，这与以往在吕梁、晋中一带发现的龙山文化晚期阶段的鬲基本相同。其他器物也与该时期同类器物相近。^① 所以，我们可以认为宏寺遗址第一期的遗物应属于龙山文化时期的晚期阶段。

第二期的遗物较多，主要的器形有鬲、甗、斝、大口尊、三足瓮等。陶器均具有代表性。其中鬲为敞口、高领袋足，有较长的实足根，实足上有捆绑过的横竖凹槽；有大、小两种，均施以附加堆纹，极具时代特征。这与以往在峪道河及太谷白燕、忻州游邀等遗址中所发现的夏时期同类器物基本相同^②。由此可知，宏寺遗址的第二期遗物当属夏时期。

近年来虽然在吕梁地区做过一些考古工作，但都不很细致，对于该地区文化面貌的认识仍还不很全面。宏寺遗址的发现，尤其是夏时期的这批遗物，对于今后吕梁地区考古文化的研究提供了较为重要的材料。

绘图：畅红霞

（原载《文物季刊》1996 年第 2 期）

---

① 晋中考古队：《山西汾阳、孝义两县考古调查和杏花村遗址的发掘》，《文物》1989 年第 4 期；晋中考古队：《山西白燕遗址第一点发掘简报》，《文物》1989 年第 4 期。

② 晋中考古队：《山西汾阳、孝义两县考古调查和杏花村遗址的发掘》，《文物》1989 年第 4 期；晋中考古队：《山西白燕遗址第一点发掘简报》，《文物》1989 年第 4 期；山西省考古研究所：《山西汾阳县峪道河遗址调查》，《考古》1983 年第 11 期；忻州考古队：《山西忻州市游邀遗址发掘简报》，《考古》1989 年第 4 期。

岚县荆峪堡遗址发掘简报

郭智勇

山西省考古研究所

2011 年 5 ~ 7 月，为配合太原至兴县铁路工程建设项目，经报国家文物局批准，山西省考古研究所会同相关部门对吕梁市岚县段荆峪堡遗址进行抢救性考古发掘。现将发掘情况简报如下。

一、遗址概述及发掘情况

岚县位于山西省吕梁地区东北部，省境中部西侧，东邻静乐，南连娄烦、方山，西靠兴县，北倚岢岚。岚县属黄河流域，境内河流主要有岚河、蔚汾河、岚漪河等。最大的河流是岚河，属汾河一级支流。荆峪堡遗址位于岚县社科乡荆峪堡村东北，地处岚河北岸的二级台地上，发掘前为现代耕地。中心地理坐标：N：38°13′35.7″，E：111°45′48.2″，H：1213 米（图一）。

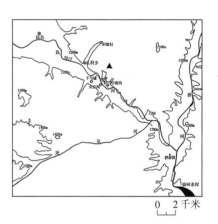

图一　荆峪堡遗址地理位置示意图

根据太原至兴县铁路穿越区域和征地范围，我们设定了发掘地点。依遗址埋藏和地形实际情况，将整个遗址发掘分两区进行，布设 5 米×5 米探方 50 个，发掘面积共计 1250 平方米。清理灰坑 48 座，灶址 3 座，窑址 1 座。发掘工作自 2011 年 5 月 13 日开始，至 7 月 10 日基本结束，历时两月。

二、地层堆积和文化分期

发掘区地层可分二层（图二）。

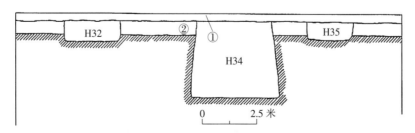

图二　I 区 T0104、T0204 南部地层堆积剖面图

第一层：耕土层。厚度20厘米～35厘米。土质较疏松，土色为灰褐色，包含有近现代的瓷片、瓦片、草木灰等。二里头时期遗迹单位均于此层下开口，该层下亦有少量庙底沟时期灰坑。

第二层：土色深褐色，土质较软，含炭灰粒，土质较致密，厚度10厘米～40厘米。包含物以陶片为主。厚度10厘米～30厘米。出土庙底沟期文化遗物。

第二层下即浅黄色生土。

发掘区文化层分布不均匀，仅在个别部分探方发现有二层，大部灰坑直接开口于耕土层下。第二文化层出土陶片较少，未能起到分段间隔作用，即打破它的遗迹或被它叠压的遗迹可以与之同段。该遗址同时期遗迹之间的打破叠压关系较少，即使有个别存在先后早晚的打破关系，囿于陶片有限，难以有清晰的论断形成。

通过整理各区主要遗迹单位之间的相互关系，并结合相关单位内出土器物的总体特征，参照周邻地区考古发现和研究成果，可将该遗址的文化遗存分早晚两个时期，早期即庙底沟文化时期，晚期即二里头文化时期。

庙底沟时期遗迹单位主要有H19、H48；二里头时期主要遗迹单位有H3、H5、H22、H23、H33、H34、H43。

三、庙底沟期遗存

（一）遗迹

本次发掘共清理庙底沟时期遗迹主要有灰坑、窑址和灶址；从灰坑坑口形状看，以不规则形坑为主。填土虽为灰土，实为红褐土或黄褐土中杂有灰土，除H19外，大部包含物并不丰富，在形状和用途上似乎体现不出明确的指向性。试举例如下。

H19为庙底沟时期灰坑，耕土层下开口；筒状，平面呈圆角长方形，长径6.4、短径4、坑深0.65米；弧壁平底，坑壁近直且略光滑，底部平整；灰褐色填土，出土大量敛口钵、弦纹罐、尖底瓶等典型器物标本（图三）。

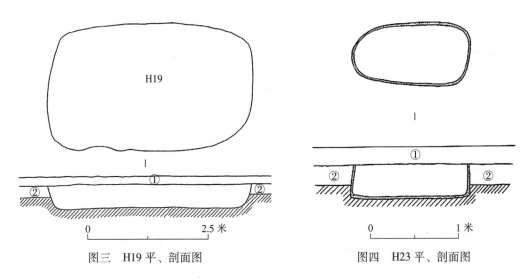

图三 H19平、剖面图　　　　图四 H23平、剖面图

H23 开口于耕土层下；平面呈椭圆形，一端略窄，长边 1.32、短边最大径 0.7、残深 0.35 米；火膛周壁残留约 2 厘米厚的青灰色烧结面；灶坑底部残存厚 1－2 厘米的灰烬，夹杂零星的红烧土块，出土代表性器物有敛口钵等（图四）。

（二）遗物

出土遗物主要为陶器，生产工具和装饰品等较少发现。陶器以质地可划分为泥质和夹砂两类，泥质陶比例较大。泥质陶可辨器形有钵、盆、尖底瓶等，泥质陶器表颜色多为红色，钵类器有窄带纹和黑彩弧线三角纹。夹砂陶器形主要有罐，纹饰常见弦纹、线纹，弦纹一般饰于罐的肩部，多数比较规整；线纹也是夹砂系的主要纹饰，与弦纹一起在同一器物上共同使用，多饰于罐的下腹部，较散乱。夹砂陶质地粗疏，陶质结构密度远低于泥质陶，可能是火候低的原因，陶色多不纯正，一般呈红褐色，也有灰褐和少量灰色；有的一件器物表现多种颜色，器表为红色，夹杂有褐斑或灰褐斑。

钵　出土频率最高的器类。均为泥质的磨光红陶或橙红陶，尖唇或圆唇，底部均残，多素面，少量钵口外侧有窄带纹或绘黑彩弧线三角纹，依口部形态的不同可分三型，即敞口、直口和敛口三个类型。

A 型　敞口钵　敞口，尖圆唇，斜腹。

标本 8 件。

H19：2，泥质红陶。口部有一周橙黄色条带纹。口径 30、残高 7.5 厘米（图五－4、图六）。H19：5，泥质橙黄陶。口部有一周橙红色条带纹。口径 28、残高 8.5 厘米（图五－5）。H19：10，泥质橙红陶。腹部有两道旋抹痕迹。口径 22、残高 7.5 厘米（图五－6）。Ⅲ T0303②：1，泥质红陶。口径 26、残高 9 厘米（图五－7）。Ⅲ T0303②：12，泥质红褐陶。口部有一周橙黄色条带纹，口径 20、残高 7 厘米（图五－9）。Y1：2，泥质红陶，口径 26、残高 6 厘米（图五－11）。H48：1，泥质红陶，口外侧饰黑彩，图案为弧线三角纹。口径 31、残高 8 厘米（图五－1、图七）。H48：2，泥质红陶，口外侧饰黑彩，图案为弧线三角纹。口径 30、残高 4.8 厘米（图五－2、图八）。

B 型　直口钵

标本 2 件。

Ⅲ T 0303②：4，泥质红褐陶。上腹微直，下腹缓收。口径 26、残高 8.2 厘米（图五－8）。Y1：1，泥质红褐陶，方圆唇，口部有一周橙黄色条带纹。口径 28、残高 6 厘米（图五－10）。

C 型　敛口钵　依口、腹部形态可分两型。

Ca 型　尖圆唇，口部微圆折，斜腹。

标本 3 件。

H19：1，泥质红陶，器表黑色，口部有一周红褐色条带纹。口径 20、残高 6.5 厘米（图五－13、图九）。H19：7，泥质红褐陶。口部有一周浅黄色条带。口径 26、残高 6 厘米（图五－14）。H 19：3，泥质红褐陶，口部有一周橙黄色条带纹。口径 28、残高 5.2 厘米（图五－15、图一〇）。

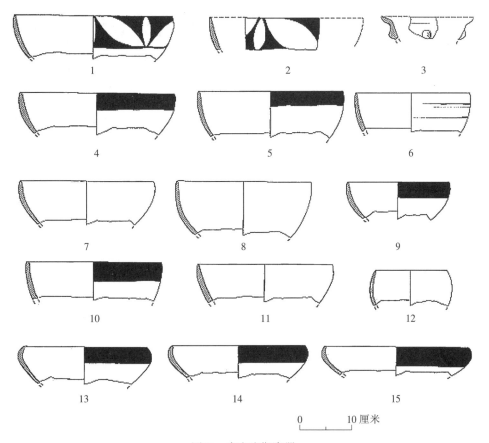

图五　庙底沟期陶器

1、2、4、5、6、7、9、11. A 型钵（H48：1、2，H19：2、5、10. ⅢT0303②：1、12、Y1：2）　3. 碗（ⅢT0401②：16）

8、10. B 型钵（ⅢT0303②：4、Y1：1）　12. Cb 型钵（H19：8）　13－15. Ca 型钵（H19：1、2、3）

图六　红陶片（H19：2）　　　　　　　　图七　彩陶片（H48：1）

图八　彩陶片（H48：2）　　　　　　　　图九　红陶片（H19：1）

Cb 型

标本 1 件。

H19：8，泥质红陶。深圆腹，缓收。素面。口径 14、残高 6.5 厘米（图五 – 12）。

碗

仅发现 1 件。

Ⅲ T 0401②：16，仅存口沿局部。泥质红褐陶。尖圆唇，宽折沿，内倾，斜腹。腹部饰乳丁。口径 18、残高 4 厘米（图五 –3）。

盆　发现也较多，泥质红陶。叠唇，弧腹。依据口部形态可分三型，即敞口、直口和敛口三类。

A 型　敞口盆

标本 1 件。

H19：67，泥质红陶。敞口，尖圆唇，斜弧腹，叠唇下器壁即内收，素面。口径 36、残高 8 厘米（图一一 – 13）。

B 型　直口盆

标本 1 件。

Ⅲ T 0303②：7，泥质红褐陶。尖圆唇。弧腹，上腹饰两道弦纹，下腹饰斜向细线纹。口径 32、残高 10 厘米（图一一 – 12）。

C 型　敛口盆

标本 3 件。

H19：20，泥质红陶。叠唇内侧尖圆，外侧方圆。上腹微鼓，饰横向弦纹。口径 23、残高 6.8 厘米（图一一 – 10）。H19：69，泥质红陶。叠唇内外侧方圆。上腹微鼓，饰竖向线纹。口径 30、残高 7 厘米（图一一 – 11）。H19：21，叠唇内侧尖圆，外侧方圆。斜腹，上腹饰横向弦纹。口径 28、残高 5 厘米（图一一 – 14）。

尖底瓶　仅发现 3 件口部残片。泥质红陶，敛口，双唇退化明显。依唇部特征可分三式。

标本 3 件。

Ⅰ式　H19：48，重环侈口，上唇尖圆，下唇方圆，上唇外卷，双唇界面明显，下唇面较上唇面宽平。口径 5、残高 3.8 厘米（图一一 – 15、图一二）。

Ⅱ式　H19：49　退化双唇口，上唇基本消失，下唇尖圆。口径 5.2、残高 3 厘米（图一一 – 16、图一三）。

Ⅲ式　H19：50，退化为单唇口。口径 3、残高 2.6 厘米（图一一 – 17、图一四）。罐　出现频率仅次于敛口钵，夹砂陶为丰，泥质陶少见，卷沿叠唇或折沿，肩部常见横向弦纹。主要有弦纹罐、泥质大口罐、双錾罐等。

弦纹罐　根据口、腹部的形态，可分三型。

图一〇　红陶片（H19：3）

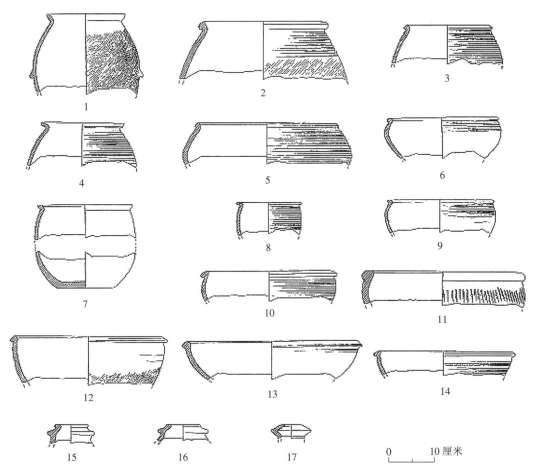

图一一　庙底沟期陶器

1. 双錾罐（Ⅲ T0303②：9）　　2、3. A 型弦纹罐（Ⅲ T0303②：10、H 19：24）　5、6、9. B 型弦纹罐（Ⅲ T0401②：2、H19：19. 20）
4、8. C 型弦纹罐（Ⅲ T0401②：4. H19：25）　7. 泥质大口罐（H28：1）　10、11、14. C 型盆（H19：20、69、21）　12. B 型盆
（Ⅲ T0303②：7）　13. A 型盆（H19：67）　15、16、17. 尖底瓶（H19：15、16、17）

图一二　尖底瓶口（H19：48）

图一三　尖底瓶口（H19：49）

A 型　侈口，束颈，肩部饰横向弦纹，最大腹径在中部。腹、底部残。

标本 2 件。

Ⅲ T0303②：10，夹砂红褐陶，陶色不纯，表面间黑斑。圆方唇，卷沿，沿面有一周凸棱，溜肩，肩部饰弦纹，肩以下饰斜向线纹。口径 26、残高 12 厘米（图一一-2）。H19：24，夹砂红陶。卷沿叠唇，溜肩，肩部饰横向弦纹。口径 18、残高 8 厘米（图一一 -3）。

B 型　侈口，卷沿，上腹圆鼓，下腹斜收。颈下饰横向弦纹。最大腹径在上腹部。腹、底部残。

标本 3 件。

ⅢT 0401②∶2，夹砂红陶。卷沿叠唇，沿面有一周凸棱，口径 23、残高 4.8 厘米（图一一 -5）。H19∶19，夹砂红陶。下腹素面。口径 24、残高 8.5 厘米（图一一 -6）。H19∶20，夹砂红陶。口径 23、残高 6.8 厘米（图一一 -9）。

C 型　斜折沿，圆方唇，肩部饰横向弦纹，底残。

标本 2 件。

图一四　尖底瓶口（H19∶50）

ⅢT 0401②∶4，夹砂红陶。溜肩，口径 20，残高 10.5 厘米（图一一 -4）。H19∶25，夹砂红褐陶。腹略直。上腹饰横向弦纹。口径 14、残高 6.5 厘米（图一一 -8）。

双錾罐

仅发现 1 件。

ⅢT 0303②∶9，夹砂红褐陶，陶色不纯，表面间黑斑。尖圆唇，侈口，斜折沿，束颈，鼓腹，最大径位于中上部，腹部附双錾。器身饰斜向线纹。口径 17、残高 16.5 厘米（图一一 -1）。

泥质大口罐

标本 1 件。

H28∶1 发现较少。泥质灰陶。侈口，方唇，斜折沿，沿部有凸棱，深腹，平底，底部略厚，素面。口径 20 厘米，复原高 17.6 厘米（图一一 -7）。

石斧

标本 1 件。

ⅢT 0102②∶1，青灰色石英岩，器身呈梯形，双面刃，刃端宽，顶端窄。器表磨制光滑，刃部有磨损痕迹。通长 27.8 厘米（图一五 -1、图一六）。

石磨棒

标本 1 件。

H 48∶3，红褐色砂岩，条状，剖面略呈圆角三角形，两端等粗，表面较光滑。通长 27.5 厘米（图一五 -2、图一七）。

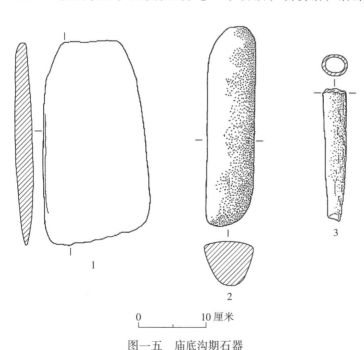

0　　　　　10 厘米

图一五　庙底沟期石器

1. 石斧（ⅢT0102②∶1）　2. 石磨棒（H48∶2）　3. 石管（ⅢT0401②∶25）

石管

标本1件。

Ⅲ T 0401②: 25，残。灰褐色砂岩。锥状，剖面圆形，中空，磨制。残长9.4厘米（图一五-3、图一八）。

图一六　石斧（ⅢT0102②: 1）　　　　图一七　石磨棒（H48: 2）　　　　图一八　石管（ⅢT0401②: 25）

四、二里头期遗存

（一）遗迹

遗迹仅见灰坑，且以圆形锅底坑居多，其次为圆形筒状坑、袋状坑和不规则形坑。例如：

H5 圆形锅状坑，开口于耕土层下；口径0.8、坑深0.12米；壁面由中部开始内收，底面有轻微的踩踏痕迹；填土为松软的灰褐土，夹杂红烧土块、碎石和动物骨骼等，出土有斜腹盆、深腹罐、蛋形瓮等（图一九）。

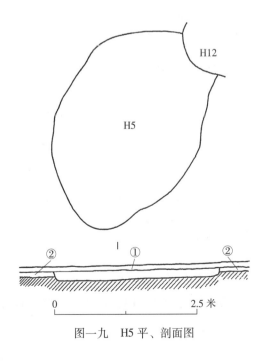 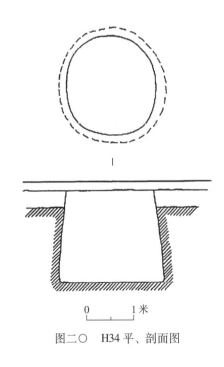

图一九　H5平、剖面图　　　　　　　图二〇　H34平、剖面图

H34 为圆形袋状坑，开口耕土层下；口径 1.9、底径 2.25、坑深 1.9 米；坑口明显，壁较光滑，底面平整，但未见明显的工具加工痕迹；坑内堆积为疏松的灰褐土，出土腰隔甗、蛋形瓮、碗形豆等（图二〇）。

（二）遗物

遗物主要为陶器，多为残片，另有少量石器。常见陶器器类主要包括鬲、甗、斝、瓮、盆、豆、罐，偶见杯和爵；陶质有夹砂和泥质，以夹砂灰陶为主。夹砂陶含砂量多少不一，且砂粒细小而均匀，故含砂者，往往和泥质陶难以分辨。陶色以灰色为主，褐色其次，也有一些呈黑色者及其他杂色陶。生活用陶种类齐全，炊器类如鬲、斝、甗等全部为夹砂灰陶，盛储器如瓮、罐、盆、豆、钵等以泥质灰陶为主，酒器有爵、杯等为泥质灰陶。器表以绳纹装饰为主，器物上腹部一般拍印竖绳纹，附加堆纹主要饰于甗腰和斝的口部外侧等。此外有少量弦纹和素面陶等。制法多为轮制，器形规整，厚薄均匀，个别为手制。该遗址出土石器较少，以斧、铲、石球为主。

鬲　是该遗址这一时期最常见的器类之一。尖圆唇，高领卷沿，大袋足，下接锥状实足跟。

标本 5 件。

H43：8，夹砂黑陶，红褐胎。卷沿，高领，溜肩，最大径腹径位于中部。颈部及器腹均饰竖向绳纹，裆部饰交错绳纹。口径 12、残高 15 厘米（图二一 - 1）。H43：2，夹砂灰黑陶。敞口，高领，溜肩。颈部中间位置以下饰竖向绳纹，局部交错。口径 18、残高 12 厘米（图二一 - 2）。H43：6，袋足，夹砂灰黑陶。袋足下接锥状实足，袋足表面饰交错绳纹，实足素面，残高 11.5 厘米（图二一 - 3）。H33：38，袋足，夹砂灰褐陶。分裆，袋足饰竖向绳纹，足跟素面。残高 9 厘米（图二一 - 7）。H22：66，实足，夹砂灰陶。实足上半部分饰绳纹（图二一 - 8）。

甗　夹砂灰陶。内衬腰隔，外按压束腰泥条一周。仅见腰部，均有腰隔，腰部贴塑泥条。

标本 2 件。

H22：31，仅存甗腰，器表饰绳纹，裆部绳纹交错。残高 9.5 厘米（图二一 - 4）。H22：32，仅存瓶腰，分裆。器表饰绳纹。残高 17 厘米（图二一 - 5）。

斝　均为敛口，器口磨光，口沿或腹部按压花边泥条一周，其下饰竖绳纹。

标本 2 件。

H33：46，夹砂褐陶。腹略直。口部外侧按压一周泥条，泥条之下为竖向绳纹。口径 30、残高 9.5 厘米（图二一 - 6）。H22：23，灰陶，夹细砂。微敛口，斜腹。上腹贴附一周泥条，其下为竖向绳纹。口径 32.3、残高 6.5 厘米（图二一 - 9）。

此外，还存在大量鬲、甗、斝等三足器的袋足或实足跟，实足跟极少见绑缚沟槽痕迹。

瓮　发现数量较多，均为敛口，颈部多内收，未出沿或出沿较少。有实足、空足和圈足三类。

标本 18 件。

瓮口　H10：3，残，仅存口沿及上腹。夹砂灰陶，胎呈红褐色。敛口，颈部略内收，鼓腹。颈部绳纹经抹饰，颈以下饰斜向绳纹。口径 26.3、残高 22.8 厘米（图二二 - 1）。H39：1，残，仅存口沿及上腹。夹砂灰黑陶。敛口，斜直腹，器表饰竖向绳纹。口径 21.6、残高 18.5 厘米（图二二 - 2）。

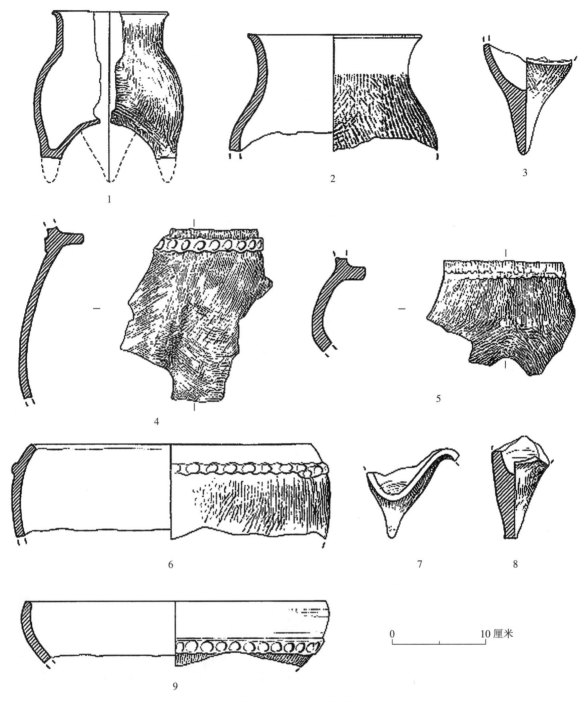

图二一　二里头期陶器

1、2、3、7、8. 鬲（H43∶8、2、6，H33∶38，H22∶66）　4、5. 甗（H22∶31、32）　6、9. 罃（H33∶46、H22∶23）

H3∶5，残，仅存口沿及上腹。夹砂灰陶。敛口，斜直腹。器表饰斜向绳纹。口径20.3、残高13厘米（图二二 –3）。

　　瓮底　H15∶12，残，仅存弧腹及圈足。夹砂红褐陶，器表红色，内壁黑色或红褐，胎为红褐。下腹缓收，平底微内凹，圈足。器腹及圈足饰绳纹。底径14.2、残高9.5厘米（图二二 –4）。H22∶25，仅存下腹及底部。夹砂灰陶，下腹为内凹，平底。器表饰竖向绳纹。底径10.5、残高8厘米（图二二 –5）。

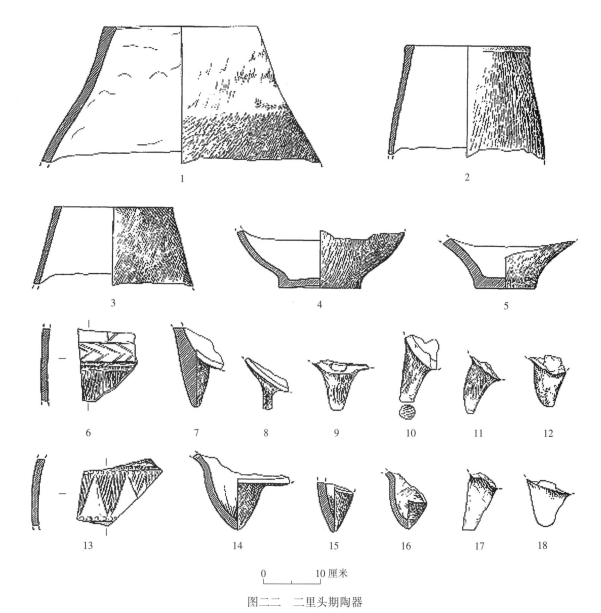

图二二　二里头期陶器

1 ~ 5. 瓮（H10 : 3、H39 : 1、H : 5、H15 : 12、H22 : 25）　6、13. 瓮腹（H39 : 10、H33 : 17）　7 ~ 12、14 ~ 18. 瓮足（H17 : 6、H3 : 10、H33 : 48、H22 : 48、H47 : 6、H39 : 11、H 22 : 51、H33 : 14）

　　瓮足　H17 : 6，夹砂灰陶。锥状实足，垂立，足跟及瓮底饰绳纹。残高 13 厘米。（图二二 - 7）。H3 : 10，夹砂灰陶。柱状实足，垂立，足跟及瓮底饰绳纹。残高 7.6 厘米（图二二 - 8）。H33 : 48，夹砂灰褐陶，胎为红褐。柱状实足，垂立，足跟上端裸露以榫卯形式与瓮底套接的部分，足、底均饰绳纹。残高 8 厘米（图二二 - 9）。H22 : 50，夹砂灰褐陶，柱状实足，斜向触地，足跟及足底均饰绳纹。残高 10.5 厘米（图二二 - 10）。H22 : 48，夹砂灰褐陶，锥状实足，弯月状，足跟上端保留贴附瓮底的脱落面，足跟饰绳纹。残高 9.5 厘米（图二二 - 11）。H47 : 6，夹砂灰黑，胎呈红褐色。矮实足，弯月状，足跟上端残留与瓮底套接的部分。足跟饰绳纹。残高 8.6 厘米（图二二 - 12）。H39 : 11，夹砂灰陶。矮空足。足表饰绳纹。残高 12.8 厘米（图二二 - 14）。H22 : 70，夹砂红褐陶。漏斗状空足。足表饰绳纹。残高 8 厘米（图二二 - 15）。H15 : 15，夹砂红褐陶。矮空足。足表饰绳纹。残高 9 厘米（图二二 - 16）。H22 : 51，夹砂灰陶。锥状实足，斜立。足跟上端饰绳纹。残高 8.5

厘米（图二二－17）。H39：14，夹砂灰黑陶，红褐胎。矮实足，足跟上端残留与瓮底套接的贴附面。足跟素面，与瓮底贴附面处有隐约绳纹。残高7.6厘米（图二二－18）。

瓮腹片　H39：10，夹砂灰黑陶。上部饰横向三角条带，下部为绳纹，并以弦纹为界隔。残高12厘米（图二二－6）。H33：17，夹砂灰陶。上部饰竖向三角纹，以连珠纹、弦纹为界隔，下部为绳纹。残高11厘米（图二二－13）。

罐　类型多样，最常见的有小口罐、深腹罐，此外还有少量双錾罐、带耳罐等。

小口罐

A型　小口矮领罐　腹、底残。

标本3件。

H5：22，夹砂灰陶。敞口，束颈，斜直领，肩部饰弦断绳纹。口径14、残高4.3厘米（图二三－5）。H45：2，泥质灰陶。直口，溜肩。颈下饰绳纹。口径8、残高6.5厘米（图二三－6）。H33：21，泥质灰陶。敞口，束颈，溜肩，鼓腹，腹饰绳纹。口径14.3、残高11厘米（图二三－9）。

B型　小口高领罐　腹、底残。

标本3件。

H5：23，仅存口部。夹砂灰陶。喇叭状小口，长颈内收。颈部饰经抹的斜向绳纹，腹部饰竖向绳纹。口径10、残高5厘米（图二三－10）。H22：7，泥质灰陶。仅存口部。喇叭状小口，长颈内收。颈部素面。口径13.9、残高6.8厘米（图二三－11）。

深腹罐　腹、底残。侈口，束颈，深腹较直且最大径居中。

标本3件。

H33：1，夹砂灰陶。腹饰交错中粗绳纹。口径约26.1、残高25厘米（图二三－2）。H3：1，夹砂灰褐陶，红褐胎。颈部绳纹经抹饰，腹部饰规整的竖向细绳纹。口径22、残高12厘米（图二三－4）。H3：9，夹砂灰黑陶。腹饰竖向粗深绳纹。口径12.2、残高13厘米（图二三－8）。

双錾罐

标本1件。

H43：4，夹砂灰陶。直口，矮领，领外侧口部，置一对称的纽状錾手，圆肩。腹部饰中粗绳纹。口径13.9、残高8厘米（图二三－7）。

带耳罐

标本1件。

H43：15，残，仅存口部。夹砂灰陶。侈口，束颈，颈部置竖向的桥形耳。颈部可见稀疏的交错绳纹。残高7.6厘米（图二三－16）。

罐（盆）底

标本3件。

H3：11，仅存底部。夹砂灰褐陶，陶胎部分呈现灰黑。下腹内收，小平底。底径5.7、残高5.5厘米（图二三－12）。H22：29，夹细砂灰陶，胎呈红褐。圆底，内凹。外底面反印交错绳纹。底径13、残高4.2厘米（图二三－14）。H5：26，夹细砂灰陶。圆形，平底。外底面反印稀疏的交错绳纹。

底径 13、残高 2.3 厘米（图二三－15）。

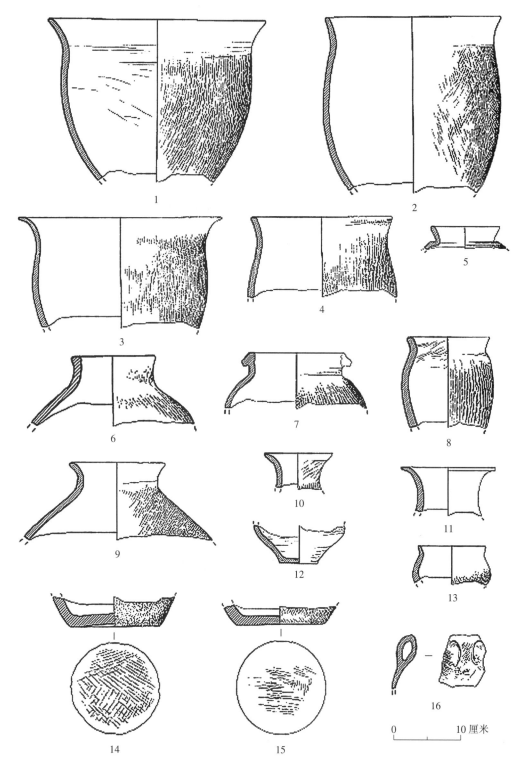

图二三　二里头期陶器

1、3. E 型盆（H10：2、H5：1）　2、4、8. 深腹罐（H33：1、H3：1、9）　5、6、9. A 型小口罐（H5：22、H45：2、H33：21）
7. 双錾罐（H43：4）　10、11. B 型小口罐（H5：23、H22：7）　12、14、15. 罐（盆）底（H3：11、H22：29、H5：26）
13. A 型钵（H22：13）　16. 带耳罐（H43：15）

盆　也是该遗址出土数量较多的器类之一。

器型丰富，根据口、腹情况可分为 A、B、C、D、E 五型，A 型斜弧腹、B 型斜直腹、C 型折肩。

A 型　底残。泥质灰陶。敞口，斜弧腹。腹饰竖绳纹。

标本 3 件。

H22：4，方圆唇，弧腹斜收。口径 36.3、残高 12 厘米（图二四 - 1）。H5：7，尖圆唇，弧腹斜收。口径 24.2 厘米（图二四 - 2）。H43：14，圆唇，腹饰稀疏绳纹。口径 17、残高 10 厘米（图二四 - 12）。H33：23，尖圆唇，上腹略直，下腹弧收。器身饰绳纹。口径 30、残高 12.5 厘米（图二四 -13）。

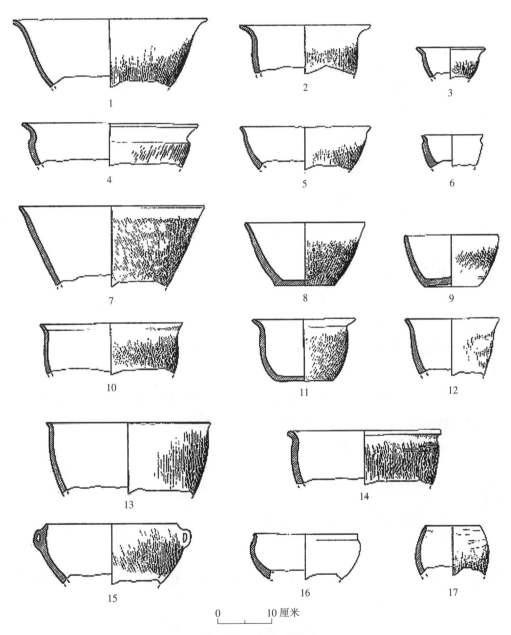

图二四　二里头期陶器

1、2、12、13. A 型盆（H22：4、H5：7、H43：14、H33：23）　3.10.11. D 型盆（H3：4、H3：3、H33：22）　4、5、6、14. C 型盆（H24：4、H22：5、H5：24、H33：20）　7、8、9. B 型盆（H23：1、H43：3、H39：7）　15. 双耳盆（H 15：4）　16. B 型钵（H39：6）　17. C 型钵（H22：20）

B 型　泥质灰陶。底残。敞口，斜直腹。

标本 3 件。

H23：1，底残。尖圆唇。口外侧一圈磨光，腹饰斜向绳纹。口径 34.2 厘米（图二四 - 7）。H43：3，圆唇，平底。口沿处磨光，腹饰斜向绳纹。口径 22.1、底径 11.1、通高 11.1 厘米（图二四 - 8）。H39：7，圆唇，平底略内凹。口外侧一圈磨光，中腹饰斜向绳纹。口径 17.4、底径 10、通高 8.9 厘米（图二四 - 9）。

C 型　泥质灰陶。底残。束颈，折肩。

标本 4 件。

H23：4，敞口，圆唇，硬折肩，斜腹。腹饰斜向绳纹。口径 32.6 厘米（图二四 - 4）。H22：5，圆方唇，略有折肩，斜腹。腹部饰斜向绳纹。口径 24.2、残高 7.5 厘米（图二四 - 5）。H5：24，个体较小，尖圆唇，硬折肩，斜腹。素面。口径 11.1、残高 7.5 厘米（图二四 - 6）。H33：20，侈口，圆方唇，上腹略直，下腹弧收。器身饰绳纹，颈部绳纹经抹饰。口径 12、残高 10.5 厘米（图二四 - 14）。

D 型　泥质灰陶。底残。圆唇，侈口，折沿，腹部略直。

标本 3 件。

H3：3，斜折沿，腹饰竖向绳纹。口径 26.3、残高 9 厘米（图二四 - 10）。H33：22，腹饰斜向绳纹，略有交错。口径 18.9、底径 10.5、通高 11.1 厘米（图二四 - 11）。H3：4，胎呈红褐色。斜腹，腹饰竖绳纹，口径 12、残高 5.5 厘米。（图二四 - 3）。

E 型　底残。敞口，微束颈，弧腹缓收，最大腹径居上。

标本 2 件。

H10：2，泥质灰陶。器腹内壁有横向或斜向刮痕，器表饰斜向中粗绳纹，口径 32.2、残高 23 厘米（图二三 - 1）。H5：1，泥质褐灰陶，腹饰规整的竖向细绳纹。口径 30、残高 15.7 厘米（图二三 - 3）。

双耳盆

标本 1 件。H15：4，底残。泥质灰陶。敛口，圆唇，上腹微鼓，下腹斜收，口沿处有一对称竖向桥形耳。器腹饰绳纹。口径 28、残高 9.5 厘米（图二四 - 15）。

钵　底残。泥质灰陶。可分三型。

A 型

标本 1 件。

H22：13，敞口，尖唇，微束颈，鼓腹。腹饰斜向绳纹。口径 10、残高 5.5 厘米（图二三 - 13）。

B 型

标本 1 件。H39：6，直口，圆唇，上腹圆腹，下腹斜收。素面。口径 19.5、残高 8 厘米（图二四 - 16）。

C 型

标本 1 件。

H22：20，敛口，尖圆唇，鼓腹。素面。下腹饰竖向绳纹。口径 10、残高 8.5 厘米（图二四 - 17）。

豆　仅存豆盘。泥质灰陶。出土数量较少，但器形各异，有斜盘豆、碗形豆和钵形豆。

A 型　盘形，浅斜腹。素面。

标本 1 件。

H47：1，敞口，尖唇，盘壁斜直，豆盘口沿附近内外壁有凸棱。口径 26.9、残高 6 厘米（图二五 - 1）。

B 型　碗形，深弧腹。

标本 1 件

H34：1，敞口，尖圆唇，细柄。口径 14.1、残高 6 厘米（图二五 - 2）。

C 型　钵形，浅弧腹。

标本 1 件。

H22：21，直口，圆方唇，粗柄。口径 17.2、残高 6 厘米（图二五 - 3）。

爵　仅发现 1 件。

H33：29，泥质灰陶。仅存底部。三棱状器身，三足较矮且外撇。残高 4 厘米（图二五 - 4）。

方杯　仅见 1 件

H33：4，泥质灰陶。仅存器身。方形，直壁深腹，下有足。口宽 5.5、残高 8.5 厘米（图二五 - 5）

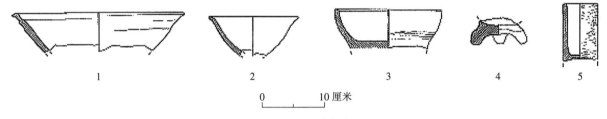

图二五　二里头期陶器

1. A 型豆（H 47：1）　2. B 型豆（H34：1）　3. C 型豆（H22：21）　4. 爵（H33：29）　5. 方杯（H33：44）

石斧　均为青灰色石英岩。

标本 2 件。

II45：9，整体呈梯形，刃端略宽，弧形两面刃。通体琢制，刃部经磨制，且有使用的破口。通高 24.2、刃端宽 12.5、顶端宽 10.8、器身厚 6.2 厘米（图二六 - 1、图二七）。H33：49，残，弧形两面刃。通体磨制，刃端磨制光滑。残长 19.1、刃端宽约 13.3、器身厚约 9.6 厘米（图二六 - 3、图二八）。

石铲

标本 1 件。

H45：8，石英岩。整体呈梯形，弧形两面刃。制作精细，通体磨制，器身中部一侧有划痕。通高 20.4、刃端宽 15.8、柄端宽 13.3 厘米（图二六 - 2、图二九）。

石球

标本 3 件。

灰色砂岩。琢制，球体表面保留大量琢制的窝点。

H5：50，直径 12.9 厘米（图二六 - 4）。H23：8，直径 13.3 厘米（图二六 - 5）。H33：31，直径 6.2 厘米（图二六 - 6、图三〇）。

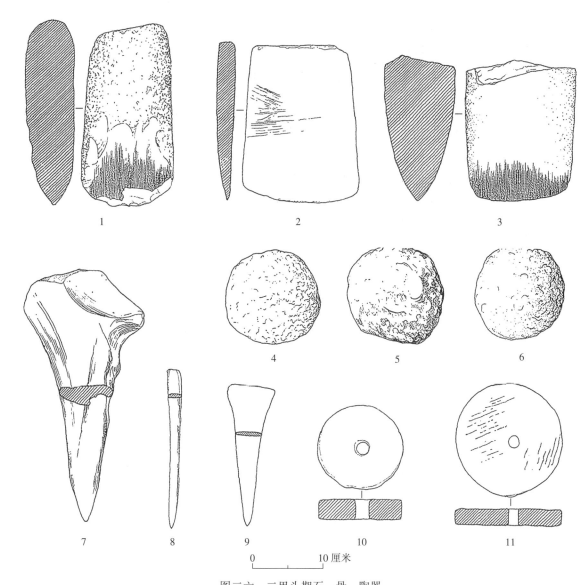

图二六　二里头期石、骨、陶器

1、3. 石斧（H45∶9、H33∶49）　2. 石铲（H45∶8）　4-6. 石球（H5∶50、H23∶8、H33∶31）　7、9. 骨锥（H33∶50、H3∶14）　8. 骨笄（H22∶72）　10、11. 陶纺轮（H5∶51、H10∶4）

图二七　残石斧（H45∶9）

图二八　残石斧（H33∶49）

图二九　石铲（H45∶8）

图三〇　石球（H33∶31）

图三一　骨锥（H33∶50）

图三二　骨锥（H3∶14）

骨锥

标本 2 件。

H33∶50，刃端尖细，柄端呈三棱锥状，通长 32.9 厘米（图二六 – 7、图三一）。H3∶14，中上部剖面扁圆行，通体磨光。通长 18.3 厘米（图二六 – 9、图三二）。

骨笄　较少见。

H22∶72，近顶端剖面扁圆形，尖端锐利。通体磨制光滑。通长 20.8 厘米（图二六 – 8、图三三）。

纺轮　泥质灰陶。扁圆形，中央穿孔。

标本 2 件。

H5∶51，素面，直径 11.7 厘米（图二六 – 10、图三四）。H10∶4，一面素面，另一面饰绳纹。直径 14.6 厘米（图二六 – 11、图三五）

图三三　骨笄（H22∶72）　　　　　图三四　陶纺轮（H5∶51）　　　　　图三五　陶纺轮（H10∶4）

四、结　语

荆峪堡遗址保存较好，但面积并不大，堆积并不厚。此次发掘出土遗物虽不丰富，但通过发掘仍然获得了一批较珍贵的实物资料。由于这次发掘是为配合基本建设进行的，属于抢救性质，揭露的面积不够大且并没能发掘至遗址的中心位置，所发现和清理的遗迹仅灰坑一种，未发现房址和墓葬，因此，所反映的文化面貌显然不够全面，这使我们对于文化的全面考察和研究受到一定的局限。

（一）对庙底沟期文化遗存的认识

荆峪堡遗址早期堆积的发现，是岚河上游确认的首个庙底沟时期遗址。该期遗存在遗迹方面，主要是灰坑，灰坑以不规则形坑为主，另有少量圆形锅底状坑，多未经认真修整，缺乏较为规整的圆形袋装坑。陶器以泥质红陶为主，夹砂红褐陶次之，并有少数黄褐陶和灰陶。器表之纹饰除素面外，以弦纹和线纹为主，彩纹仅发现少量。彩纹以黑彩为主，图案为弧线三角纹，也有少量窄条带纹，常用于钵。制法全部为手制，主要有泥条盘筑法，罐、尖底瓶等器物内壁留有明显盘筑痕，出土陶器组合以各类型钵、弦纹罐、尖底瓶、盆为主，其中尖底瓶瓶口明显退化。不难看出，就其陶器组合及特征而言，与陕晋豫地区的陕县庙底沟遗址第一期，基本都能相对应，但缺乏釜、灶一类的器种，彩陶中也不见鸟纹图案，同晋南庙底沟文化相较也颇为一致，是典型或成熟的庙底沟文化。

此阶段遗存以 H19 最具代表性，该单位除不见 H48 的弧线三角纹彩陶外，其他主要器类在此坑内均有发现，包括钵、罐、瓶、盆等，能充分反映其所属文化的面貌、特征及性质。其中 A 型敛口钵，Ⅱ式、Ⅲ式尖底瓶，C 型夹砂弦纹罐（Ⅲ T 0401②∶4），敛口盆（H19∶20）等，形制分别与汾阳段家庄 H3[①] 同类器钵（H3∶8）、尖底瓶（H2∶1、H3∶15）、C 型鼓腹罐（H3∶6）、敛口盆（H3∶2）相近；Ⅱ式尖底瓶同柳林杨家坪小口尖底瓶（F1∶3）相似等，这些相似性说明荆峪堡遗址与上述地区发现的文化遗存应大致处于同一个发展阶段。

---

① 国家文物局、山西省考古研究所、吉林大学考古学系：《晋中考古》，文物出版社，1999 年，第 8～13 页。

而相较于庙底沟文化尖底瓶分期详细的晋南地区，荆峪堡 H19 同类器如尖底瓶（Ⅰ式、Ⅱ式）、敛口钵（A 型、B 型）、直口盆（ⅢT0303②：7）、敛口盆（H19：20）、A 型弦纹罐（ⅢT0303②：10）等，分别与翼城北橄第三期尖底瓶（采 H2：7、ⅡT1403②：1）、敛口钵（IT102③：3、ⅡT202③：1）、A 型宽沿盆（采 H2：1）、敛口盆（采 H2：16）、侈口罐（采 H2：24）相近。另外荆峪堡遗址的Ⅲ式尖底瓶与翼城北橄第四期尖底瓶（T9⑧：1）相若，双唇开始退化。因此，荆峪堡遗址庙底沟期文化的发展阶段应介于北橄遗址三、四期之间，即大约处于第三期的晚段或第四期早段。

荆峪堡遗址庙底沟文化遗存中未见段家庄遗址发现的葫芦口瓶，其中敛口钵比例也较直口钵大，也未见圆点纹，这可能体现出文化发展阶段的表征，也或许是自身的文化特征使然，但无可否认的是，它仍然属于庙底沟文化发展的繁盛时期。

晋南地区含有庙底沟文化的遗址非常密集，有着比较清晰的文化发展序列。其早中晚期可分别以北橄早期（1、2 期）、晚期（3、4 期）、南卫 H1 等遗存为代表，其早期发展阶段向南发展，中期时开始挺进晋中地区，之后逐步形成了汾阳段家庄、柳林杨家坪 F1、娄烦童子崖 F3 为代表的遗存，遍及晋中盆地周缘和三地及吕梁山地的河谷两侧。岚县荆峪堡庙底沟期遗存即是其中之一。

值得注意的是，荆峪堡遗址出土陶器中多钵、罐，不见釜、灶、鼎，与太原盆地同时期其他遗址类似，再次证实了晋中这一时期文化存在一定的区域特色。

同时，庙底沟文化特别是其中期乃中国史前文化浪潮的一次高峰，甚至被称为“最早的中国”和“文明的滥觞”。该文化雄踞中原，以瓶、钵、盆和弧线三角纹彩陶为主要载体，将其波及东西南北。而山西中北部是此类文化因素北上的一个重要通道，以往该区域发现的庙底沟文化中期遗址以大同马家小村①和《晋中考古》几处地点为代表，如汾阳段家庄和杏花、柳林杨家坪、离石吉家村、娄烦童子崖②。岚河流域荆峪堡遗址庙底沟中期遗存的发现，再次表明了庙底沟文化北上进程中，汾河及支流是其主要的文化传播路线。

（二）对二里头期文化遗存的认识

该地区发现的晚期文化遗存，从器物群、器物的陶色、纹饰、形制等特征看，与河南偃师二里头文化遗存具有极大的相似性，但同时有其自身的特色，因此，其文化面貌当属于二里头文化时期地方文化类型。

荆峪堡遗址晚期地层出土的敛口瓮（H3：5）、瓮足（H15：12）、敛口斝（H33：46）、双鋬罐（H43：4）、双耳罐（H43：15）、深腹罐（H3：1）、C 型盆（H33：20）、B 型钵、B 型豆（H34：1）分别与东下冯遗址第三期Ⅱ式蛋形瓮（H405：7）、蛋形瓮底（H413：37）、敛口斝（H535：15）、双鋬罐（H533：2）、双耳罐（T5508：4：3）、深腹罐（H9：121）、浅腹盆（H9：145）、Ⅱ式钵（H505：6）、Ⅰ式豆（M515：1）相一致。

荆峪堡高领鬲（H43：8）、敛口斝（H33：46）、C 型盆（H33：20）、D 型盆（H33：22）、敛口钵

① 山西省考古研究所、大同市博物馆：《山西大同马家小村遗址》，《文物季刊》1992 年第 3 期，第 7～16 页。

② 国家文物局、山西省考古研究所、吉林大学考古学系：《晋中考古》，文物出版社，1999 年，第 8～13、108～113、59～68、34～37 页。

（H22：20）分别与晋中地区太谷白燕遗址第四期一段陶鬲（H98：176）[1]、堆纹斝（F1：23）、盆（H392：39）、小盆形钵（H392：4）、敛口钵（H3922：8）相近。

另外，荆峪堡遗址晚期地层出土的 C 型盆（H23：4）与东下冯四期 I 式盂（T5508：3D：11）及晋中地区太谷白燕遗址第四期二段盆（H1119：1）[2] 相一致，这一器形属于东下冯四期新出现的典型器物；B 型盆（H23：1）与东下冯四期 II 式浅腹盆（H5：3D：79）器形一致，而且装饰风格也相同。

因此，根据东下冯和太谷白燕地区可靠的地层和考古类型学的对比分析，荆峪堡遗址晚期地层出土的文化遗存理应分为前后发展的早晚两个阶段，应大致相当于东下冯类型三、四期，或者也可理解为与东下冯类型第三期相当，并延续到了四期偏早阶段，与晋中地区太谷白燕遗址第四期一、二段相对应。晚期阶段主要以 H23 为代表，早期阶段以 H3、H5、H22、H33、H34、H43 等单位为代表。

与长治盆地发现的屯留西李高文化遗存相较，两者也表现出了较多的共性，文化发展阶段应处于同一时期。荆峪堡遗址高领鬲（H43：8）、斝（H33：46）、敛口瓮（H10：3）、深腹罐（H33：1）、小口罐（H33：21）、D 型盆（H3：3）、C 型盆（H23：4）、钵（H22：20），分别与屯留西李高文化遗存高领鬲（H18：8）、斝（H18：27）、瓮（H18：1）、罐（H18：6 及 H18：33）、盆（H18：5 及 H18：40）、钵（H18：10）相近，此外，盆（或罐）底的装饰风格也一致。关于该遗址夏代文化遗存的年代，作者认为和东下冯第四期接近。综合目前对于山西夏代文化遗存的分区和分期谱系来看，我们认为其应属于东下冯三期偏晚，并延续到了四期偏早阶段。

不可否认的是，忻定盆地以高领鬲、甗、蛋形瓮、敛口斝、高领罐、浅盘细柄豆等为主的器物组合群，在荆峪堡遗址晚期文化遗存中亦均能找到相近的器形与之相对应。

汾河上游的静乐、娄烦等地，已发现十余处二里头时期中晚期遗址，包括《晋中考古》娄烦六期的河家庄、罗家曲、庙湾和史家曲等，[3] 静乐县境内调查确认的凤沟、西坡崖、宋家村等地点，[4] 被确认为属于夏时期文化遗存的不同阶段。而荆峪堡遗址是汾河上游支流岚县盆地内发现的首个二里头时期遗址；该遗址以 H3、H5、H22、H33、H34、H43 等单位为代表，以高领鬲、蛋形瓮、含腰隔甗、敛口斝、斜腹盆、小口罐为典型器类，体现了晋中地区夏时期考古学文化遗存的共性。此外，还有少量爵、四足方杯、双鋬罐等器类应属于文化交流的产物，来自于二里头文化东下冯类型。陶鬲流行高领；蛋形瓮颈部内曲风格盛行，且空足发达，实足和圈足也大量存在，有别于忻定盆地蛋形瓮以实足为主的情况；多见斜腹盆；除碗形豆和斜盘豆外，还见来自太行山以东的钵形豆。这些是其最显著的特征。荆峪堡遗址晚期文化遗存中包含有周邻地区的文化因素，并与之互相融合渗透，说明夏文化时期太原盆地与相邻地域文化交流的频繁及其开放性程度均达到了相当高的水准。20 世纪 90 年代初，即有学者针对晋中地区夏时期考古学文化遗存先后做过论述，认为该地区存在着一支继承本地文化传统并融合吸收外来文化的某些因素而发展起来的考古学文化，这支文化以鬲、蛋形瓮、甗、斝为主要特色，并主张命名为"东太堡文化"。[5] 应该说，这一文化概念的提出对于厘清晋中地区夏时期考古学

[1]　晋中考古队：《太谷白燕遗址第一地点发掘简报》，《文物》1989 年第 3 期，第 12 页。
[2]　晋中考古队：《太谷白燕遗址第一地点发掘简报》，《文物》1989 年第 3 期，第 12 页。
[3]　国家文物局、山西省考古研究所、吉林大学考古学系：《晋中考古》，文物出版社，1999 年，第 44～56 页。
[4]　郭俊卿：《汾河上游——静乐县新石器遗址调查》，《山西省考古学会论文集（一）》，山西人民出版社，1992 年，第 66～70 页。
[5]　宋建忠：《晋中地区夏时期考古遗存研究》，《山西省考古学会论文集（二）》，山西人民出版社，1994 年，第 91～99 页。

文化遗存的内涵和辨析夏时期的文化格局有着重要的意义，荆峪堡遗址夏时期文化遗存的发现再次为其做了很好的注脚。

截至目前，在太原盆地及附近发现的二里头时期遗址中，包含二里头时期中期晚段遗存的遗址较多，这是否暗示其在这一阶段居址和人口数量发展到了一个顶峰，有待进一步的证实。

在以往发表的资料中，吕梁山西侧二里头时期遗存，南段以乡宁内阳垣为代表，出土花边鬲、深腹盆、蛋形瓮等[①]；吕梁山北段未有资料发表，仅见与之一河之隔的神木新华遗址，其常见器类有高领鬲和空足蛋形瓮等[②]，相当于峪道河遗址第四期，属于所见的这一阶段最早的遗存，但该区域北临朱开沟文化，后继遗存暂不明朗，难以笼统地将其纳入山西中北部二里头时期这类遗存的分布范围。所以，荆峪堡遗址的发现，将我们认识的太原盆地二里头时期该类遗存的空间分布进一步向西推进。结合以往的考古发现，可以清楚地看到这类遗存在占据汾河两岸的同时，依托其支流延伸到吕梁山河谷两侧台地的事实。

绘图：孙先徒、耿鹏

（原载《中国国家博物馆馆刊》2014 年第 5 期）

---

① 田建文：《乡宁内阳垣先秦墓地》，《中国考古学年鉴（2003）》，文物出版社，第 132 页。
② 陕西省考古研究所、榆林市文物保护研究所：《神木新华》，科学出版社，2005 年，第 270 页。

孝义柳湾煤矿二十九亩地采集的夏时期遗存

山西省考古研究所

1992 年 4 月，孝义柳湾煤矿进行基建时，发现了部分夏时期的考古遗存。闻讯后，我们作了调查和采集。

发现遗存的地点叫二十九亩地，位于一号矿井西部的一个高台上，遗存是被工人挖坑时发现的。经仔细观察，可知所有遗存均出自一座房址中。由于破坏严重，房子的结构、大小等情况已无法知道；我们只能将散落于其中的遗物全部采回。经整理有以下遗物：

高领鬲　夹砂黄褐陶。由于火候不均，某些部位呈灰褐色。尖唇，卷沿，高领，袋足下残。领部素面，之下饰浅细规整的绳纹。口径 18、最宽 20、残高 22.5 厘米（图一－1）。

甗　2 件。均为圆唇，敞口，深腹盆形。腹上部置鸡冠耳一对，腰部饰附加堆纹一周。器表饰浅中绳纹。一件为夹砂褐陶（图一－2）。另一件为夹砂灰陶，颈部饰楔形点纹一周（图一－3）。

盆　泥质陶，由于火候不匀，器表呈黑色和黄色圆唇，敞口，弧腹，平底。口径 17.2、高 9.6 厘米（图一－4）。

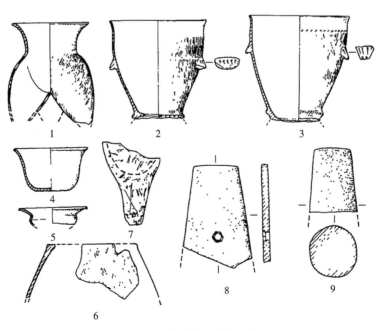

图一　二十九亩地采集遗存
1. 鬲　2、3. 甗　4. 盆　5. 豆　6. 蛋形瓮　7. 鬲足　8. 石铲　9. 残石器

豆　泥质灰陶，素面磨光。圆唇，敞口，折沿，弧腹下残。口径16、残高4厘米（图一 – 5）。

蛋形瓮　夹砂红陶。方唇，敛口，鼓腹下残。器表饰浅乱粗绳纹。口径26、残高15厘米（图一 – 6）。

鬲足　夹砂灰陶。平足实足跟，足跟表面有三道捆绑的凹槽痕迹（图一 – 7）。

石铲　磨光。梯形，中部有一圆孔。顶宽5.2、厚0.8厘米（图一 – 8）。

残石器　琢制。上细下粗，断面呈圆形。残长7厘米（图一 – 9）。

除以上遗存外，我们还对周围一带进行了调查，但未发现其他任何遗存。

从以上采集的陶器看，它们同东下冯第二期的同类陶器有较多的相似性。因此，估计它们的时代也有其相当，约近夏代中期。

执笔：宋建忠；绘图：畅红霞

（原载《文物季刊》1994年第1期）

山西石楼县二郎坡出土商周铜器

山西省文物管理委员会保管组

石楼县在山西西部，距太原五百里，西离黄河 90 里。该地峰峦起伏，地势相当险要。春秋时属晋，晋献公曾封公子夷吾于此。

去年夏天，农民贾炳智兄弟在县城东北二里半的二郎坡打柴，在一平坦的高原濠沟内，发现了铜器一批共 15 件。在附近 1200 平方米的范围内，还见有各种粗、细绳纹的灰陶器口、器底和石斧残片等。

他们在发现铜器迹象后，进行了挖掘，发现两个鼎叠在一起，斝、卣叠在一起，觚在觚的周围放着，各器相离二尺，分三处放，并见有贝币两个。后来在土堆上还发现了人的头盖骨。

这批铜器有食器、酒器、兵器、工具等四类，食器是有鼎 2、甗 1；酒器中有斝、卣各 1、觚 4，兵器中有戈 1、钺 2，工具中有削、斧、斤各 1。分述如下：

一、食器 3 件

1. 雷绂分档鼎，通高 19.5 厘米，口径 15.1 匣米，腹围 53.5 厘米。直耳柱足，腹有带形斜角雷纹。

2. 弦纹甗，通高 50.4 厘米，口径 26.6 厘米，腹围 83.9 厘米。上下两看、直耳，腹有弦纹两条，其中并有乳钉。

3. 弦纹鼎，通高 26.6 厘米，口径 19.2 厘米，腹履 66.6 厘米。亦直耳柱足，腹饰弦纹两条，中间有乳钉。

二、酒器 6 件

1. 饕餮纹斝，通高 50 匣米，口径 22.2 匣米，柱高 11.3 匣米，足高 21.2 厘米。通体饰以精细花纹，柱上饰以蕉叶纹，腹饰饕餮纹及蝉纹，足饰蕉叶纹。

2. 鸮卣，通高 19.2 厘米，纵 11.4 厘米，横 8.1 厘米。

3. 雷纹觚 4 件，最大的通高 27.4 厘米；最小的通高 26.1 厘米。

此器大小、形制、花纹均相同，腹足都饰以乳钉雷纹。

三、兵器 3 件

1. 兽面纹戈，全长 24.9 厘米，宽 6.1 厘米，内长 6.7 厘米，宽 4.7 厘米，厚 0.4 厘米，内端饰有兽纹。

2. 兽面纹钺 2 件，通长 16.8 厘米，宽 11.1 厘米，内厚 0.5 厘米。此器短而宽，柄上都饰有兽面纹。

四、工具 3 件

1. 环柄削，长 33.6 厘米，宽 3.8 厘米，柄厚 0.7 厘米。

2. 斧，长 11.6 厘米，宽 5.7 厘米，厚 2.5 厘米。

3. 斤，长 12.2 厘米，宽 2.1 厘米，厚 2 厘米。斧斤顶端皆空，能插木柄使用。

这批青铜器器形优美，花纹宏伟秀丽，从鼎、甗的直耳柱足、戈的下胡很短，以及备种纹饰等情况看，应是商或西周遗物，并且很可能早到商代。

石楼县所出铜器还不止此，除离城 70 里的地区所出商周铜刀（刃窄、有乳钉，背有三孔可穿木，立用平用均可）已经运会研究外，还有两三处出铜器地点，正在派员勘查中。

（原载《文物参考资料》1958 年第 1 期）

山西吕梁县石楼镇又发现铜器

谢青山　杨绍舜

　　1959 年 8 月，吕梁县石楼片罗村公社沙窑管理区桃花庄生产队，社员王月亮在耕地时发现了铜甗等古物，县里闻讯后即派人前往勘查。经过清理查对，这批文物位置都有移动，由于长年的水土流失，墓只留下竖穴腰坑残迹。墓南北长 2.5、东西宽 1.7 米，在 40° 的斜坡上，北深 1.4 米，南深 0.9 米。腰坑在墓的中间，东西边沿已看不清，只在不同的位置上有两具尸骨。出土物大致可分为铜器、玉器、金器、骨器等四类，铜器中有食器、酒器、兵器、工具等。现分述如下：

　　饕餮纹鼎　通高 24.5、口径 20 厘米，重 2.5 公斤。直耳柱足，腹部饰饕餮纹。（图二左）

　　雷纹鼎　通高 25.5、口径 24 厘米，重 2.8 公斤。直耳柱足，腹有带形的斜角雷纹，耳小。（图二右）

　　弦纹甗　通高 57、腹围 59 厘米，重 11.5 公斤。直耳，腹部饰弦纹三条，内有圆形箅一个。

　　直棱纹簋　通高 27.3、口径 28 厘米，重 5 公斤。口作盆式，腹部和足部都饰有直线花纹，足上部有三个方孔。

　　鱼纹盘　通高 19.7、口径 40 厘米，重 8 公斤。内壁饰三条鱼纹，中心为一水涡纹，腹部及足部饰饕餮纹，腹部上有三个系，足部有三个方孔。

　　三足铜盘　通高 14.5、口径 26 厘米，重 1.5 公斤。夔龙纹扁足，残。（图三右）

　　饕餮纹斝　通高 45、口径 23 厘米，重 5.1 公斤。腹部饰饕餮纹，足有补修痕迹。

　　饕餮纹瓿　通高 2、口径 30 厘米，重 13.7 公斤。通体饰精细的花纹，腹上部饰雷纹，中部饰饕餮纹，足部饰雷纹并有三个孔。

　　觥　通高 19、长 44、宽 12、盖长 33、腹深 7.5、足高 2.5 厘米，重 8.6 公斤。周身饰以精细的花纹，整个作兽形，盖上饰夔龙纹，并有提手，腹部饰夔龙和类似鳄角的花纹。两边有四个系，足部饰鱼龙花纹，盖里前部有铭文。

　　雷纹觚　通高 32.5、口径 17、足径 11 厘米，腹部和足部饰以雷纹，腹部并有四个十字孔。

　　带铃觚　通高 32、口径 18、足径 8 厘米，足下系铃，铃高 4 厘米，重 1.7 公斤。此器只足部饰以雷纹。

　　提梁卣　通高 35、口径 15、腹围 64、足高 4.5 厘米，重 4.7 公斤。腹部饰雷纹和蝉纹，足部饰雷纹，提梁为兽头和斜方格纹。

　　饕餮纹爵　通高 18.5 厘米，重 1.3 公斤。腹部饰饕餮纹。

图一　带铃觚

图二　饕餮纹鼎（左）、雷纹鼎（右）　　　　　　　图三　弦纹壶（左）、三足铜盘（右）

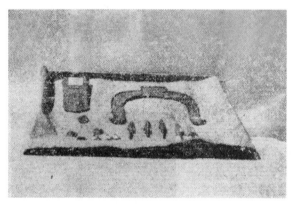

图四　斧（左上）、铜饰品（右上）、　　　　　　　图五　金片等
　　　镟（右下）、铜泡（左下）

弦纹壶　通高22.5、口径4.5厘米，重1公斤。颈部和足部都饰以弦纹，带盖。（图三左）

斗　通长34.5厘米，无纹饰。

匕　通长26、勺宽5厘米。柄头饰以雷纹。

虎铲形饰　已残，现只存头部18厘米，刃宽45厘米。后部有一个张口的立虎，眼上嵌绿松石，长5.5厘米。从残迹看，后部应安有柄。

戈　全长17.5、宽5.6厘米。

斧　全长11.8、宽6.3厘米。（图四左上）

铜饰品　高17、宽3.5厘米。据说此物是在死者头部出土的，形似弓，两边后部有穿孔各一个。（图四右上）

镟　长7.7厘米，共七技。（图四右下）

铜泡　径2厘米，面部有花纹，共出土有51个。（图四左下）

金片　全长57.6、中宽4.8厘米，重3.1两。此物发现时在头骨上，同出有八片类似耳环上有绿松石的金片。在尸骨腿部出有金片五节，长9、宽1.5厘米，上有穿孔。（图五）

玉凿　全长23、宽3.5厘米。上有两个穿孔。

玉器　共20件，其中有玉璜、玉璧、玉玦、玉刀，最大的8.5厘米，最小的2.5厘米。尸骨右肋下出土很多海贝。此外还有几件铜饰物。从以上情况看来，铜器形体别致，花纹精细，并有大量的金器、玉器出土，这和以前本县后兰家沟等地出土的东西类似，数量比前几次都多，而时代应同属于商或西周。

（原载《文物》1960 年第 1 期）

石楼后兰家沟发现商代青铜器简报

郭 勇

后兰家沟在石楼县西北二十五里的丛山深壑中。在村南三里的高阜上，向东突出一块三面临谷、地势狭小的凸形地带，就是这次文物的出土地点。因为附近地面经过长年水土流失，文物几乎要暴露出来的情况下，1957 年 8 月间被少先队员兰兵捡翻地时发现了铜器等物。以后又经过扰乱，出土地点原来情况已经无法辨识，只有残碎人骨尚留在乱土中。现将出土器物分述如下：

一、铜器

共出土 24 件，容器以酒器为主，未见食器，此外就是装饰物、工具和兵器等。

（一）容器

瓿　通高 20、腹径 28 厘米，肩饰三个羊首，身饰斜方格雷乳纹（图一二）。

罍　通高 36、口径 23 厘米，身饰饕餮纹二道（图一三）。

爵　通柱高 21 厘米，腹饰饕餮纹（图一四）。

觚　高 26 厘米，腹足均饰饕餮纹（图一五）。

勺　通长 37、斗口径 4.8、柄宽 2.5 厘米，斗外饰饕餮纹，柄首二蛇戏蛙（图一）。

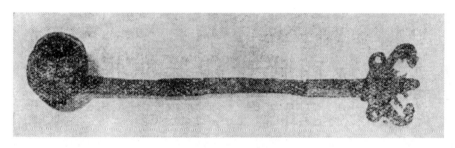

图一　铜勺

（二）装饰物

弓形器　高 13.5、下宽 24.5 厘米，正面为槽，上有方首，两足尖外弯成钩（图二）。

铜泡　大小 9 个，最大的径 14 厘米，小的径 5.5 厘米（图三）。

（三）工具

锛　长 12、刃宽 15 厘米，空首，两面均有直线纹（图六）。

凿　长 10.5、刃宽 2 厘米，空首，面饰三角线纹（图七）。

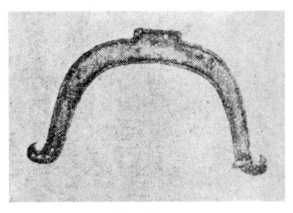

图二　弓形器

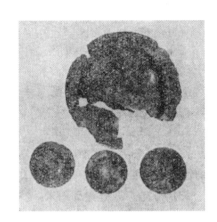

图三　铜泡

图四　铜削

图五　铜刀

削　长 32.5 厘米，柄饰蛇枝，环首有三钮（图四）。

刀（?）　长 35 厘米，柄为镂空蛇纹，舌头可以活动（图五）。

（四）武器

戈　长 22 厘米，援有宽脊作饰（图八）。

镞　4 件，形制相同，双翼，短铤（图九）。

二、金器

珥形器　共 3 件，最大的面阔 4 厘米，小的 2.4 厘米，尾为细丝柄，上各穿绿色珠（图一〇）。

三、玉器

璜　一端已残，一端有孔，现长 6、宽 2 厘米（图一一上）。

璧残片　两侧稍加磨光，各钻小孔，现宽 4.5、长 6 厘米（图一一下）。

从以上情况来看，这批铜器与桃花庄（1960 年文物第七期）、二郎坡（1958 年文参第一期）、下庄岇（1959 年文物第三期）等地出土铜器的造型有许多相同之处，似为商晚期的遗物。

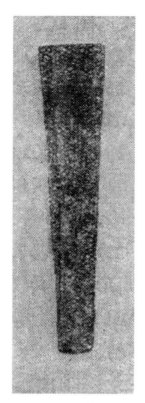

图六　铜锛　　　　　　　　　图七　铜凿

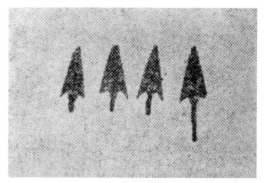

图八　铜戈　　　　　　　　　图九　铜镞

图一〇　珥形金器　　　　　一一　上：璜下：璧残片

图一二　铜瓴

图一三　铜斝

图一四　铜爵

图一五　铜觚

（原载《文物》1962 年第 Z1 期）

山西石楼义牒发现商代铜器

石楼县人民文化馆

1969 年 5 月，石楼县义牒公社义牒村的贫下中农在村东约一公里的琵琶塬上耕地时，发现了一批铜器。当地贫下中农和干部立即向石楼县有关部门汇报。经勘查，这批铜器距离地表很浅，同出的还有人骨和残陶罐等，当是墓葬的随葬品。现将出土器物报告如下。

铜器共 13 件，其中 4 件为容器，其他为兵器、工具等。

铜觚 3 件，大小相仿，高 25～27 厘米。腹部和足部均饰饕餮纹。最高的一件，圈足内有一铭文（图一左、图二–1）。

铜爵 1 件，高 21 厘米。柱顶饰漩涡纹，腹部有三道弦纹（图一右）。

铜戈 1 件，全长 22 厘米。有椭圆形銎，内的后端有一铭文（图二–2、图四）。

铜刀 1 件，全长 28.5、刃宽 3.5 厘米。表面有一行乳钉，共十五枚。背部有三个銎，銎内还残存有木柄，柄残长约 35 厘米（图七）。

铜梳 1 件。高 11 厘米。有齿十三根。梳背较高，上有云雷纹（图三）。

此外，还有 1 件铜锛，1 件铜凿，2 件铜镞，1 件条形铜器，1 件璜形铜器，以及 1 件绳纹残陶罐和玉片、贝等。

在此以前，义牒村的贫下中农于 1967 年 3 月在村东南平整土地时，也曾发现 3 件铜器。其中铜戈 1 件，残长 19 厘米。有銎，銎顶为鸮头形，内部残断（图五）。匕形铜器 1 件，长 25 厘米。柄为镂孔蛇形，舌可转动（图六）。另 1 件为铜斧。

图一　铜觚（1/5）和铜爵（1/4）

图二　铜器铭文（1/2）
1. 觚　2. 戈

图三　铜梳（1/2）

图四　铜戈（约 1/4）

图五　铜戈（约 1/3）

图六　匕形铜器（约 1/4）　　　图七　铜刀（约 1/6）

石楼县在民国时期就曾在韩家畔、谭庄、曹村、殿底峪、下庄崄等地发现过商代铜器，下庄崄出土的铜器一直保存到 1949 年以后。[①]新中国成立以后，又先后在二郎坡[②]、后兰家沟[③]、桃花庄[④]等地，发现商殷时代的青铜器（图八）。这几批铜器出土时，都发现有人骨遗骸，也都是墓葬的随葬品。

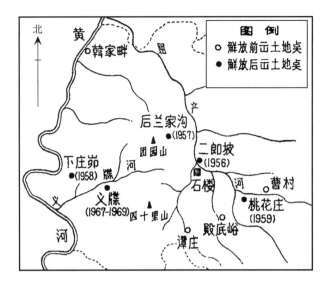

图八　石楼县铜器出土地点示意图

义牒出土的这批铜器，与上述二郎坡等地的发现相比较，有许多相同的地方。如随葬铜器以觚、爵一类酒器为主；在器物形制上也都相同，义牒村东南出土的一件匕形铜器，器形较为特殊，但后兰家沟所出的一件与此完全相同；随葬的兵器、工具也相似。因此，义牒出土的这些铜器的年代应属商代。但是，义牒出土的铜容器只有觚和爵，而没有发现觯、斝、罍、卣等器形，这种情形与安阳殷代晚期墓葬更为接近，很可能义牒这座墓葬的绝对年代较之桃花庄等地的要晚一点。

义牒出土的铜器上发现两个单字铭文，这是过去石楼出土的铜器中没有发现过的。这也许可以认为是铜器年代略晚的证据之一。

石楼一带历年来已经发现了不少商殷时代的铜器，其中如桃花庄出土的铜觥、二郎坡出土的鸮卣等，工艺水平是很高的，由此可知石楼一带在商殷时期的重要性。在殷代，在西边的方国中有沚，其地约在今山西，石楼也许就是当时沚国的所在！

（原载《考古》1972 年第 4 期）

---

① 《石楼县发现古代铜器》，《文物》1959 年第 3 期。

② 山西省文物管理委员会保管组：《山西石楼县二郎坡出土商周铜器》，《文物参考资料》1958 年第 1 期。

③ 郭勇：《石楼后兰家沟发现商代青铜器简报》，《文物》1962 年第 4~5 期。

④ 谢青山、杨绍舜：《山西吕梁县石楼镇又发现铜器》，《文物》1960 年第 7 期。

山西石楼新征集到的几件商代青铜器

杨绍舜

（石楼县文化馆）

近两年来，由于我们继续宣传贯彻了党的文物保护政策，不断收到群众捐献的文物。现选出商代青铜器 3 件介绍如下：

铜戈　1 件（图二）。1970 年 7 月，在城关公社肖家塌村塌崖坡耕地时发现。全长 21、宽 5 厘米。椭圆形銎，銎长径 2.5、宽径 2、内长 3.3、宽 3.5、厚 0.6 厘米。内一面有铭文并字；另一面为开字，即笄字（图一）。

图一　铜戈铭文　　　　　　　　　　图二　铜　戈

铜刀　1 件（图四）。1970 年 8 月，在罗村公社南沟村耕地时发现，伴随出土的有人骨。全长 36、宽 3.8 厘米。两端饰云雷纹，并各有一个长方穿，近栏处有一行乳钉，共十五枚，背部有一内，上有一方穿。类似这样的铜刀，石楼曾出土过两件（见《山西石楼县二郎坡出土商周铜器》，《文物参考资料》1958 年第 1 期；《山西石楼义牒发现商代铜器》，《考古》1972 年第 4 期），那两把刀的背部都是三个銎，乳钉一个为十三枚，另一个为十五枚，这件刀有内，有穿，无銎，时代可能比前两件稍早。

蛇首带环铜勺　1 件（图三）。1968 年春，在曹家垣公社外庄村发现，同时出土的还有贝和铜泡十多个。全长 9、勺长 2.8、宽 1.8 厘米。柄饰方块鱼鳞纹，中间有一纽，无环，下面有两个纽，各系叶状环一个，环长 2.7 厘米。蛇头呈三角形。

以上 3 件铜器，从器形、纹饰和铭文看，时代应属于商代晚期，是研究我国黄河流域中部古代文化发展的新资料。

图三 蛇首带环铜勺

图四 铜刀花纹拓片

（原载《文物》1976 年第 2 期）

山西柳林县高红发现商代铜器

杨绍舜

柳林县在山西省西部，地处太军公路的西段，是古今要道，战国时为赵国蔺县地。高红村位于柳林县的西边，距城 10 余公里，在八盘山下，太军公路必经之道，离军渡只有 0.5 公里，地势险要（图一）。

1978 年 4 月 8 日，该队社员们在村西北八亩垣上翻地时，发现了一批铜器，县文化局得知后，即派员进行勘查。据社员们介绍在距地表 0.5 米的深处发现铜盔，并有一具人骨，头向西北，铜盔在死者头部，其余铜器都在腰部和下肢零散放置。现将出土铜器介绍如下：

铜盔　1 件。高 19.5、盔口长 23、宽 18.5 厘米，顶钮高 1.5、宽 2.6 厘米，盔口前后都系半圆状，高 6、宽 13 厘米，两侧护耳宽 18 厘米，下部各有 6 个方穿。盔口沿边起棱。重 1350 克（图五）。

铃首剑　1 件。全长 23.5、身长 12.5、最宽处 3.2、茎长 7.5 厘米。重 155 克（图七）。

铜矛　1 件。全长 24.3、叶长 12.9、宽 3.4 厘米。骹中部有一穿，骹口直径 2.5 厘米。重 200 克（图三）。

铜钺　1 件。全长 15.7、身长 9.2、刃宽 7.5 厘米。重 350 克（图二–2）。

铜斧　1 件。全长 13.7、身长 7、刃宽 4.8 厘米。重 300 克（图二–1）。

双环削刀　3 件。分三式：

Ⅰ式，1 件。全长 12.8、刃宽 2.3、柄长 8.3 厘米。重 100 克。此刀柄首为双环，下部还有一个半圆环，柄部沿边起棱，上部直通刀尖，下部直通刀栏，中间并有两个圆空穿。刀尖向下弯曲（图八）。

Ⅱ式，1 件。全长 28、宽 2.5 厘米，柄长 8.9、宽 2 厘米。重 125 克。此刀基本上和Ⅰ式刀类同，只是双环首端还有一个小装饰，柄部有三个三角形穿，刀尖稍圆（图九）。

Ⅲ式，1 件。全长 16.7、宽 2、柄长 7、宽 1.5 厘米。重 50 克。此刀较小，刀尖上翘，柄部有一个三角形穿（图一〇）。

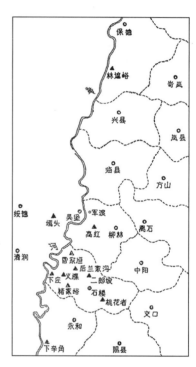

图一　铜器出土地点示意图
（▲ 出土铜器地点）

铜铃　1件。全高14、铃口长10.2、宽7.3厘米。重600克。此铃无纹饰，器身中部有一方孔，肩上有钮，高2.9厘米。无铃舌（图四）。

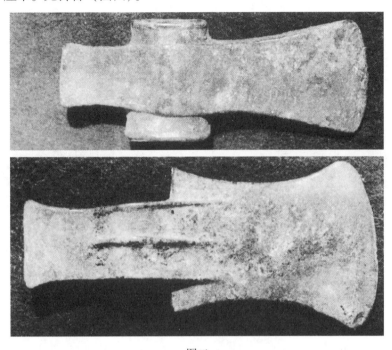

图二
1. 铜斧　2. 铜钺

图三　铜矛

图四　铜铃

图五　铜盔

图六　铜靴

铜靴形器　1 件。高 6.3、靴筒口径 1.3、脚长 4.1、宽 1.1 厘米。重 50 克。此器上部有一圆穿，另一边为半月形穿，脚弯部有四道弦纹，脚部中间有一道直纹，两边各有 8 道直纹装饰，靴尖向上翘起，靴底下边有横纹 11 道（图六）。

铜饰　1 件。略呈长方形，全高 4.1、上宽 3.3、下宽 2.7 厘米，下部口长 2.5、宽 1.4 厘米。器身前后都有一个三角和两个圆形镂空。用途不详。重 50 克。

铜塔形器　1 件。全高 4.2、塔身宽处 1.6 厘米，中间有一圆形镂空。重 25 克。

海贝　3 枚。最大的长 2.3、小的长 2.1 厘米。

柳林县出土的这批铜器，尚属少见。这批铜器中的铃首剑，造型和保德县林遮峪[①]、1976 年 1 月石楼县曾家垣出土的铃首剑相似。吕梁地区沿黄河一带出土铜器不少，但出土铜盔、铜矛、铜靴形器也极少见。从铜盔的造型来看，它和内蒙古宁城南山根[②]、内蒙古昭乌达盟出土的铜盔[③]有些类似，但此地出土的铜盔又有它的特点，如两侧护耳较短，整个器形又和殷墟出土的铜盔[④]类同。铜矛的造型和《殷周的青铜武器》[⑤]一文中的图一四小铜矛相似，经仔细观察，柳林高红铜矛叶锋较尖，穿在骹的两侧。所以说这两件矛仍有区别。从地理位置上看，柳林和石楼、永和[⑥]、保德以及陕西省的绥德[⑦]等地相隔都不太远，从出土的铜器看，器物造型、花纹都有相似之处，这些地方出土的铜器，虽然受中原文化的影响，但也保持了它的地方特色。根据上述情况，我们认为这座墓葬应为殷代晚期。

① 吴振录：《保德县新发现的殷代青铜器》，《文物》1972 年第 4 期。
② 杨泓：《中国古代的甲胄（上篇）》，《考古学报》1976 年第 1 期。
③ 李逸友：《内蒙古昭乌达盟出土的铜器调查》，《考古》1959 年第 6 期。
④ 陈梦家：《殷代铜器》，《考古学报》1954 年第七册，图版叁拾肆，图 55。
⑤ 郭宝钧：《殷周的青铜武器》，《考古》1961 年第 2 期。
⑥ 石楼县文化馆：《山西永和发现殷代铜器》，《考古》1977 年第 5 期。
⑦ 黑光、朱捷元：《陕西绥德墕头村发现一批窖藏商代铜器》，《文物》1975 年第 2 期。

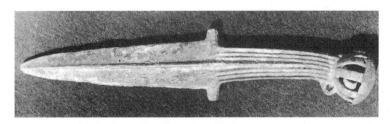

图七　铃首剑

图八　Ⅰ式铜削刀

图九　Ⅱ式铜削刀

图一〇　Ⅲ式铜削刀

（原载《考古》1981 年第 3 期）

山西石楼褚家峪、曹家垣发现商代铜器

杨绍舜

（山西吕梁地区文物工作室）

1975年7月5日，山西省石楼县义牒公社褚家峪村社员李正金在村西上刘家茔地耕地时，在地表以下50厘米深处发现一批铜器。先出土的有人头骨和铜戈，其余随后发现。出土铜器计有：

铜瓢　1件。高24.5、口径13.8厘米。喇叭口，高圈足。器表下半部饰弦纹、乳钉雷纹和饕餮纹，并有十字镂空两个（图一一）。

蛇首匕　1件。全长32.5、柄长13.5厘米。匕两边有刃，端上翘。匕身正面中脊隆起，近阑处有三角雷纹作饰。柄端镂空作蛇头状，蛇舌可活动。匕背平坦无脊，有织物遗痕，可能是用织物包裹或者是在墓葬中靠近死者衣物留下的印痕（图四、图一四、图一六）。

铜锛　1件。长11、刃宽5厘米。空首。两面饰弦纹（图一、图二一中）。

铜斤　1件。长11.5、刃宽4厘米。空首。正面饰弦纹，背饰斜方格纹及三道弦纹（图二、图二一右）。

铜凿　1件。长14.3、刃宽1.3厘米。空首。两面均饰三角弦纹（图三、图二一左）。

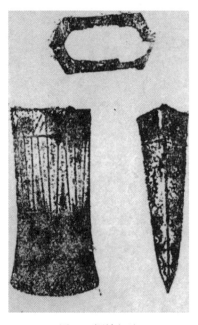
图一　铜锛拓片

图二　铜斤拓片

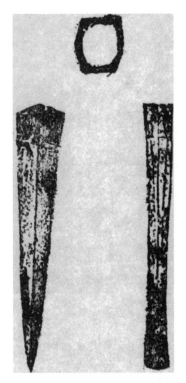

图三 铜凿拓片

图四 蛇首匕拓片

图五 环首刀拓片

环首刀 1件。通长24.4、刀身长13.5厘米。柄微弯，沿中线镂空，饰人字纹两组。柄首作环状（图五、图一二）。

鸟徽戈 1件。长21.5、内长6、宽4.5厘米。内中间有一穿，内端有一鸟徽（图六、图二四上）。

燚徽戈 1件。长22、内长6、宽4.5厘米。内中间有一穿，内端有燚形徽记（图七、图二四中）。

有銎戈 1件。通长24.5、援长17.5、宽6.5、内连銎长7、宽4厘米，椭圆銎径8×2.3厘米。无胡。援中脊至銎部起棱。内后端有花形徽记（图八、二四下）。此戈与1935年殷墟第十一次发掘中侯家庄西北冈1004号大墓出土的一件，形制和铭文都很相似。

铜镞 2件。长6.5厘米，薄叶，燕尾式，中脊起棱，镞锋锐利（图一五）。

弓形器 1件。高14.5、两端间距24.8厘米。边缘起棱，中部外缘凸出形成方首。两端向外勾，各有一穿（图九、图二六）。

此外，有玉镰 1 件。玉色青白。长 12.3、宽 4.15、刃宽 2.5 厘米。后端有一穿（图一八）。
同时出土的还有贝和小骨节串珠各五颗（图一〇）。

 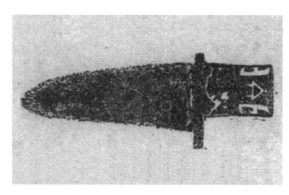

图六　鸟徽戈拓片　　　　　　　　　　　　　　图七　㑰徽戈

 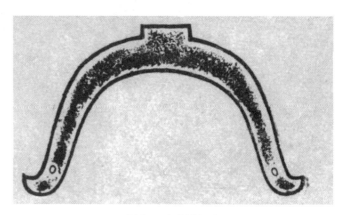

图八　有銎戈徽记拓片　　　　　　　　图九　弓形器拓片

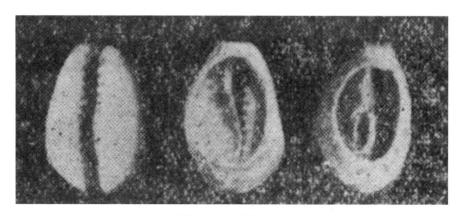

图一〇　贝和骨串珠

1976 年 1 月 7 日，曹家垣村社员曹升吉在村西一里地的招瓜垣上修梯田时，发现一批铜器和人骨骼。出土铜器有：

铎形器　1 件。通高 29、柄长 11 厘米。柄及器身中空相通。柄上有三排共九个环纽作等距离排列。器身筒形，下端略大，直径 6 厘米。上有六排共十二个镂空长方格，格间有六排共二十四个带链环的纽，大部环纽已断去。器身饰方格纹及弦纹，下端有磨击的痕迹，似洛阳探铲刃一样（图一九、二〇）。摇动此器，链环撞击器身，发出清脆的声音。像这样的铎形器，1958 年 9 月 28 日石楼指南村西垣上曾出土过一件。该器已残缺，只剩器身，高 17.5 厘米，下端直径 6 厘米。器身有十四个镂空长方格，饰三组共 P 宽 5.5、銎长 18.7 厘米。銎部当斧身中线处有一穿，外侧有元宝形突起，上下各有一个乳钉。銎内保留 7 厘米长的一段朽木（图二五、图二八）。

铃首剑　1 件。全长 25.5、身长 14、最宽处 3.7 厘米。中脊起棱，并穿过剑茎直到剑首。茎扁平，微弯。茎首为一扁圆形铃，有放射形镂孔八个，内有丸，摇动可以发响（图一三、图二七）。

图一一　铜觚

图一二　环首刀

图一三　铃首剑

图一四　蛇首匕

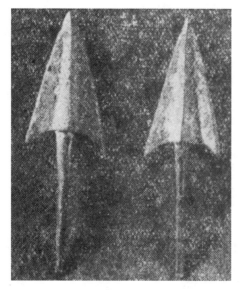

图一五　铜镞

图一六　蛇首匕背织物印痕

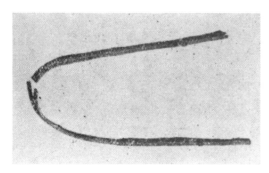

图一七　弓形器

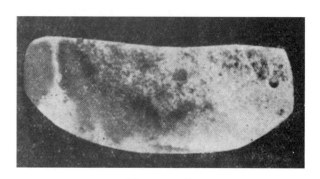

图一八　玉镰

图一九　铎形器　　　　图二〇　铎形器（侧面）

图二一　左：铜凿　中：铜锛　右：铜斤

图二二　铜管

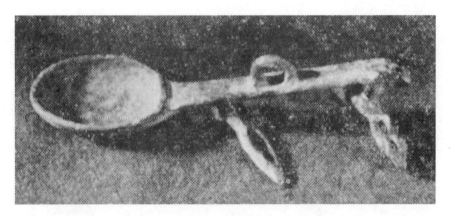

图二三　蛇首带环勺

图二四　上：鸟徽戈　中：⺌徽戈　下：有銎戈　　　　图二五　长銎斧

图二六　弓形器

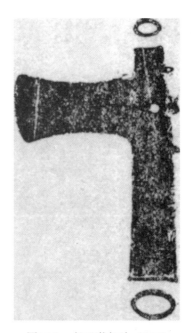

图二七　铃首剑拓片（1/5）　　　　图二八　长銎斧拓片（1/5）

蛇首带环勺　2件。全长11，勺长4、宽3厘米。柄部素面，上面有一纽，无环；下面有两纽，各系叶状环一个，环长3厘米左右。柄端作蛇头向下（图二三）。

铜管　1件。管圆，长14.3、直径1.4厘米。两端及中央各饰四道弦纹，中间饰四组齿状花纹（图二二）。

弓形器1件。高39、宽1、两端间距27厘米。由两根铜条组成，两端各有一系纽（图一七）。

这两批青铜器都有人骨伴随出土，证实都是墓葬遗物。从器形、铭文、纹饰看，大部分铜器有中原商代晚期铜器的特点，如有銎戈①、铜锛、铜凿、铜觚、铜戈等都是。一部分铜器有北方游牧民族文化的特色，像铃首剑②、长銎斧③、环首刀④。但更重要的是其地方特色，如蛇首带环铜勺⑤、铜响器、弓形器⑥、蛇首匕⑦等，都是中原地区和其他地方少见的铜器。这两批铜器的发现，为研究商代晚期文化提供了新资料。

（原载《文物》1981年第8期）

---

① 胡厚宣：《殷墟发掘》，学习生活出版社，1955年5月第一版，图版叁伍之四。
② 《保德县新发现的殷代青铜器》，《文物》1972年第4期。
③ 《河北青龙县抄道沟发现一批青铜器》，《考古》1962年第12期。
④ 《河北青龙县抄道沟发现一批青铜器》，《考古》1962年第12期。
⑤ 《山西石楼新征集到的几件商代青铜器》，《文物》1976年第2期。
⑥ 《石楼后蓝家沟发现商代青铜器简报》，《文物》1962年第4、5期。《山西吕梁县石楼镇又发现铜器》，《文物》1960年第7期。
⑦ 《石楼县发现古代铜器》，《文物》1959年第3期。《石楼县后蓝家沟发现商代青铜器简报》，《文物》1962年第4、5期。《山西石楼义牒发现商代铜器》，《考古》1972年第4期。《陕西绥德墕头村发现一批窖藏商代铜器》，《文物》1975年第2期。

山西文水县上贤村发现青铜器

胡振祺

1981 年 7 月，在文水县上贤村的上贤坡上发现一批铜器（图一），计有铜鼎 2 件、铜鍪 1 件、铜壶 1 件。山西省博物馆派人到现场作了调查。从迹象看，铜器可能出自一座古墓。现将 4 件铜器介绍如下：

铜鼎　2 件。形制、尺寸相同，有盖，盖顶有三环，附耳，蹄足曲矮。中腹饰弦纹一周。通耳高 15、口径 15、腹围 56 厘米。一件完整，重 1.75 公斤；一件足残，重 1.99 公斤（图二、图三）。

铜鍪　1 件。侈口，圆腹，环耳。大环耳饰绳纹，径 8 厘米；小环耳无纹饰，径 1 厘米。上腹有弦纹一周。通高 15.5、口径 12.5、腹围 57 厘米，重 1.09 公斤（图四、图五）。此器与临潼武家屯管庄东村出土的秦代铜鍪形制相同，尺寸亦接近。①

铜壶　1 件。侈口，短颈，鼓腹，兽面衔环双耳，圈足，器壁厚重，无纹饰。通高 32、口径 12.3、底径 16、腹围 30 厘米，重 8.45 公斤。肩部一侧阴刻篆铭两行九字，外刻长 1.5、宽 1 厘米的边框，铭文和边框均错银（图六、图七、图八）。

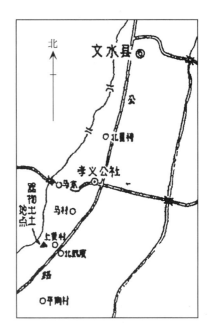

图一　出土器物位置图

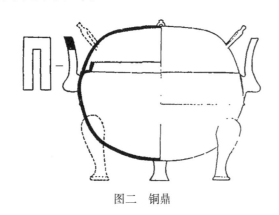

图二　铜鼎

图三　铜鼎

---

①　朱捷元：《陕西省兴平县念流寨和临潼县武家屯出土古代金饼》，《文物》1964 年第 7 期。

图四　铜鍪

图五　铜鍪

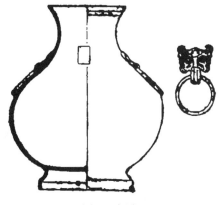

图六　铜壶

图七　铜壶

图八　铜壶铭文

　　铜壶肩部的刻铭，篆体特殊。右行首二字"永用"，在金文中多见。第三字的右偏旁是斧斤的象形字，见于《殷墟文字乙编》1182 片的"析"字和《殷契佚存》580 片的"新"字，应释为"析"字。第四字是"涅"字的异体字，见于战国布币"卢氏涅阴"。左行首字疑为"畀"字，"畀"是"畁"的古体，音闭，赐予之意。余皆不识，文意不解。

　　上贤村于 1957 年曾出土大量新石器时代文物。村北 9 公里的县城，汉置大陵县，即《史记》载赵肃侯所游的"大陵"，其地在战国时属于赵国。1981 年出土的这批铜器应是赵国遗物。

所出铜壶造型特殊，口小似瓶，短颈丰腹，特别是刻铭错银，疑为特制的容器。用自来水实测，壶容积为 11200 毫升。至于刻铭含义及容量单位数值，还有待于进一步研究。

绘图：乔淑芝

（原载《文物》1986 年第 6 期）

略论吕梁山出土的商代青铜器

袁秀明

（吕梁市文物局）

吕梁山纵贯晋西北，绵延数千里，包括广阔的山地、丘陵及山间小平原。自古以来人类就辛勤劳作在这块土地上，在商代为鬼方、土方、舌方及燕京之戎等所居，他们以自己的聪明才智和辛勤劳动，创造了优美灿烂的别具一格的青铜文化。新中国成立前曾在石楼县的韩家畔、谭庄、曹村、殷底峪、下庄峁及忻县连寺沟牛子坪等地发现过商代青铜器，不过是零星的发现，散失不少。新中国成立后，考古工作得以重视，出土青铜器亦得到妥善的保管、修复和翔实的记录整理。主要出土地点有永和县下辛角、石楼县的二郎坡、后兰家沟、桃花庄、贺家坪（下庄峁）、义牒、圪垛坪、会坪、褚家峪和曹家垣，柳林县的高红，忻县连寺沟的羊圈坡，保德县的林遮峪等。器物成群的主要出土地点有后兰家沟、桃花庄、二郎坡、羊圈坡、牛子坪和林遮峪，其他地点或是少量的数件容器，或是数件兵器。根据器物的形制、纹饰特点进行分析比较，这批商代青铜器的时代总的来说属于商代晚期，与安阳殷墟出土的青铜器相似，但也富有北方草原文化的特色。根据青铜器的特征，可分为早、中、晚三段。

一、早　　段

相当于盘庚迁殷前后到武丁前，上限或许略早些，以忻县连寺沟[1]、石楼后兰家沟[2]和贺家坪[3]、永和卜辛角[4]的出土青铜器为代表。

（一）忻县连寺沟

1938年在村南牛子坪和1966年在羊圈坡两次出土青铜器。羊圈坡出土的青铜器群，包括鼎3件，其中1件残破，完整者有直耳、中腹、上粗下细锥柱状足、饕餮纹鼎1件。立耳、深腹、短锥柱形足、云纹鼎1件，其柱足有向矮柱形足过渡的趋向。短尾、狭长流、伞柱、饕餮纹爵1件，喇叭口、粗柄、高圈足、饕餮纹觚1件，盉1件。牛子坪出土遗物已部分散失，目前存在的有立耳、尖锥柱形足、饕餮纹鼎1件，方唇、短颈、宽肩、圆底、圈足、勾连雷纹瓿1件，菌状立柱斝1件，短尾、长流、直

① 沈振中：《忻县连守沟出土的青铜器》，《文物》1972年第4期。
② 郭勇：《石楼后兰家沟发现商代青器简报》，《文物》1962年第4、5期。
③ 杨绍舜：《石楼县发现古代铜器》，《文物》1959年第3期。
④ 《山西永和发现殷代铜器》，《考古》1977年第5期。

腹爵 1 件，蛙形笄首饰 1 件。

连寺沟出土铜器特点：

1. 云纹鼎的锥柱形足逐步向柱形足发展，饕餮纹鼎的一耳与一足相对，另一耳在二足之间的口沿上，爵体逐步加长，流长尾短，柱在口流之间，瓿体最大径在肩部，觚柄中部起凸棱、作饕餮纹的鼻梁。

2. 纹饰仍然以单体带状、尾向上卷的饕餮纹和云纹为主，瓿的纹饰开始向满体发展。

3. 鼎、瓿、斝、爵的器底成凸形圆底，爵体向卵形发展。

（二）后兰家沟

后兰家沟 1957 年墓葬出土青铜器群有敛门、短颈、圆形底、圈足、肩饰三个羊首瓿 1 件，满体饰有斜方格雷纹和乳钉纹。方形菌柱、敞口、直腹、饕餮纹斝 1 件，敞口、束腹、高圈足、饕餮纹觚 1 件，短尾、长流、菌柱、饕餮纹爵 1 件，二蛇戏蛙勺 1 件，兵器和工具等共 19 件：包括泡 9、镞 4、戈 1、斯 1、凿 1、削 1、匕 1、弓形器 1 件。另有黄金耳环 3、残玉璜 1、残璧 1 件。勺、匕和削都在一端装饰有动物图案。削柄首饰蛇纹，环首有三组。匕柄为镂孔蛇头，舌头可转动，似铃。勺的柄首为二蛇戏蛙。戈的援部加宽。后兰家沟铜器的特点，花纹基本上是单体带状饕餮纹、尾向上卷；瓿的肩部有三个凸起羊首，满体饰斜方格霄纹和乳钉纹；觚体腹部凸棱加宽，腰和足部逐步向满体饰饕餮纹发展；爵体向卵形演变。

（三）永和县

永和县下辛角一座古墓中出土爵、斝、觚、戈等 5 件铜器，特征与后兰家沟的铜器相似，爵、觚均有铭。

（四）石楼贺家坪（下庄卯）

1958 年 9 月发现早在 1938 年出土保存在当地陈姓家的青铜器为直耳、锥足、饕餮纹鼎 1 件，敞口、直腹、平底、尖锥形足、饕餮纹斝 1 件，矮而粗的空腹觚 1 件，觚腹部有"十"字镂孔，饰雷纹。敛口、宽腹、圜底、矮圈足、乳钉纹瓿 1 件，尖尾、长流短粗身饰弦纹的爵 1 件，柄首有兽纹的雷纹斗 1 件，镂孔柄匕 1 件，宽援戈 1 件，共 8 件。

上述商代晚期早段铜器群的基本组合都是鼎、斝、觚、爵、鬲、瓿、盂，纹饰风格也大致相同。但也能看得出一个由早到晚的演变过程，有的铜器较多地保持商代二里岗期的特点，如鼎、鬲、瓶的锥形足，鬲的分档，有的则由尖锥形足向平底锥形足发展。觚无束腰到有束腰。爵体从粗圆到狭长，接近卵状。纹饰由单体带状平面饕餮纹到凸型羊首、有鼻梁的饕餮纹，以及满体纹饰的开始出现等。

二、中　段

相当于武丁前后到康丁时期，部分略早些，以石楼二郎坡①、石楼义牒②的出土文物为代表。

① 山西省文管会保管组：《山西石楼县二郎坡出土商代铜器》，《文物参考资料》1958 年第 1 期。

② 杨绍舜：《山西石楼义牒会坪发现商代兵器》，《文物》1974 年第 2 期；石楼县文化馆：《山西石楼义牒发现商代兵器》，《考古》1972 年第 4 期；《山西石楼义牒又发现商代兵器》，文资 3。

（一）石楼二郎坡

1957 年夏出土铜器 15 件。鼎 2 件：一件为分裆、直耳、高柱足、腹饰斜角雷纹，另一件为立耳、圆腹、柱足、腹饰弦纹两条，问有乳钉；上下连体一件，直耳、下部鬲的柱足上小下大，似有向蹄形发展的趋势。伞形方柱、饕餮纹斝 1 件，三棱锥尖足，应用复合多层花纹，上腹蕉叶纹内填蝉纹，下腹饕餮纹内填圆纹，有扉棱。雷纹瓿 4 件，体形高矮不一，腹、足部都饰乳钉雷纹。鹑卣 1 件，盖作骋鸟头，尖嘴凸眼，器身作鸟腹，两足肥大粗硕，腹部有羽纹似翅。其他有环柄削 1 件，斧、斯各 1 件，兵器有兽面纹钺两件，兽面纹戈 1 件。

（二）石楼义牒

石楼义牒历年来发现五批铜器：1967 年在村东南发现鹗头直内戈 1 件，蛇头形铜匕 1 件，斧 1 件。1969 年在琵琶塬（店墕圪坝）出土铜器 13 件，有喇叭口、宽腹、矮圈足饕餮纹瓿 3 件，尖尾、长流弦纹爵 1 件，宽援戈 1 件，另有刀、锛、凿、镞、梳、条形铜器和璜形铜器等。1973 年在村北会坪出土兽面纹有銎钺 1 件，燕尾式铜镞 25 件。1976 年在村东郝家畔出土曲内凤尾戈 1 件。1976 年在圪垛坪村西出土曲内云纹戈 1 件，直内銎铜钺 1 件。

中段铜器的特点：

1. 鼎、鬲、方鼎普遍运用柱形足；

2. 爵体成卵形，瓿体成细喇叭状，腰腹部有宽厚的箍；

3. 普遍使用扉棱；

4. 方鼎、觥、鹑卣、鹗尾戈、觯等新器形出现；

5. 戈援部加宽；

6. 带状饕餮纹减少，或不见，普遍使用多层或满身饕餮纹、夔龙纹、三角纹、蝉纹、珠纹、蕉叶纹和凸棱附兽等新花纹出现；

7. 族徽和单个铭文的使用。

这一组青铜器和殷墟的妇好墓，小屯村北的 17、18 号墓出土的铜器基本一致。

三、晚　段

相当于武乙到帝辛时期，以石楼桃花庄[①]、保德林遮峪[②]及柳林高红[③]出土的青铜器为代表。

（一）桃花庄

1959 年 8 月于墓葬中出土铜器、玉器、金器等九十余件，其中铜器有：立耳、矮柱足、饕餮纹鼎

---

① 谢青山、杨绍舜：《山西吕梁县石楼镇又发现铜器》，《文物》1960 年第 7 期。
② 吴振录：《保德县新发现的殷代青铜器》，《文物》1972 年第 4 期。
③ 《山西柳林县高红发现商代铜器》，《考古》1981 年第 3 期。

1 件；立耳微侈、腹壁内收、柱足外撇雷纹鼎 1 件；直耳、腹部饰三条弦纹瓿 1 件；高圈足、盆形簋 1
件；鱼纹盘 1 件，其造型为敞口、浅腹、平底，内壁饰三条鱼纹，中心为一水涡纹，腹部及足部饰饕
餮纹，腹部上有三个系，足部有三个孔；夔龙纹三扁足铜盘 1 件；饕餮纹斝 1 件，其造型为平唇、体
扁圆、高圈足；满体饰雷纹、饕餮纹的瓿 1 件。龙纹铜觥 1 件，其盖饰有夔龙纹，并有提手，腹部装
饰鳄鱼纹、夔龙纹，圈足上有夔龙，夔龙身上填有回纹；喇叭状觚 2 件，其造型为宽敞口、细腰，其
中一件的圈足内挂有铃铛；双兽头、条形提梁卣 1 件；饕餮纹爵 1 件；弦纹带盖壶 1 件；素面斗 1 件。

（二）保德林遮峪

1971 年 11 月出土铜器 30 余件。包括：立耳微侈、高柱足饕餮纹鼎 1 件；素面鼎 1 件；深圆盘、
粗柄豆 2 件，其柄上有十字孔，柄内有铜丸一枚；小口、直领鼓腹、高圈足、饕餮纹瓿 1 件；敞口、
斜领、宽肩、雷纹瓿 1 件，其外有扉棱，腹部有方格雷乳纹；敛口、宽腹、索形提梁卣 1 件，其腹部
正背面各一个凸起的兽头，底上有动物族徽符号。还有 1 套车马器，包括长条形车辖 1 件，管状镂孔
舆栏饰 2 件，双铃球 2 件，单铃球 2 件，车铃、马铃各 1 件，都安有铃铛。此外，还有玉琮 2 件，赤
金弓形器 2 件，铃首剑 1 件，斧 2 件等。

（三）柳林县高红

1978 年 4 月出土有盔、铃首剑、矛、钺、斧、铃、靴形器、塔形器、铜饰各 1 件，双环削 3 件。
铃首剑、斧、铃与保德林遮峪出土的相同。盔为圆顶盖，护耳较短，两侧护耳上各有五个小圆孔，桥
形捉手，与内蒙古宁城县南山根、昭盟①及殷墟出土的盔相似。最特殊又少见的是靴形器，尖靴头上
翘，高腰筒，似骑马时穿的马靴。

晚段铜器的特点：容器数量种类增加了，新形器有壶、豆、盘。器形变化为：鼎耳微侈、外撇、
柱足，簋敞口、高圈足，豆与陶豆完全相同，瓿腹壁扁圆、上有扉棱，卣下腹大。纹饰演变为：多层
满体花纹广泛采用，尤其在瓿、觥上最为明显，壶细颈、底大似蒜头，最为突出的是保德铜器中缺乏
酒器觚、斝，出现车马器，并且都装饰有铜丸，似铃铛。

上述铜器群中礼器以鼎、觚、爵、斝、卣、瓿较多，且以觚、爵或觚、爵、斝的组合为常见。除
豆与龙纹觥不见于殷墟铜器群外，其他诸器的形制、花纹大抵都与殷墟铜器相同。由此可见，这些铜
器基本上属商器，而这些墓葬中铜礼器的组合所反映的礼制基本上是商礼。

再从兵器和工具等来看，如戈、钺、镞、斧、锛、凿、削等同于殷墟铜器，大体上仿自商制，但
是匕、銎内刀、铃首剑、弓形器以及车马器等大都不见于商器，而表现出明显的地方特点。这种文化
特点和内蒙古南部、陕西东北部少数民族的文化有许多共同特点，显然是吸收了北方草原文化的缘故。

1. 匕 5 件。分别见于石楼后兰家沟铜器群、贺家坪铜器群、桃花庄铜器群、义牒铜器群和褚家峪
铜器群。器形与石楼隔河相对的陕西绥德市墕头村②先周文化窖藏坑中曾出土的蛇首匕的形制基本上

① 《内蒙古昭乌达盟出土的铜器调查》，《考古》1959 年第 6 期。
② 《陕西绥德墕头村发现一批窖藏商代铜器》，《文物》1975 年第 2 期。

相同，皆作长条状两面刃，柄镂空作蛇头状，舌头也可转动。这种匕不曾见于殷墟铜器，而在藁城商墓[①]中却出有1件，唯作羊首，应该是从山西方面传去的。

2. 銎内刀1件。发现于石楼义牒铜器群，全长28.5厘米，其表面有15枚乳钉，背部有三个銎，銎内还残存有木柄。这种銎内刀尚未见于商器，但与河南浚县出土的《康候斤》和近年来在北京昌平白浮村及西周中期墓[②]出土的Ⅱ式刀形制都很相似，其为一类无疑。另外，宋代出土的所谓"片云戚"亦属此类。这类带銎的兵器在先周文化和偏北方的西周早期墓葬中是较习见的。其形制多有变化，近年来在陕两绥德、泾阳高家堡先周墓中出的銎内戈（或刀）即其例。看来这一类兵器可以说是周人的特产，但溯其源可能来自晋、陕之间。

3. 铃首剑3件。分别发现于保德林遮峪、柳林高红和石楼曹家垣铜器群。器形通体向一侧微曲，脊隆起，剑身横断面呈棱形，颈扁平，上有四道沟槽，圆形剑首，正面有放射形镂孔，内置铜丸。类似的铜剑在夏家店上层文化中曾有发现，如辽宁宁城南山根第101号墓中就出土过一器，其年代约在东周之际。另外，在北京昌平白浮村周墓中也有发现，其年代为西周中期。

4. 弓形器3件。分别发现于石楼后兰家沟、褚家峪和曹家垣。后兰家沟和褚家峪的弓形器相似，器形正面为槽，边缘起棱，上有方首，两足尖外弯成钩，各有一穿。而曹家垣的弓形器则由两根铜条组成，两端各有一系纽。

还应该提到的是金耳形器，共5件。见于石楼后兰家沟群和下辛角村群；金耳形器也见于夏家店下层文化，其状若淋浴用的莲蓬，其外则卷曲似云纹。但是在商文化中却只有无耳形器，可见其装饰风俗的不同。

据以上分析可知，吕梁山已出土的商代青钢器年代约相当于晚商时代，大部分器物同于商文化（有的带铭文的铜器可能直接来白殷墟），也有一部分不同于殷墟商文化，而后者在一定意义上恰好反映了其文化特点。因此，我们认为这些青铜器所代表的考古学文化尽管同股墟商文化有非常相似的地方，但不同于殷墟商文化，具有一定地方特色的文化遗存，这对于探讨殷帝国和方国之间的文化关系是很有意义的。

石楼等地的青铜文化遗存，根据殷墟卜辞的研究成果，推测有可能是鬼方等西方部落的遗存。要真正搞清其文化内涵，还有待将来大量的考古发现来揭示。

（原载《山西省考古学论文集》，山西人民出版社，2006年）

① 《河北藁城台西村的商代遗址》，《考古》1973年第5期。
② 《北京地区又一重要考古收获》，《考古》1976年第4期。

2004 柳林高红商代夯土基址试掘简报

山西省考古研究所

　　高红村位于三川河北岸，东距柳林县城约 11.5 公里，西距黄河边军渡村 5 公里。307 国道从村子中间穿过，将村子南北分开。村北的八亩垣在七十年代曾经出土过晚商青铜器（图一）。

　　2004 年山西西部考古工作在柳林三川河流域展开后，高红遗址的调查成为我们的重点工作之一。村南约 1 公里的一座山梁被东西横贯柳林的三川河三面环绕，北邻 307 国道。整个山梁地势西北高东南低，东、南部坡度较缓，西、北部陡峭。1983 年吉林大学师生组成的考古队在半山腰的断崖边清理了一座灰坑（H1）。在高处的缓坡上采集到的陶片和 83 年 H1 所出陶片一致，离河岸不远，有战国、汉代陶片和灰坑一类的遗迹。山梁顶部（当地人称柿枣垣）比河岸高出 100 米。垣上地势 西北高东南低，西北部平坦；东南部是漫坡地，垣顶面积约 40000 平方米。在断崖上和冲沟边暴露有夯土的残迹。经钻探，共发现二十余处 夯土基址。为了了解夯土的年代，2004 年 6～7 月，在断崖边选点对夹在夯土中的灰土和打破夯土的 灰坑进行试掘。共布 2 米×3 米探沟 6 条，编号 TGI～TG6，发掘面积近 40 平方米。仅 TG3 中有厚约 0.2 米的黑灰土夹在夯层中。为了保护夯土除 TG3 外，所有的探沟都是清理到夯土便停止工作。

一、地层堆积

　　各探沟地层堆积情况基本一致，现以 TG1 北壁为例，说明地层堆积情况（图二）：

　　第 1 层：耕土层，黄褐色，土质较软。厚 0.2～0.3 米。下压 H1。

　　第 2 层：H1 内堆积。黄灰土。厚 0.2～0.65 米。出有少量陶片。

　　第 3 层：夯土，黄色粉砂土。

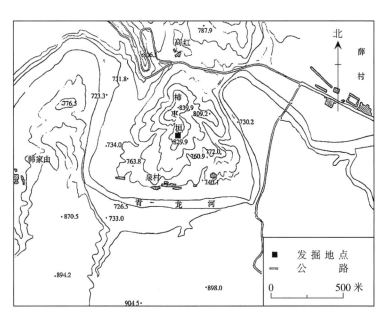

图一　高红遗址地形示意图

二、遗　迹

六条探沟均布在断崖边被破坏的夯土上，夯土的整体情况不明。通过对 TG3 的发掘，了解了夯土的一些情况。夯土为粉砂土，土质纯净，夯层厚约 0.05～0.06 米。夯窝密集，有圆形、椭圆形、不规则形，夯窝径约 0.02～0.03 米。似用五六根木棍捆绑起来做夯土工具。夹在夯土中的黑灰土厚约 0.2 米，含木炭屑、草木灰、碎骨、少量碎陶片。

共发掘灰坑 5 个。分别开口于耕土或现代垫土下，均为不规则形，受发掘面积所限，所有的灰坑均是局部揭露，周壁情况不明。

H1　开口于耕土层下，打破夯土。坑底凹凸不平，深 0.1～0.9 米。填土为黄灰土，土质松软，内含烧成红色的草拌泥块、红烧土碎块、草木灰。出土少量陶片、兽骨等（图二）。

H2　位于 TG2 南部，开口于现代垫土下，打破夯土。深 0.25～0.42 米。填土为黄灰土，土质较软，内含有明显烧痕的夯土块、灰褐色草拌泥块、草木灰。出土陶片、兽骨等。

三、遗　物

从几条探沟所出陶片看，以灰陶居多，褐陶（多陶色不纯，有的是灰胎，有的是褐胎）其次，少数陶片为土黄色，另有极少量的红陶。陶质有泥质、夹砂两类。泥质陶器类有小口广肩罐、盆、罐、簋、袋足三足瓮等；夹砂陶器类有鬲、罐、簋等。瓮口沿多加厚形成内伸或外凸的宽平沿，多饰散乱的浅绳纹或交错绳纹，在腹部残片上有明显的接片痕迹，应是分段接起的。鬲有两种，一种体积大，羼粗砂粒，色深灰，厚胎，裆部有加固的泥条；一种薄胎，体积小，夹细砂。口沿上多捺出纹饰，形成一周花边，有的颈部加饰一周似花边的附加堆纹。鬲袋足呈锥状，均是饰有绳纹的平足底，有的鬲足有一段实足根。纹饰以绳纹居多，另有云雷纹、弦纹、三角划纹、绳纹加饰弦纹、二角纹框内填规则细密的绳纹，网格纹、小方格纹较少（图三）。云雷纹一般饰在小口广肩罐的肩部，少数泥质陶背面有几道类似蓝纹的印痕。有的器内有刮抹痕。

现按出土单位将遗物情况分述如下：

（一）TG2H2

簋　夹细砂，黄褐陶。H2:1，敞口，圆唇，束颈。鼓腹。器表磨光，腹饰由三角形划纹组成的图案。口径

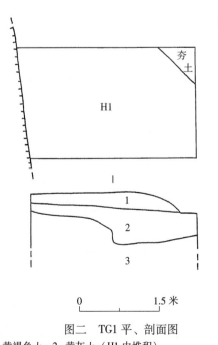

图二　TG1 平、剖面图
1. 黄褐色土　2. 黄灰土（H1 内堆积）
3. 夯土，黄色粉砂土

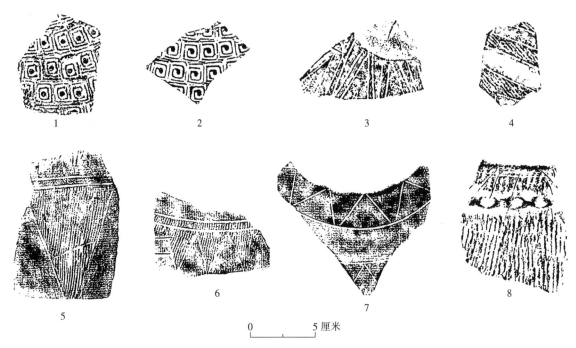

图三　高红遗址出土陶器纹饰拓片

1、2. 云雷纹（H6：11、12）　3、7. 三角划纹（H4：16、H6：10）　4. 几何形纹填绳纹（H3：32）5、6. 三角划纹内填绳纹（H3：31、30）　8. 绳纹（H3：33）

29.6、残高 13.6 厘米（图四 - 5）。H2：2，簋口沿，圆唇，口径 32、残高 1.6 厘米（图四 - 3）。H2：8，圈足，夹砂灰陶，素面，器表有刮痕。底径 16、残高 5.2 厘米（图四 - 2）

小口折肩罐　泥质灰陶。H2：3，短径，卷沿，圆唇。肩部绳纹被拍平，下饰云雷纹。口沿有慢轮修整痕迹。口径 12、残高 10 厘米（图四 - 6）。H2：4，罐底，平底饰绳纹。底径 10.6、残高 16.8 厘米（图四 - 8）。

小口广肩罐　泥质灰陶，矮领。口略侈，圆唇或尖圆唇，方圆肩，肩上饰弦断绳纹。H2：6，口略侈，圆唇。口径 10.8、残高 11.2 厘米（图四 - 7）。H2：7，口微侈，尖圆唇。口径 11.2、残高 10.4厘米（图四 - 1）。

大口罐　H2：5，泥质灰陶。口微侈，方圆唇。口沿外有慢轮修整痕迹，口沿下绳纹被拍平。口径22、残高 6.4 厘米（图四 - 4）。

（二）TG4H3

骨器

骨锥　H3：1，磨制。三角形，尖端锐利。顶端内曲。长 13、最宽处 4 厘米（图八 - 4）。

骨镞　H3：2，磨制，镞身圆锥形。镞身长 4.5 厘米，铤残长 0.9 厘米（图八 - 2）。

残石器　H3：3，磨制，底部圆钝。最宽处 7.6、残高 7 厘米（图八 - 5）。

原始瓷器　H3：24，短直领，折肩。沿下饰弦纹、斜向划纹组成的图案。口径 27.2、残高 6 厘米（图六 - 6）。

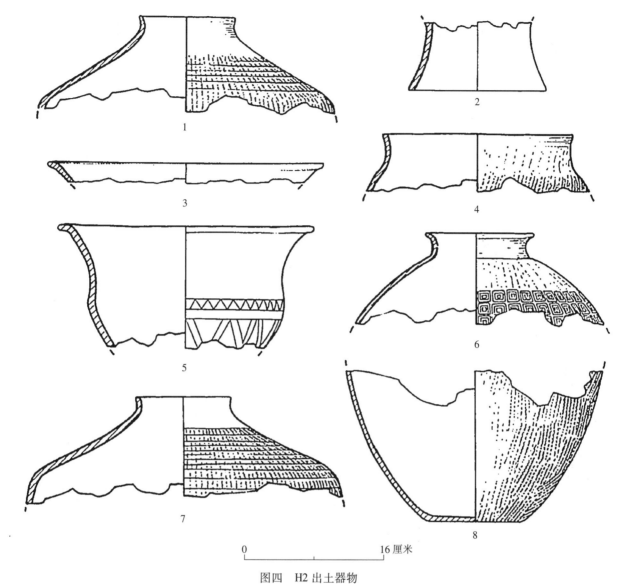

图四　H2 出土器物

1、7. 小口广肩瓶．（H2：7、6）　2. 簋圈足（H2：8）　3、5. 簋（H2：2、1）　4. 大口罐（H2：5）　6. 小口折肩罐（H2：3）　8. 罐底部（H2：9）

陶器

瓮灰陶或褐胎灰皮，陶质紧密，泥质陶中含少量砂粒。H3：11，陶质紧密，厚胎，平沿外凸。从断茬看，胎可分为两层，显然是分片粘贴成的。饰粗绳纹，口沿下绳纹被抹平。口径32、残高13.2厘米（图六–9）。H3：10，胎较薄，窄平沿，饰斜向细绳纹。残高8厘米（图六–5）。

鬲　H3：5，夹粗砂灰陶。折沿。颈部饰一周附加堆纹，腹饰规整绳纹，纹痕深。残高10厘米（图五–9）。H3：16，夹细砂灰陶。侈沿，束颈。叠沿外侧捺一周楔形纹，形成花边口沿，尖唇。饰规整粗绳纹，纹痕深。口径16厘米，残高6厘米（图五–3）。H3：27，夹细砂灰陶。短颈，侈口。口沿上捺一周楔形花边，口沿下绳纹被抹平。口径28厘米，残高4.8厘米（图五–6）。

鬲足　H3：18，锥形袋足，平足底。残高4厘米（图五–4）。H3：14，袋足，饰粗浅绳纹。残高8.8厘米（图六–7）。H3：17，夹粗砂灰陶。袋足尖部嵌一泥丸后用泥抹平，平足底。饰规整细绳纹。残高6厘米（图五–12）。H3：21，夹砂灰陶。有一段实足根。饰绳纹，纹痕模糊。残高4.8厘米

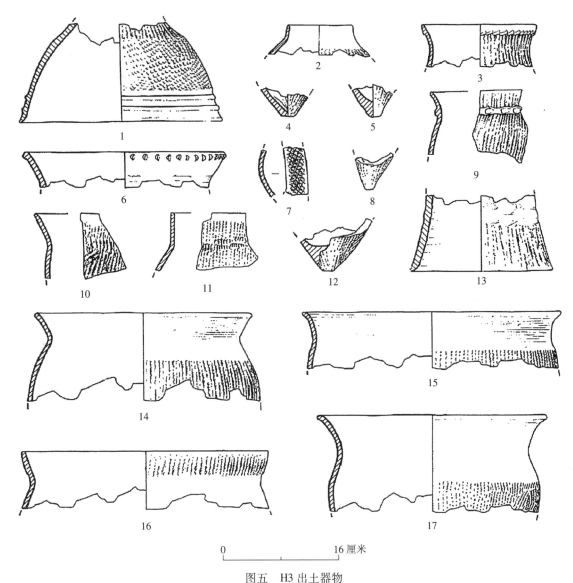

图五　H3 出土器物

1. 器盖（H3：7）　2. 罐（H3：4）　3～6、8、9、12. 鬲（H3：16、18、25、27、21、5、17）　7. 器耳（H3：9）　10、
11、14～17. 盆（H3：15、23、6、12、8、26）　13. 簋圈足（H3：29）

（图五－8）。H3：25，锥状足。残高 4.4 厘米（图五－5）。

　　盆　H3：12，陶质紧密，夹细砂。敞口，圆唇，口沿上有慢轮修整痕迹。饰规整细绳纹。口径
35.6 厘米，残高 8 厘米（图五－15）。H3：8，泥质灰陶，含少量砂粒。侈口，方唇。口沿外侧饰规整
绳纹。口径 34 厘米，残高 8 厘米（图五－16）。H3：6，泥质灰陶，偶含砂粒。侈沿，斜方唇。腹饰
规整绳纹。口径 29.2 厘米，残高厘米（图五－14）。H3：26，泥质灰陶，含少量砂粒。束颈，侈口。
口沿上有慢轮修整痕迹。腹饰细绳纹。口径 31.8 厘米，残高 13.2 厘米（图五－17）。H3：23，泥质，
褐胎灰皮，侈沿，斜方唇。饰规整绳纹。残高 7.6 厘米（图五－11）。H3：15，泥质灰陶，侈沿，饰
粗绳纹。残高 8.8 厘米（图五－10）。

　　簋　H3：29，夹砂灰陶。底部微呈喇叭状。圈足底部饰规整绳纹。圈足内外有粗糙刮抹痕。底径
19.6、残高 10 厘米（图五－13）。

　　罐底　H3：20，泥质灰陶，陶质纯净。圜底，凹底上有不太清晰的绳纹痕。底径 7.2 厘米（图

六 -2）。

罐　H3∶4，夹细砂灰陶。短颈，口微敛，口下饰粗绳纹。口径8.8、残高4厘米（图五 -2）。

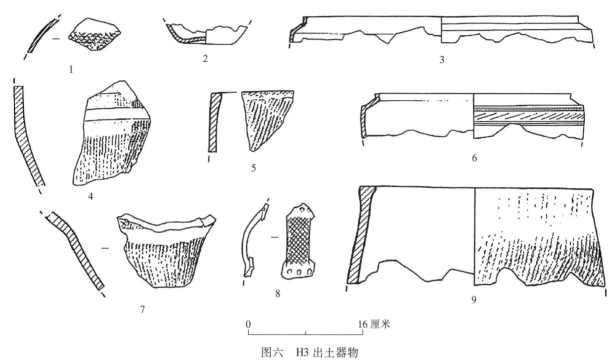

图六　H3 出土器物

1、4. 器物腹片（H3∶28、13）　2. 罐底（H3∶20）　3. 大口罐（H3∶22）　5、9. 瓮（H3∶10、11）　6. 原始瓷器（H3∶24）
7. 鬲足（H3∶14）　8. 器耳（H3∶19）

大口折肩罐　H3∶22，泥质，褐胎灰皮，素面。矮直领，方唇。口径37.6、残高3.6厘米（图六 -3）。

器盖　H3∶7，夹细砂褐陶。尖圆唇。器表印小方格纹，近底部有两周凸棱。口径28、残高13.2厘米（图五 -1）。

器腹片　H3∶13，泥质灰陶，含少量砂粒。厚胎，腹部有竖折棱，通体饰细绳纹，腹部加饰弦纹。残高14厘米（图六 -4）。H3∶28，泥质灰陶。饰方格纹。残高4.4厘米（图六 -1）。

器耳　H3∶9，褐胎灰皮，夹细砂。印斜方格纹。残高6厘米（图五 -16）。H3∶19，泥质灰陶。印斜方格纹。残高10厘米（图六 -7）。

（三）TG5H4

青铜部件　H4∶1，残长厘米（图七 -13）。

石器

石斧　H4∶2，大致呈梯形，磨制光滑，一面略凹，一面略鼓。应为便利捆绑木柄，双面刃。长9.9、最宽4.3厘米（图八 -1）。

陶器

小口广肩罐　H4∶3，泥质，陶色不纯，外表灰色，内胎黄色。短径，尖唇，口微侈，规整细绳纹上加饰似随意抹划的弦纹。口径13.6、残高5.2厘米（图七 -5）。

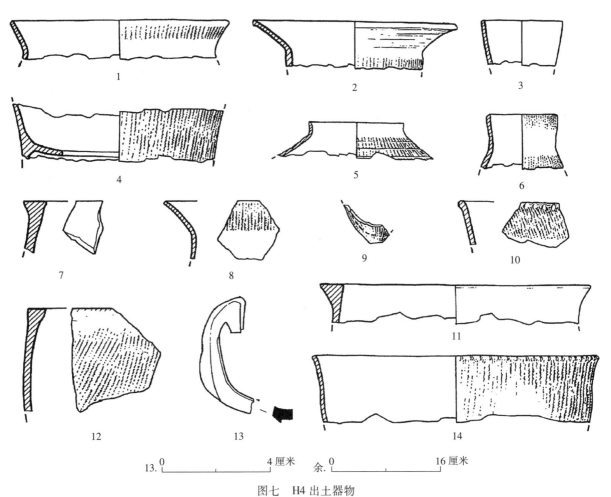

图七　H4 出土器物

1、2、8、10、14. 盆（H4：13、6、14. 12. 8）　3. 杯（H4：7）　4. 甗（H4：15）　5. 小口广肩罐（H4：3）
6. 长颈罐（H4：4）　7、9、11、12. 瓮（H4：11、9、10、5）　13. 青铜部件（H4：1）

长颈罐　H4：4，夹砂灰陶。颈较长，口略侈，方唇，饰浅细绳纹。口径 10.4、残高 7.6 厘米（图七 -6）。

瓮 H4：10，泥质，外表灰色，胎黄褐色。口沿处加厚，形成外凸的宽平沿，口沿内侧有慢轮修整痕。口径 39.2、残高 5.6 厘米（图七 - 11）。H4：11，夹细砂，外表灰色，胎黄褐色。宽平沿，口沿上有稀疏的麻点纹。残高 8 厘米（图七 - 7）。H4：5，夹粗砂灰陶。平沿较窄，厚胎。饰斜向浅绳纹。残高 14 厘米（图七 - 12）。H4：9，泥质灰陶。袋足，平足底。薄胎。饰细绳纹。残高 6 厘米（图七 -9）。

盆 H4：14，夹细砂灰陶，含砂少。束颈，侈口，口沿外侧饰规整粗绳纹。残高 8.4 厘米（图七 - 8）。H4：6，泥质灰陶。束颈，大敞口，方唇。口沿上有慢轮修整痕。腹饰浅细绳纹。口径 31.2、残高 6.8 厘米（图七 - 2）。H4：8，泥质灰陶，陶质不纯净。口近直。口沿外侧捺出花边，饰粗绳纹。口径 41.6、残高 9.6 厘米（图七 - 14）。H4：12，泥质灰陶，陶质不纯净。侈口，胎较厚。口沿外侧捺出窝状花边，饰斜向粗绳纹，纹痕深。残高 6.4 厘米（图七 - 10）。H4：13，泥质灰陶，陶质不纯净。束颈，侈口，方唇。口沿外侧绳纹被拍平，应是拍打后再经慢轮修整。口径 31.2、残高 5.6 厘米（图七 -1）。

甗　H4∶15，夹粗砂灰陶。宽隔，饰规整粗绳纹。腰径27.6厘米，残高7.2厘米（图七－4）。

杯　H4∶7，泥质灰陶，陶质不纯净，偶含砂粒。口微侈，圆唇，器表磨光。口径11.6、残高6.4厘米（图七－3）。

（四）TG3H5

骨器

骨锥　H5∶1，残，磨制，三角形。残长7.4厘米，最宽处1.2厘米（图八－3）

陶器

鬲　H5∶2，夹粗砂褐陶，灰皮。口沿楔形花边。短颈。饰绳纹，纹痕模糊。残高6厘米（图九－2）。

小口广肩罐　泥质灰陶。短径，卷沿。肩部粗绳纹上加饰随意抹划的不规整弦纹。H5∶3，尖圆唇。器口有慢轮修整痕。残高6.4厘米（图九－9）。H5∶4，方圆唇。口径11.6、残高6.4厘米（图九－5）。

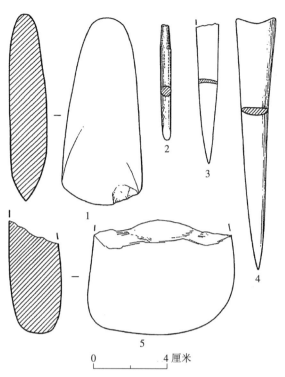

图八　高红遗址出土石器、骨器
1. 石斧（H4∶2）　2. 骨镞（H3∶2）
3、4. 骨锥（H∶1、H3∶1）　5. 残石器（H3∶3）

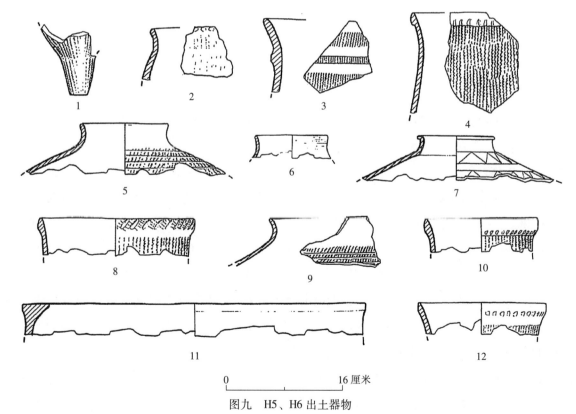

图九　H5、H6出土器物
1、2、4、8、10、12. 鬲（H6∶2、H5∶2、H6∶3、4、8、7）　3. 盆（H6∶9）　5、7、9. 小口广肩罐（H5∶4、H6∶1、H5∶3）
6. 小口罐（H6∶5）　11. 瓮（H6∶6）

（五）TG6H6

陶器

鬲　均为夹粗砂灰陶，口沿上饰花边。H6：3，长颈。口沿外侧饰一周花边，饰规整粗绳纹，纹痕较浅。残长 14 厘米（图九 - 4）。H6：4，叠沿上捺斜向楔形纹，形成一周花边，口沿下饰浅绳纹。口径 22.4、残高 4.8 厘米（图九 - 8）。H6：7，口沿外侧贴附一周泥条，上有指甲捺出纹饰，形成一周花边，口沿下饰浅细绳纹。口径 17.6、残高 4.4 厘米（图九 - 12）。H6：8，叠沿外侧捺一周楔形纹，形成花边口沿。尖唇。饰规整粗绳纹，纹痕深。口径 15.6、残高 4.4 厘米（图九 - 10）。H6：2，袋足，有一段实足跟，平足底，饰规整绳纹。残高 9.6 厘米（图九 - 1）。

小口罐　H6：5，泥质灰陶。束颈，侈口，尖圆唇。口沿有慢轮修整痕迹。口径 10、残高 3.2 厘米（图九 - 6）。

小口折肩罐　H6：1，泥质灰陶。矮直领，折沿，广肩。器表素面磨光，环肩部饰三角划纹。口径 10.4、残高 6 厘米（图九 - 7）。

盆　H6：9，夹砂灰陶，陶质紧密，含砂少。侈口，方圆唇。口沿下贴附一周堆纹，饰规整细绳纹。残高 9.2 厘米（图九 - 3）。

瓮　H6：6，泥质灰陶。宽平沿。口径 47.6、残高 4.4 厘米（图九 - 11）。

四、采集器物

（一）商代器物

鬲　采：1，夹砂灰陶。高直领，口沿下有。通体饰浅绳纹，较细。残高 10 厘米（图一〇 - 4）。采：5，泥质，内胎深灰色，器表橙黄色。三角形图案内填绳纹。残高 6 厘米（图一〇 - 9）。采：4，锥形足，饰浅绳纹。残高 3.2 厘米（图一〇 - 10）。

瓮　采：7，泥质，黄褐陶。平沿内伸。斜腹上饰浅细绳纹。口径 32 厘米，残高 20.4 厘米（图一〇 - 21）。采：6，泥质灰陶，陶质不纯净，含极少量砂粒。平沿略外侈。口径 38 厘米，残高 9.2 厘米（图一〇 - 20）。采：8，泥质灰陶。平沿略外折。方唇。口沿下绳纹被抹去。口径 37.6 厘米，残高 5.2 厘米（图一〇 - 15）。采：9，泥质灰陶。窄平沿。饰浅绳纹。口径 26 厘米，残高 6.4 厘米（图一〇 - 1）。采：15，泥质灰陶，圜底。饰散乱浅绳纹。残长 18 厘米（图一〇 - 12）。

盆　采：10，泥质灰陶。斜直领，口沿上捺出窝状花边。领上饰交错绳纹。口径 39.6 厘米，残高 8 厘米（图一〇 - 3）。采：11，束颈，敞口。口沿下绳纹被拍平。腹饰规整绳纹（图一〇 - 17）。

小口折肩罐　采：12，泥质灰陶。肩部磨光，折肩处饰一周三角形划纹，腹饰细绳纹。肩径 33.2 厘米，残高 12 厘米（图一〇 - 7）。采：14，泥质，橙黄陶。胎较厚，土质纯净，似经过淘洗。几何形图案内填细绳纹。残高 18 厘米（图一〇 - 8）

甗　夹砂灰陶，饰绳纹。采：2，腰径 20 厘米，残高 12.8 厘米（图一〇 - 19）。采：3，残高 6.4

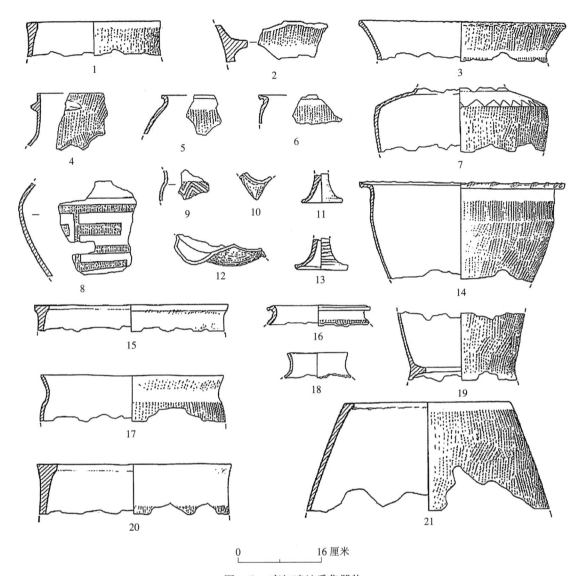

图一〇 高红遗址采集器物

1、12、15、20、21. 瓮（采：9、15、8、6、7） 2、19. 甗（采：3、2） 3、6、14、17. 盆（采：10、4、1、11） 4、5、9、10、16. 鬲（采：1、2、5、4、3） 7、8. 折肩罐（采：12、14） 11、13. 豆（采：6、5） 18. 小口罐（采：13）

厘米（图一〇-2）。

罐 采：13，泥质灰陶。领较高，束颈，侈沿。口径11.6厘米，残高4.8厘米（图一〇-18）。

（二）东周器物

器类有盆、豆，均为灰陶，有泥质、夹砂两类。

盆 采：1，泥质，平折沿，方唇。腹饰规整浅细绳纹。口径39.6、残高18.4厘米（图一〇-14）。采：4，折沿，斜唇。腹饰规整浅粗绳纹。残高5.6.厘米（图一〇-6）。

鬲 夹砂灰陶。束颈，卷沿。饰浅细绳纹。采：2，残高7.6厘米（图一〇-5）。采：3，颈略高，口径19.6厘米，残高4厘米（图一〇-16）。

豆 泥质灰陶，喇叭形底座。采：5，柄及座上饰数周暗纹。底径10、残高6厘米（图一〇-13）。

采：6，素面。底径 7.6、残高 5.2 厘米（图一〇 – 11）。

五、结 语

1. 从目前打破夯土的几个单位所出器物来看，和 1983 年吉林大学师生在高红遗址清理的 H1[①] 中所出器物特征一致，无疑属于同一类遗存。以花边鬲、袋足三足瓮、小口广肩罐、簋等为主要器物组合形式的这类遗存亦见于清涧李家崖[②]、绥德薛家渠[③]。高红的花边鬲 H6：3、4、7、8 同薛家渠 A 型鬲类同；小口折肩罐 H2：3、H6：1 和李家崖的 A 型罐近似；泥质陶鬲采：5 和李家崖 C 型鬲接近。器物腹片 H3：30、采：14 几何形图案内填绳纹的装饰风格分别与殷墟苗圃Ⅱ的Ⅱ式壶 PNM124：231、Ⅲ期的 ST302[④]：1[④] 相若。大司空遗址[⑤]Ⅰ期Ⅲ式罐形制上与薛家渠的小口折肩罐、清涧的 A 型罐、高红 H2：3 有诸多共同点，其时代相去不致太远。高红遗址打破夯土的几个遗迹单位所处年代亦当在殷墟文化二、三期间。

2. 已有学者把这类分布于陕晋两省黄河两岸高原山地，文化特征相近的考古学文化遗存命名为李家崖文化[⑥]。高红遗址三面环水、西北部地势陡峭，形成了天然的保护屏障。夯土基址集中分布在山梁顶部。从山梁顶部至近河岸处的缓坡地带均发现有陶片，遗址总面积约二十万平方米，无疑这是一处李家崖文化的古城址。这也是李家崖文化继李家崖古城址发现以来的第二座古城址。从建筑规模上来看，其重要性已远非李家崖古城可比。如此众多的夯土基址，非集团的力量不能做到，这里应是一处政治集团的活动中心。山西吕梁山区屡次发现独具特色的晚商青铜器，长期以来却一直没有发现相应的遗址。高红遗址夯土基址的发现，为吕梁山区的晚商青铜器找到了归属。

3. 商王畿之外，存在许多方国。这些方国和商王朝或者互相依赖，是友好睦邻；或者箭拔弩张，战争频仍。在商王朝西北部、北部的方国有鬼方、工方、土方等。关于晋陕高原考古学文化的族属，学者们见仁见智，有工方说[⑦]、鬼方说[⑧]等。无论是鬼方或是工方，都曾经是商王朝大力挞伐的对象。高红遗址亦或就是鬼方或工方的某个政治集团的中心所在。

4. 晚期采集器物中的采：1、采：3 分别和高红 Y1：3、H2：1[⑨] 相似，时代也应与之相当，在春秋之际。

执笔：王京燕、马异、高继平；绘图：冯九生、畅红霞

（原载《三晋考古》第 2 辑）

---

① 国家文物局、山西省考古研究所、吉林大学考古学系：《晋中考古》，文物出版社，1998 年。
② 张映文、吕智荣：《陕西清涧李家崖古城址发掘简报》，《考古与文物》1988 年第 1 期。
③ 北京大学考古系商周考古实习组、陕西省考古研究所商周研究室：《文物》1988 年第 6 期。
④ 中国社会科学院考古研究所：《殷墟发掘报告》，文物出版社，1987 年。
⑤ 中国社会科学院考古研究所：《殷墟发掘报告》，文物出版社，1987 年。
⑥ 吕智荣：《朱开沟古文化遗存与李家崖文化》，《考古与文物》1991 年第 6 期。
⑦ 吕智荣：《试论陕北部黄河两岸出土的商代青铜器及有关问题》，《中国考古学研究论文集》，三秦出版社，1987 年。
⑧ 李伯谦：《从灵石旌介商墓的发现看晋陕高原青铜文化的归属》，《中国青铜文化结构体系研究》，科学出版社，1998 年。
⑨ 国家文物局、山西省考古研究所、吉林大学考古学系：《晋中考古》，文物出版社，1998 年。

山西柳林高红遗址 2007 年发掘简报

山西省考古研究所　吕梁市文物局　柳林县文物旅游局

高红村位于三川河北岸，东距柳林县城约 11.5 公里，西距黄河军渡 5 公里，307 国道穿村而过（图一）。

高红遗址位于村南 800 米处的一座山梁上，山梁被横贯柳林东西的三川河三面环绕，北邻 307 国道，山脚下是泉村自然村（属高红村管辖）。整个山梁地势西北高东南低，东、南部是缓坡，西、北部是陡峭的悬崖。纵横的沟壑将山梁分成大大小小相对独立的单元，环绕山梁修出层层的梯田。1983 年由国家文物局、山西省考古研究所、吉林大学考古专业组成的晋中考古队在三川河流域的离石及柳林县进行考古调查，在这座山梁上清理了一个晚商时期的灰坑（H1）。2004 年以"河套地区先秦两汉时期的生业、文化与环境"为研究课题的中国西部考古山西境内的工作在柳林县的三川河流域展开，西部考古队又在山梁顶部（当地人称寺枣垣）发现了 20 余处晚商时期夯土基址，山梁面阳的缓坡上可见晚商时期陶片，其中战国、汉代遗址靠近河岸，遗址总面积约 20 万平方米（图二）。

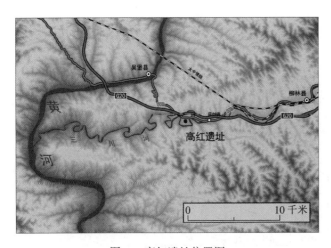

图一　离红遗址位置图

图二　离红遗址远景（从东向西）

柳林高红工业园区建设工程于 2006 年 8 月正式启动。鉴于高红遗址的重要性，当地政府把工业园区占地范围划定在遗址区的边缘。经山西省文物勘探中心钻探，在靠近河岸的龙王庙附近东南部山梁上发现了晚商时期夯土房址、灰坑，战国、汉代灰坑等。为配合工业园区建设，2007 年 3～6 月，山西省考古研究所、吕梁市文物局、柳林县文物局组成考古队，在工业园区建设拟占区域内进行考古发掘，发掘面积 1400 平方米，布 5×5 米探方共 56 个。因地形破碎，遗迹分散，且多被梯田破坏，发掘区分为Ⅰ、Ⅱ区（图三）。Ⅰ区共布 5×5 米探方 25 个，实际发掘面积 513 平方米。根据遗迹分布情况，分三组（探方平面图中，商代、东周遗迹分别用红色、黑色线条标识）。

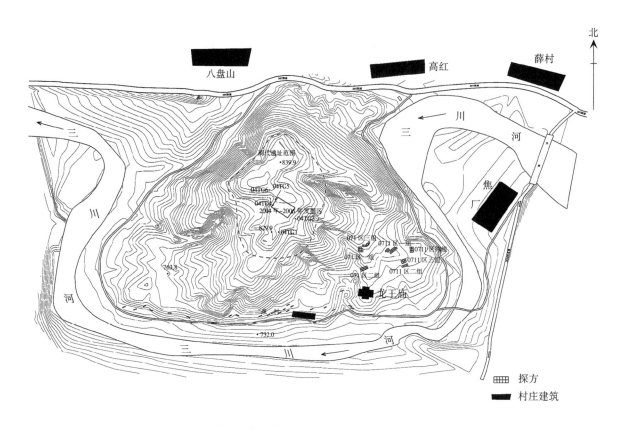

图三　离红遗址地形及探方分布示意图

第一组：8 个探方，位于Ⅰ区北部偏西南，分别为ⅠT101－T103、ⅠT201－T203、ⅠT301、ⅠT302。ⅠT302 东北紧靠ⅠT602。以ⅠT101 西南角为基点，北纬 37°24′32.1″，东经 110°46′42.0″，方向 0°。保留ⅠT203、ⅠT302 东、北隔梁，ⅠT103 东隔梁、ⅠT301 北隔梁，实际发掘面积 172 平方米（图四）。

第二组：10 个探方，ⅠT401－T405、ⅠT501－T505 位于Ⅰ区南部，ⅠT401 西南角南距泉村龙王庙东北角 63 米。以ⅠT401 西南角为基点，北纬 37°24′30.0″，东经 110°46′42.3″，方向 338°。保留ⅠT501－0 2.5 510kmT505 北隔梁，ⅠT405、ⅠT505 东隔梁，实际发掘面积 216 平方米（图五）。

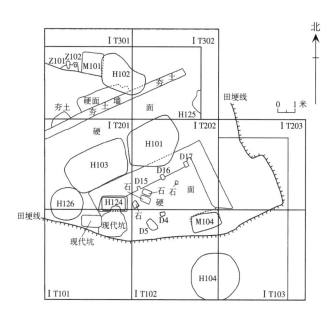

图四　Ⅰ区第一组 T101－T103、T201－T203、T301、T302 遗迹平面图

第三组：7 个探方，ⅠT603－T606、ⅠT706、ⅠT707、ⅠT807，位于第Ⅰ发掘区北部偏东北。ⅠT603西南部紧邻ⅠT302。以ⅠT603 西南角为基点，北纬 37° 24′ 32.7″，东经 110° 46′ 42.4″，方向 0°。ⅠT606、ⅠT707 东南部被梯田破坏，保留ⅠT603－T605 北隔梁，ⅠT807 东、北隔梁，实际发掘面积约 125 平方米（图六）。

Ⅱ区布 5×5 米探方共 31 个，实际发掘面积 689 平方米。位于Ⅰ区东北部，靠近三川河西岸，地势较低平。根据遗迹分布，探方可分四组。

第一组：15 个探方，ⅡT101 － T106、ⅡT202 － T205、ⅡT301A、ⅡT301、ⅡT401A、ⅡT401、ⅡT402，位于第Ⅱ发掘区西北部。以ⅡT101 西南角为基点，北纬 37° 24′ 31.9″，东经 110° 46′ 45.6″，方向 322°。保留ⅡT401A 北隔梁、ⅡT402东、北隔梁、ⅡT301东隔梁，因东周墓葬ⅡM201压在ⅡT401 北隔梁下，向北扩出 1 米。实际发掘面积 361 平方米（图七）。

第二组：4 个探方，

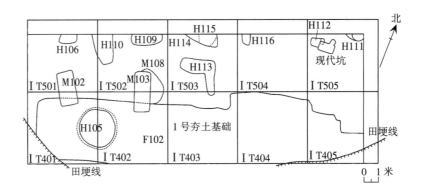

图五　Ⅰ区第二组 T401－T405、T501－T505 遗迹平面图

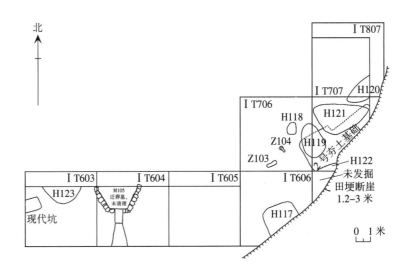

图六　Ⅰ区第三组 T603－T606、T706、T707、T807 遗迹平面图

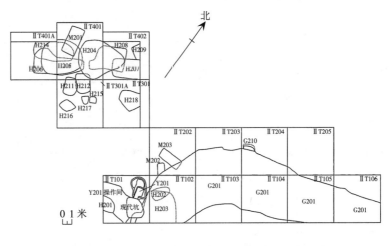

图七　Ⅱ区第一组 T101－T106、T202－205、T301、T301A、T401、T401A、T402 遗迹平面图

ⅡT501－T504，位于Ⅱ区南部，北距ⅡT602－T604 约 14 米。以ⅡT501 西南角为基点，北纬 37°24′30.4″，东经 110°46′46.9″，方向 340°。保留ⅡT501－T503 北隔梁，ⅡT504 东、北隔梁，实际发掘面积 76 平方米（图八）。

第三组：6 个探方，ⅡT602－T604、ⅡT702－T704。以ⅡT602 西南角为基点，北纬 37°24′31.0″，东经 110°46′46.8″，方向 340°。保留ⅡT702－T704 北隔梁，ⅡT604、ⅡT704 东隔梁，实际发掘面积 126 平方米（图八）。

第四组：6 个探方，ⅡT801、ⅡT802、ⅡT901、ⅡT902、ⅡT901A、ⅡT902B，位于Ⅱ区东北部。以 T801 西南角为基点，北纬 37°24′32.1″，东经 110°46′47.8″，高程 762 米，方向 356°。保留ⅡT901A、ⅡT901B 北隔梁，ⅡT802、ⅡT902、ⅡT901B 东隔梁，实际发掘面积 126 平方米（图九）。

现将晚商遗存发掘情况报告如下。

一、地层堆积

遗迹主要分布于山梁东南部的缓坡上，地层堆积简单，多数探方耕土层下即为生土。整个发掘区遍布东周时期遗迹、遗物，晚商遗迹分布于Ⅰ区第一、二、三组探方，Ⅱ区第一组探方西北部。Ⅱ区第二、三组探方虽然不见晚商遗迹，但东周地层或灰坑中混杂有大量商晚期陶片，可见晚商遗存多被东周人类活动破坏。下面把Ⅰ、Ⅱ区各组探方地层堆积情况分述如下。

耕土层遍布Ⅰ、Ⅱ发掘区，是各探方地层堆积的第①层，均为黄褐土，土质松软，含有少量的炭粒、近现代瓷片、陶片等，厚 0.2～0.6 米。以下各区、组探方地层堆积第①层从略。

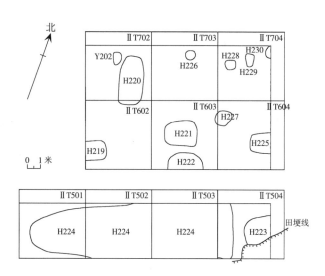

图八　Ⅱ区第三组 T602－T604、T702－T704（上）、第二组 T501－T504（下）遗迹平面图

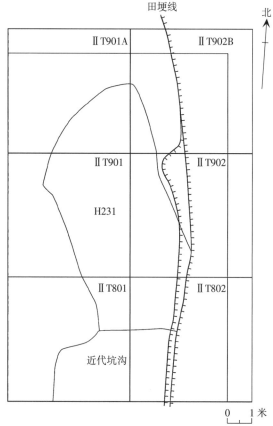

图九　Ⅱ区第四组 T801、T802、T901、T902、T901A、T902B 遗迹平面图

（一）Ⅰ区

1. 第一组：以ⅠT201、ⅠT301东壁剖面为例（图一〇）。

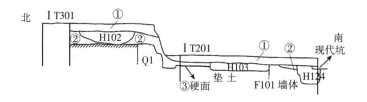

图一〇　Ⅰ区第一组探方 T201、T301 东壁剖面图

第①层：耕土层，厚0.1 ~ 0.4米。东周灰坑（ⅠH101、ⅠH103、ⅠH124）开口于第①层下，打破ⅠF101、②层、生土。

第②层：浅黄花土，土质松软，含有少量红烧土碎块、碎木炭块、夯土块。出有动物骨骼、石板块，鬲、瓮等陶器残片，为晚商文化层，厚0 ~ 0.5米。ⅠQ1、ⅠF101开口于此层下，打破生土。

第③层：ⅠF101活动面，质地坚硬，厚0.02 ~ 0.04米。此层下未发掘。

2. 第二组：ⅠT404、ⅠT504东壁剖面（图一一）。

第①层：耕土层，厚0.3 ~ 0.5米。打破②层、Ⅰ1号夯土基础、生土。

第②层：红褐土，土质松软，厚0.15米。含少量木炭屑、动物骨骼碎块、石块等，出有鬲、瓮

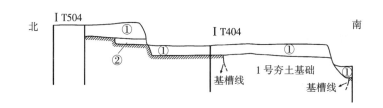

图一一　Ⅰ区第二组探方 T404、T504 东壁剖面图

等陶器残片，为晚商文化层。此层仅分布于本组探方ⅠT503东北部及东隔梁下、ⅠT504北部偏南及东隔梁下，打破生土。

3. 第三组：ⅠT707、ⅠT708西壁剖面（图一二）。

第①层：耕土层，厚0.3 ~ 0.35米。

第②层：深黄花土，土质松软，厚0.3米。含少量烧土粒、

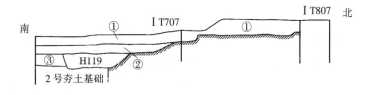

图一二　Ⅰ区第三组探方 T707、T807 西壁剖面图

木碳屑、植物根系等，出有动物骨骼、石板块，少量豆、盆、鬲等陶器残片，为东周文化层。东周灰坑（ⅠH119）开口于此层下。ⅠT706、ⅠT807东南部未见此层。

第③层：浅黄花土，土质松软，含少量碎烧土块、木炭粒、碎夯土块，出有动物骨骼、少量陶鬲、陶瓮残片。厚0.4 ~ 0.45米，为晚商文化层。除ⅠT807未见此层外，分布于本组探方大部。③层打破Ⅰ2号夯土基础、生土。

（二）Ⅱ区　以第一组探方剖面为例

第一组：ⅡT301A、ⅡT401西壁剖面（图一三）。

第①层：耕土层，厚 0. 15 ~

0. 35 米。ⅡH205、ⅡH206 开口于

此层下，ⅡH205 打破 ⅡH206、

ⅡH214，ⅡH206 打破 ⅡH214，三

个灰坑均打破生土。

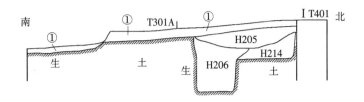

图一三　Ⅱ区第四组探方 T301A、T401 西壁剖面图

二、遗　迹

晚商遗迹有夯土建筑、灰坑、灶址、墓葬等。其中夯土建筑遗迹 4 处，灶址 4 个、灰坑 16 个、墓葬 1 座（ⅠM101）。Ⅰ区第三组探方第③层是单纯的商文化层。

（一）夯土建筑

主要遗迹有一座夯土房址、一道夯土墙、两处夯土基础。

1. 夯土房址（ⅠF101）

ⅠF101 位于Ⅰ区第一组 ⅠT101 - T103、ⅠT201 - T203 内，开口于②层下，被现代坑、东周灰坑和墓葬（ⅠH101、ⅠH103、ⅠH104、ⅠH124、ⅠH126、ⅠM104）打破，南部被梯田破坏。平面呈长方形，方向332°。东西长 7.6 米，南北残宽 5.5 米，保存部分北墙、西墙，墙体残高 0 ~ 0.32 米，宽 0.9 ~ 0.98 米，夯层厚 0.03 ~ 0.08 米，夯窝直径 0.03 ~ 0.04 米。房屋东、西两侧各保存有一部分活动面。房前地基及活动面被梯田破坏。ⅠF101 房外北部活动面除被 ⅠH125、ⅠH101（东周）破坏掉一部分外，剩余部分保存完好（图一四 - 1，图一五）。

房内居住面为夯土，平坦，光滑，有多处用火烧烤呈红色或褐色的烧结面。地面上放有四块砂岩石板，长 0.22 ~ 0.54 米，宽 0.15 ~ 0.32 米，厚 0.04 ~ 0.06 米。

房内北墙体内嵌有 3 个长方形柱洞，由西向东为 D15、D16、D17。D15 口径 0.16 ~ 0.2 米，深 0.42 米，有柱础石；D16 口长、宽 0.2 ~ 0.32 米，深 0.5 米，有柱础石；D17 口长、宽 0.2 ~ 0.3 米，深 0.45 米。房内居住面上有两个柱洞（D18、D19）打破房屋地面。D18 口长、宽 0.2 ~ 0.22 米，深 0.33 米；D19 口径 0.4 ~ 0.66 米，深 0.55 米。柱洞内填土为浅黄花土，松软，含夯土块或夯土颗粒。

门道可能开在南墙，情况不详。

为了解夯土建筑情况，在 ⅠF101 北墙外侧偏西处布一条南北向探沟（ⅠTG1）。ⅠTG1 方向与探方一致，南北长 1.8 米，宽 0.5 米。从东壁剖面看，第①层：地表活动面，厚 0.01 ~ 0.03 米；第②层：垫土，南北长 1.96 米，厚 0.24 ~ 0.56 米，D4 叠压在垫土下，打破夯土，应是建筑时期柱洞；第③层：夯土，南北长 0.68 米，厚度不详，夯层厚 0.04 ~ 0.08 米。②层垫土和③层夯土打破生土。西壁剖面和东壁剖面层位相同，唯第③层夯土南北长 0.76 米（图一四：2）。

从 TG1 第②层下暴露出的柱洞情况看，ⅠF101 墙体外侧应该有建筑时期柱洞，揭去东、西、北墙外侧表层活动面及垫土，发现了紧贴墙体排列的柱洞，北墙外由西向东排列 7 个柱洞（D3 - D9）；东墙外由北向南并列 5 个柱洞（D10 - D14）；西墙外由南向北并列 2 个柱洞（D1、D2，D2

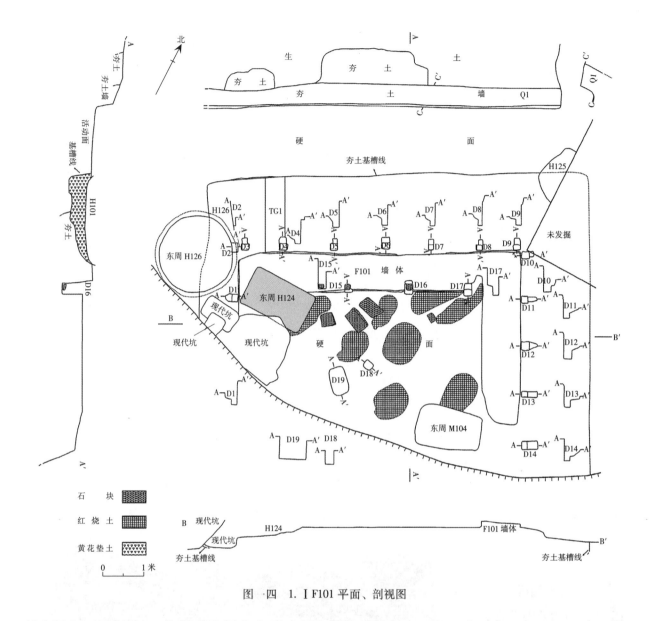

石　块

红　烧　土

黄花垫土

0　　　　1 米

图　四　1. I F101 平面、剖视图

被东周 I H126 打破）。柱洞多为圆角方形或长方形，口长 0.26~0.4 米，宽 0.12~0.2 米，深 0.7~0.72 米，洞底长、宽 0.12~0.2 米。贴紧墙体一侧柱洞壁保存完整，与其相对一侧的柱洞壁低矮。

从 TG1 可以了解 I F101 的建筑方法，根据地形规划设计拟建房屋，清理地面，削高补低，挖长方形基槽，填土逐层夯实和地面平，形成坚实的夯土基础。随后在夯土基础上栽柱，版筑墙体。墙体夯筑完成后，拔出柱子，填平柱洞，在墙体外侧垫土，经加硬处理，形成墙体护坡。TG1 第②层就是 I F101 北侧墙体护坡，宽约 1.86 米。从 TG1 第③层可知北侧夯土基槽宽出墙体 0.7 米左右，夯层厚 0.03~0.08 米；从破坏 I F101 南侧的断崖可知，东侧夯土基槽宽于墙体 0.96 米。西、南墙被破坏，情况不详。I F101 夯土基础，长 9.5~9.76 米，残宽 3.28~7.28 米。从打破 I F101 的东周墓葬 M104 剖面可知，房内活动面下夯土基础厚 0.64 米。

2. 夯土墙（ⅠQ1）

ⅠF101 北墙向北 3.4 米处，有一道东北、西南向的夯土墙（ⅠQ1），ⅠQ1 长 8.8 米，宽 0.4 ~ 0.5 米，残高 0.1 ~ 0.6 米。Q1 北侧有两块夯土，应是在夯筑ⅠQ1 前平整地面、削高补低填筑的夯土。两块夯土长 1.26 ~ 2.76 米，宽 0.45 ~ 0.82 米。ⅠF101 和ⅠQ1 之间有活动面连接，活动面从ⅠQ1 的东北缺口处向外延伸。ⅠQ1 背后即渐次增高的山梁缓坡，ⅠQ1 应是用来阻挡来自山坡上的冲积物，对ⅠF101 起保护作用（图一四 -1）。

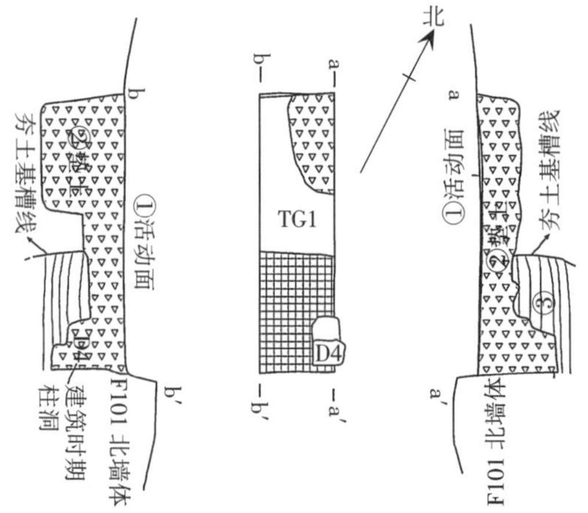

图一四　2.ⅠF101 内 TG1 平面、剖视图

3. 夯土基础

（1）Ⅰ1 号夯土基础 位于Ⅰ区第二组探方，东西横跨ⅠT401 – T405，东部压在ⅠT405 东隔梁下，仅存夯土基础。①层下开口，被东周墓葬、灰坑（M102、M103、H105）打破，打破生土。西南、东南部被梯田破坏（图五）。

平面不规则，大致呈长方形，探方内长 23.4 米，宽 1.05 ~ 4.95 米。上有两个柱洞（D1、D2）打破夯土。

东周墓葬ⅠM103 打破Ⅰ1 号夯土基础，从ⅠM103 东、南、西壁剖面可见，Ⅰ1 号夯土基槽上宽下窄，底部呈圜角。基槽深 0.32 ~ 0.5 米，夯层厚 0.04 ~ 0.08 米（图一六）。

（2）Ⅰ2 号夯土基础 位于Ⅰ区第三组探方东北角，ⅠT706 东隔梁下，ⅠT707 大部。叠压于③层下被ⅠH122 及东周灰坑（ⅠH119、ⅠH121）打破，东南部被梯田破坏，打破生土。不规则形，仅存夯土基础，厚度不明（图六，图一二）。

（二）灰坑

Ⅰ、Ⅱ发掘区共有灰坑 16 个，均为不规则形。其中Ⅱ区 14 个，大部分集中在Ⅱ区第一组西北部探方内，多数灰坑打破关系繁复。

ⅠH125 位于Ⅰ区第一组探方ⅠT302 东南部，部分被压在ⅠT302 东隔梁下。②层下开口，打破F101 活动面及生土。不规则形，口大底小，坑壁呈

图一五　Ⅰ区第一组 F101

斜坡状。探方内口径 0.5~1.5 米，深 0.35~0.6 米。坑壁和坑底粗糙不平。坑内填灰土，土质松软，内含少量木炭屑、碎烧土块。出有少量石块、动物骨骼，陶片不多，可见器类有晚商时期瓮、鬲等（图一七）。

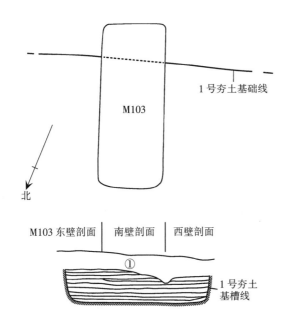

图一六　Ⅰ区第二组探方 M103 东、南、西壁剖面图　　　图一七　Ⅰ区第一组探方 H125 平面、剖视图

　　ⅡH208 位于ⅡT401 东中部及东隔梁下，ⅡT402 中西部。被ⅡH204、ⅡH207 打破口部，为不规则形状，坑壁北、东、南坡度较小，西壁坡度大。口径 1~4 米，深 0.2~1.25 米。坑壁和坑底加工粗糙，不规整。坑内填土自上而下基本相同，为褐黄花土，土质较硬，内含少量木炭粒或炭屑、动物骨骼、石板块等。出土少量晚商时期陶片（图一八）。

（三）灶址

　　共 4 处，均在Ⅰ区。

　　ⅠZ101、ⅠZ102 位于Ⅰ区第一组探方ⅠT301 西北部，东西并列，两者相距 20 厘米。均开口于①层下，被②层打破，打破生土。灶坑内填浅黄花土，土质松软，内含有少量烧土块或粒、木炭屑，无遗物出土。

　　ⅠZ101 平面呈不规则形，口径 0.18~0.22 米，深 0.24 米。灶面外有 2~5 厘米厚的红烧土，灶的底部有 2 厘米厚的草木灰，之下为红烧土

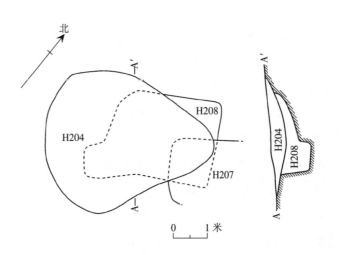

图一八　Ⅱ区第四组探方 H208 平面、剖视图

烧结面（图一九）。

Ⅰ Z102 口部为不规则形，口径 0.12 ~ 0.15，深 0.26 米。灶面外有 2 厘米厚红烧土，灶的底部有 1 厘米厚的草木灰，之下为红烧土烧结面（图一九）。

Ⅰ Z103、Ⅰ Z104 位于Ⅰ区第三组探方Ⅰ T706 东南部，开口于③层下，两者相距 0.75 米，打破生土（图二〇）。

Ⅰ Z103 口部为长条形，口径长 0.64 米，宽 0.22 ~ 0.26 米，深 0.14 米。

Ⅰ Z104 口部为长条形，西北部呈袋状，灶底中部凸起。口长 0.36 米，宽 0.1 米，底长 0.44 米。两个灶的外围均有 2 ~ 3 厘米厚的红烧土，底部有烧结面。灶内填土都是浅黄花土，土质松软，土内含有少量的红烧土颗粒、木炭粒等。底部有 1 厘米厚的草木灰。

（四）墓葬

1 座（Ⅰ M101）。

Ⅰ M101 竖穴土坑墓，位于Ⅰ区第一组探方Ⅰ T301 北中部。开口于耕土层下，东、南部分别被东周灰坑（Ⅰ H102）、②层打破，打破生土。墓口距地面深 0.25 米，墓底距地面深 0.3 米。墓底残长 1.14 ~ 1.36 米，宽 1.22 ~ 1.34 米。人骨一具，仅存部分胫骨、腓骨，葬具不详。墓主头向推测为南，方向 179°。填土为浅黄褐花土，土质松散。墓主人足部附近散布有数块碎陶片，火候低，器型不明（图二一）。

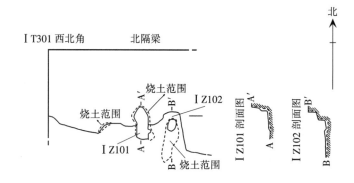

图一九　Ⅰ区第一组探方 Z101、Z102 平面、剖视图

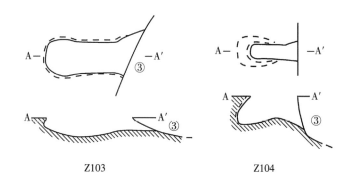

图二〇　Ⅰ区第一组探方 Z103、Z104 平面、剖视图

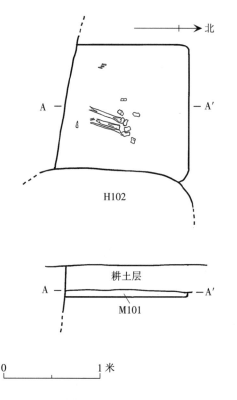

图二一　Ⅰ区第一组探方Ⅰ M101 平面、剖视图

三、遗　物

因商代地层、遗迹多被破坏，灰坑出土器物不多，采集到器物均为陶器。

陶器质料分泥质和夹砂两类，泥质陶占 64%，夹砂陶占 36%。夹砂陶分两种，一种胎体含大量粗砂粒，见于鬲、斝、甗；一种是泥胎中含较多砂粒，多见于瓮。泥质陶器陶质不纯，多含有少量砂粒，器类有小口广肩罐、深腹盆、罐、簋、三足瓮、豆、甑、鬶等，圜底器较多。

陶器以灰陶居多，约占 74%，也有部分内胎褐色、器表灰色的褐陶和少量的褐胎黑皮陶，约占 26%。

陶器以手制为主，器物口沿多经轮修。三足器如鬲、瓮等，袋足模制，袋足底部多接一段或高或矮的实足根。鬲足拼接时，裆部接缝外侧附加泥条，并压实，泥条抹平，有的裆部可见竖向的附加堆纹。鬲足接合后，依次接上领部、口沿。盆、罐等器物泥条盘筑出器身，再加接领或口部。圈足器如簋、豆，器座和器身分别制作后再接合。大型器物如瓮则分段制作。

纹饰以绳纹为主，约占 80.1%。多为中粗绳纹，也有少量细绳纹、弦断绳纹、交错绳纹等，绳纹有的排列整齐，印痕清晰，有的紧凑，有交错或叠压，也有的纹痕浅，不甚清晰。有的器底饰交错绳纹，如瓮、罐等。折肩罐的肩部一般饰不规整的弦断绳纹，也有少量规整的弦断细绳纹。附加堆纹多见于鬲的口沿、颈部，约占 2%，有的鬲、盆、罐口沿上剔刻出楔形纹或菱形窝点纹，约占 1.2%，云雷纹、楔形点纹、弦纹、印方格纹、几何纹、刻划纹约占 1.7%，素面或素面磨光约占 14%（图三一）。

（一）陶鬲

数量较多，多为口沿，均残，仅有个别复原器。未特别说明者均为夹砂灰陶。

1. 口沿　根据口沿、颈、腹形态可分七型。

A 型　侈口，折沿，领斜直较短，领部和器身接合处有明显的颈部，有的折角明显。胎较厚，施绳纹。有的口沿饰花边，有的颈部有附加堆纹。

标本 Ⅱ 采：4，方唇。通体施浅细绳纹，口沿下一周绳纹被抹去，颈部贴一周窄附加堆纹。残高约 10 厘米，器壁厚约 1 厘米（图二二 –3）。标本 Ⅱ 采：

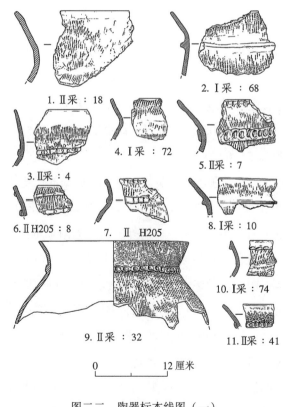

1. Ⅱ采：18
2. Ⅰ采：68
3. Ⅱ采：4
4. Ⅰ采：72
5. Ⅱ采：7
6. Ⅱ H205：8
7. Ⅱ H205
8. Ⅰ采：10
9. Ⅱ采：32
10. Ⅰ采：74
11. Ⅱ采：41

0 _____ 12 厘米

图二二　陶器标本线图（一）

18，领较长，尖圆唇，颈间折角不明显。通体施粗浅绳纹。残高约 13.8 厘米，器壁厚 1.1～1.4 厘米（图二二 -1）。标本Ⅱ采：7，尖圆唇。口沿外施饰一周菱形竖窝纹。颈间折角不明显。颈部贴一周厚附加堆纹，其上摁出指甲窝纹。通体施粗绳纹。残高约 9 厘米，器壁厚约 1 厘米（图二二 -5）。标本Ⅰ采：68，斜方唇。通体施中粗绳纹，颈部贴一周窄条状附加堆纹。残高约 11.5 厘米，器壁厚 0.9～1.2 厘米（图二二 -2）。标本Ⅰ采：10，方圆唇。颈部饰一周窄条状附加堆纹。残高约 8.5 厘米，器壁厚 1～1.2 厘米

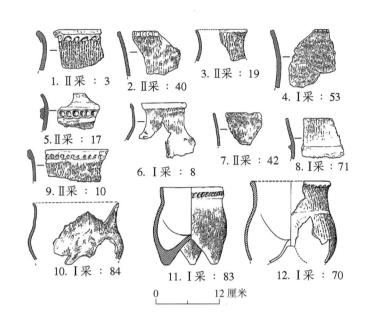

图二三　陶器标本线图（二）

1、3、4、5、8、9、12. Ba 型鬲　2、7. Bb 型鬲　6、10. C 型鬲　11. D 型鬲

（图二二 -8）。标本Ⅰ采：72，领较短，方唇。通体施粗浅绳纹，颈部绳纹被抹平。残高约 7 厘米，器壁厚约 1 厘米（图二二 -4）。标本Ⅰ采：74，尖唇。口沿外侧贴一周附加堆纹，通体施粗绳纹，颈部划出二周不规则弦纹。残高约 6 厘米，器壁厚约 0.7 厘米（图二二 -10）。标本ⅡH205：9，口微侈，方圆唇，领较短。口沿外侧饰一周菱形竖窝纹，颈部贴一周附加堆纹，通体施粗绳纹。残高约 8.3 厘米，器壁厚约 0.7 厘米（图二二 -7）。标本Ⅱ采：41，口外侈。颈部有一周附加堆纹。残高 4.1 厘米，壁厚 0.7 厘米（图二二 -11）。标本Ⅱ采：32，领较短。方唇上饰绳纹，颈部贴一周厚附加堆纹，其上摁出窝纹，腹部肥鼓，通体施浅绳纹。口径约 27 厘米，残高约 17 厘米，器壁厚 0.7～1 厘米（图二二 -9）。标本ⅡH205：8，方唇。口沿下、颈部各饰一周附加堆纹。残高约 4.7 厘米，器壁厚约 0.7 厘米（图二二 -6）。

B 型　长颈，颈腹间无明显分界。根据颈部弧度的不同，可分二亚型。

Ba 型　侈口，长束颈，斜弧腹，有的口沿饰花边。

标本Ⅰ采：70，圆唇。口沿外侧饰一周附加堆纹，通体施粗绳纹，颈腹间有一周横向抹痕，档部有袋足与器身套接时的抹痕。口径约 19 厘米，残高约 19.5 厘米，器壁厚约 0.6 厘米（图二三 -12）。标本Ⅱ采：10，口微侈。方唇上饰绳纹，口沿外侧附加堆纹上剔出一周菱形窝状花边，通体施粗绳纹。口径约 29 厘米，残高约 7.2 厘米，器壁厚约 1 厘米（图二三 -9）。标本Ⅰ采：53，口沿上饰花边，通体施绳纹。残高约 14.5 厘米，器壁厚约 1 厘米（图二三 -4）。标本Ⅱ采：19，束颈，尖圆唇。通体施粗绳纹。口径约 11 厘米，残高约 7.8 厘米，器壁厚 0.8～1.1 厘米（图二三 -3）。标本Ⅱ采：3，侈沿近卷，圆唇。口沿下一周附加堆纹，通体施规整细绳纹。残高约 3.7 厘米（图二三 -1）。标本Ⅰ采：71，方唇上饰绳纹，沿略凹。颈部贴一周棱状附加堆纹，通体施粗绳纹。残高约 8.5 厘米，器

壁厚约 1 厘米（图二三 – 8）。标本 Ⅱ 采：17，方唇。颈部贴一周厚附加堆纹，其上摁出窝纹，通体施细绳纹，残高约 7.5 厘米，器壁厚约 1 厘米（图二三 – 5）。

Bb 型　侈口，颈部斜直。

标本 Ⅱ 采：42，口微侈。方唇上饰绳纹，口沿外侧剔出一周半月形浅窝状花边，通体施中粗绳纹。残高约 7.3 厘米，壁厚约 1.3 厘米（图二三 – 7）。标本 Ⅱ 采：40，方唇上饰绳纹，口沿外侧剔出一周菱形窝状花边。通体施粗绳纹。残高约 10.2 厘米，器壁厚约 1 厘米（图二三 – 2）。

C 型　口微侈，颈部近直，鼓腹。标本 Ⅰ 采：8，尖唇，口沿外侧贴一周中间起棱的附加堆纹。通体施粗绳纹，裆部附泥加固，袋足上部划出一周弦纹。口径约 16 厘米，残高约 8.5 厘米，器壁厚约 0.4 厘米（图二三 – 6）。标本 Ⅰ 采：84，方唇，袋足，裆部贴泥加固。通体施粗浅绳纹。残高约 10.5 厘米，壁厚约 0.8 厘米（图二三 – 10）。

D 型　短直颈。斜腹。薄胎。

标本 Ⅰ 采：83，短颈近直，方唇上饰绳纹，沿略凹，口沿下施一周附加堆纹，其上剔出竖窝纹，足锥状。通体施粗浅绳纹。高 15 厘米，口径 12 厘米，壁厚约 0.7 厘米（图二三 – 11）。

E 型　侈口，短束颈，斜腹。

标本 Ⅰ 采：75，口沿外侧饰一周菱形竖窝纹，通体施浅绳纹，颈部绳纹被抹平。残高约 6.8 厘米，器壁厚约 0.8 厘米（图二四 – 20）。标本 Ⅱ H206：3，黄褐色。折沿内凹。口沿外侧施饰一周菱形竖窝纹，通体施粗绳纹。口径约 28 厘米，残高约 7 厘米，器壁厚 0.8 ~ 1 厘米（图二四 – 14）。标本 Ⅱ 采：31，方圆唇。颈部贴一周厚附加堆纹，其上摁出窝纹，通体施粗绳纹，局部有交错绳纹。残高约 42.5 厘米，器壁厚约 1 厘米（图二四 – 6）。

F 型　侈口，短沿，鼓腹。

标本 Ⅰ 采：76，折沿，束颈，尖唇。口沿外侧贴一周附加堆纹，通体施浅细绳纹。残高约 6 厘米，器壁厚约 0.6 厘米（图二四 – 22）。标本 Ⅱ 采：8，侈口，束颈。口径 13 厘米，残高约 4.5 厘米，器壁厚约 0.7 厘米（图二四 – 19）。标本 Ⅰ 采：52，方唇。通体饰绳纹，颈部绳纹被抹平。残高约 8 厘米，器壁厚约 0.7 厘米（图二四 – 1）。

G 型　带鋬，数量极少。

标本 Ⅱ 采：43，侈口，方唇，领较高。器壁口沿上有半月形鋬耳，耳上有四个纵向长窝纹，颈部贴一周附加堆纹。残长 6.4 厘米，高 5.4 厘米，器壁厚 0.55 厘米（图二四 – 23）。

2. 袋足　根据足根形态可分二型。

A 型　内足底呈锐角，外表锥状。

标本 Ⅱ 采：28，足尖内填泥芯，足内底圜形，肥袋足上施粗绳纹。残高约 11.3 厘米，器壁厚约 0.7 厘米（图二四 – 16）。标本 Ⅰ 采：77，厚胎，平足底。袋足上施粗浅绳纹。残高 9 厘米，器壁厚 0.4 ~ 0.8 厘米（图二四 – 4）。标本 Ⅰ 采：80，足根略短。袋足上施浅绳纹。残高约 8.5 厘米，器壁厚 1 ~ 1.5 厘米（图二四 – 8）。标本 Ⅰ 采：78，足根较长。通体饰浅绳纹。残高约 7.5 厘米，器壁厚 0.9 ~ 1.3 厘米（图二四 – 7）。标本 Ⅱ H205：10，锥状小袋足，施中粗绳纹，裆部贴附泥条加固。残高约 7.2 厘米，器壁厚约 0.5 厘米（图二四 – 21）。标本 Ⅱ 采：30，内胎灰色，器表黄褐色。锥状足根。

袋足上施浅绳纹。残高约 12 厘米，器壁厚约 1 厘米（图二四 - 3）。标本 II H208：3，瘦袋足，锥形足根。残高约 9 厘米，器壁厚约 0.7 厘米（图二四 - 15）。标本 I 采：82，胎较厚，乳状长袋足，短柱状足根。施中粗浅绳纹。残高约 33 厘米，器壁厚约 1 厘米（图二四 - 2）。标本 I T605③：4，袋足，矮足尖，平足底。施浅方格纹。残高约 8 厘米，器壁厚 0.8 厘米（图二四 - 12）。

B 型　乳状袋足，有一段明显实足根，袋足内底圜形。

Ba 型　锥状足根。

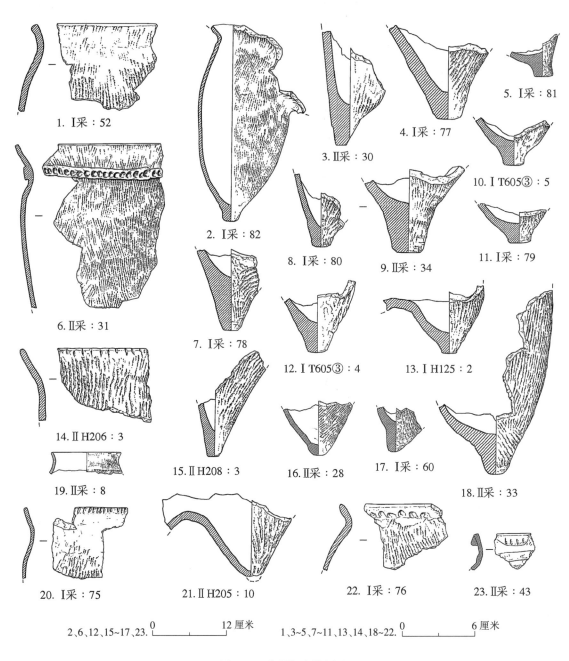

1. I 采：52

2. I 采：82

3. II 采：30

4. I 采：77

5. I 采：81

6. II 采：31

7. I 采：78

8. I 采：80

9. II 采：34

10. I T605③：5

11. I 采：79

12. I T605③：4

13. I H125：2

14. II H206：3

15. II H208：3

16. II 采：28

17. I 采：60

18. II 采：33

19. II 采：8

20. I 采：75

21. II H205：10

22. I 采：76

23. II 采：43

2、6、12、15~17、23.　0　12 厘米

1、3~5、7~11、13、14、18~22.　0　6 厘米

图二四　陶器标本线图（三）

1、19、22. F 型鬲　2、3、4、7、8、12、15、16、21. A 型袋足　5、9、10、11. Bb 型袋足　6、14、20. E 型鬲　13、17、18. Ba 型袋足　23. G 型带錾鬲

标本Ⅱ采：33，乳状袋足，施粗绳纹，底部施交错绳纹。残高约 6.5 厘米，器壁厚约 0.6 厘米
（图二四 -18）。标本Ⅰ采：60，厚胎，尖足底。袋足上施浅细绳纹。从断茬看鬲足的泥片分两层，外
皮剥落。袋足模制后，与器身接合，足尖附泥加厚。残高约 12 厘米，器壁厚约 1.2 厘米（图二四 -
17）。标本ⅠH125：2，短足根。残高约 7.8 厘米，器壁厚约 0.6 厘米（图二四 -13）。

Bb 型　柱状足根。

标本Ⅰ采：79，薄胎，矮足根，足底施绳纹。残高约 3.3 厘米，器壁厚约 0.4 厘米（图二四 -11）。
标本Ⅰ采：81，薄胎，足根略长，施细绳纹。残高约 5 厘米，器壁厚约 0.7 厘米（图二四 -5）。标本
Ⅱ采：34，厚胎。足根柱状，施中粗绳纹，残高约 14 厘米，器壁厚 0.6~1 厘米（图二四 -9）。标本ⅠT605
③：5，矮柱状足根，平足底。施浅绳纹。残高约 5 厘米，器壁厚约 0.8 厘米（图二四 -10）。

3. 簋　泥质灰陶，陶质不纯，含细砂。有的素面磨光，有的施绳纹。

侈口，折腹微鼓。有的施绳纹后再磨光，陶质不纯，多含细砂。

标本Ⅰ采：28，夹细砂，深灰色。侈沿近卷，圆唇。器表光亮，颈部有密集的竖向刮痕，基本被
修平。口径约 29 厘米，残高约 11 厘米，器壁厚约 0.7 厘米（图二五 -1）。标本Ⅰ采：12，深灰色。
侈口，方圆唇，制作较粗。颈部有密集的竖向刮痕，内壁有横向刮痕。口径 28 厘米，残高约 13 厘米，
器壁厚约 0.8 厘米（图二五 -5）。标本Ⅰ采：42，圆唇，口沿内外有轮修痕。残高约 7.2 厘米，壁厚
约 0.7 厘米（图二五 -2）。

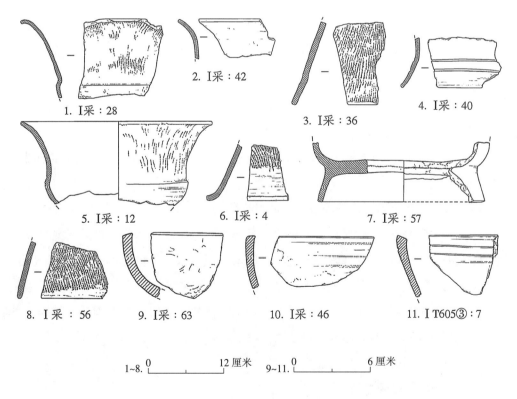

1~8. 0 ———— 12 厘米　　9~11. 0 ———— 6 厘米

图二五　陶器标本线图（四）
1、2、5. 簋　4、6. A 型簋圈足　3、8. B 型簋圈足　7. C 型簋圈足　9、10、11. 豆

4. 圈足　可分三型。

A 型　束腰，圈足外撇。多经磨光，有的饰弦纹。

标本 I 采：40，含少量砂粒。素面磨光，饰二周弦纹。残宽 20 厘米，残高约 7.3 厘米，器壁厚约 0.9 厘米（图二五 -4）。标本 I 采：4，高圈足，上部施绳纹，下部绳纹被修平。残高 6.5 厘米，壁厚 0.8 厘米（图二五 -6）。

B 型　圈足壁斜直，施绳纹。

标本 I 采：56，圈足略外鼓，施粗浅绳纹，绳纹被拍平。残高约 7 厘米，器壁厚约 0.8 厘米（图二五 -8）。标本 I 采：36，含少量砂粒。足端方圆，通体施中粗绳纹。残高 11.5 厘米，壁厚 0.7 厘米（图二五 -3）。

C 型　矮圈足。

标本 I 采：57，矮圈足外撇，素面。内底平，系两层泥片粘贴而成。圈足底径 26.9 厘米，残高约 9.3 厘米，器壁厚约 0.8 厘米（图二五 -7）。

5. 盆　泥质灰陶，陶质不纯净，含少量砂粒。型式多样。

A 型　宽沿，深腹略鼓。分二亚型。

Aa 型　沿仰折，口沿上多饰花边，颈部施一周附加堆纹，器身施绳纹。

标本 I 采：15，仰折沿。上腹近直，下腹斜收。方唇，口沿外侧饰菱形窝状花边。通体施浅中粗绳纹，颈部贴一周波浪状附加堆纹。口径 34 厘米，残高约 18 厘米，器壁厚约 0.8 厘米（图二六 -4）。标本 I 采：31，宽沿略凹，方唇上饰斜向竖槽花边，颈部贴一周附加堆纹。通体施规整细绳纹。残高 11 厘米，壁厚 0.8 厘米（图二六 -5）。标本 I 采：19，折沿外侈，圆唇。通体施规整中粗绳纹。口沿下绳纹被抹平，颈部贴一周附加堆纹。胎较薄。口径 25 厘米，残高 10.4 厘米，壁厚 0.6 厘米（图二六 -2）。标本 II 采：20，领略内凹，内壁施横绳纹，大部被修平。唇施锯齿状花边。腹微圆折，通体施细绳纹。残长 18.9 厘米，残高 11.8 厘米，器壁厚 0.6 ~ 0.8 厘米（图二六 -1）。标本 I H125：1，圆唇，腹微鼓，通体施绳纹，颈部绳纹被抹去。残宽 7.4 厘米，残高 7.8 厘米，壁厚 0.4 厘米（图二六 -21）。

Ab 型　折沿较宽，腹近直。多施绳纹，颈部绳纹被抹去。

标本 I 采：23，折沿较长，尖圆唇，腹略鼓。通体施规整绳纹，较细。口沿下绳纹被修平，颈部抹一周薄泥带。胎较厚。残高约 9 厘米，器壁厚 1 厘米（图二六 -3）。标本 II 采：1，宽折沿，方唇。通体施印方格纹，颈部抹一周泥带。残高 8 厘米，壁厚 1.5 厘米（图二六 -7）。标本 II 采：12，方唇上饰花边。口沿外侧施竖绳纹，颈部抹一周泥带。腹部施交错细绳纹，器表因拍印纹饰，呈块状。残高约 14.2 厘米，器壁厚 0.6 ~ 0.8 厘米（图二六 -6）。

B 型　敞口，折沿，斜弧腹。分三亚型。

Ba 型　侈口，折沿，弧腹略鼓。

标本 I 采：9，宽仰折沿，圆唇。通体印方格纹，颈部抹一周泥带。残高约 6.7 厘米，壁厚约 0.7 厘米（图二六 -13）。标本 II H205：1，折沿较窄，方唇，鼓腹。口沿、颈部素面磨光，腹施中粗绳纹。局部表皮剥落。口径 34 厘米，残高约 10 厘米，壁厚 0.9 厘米（图二六 -12）。标本 I 采：20，折沿较宽，尖圆唇，鼓腹。口沿、颈部素面磨光，以一周浅弦纹为界，以上素面，以下腹施浅细绳纹。口径 28 厘米，残高 10.5 厘米，器壁厚约 1 厘米（图二六 – 10）。标本Ⅰ采：24，含少量砂粒。方唇，颈间夹角不明显，腹略鼓。通体施浅绳纹，颈部抹一周宽薄泥带。口径 31.7 厘米，残高约 15 厘米，壁厚约 0.8 厘米（图二六 – 14）。

Bb 型 折沿，斜腹。

标本Ⅰ采：32，含少量砂粒。方唇，通体施规整细绳纹。颈部绳纹被抹平。胎较厚。残高约 6.5 厘米，器壁厚 0.6~0.8 厘米（图二六 – 16）。标本Ⅰ采：26，折沿较窄，方唇，斜弧腹。口沿、颈部素面磨光，折沿处绳纹被修平。以一周浅弦纹为界，上部素面，下部腹施浅细绳纹。残高约 7.3 厘米，壁厚 0.9 厘米（图二六 – 11）。标本Ⅰ采：21，

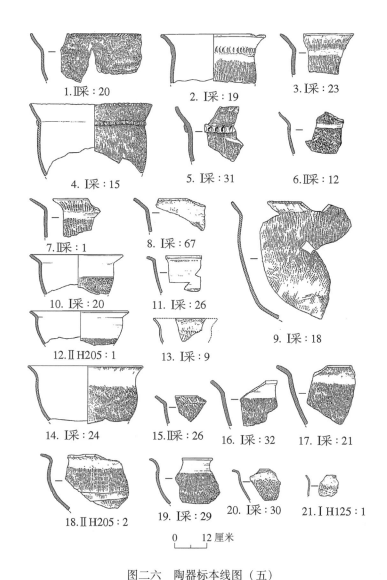

图二六　陶器标本线图（五）

1、2、4、5、21. Aa 型盆　3、6、7. Ab 型盆　10、12、13、14. Ba 型盆　8、9、11、15、16、17. Bb 型盆　18 – 20. Bc 型盆

折沿，方圆唇。通体施规整细绳纹。口沿下绳纹被修平，颈部抹一周薄泥带。胎较厚。残高 14.5 厘米，壁厚 0.9 厘米（图二六 – 17）。标本Ⅰ采：18，折沿略窄，唇上饰锯齿状花边。通体施粗绳纹，口沿下绳纹被修平。深腹，最大径在上腹部，内壁有竖向刮痕。残高 33.4 厘米，器壁厚 0.7 厘米（图二六 – 9）。标本Ⅰ采：67，夹细砂。宽折沿，斜方唇上饰浅绳纹。通体施中粗浅绳纹，颈部抹一周宽薄泥带。残高约 8.7 厘米，器壁厚约 0.8 厘米（图二六 – 8）。标本Ⅱ采：26，方圆唇。通体施粗斜绳纹。口沿下绳纹被拍平。残高约 4.5 厘米，器壁厚约 0.7 厘米（图二六 – 15）。

Bc 型 卷沿，斜弧腹。

标本Ⅱ H205：2，束颈。沿较宽近卷，尖唇。上腹圆鼓，下腹斜收。施紧凑粗绳纹。残高 14 厘米，器壁厚 1 厘米（图二六 – 18）。标本Ⅰ采：29，泥质，含少量砂粒。侈沿近卷，圆唇。上腹较鼓。通体施粗绳纹，颈部绳纹被抹平。残高 13.5 厘米，壁厚约 0.9 厘米（图二六 – 19）。标本Ⅰ采：30，红褐

色，胎较厚。尖圆唇，短折沿，束颈。通体施粗粗斜绳纹，颈部抹一周薄泥带。残高 8.5 厘米，壁厚 0.9 厘米（图二六 - 20）。

C 型　领斜直，腹微鼓，口径略大于腹径。通体施绳纹，有的颈部绳纹被抹平。

标本 I 采：33，方唇，颈、上腹部饰粗绳纹，下腹部施交错绳纹。口沿下绳纹被抹平，颈部抹一周薄泥带。口径 31 厘米，残高约 25 厘米，器壁厚 0.5 ~ 0.9 厘米（图二七 - 2）。标本 II 采：13，斜方唇，肩部稍鼓。通体施中粗绳纹，颈部绳纹被抹平。残高约 9 厘米，器壁厚约 0.8 厘米（图二七 - 5）。标本 II 采：25，仰折沿，方唇。通体施浅绳纹，颈部抹一周泥带。残高约 9.7 厘米，器壁厚 0.8 ~ 1 厘米（图二七 - 3）。标本 I 采：35，微折沿，略内凹。圆唇。通体施中粗绳纹。口沿下有轮修痕，绳纹被修平。颈下有泥片套接痕。残高 9.7 厘米，口径 36 厘米，壁厚 0.8 厘米（图二七 - 11）。

D 型　仰折沿，束颈，口径略小于腹径，或与腹径相当，鼓腹。

标本 I 采：17，侈口，方唇上饰绳纹，鼓腹。通体施粗深绳纹。口径 32 厘米，残高约 17 厘米，器壁厚 0.5 ~ 0.9 厘米（图二七 - 1）。标本 II 采：9，方圆唇，沿略凹，鼓腹，通体施浅细绳纹，颈部抹一周泥带。残高约 8 厘米，器壁厚约 0.7 厘米（图二七 - 4）。标本 II H208：1，薄方唇，口沿外侧饰锯齿状花边。通体施粗绳纹，颈部抹一周宽泥带。口径 32 厘米，残高约 12.6 厘米，器壁厚约 0.7 厘米（图二七 - 6）。标本 I 采：16，折沿较短，圆唇。通体施规整细绳纹，口沿下绳纹被修平。胎较厚。口径 35 厘米，残高 11.5 厘米，器壁厚 0.8 厘米（图二七 - 10）。标本 II 采：24，束颈，腹部明显外鼓。圆唇。通体施粗绳纹，颈部绳纹被抹平。口径约 26 厘米，残高约 7.3 厘米，器壁厚 0.8 ~ 1 厘米（图二七 - 7）。

E 型　敞口斜直，斜腹或鼓。通体施绳纹。

标本 I 采：62，敞口，口沿上饰绳纹，腹斜直，施粗绳纹。残高约 9 厘米，器壁厚约 1 厘米（图二七 - 14）。标本 II H206：2，夹砂。敞口近直，方唇，沿略内凹。腹施中粗浅绳纹。

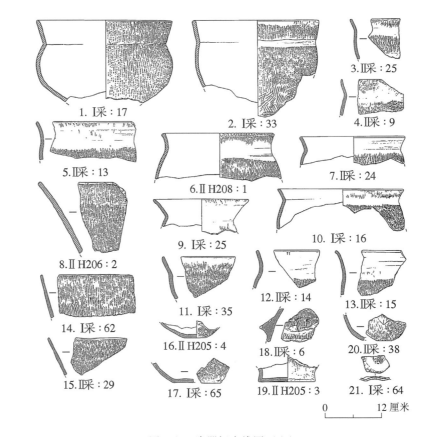

图二七　陶器标本线图（六）

1、4、6、7、10. D 型盆　2、3、5、11. C 型盆　8、14、15. E 型盆　9. F 型盆　2、13. G 型盆
16、17、19 ~ 21. 器底　18. 鋬耳

残高 8.3 厘米，器壁厚 1.2 厘米（图二七 – 8）。标本Ⅱ采：29，圆唇。通体施中粗绳纹。口径约 23 厘米，残高约 9 厘米，器壁厚 0.5～0.9 厘米（图二七 – 15）。

F 型　束颈，宽折沿，鼓腹。

标本Ⅰ采：25，束颈，方圆唇，绳纹被抹平，颈间夹角小。口沿下、腹部有隐隐的细绳纹痕。口沿内外经轮修。口径 22 厘米，残高约 7.5 厘米，器壁厚 0.9 厘米（图二七 – 9）。

G 型　侈口，颈微束，领较高。

标本Ⅱ采：15，方圆唇，通体施细绳纹，颈部绳纹被抹平。内壁有轮修痕。残高约 11 厘米，器壁厚 0.8～1 厘米（图二七 – 13）。标本Ⅱ采：14，束颈明显。圆唇，鼓腹。通体施中粗绳纹，颈部有横向刮抹痕，绳纹被抹平。内壁有轮修痕。残高约 9 厘米，器壁厚约 1 厘米（图二七 – 12）。

6. 罐　多数泥质灰陶，个别夹砂。泥质陶陶质不纯，含细砂。型式多样，可分五型。

A 型　多为口沿残片。小口，短颈，折肩或圆肩。器身有的素面，有的施绳纹。根据领部的差别可分二亚型。

Aa 型　口近直或侈口，束颈，颈部折角明显，折肩。颈部素面，器身施绳纹。

标本Ⅰ采：3，圆唇，短颈近直，折肩斜腹。肩腹部施规整粗绳纹，肩部划出两周弦纹。胎较厚。口径 9 厘米，残高约 11 厘米，器壁厚约 0.8 厘米（图二八 – 4）。标本Ⅰ采：34，口微侈，圆唇，口沿有轮修痕。肩施中粗斜绳纹。胎较薄。口径 11 厘米，残高约 3.5 厘米，器壁厚约 0.7 厘米（图二八 – 5）。标本Ⅰ采：41，尖圆唇，口微侈，短颈，素面。胎较薄。残高约 6.2 厘米，器壁厚约 0.6 厘米（图二八 – 6）。标本Ⅰ采：27，侈口，领较高，沿近卷。肩腹部施规整细绳纹，其上有不规则弦纹、三角纹。残高约 9.5 厘米，器壁厚约 0.7

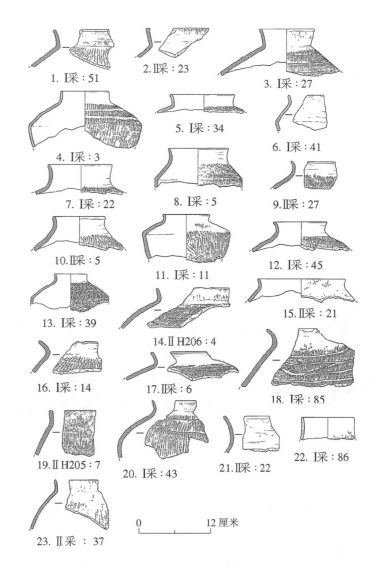

1. Ⅰ采：51
2. Ⅱ采：23
3. Ⅰ采：27
4. Ⅰ采：3
5. Ⅰ采：34
6. Ⅰ采：41
7. Ⅰ采：22
8. Ⅰ采：5
9. Ⅱ采：27
10. Ⅱ采：5
11. Ⅰ采：11
12. Ⅰ采：45
13. Ⅰ采：39
14. Ⅱ H206：4
15. Ⅱ采：21
16. Ⅰ采：14
17. Ⅱ采：6
18. Ⅰ采：85
19. Ⅱ H205：7
20. Ⅰ采：43
21. Ⅱ采：22
22. Ⅰ采：86
23. Ⅱ采：37

0　　　　　12 厘米

图二八　陶器标本线图（七）
1～6. Aa 型罐　7～13、15. Ab 型罐　14、16、17、18、20. B 型罐　19、23. C 型罐
21. D 型罐　22. E 型罐

厘米（图二八 –3）。标本Ⅱ采：23，方唇，素面。胎较厚。残高约 4.3 厘米，器壁厚约 0.8 厘米（图二八 –2）。标本Ⅰ采：51，侈口斜直，器身施绳纹。颈部有轮修痕，可见隐约绳纹。残高约 5.5 厘米，器壁厚约 0.5 厘米（图二八 –1）。

Ab 型　侈口，束颈，颈部无明显折角。

标本Ⅰ采：45，颈部素面，肩部饰浅绳纹。口径 11 厘米，残高约 6.3 厘米，器壁厚约 1 厘米（图二八 –12）。标本Ⅰ采：11，短颈，侈口，窄沿。折肩，肩部绳纹被磨平，腹施粗浅绳纹。口径 8 厘米，残高约 8.5 厘米，器壁厚 0.5~1.2 厘米（图二八 –11）。标本Ⅰ采：5，领较高，上有轮修痕，折肩，肩腹部施粗浅绳纹。口径 9 厘米，残高约 6.5 厘米，器壁厚 0.5~0.8 厘米（图二八 –8）。标本Ⅰ采：22，领较高，圆唇。肩腹部施粗浅绳纹，上有划出的弦纹。口径 10 厘米，残高约 4.9 厘米，器壁厚约 0.5 厘米（图二八 –7）。标本Ⅰ采：39，口微侈，圆唇。折肩，斜腹。肩部饰云雷纹，腹部饰绳纹。口径 5.5 厘米，残高 6.2 厘米，器壁厚约 0.3~0.35 厘米（图二八 –13）。标本Ⅱ采：27，短束颈，沿近卷，口沿上有轮修痕。肩部饰浅细绳纹。残高约 4.7 厘米，器壁厚约 0.7 厘米（图二八 –9）。标本Ⅱ采：21，夹砂。大口，短颈。尖圆唇，薄胎。口径 14 厘米，残高约 3.8 厘米，器壁厚约 0.5 厘米（图二八 –15）。标本Ⅱ采：5，领较高，圆唇，肩腹部施粗浅绳纹。胎厚。口径 7.5 厘米，残高约 5 厘米，器壁厚 0.7~1.1 厘米（图二八 –10）。

B 型　折沿，束颈，圆肩或折肩，斜腹。器身施绳纹，肩部有数周不规则划弦纹。颈部绳纹被抹平。

标本Ⅰ采：85，尖唇，侈沿近卷。肩部施细绳纹，上有间距不等的不规则弦纹。残高约 8.5 厘米，器壁厚 0.5~0.8 厘米（图二八 –18）。标本Ⅰ采：14，侈口，肩施粗浅绳纹，其上划出弦纹。残高约 4 厘米，器壁厚约 0.7 厘米（图二八 –16）。标本ⅡH206：4，尖唇，短沿，肩部施粗浅绳纹，上有随手划出的不规则弦纹。胎较厚。残高约 7.5 厘米，器壁厚 0.7~0.9 厘米（图二八 –14）。标本Ⅱ采：36，侈口，尖唇，沿较短。肩腹部施规整中粗绳纹，上有划弦纹。残高约 3.8 厘米，器壁厚 0.5~0.7 厘米（图二八 –17）。标本Ⅰ采：43，短颈，侈口，圆肩，斜腹。肩、腹施粗浅绳纹。残高约 9.2 厘米，壁厚约 0.7 厘米（图二八 –20）。

C 型　短直颈，溜肩，鼓腹。

标本ⅡH205：7，通体施绳纹。残高约 7 厘米，壁厚约 0.6 厘米（图二八 –19）。标本Ⅱ采：37，尖圆唇，肩部施中粗浅绳纹。胎较薄。残高约 7.2 厘米，器壁厚约 0.8 厘米（图二八 –23）。

D 型　高领，侈口或直口。

标本Ⅱ采：22，束颈，侈口，圆唇。残高约 5.5 厘米，器壁厚约 0.6 厘米。（图二八 –21）E 型　直口，高领。

标本Ⅰ采：86，圆唇，颈部绳纹被修平。胎较薄。口径 9 厘米，残高约 3.3 厘米，器壁厚约 0.5 厘米（图二八 –22）。

7. 器底　泥质，陶质不纯净，含少量砂粒，多凹底。

标本Ⅰ采：64，红褐色。凹底上施绳纹，周边被抹平，仅存中间交错绳纹。底径 7.5 厘米，器壁厚约 1 厘米（图二七 –21）。标本Ⅰ采：65，灰褐色。平底微凹，施浅细绳纹。残长约 6.3 厘米，器壁厚约 0.7 厘米（图二七 -17）。标本 Ⅱ H205：4，平底较厚，凹凸不平。腹、底施中粗绳纹，底部绳纹被压平。底径约 8.7 厘米，残高 5.5 厘米，器壁厚 0.8 厘米（图二七 -16）。标本 Ⅱ H205：3，底部似假圈足，底微凹。底径 12.6 厘米，残高 5.4 厘米，器壁厚 0.7 厘米（图二七 -19）。标本 Ⅱ 采：38，残底，施绳纹，上有刻划符号，似箭头。残宽 8.9 厘米，残高 5.7 厘米，器壁厚 0.6~0.8 厘米（图二七 -20）。

8. 豆　无复原器。泥质灰陶，素面。碗形。

标本 Ⅰ 采：63，斜沿，弧腹。器表凹凸不平。残宽约 5.5 厘米，高 4.8 厘米，器壁厚约 0.7 厘米（图二五 -9）。标本 Ⅰ 采：46，平沿，腹近直。残宽 8 厘米，宽 3.4 厘米，器壁厚约 0.6 厘米（图二五 -10）。标本 Ⅰ T605③：7，沿内斜，口沿下有两周凹弦纹，斜腹。残长约 7.3 厘米，宽 4.4 厘米，器壁厚约 0.5 厘米（图二五 -11）。

9. 三足瓮　均为口沿残片。多数灰陶，也有少量褐陶，陶质坚硬，泥质或夹砂。泥质陶多不纯，含砂粒。饰绳纹，也有少量方格纹。敛口，平沿，鼓腹。多为空三足瓮，仅有个别实足。根据口沿的差别可分四型。无特别说明者均泥质灰陶。

A 型　敛口，平沿前伸，有的和内壁呈一坡度，内唇尖锐；有的明显伸出似屋檐，内唇方圆。可分二亚型。

Aa 型　内唇尖锐。

标本 Ⅰ 采：48，夹砂。胎较薄。口沿略厚。器表施浅绳纹。残高约 5.8 厘米，器壁厚约 0.9 厘米（图二九 -2）。标本 Ⅱ 采：35，褐胎灰皮。沿略前伸，内唇尖锐。通体施浅印方格纹，口沿下纹饰模糊。残高约 9.8 厘米，器壁厚约 1.2 厘米（图二九 -4）。标本 Ⅰ 采：47，窄沿前伸，内唇尖锐。口径 26 厘米，残高约 5.5 厘米，器壁厚 1.2~1.5 厘米（图二九 -1）。标本 Ⅰ 采：49，褐胎灰皮。沿略前伸。口沿脱落，剖面呈三角形。从脱落的痕迹看，瓮体应是分段接合，接合处呈坡形，从内侧粘接。腹施细绳纹。残高约 7.5 厘米，器壁厚 1.3~1.8 厘米（图二九 -3）。

Ab 型　平沿前伸似屋檐，方唇。

标本 Ⅰ 采：13，平沿上饰绳纹，沿略前伸，内唇方圆。通体施浅绳纹。残高约 5 厘米，器壁厚约 1 厘米（图二九 -5）。标本 Ⅰ 采·· 61，颈部素面磨光。残高约 7.2 厘米，器壁厚约 1 厘米（图二九 -13）。

B 型　内外唇略凸出。

标本 Ⅰ 采：89，褐胎灰皮。内外唇略凸出。腹施中粗密绳纹。残高约 15 厘米，器壁厚约 1 厘米（图二九 -8）。标本 Ⅰ 采：94，夹砂。内沿略凸出，尖唇；外沿略凸出，方圆唇。颈部绳纹被抹平，腹施粗绳纹。口径约 31 厘米，残高约 32.2 厘米，器壁厚 0.9~1.4 厘米（图二九 -7）。标本 Ⅱ H206：1，褐胎灰皮。沿略前伸，内唇尖圆。

通体施粗绳纹，口沿下纹饰被抹去。残高约 14.3 厘米，器壁厚约 1.3 厘米（图二九 -15）。

C 型　沿加厚，较宽，内外唇凸出，呈"T"形。根据凸出程度可分二式。

C 型 Ⅰ 式　外唇和腹壁间呈一弧度。

标本 Ⅰ 采：50，褐胎灰皮。平沿上饰浅绳纹，内沿伸出似屋檐。通体施规整中粗绳纹，颈部绳纹被抹平。残高约 17 厘米，器壁厚约 1.6 厘米（图二九 - 11）。标本Ⅰ采：90，褐胎灰皮。内唇尖圆，外唇方形。颈部素面。腹施中粗绳纹。残高约 9.5 厘米，器壁厚约 1 厘米（图二九 - 12）。标本Ⅰ采：54，内外唇尖圆形。颈部绳纹被抹平。器壁厚约 1 厘米（图二九 - 6）。标本Ⅰ T605③：1，褐胎灰皮。内唇尖圆，外唇方圆。通体施中粗绳纹，颈部绳纹被修平。残高约 12.3 厘米，器壁厚约 1.4 厘米（图二九 - 10）。标本Ⅰ采：93，内唇略凸出，外唇尖锐。颈部素面。腹施浅绳纹。残高约 6.7 厘米，器壁厚约 1.5 厘米（图二九 - 16）。标本Ⅰ采：87，颈部绳纹被抹平。腹施细绳纹。残高约 11.5 厘米，器壁厚约 0.9 厘米（图二九 - 14）。

C 型Ⅱ式　内外唇明显凸出。

标本Ⅰ采：55，内唇前伸似钩，外唇方形凸出，方唇上饰浅绳纹。颈部素面。腹施粗绳纹。残高约 9.5 厘米，器壁厚 1～1.3 厘米（图二九 - 9）。标本Ⅰ采：44，褐胎灰皮。外唇方形凸出，内唇方圆形。口沿下饰戳刺纹。口径约 35 厘米，残高约 6.9 厘米，器壁厚 0.8～1 厘米（图二九 - 17）。

10. 瓮足　泥质或夹砂陶。泥质陶多含砂。多为锥状空足，仅有个别实足。可分二型。

A 型　空袋足，数量较多，锥状或乳状。

标本Ⅱ H208：2，夹砂，褐胎灰皮。乳状，足尖残。施粗绳纹。残高 10.1 厘米，器壁厚约 1 厘米（图三〇 - 4）。标本Ⅰ采：58，锥状瘦袋足，平足底。厚胎。施中粗绳纹。残高约 11.5 厘米，器壁厚约 1.5 厘米（图三〇 - 3）。标本Ⅰ采：59，袋足较瘦，足尖内塞柱状泥芯。厚胎。施中粗浅绳纹。残高约 14.5 厘米，器壁厚约 1.3 厘米（图三〇 - 7）。标本Ⅱ采：39，乳状，施印方格纹。残高 13.8 厘米，器壁厚约 1.3 厘米（图三〇 - 1）。标本Ⅱ采：2，乳状小袋足。施浅细绳纹。残高 15.6 厘米，器壁厚 0.7～1.3 厘米（图三〇 - 8）。

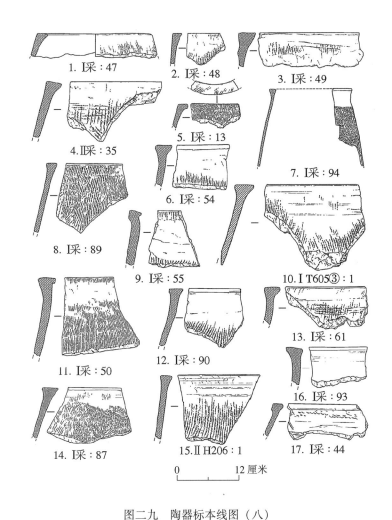

1. Ⅰ采：47　　2. Ⅱ采：48　　3. Ⅰ采：49
4. Ⅰ采：35
5. Ⅰ采：13
6. Ⅰ采：54　　7. Ⅰ采：94
8. Ⅰ采：89
9. Ⅰ采：55　　10. Ⅰ T605③：1
11. Ⅰ采：50
12. Ⅰ采：90
13. Ⅰ采：61
14. Ⅰ采：87　　15. Ⅱ H206：1
16. Ⅰ采：93
17. Ⅰ采：44

0　　　　　12 厘米

图二九　陶器标本线图（八）
1～4. Aa 型瓮　5、13. Ab 型瓮　7、8、15. B 型瓮　6、10、11、12、14、16. CⅠ型瓮
9、17. CⅡ型瓮

B 型　锥状实足，仅发现 1 件。

标本 Ⅱ 采∶11，锥状实足，施粗浅绳纹。残高约 10.3 厘米，器壁厚约 0.8~1 厘米（图三〇 - 5）。

11. 带錾瓮　泥质或夹砂陶，数量极少。

标本 Ⅱ H205∶5，黄褐陶。敛口，尖圆唇，鼓腹。口沿下横置錾耳，中贯圆穿。素面。口沿下有轮修痕。残高 4.8 厘米，

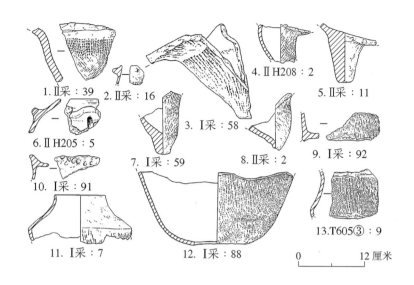

图三〇　陶器标本线图（九）
1、3、4、7、8. A 型瓮足　2、6. 带錾瓮　5. B 型瓮足　9、10. 甗　11. 罕　12. 甑　13. 罕形器

器壁厚 1 厘米（图三〇 -6）。标本 Ⅱ 采∶16，夹砂灰陶。敛口，薄胎。口沿下有乳凸状錾耳。器壁残高 4.7 厘米，器壁厚 0.6 厘米（图三〇 -2）。

12. 罕　夹砂陶，数量少。

标本 Ⅰ 采∶7，黄褐色。矮颈，口微侈，尖唇，宽折肩，腹斜直。肩部绳纹被抹平，腹施粗绳纹。口径 12 厘米，残高约 11.2 厘米，器壁厚约 1 厘米（图三〇 -11）。

13. 甗　均为腰隔残片。有的腰隔泥质，鬲夹砂，多数整体夹砂。有的腰部贴一周附加堆纹。

标本 Ⅰ 采∶91，腰隔泥质灰陶。残高 5.3 厘米，器壁厚 0.9 厘米（图三〇 -10）。标本 Ⅰ 采∶92，夹砂。隔较宽厚。残高 6.5 厘米，壁厚 0.9 厘米（图三〇 -9）。

14. 甑　泥质灰陶。数量较少。

标本 Ⅰ 采∶88，深腹盆形，下腹斜收，底部圆折，有宽隔。最大腹径 29.4 厘米，残高 12.5 厘米，甑隔孔径 8.2 厘米，壁厚 0.6 厘米。

15. 罕形器　夹砂灰陶，仅有腹部残片。

标本 Ⅰ T605③∶9，腹内收，底部圆折。残高 8.8 厘米，器壁厚 0.65 厘米（图三〇 -13）。

16. 錾耳　泥质灰陶，含细砂。錾耳残，其上有横、竖窝纹便于持握。标本 Ⅱ 采∶6，残宽 8.3 厘米，残高 7 厘米，厚 0.8 厘米（图二七 -18）。

四、结　语

（一）分期与年代

晚商遗存多被扰乱，大量的商代陶片混杂于东周地层或灰坑中，此类陶片均以采集器物编号。

虽然Ⅱ区西北部灰坑打破关系繁复，但多数灰坑陶片极少且多不辨器型，有的灰坑无遗物出土。能挑出标本的灰坑有Ⅱ H205、Ⅱ H206、Ⅱ H208，H205 打破 H206，但两个灰坑出土陶片不多，无法进行同类器物间的分析比对。从出土陶器总体特征看，差别不大，应属同一时期。与高红晚商遗存相似的遗址多发现于黄河对岸的陕北高原，有绥德薛家渠[1]、清涧李家崖[2]和辛庄遗址[3]。此类遗存曾被发掘者命名为李家崖文化[4]。高红晚商遗存器物与李家崖、薛家渠遗址中的器物有诸多共同之处。

高红 Ba 型鬲Ⅱ采：10、3、19 分别和薛家渠 A 型鬲 H1：33、李家崖 Ac 型Ⅰ式鬲采：16、A1T36⑥b：36，Ac 型Ⅲ式 C2T1③：35 相似。高红 B 型瓮口沿Ⅰ采：89 和薛家渠 H1：40、李家崖 A 型Ⅱ式 A1T36⑥a：6，CⅠ型瓮口沿Ⅰ采：52 和李家崖 B 型Ⅳ式 A1T01②：8 近似；高红 A 型簋Ⅰ采：12 和薛家渠 H1：45 类似。高红 Ba 型盆如Ⅰ采：24 类似于李家崖 A 型Ⅲ式 A1T24⑤b：1，高红 D 型盆与李家崖 F 型盆、异型盆中的 D 型盆有诸多共同之处，如高红 D 型盆Ⅰ采：17 与李家崖 F 型Ⅰ式盆 A1T47⑥a：3 近似，高红 D 型盆Ⅱ采：24、Ⅰ采：16 分别类似于李家崖异型盆中的 A 型 A1T18⑤a：65、D 型 A1F5：10。

李家崖文化分为三期，从殷墟二期到西周中期。鬲、盆、簋等器物口沿由早到晚演化规律为：由外侈到卷沿。高红晚商器物被扰乱，失去地层依据，但鬲、盆、簋、罐等各同类器物中口沿也有外侈、卷沿的区别，参照李家崖器物演变规律来看，高红器物口沿上的差异应是处于同一时期的不同发展阶段所致。高红Ⅱ式簋Ⅰ采：28 口沿外卷，是口沿演化的最晚形态，与李家崖 Aa 型Ⅲ式簋 C2T1③：29⑤ 类似，这两件簋的口沿近似于乙、辛时期的殷墟苗圃Ⅲ期的簋 GM234：3⑥。高红晚商遗存的年代的下限当在殷墟四期。

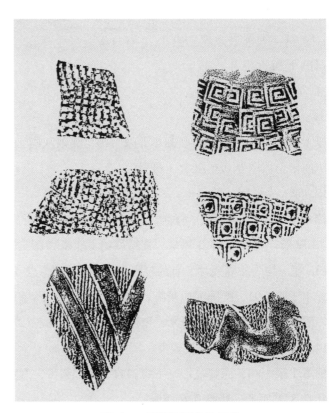

图三一　商代陶器纹饰拓片

①　北京大学考古系商周考古实习组等：《陕西绥德薛家渠遗址的试掘》，《文物》1988 年第 6 期。
②　陕西省考古研究院：《李家崖》，文物出版社，2013 年。
③　陕西省考古研究院商周考古研究室：《2008～2017 年陕西夏商周考古综述》，《考古与文物》2018 年第 5 期。
④　陕西省考古研究院：《李家崖》，文物出版社，2013 年。
⑤　陕西省考古研究院：《李家崖》，文物出版社，2013 年。
⑥　中国社会科学院考古研究所编著：《殷墟发掘报告（1958—1961）》，文物出版社，1987 年。

房山塔照和镇江营的商周遗存分别
被命名为塔照二期文化和张家园上层文
化，① 两类文化中均出有花边鬲，塔照
二期文化折沿鬲和高领鬲兼备，张家园
上层文化的鬲则领部伸展，颈部无折沿，
报告作者认为后者的筒腹鬲是前者高领
鬲的发展形式。高红晚商遗存中的折沿
鬲和高领鬲更接近塔照二期文化（碳十
四树轮校正年代在公元前 1266～前 1070
年），年代亦应与之相当。

陕西彬县断泾、下家雷遗址②中均
有短折沿的花边鬲，年代在殷墟二期。
山西省考古研究所 2009 年在阳曲东青善
遗址发掘了一批晚商陶器，有大量折沿
花边鬲，未见长颈鬲。由此看来，短折
沿的花边鬲有一个单独发展的时期。高

图三二　复原陶鬲标本（Ⅰ采：83）

红晚商遗存中短折沿花边鬲和高颈花边鬲共存，其上限或可至殷墟二期。

（二）高红晚商遗存特点

1. 夯土建筑

高红夯土建筑的建造方法与商文化中心区域是一致的。二里头③、洹北商城④、殷墟⑤宫殿基址一
般都是先在拟建区域内挖基槽，然后层层填土夯实，其上筑夯土台，在夯土台之上筑墙架屋。如殷
墟⑥发现的房址，有的房子整个建筑区都经过夯打，厚度为 0.15～0.25 米，有的甚至超过 0.4 米。房
子的围墙就建造在这种房基之上。

夯土版筑技术在中原地区源远流长，从目前发现的距今 5000 多年前的郑州西山仰韶晚期城址⑦算
起，发展至晚商时期已有两千余年的历史。高红晚商夯土建筑，带着先进的商文化的深深烙印。

2. 出土器物

李家崖文化和高红晚商遗存共同的器物有颈部长短不等的花边鬲、三足瓮、小口罐、敞口簋及各

① 北京市文物研究所：《镇江营与塔照——拒马河流域先秦考古文化的类型与谱系》，中国大百科全书出版社，1999 年。
② 北京市文物研究所：《镇江营与塔照——拒马河流域先秦考古文化的类型与谱系》，中国大百科全书出版社，1999 年。
③ 中国社会科学院考古研究所二里头工作队：《河南偃师二里头遗址 4 号夯土发掘简报》，《考古》2004 年第 11 期。
④ 中国社会科学院考古研究所安阳工作队：《河南安阳市洹北商城宫殿区 1 号基址发掘简报》，《考古》2003 年第 5；中国社会科
学院考古研究所安阳工作队：《河南安阳市洹北商城宫殿区二号基址发掘简报》，《考古》2010 年第 1 期。
⑤ 中国社会科学院考古研究所安阳工作队：《河南安阳殷墟大型建筑基址的发掘》，《考古》2001 年第 5 期。
⑥ 中国社会科学院考古研究所编著：《殷墟发掘报告 1958 - 1961》，文物出版社，1987 年。
⑦ 国家文物局考古领队培训班：《郑州西山仰韶时代城址的发掘》，《文物》1999 年第 7 期。

种型式的盆等。李家崖不见高红晚商遗存中的鬲、甗、斝形器，缺少高红遗址中宽折沿深腹的 A 型盆、斜直腹的 E 型盆、短直颈的鬲、折沿花边鬲等。

高红的鬲为短直领，黄河对岸的李家崖遗址中没有鬲，高红晚商遗存中短直领的罐很多，而鬲的上半部与这类罐的上半部基本相同，是短直领罐和袋足的合体。短直领的鬲曾见于陕北的神木新华[①]及山西北中部滹沱河流域的原平龙山晚期至夏时期的遗址中。原平唐昌遗址[②]中短直领的器物如尊 H3：5、甗的上半部颇似高红短直领的鬲。晋中地区夏时期遗存中缺少短直领折肩的器物，鬲为高直领或敛口，如汾阳峪道河的高领鬲和娄烦河家庄[③]的直口鬲。说明山西北中部夏时期遗存和陕北同期遗存保持着文化上的交流，和晋中地区有一定的差别。晚商时期，短直领的鬲在陕北地区已销声匿迹，高红的鬲当是唐昌一类遗存的孑遗。

高红的斝形器则和忻州游邀斝[④]的腹部相似，可见高红晚商遗存和山西北中部滹沱河流域的夏时期遗有着不解的渊源。

高红短直领的鬲 I 采：83 近似于杏花村墓地 0027，有别于李家崖文化 D、E 型鬲中的短颈鬲。"杏花 023、0027、0020 及 0030 的形态，基本上同于高汕（后改为高红）H1：4 及薛家渠 H1 出土的 A 型鬲，和薛家渠 A II 式鬲也颇为相似。因此，也应把这里提出的杏花出土的陶鬲，归入高汕 H1 这类遗存的谱系。"[⑤] 高红晚商遗存是杏花村这类陶鬲的人后方。

高红晚商遗存中的甗数量不多。侈口，深腹，底部有一圈宽隔。这种甗特色鲜明，在晋中地区及近邻考古学文化中难觅踪影，似无根的浮萍。房山塔照二期文化[⑥]中 B 型甗与高红的甗有着相似的底部。塔照遗址中的 B 型甗敛口深腹，如 FTH86：1、FTT2910④：1 底部周边有一圈宽隔。已进入夏纪年的镇江营文化陶甗 FZH277：7 也是底边一圈有隔，中空。看来，此类甗在当地是历经千余年的传统器物。晚商时期，在长城沿线花边鬲人群交流融通的背景下，燕山南麓塔照二期文化某些因素被高红晚商遗存吸收，并进行了适宜的改造。

高红晚商遗存中不见李家崖文化 C 组器物；缺少 D 组器物中的 E 型陶鬲，异型罐中的 F、E、I 型陶罐及陶鼎。高红晚商遗存有自己的特点。

吕梁（2004 年吕梁撤地设市，离石市改为离石区）的双务都、后赵家沟[⑦]等地也发现有晚商遗存，其中的花边鬲均折沿，不见长颈鬲。盆宽折沿，折角分明，如双务都 012、后赵家沟 038 与高红 Ab 型盆 I 采：23、II 采：1 形制相同。吉县挂甲山遗址[⑧]也出土了一批与高红类似的晚商陶器，其中的瓮、小口罐、鬲等均可在高红晚商遗存中找到相似器类。

柳林高红、离石双务都、后赵家沟，吉县挂甲山的晚商遗存均可作为李家崖文化的地方类型，即李家崖文化高红类型。

① 陕西省考古研究所、榆林市文物保护研究所：《神木新华》，科学出版社，2005 年。
② 侯毅：《原平县唐昌遗址试掘简报》，《文物季刊》1989 年第 7 期。
③ 国家文物局、山西省考古研究所、吉林大学考古学系：《晋中考古》，文物出版社，1998 年。
④ 忻州考古队：《忻州游邀考古》，科学出版社，2004 年。
⑤ 国家文物局、山西省考古研究所、吉林大学考古学系：《晋中考古》，文物出版社，1998 年。
⑥ 北京市文物研究所：《镇江营与塔照——拒马河流域先秦考古文化的类型与谱系》，中国大百科全书出版社，1999 年。
⑦ 北京大学考古系商周考古实习组等：《陕西绥德薛家渠遗址的试掘》，《文物》1988 年第 6 期。
⑧ 山西省考古研究所、吉县文物管理所：《吉县州川河流域区域考古调查发掘报告》，科学出版社，2018 年。

　　附记：本次考古发掘项目负责人为王京燕，吉林大学边疆考古研究中心在读博士祁冰、史前考古研究中心崔俊俊参加了资料整理。

　　发掘：冀保金　张雪梅　梁苏红　马　泉　高继平；绘图：耿　鹏　李永敏　曾彩婷　张明菊；执笔：王京燕　范文谦　高继平。

（原载《中原文物》2019 年第 6 期）

交口县东周墓葬清理简报

山西省考古研究所

1985 年 9 月，山西省交口县桃红坡镇窑瓦村农民在挖掘房基地过程中，发现了一座古代墓葬，县文化馆立即派员前往清理，同时得到了省考古研究所的协助和支持。现将清理情况简报如下：

一、墓葬形制和随葬品

窑瓦村西距县城 38 公里，坐落在桃红坡镇西部一座小山包上，墓葬发现于山包的南坡，原地表呈北高南低的状态。

墓室作长方形土圹竖穴，无墓道，方向正北，墓口被地基槽破坏，出口深度不明，残存墓口长 4.50、宽 2.95 米，墓底略小于墓口，深 4.2 米，墓壁较整齐，墓底平坦，圹内回填五花土。

木质葬具已腐朽，根据板灰痕观察，木棺长约 1.80、宽 0.75、高约 1.10 米，棺内骨架一副，虽被淤土扰乱，但尚可看出仰身直肢葬式，死者男性，头向北，面向上。

随葬品共 30 件，分别为陶、铜、石、骨等质地的制品。

陶器共 6 件，均为泥质灰褐色。

鼎 1 件，平沿无耳，口稍外侈，腹中部凸出，圜底，柱状足，制作不精，出土时二足已残损。口径 12.8、高 11 厘米。

豆 2 件，均残存柄部，其中一件较粗矮，大喇叭口座，豆盘底部较平（图一 -1）。另一件柄部较细，亦为喇叭口座。

盆 1 件，束颈鼓腹，圜底，平沿圆唇，腹上部饰网状暗纹，腹径 20、高 11 厘米（图一 -2）。

壶 2 件，一件较完整，高领直颈，鼓腹平底，腹壁较薄，颈上一双对称的兽面形耳，高 31.5、口径 10、腹径 25、底径 11.6 厘米（图一 -3）；

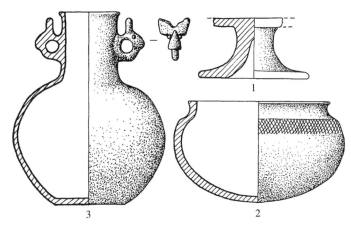

图一 交口东周墓出土陶器
1. 陶豆 2. 陶盆 3. 内壶

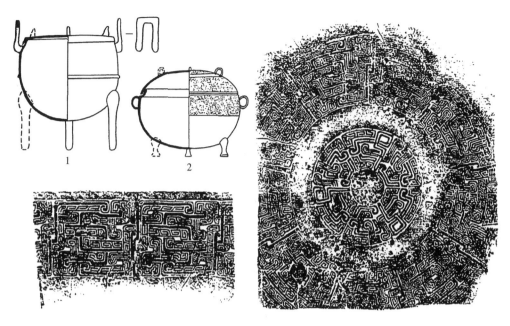

图二　交口东周墓出土铜器
1. 铜鼎　2. 铜鼎及纹饰

另一件只存口和颈部，宽沿外折，直颈。

石磬　1组10件，灰褐色青石质原料，大小相次，两段鼓上边长短之比约为2：1，鼓下边为弧形，两侧鼓博亦显弧度。股上角为锐角，股下角为钝角，最厚的为3、最薄的为2.3厘米。倨角处钻有一孔，孔径最大为2、最小约为1.7厘米。

铜器　11件。

鼎　2件，其中一件素面，鼓腹，平底，腹中部一周凸弦纹，近口处一双长方形附耳，柱形三足，其中一足在鼎内壁出露铆接的茬口，盖微鼓，分置扁形三鋬。腹径20、高24厘米（图二－1）。另一件盖隆起，上置三个环形钮。鼎身鼓腹、圜底，三蹄形足，腹上一双对称的环形耳，器盖和鼎身通饰蟠螭纹。腹径19.5、通高16.8厘米（图二－2）。

戈　1件，素面，直内，有胡，两穿，通长18厘米。

舟　1件，椭圆形，平底，环耳，口沿下侧饰蟠螭纹，高9.2厘米。

车害　2件，素面无纹，兽头形辖，为偶车马器的构件。

衔镳　2件，素面，通长20厘米。

构件　3件，形制相同，长方形，长4.6、宽3.5厘米，素面无纹，可能为某种漆木家具的构件。

骨器　3件，用动物长骨磨制而成，其中一件断面呈不规则六角形，残长15厘米，中间有长方形孔，细端弯曲，呈锥状。其余2件断面约呈圆形，中有穿孔，可能为一种佩饰。

二、墓葬时代及相关问题

从上述墓形和随葬品看，该墓与山西省其他地区发现的东周时期墓葬较为一致，器物组合基本为鼎、盆、豆，壶颈较高，鼎的腹部出现凸棱带，纹饰为春秋中晚期最盛行的蟠螭纹。因此，我们初步推定其时代大约为春秋晚期，或当在春秋战国之际。

　　该墓死者的身份，可由随葬品组合情况作出判断。周代有一套严密的礼乐制度，各种礼乐彝器都要按照贵族身份和礼仪隆杀的不同而使用，其中用鼎制度占有核心地位。交口县发现的这座东周墓葬，随葬 2 件铜鼎和 1 件陶鼎，一组完整的石质编磬以及铜兵器和车马器，表明墓主人的身份与不能用礼器的庶人不同，根据对"列鼎制度"的研究结果，这类三鼎墓的墓主人应当属于士这一阶层。用仿铜陶礼器，正反映了春秋中晚期以来，诸侯间纷争兼并，世卿世禄制度遭到破坏，一些中小贵族的政治地位和经济地位发生变化，实力不够才勉强以陶礼器充数。

　　交口县地处吕梁山西侧，建置时间不长，桃红坡一带原属隰县。清《隰州志》卷二："隰在禹贡为冀州之域，唐虞夏商之畿内地。春秋时，晋有之曰蒲城，逮三家分晋而魏都安邑，属魏为西河地，秦为河东郡，汉为河东郡蒲子县地。"《括地志》说："蒲邑故城在隰州隰川县北四十五里，在蒲水之北，故曰蒲阳。"《史记·晋世家》："十二年，骊姬生奚齐，献公有意废太子，乃曰：'曲沃吾先祖宗庙所在，而蒲边秦，屈边翟，不使诸子居之，我惧焉！'于是使太子申生居曲沃，公子重耳居蒲，公子夷吾居屈。"今人谭骐骧先生主编的《中国历史地图集》，认为蒲即在今山西省交口、石楼县一带，故窑瓦村发现的古墓应为晋国末期的埋葬遗存。

　　昌梁地区的东周遗存目前发现极少，春秋末期的墓葬在交口县更是首次发现，这批材料虽较简单，但对于晋文化的全面研究，无疑提供了一个新的线索。

　　执笔：宁立新、张矿生

（原载《三晋考古》第一辑）

临县三交战国墓发掘简报

山西省考古研究所　吕梁地区文物管理处

三交镇位于临县南部的湫水河中、下游地区，北距临县县城 21 公里。东与车赶乡、湍水头镇接壤；西与安家庄乡、刘家会镇相连；南与枣圪挞乡毗连；北与岐道乡为邻。三交地处交通要道，是一历史名镇，因北周时为乌氏、定胡、窟胡三县之交界处而得名。

1993 年九月，为配合临县三交 110KV 变电站的建设工程，山西省考古研究所与吕梁地区文物管理处联合组成考古队，对其征地范围内的古代墓葬进行了抢救性发掘。墓地位于三交镇沟门村东北的向阳台地上，紧靠临县通往离石的公路（图一）。这次共发掘墓葬 24 座，其中 14 座墓在时代上属战国时期，现将这批墓葬材料介绍如下：

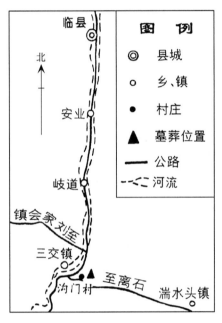

图一　临县三交战国墓葬位置示意图

一、墓葬形制与结构

墓葬均为土坑竖穴墓。长约 2.75~4、宽约 1.7~4、深约 0.5~4 米不等。墓内填土多为经夯打的灰黄土。由于墓地处于干燥的风口台地之上，墓葬形制保存均好。墓向以北偏东二十余度者为多，也有其他方向者。葬式多为仰身直肢，个别为侧身屈肢或侧身直肢。葬具多数棺、椁皆具，个别仅为一具木棺。除一例为夫妻合葬外，余皆为单人葬。随葬品以陶器为主，数量多寡不一。其中有两座墓无任何随葬品，一般墓随葬品均置于棺椁之间或棺外，小件随葬品则置于尸骨旁边（见附表）。

M14 为一座长方形土坑竖穴墓，长 3.4、宽 2.45、深 1.2 米。一棺一椁，墓向北偏西 72°。墓道填土为灰黄土，夯打相当结实。墓主为一女性，侧身屈肢，随葬品有鼎、豆、壶、匜、纺轮、铜带钩及环首刀柄等（图二）。

M19 也为一座长方形土坑竖穴墓，墓向北偏东 16°，长 3.2、宽 2.2、深 2.65 米。墓道填土为灰黄花土，夯打较结实。二棺一椁，墓主也为一女性，仰身直肢，随葬品是这批墓葬中最多者，有鼎、豆、壶、盆、匜、座壶、灶、鸟柱盘、器盖、杯、钵、鸟、象牙笄等（图三）。

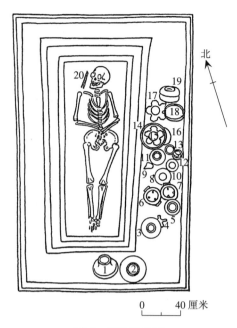

图二　M14 平面图

1. 陶匜　2. 陶豆　3、7. 陶鼎　4、5. 陶壶　6. 陶豆

8. 陶纺轮　9. 带钩　10. 环首刀柄

图三　M19 平面图

1、2. 陶壶　3. 陶豆　4. 陶鸟　5. 陶座壶　6、7. 陶鼎

8、16. 陶罐　9. 器盖　10. 鸟柱盘　11. 带盖陶壶

12. 鸟与匜　13. 陶杯　14. 陶盒　15、17. 器盖　18. 陶

钵　19. 器盖豆　20. 象牙笄

　　这批墓分布较为零散，墓向不一，形制各异，大部分墓随葬品较少，虽属同一时期，但似无内在的联系。

二、随葬品

（一）陶器

主要的随葬品为陶器。制作粗糙简单，一般都是成组出土，其主要的组合为鼎、豆、壶、盘、匜。

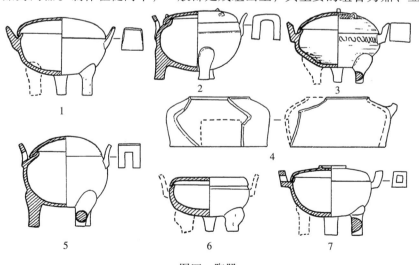

图四　陶器

1. A 型鼎（M8∶4）　2. B 型鼎（M19∶6）　3. D 型鼎（M23B∶4）　4. 灶（M19∶1）

5. E 型鼎（M25∶2）　6. C 型鼎（M11∶5）　7. F 型鼎（M15∶1）

陶质主要为泥质灰陶，极个别为泥质红陶。少数器皿上绘有彩绘，多为红白彩，图案多已不清晰。大多数陶器施有暗纹，主要的纹饰有"S"形纹、方格纹、网纹、弦纹以及瓦纹等。

鼎　鼎是这批墓的主要随葬品，共出有77件，均为盖鼎，多为仿铜器制成，鼎的形态各异，根据其鼎盖、足、耳及整体形态，可分为六型：

A型鼎　4件。弧形盖，子母口，整体状似椭圆形。标本M8∶4，弧形盖，鼓腹，柱足，附两外侈梯形耳，圜底。口径19、通高17厘米（图四–1）。

B型鼎　3件。弧形盖，盖上有三个堆状小钮，子母口，整体状似椭圆形。标本M19∶6，弧形盖，鼓腹，圈底，蹄形足，附两外撇的"𠃊"形耳，耳下饰一周凹弦纹。口径14、通高15厘米（图四–2）。

C型鼎　4件。平盖，敛口，鼓腹，蹄足。标本M11∶5，平盖，鼓腹，圜底，蹄足，附两錾状方形耳，子母口，素面。口径17、通高14.5厘米（图四–6）。

D型鼎　2件。半球形盖，平底，蹄足。标本M23B∶4，半球状盖上有三个环形钮，子母口，附两方形耳，上腹微鼓，下腹内收成平底。蹄足剖面呈半圆形，鼎盖及鼎腹中部各布"∽"形图案一周，并以暗弦纹作底。口径17、通高16.5厘米（图四–3）。

E型鼎　2件。半球形盖，整体状近圆形。标本M25∶2，半环状盖，子母口，附两"𠃊"形耳，鼓腹，圈底，柱状足，有较浅的暗弦纹。口径14、通高20厘米（图四–5）。

F型鼎　2件。盘状鼎盖。标本M15∶1，覆盘状鼎盖，并有似圈足状捉手，外附两"回"形耳，鼓腹，圜底，柱状足，足剖面为半圆形。口径18、通高16厘米（图四–7）。

盖豆　18件。是这批墓的主要随葬品之一。据其整体特征可分为A、B二型。

A型　10件。体瘦高，覆盘状盖。标本M15∶2，覆盘盖，喇叭状捉手，子母口，深腹，圜底，柄较粗，下接喇叭状底座。口径16、通高20.5厘米。标本M23B∶6，覆盘盖，圆饼形捉手，子母口，浅腹，下腹鼓出，圜底，下接喇叭状底座，通体有暗弦纹，口沿处有一周"∽"形图案。口径16、通高21厘米。标本M19∶19，覆盘盖，小盆状捉手，子母口内敛，腹较深且鼓，

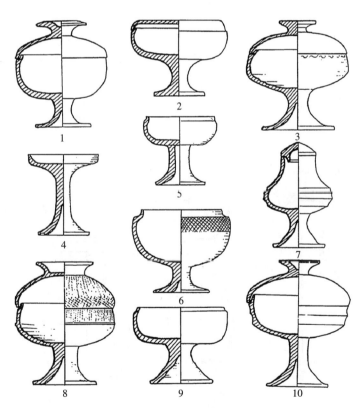

图五　陶器

1、3、8、10. A型盖豆（M15∶2、M23B∶6、M19∶19、M25∶3）

2、5、6、9. B型盖豆（M11∶3、M21∶1、M22∶1、M10∶2）

4. 盘豆（M22∶2）　7. 座壶（M19∶11）

圜底，柄较粗，下接喇叭状底座，通体有暗纹，下腹及底座饰暗弦纹，盖及豆上腹饰竖行扭曲暗纹及网格纹。口径 17、通高 23.5 厘米。标本 M25：3，覆盘盖，喇叭状捉手，子母口，腹较浅，圜底，细柄，下接喇叭状底座，豆下腹饰有瓦纹。口径 17、通高 24.5 厘米（图五 -1、3、8、10）。

B 型　8 件。器形较矮粗，平盖。标本 M11：3，平盖，子母口，鼓腹，圜底，粗柄，下接实心饼状足，素面。口径 17、通高 14.5 厘米。标本 M21：1，盖残，口内敛，鼓腹，平底，粗柄，下连喇叭状底座，饰有暗弦纹。口径 13、高 13 厘米。标本 M10：2，盖残，敛口，鼓腹，平底，粗柄，喇叭状底座，饰暗弦纹。口径 17、高 14.5 厘米。标本 M22：1，盖残，敛口，鼓腹，圜底，矮柄，下连喇叭状底座。下腹及底座饰暗弦纹，上腹饰暗网格纹。口径 16、高 16 厘米（图五 -2、5、9、6）。

盘豆　1 件。标本 M22：2，敞口，浅盘，平底，细高柄，下接喇叭状底座，座下有一周凹槽，饰有暗弦纹。口径 14、高 15.5 厘米（图五 -4）。

壶　13 件。也为主要的随葬品之一，根据壶的整体特征，可分为 A、B 两型。

A 型　7 件。A 型壶体瘦高，长颈。标本 M23B：1，覆盆式盖，子母口，敞口，束颈，颈细长，鼓腹，平底，通体有暗弦纹，颈部有绚索纹，肩部饰有网格纹，腹最大径处则饰"S"形纹。口径 14、通高 41 厘米。标本 M21：2，敞口，束颈，颈较长，溜肩，鼓腹，平底，腹最大径以上、口沿下饰弦断的网格纹。口径 13.5、高 36 厘米。标本 M25：5，敛口，束颈，溜肩，鼓腹，平底，通体饰暗弦纹。口径 14、高 33.5 厘米（图六 -1、3、7）。

B 型　6 件。B 型壶矮胖，颈短。标本 M19：2，敞口，束颈，凸肩，鼓腹，平底，腹饰三道弦纹。口径 12.5、高 30.5 厘米。标本 M11：7，饼状盖，盖下面平而上部微隆，敞口，束颈，溜肩，鼓腹，平底，素面。口径 12，通高 29 厘米。标本 M8；2，平盖、子母口，敞口以承器盖，束颈，折肩，鼓腹，平底，肩、腹部饰四道凸棱。口径 12、通高 30 厘米（图六 -5、6、9）。

器盖　2 件。形制尺寸均相同。标本 M19：17，盆状，平底，沿外卷，出五个莲花瓣，当为壶盖。直径（底）13、高 7.5 厘米（图六 -2）。

座壶　2 件。形制尺寸均相同。标本 M19：11，盖为隆起的塔状盖，子母口，敞口以承壶盖，鼓腹，圜底，下接

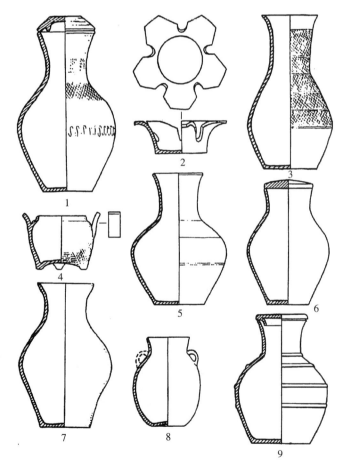

图六　陶器

1、3、7. A 型壶（M23B：1、M21：2、M25：5）　2. 器盖（M19：17）
4. 鬲（M21：3）　5、6、9. B 型壶（M19：2、M11：7、M8：2）　8. 双耳罐（M10：5）

喇叭状底座。口径6.5、通高20厘米（图五-7）。

盘　5件。标本M23B：2，敞口，折腹，圜底，圈足，饰有暗弦纹。口径16、高5厘米（图八-5）。

匜　4件。标本M19：12，敛口，鼓腹，平底，有一小流。口径13.5、高6.5厘米。标本M8：8，敞口，折腹，平底，有小流。口径14、高5.5厘米（图七-9、10）。

双耳罐　1件。标本M10：5，敞口，溜肩，鼓腹，凹底，素面，肩上有一对桥形耳。口径10.5、高20.5厘米（图六-8）。

鬲　1件。敛口，鼓腹，柱状足，矮裆，附有两长方形耳，裆部有绳纹痕。口径12、高12.5厘米（图六-4）。

灶　1件，残。标本M19：1，口内敛，凸肩，肩有小烟筒，下有长方形灶门，口径14、底径22.5、高11厘米（图四-4）。

鸟柱盘　1件。标本M19：4，盘内中心竖立一圆柱，柱顶落一鸟，鸟昂头，翘尾，展翅欲飞，鸟足与柱顶均有一小孔，原当为以小棍相连。盘敞口，折腹，平底口径13.5、通高14厘米（图七-6）。

舟　1件。标本M8：9，口呈椭圆形，敛口，鼓腹，平底，舟内有螺旋状暗纹。口长径16、高5厘米（图七-11）。

罐　2件。标本M15：3，卷沿，鼓腹，平底。口径14.5、高17厘米。标本M10：1，侈口，束颈，鼓腹，平底，红陶。口径13、高17.5厘米（图七-5、8）。

单耳杯　2件。标本M10：7，敛口，上腹鼓，下腹内收成平底，环形单耳。口径13、高9厘米。标本M10：3，敛口，鼓腹，大平底，环形单耳，饰竖行暗纹。口径9.5、高10.5厘米（图七-1、2）。

钵　4件。标本M10：4，敛口，鼓腹，矮圈足，饰暗弦纹。口径18、高8厘米。标本M19：18，卷沿，鼓腹，高圈足，饰暗弦纹。口径19.5、高12厘米（图七-3、7）。

盆　1件。标本M19：15，敞口，口沿内有凹槽，折腹，平底，饰暗弦纹。口径26.5、高7.5厘米（图七-4）。

三足器　2件。标本M15：4，平折沿，斜腹，圜底，有三个乳状小足。口径12、高6.5厘米。标本M19：9，直口，折肩，鼓腹，圜底，有三个乳突小足，似釜状，饰暗弦纹。口径7、高11.5厘米（图八-2、4）。小碗　1件。标本M15：5，敞口，曲腹，平底。口径

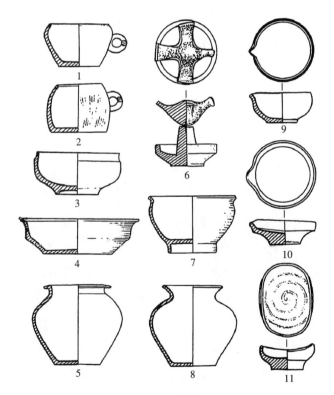

图七　陶器
1、2. 单耳杯（M10：7、M10：3）　3、7. 钵（M10：4、M19：18）
4. 盆（M19：15）　5、8. 罐（M15：3、M10：1）　6. 鸟柱盘（M19：4）
9、10. 匜（M19：12、M8：8）　11. 舟（M8：9）

11.5、高 4.5 厘米（图八 -3）。

小杯　2 件。标本 M19：14，直口，鼓腹，平底，饰暗弦纹。口径 9.5、高 11.5 厘米（图八 -6）。

鸟　2 只。形制尺寸完全相同。标本 M19：7，昂头，翘尾，呈卧状，涂红彩。身长 10.2 厘米（图八 -7）。

纺轮　3 件，形制尺寸相同。圆形，饼状。直径 5.5 厘米。

（二）铜器

这批墓葬发现的铜器有带钩、环首刀环等，均为残件。带钩 5 件，均残。标本 M25：1，带钩状呈琵琶状，中起两脊。长 15.5 厘米（图八 -1）。环首刀环仅 1 件，已残朽。

（三）漆器

在 M18 墓主头两侧发现两件残碎漆器，从其形状推测为 2 平底小钵。

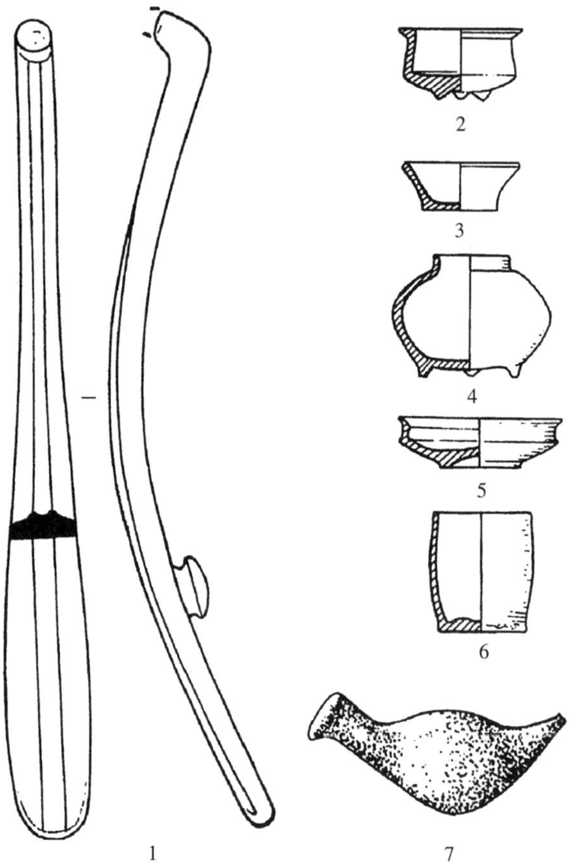

（四）象牙器

在 M19 墓主人头右侧发现两象牙笄，状如筷子，加工较粗糙，长分别为 18 和 16 厘米。

图八　陶、铜器

1. 铜带钩（M25：1）　2、4. 陶三足器（M15：4、M19：9）
3. 小碗（M15：5）　5. 盘（M23B：2）　6. 小杯（M19：14）
7. 陶鸟（M19：7）

三、结　语

临县三交发掘的这批墓葬，分布极不规律，但出土物都较为接近，其时代也应相近。随葬品多仿自铜礼器，其组合为鼎、豆、壶、盘、匜、舟，具备战国早期礼器组合的基本特点。鼎、豆、壶往往成双出现，多数墓的葬具还是棺椁皆具，可能代表着墓主的一定身份。

这批墓的出土遗物中，其 A 型鼎（M8：4）、D 型鼎（M23B：4）与侯马下平望 M1002 所出的鼎（M1002：4、10）比较接近。而三交所出鸟柱盘（M19：4）、盘豆（M22：2）与下平望所出鸟柱盘（M1002：7）、盘豆（M1002：17）在形制上都相近。[①] M19 所出土的莲花瓣形壶盖（M19：17）则与潞城县潞河战国墓所出铜壶的盖（M8：3）相近似。[②] 这两座墓据原报告介绍均属于战国早期。因此三

① 山西省考古研究所侯马工作站：《山西侯马下平望两座东周墓》，《文物季刊》1993 年第 4 期。
② 山西省考古研究所等：《山西省潞城县潞河战国墓》，《文物》1986 年第 6 期。

交发掘的这批墓葬也应属于这一时期。不过由于所出陶器虽然多仿自铜器，但制作简单粗糙，与上述两墓的出土物相比，显然要落后许多，所以其在时代上可能还要晚一些，将这批墓葬的时代定在战国早、中期似更合适。

临县三交地处吕梁山区，属于这一时期的墓葬还是首次进行科学发掘。这批材料的发现，对于研究晋国的疆域以及晋文化的分布范围，将起到一定的作用。

执笔：马升、畅红霞、董楼平、袁秀民；绘图：畅红霞

附表　临县三交战国墓葬统计表（均为土坑竖穴墓）

墓号	墓向	规格长×宽—深（米）	随葬品	葬式及葬具	备注
M8	北偏东24°	3.1×2.45－3.8	陶鼎2、壶2、豆2、盘1、匜1、铜带钩1、舟1	仰身直肢二棺一椁	墓主为男性
M10	北偏西23°	2.9×2－3.1	陶罐1、豆1、单耳杯2、双耳罐1、铜带钩1、盘1、钵1	仰身直肢一棺一椁	墓主为男性
M14	北偏西72°	3.4×2.45－1.2	陶鼎2、豆2、壶2、匜1、纺轮3、铜带钩1、刀环柄上	侧身屈肢一棺一椁	墓主为女性
M15	北偏东34°	3.35×2－1.8	陶鼎2、豆1、罐1、三足器1、小碗1、钵1	仰身直肢二棺一椁	墓主为女性
M17	北偏东21°	2.75×1.7－1	陶鼎2、豆、壶残片	木棺一具	在墓西部偏北有小孩颅骨
M18	北偏东26°	3.1×1.8－1.75	头部两侧有残漆平底钵2件	仰身直肢二棺一椁	墓主为女性
M19	北偏东16°	3.2×2.2－2.65	陶灶1、花瓣器盖2、壶1、鸟柱盘1、盘1、豆2、鼎2、匜1、鸟2、座壶2、盆1、钵1、杯1、象牙笄2	仰身直肢二棺一椁	墓主为女性，在墓主人腰部西侧有一堆小动物骨架
M20	北偏西55°	4×2.5－4	无随葬品	侧身直肢木棺	基西部偏北有小孩颅骨
M21	北偏东26°	3.15×2.2－1.7	陶壶2、鼎1、豆2、盘1、杯1、铜带钩1、鬲1	仰身直肢木棺	墓主人为男性
M22	北偏东24°	2.8×1.56－0.5	陶豆2	仰身直胶木棺	墓主为男性陶豆为盖豆，盖残失
M23A	北偏东24°	3×3－1.15	无随葬品	仰身直肢木棺	男女合葬墓
M23B	北偏东24°	3×2.2－3.5	陶壶1、鼎2、豆2、盘1、匜1、钵1	一棺一椁	棺内无人骨架、两鼎内各有一副小孩骨架

续　表

墓号	墓向	规格长×宽一深（米）	随葬品	葬式及葬具	备注
M25	北偏东 17°	2.8×2−1.85	陶鼎 2、豆 2、壶 2、铜带钩 1	仰身直肢一棺一椁	墓主为男性、填土中有一陶盆
M11	北偏东 24°	3×1.9−2	鼎 2、豆 2、壶 2	仰身直肢一棺一椁	墓主为男性

（原载《三晋考古》第一辑）

1997年柳林县杨家坪战国墓葬清理简报

吕梁地区文物事业局　柳林县文物管理所

杨家坪村位于柳林县中部三川河下游地区，东北距县城4公里，西北距柳林县穆村镇1公里多，为穆村镇所辖。

1997秋天，柳林县杨家坪小学及吕梁华晋焦煤公司在取土过程中发现一些古墓，吕梁地区文物事业局及柳林县文物管理所闻讯后联合对古墓进行了抢救性清理。墓地位于穆村镇杨家坪村北部的向阳台地上，往北距30年代出土汉画像石的古墓区约有2公里，往南距三川河约有2公里（图一）。这次共清理发掘墓葬35座，其中较完整且时代上属战国时期的墓葬有13座，现将这批墓葬材料介绍如下。

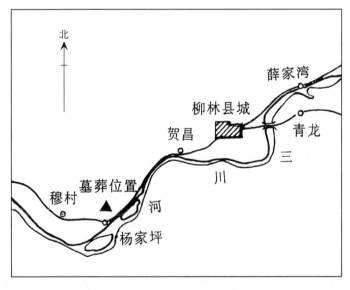

图一　墓葬位置示意图

一、墓葬形制与结构

墓葬均为土坑竖穴墓。长约2.9～3.8、宽1.7～2.8、深约0.6～4.5米。墓内填土多为经夯打的灰黄土。由于墓地处于干燥的风口台地之上，墓葬形制保存较好。墓向以北偏东5～180°者为多，也有其他方向者。葬式多为仰身直肢，也有仰身屈肢。葬具多数棺椁皆具，有的一棺一椁，有的为两棺一椁。均为单人葬。随葬品以陶器为主，数量多寡不一，一般为10件左右。随葬品一般置于棺椁之间，小件随葬品则置于尸骨旁边（见附表）。

M1为一座长方形土坑竖穴墓，长3.8、宽2.6、深0.8米。两棺一椁，墓向310°，墓室填土为灰黄土，夯打结实。墓主为一男性，仰身直肢，双臂交叉置于下腹部，随葬品有铜鼎、铜豆、陶鼎、陶豆、陶壶、陶罐等（图二）。

M18也为一座长方形土坑竖穴墓，墓向北偏东10°，长2.8、宽2.1、深4米。墓室填土为灰黄土，夯打较结实。二棺一椁，墓主为女性，仰身屈肢，双臂交叉置于下腹部。随葬品的鼎、豆、壶、盘、匜等陶器及骨簪等（图三）。

这批墓分布较为零散，墓向不一，形制各异，大部分墓随葬品较少，虽属同一时期，但似无内在联系。

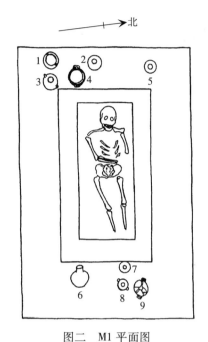 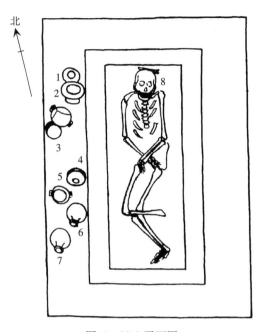

图二　M1 平面图

1. 双耳罐　2. 陶壶　3. 双耳铜豆
4. 铜鼎　5. 陶豆　6. 陶壶　7. 陶豆
8. 双耳铜豆　9. 陶鼎

图三　M18 平面图

1. 陶豆　2. 陶鼎　3.1 盘、1 匜、1 舟 4. 陶豆
5. 陶鼎　6、7. 陶壶　8. 骨簪

二、随 葬 品

随葬品的位置一般是：棺内放置石器、骨器、贝壳、铜带钩等小件遗物，棺外椁内放置铜器、陶器及石器等。

随葬品主要为陶器，另外还有铜器、石器、骨器及贝壳等。

（一）陶器

陶器为主要的随葬品，共 84 件，绝大部分为泥质灰陶，夹砂灰陶仅发现 3 件。陶器一般都是成组出土，其主要组合为鼎、豆、壶、盘、匜、甗或鼎、豆、罐、匜、甗。大部分陶器的烧制火候较高，质地坚实，表面呈灰色或黑灰色，内胎作青灰色，仅发现 6 件陶器的烧制火候较低，皆为泥质灰陶，质地酥松，表面呈灰褐色，内胎作褐色。陶器制法以轮制为主，模制、手制作为辅助手段，多见于耳、足、盖纽等部位。部分鼎足经刀削修制，制作较粗糙，大部分器物外表留有轮制或抹或刮痕迹。大多数陶器施有暗纹，主要的纹饰有"S"形纹、方格纹、网纹、弦纹以及瓦纹等。少数器皿上绘有彩绘，多为红、白、黄彩，图案多已不清晰。

鼎　共有 17 件，分属 11 座墓，是这批墓的主要随葬品之一，均为盖鼎，多为仿铜器制成。鼎的形态各异，根据其鼎盖、足、耳及整体形态，可分为五型：

A 型鼎 7 件，弧形盖，子母口，整体状似椭圆形。标本 M6：1，弧形盖，盖上顶部有一个堆状小纽，鼓腹，圜底，柱足，附两外撇的"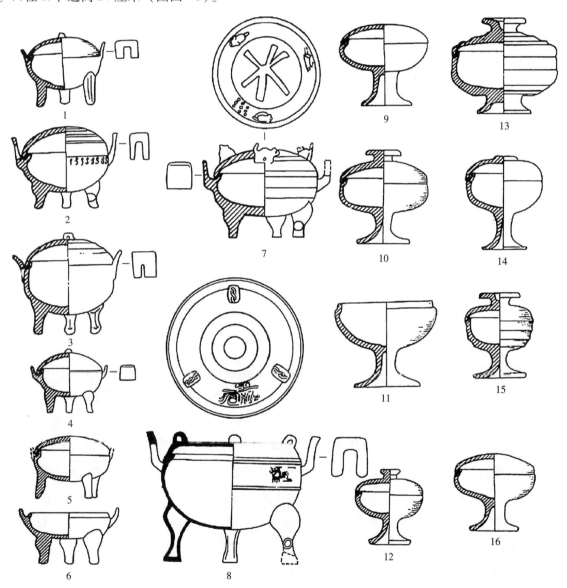"形耳，鼎盖上有凹弦纹，柱足上有刀削痕，腹部素面。口径 16、通高 18 厘米（图四－1）。标本 M23：4，弧形盖，盖上顶部有一堆状小纽，鼓腹，圜底，蹄形足，附两外撇方形耳，素面。口径 18、通高 18.5 厘米（图四－4）。

B 型鼎 5 件，半球形盖，整体状近圆形。标本 M25：2，半球形盖，子母口，鼓腹，圜底，蹄形足，附两外撇的"Ⴔ"形耳。蹄足剖面呈半圆形，鼎盖饰有暗弦纹，鼎口下布"S"形图案一周，并以暗弦纹作底。口径 18、通高 20 厘米（图四－2）。标本 M18：2，半球形盖，盖顶部有一带穿的梯形纽，子母口，鼓腹，圜底，蹄形足，附两外撇的"Ⴔ"形耳。鼎盖饰有瓦纹，腹素面，足上有刀削痕。口径 19、通高 24 厘米（图四－3）。

图四 出土陶器、铜器

1、4. A 型陶鼎（M6：1、M23：4） 2、3. B 型陶鼎（M25：2、M18：2） 5. C 型陶鼎（M27：6） 6. E 型陶鼎（M28：1）
7. D 型陶鼎（M9：4） 8. 铜鼎（M1：3） 9、11、16. A 型陶盖豆（M23：2、M27：4、M26：4） 10、12、13、14、15. B 型陶盖豆（M28：2、M6：2、M2：2、M25：6、M6：6）

C 型鼎　1 件，弧形盖，整体状似椭圆形。标本 M27：6，弧形盖，子母口，鼓腹，圜底，柱足，耳残，素面。口径 16.5、通高 15 厘米（图四 -5）。

D 型鼎　2 件，半球形盖，整体状似椭圆形。标本 M9：4，半球形盖，盖上有两个狗状纽，子母口，鼓腹，圜底，蹄形足，剖面呈圆形，外附两长方形耳。盖上饰有白色的几何形图案和圆点纹，顶部以红色衬底，盖边有一周红色带状纹，腹部饰两周红色带状纹。口径 22.5、通高 22 厘米（图四 -6）。

E 型鼎　2 件，未见盖，敛口，鼓腹，蹄足。标本 M26：1，未见盖，敛口，鼓腹，蹄足。标本 26：1，未见盖，敛口，鼓腹，圜底，蹄足，外附两梯形耳，素面。口径 19、高 13.5 厘米（图四 -7）。

盖豆　25 件，是这批墓的主要随葬品之一。据其整体特征可分为 A、B 二型。

A 型　9 件，器形较矮粗，弧形盖。标本 M23：2，弧形盖，子母口内敛，鼓腹，圜底，粗柄，下接喇叭状底座，素面。口径 12、通高 12.6 厘米（图四 -9）。标本 27：4，盖残，口内敛，鼓腹，圜底，粗柄，下接喇叭状底座，饰暗弦纹。口径 14.8、残高 13.2 厘米（图四 -11）。标本 M26：4，弧形盖，子母口内敛，鼓腹，圜底，粗柄，下接喇叭底座，盖及腹部饰凹弦纹。口径 18、通高 18.6 厘米（图四 -16）。

B 型　16 件，体瘦高，覆盘状盖。标本 M28：2，覆盘盖，圆饼形捉手，子母口，深腹，下腹鼓出，圜底，柄粗，下接喇叭状底座，通体饰凹弦纹。口径 18.5、通高 23 厘米（图四 -10）。标本 M6：2，弧形盖，顶部有一小饼状捉手，子母口，深腹，圜底，柄较细，下接喇叭状底座，仅盖上饰凹弦纹。口径 15.6、通高 17.4 厘米（图四 -12）。标本 M2：2，覆盘盖，喇叭状捉手，子母口，深腹，圜底，柄矮粗，下接喇叭状底座，盖及下腹部饰瓦纹。口径 22、通高 23 厘米（图四 -13）。标本 M9：3，半球形盖，蘑菇状捉手，子母口，深腹，圜底，柄较细，下接喇叭状底座，盖部饰红、黄相间的几何纹图案，腹部饰红、白色带状纹各一周。口径 12.5、通高 17 厘米（图五 -2）。标本 M25：6，覆盘盖，盖纽呈圆圈足，子母口，深腹，圜底，柄瘦高，下接喇叭状底座，素面。口径 15.5、通高 22.2 厘米（图四 -14）。标本 M6：6，覆盘盖，喇叭状捉手，子母口，深腹，圜底，柄较瘦高，下接喇叭状底座，通体饰凹弦纹。口径 13.7、通高 19.5 厘米（图四 -15）。

壶　16 件，也为主要的随葬品之一，根据其整体特征，可分为 A、B、C、D 四型。

A 型　10 件，壶体瘦高，长颈。标本 M28：3，敞口，束颈，溜肩，鼓腹，平底，通体饰凹弦纹。口径 13.2、高 29.5 厘米（图五 -4）。标本 M27：1，弧形盖，子母口，敞口，束颈，溜肩，鼓腹，平底，素面。口径 11、通高 30.6 厘米（图五 -5）。标本 M9：2，弧形盖，子母口，敞口以承器盖，束颈，溜肩，鼓腹，圜底，饼状足，盖及器身饰红、白色几何纹图案。口径 11、通高 34 厘米（图五 -8）。

B 型　2 件，体瘦高，长颈。标本 M25：3，盖面隆起饰三周瓦纹，盖顶部有一小饼状捉手，子母口，敞口以承器盖，束颈，溜肩，鼓腹，平底，颈部饰一周"S"纹，肩部饰三周瓦纹。口径 14.5、通高 33.5 厘米（图五 -6）。标本 M25：8，器形特征与 M25：3 相同，仅纹饰不同，盖部花纹与前者相同，肩部饰三周瓦纹，腹部以下饰网格纹。口径 13.2、通高 33.4 厘米（图五 -7）。

C 型　2 件，器形瘦小。标本 M17：2，敞口，束颈，溜肩，鼓腹，平底，仅颈部饰三周凸弦纹。口径 8、高 18.5 厘米（图五 -9）。标本 M17：4，口微侈，溜肩，鼓腹，圜底，肩部及腹以下饰两周磨光弦带纹。口径 7、高 15 厘米（图五 -11）。

D 型　2 件，壶体瘦高，长颈。标本 M6：4，弧形盖，敞口，束颈，溜肩，鼓腹，平底，盖部饰红、白色相间的勾连卷云纹，颈部及肩部饰红、白色卷云纹及叶纹。口径 16.8、通高 36.5 厘米（图五－10）。

罐　11 件，也是这批墓的主要随葬品之一。据其整体特征可分为 A、B、C 三型。

A 型　6 件，器形高胖，鼓腹。标本 M26：2，弧形盖，方唇，直短颈，广肩，深腹中鼓，平底，通体饰凹弦纹。口径 7.8、通高 24 厘米（图六－1）。标本 M2：4，方唇，直短颈，广肩，深腹中鼓，平底，肩部及腹最大径处各饰一周凸弦纹，通体饰凹弦纹。口径 11.3、高 26.5 厘米（图六－2）。标本 M19：1，弧形盖，方唇，

图五　出土陶器、铜器
1. 铜豆（M1：1）2. B 型陶盖豆（M9：3）　3. 铜带钩（M6：8）
4、5、8. A 型陶壶（M28：3、M27：1、M9：2）　6、7. B 型陶壶（M25：3、M25：8）　9、11. C 型陶壶（M17：2、M17：4）10. D 型陶壶（M6：4）

子母口，直短颈，广肩，深腹中鼓，平底，通体饰凹弦纹。口径 10.4、通高 22.6 厘米（图六－3）。

B 型　4 件，器形矮瘦，鼓腹。标本 M3：2，方唇，敞口，束颈，鼓腹，平底，颈部及腹部饰三周凹弦纹，肩部及腹部饰竖绳纹。口径 12、高 18 厘米（图六－4）。标本 M3：1，方唇，敞口，束颈，鼓腹，平底，通体饰凹弦纹。口径 11.5、高 13 厘米（图六－5）。

C 型　1 件，标本 M1：2，陶质为夹砂灰陶，圆唇，敞口，深腹中鼓，肩部饰两个半环形耳，平底，通体饰竖绳纹。口径 16、高 72 厘米（图六－6）。

盘　5 件，据其器形特征可分为 A、B、C 三型。

A 型　3 件，敞口，浅腹，圜底。标本 M18：4，圆唇，敞口，腹斜收，圜底，假圈足较小，素面。口径 12.6、高 3.3 厘米（图六－14）。标本 M27：5，圆唇，敞口，腹斜收，平底，腹部饰一周凹弦带纹。口径 12.9、高 3 厘米（图六－16）。

B 型　1 件，深腹，半底。标本 M28：8，圆唇，折腹斜收，半底，假圈足较小，素面。口径 12.6、高 4.5 厘米（图六－15）。

C 型　1 件，标本 M18：3，圆唇，敞口曲腹，圜底，口缘部有两对称的乳状小纽，素面。口径 12.6、高 3.3 厘米（图六－17）。

匜　7 件，据其器形特征可分为 A、B 两型。

A 型　4 件，器形似盘，浅腹，平底。标本 M18：5，圆唇，小流，浅腹斜收，平底，假圈足，内底有一周凹弦纹，口径 10.5、高 3 厘米（图六－18）。标本 M6：3，圆唇，有一小流，与流对称的一边有一小纽，浅腹斜收，平底，假圈足，内底有数周凹弦纹。口径 12、高 3 厘米（图六－19）。

B 型　3 件，器形特殊，腹较深。标本 M19：3，圆唇，折腹斜收，平底微内凹呈假圈足，用手捏

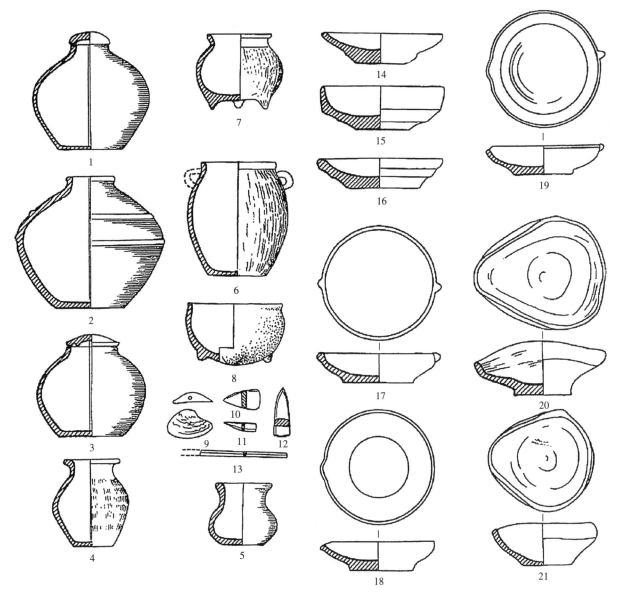

图六　出土陶器、石器、骨器

1、2、3. A 型罐（M26∶2、M2∶4、M19∶1）　4、5. B 型罐（M3∶2、M3∶1）　6. C 型罐（M1∶2）　7. 陶鬲（M19∶2）　8. 石釜（M17∶1）　9. 贝壳（M17∶5）　10、11、12. 石圭（M9∶18、M9∶9、M9∶12）　13. 骨簪（M18∶10）　14、16. A 型盘（M18∶4、M27∶5）　15. B 型盘（M28∶8）　17. 舟（M18∶3）　18、19. A 型匜（M18∶5、M6∶3）　20、21. B 型匜（M19∶3、M2∶6）

制成流，器内壁有数周凹弦纹。口径 11.7、通高 5.4 厘米（图六 - 20）。标本 M2∶6，圆唇，折腹斜收，平底，用手捏制成流，器内有数周凹弦纹。口径 17.7、高 7 厘米（图六 - 21）。

　　鬲　2 件，均为夹砂灰陶器，外有烟熏痕迹。标本 M19∶2，圆唇，侈口，平沿，短颈，宽肩，鼓腹，平裆，实足，夹砂灰陶，手制，体饰斜细绳纹。口径 13.2、高 16 厘米（图六 - 7）。

（二）铜器

　　这批墓葬发现的铜器有鼎、豆、带钩等，制作简单，锈迹厉害，大部分残破，花纹简单。

　　鼎　1 件，标本 M1∶3，胎薄，一足及腹部残破，平盖，上有三个半环状纽，子母口，附两外撇的

"🔲" 形耳，深腹中鼓，圜底，蹄足截面为椭圆形，空心，内为陶胎。腹中及口缘下各有一周凸弦纹，弦纹之间花纹因锈迹严重好像有一周蟠螭纹，盖上有三圈花纹，因锈迹严重，纹饰好像为蟠螭纹。口径 19.5、通高 22 厘米（图四 – 8）。

　　豆　2 件，均出自 M1。标本 M1：1，胎薄，盖、底及座部残破，覆盘盖，喇叭状捉手，子母口，深腹中鼓，圜底，口部有对称的两个半环耳，粗柄，下连喇叭状底座，素面。口径 14.5、通高 16 厘米（图五 – 1）。

　　带钩　4 件，制作简单，钩首，弧面，腹部较粗，钮呈圆形或椭圆形。标本 M6：8，长 9 厘米（图五 – 3）。

（三）骨器

　　骨簪　3 件，横截面呈三角形。M18：10，末端为三角形，首端扁圆，残长 22 厘米（图六 – 13）。

　　贝壳　4 件，标本 M17：5，首部磨平，钻一小孔，长 6、宽 4 厘米（图六 – 9）。

（四）石器

　　石釜　1 件，标本 M17：1，由青灰色软石雕刻而成，侈口，短颈，鼓腹，圜底，有三个乳状小足，器外有加工时留下的点状痕迹，底部有烟炱。口径 12.5、高 8 厘米（图六 – 8）。

　　石圭　24 件，红色或灰色砂岩，大部分已残，据其形制可分为 A、B、C 型。

　　A 型　9 件，灰色砂岩，制作规整，较窄，三角形圭首较尖。M9：9，长 7、宽 1.2、厚 0.3 厘米（图六 – 11）。

　　B 型　8 件，红色砂岩，较 A 型宽厚，上窄下宽，三角形圭首较钝。M9：12，长 10.2、肩宽 2.4、底宽 3.6、厚 0.8 厘米（图六 – 12）。

　　C 型　7 件，灰色砂岩，制作粗糙，较 B 型短。M9：18，长 7.8、肩宽 3、底宽 4.5、厚 0.8 厘米（图六 – 10）。

三、结　语

　　柳林杨家坪清理的这批墓葬，分布不规律，但出土物较为接近，其时代也应相近。随葬品多仿自铜礼器，其组合为鼎、豆、壶、盘、匜、鬲，或鼎、豆、罐、匜、鬲，前一组合具备战国早、中期礼器组合的基本特点，而后一组合具备春秋晚期礼器组合的特点，但由于所出器物较洛阳中州路西工段器物简单粗糙，[①] 故后一组合器物定在战国早期似更合适。鼎、豆、壶或鼎、豆、罐往往成双出现，多数墓的葬具棺椁皆具，可能代表着墓主的一定身份。

　　这批墓的出土遗物中，其铜鼎（M1：3）与万荣庙前所出铜鼎（62M1：3）比较接近。[②] 陶鬲

---

①　《洛阳中州路（西工段）》，科学出版社，1959 年。
②　山西省考古研究所：《万荣庙前东周墓葬发掘收获》，载杨富斗主编《三晋考古》第一辑，山西人民出版社，1994 年。

（M19∶2）与侯马下平望Ⅱ式鬲（92HXM1012∶1）相似。[1] 万荣 62M1 和侯马下平望 92HXM1012 据原报告介绍均属春秋晚期。但由于柳林杨家坪所出铜鼎、陶鬲制作简单粗糙，与上述两墓的出土物相比，显然要落后许多，所以在时代上可能还要晚一些，将这两座墓的时代定在战国早期似更合适。A 型鼎（M23∶4）、B 型鼎（M25∶2）、B 型豆（M28∶2、M6∶6）、A 型壶（M28∶3）与临县三交的出鼎（M8∶4、M25∶2）、豆（M23B∶6、M25∶3）、壶（M19∶2）相近。[2] B 型豆（M2∶2）与侯马下平望所出Ⅱ式豆（92HXM1011∶2）相似。[3] B 型壶与侯马下平望所出壶（M25∶5）比较接近。[4] 临县三交及下平望这几座古墓据原报告介绍均属于战国早、中期口因此柳林清理的这批墓葬也应该属于这一时期。

柳林杨家坪一带近年发掘过一批墓葬，但均未作过报道。这批材料的发现及公布，为研究晋国疆域以及晋文化提供了宝贵的资料。

执笔：袁秀明；绘图：李海龙、尹根生

附表　柳林杨家坪战国墓葬统计表（均为土坑竖穴墓）

墓号	墓向	规格长×宽－深（米）	随葬品	葬式及葬具	注
M1	北偏西 80°	3.8×2.6－0.6	铜鼎 1、铜豆 2、陶鼎 1、陶豆 2、陶壶 2、陶罐 1	仰身直肢两棺一椁	墓主为男性
M2	北偏东 5°	3.7×2.8－2.9	陶鼎 1、豆 2、罐 2	仰身直肢两棺一椁	墓主为男性
M3	北偏东 5°	3.5×2.3－1	陶豆 1、陶罐 2	仰身直肢两棺一椁	墓主为男性
M6	北偏东 5°	3.2×2.2－0.8	陶鼎 1、豆 2、壶 2 匜 1、铜带钩 2、石圭 5	仰身直肢一棺一椁	墓主为男性腰下有石圭
M9	北偏东 5°	3.2×2.1－0.7	陶鼎 2、豆 2、壶 2、石圭 16	仰身直肢两棺一椁	墓主为男性墓南部有石圭
M17	北偏东 10°	3×2－2.9	陶豆 1、壶 2、石釜 1、铜带钩 1、石圭 3、贝壳 4	仰身直肢两棺一椁	墓主为男性头东侧有石圭
M18	北偏东 10°	2.8×2.1－4	陶豆 2、鼎 2、壶 2、舟 1、盘 1、匜 1、骨簪 2	仰身直肢两棺一椁	墓主为女性
M19	北偏东 18°	3×2－3.5	陶鼎 1、豆 2、罐 2、匜 1、鬲 1、铜带钩 1	仰身直肢两棺一椁	墓主为男性

[1] 山西省考古研究所侯马工作站、侯马市博物馆：《侯马下平望墓地南区调查简报》，载杨富斗主编《三晋考古》第一辑，山西人民出版社，1994 年。
[2] 山西省考古研究所、吕梁地区文物管理处：《临县三交战国墓发掘简报》，载杨富斗主编《三晋考古》第一辑，山西人民出版社，1994 年。
[3] 山西省考古研究所侯马工作站、侯马市博物馆：《侯马下平望墓地南区调查简报》，载杨富斗主编《三晋考古》第一辑，山西人民出版社，1994 年。
[4] 山西省考古研究所侯马工作站：《侯马下平望墓地发掘报告》，载杨富斗主编《三晋考古》第一辑，山西人民出版社，1994 年。

墓号	墓向	规格长×宽－深（米）	随葬品	葬式及葬具	注
M23	北偏东 15°	3.3×2.3－4.5	陶鼎 1、豆 2、罐 2	仰身直肢两棺一椁	墓主为男性
M25	北偏西 13°	2.9×1.7－2	陶鼎 2、豆 2、罐 2 盘 1、匜 1、鬲 1	仰身直肢一棺一椁	墓主为女性
M26	北偏东 10°	3.5×2.2－1	陶鼎 2、豆 2、罐 2	仰身屈肢一棺一椁	墓主为男性
M27	北偏东 10°	3.4×2.4－2	陶鼎 1、豆 2、壶 2 盘 1、匜 1、骨簪 1	仰身屈肢一棺一椁	墓主为女性
M28	北偏西 95°	3.5×2.2－0.8	陶鼎 2、豆 2、壶 2 盘 1、匜 1	仰身屈肢一棺一椁	墓主为男性

（原载《山西省考古学论文集》，山西人民出版社，2000 年）

柳林县看守所墓葬发掘报告

山西省考古研究所　吕梁地区文物管理局　柳林县文物管理所

　　1998 年，柳林县看守所欲在县城之西与穆村镇之间的杨家坪村北选新址（图一）。同年 9 月，为配合看守所的施工建设，由山西省考古研究所、吕梁地区文物局及柳林县文物管理所组成的考古队，对其征用地范围内的古代墓葬进行了抢救性发掘，这次共发掘清理墓葬 200 余座。这一地区由于历年农田基本建设，大部分墓葬遭到不同程度破坏。现选择其中七座墓葬报告如下。编号为 98LYM16、98LYM23、98LYM51、98LYM53、98LYM58 为战国墓。98LYM30、98LYM68 为汉墓。

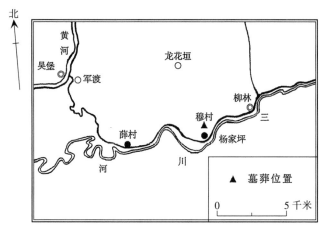

图一　墓葬位置示意图

一、98LYHM16

（一）墓葬形制

　　长方形土圹竖穴墓，墓口大于墓底。墓口距地表 1.2 米，墓口长 3.3 米，宽 2.6 米，墓底长 3.1 米，宽 2.4 米，墓口距墓底 3.3 米。方向 6°。

　　墓葬棺椁已腐朽，葬具为一棺一椁，椁长 2.9 米，宽 2.1 米。棺长 1.85 米，宽 0.8 米。葬式为仰身屈肢，双手交叉于腹部。随葬品主要集中在墓室的东北角（图二）。

（二）随葬品

　　陶器　16 件，均为泥质灰陶。

　　陶鼎　2 件，形制大小基本相同。M16：1，子母口，深腹圜底，蹄形足矮小。附耳外撇，耳上有长方形穿，盖顶隆起，上有二小孔。器外饰红色彩绘。鼎口沿及腹部饰弦纹一周，内饰红三角纹。盖部饰红色弦纹一周，顶部绘红色鸟、动物图案。口径 14.8、通高 18.5 厘米（图四 -6）。

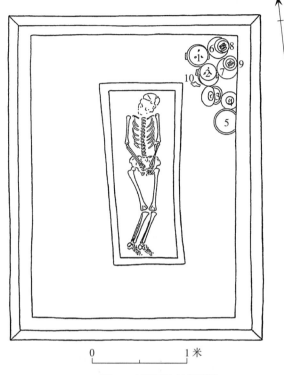

图二　98LYM16 平面图
1、2. 陶鼎　3、4. 陶豆　5. 陶盆　6、7. 陶壶
8、10. 陶鸟　9. 陶鸟卵

陶豆　2件，形制大小基本相同。M16：3，子母口，上覆盘盖，喇叭形握手。深腹圜底，下接喇叭形底座。器外饰红色彩绘。豆盖上绘红色鸟三只。握手边沿涂红色一周，内填红色网格纹。豆腹部及盖上绘红色弦纹各一周，内填红色三角纹。口径14.8、通高21.2厘米（图四－7）。

陶壶　2件，形制大小基本相同。M16：6，隆盖，其上有一钵形握手，握手内放三只陶鸟（M16：7内放五枚"鸟卵"），内有二小孔，敞口束颈，鼓腹平底。器外饰红、白色彩绘。壶盖及握手边沿内填红色网格纹。肩部至口沿处绘四道弦纹，其间填绘白色三角纹。口径12、腹径20、通高31.5厘米（图四－8）。

陶盆　1件。M16：5，平沿，鼓腹内收，平底。口径23.2、高6.4厘米（图四－9）。

陶鸟　4只。形制大小基本相同。M16：8，昂首翘尾，外饰红色彩绘。长6、高2.4厘米（图四－10）。

陶鸟卵　5枚。形制大小基本相同。M16：9，直径2厘米（图四－5）。

二、98LYHM23

（一）墓葬形制

长方形土圹竖穴墓，墓口大于墓底。墓口距地表1米，墓口长3.24、宽2.4米，墓底长3.04、宽2米，墓口距墓底3米。方向70°。

墓葬棺椁已腐朽，葬具为一棺一椁，椁长2.8、宽1.7米。棺长2、宽0.84米，厚约0.6厘米。葬式为仰身屈肢，双手交叉于腹部。随葬品主要集中在棺椁之间，墓室的西南角（图三）。

（二）随葬品

陶器6件，均为泥质灰陶，铜剑1件、铜带钩1件。

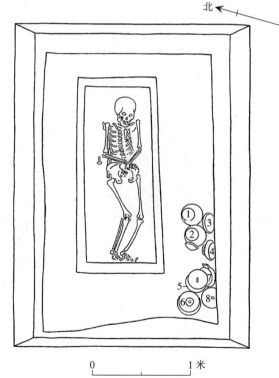

图三　98LYM23 平面图
1、2. 陶壶　3、4. 豆盖　5、6. 陶豆
7、8. 陶鼎　9. 带钩　10. 铜剑

陶鼎　2 件，形制大小基本相同。M23：7，子母口，深腹圜底，蹄形足。附耳外撇，盖顶隆起，鼻形钮。口径 14、通高 19.6 厘米（图四 –2）。

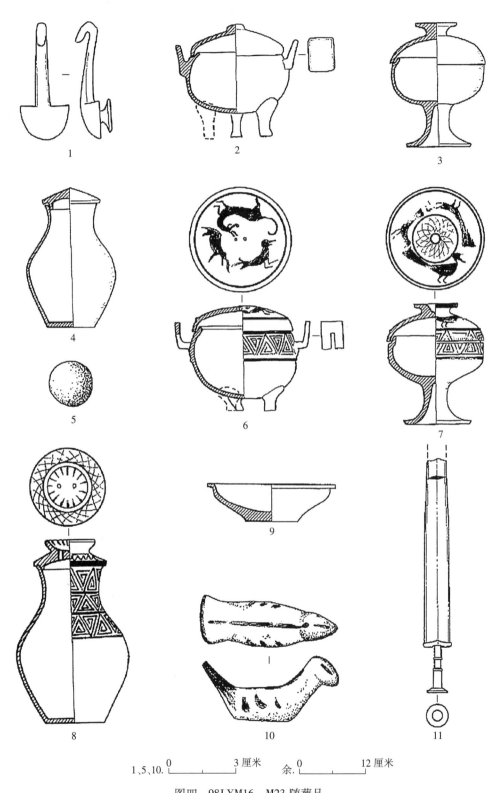

图四　98LYM16、M23 随葬品

1. 铜带钩（M23：9）　2、6. 陶鼎（M23：7、M16：1）　3、7. 陶豆（M23：5、M16：3）　4、8. 陶壶（M23：1、M16：6）

5. 陶鸟卵（M16：9）　9. 陶盆（M16：5）　10. 陶鸟（M16：8）　11. 铜剑（M23：10）

陶豆　2件，形制大小基本相同。M23：5，子母口，上覆盘盖，饼形握手。深腹圜底；下接喇叭形底座。腹外饰瓦棱状纹。口径15、通高21.2厘米（图四-3）。

陶壶　2件，形制大小基本相同。M23：1，菌状盖，子口长，敞口束颈，鼓腹平底。口径9.2、腹径15.6、通高24厘米（图四-4）。

铜剑　1件。M23：10，剑身横断面呈菱形，剑颈为圆柱形，颈上有二道平行箍。残长40、宽2.4厘米（图四-11）。

铜带钩　1件。M23：9，钩体连接钩颈的两边较平直，下呈椭圆弧形，素面，背有钮。长5.1、钮径1.5厘米（图四-1）。

三、98LYHM51

（一）墓葬形制

长方形土圹竖穴墓，墓口大于墓底。墓口距地表1.2米，墓口长3.7、宽2.8米，墓底长3.52、宽2.5米，墓口距墓底3.3米。方向83°。

墓葬棺椁已腐朽，葬具为二棺一椁，椁长3.25、宽2.2米。外棺长2.52、宽0.95米，内棺长2.1、宽0.8米，厚约6厘米。葬式为仰身直肢，双手交叉于腹部。随葬品主要集中在墓室的东北角（图五）。

（二）随葬品

陶器5件、铜剑1件、环首刀1件、铜带钩1件、铜箭头1件、玛瑙环1件、石圭4件。

陶鬲　1件。M51：3，夹砂灰陶，方唇卷沿，溜肩，足低矮，裆部较平。器身上部饰中绳纹，下部饰粗绳纹。口径16、高17.2厘米（图六-5）。

陶豆　1件。M51：5，泥质灰陶，素面。子母口，上覆盘盖，饼形握手。深腹圜底，豆柄粗矮，下接喇叭形底座。口径17.2、通高20厘米（图六-9）。

陶壶　1件。M51：2，泥质灰陶，素面。隆盖子口短，直口，鼓腹，平底。口径11、腹径27、通高24厘米（图六-8）。

陶匜　1件。M51：6，泥质灰陶，素面。敛口，浅腹，平底，有三乳钉足，有一小流。

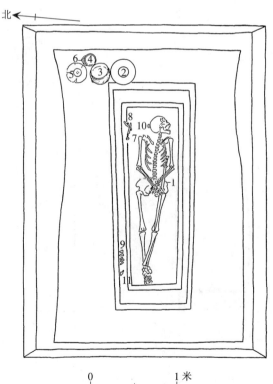

图五　98LYM51平面图

1. 铜剑　2. 陶壶　3. 陶鬲　4. 陶方盘豆　5. 陶豆　6. 陶匜
7. 环首刀　8. 带钩　9. 石圭　10. 玛瑙环　11. 铜镞

口径 13.2、通高 4 厘米（图六 -4）。

　　陶方盘豆　1 件。M51：4，泥质灰陶，素面。盘外方折，尖唇，底下部残。口径 12.8、残高 4.8 厘米（图六 -1）。

　　铜剑　1 件。M51：1，剑身横断面呈菱形，剑茎为圆柱形，茎上有二道平行箍。通长 89.2、宽 4 厘米（图六 -11）。

　　环首刀　1 件。M51：7，整体呈弧形，首为一扁圆形环，素面。通长 21 厘米（图六 -10）。

　　铜带钩　1 件。M51：8，三棱柱形，较细长，钩体呈弓形弯曲，钩钮近尾端。长 11 厘米，钮径 1.2 厘米（图六 -6）。

　　铜箭头　1 件。M51：11，两翼外展，镞身呈三角形。残长 3.2 厘米（图六 -2）。

　　玛瑙环　1 件。M51：10，断面为六边形，白色透明。外径 3.3、内径 2、厚 0.5 厘米（图六 -3）。

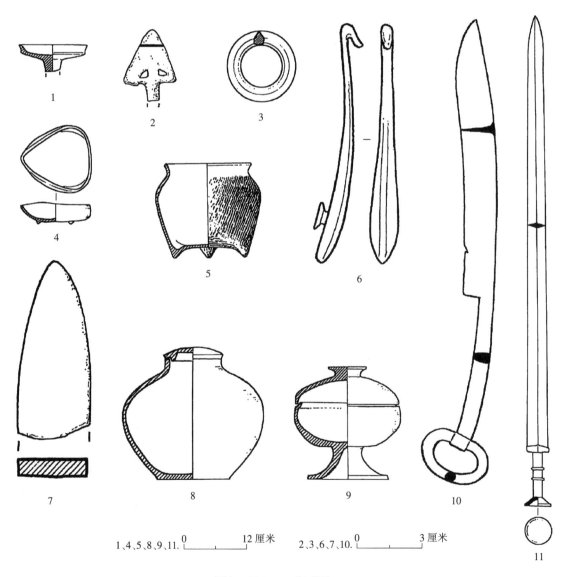

图六　98LYM51 随葬品

1. 陶方盘豆（M51：4）　2. 铜镞（M51：11）　3. 玛瑙环（M51：10）　4. 陶匜（M51：6）5. 陶鬲（M51：3）　6. 铜带钩（M51：8）　7. 石圭（M51：9）　8. 陶壶（M51：2）9. 陶豆（M51：5）10. 环首刀（M51：7）　11：铜剑（M51：1）

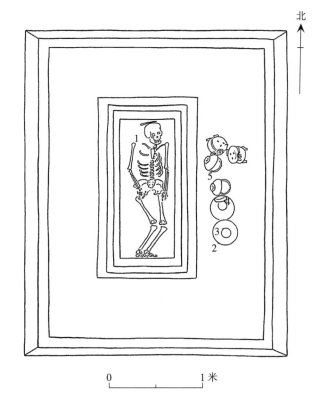

图七　98LYM53 平面图
1. 骨簪　2、3. 陶壶　4、5. 陶豆　6、7. 陶鼎

（二）随葬品

陶器 6 件，均为泥质灰陶，骨簪 1 件。

陶鼎　2 件。M53：6，子母口，深腹圜底，蹄形足矮小。附耳外撇，耳上有长方形穿，盖顶隆起，三半圆形钮。器外饰红、黄、白彩绘。盖顶部用红色绘动物纹饰，顶盖下部用白、黄绘三角纹，白三角纹朝上，黄三角纹朝下。鼎耳外沿涂红色，穿两侧绘黄三角纹。鼎腹部用白色构绘出大方框，分别填绘红、黄网格纹。口径 18、通高 20.4 厘米（图九 - 8）。M53：7，子母口，深腹圜底，蹄形足较长。附耳外撇。盖顶微隆，中间饰鼻形钮。器外饰红、黄、白彩绘。鼎盖上绘红色弦纹一周，内饰红"十"

石圭　4 件，残。M51：9，灰褐色，制作粗糙，圭首较尖。残长 8、宽 3.4、厚 0.8 厘米（图六 - 7）。

四、98LYHM53

（一）墓葬形制

长方形土圹竖穴墓，墓口大于墓底。墓口距地表 1.1 米，墓口长 3.4、宽 2.8 米。墓底长 3.25、宽 2.5 米，墓口距墓底 3.35 米。方向 358°。

墓葬棺椁已腐朽，葬具为二棺一椁，椁长 3.06、宽 2.3 米。外棺长 1.92、宽 1.06 米，厚 10 厘米。内棺长 1.64、宽 0.72 米，厚 6 厘米。葬式为仰身屈肢。随葬品主要集中在墓室的左侧（图七）。

图八　98LYM58 平面图
1. 骨簪　2、3. 铜带钩　4. 陶鼎

字纹，弦纹外绘黄色动物纹等。鼎耳外侧用白色绘"×"字纹，上、下空间填黄色三角纹，左右、右空间填红色三角纹。鼎腹部用白色构出大方框，框内分别填有黄、白色网格。口径15.2、通高20.4 厘米（图九 –9）。

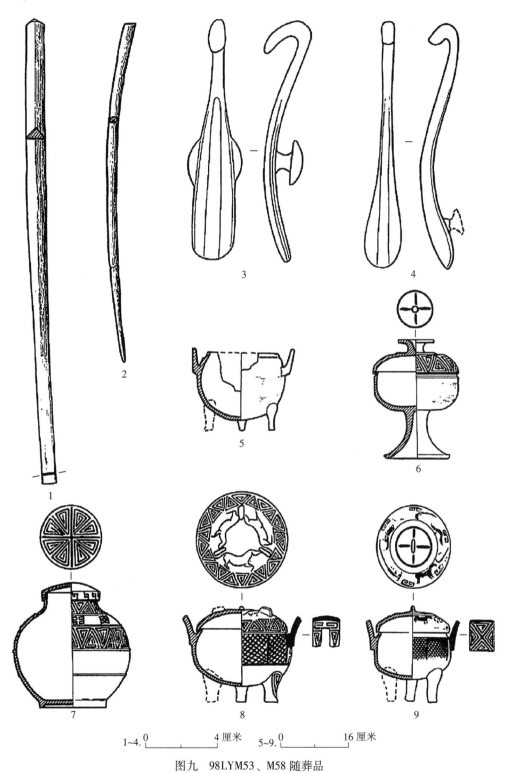

图九　98LYM53、M58 随葬品

1、2. 骨簪（M53：1、M58：1）　　3、4. 铜带钩（M58：2、3）　　5、8、9. 陶鼎（M58：4、M53：6、M53：7）　　6. 陶豆（M53：5）　　7. 陶壶（M53：3）

陶豆　2件，形制大小基本相同。M53：5，子母口，上覆盘盖，喇叭形握手。深腹圜底，下接喇叭形底座。器外饰红、黄、白彩绘。豆盖握手边沿用黄色绘弦纹一周，内绘"十"字纹，豆盖下半部用黄、褐二色绘三角纹，黄三角纹朝下，褐三角纹朝上。口径17.5、通高25.3厘米（图九–6）。

陶壶　2件，形制大小基本相同。M53：3，隆盖。直口，鼓腹，矮圈足。器外饰凸棱形弦纹。器身上半部饰红、黄、白彩绘。壶盖上用白色绘"十"字纹，在每个空间处填有二个红三角纹。颈部、腹部绘有红、白色三角纹。红三角纹朝下，白三角纹朝上。口径12、腹径26.5、通高27厘米（图九–7）。

骨簪　1件。M53：1，上端较粗，断面呈三角形。下端逐渐扁平。长24.8厘米（图九–1）。

五、98LYHM58

（一）墓葬形制

长方形土圹竖穴墓，墓口大于墓底。墓口距地表0.4米，墓口长3、宽2.7米，墓底长2.8、宽1.9米，墓口距墓底4.2米。方向352°。

墓葬棺椁已腐朽，葬具为一棺一椁，椁长2.6、宽1.7米。棺长1.96、宽0.84、厚0.08米。葬式为侧身屈肢，上肢弯曲于腹部，骨架保存较差。随葬品主要集中墓主人的头部（图八）。

（二）随葬品

陶鼎　1件（残）、铜带钩2件、骨簪1件。

陶鼎　1件，残。M58：4，泥质灰陶，素面。子母口，深腹圜底，蹄形足。附耳外撇。口径14.6、残高14厘米（图九–5）。

铜带钩　2件。M58：2，钩颈粗短，钩颈至钩尾起四道棱，钩体较宽，中部外鼓，背有钮。长13.5、宽2.8厘米，钮径2.5厘米（图九–3）。M58：3，钩颈细长，钩颈至钩尾起两道棱，钩尾较宽，钩面锈蚀，背有钮。长12.5厘米（图九–4）。

骨簪　1件。M58：1，呈锥形，整体细长，稍有弯曲。长19.5厘米（图九–2）。

六、98LYHM30

（一）墓葬形制

由墓道和土洞组成，洞室已塌毁，墓道位于墓室东

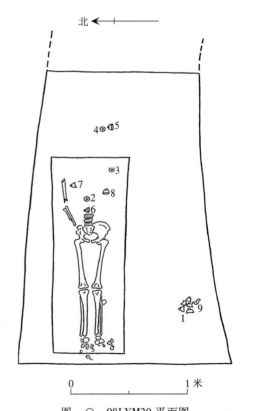

图一〇　98LYM30平面图

1、5~8. 铜铃　2、3. 五铢钱　4. "半两"钱　9. 铜珩

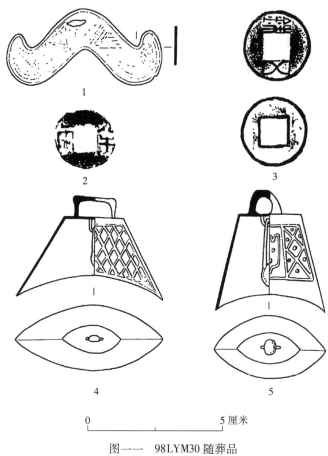

图一一　98LYM30 随葬品

1. 铜珩（M30：9）　2. 铜"半两"钱（M30：5）

3. 五铢钱（M30：7）　4、5. 铜铃（M30：5、M30：7）

侧（未发掘），墓口距地表 1 米，墓室长 2.76、宽 1.3～1.8 米，墓口距墓底 2.5 米。方向 90°。

墓葬棺木已腐朽，葬具为一棺，棺长 1.84、宽 0.6 米。葬式为仰身直肢（图一○）。

（二）随葬品

铜铃 9 件、铜珩 1 件、五铢 2 枚、"半两" 1 枚。

铜铃　9 件。分 I、II 式。

I 式　3 件。M30：5，舞上平整，有方折形钮。口内凹呈弧形，钲部两侧均有菱形纹饰，内有铃舌。高 4 厘米（图一一－4）。

II 式　6 件。M30：7，舞上平整，有半圆形钮。口内凹呈弧形，钲部两侧均有菱形纹内有乳钉，内有铃舌。高 4.5 厘米（图一一－5）。

铜珩　1 件。M30：9，马鞍形，两端微翘，中上部有一孔，纹饰锈蚀不清。通长 5.8、通高 3 厘米（图一一－1）。

五铢　2 枚。周边有郭，五字交股弯曲、朱字头圆折。外径 2.6 厘米，穿宽 1 厘米（图一一－3）。

铜"半两"钱　1 枚。M30：5，无廓。直径 2.2 厘米，穿方为 0.9 厘米（图一一－2）。

七、98LYHM68

（一）墓葬形制

长方形土圹竖穴墓，墓口大于墓底。墓口距地表 0.6 米，墓口长 3.7、宽 2.4 米，墓底长 3.06、宽 2 米，墓口距墓底 2.9 米。方向 95°。

墓葬棺椁已腐朽，葬具为一棺一椁，木椁周围积有木炭，厚度达 1.5 米左右。椁长 3.12、宽 1.44

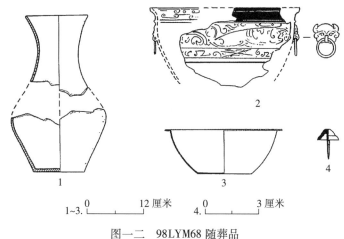

图一二　98LYM68 随葬品

1. 陶壶（M68：10）　2. 漆器（M68：2）　3. 铜盆（M68：1）

4. 铜泡钉（M68：9）

北 ←————

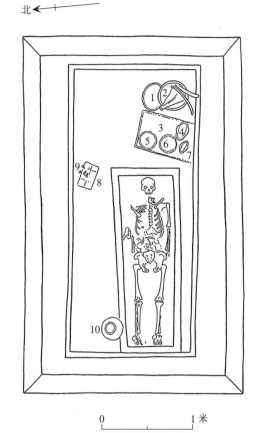

0　　　　　1 米

图一三　98LYM68 平面图
1. 铜盆　2. 漆器　3. 漆案　4、7. 漆器耳杯
5、6. 漆器盘　8. 漆器多子盒　9. 泡钉　10. 陶壶

米。棺长 1.98、宽 0.74、厚 0.6 米。葬式为仰身直肢。随葬品主要集中在墓主人的头部及墓主人的右侧（图一三）。

（二）随葬品

陶壶 1 件、铜盆 1 件、漆器 1 件、漆案 1 件、漆盘 2 件、漆耳杯 2 件、漆多子盒 1 件、铜泡钉 4 件。

陶壶　1 件。M68：10，泥质灰陶，素面。敞口束颈，鼓腹平底。口径 13.6、腹径 20.8、残高 32 厘米（图一二 –1）。

铜盆　1 件。M68：1，平沿，深腹，下部内收，平底。口径 31.5、高 11.5 厘米（图一二 –3）。

漆器　1 件。M68：2，残。折沿，弧腹，上部附有铺首一对。由红、黑组成的卷草纹。口径约 24、残高 12 厘米（图一二 –2）。

铜泡钉　4 件。M68：9，圆形，背有一钉（图一二 –4）。

另有数件漆器出土时漆胎大多腐朽，在仅存残片上可辨出有漆案 1 件、漆盘 2 件、漆耳杯 2 件、漆多子盒 1 件。

八、结　语

柳林县看守所战国墓地位于华晋公司洗煤厂宿舍区东侧，与 1995 年发掘的战国墓区应同属一块墓地，墓葬形制及出土器物，风格基本相同。这批出土的器物中，陶鼎（M23：7、M53：6）分别与长子县孟家庄战国汉墓所出土的 B 型鼎（93M36：7）[1]、侯马下望墓地（M23：5）相近似[2]。陶豆（M23：5、M51：5）与临县三交战国墓（M23：6）所出土的陶豆相近似[3]，（M16：3、M53·5）与榆次猫儿岭Ⅲ型（M188）相近似[4]。陶壶（M23：1、M51：2）分别与榆次猫儿岭战国墓Ⅴ（M144：1）、Ⅶ（M111：11）所出土的陶壶相近代。通过对器物对比分析，除 M68、M30 外，其余墓葬时代应属于战国早、中期。

M68、M30 与朔县两座墓的形制分别与朔县秦汉墓 6M42、QM104 相近似[5]。陶壶（M68：1）与朔

① 《长子孟家庄战国墓地发掘简报》，《三晋考古》第一辑，山西人民出版社，1994 年。

② 《侯马下平望墓地发掘报告》，《三晋考古》第一辑，山西人民出版社，1994 年。

③ 《临县三交战国墓发掘简报》，《三晋考古》第一辑，山西人民出版社，1994 年。

④ 《1984 年榆次猫儿岑战国墓葬发掘简报》，《三晋考古》第一辑，山西人民出版社，1994 年。

⑤ 《山西朔县秦汉墓地发掘简报》，《文物》1987 年第 6 期。

县秦汉墓（9M20∶1）Ⅲ型 4 式壶相近似，漆器（M68∶2）与朔县秦汉墓中的銷（GM187∶11）器形相近似。五铢钱（M30∶4）与朔县秦汉墓（GM34∶2）Ⅲ型相近似。由此可推断 M68、M30 其时代分别为西汉中期、晚期。这批墓葬的发掘，为进一步研究这一地区战国及汉代墓葬考古，提供了不可缺少的实物资料。

执笔：畅红霞、董楼平、高继平；绘图：畅红霞

附表　柳林县看守所墓葬统计表

墓号	墓向	规格 长×宽－深（米）	随葬品	葬式及葬具	备注
M16	方向6°	3.3×2.6－3.3	陶器16	仰身屈肢一棺一椁	墓主为男性
M23	方向70°	3.24×2.4－3	陶器6、铜剑1、铜带钩1	仰身屈肢一棺一椁	墓主为男性
M51	方向83°	3.7×2.8－3.3	陶器5、铜剑1、环首刀1、铜带钩1、铜箭头1、玛瑙环1、石圭4	仰身直肢二棺一椁	墓主为男性
M53	方向358°	3.4×2.8－3.35	陶器6、骨簪1	仰身屈肢二棺一椁	墓主为女性
M53	方向352°	3×2.7－4.2	陶鼎1、铜带钩2、骨簪1	侧身屈肢一棺一椁	墓主为女性
M68	方向95°	3.7×2.4　2.9	陶壶1、铜盆1、漆器1、漆案1、漆盘2、漆耳杯2、漆多子盒1、铜泡钉4	仰身直肢一棺一椁	墓主为男性
M30	方向90°	276×1.8－2.5	有铜铃9、铜珩1、五铢2、"半两"1	仰身直肢一棺	墓主为男性

（原载《三晋考古》第三辑）

吕梁环城高速离石区阳石村墓地与车家湾墓地发掘简报

山西省考古研究所　吕梁市文物考古队　离石区文物旅游中心

2011 年 5 月至 7 月为配合吕梁环城高速建设工程，山西省考古研究所和吕梁市文物考古调查勘探队对该工程占地范围进行了全线文物调查、勘探，在该建设工程征地范围内共发现三处墓地，根据所在位置分为：阳石村墓地、车家湾 A 墓地、车家湾 B 墓地（图一）。随后，对其进行了抢救性发掘。现将发掘情况简报如下。

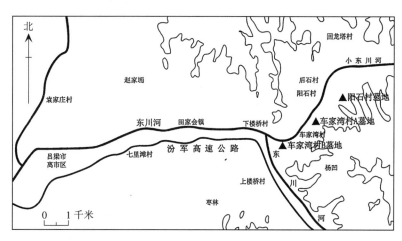

图一　墓地位置示意图

一、阳石村墓地

（一）墓地概括

阳石村位于吕梁市离石区东北方向 14 公里。该墓地位于阳石村东 2 公里一处东高西低的山梁上，该山梁已被历年多次平整为梯田地。该墓地处在一条平整的梯田地上，南侧为水土流失形成的自然沟壑。

（二）地层堆积

阳石村墓地地层堆积较为简单，耕土层下即为生土，未发现文化堆积层。生土为黄褐色，土质较软。

（三）墓葬情况

该处发现有早期墓葬 9 座，遗址 1 处（图二）。墓葬均为竖穴土坑墓，生土壁整体较规整，但不光滑，壁面有较多凹痕，因生土较软，应为夯土时挤压所致。具体情况如下：

1. M3

位于阳石村墓地东北端，南邻 M40。

（1）墓葬形制及葬具葬式

长方形竖穴土圹墓，方向 27°（图三）。因被破坏严重，墓底距地表 0.1 米。葬具已朽，根据残留灰痕推断为一棺一椁，椁长约 2.6、宽约 1.4 米，棺长约 1.9、宽约 0.6 米。内有一具人骨，仰身直肢，头骨破碎。

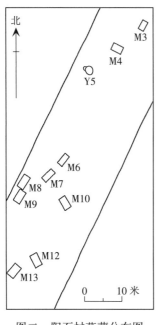

图二　阳石村墓葬分布图

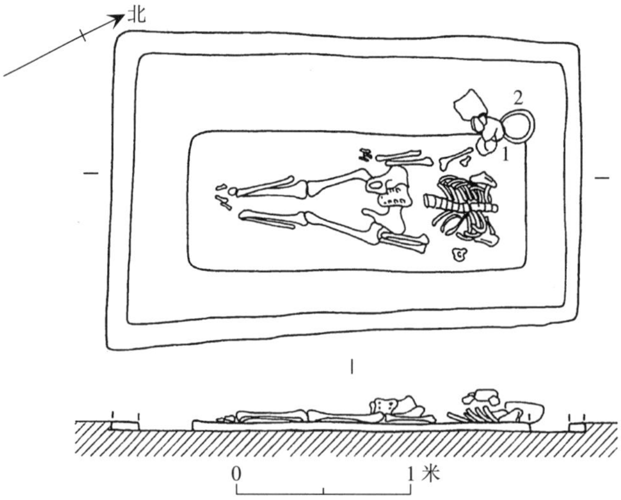

图三　M3 平、剖面图
1. 陶鬲　2. 陶豆

（2）随葬器物

随葬器物共 2 件，皆为陶器，有陶鬲 1 件、陶豆 1 件。放置于墓主右肩处。

陶鬲　1 件。M3：1，夹砂灰陶，侈口，平折沿，方唇，束颈，肩微鼓，斜腹，三乳足，裆微上弧，肩腹饰有直行纵向较深中绳纹，足至底部饰较浅粗绳纹。口径 18.5、腹径 18、通高 17.4 厘米（图四 -1）。

陶豆　1 件。M3：2，泥质灰陶，无

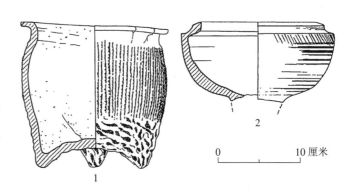

图四　M3 出土随葬器物
1. 陶鬲（M3：1）　2. 陶豆（M3：2）

盖，足残。子口内敛，方唇，弧腹，腹部饰磨光暗色旋纹和纵向暗色斜纹相叠加。口径19.4、残高9.5厘米（图四-2）。

2. M4

位于阳石村墓地北端，北邻 M3。

（1）墓葬形制及葬具葬式

长方形竖穴土圹墓，方向310°（图五）。墓口距地表0.35米，口底同大，墓坑长2.9、宽1.6、深1.6米。墓坑内填黄褐色、深褐色花土，土质较硬。葬具为一棺一椁，皆腐朽，仅残留黑灰色灰痕，椁痕呈"Ⅱ"字形，东西长约2.5、南北宽约1.58、厚约0.14、残高0.3米，顶木两头伸出椁室外约0.12米。棺长约1.86、宽约0.7、厚约0.1、残高0.25米。棺内有人骨一具，头向西，仰身屈肢，双手置于腹部，右手在上。

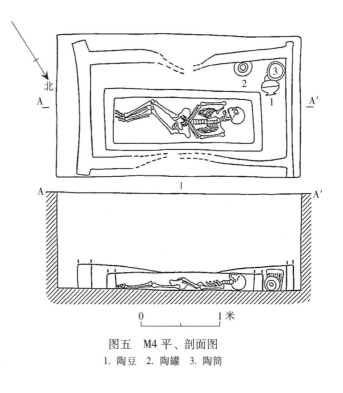

图五　M4 平、剖面图
1. 陶豆　2. 陶罐　3. 陶筒

（2）随葬器物

随葬器物共3件，皆为陶器，有陶盖豆1件、陶罐1件、陶筒1件。放置于墓主头端西南角棺椁间。

陶盖豆　1件。M4∶1，泥质灰陶，盖略有弧形，盖上为喇叭状捉手，捉手柄部与盖连接处有道凹折棱。子口内敛，深腹下收，下附喇叭状圈足。捉手平沿处和盖面上饰有两道折线划刻纹，器身通体有暗压纹。捉手喇叭口内侧有三道由内向外的割痕，圈足底部内侧也有相同割痕。通高25.4、口径11、腹最大径19.5、圈足径11.7厘米（图六-1）。

陶罐　1件。M4∶2，泥质灰陶，敛口，折平沿，方唇，束颈，溜肩，鼓腹下收，平底。肩、腹部饰有中绳纹，器身多处粘有较厚白灰。通高18.8、口径11.4、腹径19、底径11.4厘米（图六-3）。

陶筒　1件。M4∶3，夹砂灰陶，圆唇，直腹，平底。器身呈倒梯形状。饰有较深中绳纹。通高17、口径20.7、底径13.6厘米（图六-2）。

3. M6

位于阳石村墓地中部，西南邻 M7。

（1）墓葬形制及葬具葬式

长方形竖穴土圹墓，方向40°（图七）。墓口距地表0.35米，长2.87、宽1.65米，墓底长2.6、宽1.6、深2.5米。墓室内填黄褐色、黑褐色花土，土质较硬。填土中发现早期陶片数片。葬具为一棺一椁，皆腐朽，仅残留灰痕。东部椁板原已塌落，根据灰痕推断椁约长2.3、宽1.2、残高0.6米。棺长约2、宽约0.6~0.8米。棺内有一具人骨，仰身直肢。

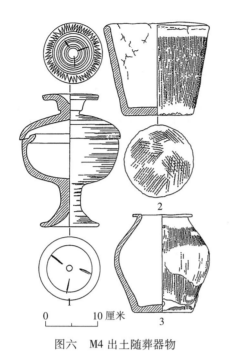

图六　M4 出土随葬器物

1. 陶盖豆（M4：1）　2. 陶筒（M4：3）　3. 陶罐（M4：2）

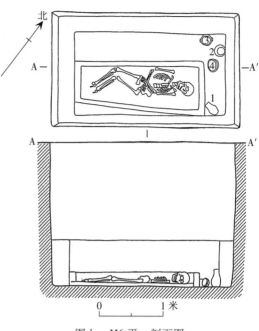

图七　M6 平、剖面图

1、2. 彩绘陶壶　3. 陶鼎　4. 陶豆

（2）随葬器物

随葬器物共 4 件，皆为陶器。有陶鼎 1 件、陶豆 1 件、彩绘陶盖壶 2 件，放置于墓主头端棺椁间。

陶鼎　1 件。M6：3，泥质灰陶，盖弧形上鼓，子口内敛，外撇圆角长方形附耳，弧腹下收，三粗蹄形足，圜底，素面。器形不规整。通高 16.7、口径 14、腹最大径 15.6 厘米（图八 -4）。

陶豆　1 件。M6：4，泥质灰陶，无盖。敛口，弧腹下收，圜底。喇叭状圈足。圈足上部有道凹槽。通高 13.8、口径 12.4、腹最大径 14、圈足径 9.2 厘米（图八 -3）。

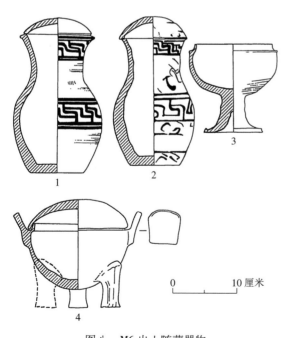

图八　M6 出土随葬器物

1、2. 陶壶（M6：1、2）　3. 陶豆（M6：4）　4. 陶鼎（M6：1）

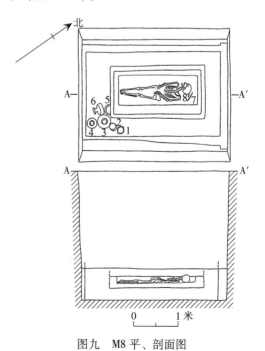

图九　M8 平、剖面图

1、2. 陶鼎　3、4. 陶罐　5、6. 陶豆　7、8. 骨簪

陶盖壶 2 件。形制相同。泥质灰陶，盖弧形上鼓，斜平沿，侈口，长束颈，鼓腹，平底。盖、颈、腹部有红色彩绘，盖上彩绘脱落严重，不可辨。M6：1，通高 21.6、口径 11.9、腹径 14.1、底径 8.2 厘米（图八 - 1）。M6：2，平沿。通高 23.2、口径 10.2、腹径 13、底径 7.8 厘米（图八 - 2）。

4. M8

位于阳石村墓地南部，南邻 M9，东邻 M7。

（1）墓葬形制及葬具葬式

长方形竖穴土圹墓，方向 35°（图九）。墓口距地表深约 0.3 米，长 3.3、宽 2.8 米，底长 3.2、宽 2.4、深 2.7 米。墓室内填黄褐色、黑褐色花土，填土经过平夯，夯层厚约 0.2 米。葬具为二棺一椁，椁痕呈 "Ⅱ" 字形，南北长约 3.2、东西宽 2.1、残高 0.7 米。顶木两头伸出椁室约 0.04~0.1 米。棺痕显为双层棺木，外层棺长 2.06、宽 1.1 米，内棺长 1.9、宽约 0.9、残高 0.34 米。棺木距棺底 0.26 米，下为淤土，应为进水所致。棺内有一具人骨，仰身直肢，头向北，双手置于腹部。

（2）随葬器物

随葬品共计 8 件，主要为陶器，有陶鼎 2 件、陶罐 2 件、陶豆 2 件、骨簪 2 件，陶器放置与墓主脚部棺椁间，骨簪放置于墓主头顶。

陶鼎 2 件。形制基本相同。夹砂灰陶。口微侈，圆唇，束颈，附二直立方形附耳，腹微鼓，裆微下垂，三蹄形足，足部有明显的削整痕迹。器形不甚规整。M8：2，口内盖有一半圆形陶器底部残片做盖。M8：1 通高 15、口径 15.8、腹最大径 17 厘米（图一〇 - 2）。M8：2，通高 15.4、口径 13.5、腹最大径 15 厘米（图一〇 - 4）。

陶豆 2 件。根据形制分为两种。

第一种 1 件。M8：5，泥质灰陶，盖缺。子口内敛，方唇，直腹下弧收，腹饰有两周瓦纹，下接喇叭状圈足。通高 15、口径 15.3、腹最大径 8.8、圈足径 11.1 厘米（图一〇 - 3）。

第二种 1 件。M8：6，泥质灰陶，盖弧形上略鼓，盖上为喇叭状捉手，短柄。直口，鼓腹，平底。中柄，下接喇叭状圈足。腹部饰有三圈折棱。通高 14.8、口径 17.1、腹最大径 18.8、圈足径 12.4 厘米（图一〇 - 6）。

陶罐 2 件。根据形制分为两种。

第一种 1 件。M8：3，泥质灰陶，侈口，宽折沿，圆唇，束颈，折肩较宽斜直，下腹斜直内收，平底。通高 24、口径 10.6、肩径 26、底径 11 厘米（图一〇 - 5）。

第二种 1 件。M8：4，泥质灰陶，侈口，圆唇，束颈，溜折肩，斜直腹内收，平底。通高 20.2、口径 12.4、肩径 20.2、底径 11.5 厘米（图一〇 - 1）。

骨簪 2 件。形制相同。截面三角形。M8：7，长锥形，有弧度，上尖下平，尖残，残长 17、宽 1 厘米（图一〇 - 7）。M8：8，残长 4.5、宽 1 厘米（图一〇 - 8）。

5. M9

位于阳石村墓地西端，北邻 M8。

（1）墓葬形制及葬具葬式

长方形竖穴土圹墓，方向 35°（图一一）。墓口距地表深约 0.25 米，长 3.7、宽 2.3 米，底长 3.4、

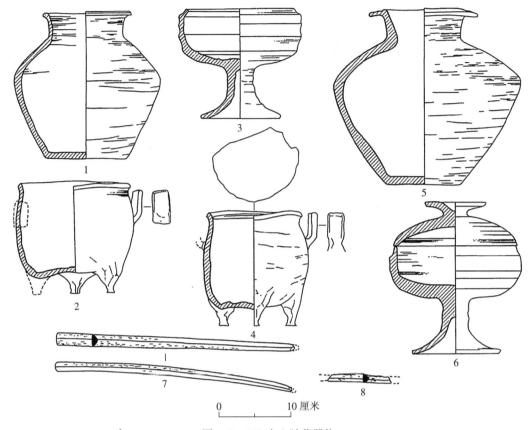

图一〇　M8 出土随葬器物

1、5. 陶罐（M8：4、3）　2、4. 陶鼎（M8：1、2）　3. 陶豆（M8：5）　6. 陶盖豆（M8：6）　7、8. 骨簪（M8：7、8）

宽 2.2、深 4.3 米。墓坑内填黄褐色、黑褐色花土，填土经过平夯，夯层厚约 0.1～0.2 米。葬具为二棺一椁，已腐朽，仅有黑灰色灰痕。椁长约 3.3、宽 2、残高 0.8 米。棺长 1.9、宽 0.7 米。棺内有一具人骨，仰身直肢，头向北，双手置于腹部。

（2）随葬器物

随葬器物共有 7 件，大部分为陶器，有陶鼎 1 件、陶盖豆 2 件、陶盖壶 2 件、陶盘 1 件、骨簪 1 件，陶器放置于墓主脚部棺椁间，骨簪放置于墓主头部。另在地表向下 0.5 米处填土中发现 1 件残缺陶豆盖。

陶鼎　1 件。M9：5，泥质灰陶（器物表层疑似有银灰色釉，剥落严重）。盖残缺，不可修复。子口内敛，附外撇环形附耳，弧腹下收，三较高粗蹄形足。通高 16、口径 18、腹最大径 20 厘米（图一二－1）。

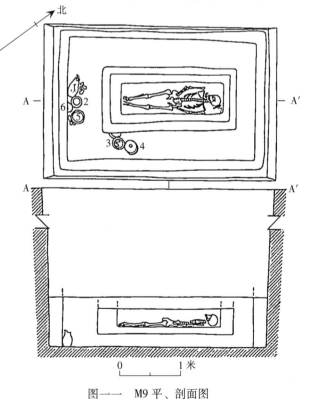

图一一　M9 平、剖面图

1、2. 陶盖壶　3、4. 陶盖豆　5. 陶鼎　6. 陶盘　7. 骨簪

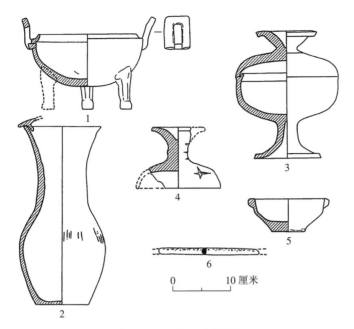

图一二　M9 出土随葬器物

1. 陶鼎（M9∶5）　2. 陶壶（M9∶2）　3. 陶盖豆（M9∶4）
4. 陶豆盖（填土出）　5. 陶盘（M9∶6）　6. 骨簪（M9∶7）

陶盖豆　2 件。形制相同。泥质灰陶（器物表层疑似有银灰色釉，剥落严重），盖略上弧，盖上为喇叭状捉手。子口内敛，直腹较深下收，下附喇叭状圈足。M9∶4，通高 22、口径 11、腹最大径 18.2、圈足径 12 厘米（图一二 -3）。

陶盖壶　2 件。形制相同。泥质灰陶（器物表层疑似有银灰色釉，剥落严重），盖上鼓，平沿，侈口，长束颈，弧腹，平底。M9∶1，通高 31、口径 14、腹径 15.6、底径 9.5 厘米（图一二 -2）。

陶盘　1 件。M9∶6，泥质灰陶（器物表层疑似有银灰色釉，剥落严重），斜沿，直口，双錾形附耳，直腹下斜收，平底。通高 5.8、口径 13、底径 6 厘米（图一二 -5）。

骨簪　1 件。M9∶7，截面半圆形。残缺，残长 9、宽 0.5 厘米（图一二 -6）。

陶豆盖　1 件。残，填土中发现。泥质灰陶，盖鼓，有喇叭形捉手，盖部有一"十"字形割痕，较深。高 10.6 厘米，口径 15.1 厘米（图一二 -4）。

6. M12

位于阳石村墓地西南侧，西邻 M13。

（1）墓葬形制及葬具葬式

长方形竖穴土圹墓，方向 332°（图一三）。墓口距地表深约 0.25 米，长 3.4、宽 2.4 米，底长 3.1、宽 2.2、深 1.9 米。墓室内填黄褐色、黑褐色花土，土质较硬。葬具为二棺一椁，皆朽。根据残留灰痕推断，椁长约 3.3、宽约 2米，外棺长约 2.2、宽约 1～1.2 米，内棺长约 1.8、宽 0.7 米。棺内有一具人骨，仰身直肢，头向北，上身骨骼因墓室进水漂移。

（2）随葬器物

随葬器物共有 7 件，皆为陶器，有陶鼎 2 件、陶豆 2 件、陶壶 2 件、陶匜 1 件，放置于墓主脚端棺椁间。

陶鼎　2 件。形制相同。M12∶4，泥质灰

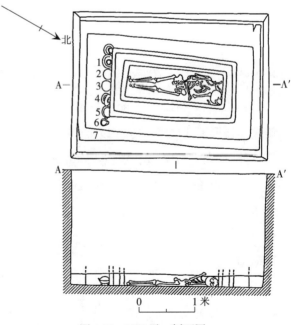

图一三　M12 平、剖面图

1、2. 陶盖壶　3、5. 陶豆　4、6. 陶鼎　7. 陶匜

陶，弧形盖，子口内敛，附外撇鼻形附耳，弧腹下弧收，三粗矮蹄形足。通高 20.5、口径 8.4、腹最大径 17.4 厘米（图一四 -4）。

陶豆　2 件。形制相同。M12：3，泥质灰陶，盖缺。子口内敛，直腹下斜收，下附喇叭状圈足。器形不规整。通高 17、口径 17.2、腹最大径 17.8、圈足径 11.8 厘米（图一四 -3）。

陶盖壶　2 件。根据壶盖形制分为两种。

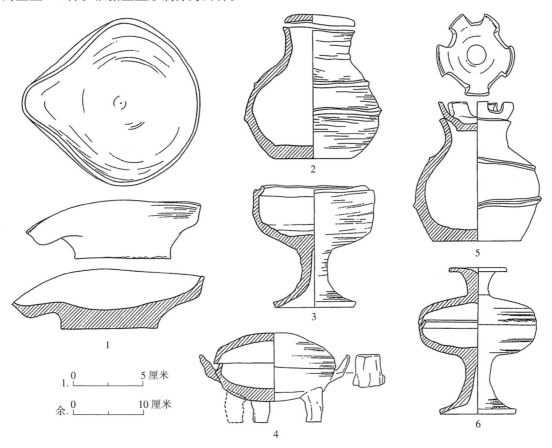

图一四　M12 出土随葬器物

1. 陶匜（M12：7）　2、5. 陶盖壶（M12：2、1）　3. 陶豆（M12：3）　4. 陶鼎（M12：4）　6. 陶盖豆（M12：5）

第一种　1 件。M12：1，泥质灰陶，莲瓣形盖，方唇，短束颈，圆鼓腹，平底，肩至腹部饰有两道凸旋纹。器形不甚规整。通高 19.6、口径 12.9、腹径 18.4、底径 13 厘米（图一四 -5）。

第二种　1 件。M12：2，泥质灰陶，圆饼形盖，撇口，束颈，鼓腹，平底，腹部饰有两道凸旋纹。器形很不规整。通高 18.2、口径 10、腹径 19.6、底径 10.8 厘米（图一四 -2）。

陶匜　1 件。M12：7，泥质灰陶，捏制，呈桃形，短流，平底。高 4.1、长 13、宽 12 厘米（图一四 -1）。

7. M13

M13 位于阳石村墓地最南端，北邻 M12（图一五）。

（1）墓葬形制及葬具葬式

长方形竖穴土圹墓，方向 40°。墓口距地表 0.25 米，长 3、宽 2 米，底长 2.6、宽 1.6、深 1.9 米。坑内填花土，土质较硬。葬具已经腐朽，及残留少量灰痕，尺寸不详。墓内有一具人骨，仰身直肢，

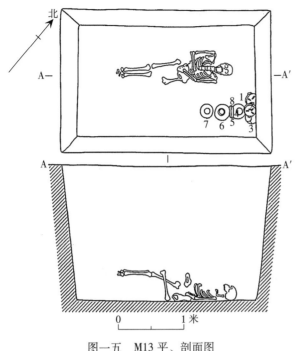

图一五　M13平、剖面图

1、2. 陶鼎　3、7. 陶豆　4、6. 陶盖壶　5、8. 陶匜

双手置于腹部，腿骨因墓室进水漂浮至距墓底0.4米处。

（2）随葬器物

随葬器物共计8件，皆为陶器，有陶盖鼎2件、陶盖豆2件、陶盖壶2件、陶匜2件。放置于墓主左侧北端排成一列。

陶鼎　2件。形制相同。M13：1，泥质灰陶，弧形盖，上有三錾，子口内敛，附外撇方形附耳，直腹下弧收，三粗矮蹄形足。盖上有部分不明显的纵向暗压纹。通高16.4、口径15.8、腹最大径18厘米（图一六－1）。

陶豆　2件。形制相同。M13：7，泥质灰陶，盖弧形略鼓，盖上为喇叭状捉手，柄较短。子口内敛，直腹下收，平底，下附较矮喇叭状圈足。腹部有两道内凹折棱。通高19、口径8.3、腹最大径17.4、圈足径10.9厘米（图一六－4）。

陶壶　2件。形制基本相同。泥质灰陶，烧制火候低，中间夹生。盖略鼓，斜沿，侈口，束颈，溜肩，鼓腹，平底。M13：6，颈部、腹部有少量较浅绳纹，通高32、口径11.8、腹径23、底径12.5厘米（图一六－2）。M13：4，器身有不规整磨光暗压纹。通高30.6、口径11.3、腹径22.8、底径11.8厘米（图一六－3）。

陶匜　2件。形制相同。M13：5，泥质灰陶，平沿，敛口，口沿一侧出一平流，流较短，口沿另一侧内凹。高3、口径14、底径4厘米（图一六－5）。

二、车家湾A墓地

（一）墓地概况

车家湾位于山西省吕梁市离石区田家会镇往东12公里，车家湾A墓地位于出车家湾村东一处梁地上，东高西低，南北两侧都为自然沟壑。该处发现早期墓

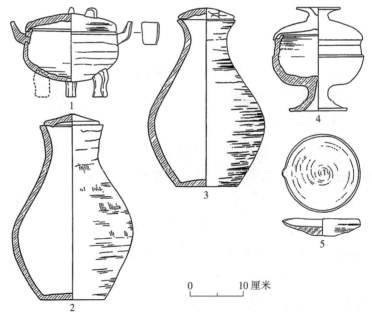

图一六　M13出土随葬器物

1. 陶鼎（M13：1）　2、3. 陶壶（M13：6、4）　4. 陶豆（M13：7）

5. 陶匜（M13：5）

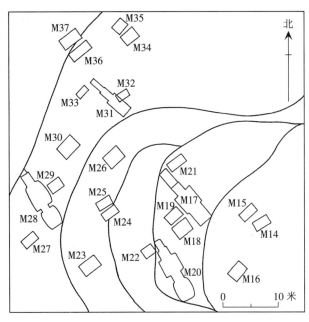

图一七　车家湾 A 墓地墓葬分布示意图

葬共计 24 座，其中竖穴土坑墓 20 座，砖墓 4 座（图一七）。

（二）地层堆积

车家湾 A 墓地地层堆积较为简单，耕土层下即为生土，未发现文化堆积层。生土为黄褐色，土质较软。

（三）竖穴土坑墓葬概括

该墓地发现的 20 座竖穴土坑墓（图一七），墓口皆大于墓底，墓壁都较为规整但不光滑，墓底平整。部分墓葬有生土二层台。填土通常较硬，较深墓的填土经过夯打。填土有黑褐色、黄褐色两种。葬具均腐朽，仅能见灰色棺椁木朽痕，从残存迹象推测大部分墓葬为一棺一椁，均为单人葬，人骨保存较好。存在打破关系的墓葬有 1 组，即 M31 打破 M32。M14 和 M15、M18 和 M19、M24 和 M25、M34 和 M35、M36 和 M37 这几组墓葬相邻且间距都不大，近者紧紧相依，远者距离 1 米左右，墓向、结构和规模基本一致，可能为同坟异穴墓。

根据墓壁的坡度变化大致可分为两部分：

一部分墓葬南北方向墓壁较垂直，东西方向墓壁口、底大小变化明显，坡度较大，包括 M18、M21、M23、M37。另一部分墓葬的墓壁坡度都较为一致，包括 M14、M15、M16、M19、M22、M24、M25、M26、M27、M29、M30、M32、M33、M34、M35、M36。

土坑墓的随葬器物放置位置有以下几种：置于死者头端棺椁之间的有 M14、M15、M16、M19、M22、M24、M25、M27、M30、M32、M34、M35、M36；置于脚部的有 M26；置于侧面的有 M29。

随葬器物主要以陶器为主，个别墓有小件铜器。陶器共计 30 件。有鼎、壶、罐、盒、钵、甑。质地主要为泥质灰陶。制作方法主要是轮制和手制相结合，附件如耳、足为手制，再与轮制器身粘结。器身装饰比较单一，以旋纹、绳纹、抹压纹为主。个别陶器有橘红色、白色彩绘。

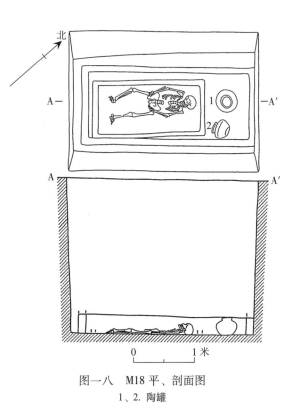

图一八　M18 平、剖面图
1、2. 陶罐

器物组合有四种：第一种为罐、钵、釜、甑；第二种为鼎、罐、壶、盒；第三种仅为不同类型的单件罐或双件罐；第四种为：罐、壶。绝大多数为第三种。具体情况如下：

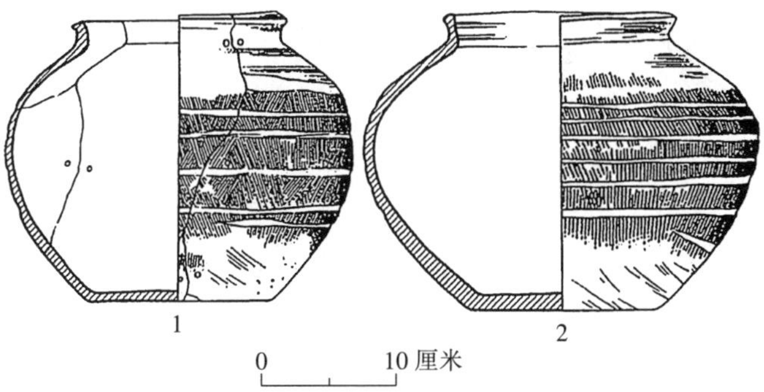

1. M18

位于车家湾 A 墓地东部，北邻 M17，东邻 M19（图一八）。

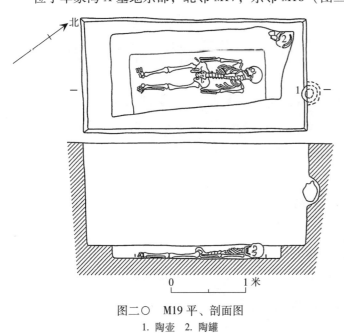

图一九　M18 出土随葬器物
1. 陶罐（M18：1）　2. 陶罐（M18：2）

（1）墓葬形制及葬具葬式

长方形竖穴土圹墓，方向55°。墓口距地表0.23米深，长2.9、宽2.1米，底长2.8、宽1.5、深2.3米。墓坑内填黄褐色、黑褐色花土，土质较干硬。葬具为一棺一椁，皆腐朽，残留灰痕，椁长2.67、宽约1.2、厚约0.1、残高0.28米。棺长1.64、宽约0.84、厚约0.06米。棺内有人骨一具，仰身直肢，头向北，双手置于腹部。

（2）随葬器物

随葬器物共计2件，为陶罐2件，放置于墓主头端棺椁间。

陶罐　2件。形制大致相同。泥质灰陶，M18：1，口微侈，圆唇，短束颈，鼓腹，平底。颈、肩部有不明显细旋纹，器身饰有密集绳纹和数圈抹压纹，器身残破，残破处有四对穿孔，应为修补穿绳所用。通高21.2、口径14.9、腹径26.4、底径13.8厘米（图一九–1）。M18：2，直口微侈，圆唇，短束颈，鼓腹，平底。器身饰有密集绳纹和数圈抹压纹。通高22、口径18、腹径29.8、底径14厘米（图一九–2）。

2. M19

位于车家湾 A 墓地东部，北邻 M17，东邻 M18（图二〇）。

（1）墓葬形制及葬具葬式

长方形竖穴土圹墓，方向50°。墓口距地表深0.23米，长2.84、宽1.4、底长2.74、宽1.34、深1.4米。墓口向下0.4米北壁有一小土龛，长0.2、高0.4、深0.2米，内放置一陶罐。墓坑内填黄褐色花土，土质较干硬。葬具为一棺一椁，皆腐朽，仅残留部分灰痕。椁长约2.1、宽约1、残高0.14米，棺长约1.75、宽约0.7米。棺内有一具人骨，仰身直肢，头向北。

（2）随葬器物

随葬器物共计2件陶罐。1件放置于墓室北壁土龛内，另1件放置于墓主头端棺

图二〇　M19 平、剖面图
1. 陶壶　2. 陶罐

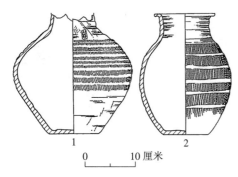

图二一　M19 出土随葬器物
1. 陶罐（M19∶1) 2. 陶罐（M19∶2)

椁间。

陶罐　2 件。分为两种。

第一种　1 件。M19∶1，泥质灰陶，口残缺，无法修复，束颈，溜肩，鼓腹下收，平底。颈部有倒置压印的篆书"亭"字，肩至腹部饰有较深中绳纹及数圈抹压纹。残高 23.8、腹径 24.3、底径 10.4 厘米（图二一-1）。

第二种　1 件。M19∶2，口微侈，折平沿，圆唇，束颈较长，溜肩，腹略鼓，平底。饰有较深中绳纹及数圈抹压纹。通高 24.2、口径 12.2、腹径 19.2、底径 9.6 厘米（图二一-2）。

3. M21

位于车家湾 A 墓地中部偏北，南邻 M17（图二二）。

（1）墓葬形制及葬式

长方形竖穴土圹墓，方向 56°。墓口距地表深约 0.3 米，长 2.9、宽 2 米，底长 2.8、宽 1.4、深 3.5 米。墓坑内填黄褐色、黑褐色花土，土质干硬。葬具为一棺一椁，皆腐朽，椁仅残留部分灰痕，尺寸不详。棺长 1.9、宽 0.8、厚约 0.08、残高 0.1 米。棺内有人骨一具，仰身直肢，头向北。

（2）随葬器物

随葬器物共计 2 件。皆为陶器，有陶罐 1件、陶壶 1 件。放置于墓主头端棺椁间。

陶罐　1 件。M21∶1，泥质灰陶。敛口，

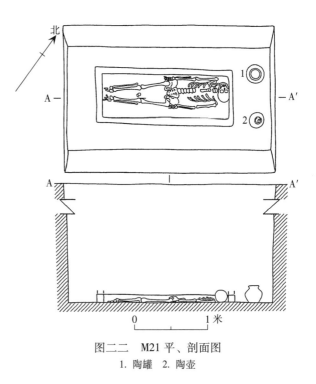

图二二　M21 平、剖面图
1. 陶罐　2. 陶壶

折沿有凹槽，圆唇，短束颈，鼓肩，斜腹下收，平底。肩至上腹部饰有较深细绳纹，及数圈抹压纹。下腹部有明显的削整痕迹。通高 20.4、口径 14、腹径 24.1、底径 12.4 厘米（图二三-1）。

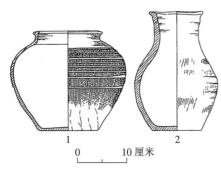

图二三　M21 出土随葬器
1. 陶罐（M21∶1) 2. 陶壶（M21∶2)

陶壶　1 件。M21∶2，泥质灰陶，口微侈，斜平沿，圆唇，长束颈，溜肩，鼓腹，平底。腹部饰有稀疏不明显的细绳纹。通高 24.2、口径 11.2、腹径 17.7、底径 10 厘米（图二三-2）。

4. M25

位于车家湾 A 墓地中部，北邻 M26，南邻 M23，东部紧邻 M24（图二四）。

（1）墓葬形制及葬具葬式

长方形竖穴土圹墓，方向60°。墓口距地表深约0.3米，墓口长3.2、宽2米，墓底长2.6、宽1.2、深3.2米。墓口向下2.4米处四壁留有生土二层台，宽0.2～0.3、深0.4米。墓室内填黄褐色、黑褐色花土，填土经过平夯，夯层厚约0.15～0.2米，土质较硬。葬具为一棺一椁，皆腐朽。椁仅残留部分灰痕，紧贴生土二层台壁。棺木灰痕较明显，长约1.9、宽约0.5～0.6米。棺内有一具人骨，仰身直肢，人为摆放，部分脊椎骨、头骨、肋骨堆放于盆骨处，还有部分指骨、脊椎骨放置于小腿尺骨间。

（2）随葬器物

随葬器物发现9件（包括填土中发现的1件铁臿），大部分为陶器，有陶罐2件、陶钵2件、陶甑1件、陶釜1件、铜带钩1件、铜环1件。陶器和兽骨放置于墓主头端棺椁间，铜带钩和铜环放置于墓主盆骨处。

陶罐 2件。形制基本相同，泥质灰陶。M25：1，直口，斜平沿，尖唇，束颈短直，溜肩鼓腹，平

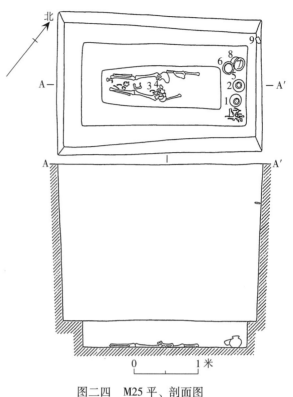

图二四 M25 平、剖面图
1、2. 陶罐 3. 铜带钩 4. 铜环 5. 陶甑 6、7. 陶钵
8. 陶釜 9. 铁臿

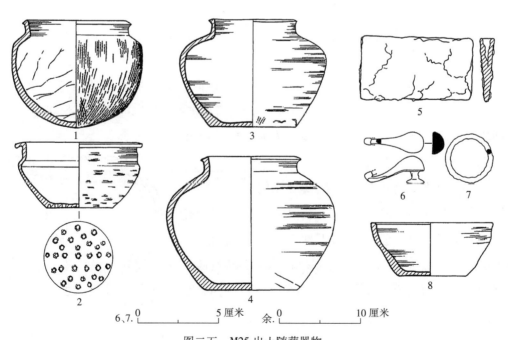

图二五 M25 出土随葬器物
1. 陶釜（M25：8） 2. 陶甑（M25：5） 3、4. 陶罐（M25：2、1） 5. 铁臿（M25：9，填土出）
6. 铜带钩（M25：3） 7. 铜环（M25：4） 8. 陶钵（M25：6）

底。颈至上腹部饰有旋纹。通高 16.2、口径 12.6、腹径 21、底径 11.5 厘米（图二五 -4）。M25：2，直口微侈，斜平沿，短直颈，鼓腹，平底。通高 13.2、口径 11.3、腹径 18.5、底径 10.8 厘米（图二五 -3）。

陶钵　2 件。形制相同。M25：6，泥质灰陶。方唇，平沿，口微撇，折肩，腹部内收，平底。通高 6.5、口径 15、底径 8.8 厘米（图二五 -8）。

陶甑　1 件。M25：5，泥质灰陶，直口，平折沿，圆唇，微束颈，弧腹，平底，底部镂有 31 个箅孔。通高 8、口径 16、底径 8.2 厘米（图二五 -2）。

陶釜　1 件。M25：8，泥质灰陶。尖唇，斜平沿，直口微撇，短束颈，腹部圆深，饰有较浅细绳纹。通高 13、口径 12.8、腹径 16.4 厘米（图二五 -1）。

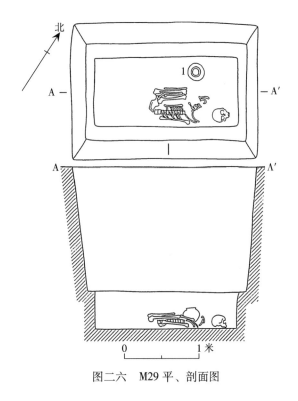

图二六　M29 平、剖面图

铜带钩　1 件。M25：3，形似琵琶，钩残，钮近尾端，素面，截面半圆形。残长 5、头宽 1.6、钩宽 0.6 厘米（图二五 -6）。

铜环　1 件。M25：4，圆环形，截面圆形，素面。外径 2.9、内径 2.3 厘米（图二五 -7）。

铁臿　M25：9，正面呈长方形，侧面为锥形，其两长边一边为刃，另一边有銎。长 14、宽 3.9、最厚处 2 厘米（图二五 -5）。

5. M29

位于车家湾 A 墓地西端，南邻 M28，北邻 M30（图二六）。

（1）墓葬形制及葬具葬式

长方形竖穴土圹墓，方向 55°。墓口距地表深约 0.3 米，长 2.6、宽 1.84 米，底长 2、宽 0.9、深 2.2 米。墓口向下 1.7 米处四壁留有生土二层台，宽 0.2、高 0.5 米。墓坑内填黄褐色花土，土质较硬。

未见葬具痕迹，墓内有人骨一具，为二次葬，人为堆放，头向北。

（2）随葬器物

随葬器物共计 1 件，为陶罐。放置于墓主东侧。

陶罐　1 件。M29：1，泥质灰陶，颜色偏黄。侈口，平沿有凹槽，圆唇，短束颈，鼓肩近平，弧腹下收，平底。肩部有一圈网状交叉暗压纹，肩部凸棱处有一不规则缺口，缺口四周有四穿孔，腹部有数道凸棱及饰有较浅中绳纹。通高 16、口径 14、腹径 22、底径 12 厘米（图二七 -1）。

6. M36

位于车家湾 A 墓地西端，西邻 M37，东邻 M31、M33（图二八）。

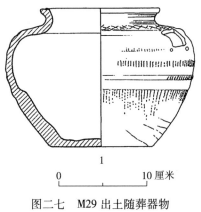

图二七　M29 出土随葬器物
1. 陶罐（M29：1）

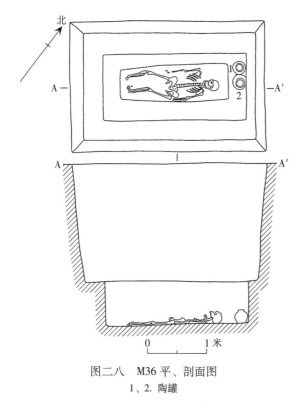

图二八　M36 平、剖面图
1、2. 陶罐

（1）墓葬形制及葬具葬式

长方形竖穴土圹墓，方向52°。墓口距地表深约0.3米，长3.4、宽2.2米，底长2.3、宽1.1、深2.7米。墓口向下2米处四壁留有生土二层台，宽0.3、深0.7米。墓室内填黄褐色、黑褐色花土，填土经过平夯，夯层厚约0.15～0.2米，土质较硬。葬具为一棺一椁，皆腐朽，残留灰痕，椁紧贴生土二层台，棺长约1.9、宽约0.6米。棺内有一具人骨，仰身屈肢，头向北。

（2）随葬器物

随葬器物共计2件，为陶罐。放置于墓主头端棺椁间。

陶罐　2件。根据形状分为两种。

第一种　1件。M36：1，泥质灰陶，直口，平沿。尖唇，短束颈，溜肩，鼓腹下收，平底。腹部饰有较深中绳纹及数道抹压纹。通高17、口径16.8、腹径24.2、底径12.5厘米（图二九－1）。

第二种　1件。M36：2，泥质灰陶。器形不甚规整，侈口，斜沿，尖唇，短束颈，溜肩，鼓腹下收，平底。通高17、口径16.8、腹径24.2、底径12.5厘米（图二九－2）。

7. M37

位于车家湾 A 墓地最北端，东邻 M36（图三〇）。

（1）墓葬形制及葬具葬式

长方形竖穴土圹墓，方向55°。因该墓正位于地塄处，北低南高，墓口距地表0.25～0.5米深，长3.4、宽2.4米，底长3.3、宽1.8、深3.2米。东西墓壁较为规整，木坑内填黄褐色花土，土质较硬。葬具为一棺一椁，皆腐朽，椁长约3.3、宽约1.8米。棺长约1.8、宽约0.7米。棺内有人骨一具，仰身直肢，头向北，右手置于腹部。

（2）随葬器物

随葬器物共计9件，皆为陶器，有陶鼎2件、陶壶2件、陶罐2件、陶盒3件。和兽骨夹杂放置于墓主头端棺椁间。

陶鼎　2件。形制相同。泥质灰陶。盖顶上鼓。子口内

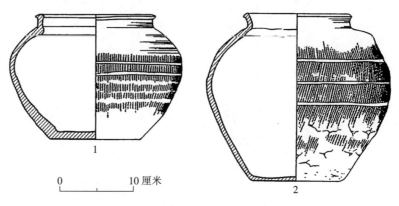

图二九　M36 出土随葬器物
1、2. 陶罐（M36：1、2）

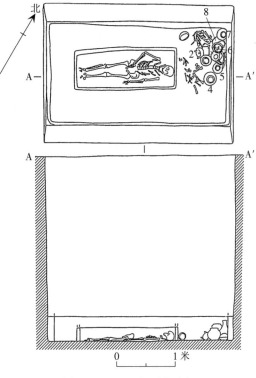

图三〇　M37 平、剖面图

1、5、7. 陶盒　2、6. 陶鼎　3、4. 陶罐　8、9. 陶壶

敛，外撇方形附耳，弧腹下收，三细高蹄形足。盖及腹部饰有橘红色、白色叠加"S"形云纹彩绘，部分剥落。M37：2，通高 16.2、口径 13.6、腹最大径 17 厘米（图三一 -1）。

陶壶　2 件。形制相同。泥质灰陶。侈口，平沿，圆唇，长束颈，鼓腹，圈足。器身饰有橘红色、白色叠加卷云纹彩绘，部分剥落。M37：8，通高 32.7、口径 12、腹 20、底径 14 厘米（图三一 -5）。

陶罐　2 件。形制较为相似。泥质灰陶，侈口，方唇，束颈，圆肩，上腹鼓，下腹向内曲收，平底，素面。M37：3，通高 23、口径 14.5、腹径 24.8、底径 14.5 厘米（图三一 -3）。M37：4，通高 15、口径 11.1、腹径 18.1、底径 10 厘米（图三一 -6）。

陶盒　3 件。根据形制分为两种。

第一种　2 件。形制相同。标本 M37：1，泥质灰陶。盖盒同形。钵形盖，方唇，直口，弧壁，斜腹，盖顶有圈足状捉手。盒身敛口，弧壁，折腹，平底。

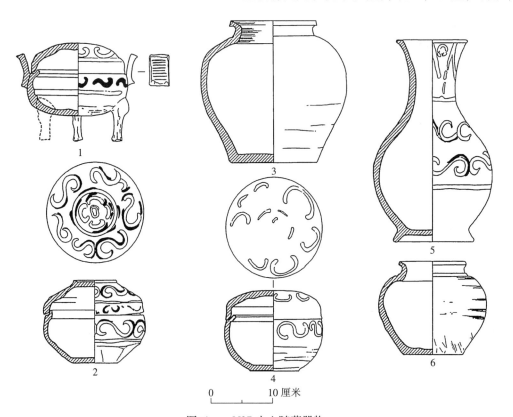

图三一　M37 出土随葬器物

1. 陶鼎（M37：2）　2、4. 陶盒（M37：1、7）　3、6. 陶罐（M37：3、4）　5. 陶壶（M37：8）

盖顶及器身表面饰有橘红色、白色叠加"S"形云纹彩绘，部分剥落。通高 13.3、口径 7.2、底径 7.5 厘米（图三一 – 2）。

第二种　1 件。标本 M37：7，泥质灰陶，盘型盖，盖顶上鼓。盒身敛口，鼓腹，平底。盖顶及器身饰有橘红色、白色叠加"S"形云纹彩绘，部分剥落。通高 13、口径 14、底径 8.5 厘米（图三一 – 4）。

（四）东汉时期墓地概况

东汉时期墓葬共 4 座，皆为带甬道券顶砖室墓。都遭到严重破坏，砖券顶部无存，墓室内填满夹杂墓砖的褐色花土，据当地村民叙述：最近一次破坏发生在 20 世纪 70 年代农田建设时期。具体情况如下：

1. M17

位于车家湾 A 墓地中部偏东，北邻 M21，东邻 M18，M19。

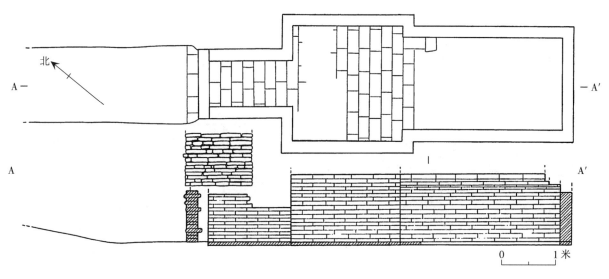

图三二　M17 平、剖面图

券顶砖室墓，由墓道、甬道、前后室四部分组成（图三二），方向 320°。清理时，墓顶已经坍塌，地表向下 0.2 米处见砖，墓内填满夹杂有墓砖的褐色花土。墓道位于甬道北部正面，生土壁垂直，墓道残长 3.6、宽 1.32、残高 1.1 米。北端到南有 1.6 米长的斜坡道，坡度较缓。墓道南端 3.4 米处墓道甬道间有封门砖墙，用平砖纵横相叠错缝平砌，不甚规整。砖之间用泥粘结，宽 1.2、残高 0.9 米。甬道平面为长方形，长 1.6、宽 0.8 米，用单砖纵向错缝平砌，壁厚 0.2、残高 0.8 米，至高 0.6 米处起券；前室平面呈正方形，边长 2 米；后室长 2.9、宽 1.6、残高约 1.2 米，至高 0.8 米处起券。墓室底铺满地砖，为单砖横向错缝平铺。后室地砖比前室高出一层，仅残留数块，为早期人为破坏所致。墓地地面有火烧痕迹。甬道铺地砖与墓室相同。墓砖长 0.38、宽 0.9、厚 0.07 米。未发现人骨和器物。

2. M20

位于车家湾 A 墓地东南部北低南高地塄处，北邻 M22。

（1）墓葬形制及葬具葬式

券顶砖室墓，清理至耕土层下 0.2 ~ 0.25 米处见砖，由墓道、甬道、前室、后室、过道五部分组成，方向 334°（图三三）。墓顶无存，墓室内填满夹杂墓砖的褐色花土。墓道位于甬道正北端，正处于地垅下，残长 0.2、宽 1.4 米。甬道位于墓室北，长 1.98、宽 1、残高 0.24～1.2 米。前室为正方形，边长 2.8 米。过道位于前后室之间偏东，长 0.8、宽 0.9 米。后室长 2.6、宽 1.7、东西壁弧形外鼓。墓壁用砖纵向错缝平砌，壁厚 0.2 米。过道处至高 1.2 米处起双层券顶，甬道、前后室未见券顶砖。墓室铺满地砖，为单砖横向错缝平铺。后室部分地砖遭早期破坏。在前室北端甬道口两侧各倒置一头骨，其余骨骼散落夹杂于墓室填土中。在填土中还发现部分陶片，可修复器物 2 件，可辨认器物 2 件。

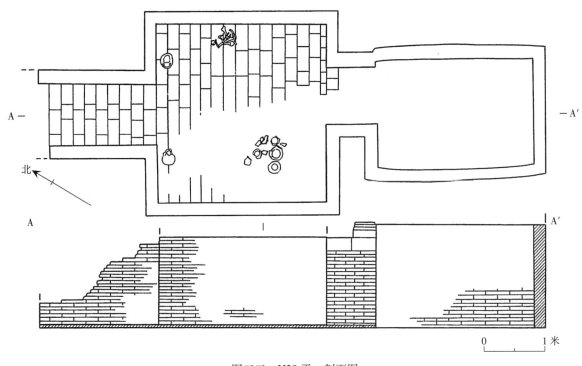

图三三　M20 平、剖面图

（2）随葬器物

因砖墓遭严重盗扰，仅发现器物 5 件，皆为陶器，有陶罐 2 件、陶井 1 件、陶甑 1 件。皆残损严重。

陶罐　2 件。M20:3，泥质灰陶。仅残留底部，斜腹，平底。内壁有均匀小三角形压痕。底径 16.8、残高 3.6 厘米（图三四-3）。M20:4，泥质灰陶。烧制火候高，叩之声脆。敛口，平沿，尖唇，圆肩，弧腹下收，平底。颈部有一对小穿孔，肩至上腹部饰有细绳纹及两圈抹压纹。腹内壁有稀疏细绳纹。通高 15.4、口径 10.8、腹径 18.8、底径 12 厘米（图三四-4）。

陶井　1 件。M20:1，泥质灰陶。直口，折平沿，方唇，短束颈，直腹，平底。底部有弧形排线划痕。高 6.2、口径 12.5、底径 10.5 厘米（图三四-2）。

陶甑　1 件。M20:2，泥质灰陶。为陶灶残件，侈口，折平沿内斜，方唇，束颈，鼓腹下收，平底。底部有六个箅孔。高 4.7、口径 7.8、底径 2.8 厘米（图三四-1）。

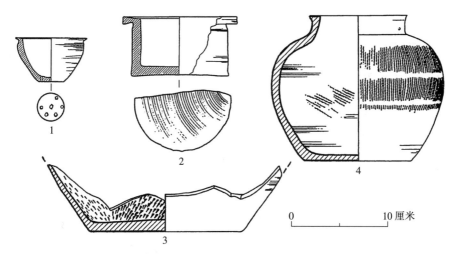

图三四　车家湾 A 墓地东汉墓出土器物
1. 陶甑（M20：2）　2. 陶井（M20：1）　3、4. 陶罐（M20：3、4）

三、车家湾 B 墓地

（一）墓地概况

车家湾 B 墓地位于车家湾村西 1 公里处南北走向一条梁地上，墓地东侧为人工挖掘所致的地塄，下有民房。

（二）地层堆积

车家湾 B 墓地地表有 0.2 米厚耕土层，耕土层下有约 0.4 ~ 0.5 米厚的深褐色土、黄褐色土夹杂的花土，应为历年来农田水利建设机械人力所致，土层里发现有现代垃圾、瓷片及部分陶片。

（三）墓葬情况

该处发现早期墓葬 2 座（图三五）。都为竖穴土坑墓，墓口大于墓底，墓壁都较为规整，墓底平整。两座墓紧紧相邻，相距 1.5 米，墓葬形式、随葬器物相似，方向相同。具体情况如下：

1. M38

位于车家湾 B 墓地南部地塄处，东邻 M39。

（1）墓葬形制及葬具葬式

长方形竖穴土圹墓，墓口距地表 0.6 ~ 1.2 米，方向 15°（图三六）。地势北高南低，上有 0.2 米耕土层和 0.4 ~ 1 米花土扰乱层。据当地村民叙述应为 70 年代农田建设所为，当时发现了一些陶罐等器物后，推土机在附近进行过较深挖掘，扰乱层里清理发现较多数量的陶片。墓口南北长 3、东西宽 1.7 米，墓底长 2.6、宽

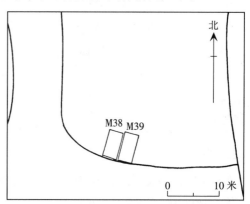

图三五　车家湾 B 墓地墓葬分布示意图

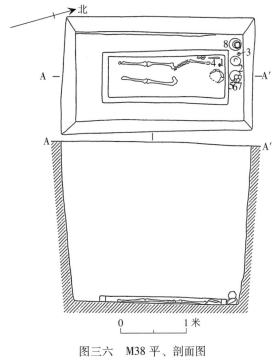

图三六　M38 平、剖面图

1. 玛瑙环　2. 陶双耳罐　3. 铜铃　4. 铜带钩　5、6、7. 陶碗
8. 陶罐

1.3、深 2.4 米。墓坑内填黄褐色、深褐色花土，土质干硬。墓壁不规整。墓口向下东壁 2 米处留有生土二层台，0.2～0.35 米宽，不规整。葬具皆腐朽，根据残留灰痕推断为一棺一椁，椁残留痕迹不明显，大小不详。棺长约 1.98、宽 0.8、厚约 0.1 米。棺内有一具人骨，腐朽严重，仅残留部分头骨残片、右壁骨头和腿骨，仰身直肢，头向北。

（2）随葬器物

随葬器物共计 9 件。主要为陶器，还有部分小件铜器、石器，有陶双耳罐 1 件、陶罐 1 件、陶碗 3 件、铜带钩 1 件、玛瑙环 1 件。陶器放置于墓主头端棺椁间，墓主有肩部放置玛瑙环、铜带钩、铜环和已经泥质化的小沙石片，形状不明。

陶双耳罐　1 件。M38：2，夹砂灰陶，侈口，尖唇，短束颈，弧腹，平底。颈部有两倒鼻形附耳。通高 13.5、口径 14.2、腹径 16.6、底径 6 厘米（图三七 -3）。

陶罐　1 件。M38：8，泥质灰陶，口微侈，平沿，圆唇，短束颈略鼓，斜肩，鼓腹下斜收，平底。颈、肩部有密集细旋纹，腹部有一穿孔及饰有不明显稀疏细绳纹。通高 23.8、口径 12、腹径 20、底径 8.2 厘米（图三七 -2）。

陶钵　4 件。口微侈或直口，圆唇，斜腹下收，平底。M38：5，通高 8.2、口径 17、底径 6.2 厘米（图三七 -5）。M38：6，器身有细旋纹，通高 6.7、口径 14.8、底径 7 厘米（图三七 -6）。M38：7，通高 6.5、口径 16.5、底径 7.4 厘米（图三七 -7）。M38：9，内部有数圈暗压纹。通高 8、口径 16.9、底径 7.5 厘米（图三七 -1）。

铜带钩　1 件。长卧 S 形，钩体较长，钩面隆起有两道凸折棱，钩端鸭首形较短，圆形扣。钩面饰错金卷云纹。M38：4，通长 20.5、扣径 1.4、钩尾部最宽处 2.5、钩部宽 0.9 厘米（图三七 -8）。

铜铃　1 件。M38：3，圆体，平顶上有桥形扁钮，平口沿。铃身一侧有两纵向条形穿孔，一侧有两纵向条形缺口。口内有扁平长条铃舌，铃舌由下向上渐宽，顶端有圆形系柄。高 7、顶宽 4.4、口宽 5.8 厘米（图三七 -4）。

玛瑙环　1 件。M38：1，半透明，颜色发黄，截面七边形。内径 3.5、外径 1.5 厘米（图三七 -9）。

2. M39

位于车家湾 B 墓地南部地垴处，西部紧邻 M38。

（1）墓葬形制及葬具葬式

墓口距地表 0.7～1.35 米，方向 15°。地势北高南低，上有 0.2 米耕土层和 0.4～1.1 米花土扰乱

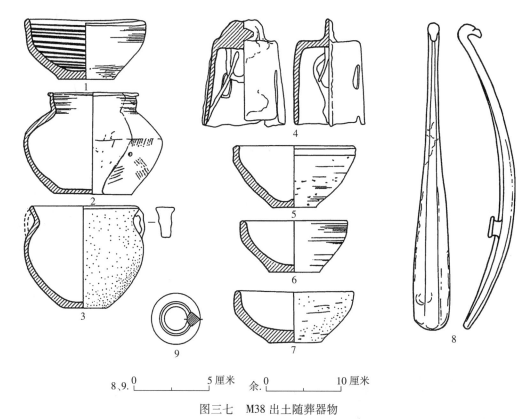

图三七　M38 出土随葬器物

1、5~7. 陶钵（M38：9、5~7）　2. 陶罐（M38：8）　3. 陶双耳罐（M38：2）　4. 铜铃（M38：3）　8. 铜带钩
（M38：4）　9. 玛瑙环（M38：1）

层。墓口南北长 3.7、东西宽 2 米，墓底长 2.8、宽 1.6、深 5.9 米。墓壁较光滑平整，墓室整体呈斗形（图三八）。墓坑内填黄褐色花土，经过夯打，土质干硬。葬具皆已经腐朽，根据残留灰痕推断应为一棺一椁，椁长约 2.23、宽约 1.2 米。棺长约 1.9、宽约 0.62 米。棺内有一具人骨，腐朽且扰乱严重，头向北，葬式不详。

（2）随葬器物

随葬器物共计 6 件。主要为陶器，有陶鼎 2 件、陶壶 2 件、陶碗 1 件、铜带钩 1 件。陶器置于墓主头端棺椁间，于盆骨处清理出 1 件铜带钩。

陶鼎　2 件。形制相似。泥质灰陶，盖顶平。子口内敛，附二直环形附耳，直深腹，圜底，三倒三角扁形足。盖、耳、足部有明显的削整痕迹，器形不规整。M39：3，盖略下凹。通高 13、口径 12.6、腹最大径 13 厘米（图三九 -1）。M39：6，通高 13.6、口径 10.4、腹最大径 14.2 厘米（图三九 -4）。

陶碗　1 件。M39：4，直口外部微束，圆唇，鼓腹，圈足，足部有明显削整痕迹。器形不规整。通高 12.6、口径 16.5、底径 7.9 厘米（图三九 -6）。

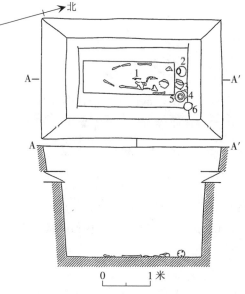

图三八　M39 平、剖面图

1. 铜带钩　2、5. 陶壶　3、6. 陶鼎　4. 陶碗

　　陶罐　2 件。形制相似。泥质灰陶。侈口，圆唇，束颈较长，鼓腹，平底。器身有细旋纹，颈、腹部有部分不明显、不规则排线暗压纹，器形不规整。M39：2，溜肩，下腹内弧收，底部有一道凸棱。通高 21.4、口 12.9、腹最大径 19.2、底径 12.5 厘米（图三九 -3）。M39：5，平沿，圆肩。通高 19.5、口径 12.1、腹最大径 17、底径 9.6 厘米（图三九 -2）。

　　铜带钩　1 件。长卧 S 形，钩体较长，钩面隆起有两道凸折棱，钩端鸭首形较短，圆形扣。钩面饰错金卷云纹。M39：1，通长 13、钩尾部最宽处 1.8、钩部宽 0.6 厘米（图三九 -5）。

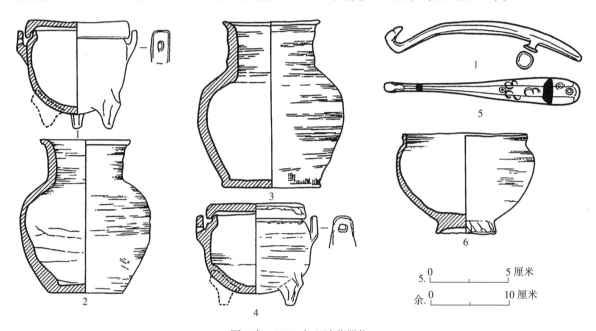

图三九　M39 出土随葬器物

1、4. 陶鼎（M39：3、6）　2、3. 陶罐（M39：5、2）　5. 铜带钩（M39：1）　6. 陶碗（M39：4）

四、小　结

（一）年代推断

　　本次发掘墓地都位于东川河东南岸较高坡地上，北部阳石村墓地年代较早，南部车家湾墓地较晚。

　　阳石村墓地清理竖穴土坑墓共计 9 座，其中 M3：1 陶鬲与侯马牛村古城南墓地春秋中期墓葬出土的 A 型 I 式陶鬲（59H4M23：1）[①] 形制基本相同。M3：2 陶豆与侯马牛村古城南墓地春秋晚期墓葬出土的 Ia 型陶豆（59H4M6：5）[②] 形制基本相同。M6：3 陶鼎与侯马牛村古城南中春秋晚期墓葬出土的 Cb II 式陶鼎（59H4M27：2）[③] 基本相同。M13：1 陶鼎与侯马牛村城南墓地春秋晚期墓葬出土的 Bb II 式（61H4M205：2）[④] 陶鼎器形相似。M8：1、M8：2 陶鼎与定襄县中霍村东周墓中 3 式铜鼎（M1：9）[⑤]

①　山西省考古研究所侯马工作站：《侯马牛村古城南墓葬发掘报告》，《晋都新田》，山西人民出版社，1996 年，第 212 页。

②　山西省考古研究所侯马工作站：《侯马牛村古城南墓葬发掘报告》，《晋都新田》，山西人民出版社，1996 年，第 220 页。

③　山西省考古研究所侯马工作站：《侯马牛村古城南墓葬发掘报告》，《晋都新田》，山西人民出版社，1996 年，第 236 页。

④　山西省考古研究所侯马工作站：《侯马牛村古城南墓葬发掘报告》，《晋都新田》，山西人民出版社，1996 年，第 216 页。

⑤　李有成：《定襄县中霍村东周墓发掘报告》，《忻州考古论文集》，山西科学技术出版社，2008 年，第 306 页。

器形较为相似。C 型陶壶与新田晋都古城中陶壶①器形基本相同，M9：2 陶壶与新田晋都古城中春秋晚期墓葬出土的陶壶（76H5M2：8）② 器形基本相同。由此推断，该墓地的年代大约为春秋晚期到战国初期。

车家湾 A、B 墓地共计 22 座竖穴土坑墓，其中 M25：8 陶釜同侯马乔村墓地（1959～1996）战国晚期墓葬出土的 DⅡ式陶釜（M4160：2）③ 形制基本相同。M19：1 陶罐与侯马乔村墓地战国晚期墓葬出土的陶罐（乙）（M4176：1）④ 形制基本一致。M34：1、M36：2 陶罐与侯马乔村墓地战国晚期墓葬出土的陶瓮（M4180：1）⑤ 形制、纹饰较为相似。M37：1 陶盒同侯马乔村墓地西汉早期墓葬出土的 A 型豆（M4195：2）⑥ 形制、纹饰基本相同。M25：9 铁臿同侯马乔村墓地战国中期墓葬出土的 A 型铁铲（M5200：1）⑦ 形制相似。M38：4 铜带钩与侯马乔村墓地战国中期墓葬出土的 Bb 型铜带钩（M5125：西主墓：2）⑧ 形制基本相同。M38：3 铜铃同宁夏崾岘乡白岔村出土征集文物战国时期 Ⅱ 式铜铃⑨相似。由此推断该墓地时代约为战国中期至西汉时期。

车家湾 A 墓地的 4 座砖室墓为东汉时期较为典型的墓葬形制。因被盗扰严重，仅出土少量陶片，对墓主人的身份和具体年代不能确认。

（二）发掘意义

离石区建制最早为战国时期赵国离石邑。秦灭六国后推行郡县制，属太原郡。西汉置离石县，属西河郡。东汉永和五年（140）西河郡治迁此，灵帝末郡县俱废。离石区阳石村、车家湾墓葬的主要年代从春秋中期到东汉时期，是研究离石地区春秋晋文化、战国赵文化及两汉考古学文化的重要资料。

执笔：李海龙、肖志明；绘图：李海龙

（原载《三晋考古》第四辑）

---

① 山西省考古研究所侯马工作站：《新田晋都古城》，《晋都新田》，山西人民出版社，1996 年，第 110 页。
② 山西省考古研究所侯马工作站：《新田晋都古城》，《晋都新田》，山西人民出版社，1996 年，第 112 页。
③ 山西省考古研究所：《侯马乔村墓地（1959－1996）》，科学出版社，2004 年，第 25 页。
④ 山西省考古研究所：《侯马乔村墓地（1959－1996）》，科学出版社，2004 年，第 237 页。
⑤ 山西省考古研究所：《侯马乔村墓地（1959－1996）》，科学出版社，2004 年，第 247 页。
⑥ 山西省考古研究所：《侯马乔村墓地（1959－1996）》，科学出版社，2004 年，第 253 页。
⑦ 山西省考古研究所：《侯马乔村墓地（1959－1996）》，科学出版社，2004 年，第 419 页。
⑧ 山西省考古研究所：《侯马乔村墓地（1959－1996）》，科学出版社，2004 年，第 320 页。
⑨ 《宁夏彭阳县近年出土的北方系青铜器》，《考古》1999 年第 12 期。

岚县梁家庄东周墓

山西省考古研究所　吕梁市文物技术开发中心

岚县位于山西省西北部的吕梁山区，吕梁地区的北端，梁家庄则位于岚县东南（图一）。为配合太原至佳县高速公路建设，山西省考古研究所委托吕梁市文物技术中心对线路范围内梁家庄村南的几处墓葬进行了发掘，共清理东周时期墓葬40座。现将发掘情况简报如下。

一、墓葬形制

这批墓葬分布零散，除了 M34 因遭破坏，大小形制不清外，其余墓葬均为长方形竖穴土圹，形制均为口大底小，墓向不一。在 39 座墓葬中，墓口面积小于 5 平方米的墓葬有 9 座，占 23%；5 平方米到 10 平方米的墓葬有 23 座，占 59%；10 平方米到 15 平方米的墓葬有 6 座，占 15%；15 平方米到 20 平方米的墓葬有 1 座。

39 座墓葬深度明确，主要集中在 4 米以下。其中 2 米以下的墓葬 10 座，占 26%；2 到 4 米的墓葬 26 座，占 67%；4 米以上的墓葬仅 3 座，分别为 M18、M36、M46。

这批墓葬仅 M14 与 M18 有熟土二层台，位于墓室四周。因大部分墓葬葬具已朽，仅 12 座墓葬葬具可辨，含一椁两棺墓 2 座，一棺一椁墓 1 座。

经统计，39 座墓葬，仅 M36、M37 和 M45 双手放置情况不明，占 8%。在放置情况明确的墓葬中，又以双手置于腹部但不相交的情况为主，占总数的 85%；其次为双手交于腹部，占 5%；另有少数双手交叉置于胸部的情况。

以 M16、M18、M30 三墓为例加以说明。

M16　长方形竖穴土圹墓，方向 190°。口大底小，呈仰斗式。墓口距地表深度 1.50 米，墓口长 2.60 米、宽 1.50 米。墓底距地表深度 4.80 米，墓底长 2.50 米、宽 1.40 米。葬具只有一棺，为长方形，棺长 1.96、宽 0.7~0.8、厚 0.06 米，高度不详。墓中出土人骨架一具，面向上略向西，葬式为仰身直肢，双手置于腹部。

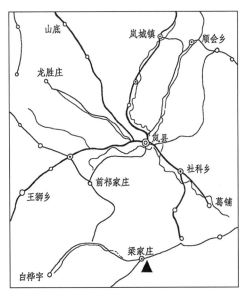

图一　梁家庄墓地位置示意图

随葬品置于棺外西端，有鼎、壶、豆、带钩（图二）。

M18　长方形竖穴土圹墓，方向10°。口大底小，呈仰斗式。墓口距地表深度1.0米，墓口长4.5米、宽3.2米。墓底距地表深度5.2米，墓底长3.76米、宽2.8米。墓内置一椁两棺。椁长3.08米，北段宽2.80、南段宽2.06米；外棺长2.1、宽1.3、厚0.06米，内棺长1.9、宽0.8、厚0.04米。棺椁的高度不详。墓中出土人骨

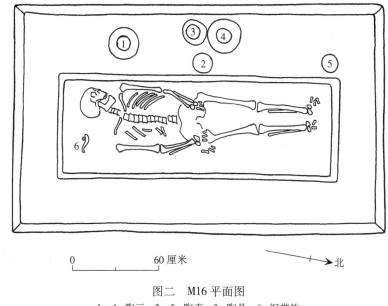

图二　M16平面图

1、4. 陶豆　2、5. 陶壶　3. 陶鼎　6. 铜带钩

架一具，头骨与躯干分离，面向东，葬式为仰身直肢，左腿向内侧微曲，双脚交叠，双手交叠置于腹部。随葬品置于外棺与椁之间，有鼎、豆、壶、盘、匜、带钩、石兽等（图三、图四）。

M30　长方形竖穴土圹墓，方向10°。口大底小，呈仰斗式。墓口距地表深度2.50米，墓口长3.50米、宽2.60米。墓底距地表深度4.80米，墓底长3.25米、宽2.30米。只有一木棺。长1.76、宽0.65米，高度和厚度不详。墓中出土人骨架一具，面向上略向东，葬式为仰身直肢，双手置于腹部。随葬品置于棺外东北，有鬲、罐、盆、豆（图五、图六）。

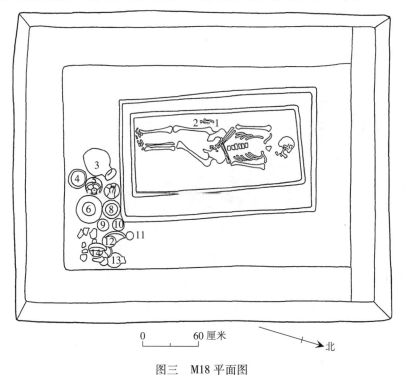

图三　M18平面图

1. 铜带钩　2、4、10. 陶盘　3. 陶壶　5、6、9. 陶豆　8. 陶鼎　11. 陶匜　12. 石兽

二、随葬器物

随葬器物的一般位置是：棺内放置铜兵器、铜带钩、装饰品等小件器物，棺外椁内放置陶器等。随葬品主要是陶器，尤铜容器出土。40座墓葬中无任何随葬品者5座。

1. 陶器

共131件。绝大部分为泥质灰陶，烧制火候较高，质地坚实，表面呈灰色或黑灰色。夹砂灰陶的陶质较粗糙，烧制火候较高，质地硬，表面呈深灰色，器形为鬲。陶器制法以

图四　M18

轮制为主，模制、手制仅作为辅助手段，多见于耳、足、盖钮等部分。制作较粗糙，大多器物外表留有轮制或抹刮痕迹，个别器物的腹、盖等部位有暗纹，但一经触摸即脱落，以素面为主，也有的饰绳纹、弦纹、瓦纹、网纹等。器类有鬲、罐、盆、鼎、豆、壶、盘、匜、舟等。

鬲　18 件。为夹砂灰陶，所夹砂粒一般较小，掺和均匀，也有部分夹砂大小不均，质地粗糙。以手制为主，口沿部分多轮修。器身均拍印有绳纹。有细、中、粗之别。器身以竖拍为主，斜拍、交叉拍很少，裆部多为粗绳纹，斜拍或横拍。有 3 件饰有附加堆纹。所有陶鬲皆无瘪裆鬲，不见泥胎鬲。根据其器形的不同，可分为三型。

A 型　9 件。器高与器身最大径相差不多，器形通体近方形。根据腹部的差异又可分两亚型。

Aa 型　6 件。侈口，束颈，平裆。可分三式。

Ⅰ 式　3 件。腹部最大径近中部。标本 M38：4，方唇，侈口，束颈，溜肩，鼓腹，口沿以下饰拍印的细绳纹，下腹部及足部饰麻点状粗绳纹。口径 18.7、腹径 22.8、通高 18 厘米（图七 -1、图八）。

Ⅱ 式　1 件。腹部最大径较 Ⅰ 式上移。标本 M34：1，侈口，圆方唇，束颈，卷沿，沿面有凹槽，圆鼓腹，裆部下垂，锥状足跟，颈及腹部饰细绳纹，近裆部及足跟饰粗绳纹。口径 12、腹径 14.2、通高 12.6 厘米（图七 -2、图九）。

Ⅲ 式　2 件。器身最大径上移而形成肩部。标本 M24：5，侈口，方唇，卷

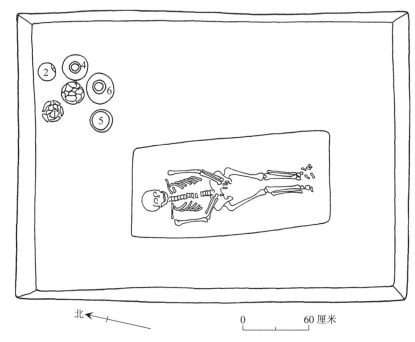

图五　M30 平面图
1、5. 陶鬲　2. 陶豆　3. 陶盆　4、6. 陶罐

图六　M30

沿，束颈。圆肩，平裆较低，锥状足跟。颈部、腹部饰竖绳纹，斜绳纹，近裆部饰错乱粗绳纹。口径 12.5、腹径 14、通高 13.2 厘米（图七 -3、图一〇）。

Ab 型　3 件。下腹内收，三足内聚。可分三式。

Ⅰ式　1 件。侈口，方唇，唇面有凹槽，圆鼓腹，三足内聚，平弧裆。标本 M41：4，柱状足跟，上腹饰竖绳纹，下腹及足跟饰粗绳纹。口径 12、腹径 14、通高 13 厘米（图七 -4、图一一）。

Ⅱ式　1 件。器身最大径较 I 式上移，平裆。标本 M41：2，方圆唇，侈口，束颈，耸肩，弧腹，锥状足跟，器形不规整。上腹饰竖绳纹，下腹部及足部饰交错绳纹。口径 12.8、腹径 15.7、通高 14 厘米（图七 -6、图一二）。

Ⅲ式　1 件。肩部圆鼓，平裆。标本 M38：3，侈口，尖唇，卷沿，束颈，柱状足跟。上腹饰竖绳纹，下腹饰交错绳纹，裆部饰横绳纹，腹中部饰一周附加堆纹。口径 17、腹径 20.4、通高 17.8 厘米（图七 -5、图一三）。

A 型陶鬲的变化趋势是：束颈逐步明显，器高与器身最大径之比越来越接近于 1，器身最大径由腹中部逐渐上移而形成肩，肩部由不明显到耸肩。

B 型　4 件。器高小于器身最大径，器形略呈扁方形。根据口沿及颈部特征的不同，可分两亚型。

Ba 型　2 件。卷沿，束颈，肩部明显。可分二式。

Ⅰ式　1 件。标本 M45：2，侈口，圆唇，圆肩，平裆，柱状足跟，颈部以下饰竖绳纹，较规整。口径 12.2、肩径 13.6、通高 9.3 厘米（图七 -7、图一四）。

Ⅱ式　1 件。标本 M45：5，侈口，方唇，耸肩，半裆微卜垂，锥状足跟外撇，肩部饰竖绳纹，肩部以下饰错乱粗绳纹。口径 11.6、肩径 16.4、通高 14 厘米（图七 -8、图一五）。

Bb 型　2 件。大口，方唇，颈部不明显，盆形腹，柱状足。标本 M35：7，腹部饰交错绳纹被一周索状附加堆纹间隔，下腹部及足饰粗绳纹。口径 22.8、通高 15 厘米（图七 -14、图一六）。标本 M 30：1，腹部饰竖绳纹。口径 18.2、通高 13 厘米（图七 -10、图一七）。

C 型　5 件。器高大于器身最大径，器形通体近长方。根据口沿和腹部的不同，分二亚型。

Ca 型　4 件。根据腹部的差异，分为二式。

Ⅰ式　2 件。腹部圆鼓，腹部最大径近中部，平弧裆。标本 M32：1，侈口，圆唇，束颈，锥状足跟，腹部饰竖绳纹，近裆部饰横向粗绳纹。口径 15、腹径 12.8、通高 20.5 厘米（图七 -11、图一八）。

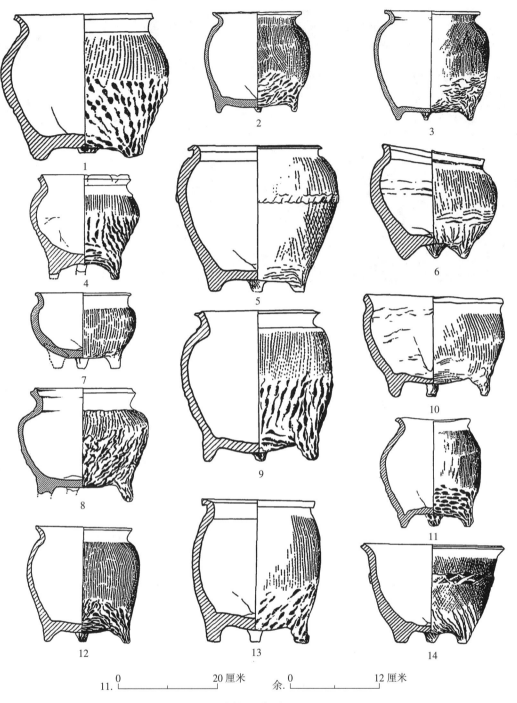

11. |0_____20厘米　|0_____12厘米
余. |

图七　陶鬲

1. Aa Ⅰ式（M38：4）　2. Aa Ⅱ式（M34：1）　3. Aa Ⅲ式（M24：5）　4. Ab Ⅰ式（M41：4）　5. Ab Ⅲ式（M38：3）6. Ab Ⅱ式（M41：2）　7. Ba Ⅰ式（M45：2）　8. Ba Ⅱ式（M45：5）　9. Ca Ⅲ式（M15：4）　10. Ba 型（M30：1）11. Ca Ⅰ式（32：1）12. Ca Ⅱ式（M21：3）　13. Cb 型（M29：1）　14. Bb 型（M35：7）

　　Ⅱ式　1 件。腹部最大径较Ⅰ式上移至上腹部。标本 M21：3，侈口，尖唇，束颈，耸肩，弧腹，底近平略下垂，三矮足稍外撇。上腹部饰拍印的竖绳纹，下腹部饰麻点状粗绳纹。口径 12.4、肩径 14、通高 14.4 厘米（图七 -12、图一九）。

　　Ⅲ式　1 件。肩部圆耸，裆部下垂。标本 M15：4，侈口，尖唇，唇面有凹槽，束颈，裆部下垂，锥状足跟，上腹部饰拍印的竖绳纹，下腹部饰麻点状粗绳纹。口径 13.6、肩径 18.4、通高 16.3 厘米

（图七 - 9、图二〇）。

图八　陶鬲（M38：4）　图九　陶鬲（M34：1）　图一〇　陶鬲（M24：5）

图一一　陶鬲（M41：4）　图一二　陶鬲（M41：2）　图一三　陶鬲（M38：3）

图一四　陶鬲（M45：2）　图一五　陶鬲（M45：5）　图一六　陶鬲（M35：7）　图一七　陶鬲（M30：1）

　　Ca 型陶鬲的变化趋势是：器身最大径由位于腹中部而逐渐上移，由弧腹到出现肩部，肩由不明显到圆耸，器身通高与最大径之比由大于 1 到小于 1，裆部由平弧到下垂。

　　Cb 型　1 件。腹部近直，平裆微凸，柱状足跟。标本 M29：1，侈口，方唇，折沿，腹部饰竖绳纹，近裆处至足跟饰斜粗绳纹。口径 15.2、腹径 16.8、通高 18 厘米（图七 - 13、图二一）。

　　罐　21 件。泥质灰陶，器表呈浅灰色、深灰色，多轮制，器形差别较大，根据口沿及肩、腹差异，可分五型。

图一八　陶鬲（M32∶1）　　图一九　陶鬲（M21∶3）　　　图二〇　陶鬲（M15∶4）　图二一　陶鬲（M29∶1）

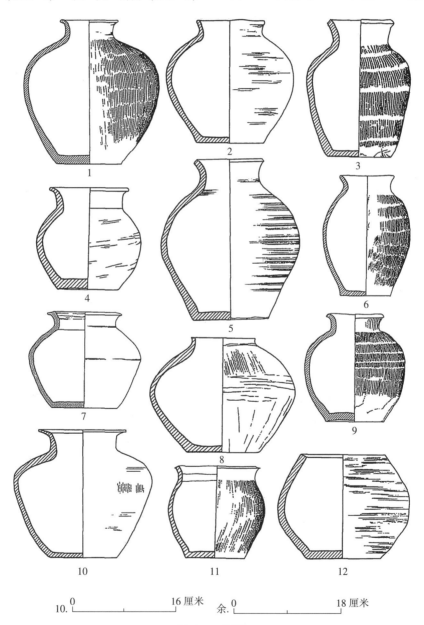

10.　0　　　　　　16 厘米　　余.0　　　　　　18 厘米

图二二　陶罐

1. Aa Ⅰ式（M29∶3）　2. Ab Ⅰ式（M14∶4）　3. B Ⅰ式（M43∶1）　4. C Ⅱ式（M42∶3）　5. Ab Ⅱ式（M37∶5）6. B Ⅱ式（M32∶4）　7. D Ⅰ式（M138∶5）　8. E Ⅱ式（M41∶5）　9. Aa Ⅱ式（M30∶4）　10. D Ⅱ式（M35∶1）11. C Ⅰ式（M43∶5）　12. E Ⅰ式（M38∶1）

A 型　8 件。小口，鼓腹，可分二亚型。

Aa 型　5 件。小口，矮领，腹部饰绳纹。可分二式。

Ⅰ式　4 件。腹部最大径近肩部。标本 M29：3，方圆唇，鼓肩，下腹弧收，平底，颈以下饰竖绳纹。口径 13.5、通高 31.5、底径 15.5 厘米（图二二 –1、图二三）。

Ⅱ式　1 件。唯腹部最大径较Ⅰ式下移至腹中部。标本 M30：4，方唇，耸肩，下腹弧收，平底略凹，通体饰绳纹被弦纹间隔。口径 13.2、通高 23.8、底径 13 厘米（图二二 –9、图二四）。

Ab 型　3 件。侈口，矮领，束颈，鼓腹，平底，素面。可分二式。

Ⅰ式　2 件。腹部最大径近上腹。标本 M14：4，圆唇。口径 10.3、通高 18、底径 10.4 厘米（图二二 –2、图二五）。

Ⅱ式　1 件。唯腹部最大径下移至腹中部。标本 M37：5，口径 12.3、通高 23.8、底径 13.7 厘米（图二二 –5、图二六）。

B 型　4 件。侈口深腹罐。可分二式。

Ⅰ式　3 件。圆肩，深腹，平底，肩腹饰绳纹。标本 M43：1，方唇，侈口，束颈，耸肩，斜腹，肩腹饰绳纹被弦纹间隔。口径 10.4、通高 20、底径 10 厘米（图二二 –3、图二七）。

Ⅱ式　1 件。溜肩，腹部最大径下移至中部。标本 M32：4，圆唇，侈口，束颈，鼓腹，平底，通体饰绳纹。口径 12.4、通高 26.4、底径 11.6 厘米（图二二 –6、图二八）。

C 型　2 件。大口，圆鼓腹。可分二式。

Ⅰ式　1 件。标本 M43：5，方唇，斜沿，侈口，束颈，鼓腹，平底，器身通体饰绳纹。口径 13、通高 13.6、底径 9 厘米（图二二 –11、图二九）。

Ⅱ式　1 件。标本 M42：3，圆唇，侈口，矮领，鼓腹，平底略凹，素面。口径 12.5、通高 15、底径 9.5 厘米（图二二 –4、图三〇）。

D 型　2 件。侈口，折沿。可分二式。

Ⅰ式　1 件。标本 M38：5，方圆唇，束颈，圆折肩，斜腹，平底，素面。口径 11.7、通高 14.5、底径 10.3、宽 17.7 厘米（图二二 –7、图三一）。

图二三　陶罐（M29：3）　　图二四　陶罐（M30：4）　　　图二五　陶罐（M14：4）　　图二六　陶罐（M37：5）

图二七　陶罐（M43∶1）　　图二八　陶罐（M32∶4）　　图二九　陶罐　（M43∶5）　　图三〇　陶罐（M42∶3）

图三一　陶罐　（M38∶5）　图三二　陶罐（M35∶1）　　图三三　陶罐　（M38∶1）　　图三四　陶罐（M41∶5）

Ⅱ式　1 件。标本 M 35∶1，方圆唇，束颈，广肩，斜腹，平底，腹部有少许绳纹。口径 16.4、通高 23、底径 12.8 厘米（图二二 -10、图三二）。

E 型　2 件。方唇，圆鼓腹，平底。可分二式。

Ⅰ式　1 件。敛口，腹部最大径近下腹。标本 M38∶1，素面。口径 13、通高 15.6、底径 11.5（图二二 -12、图三三）。

Ⅱ式　1 件。直口，腹部最大径近中部。标本 M41∶5，器身饰少量细绳纹和划线纹。口径 10、通高 17、底径 11.2 厘米（图二二 -8、图三四）。

F 型　双耳平底罐，2 件。标本 M 35∶6，尖唇，斜折沿，侈口，束颈，圆肩，斜腹，平底，腹部有两个桥形耳，下腹部有一破损的桥形耳，素面。口径 13.4、通高 22.5、底径 14.5 厘米（图三五 -3、图三六）。M43∶2，方唇，唇面有凹槽，侈口，高领，弧腹，平底，腹部有两个桥形耳，肩部堆筑一周附加堆纹。口径 12.1、通高 14.5、底径 8 厘米（图三五 -1、图三七）。

G 型　双耳三足罐，1 件。标本 M 19∶5，口残，鼓腹，平底，三个锥状实心足，上腹部有两个桥形耳。腹径 16.8、残高 13.6（图三五 -2、图三八）。

陶盆　6 件。泥质灰陶，根据口、腹部的形态，可分三型。

A 型　4 件。侈口，束颈，弧腹，平底。标本 M30∶3，方圆唇，折沿，颈部饰绳纹。口径 19.5、通高 11.2、底径 12.5 厘米（图三五 -4、图三九）。M32∶2，方唇，鼓肩，素面。口径 17.8、通高 10、底径 10 厘米（图三五 -6、图四〇）。M35∶2，圆唇，平沿，鼓肩，素面。口径 12.6、通高 7.4、底径 6 厘米（图三五 -7、图四一）。

　　B 型　1 件。标本 M41∶1，方圆唇，平沿，直口，斜腹，平底，通体饰拍印绳纹。口径 18、底径 12、通高 10 厘米（图三五 -5、图四二）。

　　C 型　1 件。标本 M44∶2，方圆唇，直口，弧腹，束颈，平底。素面。口径 14.3、底径 10.8、通高 9.5 厘米（图三五 -8、图四三）。

　　鼎　15 件。仿铜器制成。泥质灰陶，形态各异。根据盖、足、耳及整体形态特征，可分五型。

　　A 型　4 件。子口，方形耳，球形腹，蹄形足，圜底。标本 M14∶3，方唇，子口较浅，长方形附耳外撇，三蹄足较矮，腹部饰两道弦纹。口径 11.2、腹径 19.6、通高 17.7 厘米（图四四 -1、图四五）。M18∶8，盖面略上弧，三蹄足粗壮，上腹部饰锯齿形纹。口径 10、腹径 21.4、通高 17.7 厘米（图四四 -2、图四六）。

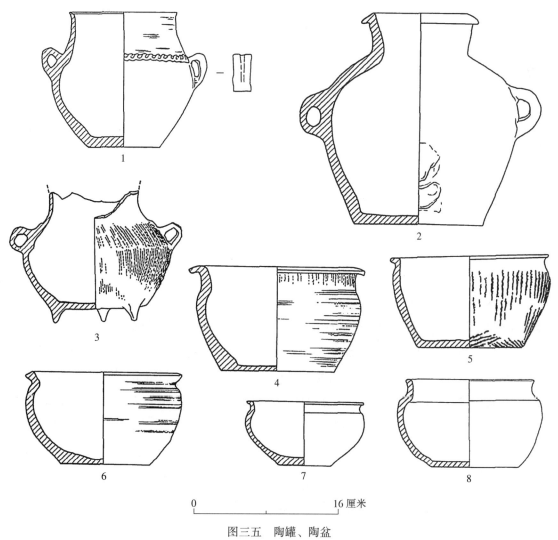

0　　　　　　　　16 厘米

图三五　陶罐、陶盆

1、3. F 型罐（M43∶2、M35∶6）　　2. G 型罐（M19∶5）　　4、6、7. A 型盆（M30∶3、M32∶2、M35∶2）　　5. B 型盆（M41∶1）　　8. C 型盆（M44∶2）

图三六　陶罐（M35∶6）　　图三七　陶罐（M43∶2）　　　图三八　陶罐（M19∶5）　　图三九　陶盆（M30∶3）

图四○　陶盆（M32∶2）　　图四一　陶盆（M35∶2）　　　图四二　陶盆（M41∶1）　　图四三　陶盆（M44∶2）

B 型　2 件。腹部扁圆。根据形制特征差异，又可分两亚型。

Ba 型　1 件。标本 M19∶4，弧形盖，盖上有三个堆状小钮，子母口，长方形附耳外撇，整体状似椭圆形，圜底，三蹄足矮而粗壮。口径 16.4、腹径 18、通高 16.1 厘米（图四四 - 6、图四七）。

Bb 型　1 件。标本 M36∶6，穹窿形盖，器身子口内敛，回形耳，腹部较浅，圜底。蹄足较高。口径 14.4、腹径 19.2、通高 13.6 厘米（图四四 - 4、图四八）。

C 型　6 件。器身子口内敛，腹部扁方。根据器形特征差异，又可分两亚型。

Ca 型　2 件。蹄足较 Cb 型略高。标本 M46∶4，平顶形盖，上堆塑三兽，呈伏地状，圆角长方形附耳外撇，平底，三蹄足粗壮。口径 13.6、腹径 21、通高 19.1 厘米（图四四 - 3、图四九）。

Cb 型　3 件。蹄足较矮。M44∶3，平顶形盖，小附耳无穿，平底，三蹄足矮小而外撇。口径 12、腹径 17.2、通高 14 厘米（图四四 - 5、图五○）。M33∶6，盖面上弧，捉手已退化，细小的圆折角长方形附耳外撇，腹部较浅，圜底，三蹄足矮小而外撇。口径 12.8、腹径 16.4、通高 13.6 厘米（图四四 - 8、图五一）。

D 型　2 件。腹壁较直，方形。标本 M25∶3，平顶形盖，器身子口内敛，圆折角长方形附耳外撇，直腹平底微凸，三蹄足较粗壮。口径 10.8、腹径 14.4、通高 12.6 厘米（图四四 - 9、图五二）。M31∶4，三蹄足较细且较高。器盖中心饰同心圆暗纹，外侧饰锯齿状暗纹，腹饰方格暗纹。口径 16.8、腹径 16、通高 14 厘米（图五三 - 1、图五四）。

E 型　2 件。弧腹圜底，三蹄足高大而粗壮。标本 M23∶2，子口内敛，圆折角长方形附耳较直。

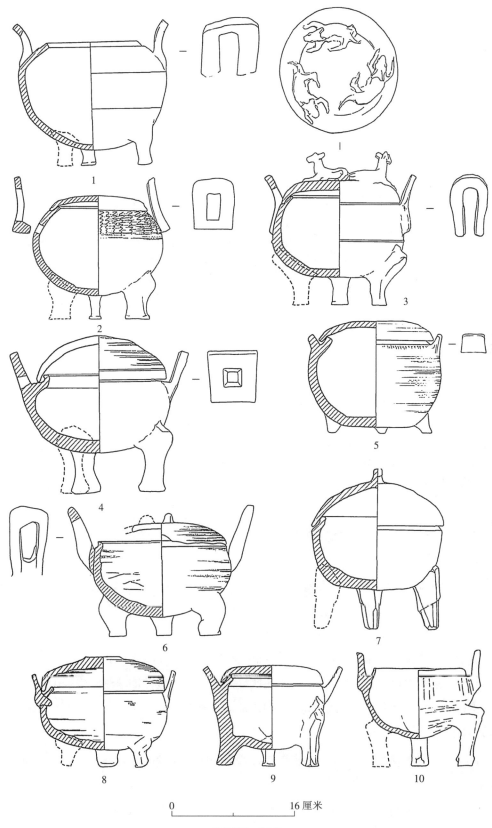

图四四　陶鼎

1、2. A 型（M14：3、M18：8）　　3. Ca 型（M46：4）　　4. Bb 型（M36：6）　　5、8. Cb 型（M44：3、M33：6）　　6. Ba 型
（M19：4）　　7. F 型（M47：2）　　9. D 型（M25：3）　　10. E 型（M23：2）

口径 12、腹径 14、通高 14 厘米（图四四 – 10、图五五）。

F 型　1 件。标本 M47：2，盖面上弧且有圆形纽，器身子口内敛，弧腹，底平，三柱足较粗壮外撇。口径 15、腹径 14.4、通高 20 厘米（图四四 – 7、图五六）。

盖豆　31 件。均泥质灰陶，器表呈浅灰、灰、灰黑色，绝大部分磨光。豆盘、豆盖以字母口相承，豆盖多失落成不能配套。盖上捉手有平顶形和喇叭形两种。豆盘形状深浅不一，豆把或高或矮，喇叭形座，纹饰有暗纹、弦纹、瓦纹、彩绘等。可分五型。

图四五　陶鼎（M14：3）　　图四六　陶鼎（M18：8）　　图四七　陶鼎（M19：4）　　图四八　陶鼎（M36：6）

图四九　陶鼎（M46：4）　　图五〇　陶鼎（M44：3）　　图五一　陶鼎（M33：6）　　图五二　陶鼎（M25：3）

A 型　13 件。根据子口与腹部的形状，可分两亚型。

Aa 型　8 件。子口微敛，深腹圜底或平底，喇叭状底座。可分四式。

Ⅰ式　4 件。标本 M14：5，弧腹，平底，底座呈喇叭状，外腹部饰弦纹。口径 18、通高 16、底径 11.9 厘米（图五三 – 3、图五七）。M29：5，弧腹圜底，素面。口径 18、通高 16.6、底径 11.2 厘米（图五三 – 2、图五八）。

Ⅱ式　1 件。标本 M42：5，子母口，腹较浅，弧腹圜底，柄较高，素面。口径 17、通高 16.5、底径 10.4 厘米（图五三 – 12、图五九）。

Ⅲ式　1 件。标本 M18：5，腹饰阶梯状瓦纹，腹壁近直。口径 16.8、通高 16.8、底径 12 厘米（图五三 – 9、图六〇）。

Ⅳ式　2 件。标本 M33：5，子口内敛，弧腹，平底，矮柄，下连大喇叭状底座，素面。口径 15.8、通高 14、底径 10.5 厘米（图五三 – 8、图六一）。

　　Ab 型　5 件。子口较直，喇叭口底座，饰弦纹。标本 M21：5，深腹。口径 19、通高 17.3、底径 11 厘米（图五三 – 10、图六二）。M16：4，弧形盖，盖顶较厚，盖上有喇叭形捉手，弧腹，圜底。口径 8.6、通高 12.5、底径 5.8 厘米（图六三 – 1、图六四）。

　　B 型　10 件。子口，腹壁近直，盘腹剖面近扁方体，可分四式。

　　I 式　1 件。盘腹较深，圜底。标本 M15：3，子口内敛，弧腹，底座呈喇叭状，素面。口径 20.2、通高 19.2、底径 10 厘米（图五三 – 13、图六五）。

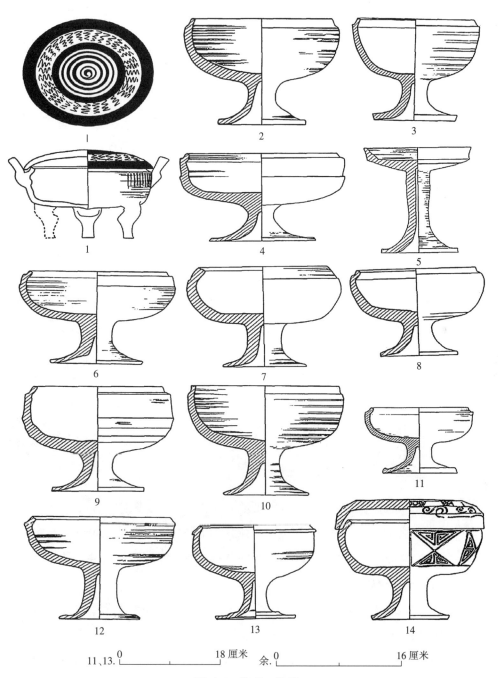

图五三　陶鼎、陶豆

1. D 型鼎（M31：4）　2、3. Aa I 式盖豆（M29：5、M14：5）　4. B II 式盖豆（M14：2）　5. 盘豆（M18：9）　6. I 式盖豆（M15：5）　7. C II 式盖豆（M42：6）　8. Aa IV 式盖豆（M33：5）　9. Aa III 式盖豆（M18：5）　10. Ab 型盖豆（M21：5）　11. C III 式盖豆（M27：7）　12. Aa II 式盖豆（M42：5）　13. B I 式盖豆（M15：3）　14. B IV 式盖豆（M46：1）

图五四　陶鼎（M31：4）　　图五五　陶鼎（M23：2）　　　图五六　陶鼎（M47：2）　　图五七　陶豆（M14：5）

图五八　陶豆（M29：5）　　图五九　陶盖豆（M42：5）　　　六〇　陶盖豆（M18：5）　　图六一　陶盖豆（M33：5）

图六二　陶盖豆（M21：5）

　　Ⅱ式　2 件。盘腹较Ⅰ式变浅。标本 M14：2，子口内敛，平底，柄较矮，下连喇叭状底座。口径 18、通高 15、底径 12.6 厘米（图五三 - 4、图六六）。标本 M39：2，弧形盖，盖上有喇叭形捉手，腹饰阶梯状瓦纹。口径 15.2、通高 24、底径 13 厘米（图六三 - 2、图六七）。

　　Ⅲ式　4 件。捉手较Ⅱ式变小。标本 M 23：4，弧形盖，盖上有喇叭形捉手，子口内敛，弧腹，平底，底座呈喇叭状。口径 14.2、通高 20、径 10.4 厘米（图六三 - 3、图六八）。

　　Ⅳ式　3 件。标本 M31：8，弧形盖，盖上有小型喇叭状捉手，外腹饰方格纹。口径 17.3、通高 19.5、底径 11.5 厘米（图六三 - 4、图六九）。标本 M46：1，平顶盖，子口内敛，腹较浅，弧腹，平底，下连喇叭状底座，盖及腹部有网格纹、三角纹和 S 形纹等几何纹饰。口径 16、通高 18.8、底径 9.5 厘米（图五三 - 4、图七〇）。

　　C 型　5 件。盘略浅，较扁圆。可分四式。

　　Ⅰ式　1 件。子口较浅。标本 M15：5，扁腹，子母口，内敛，腹壁较鼓，平底，粗柄，喇叭状底座，腹上部饰一道弦纹。口径 17.6、通高 14.8、底径 11.6 厘米（图五三 - 6、图七一）。

　　Ⅱ式　2 件。盘壁圆方。标本 M42：6，子口，平底，喇叭状底座，素面。口径 16.5、通高 15、底径 10.4 厘米（图五三 - 7、图七二）。

　　Ⅲ式　2 件。标本 M27：7，子口内敛，扁腹，大喇叭口状底座，素面。口径 17.2、通高 14.2、底径 13.2 厘米（图五三 - 11、图七三）。

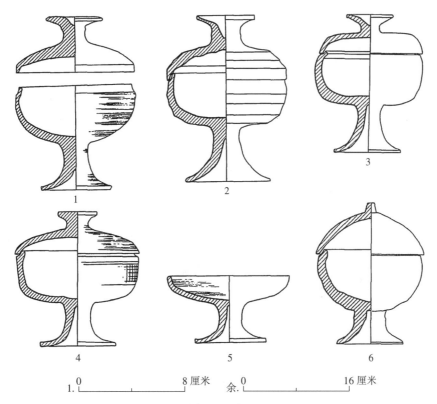

图六三 陶豆

1. Ab 型盖豆（M16：4）　2. B Ⅱ式盖豆（M39：2）　3. B Ⅲ式盖豆（M23：4）　4. B Ⅳ式盖豆（M31：8）5. 无盖豆
（M18：14）　6. D 型盖豆（M47：3）

图六四　陶盖豆（M16：4）　　　图六五　陶盖豆（M15：3）　　　图六六　陶盖豆（M14：2）

图六七　陶盖豆（M39：2）　　　图六八　陶盖豆（M23：4）　　　图六九　陶盖豆（M31：8）

图七〇　陶盖豆（M46：1）　　图七一　陶盖豆（M15：5）　　图七二　陶盖豆（M42：6）

图七三　陶盖豆（M27：7）　　图七四　陶盖豆（M47：3）　　图七五　陶盘豆（M18：9）

D 型　2 件。子口短而浅，矮柄较粗，深腹。标本 M47：3，穹窿型盖带钮，通体呈球形。口径 12.5、通高 20.6、底径 8.8 厘米（图六三 -6、图七四）。

盘豆　1 件。标本 M18：9，泥质灰陶，圆唇，敞口，浅盘，平底，高柄，底座呈喇叭状。口径 13.7、通高 16.6、底径 10 厘米（图五三 -5、图七五）。

无盖豆　1 件。标本 M18：14，泥质灰陶，圆唇，大敞口，浅盘，圜底，柄较粗，底座呈喇叭状。口径 18.5、通高 9.5、底径 9.2 厘米（图六三 -5）。

壶　23 件。泥质灰陶，轮制。根据其形制的整体特征，可分为四型。

A 型　12 件。鼓腹。又可分两亚型。

Aa 型　3 件。矮领、体形矮胖，最大腹径与高比例更为接近。标本 M36：2，尖唇，侈口，鼓腹，平底，素面。口径 12.2、通高 27、底径 13 厘米（图七六 -1、七七）。

Ab 型　9 件。腹部最大径与高比例小于 1。标本 M16：5，方圆唇，侈口领较高，鼓腹，平底较大，器身饰稀疏划纹，制作粗糙。口径 12、通高 18.3、底径 12.5 厘米（图七六 -2、图七八）。M44：5，圆唇，侈口，高领，鼓腹，下腹缓收，平底，素面。口径 14.5、通高 24.5、底径 12.2 厘米（图七六 -3、图七九）

B 型　7 件。瘦高，长颈。标本 M18：3，侈口，颈较长，鼓腹，平底，器身较高，素面。口径 16.2、通高 46.2、底径 12.5 厘米（图七六 -7、图八〇）。M27：1，方唇，侈口，长颈，鼓腹，平底，素面。口径 18.9、通高 41、底径 19 厘米（图七六 -6、图八一）。M32：5，方圆唇，大侈口，束颈，鼓腹，平底，领、肩和上腹部饰方格纹，被弦纹间隔。口径 13.3、通高 26.5、底径 9.6 厘米（图七六-4、图八二）。

C 型　2 件。直口，领部较直。标本 M46：6，平顶盖上有一鸟形纽，子母口，鼓腹，平底，假圈足，盖及领部饰网格纹，肩及上腹部饰三角形几何纹。口径 9.8、通高 33、底径 11.5 厘米（图七六 - 5、图八三）。

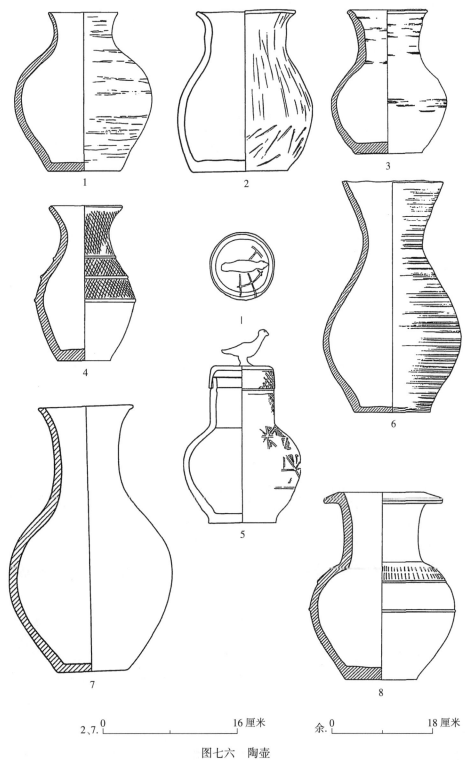

图七六　陶壶

1. Aa 型（M36：2）　2、3. Ab 型（M16：5、M44：5）　4、6、7. B 型（M32：5、M27：1、M18：3）　5. C 型（M446：6）
8. D 型（M28：5）

图七七　陶壶（M36∶2）　　图七八　陶壶（M16∶5）　　图七九　陶壶（M44∶5）

图八〇　陶壶（M18∶3）　　图八一　陶壶（M27∶1）　　图八二　陶壶（M32∶5）

　　D 型　2 件。标本 M28∶5，宽折沿，沿边起棱，侈口，高领，圆肩，平底，肩和腹部各饰一道凸弦纹，肩上部饰一周竖划纹被抹断。口径 22、通高 32.3、底径 13 厘米（图七六 - 8、图八四）。

　　盘　5 件。泥质灰陶，素面。可分三式。

　　Ⅰ式　2 件。直口，弧腹，圜底，三蹄足。标本 M18∶10，口径 18.2、通高 5 厘米（图八五 - 2）。

　　Ⅱ式　1 件。敞口，斜腹，平底，假圈足。标本 M31∶3，口径 13.1、底径 4.9、通高 3.6 厘米（图八五 - 10）。

　　Ⅲ式　2 件。敞口，平底。M18∶2，斜直腹。口径 17、通高 4.5、底径 8 厘米（图八五 - 3）。M33∶4，斜腹。口径 16.3、底径 10、通高 3.5 厘米（图八五 - 6）。

　　匜　5 件。泥质灰陶，腹平面呈圆形，短流。可分三式。

　　Ⅰ式　2 件。三足，尾部带鋬，流敞口，素面。标本 M23∶5，口径 15.2、通高 5 厘米（图八五 - 1）。M25∶12，口径 13.6、通高 5.3 厘米（图八五 - 2、图八六）。

　　Ⅱ式　1 件。标本 M31∶1，曲缘，圆尾，流敞口，无后鋬，假圈足，素面。口径 12、底径 4、通高 3.9 厘米（图八五 - 8）。

　　Ⅲ式　2 件。流敞口，无鋬，平底。标本 M18∶15，长 14.5、宽 12.5、通高 4 厘米（图八五 - 11、图八七）。M27∶4，长 10.8、宽 6、通高 5.7 厘米（图八五 - 12、图八八）。

　　舟　3 件。泥质灰陶，圈足，素面。

　　A 型　2 件。标本 M25∶1，圆唇，口微敛，口沿两侧各有一鋬，弧腹，圜底，圈足。口径 9.8、底径 6、通高 7.5 厘米（图八五 - 5、图八九）。M45∶1，直口，弧腹，底部向上突出，假圈足，器口

呈椭圆形，有宽沿。口部长径 19.6、短径 17.4，底部长径 8.6、短径 7.8，通高 9.5 厘米（图八五 –
9、图九○）。

图八三　陶壶（M46∶6）　　　　　　图八四　陶壶（M28∶5）

图八五　陶盘、陶匜、陶舟

1. 盘Ⅰ式（M18∶10）　2. 盘Ⅱ式（M31∶3）　3、6. 盘Ⅲ式（M18∶2、M33∶4）　4. 舟 B 型（M31∶2）　5、9. 舟 A 型
（M25∶1、M45∶1）　7、10. 匜Ⅰ式（M23∶5、M25∶12）　8. 匜Ⅱ式（M31∶1）　11、I2. 匜Ⅲ式（M18∶15、M27∶4）

图八六　陶匜（M25∶12）　　图八七　陶匜（M18∶15）　　图八八　陶匜（M27∶4）

图八九　陶舟（M25∶1）　　图九〇　陶舟（M45∶1）

B 型　1 件。标本 M31∶2，敞口，斜腹，单耳，假圈足，口径 12、底径 4.45、通高 4 厘米（图八五 -4）。

2. 铜器

24 件。有带钩、环、镞、戈、刀等。

铜带钩　共出土 16 件，大部分置于人骨腹部，可分三型。

A 型　10 件。形似琵琶。标本 M18∶1，钩首残，从钩尾至钩中部起两条棱，钩尾较圆，背有钮。残长 12 厘米（图九一 -1、图九二）。M23∶7，钩体断面半圆形，长 7.9 厘米（图九一 -2）。M24∶7，钩首残损，从钩首至钩尾起两条棱，钩尾较宽，背有钮。残长 13.7 厘米（图九一 -3、图九三）。M27∶8，钩体截面呈菱形，从钩首至钩尾起两条棱，钩尾较宽，背有钮。长 7.5 厘米（图九一 -6、图九四）。M34∶1，圆角长方形，钩首残损，钩尾较宽，背有钮，饰兽面纹圆点纹卷云纹图案。残长 11.5 厘米（图九一 -8）。M36∶7，从钩首至钩尾起三条宽棱，钩尾较宽，背有钮。长 10.7 厘米（图九一 -9）。M40∶1，钩体呈圆角长方形，饰圆点纹卷云纹图案，背有钮。长 10.2 厘米（图九一 -10、图九五）。

B 型　4 件。三棱柱形，钩体之断面呈三角形。标本 M16∶6，钩首残，从钩颈至钩尾起两条棱，钩尾较圆，背有钮。残长 10.1 厘米（图九一 -12、图九六）。M21∶1，从钩首至钩尾起一条棱，钩尾尖圆，背有钮。长 6.4 厘米（图九一 -11）。M25∶9，从钩首至钩尾起两条棱，钩尾较尖，背有钮。长 9 厘米（图九一 -4、图九七）。M31∶7，从钩首至钩尾起两条棱。长 7.7 厘米（图九一 -13）。

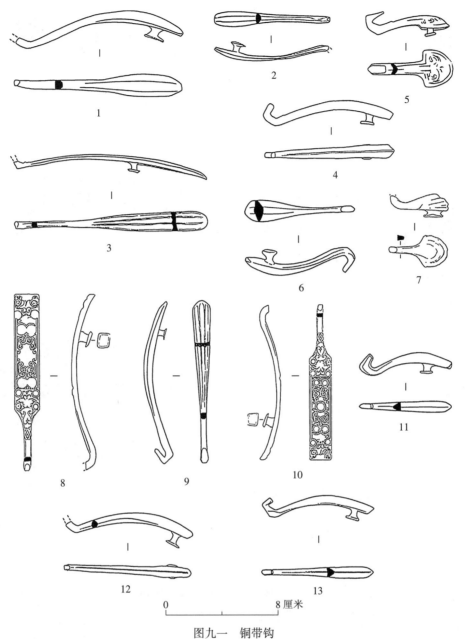

图九一　铜带钩

1、2、3、6、8、9、10.A 型（M18∶1、M123∶7、M24∶7、M127∶8、M34∶1、M36∶7、M40∶1）
4、11、12、13.B 型（M25∶9、M21∶1、M16∶6、M31∶7）　　5、7.C 型（M44∶7、M38∶7）

　　C 型　2 件。尾端呈耜形。标本 M38∶7，钩体断面呈梯形，背有钮，形体较小，残长 4 厘米（图九一 -7）。M44∶7，钩较大，钩体饰变形兽面纹。长 5.8 厘米（图九一 -5、图九八）。

　　铜镞　3 件。M31∶5，双翼，中央有脊，双翼向前聚成前锋，向后距离稍宽，脊下接铤。长 5.4 厘米（图九九 -7、图一〇〇右）。M31∶6，镞身分为隆起的三刃，三刃向前聚成前锋，向后延长构成后锋。脊在镞身形成凹槽，下端作圆形，脊下接铤。长 6 厘米（图九九 -13、图一〇〇中）。M31∶9，长 9.6 厘米（图九九 -10、图一〇〇左）。

　　铜环　2 件。断面圆形。M43∶3，外径 3.4、内径 2.8 厘米（图九九 -2、图一〇一）。M 46∶2，外径 3.3、内径 2.2 厘米（图九九 -3、图一〇二）。

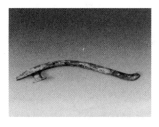  

图九二　铜带钩（M18∶1）　　图九三　铜带钩（M24∶7）　　图九四　铜带钩（M27∶8）

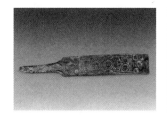 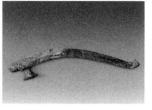 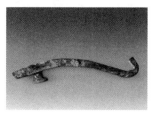

图九五　铜带钩（M40∶1）　　图九六　铜带钩（M16∶6）　　图九七　铜带钩（M25∶9）

　　铜刀　1 件。M45∶7，刀身残，刀柄下连残缺的铜环，残长 17.4 厘米（图九九 - 11、图一〇三）。

　　铜戈　1 件。M44∶8，援较长，末作三角形，援下刃作钝角转弯向下延长成长胡，胡上有三穿，长方形的内上有两穿。援本向上斜，援上刃和内上缘不平行。长 15.6 厘米（图九九 - 5、图一〇四）。

　　铜剑　1 件。M38∶6，剑身残段，断面呈菱形，残长 11.4 厘米（图九九 - 12、图一〇五）。

图九八　铜带钩（M44∶7）

3. 骨器

　　5 件。包括骨管、骨簪。

　　骨管　2 件。动物肢骨修整而成。标本 M13∶1，长 8.8、外径 2.5、穿径 2.3 厘米（图九九 - 4、图一〇六）。

　　骨簪　3 件。标本 M14∶7，皆较细长，通体磨光，有破损，断为两截，长 11.5 厘米（图九九 - 6）。M17∶1，剖面呈三角形，长 14 厘米（图九九 - 8、图一〇七）。M20∶7，剖面呈三角形，长 19.6 厘米（图九八 - 9）。

4. 石兽

　　1 件。M18∶12，兽首状，中心有贯通的管型穿孔。长 7.4、高 4 厘米（图九八 - 1、图一〇八）。

三、结　语

　　岚县梁家庄的这批墓葬是为配合基本建设发掘所获，不仅在发掘区域上受到限制，而且在资料的完整性及各时代的墓葬数量上都存在偏差，给文化结构的讨论带来一定的困难。

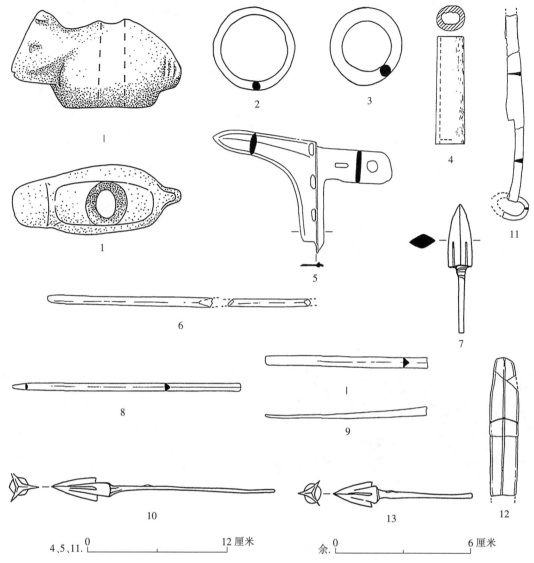

图九九　小件

1. 石兽（M18：12）　2、3. 铜环（M143：3、M46：2）　4. 骨管（M13：1）　5. 铜戈（M44：8）　6、8、9. 骨管（M114：7、M17：1、M20：7）　7、10、13. 铜镞（M31：5、M31.9、M31：6）　11. 铜刀（M45：7）　12. 铜剑（M38：6）

由于陶器类、型、式的差异，使得墓葬出现不同的组合关系。鉴于此，依器物群类各式间的组合、变化，大体可分四组：

第一组，鬲、盆、豆、罐。为基本组合，但多不完备，或缺豆，或缺盆。器类简单，形式单一，组合单调，仅具炊器、食器、水器三类而已。属于春秋时期的常见组合。从春秋时期鬲的演变规律看，本组鬲均为平裆，且已出现裆部下凸的现象。11 座墓葬，有 M15、M21、M24、M29、M30、M32、M34、M35、M38、M41、M43。随葬器物有 Aa 型鬲、Bb 型鬲、C 型鬲，Aa 型罐、B、D 型罐。

第二组，以鬲、鼎、豆、罐为主，间或有盘或壶，不见盆。6 座墓葬，有 M14、M28、M37、M39、M42、M45 等。随葬陶器有 Aa 型鬲、Ba 型鬲、Ab 型罐。新出现舟，Ab 型壶。

图一〇〇　铜镞　　　　　　　　　　图一〇一　铜戈（M44：8）

图一〇二　铜环（M46：2）　　图一〇三　铜环（M43：3）　　一〇四　铜刀（M45：7）　　图一〇五　铜剑（M38：6）

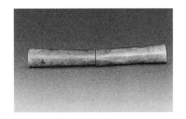
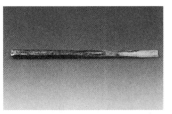

图一〇六　骨管（M13：1）　　图一〇七　骨簪（M17：1）

图一〇八　石兽

第三组，器物组合不见鬲，为鼎、豆、壶或加盘、匜。7 座墓葬，有 M18、M20、M23、M25、M27、M47、M48。随葬陶器有 Ab 型鼎、E 型鼎、B 型壶。

第四组，随葬器物组合为鼎、豆、壶或加盘、匜。7 座墓葬，有 M16、M19、M31、M33、M36、M44、M46。随葬器物有 C 型鼎，Ab 型、C 型壶、BⅣ陶盖豆等。

上述四组代表了梁家庄墓地随葬品发展的序列，即四个前后相继的阶段，随葬品及其组合在大的方面来看，是上下发展的，但在前后两段彼此交替时，有些器形的变化是平行的。

由于梁家庄墓地各墓葬之间并无打破（仅发现一组打破关系），墓地地层关系简单，因此对其陶器墓的分期与年代的推定只能依据下述四个方面来完成：对墓葬随葬器物进行类型学分析，比较各类、型、式器物的特点；依据器物间的组合关系；与邻近地区同时期文化遗存进行比较；墓葬的打破关系及墓葬的形制特点等作为分期参考。春秋晚期的陶器组合是鬲、鼎、豆、罐、盆。入战国后，即以壶代罐，盆消失或少见，形成新的组合。仿铜礼器鼎、豆、壶成为基本的组合形式。鉴于此，梁家庄墓地可分为两期。

第一期包括第一、二段（组），年代大致相当于春秋晚期，其中第一、二段分别相当于春秋晚期的早段和晚段。第二期相当于战国早期，包括第三、四段（组），分别相当于战国早期的早段和晚段。

第一期墓葬中的 CaⅡ式鬲（M21∶3）、AaⅢ式鬲（M24∶5）分别同天马曲村春秋晚期的 H EE11 型Ⅲ式鬲（K9J5∶35）、M EE12 型 Aa 型 Ⅴ式鬲（H70∶4）[1] 相似，AaⅡ式鬲（M34∶1）同侯马牛村古城南墓葬 C Ⅲ式鬲[2]一致。D Ⅰ式罐、D Ⅱ式罐分别与上马墓地 B Ⅱ、B Ⅲ式罐[3]相似，D Ⅰ式罐、E Ⅱ式罐（M41∶5）、C 型罐（M42∶3）分别与侯马牛村古城南墓葬 60H 4M 22∶1 罐、A Ⅰ式罐（59H 4M82∶2）、BⅡ式罐（60H 4M 15∶3）[4] 相似。B Ⅱ式盖豆（M39∶2）和 D 型壶（M28∶5）分别同于侯马牛村古城南 Ⅱ a 型盖豆（59H 4M 64∶2）和 Ab Ⅰ式壶（61H4M344∶1）[5]。上述诸单位的年代均为春秋晚期。

第二期墓葬中的 A 型鼎（M18∶8）、AaⅢ式豆（M18∶5）分别与侯马下平望Ⅲ式 b 型鼎（M10∶10）、Ⅲ式 c 型豆（M12∶5）[6] 和侯马牛村古城南墓葬 CaⅢ式鼎（62H4M2∶7）、Ⅲ b 型豆（61H4T521 M6∶4）[7] 相似。B 型壶 M18∶3 同于侯马牛村古城南墓葬 DbⅡ式壶（59H4M27∶5）[8]。A 型壶（M36∶2）同于侯马牛村古城南墓葬 FⅠ式（62H4M 3∶2）[9]、天马一曲村 Ca 型Ⅲ式（M5185∶1）[10]。Ba 型鼎同于侯马下平望Ⅲ式 C 型鼎（M20∶2）[11]，Bb 型鼎（M36∶6）同于天马一曲村 A Ⅱ式鼎

① 北京大学考古学系商周组、山西省考古研究所：《天马一曲村（1980－1989）》第一册，科学出版社，2000 年，第 64 页图三九－3；第 207 页图二七一－1。
② 山西省考古研究所侯马工作站：《晋都新田》，山西人民出版社，1996 年，第 212 页，图二一－10。
③ 山西省考古研究所：《上马墓地》，文物出版社，1994 年，第 136 页图九八－5、6。
④ 山西省考古研究所侯马工作站：《晋都新田》，山西人民出版社，1996 年，第 215 页，图二四－8；第 213 页，图二三－2、5。
⑤ 山西省考古研究所侯马工作站：《晋都新田》，山西人民出版社，1996 年，第 220 页，图二八－4，第 223 页，图三一－4。
⑥ 山西省考古研究所侯马工作站：《侯马下平望墓地发掘报告》，图十－10、图十一－12，载《三晋考古》第一辑，山西人民出版社，1994 年。
⑦ 山西省考古研究所侯马工作站：《晋都新田》，山西人民出版社，1996 年，第 217 页图二六－3、第 222 页图三〇－1。
⑧ 山西省考古研究所侯马工作站：《晋都新田》，山西人民出版社，1996 年，第 225 页图三三－10。
⑨ 山西省考古研究所侯马工作站：《晋都新田》，山西人民出版社，1996 年，第 226 页图三四－8。
⑩ 北京大学考古学系商周组、山西省考古研究所：《天马一曲村（1980－1989）》第三册，科学出版社，2000 年，第 979 页图一六〇一－15。
⑪ 山西省考古研究所侯马工作站：《侯马下平望墓地发掘报告》，图十－6，载《三晋考古》第一辑，山西人民出版社，1994 年。

（M5185：13）①、侯马牛村古城南墓葬 CaV 式鼎（60H4M 33：2）②。Ab 型盖豆同于侯马牛村古城南墓葬Ⅳ式盖豆（59H4M 86：1）③，BⅣ式盖豆（M31：8）同于天马一曲村 AⅣ式（M5142：6）④，C Ⅲ式盖豆（M27：7）同于天马一曲村 AⅡ式盖豆（M5038：2）⑤。双耳三足罐（M19：5）同于侯马下平望 M3：5⑥、侯马铸铜遗址 ⅩⅩ Ⅱ T 630③：1⑦。上述诸单位的年代均为战国早期。

墓葬出土的陶器，从其器形、种类、制法、纹饰等各方面与邻近的陕西、河南等地东周遗址和墓葬所出陶器比较，虽然有某些地方性的特点，但仍然以共同性为主，这与东周时"三晋地区"与中原其他地区的文化、经济、政治、军事的交往、交流十分频繁是符合的。岚县梁家庄处于吕梁山区北端，属于这一时期的墓葬发掘较少，这批材料的发现，对于研究晋国的疆域以及晋文化的分布范围，将起到一定的作用。

执笔：郭智勇、刘吉祥；绘图：李海龙

附表　梁家庄墓地墓葬统计表

墓号	方向	墓室结构（长×宽×深）（米）			葬具结构（长×宽×高）（米）		头向	葬式	随葬品	期段
		口	底	深	棺	椁				
M13	85°	3.0×1.9	2.9×1.8	2.7	3.4×0.9×？	不详	西北	仰直	骨管 2	
M14	190°	3.75×2.90	3.35×2.20	3.1	外 1.75×0.9×？ 内 1.7×0.8×？	2.9×1.7×？	东南	仰直	陶鼎 A1，陶鬲 Aa Ⅰ 1，陶壶 D 1，陶罐 Ab Ⅰ 1，陶盖豆 Aa Ⅰ 1，陶盖豆 B Ⅱ 1，骨簪 1	一·2
M15	15°	3.20×2.10	3.10×1.90	1.6	2.1×0.85×？	不详	西北	仰直	陶鬲 Ca Ⅲ 1，陶盖豆 C Ⅰ 1，陶盖豆 B Ⅰ 1，陶罐 Aa Ⅰ 2	一·1
M16	190°	2.60×1.50	2.50×1.40	3.3	1.96×0.7 0.8×？	不详	东南	仰直	陶盖豆 Ab 1，陶盖豆 Aa Ⅳ 1，陶壶 Ab 2，带钩 B1	二·4
M17	10°	3.0×1.90	2.80×1.70	2	2.25×0.7×？	不详	西北	仰直	骨簪 1	

---

① 北京大学考古学系商周组、山西省考古研究所：《天马一曲村》（1980 - 1989）第三册，科学出版社，第 979 页图一六〇一 - 11。
② 山西省考古研究所侯马工作站：《晋都新田》，山西人民出版社，1996 年，第 217 页二六 - 4。
③ 山西省考古研究所侯马工作站：《晋都新田》，山西人民出版社，1996 年，第 222 页三〇 - 8。
④ 北京大学考古学系商周组、山西省考古研究所：《天马一曲村（1980 - 1989）》第三册，科学出版社，第 979 页图一六〇一 - 13。
⑤ 北京大学考古学系商周组、山西省考古研究所：《天马一曲村（1980 - 1989）》第三册，科学出版社，第 979 页图一六〇一 - 6。
⑥ 山西省考古研究所侯马工作站：《侯马下平望墓地发掘报告》，图十四 - 16，载《三晋考古》第一辑，山西人民出版社，1994 年。
⑦ 山西省考古研究所：《侯马铸铜遗址》，文物出版社，1993 年，第 354 页图一九三 - 2。

墓号	方向	墓室结构（长×宽×深）（米）			葬具结构（长×宽×高）（米）		头向	葬式	随葬品	期段
		口	底	深	棺	椁				
M18	10°	4.5×3.20	3.76×2.80	4.2	外2.1×1.3×? 内1.9×0.8×?	3.08× 2.82.06×?	西北	仰直	陶鼎 A 1，陶盖豆 1，陶 盘Ⅲ 1，陶 盘Ⅰ2，带钩 A2， 盘豆1，陶壶 B 2， 无盖豆1 陶盖豆 AaⅢ 1，陶匜 Ⅲ 2，石兽1	二·3
M19	10°	3.80×2.80	3.50×2.60	3.1	不详	不详	西北	仰直	陶鼎 Ba1，陶罐 G1，陶壶 Ab 1	二·4
M20	10°	3.10×1.90	2.90×1.70	2.3	不详	不详	西北	仰屈	陶壶 Ab 2，陶盆 A 1，骨簪1	二·3
M21	15°	3.20×1.50	2.80×1.35	2.45	不详	2.4×1.3×?	西北	仰直	陶盖豆 Ab 2，陶壶 B1，陶鬲 CaⅡ1， 带钩 B1	一·1
M22	13°	2.80×1.50	2.50×1.30	2.9	不详	不详	西北	仰直	不详	
M23	0°	3.50×2.10	3.10×1.90	3.3	不详	不详	北	仰直	陶鼎 E2，带钩 A1， 陶 盖豆 BⅢ 2，陶 匜 I1	二·3
M24	11°	2.90×1.90	2.50×1.45	1.3	2.7×0.7×?	不详	东	仰直	陶罐 BⅠ2，陶鬲 Aa Ⅲ 1，带钩 A1	一·1
M25	90°	3.20×2.250	2.90×1.80	3	2.1×0.9×?	不详	西	仰直	陶鼎 D1，陶壶 B2， 陶盖豆 BⅢ 1，陶 匜 Ⅰ 1，带钩 B1， 陶舟 A1	二·3
M26	265°	3.20×2.30	2.80×1.70	3.5	不详	不详	东南	仰直	不详	
M27	180°	3.70×2.55× 1.40	3.40×2.40	2.9	不详	不详	南	仰直	陶鼎 A 1，陶盖豆 CⅢ 2，陶匜Ⅲ 1， 陶壶 B 2，带钩 A1	二·3
M28	180°	4.10×3.30	3.30×2.30	2.5	不详	不详	南	仰直	陶壶 D 1，陶盖豆 CⅡ 1，陶盖豆 B Ⅲ 1	一·2
M29	195°	3.60×2.40	3.40×2.10	2	不详	不详	东南	仰直	陶鬲 Cb 1，陶罐 AaⅠ1，陶盖豆 AaⅠ 1，带钩 A1	一·1

墓号	方向	墓室结构（长×宽×深）（米）			葬具结构（长×宽×高）（米）		头向	葬式	随葬品	期段
		口	底	深	棺	椁				
M30	10°	3.50×2.60	3.25×2.30	2.3	1.76×0.65×？	不详	西北	仰直	陶罐 Aa I 1，陶罐 Aa Ⅱ 1，陶盖豆 Ab1，陶鬲 Bb 1，陶鬲 Aa Ⅲ 1，陶盆 A 1	一·1
M31	246°	3.70×2.50	3.40×2.50	2.6	不详	不详	东南	仰直	陶匜 Ⅱ 1，陶盖豆 B Ⅳ 1，带钩 B1，陶鼎 Dl，陶盘 Ⅱ 1，铜镞 3，陶舟 B 1	二·4
M32	212°	3.0×1.55	2.70×1.40	1.4	不详	不详	东南	仰屈	陶罐 B Ⅱ 1，陶盆 A1，陶鬲 Ca I 1	一·1
M33	202°	3.40×2.40	3.20×2.20	1.3	不详	不详	东南	仰直	陶鼎 Cb 2，陶盖豆 Aa Ⅳ 1，陶壶 Ab1，陶壶 Aa1，陶盘 Ⅲ 2	二·4
M34	不详	不详	不详	不详	不详	不详	不详	不详	陶鬲 Aa Ⅱ 1，铜带钩 A1	一·1
M35	240°	3.50×2.40	3.0×2.20	2	不详	不详	东南	仰直	陶盖豆 Aa I 1，陶鬲 Bb 1，陶罐 D Ⅱ 1，陶盆 A 1，陶罐 F1，陶鬲 Ca I 1	一·1
M36	26°	4.50×2.70	3.40×2.0	4.6	不详	不详	西北	不详	陶盖豆 Ab 1，陶鼎 Bb1，陶盖豆 B Ⅳ 1，陶壶 Aa 2，带钩 A 1	二·4
M37	160°	3.20×2.05	3.0×1.80	3.6	不详	不详	西南	仰屈	陶罐 Ab Ⅱ 1，陶鼎 A 1	一·2
M38	240°	2.50×1.10	2.3×1.0	1.9	不详	不详	东南	仰直	陶鬲 Aa I 1，陶罐 D I 1，陶鬲 Ab Ⅲ 1，陶罐 E I 1，铜剑 1，带钩 C1	一·1
M39	250°	2.45×1.30	2.2×1.0	1.2	不详	不详	东南	仰直	陶罐 Ab I 1，陶盖豆 B Ⅱ 1	一·2
M40	295°	2.50×1.20	2.30×1.0	1.4	不详	不详	东北	仰直	不详	
M41	200°	3.2×2.0	2.70×1.50	2	不详	不详	东南	仰直	陶罐 E Ⅱ 1，陶鬲 Ab Ⅱ 1，陶盆 B 1，陶鬲 Ab I 1	一·1

续　表

墓号	方向	墓室结构（长×宽×深）（米）			葬具结构（长×宽×高）（米）		头向	葬式	随葬品	期段
		口	底	深	棺	椁				
M42	250°	3.50×2.0	2.50×1.50	3.1	2.9×1.1×？	不详	东南	仰直	陶鼎 F 1，陶鬲 Aa Ⅰ1，陶罐 C 111，陶盖豆 Aa Ⅱ1，陶盖豆 C Ⅱ1	一·2
M43	190°	3.25×1.9	2.60×1.40	1.4	不详	不详	东南	仰直	陶罐 C I1，带钩 A 1，陶罐 F 1，陶罐 B Ⅰ1，铜环 1	一·1
M44	120°	3.10×2.0	2.50×1.3	3.8	不详	不详	西南	仰直	陶鼎 Cb1，陶盆 C 1，陶壶 Ab 1，带钩 C 1，铜戈 1	二·4
M45	120°	3.20×2.10	2.60×1.60	3	不详	不详	西南	仰直	陶舟 A 1，陶鬲 Ba Ⅱ1，陶壶 Ab 1，陶鬲 Ba 1，铜刀 1	一·2
M46	10°	4.20×3.05	3.30×2.0	4.7	2.5×1.0×？	不详	西北	仰直	陶鼎 Ca2，陶壶 C2，陶盖豆 B Ⅳ1，铜环 1	二·4
M47	190°	4.20×2.90	3.90×2.40	3.9	不详	不详	东南	仰直	陶盖豆 D2，陶壶 Ab 2，带钩 A1	二·3
M48	45°	2.60×1.30	2.45×1.25	1	不详	不详	西北	仰直	陶壶 B1，带钩 A1	二·3
M49	205°	2.70×1.40	2.30×1.0	2	不详	不详	东南	仰屈	不详	
M50	145°	2.80×1.80	2.60×1.70	2	不详	不详	西南	仰直	不详	
M51	205°	2.90×1.50	2.70×1.40	2	不详	不详	东南	仰直	不详	
M52	115°	2.20×1.20	2.0×1.10	1.7	不详	不详	西南	仰直	不详	

（原载《中国国家博物馆馆刊》2012 年第 9 期）

柳林杨家坪华晋焦煤公司宿舍区墓葬发掘报告

山西省考古研究所　吕梁地区文物管理局　柳林县文物管理所

柳林县地处黄河中游东岸，吕梁山中段西侧，属黄土高原地带，沟壑纵横。三川河向西注入黄河，并横贯全境。杨家坪村位于三川河北岸，县城之西与穆村镇之间，墓葬区分布在村北的坡地上（图一）。

1995 年 11 月，为配合华晋焦煤公司洗煤厂在杨家坪村建造职工宿舍区的机建工程。由山西省考古研究所、吕梁地区文物管理处及柳林县文物管理所组成的

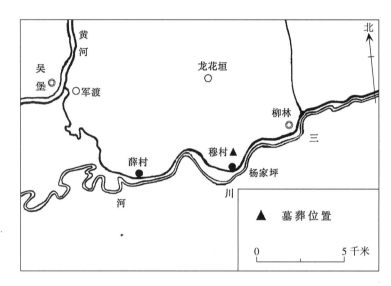

图一　墓葬位置示意图

联合考古队，对其征用地范围内的古代墓葬进行了抢救性发掘。这次共发掘墓葬9座，编号为95LYM1～95LYM9。其中 M1 为汉墓。M2 为清代墓，其余 7 座墓为战国时期的墓葬。现将除 M2 之外的 8 座墓介绍如下：

一、95LYHM3

（一）墓葬形制

长方形土圹竖穴墓，墓口大于墓底。墓口距地表1.2 米，墓口长3.6、宽2.4 米，墓底长2.9、宽1.9 米，墓口距墓底4.7 米。方向5°。

墓葬棺椁已腐朽，葬具为一棺一椁，椁长2.3、宽1.2 米。棺长2、宽0.6 米。葬式为仰身直肢，双手交叉于腹部。随葬品主要集中在墓室的左侧及墓室北侧（图二）。

（二）随葬品

8 件。陶鼎2、陶豆3、陶壶2、陶匜1 件。

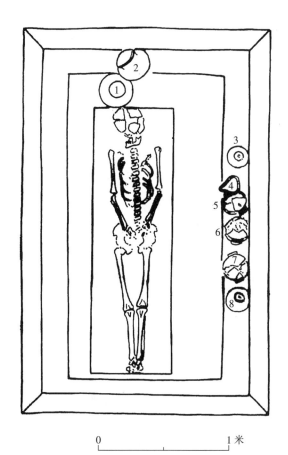

图二　95LYM3 平面图
1、2. 陶壶　3、6、8. 陶豆　4. 陶匜　5、7. 陶鼎

陶鼎　2件。泥质灰陶，素面。形制大小基本相同。M3：5，子母口，深腹圜底，蹄形足。附耳外撇。盖顶微隆，附三个半圆形钮。口径13.5、通高14.5厘米（图四－2）。

陶豆　3件。泥质灰陶，素面。形制大小基本相同。M3：3，子母口，上覆盘盖，圆饼形握手。深腹圜底，下接喇叭形底座。口径17.6、通高20厘米（图四－3）。

陶壶　2件。泥质灰陶，素面。形制大小基本相同。M3：1，隆盖，敞口束颈，鼓腹平底。口径8.8、腹径23.2、通高33厘米（图四－12）。

陶匜　1件。M3：4，泥质灰陶，素面。敛口，深腹，平底，有一小流。口径14、高8厘米（图四－1）。

二、95LYHM4

（一）墓葬形制

长方形土圹竖穴墓，墓口大于墓底。墓口距地表1.3米，墓口长3.2、宽2.4米，墓底长2.3、宽1.7米，墓口距墓底3.9米。方向60°。

墓葬棺椁已腐朽，葬具为一棺一椁，椁板紧靠墓壁。椁长2.1、宽1.4米。棺长1.7、宽0.7米。葬式为仰身屈肢，右手放置于腹部，左手放置于胸前。随葬品主要集中在墓室的右侧（图三）。

（二）随葬品

13件。陶鼎2、陶豆2、陶壶2、陶匜1、陶

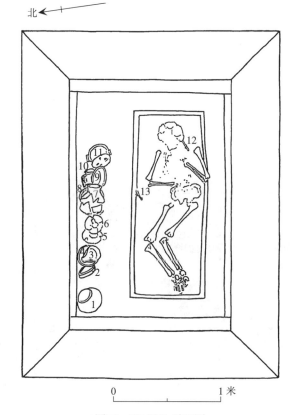

图三　95LYM4 平面图
1、7. 陶壶　2. 陶钵　3. 陶匜　4、9. 陶盆　5、6. 陶豆
8、11. 陶鼎　10. 陶鬲　12. 骨簪　13. 带钩

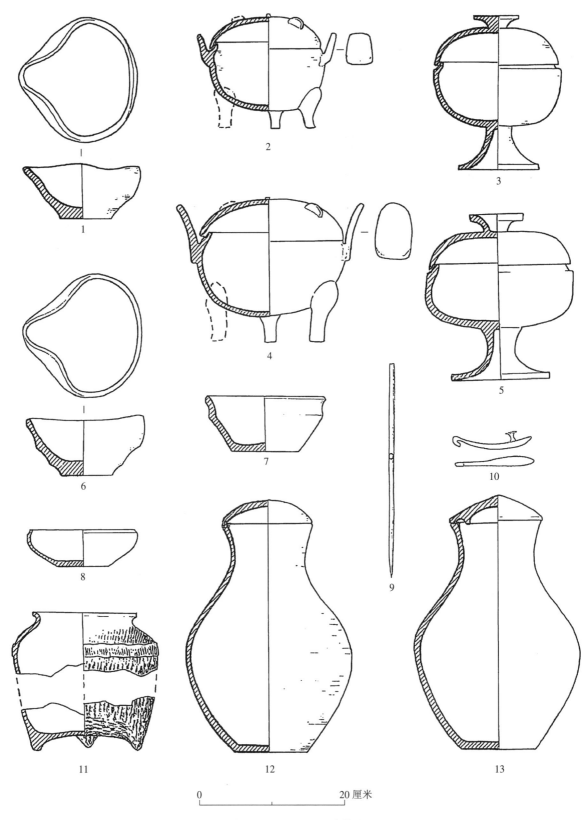

图四　95LYM3、M4 随葬品

1、6 陶匜（M3：4、M4：3）　　2、4. 陶鼎（M3：5、M4：8）　　3、5. 陶豆（M3：3、M4：5）　　7. 陶盆（M4：9）　　8. 陶钵
（M4：2）　　9. 骨簪（M4：12）　　10. 带钩（M4：13）　　11. 陶鬲（M4：10）　　12、13. 陶壶（M3：1、M4：1）

盆2、陶钵1、陶匜1、骨簪1、铜带钩1件。

陶鼎　2件。泥质灰陶，素面。形制大小基本相同。M4：8，子母口，深腹圜底，蹄形足。附耳外撇。盖顶微隆，附三个半圆形钮。口径17、通高19厘米（图四-4）。

陶豆　2件。泥质灰陶，素面。形制大小基本相同。M4：5，子母口，上覆盘盖，喇叭形握手，敛口浅腹，豆柄较粗矮，下接喇叭形座。口径17、通高21.6厘米（图四-5）。

陶壶　2件。泥质灰陶，素面。形制大小基本相同。M4：1，菌状盖，子口短。敞口束颈，鼓腹平底。口径12、腹径23、通高33.2厘米（图四-13）。

陶鬲　1件。M4：10，夹砂灰陶。方唇卷沿，肩部微耸，饰附加堆纹一周，足低矮，裆较平。器身上部饰中绳纹，下部饰粗绳纹。口径14厘米，残高18厘米（图四-11）。

陶盆　2件。泥质灰陶，素面。形制大小基本相同。M4：9，圆唇卷沿，折肩，下部内收，平底。口径17、高7厘米（图四-7）。

陶钵　1件。M4：2，泥质灰陶，素面。敛口，鼓腹，平底。口径14.5、高4.8厘米（图四-8）。

陶匜　1件。M4：3，泥质灰陶，素面。敛口，深腹，平底，有一小流。口径16、高8厘米（图四-6）。

骨簪　1件。M4：12，呈锥形。长18厘米（图四-9）。

带钩　1件。M4：13，钩体按钮处较宽，断面呈半圆形，钩尾端窄，钩颈呈棒状。长10.2厘米（图四-10）。

三、95LYHM5

（一）墓葬形制

长方形土圹竖穴墓，墓口大于墓底。墓口距地表1.6米，墓口长3.15、宽2.45米，墓底长2.6、宽1.8米。墓口距墓底4.3米。方向26°。

葬具为一棺一椁，腐朽严重。椁厚5厘米左右，棺厚10厘米左右，残高5厘米。葬式为仰身屈肢，双手交叉于腹部。随葬品集中摆放在棺椁之间，墓室的东北角（图五）。

（二）随葬品

9件。陶鼎2、陶豆2、陶壶2、陶盆1、陶钵1、陶匜1件。

陶鼎　2件。泥质灰陶，素面。形制

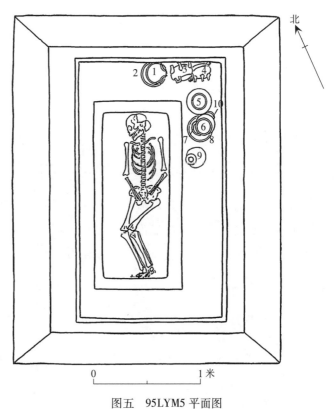

图五　95LYM5平面图
1. 陶盆　2. 陶匜　3、4. 陶鼎　5、10. 陶壶　6. 壶盖
7. 陶钵　8、9. 陶豆

大小基本相同。M5：3，子母口，敛口圜底，蹄形足。附耳外撇，有方形穿。盖顶隆起，无钮。口径 16、通高 17.6 厘米（图七 -7）。

陶豆　2 件。泥质灰陶，素面。形制大小基本相同。M5：6，子母口，腹部鼓起呈球状，矮圈足，盖顶上隆，盖钮呈圈足形。腹径 13.4、通高 19.2 厘米（图七 -5）。

陶壶　2 件。泥质灰陶，素面。形制大小基本相同。M5：5，菌状盖，子口长。颈较长，鼓腹平底。

陶盆　1 件。M5：1，泥质灰陶，素面。方唇，平沿，圈足有鸡心钉。口径 20、高 6 厘米（图七 -3）。

陶匜　1 件。M5：2，泥质灰陶，素面。敛口，厘腹，假圈足，有一小流。口径 16、高 8 厘米（图七 -4）。

陶钵　1 件。M5：7，泥质灰陶，素面。方唇，假圈足。口径 17.6、高 6.4 厘米（图七 -1）。

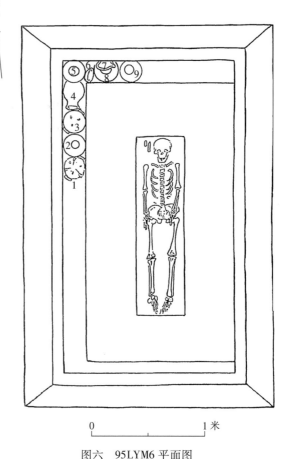

图六　95LYM6 平面图

1、3. 陶鼎　2、8. 陶壶　4、5. 陶豆　6. 陶钵　7. 陶匜　9. 豆盖　10. 石圭

四、95LYHM6

（一）墓葬形制

长方形土圹竖穴墓，墓口大于墓底。墓口距地表 1.7 米，墓口长 33、宽 2.2 米，墓底长 2.9、宽 1.7 米，墓口距墓底 5 米。方向 5°。墓葬棺椁腐朽，葬具为一棺一椁，椁板紧靠墓壁。椁长 2.6、宽 1.5 米，椁残高 0.6 米，椁盖用木板横向平铺。棺长 2.4、宽 1.3 米，棺厚约 0.4 米，棺四角有卯榫结构，棺盖用四块木板纵向平铺。葬式为仰身直肢。随葬品集中摆放在棺椁之间，墓室的西北角（图六）。

（二）随葬品

10 件。陶鼎 2、陶豆 2、陶壶 2、陶钵 1、陶匜 1、石圭 2 件。

陶鼎　2 件。泥质灰陶，素面。形制大小基本相同。M6：1，子母口，深腹圜底，蹄形足。附耳外撇。盖顶微隆，附三个半圆形钮。口径 16.6、通高 17.6 厘米（图七 -10）。

陶豆　2 件。泥质灰陶，素面。形制大小基本相同。M6：2，子母口，上覆盘盖，饼形握手，敛口

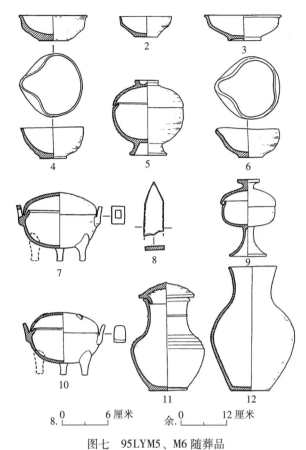

图七　95LYM5、M6 随葬品
1、2. 陶钵（M5：7、M6：6）　3. 陶盆（M5：1）　4、6. 陶匜
（M5：2、M6：7）　5、9. 陶豆（M5：8、M6：2）　7、10. 陶鼎
（M5：3、M6：1）　8. 石圭（M6：10）　11、12. 陶壶（M5：5、M6：4）

五、95LYHM7

（一）墓葬形制

长方形土圹竖穴墓，墓口大于墓底。墓口距地表 1.5 米，墓口长 3.5、宽 1.7 米，墓底长 2.7、宽 1.24 米，墓口距墓底 4.4 米。方向 3°。

墓葬棺椁已腐朽，葬具为一棺一椁，椁板紧靠墓壁。椁长 2.6、宽 1.1 米。棺长 1.88、宽 0.6 米。葬式为仰身直肢。随葬品集中摆放在棺椁之间，墓室西侧（图八）。

（二）随葬品

8 件。陶鼎 2、陶豆 2、陶壶 2、陶鬲 1、陶盆 1 件。

深腹，下接喇叭形座。口径 13.2、通高 19.6 厘米（图七 -9）。

陶壶　2 件。泥质灰陶，素面。形制大小基本相同。M6：4，敞口束颈，鼓腹平底。口径 12、腹径 21.2、高 30.8 厘米（图七 -12）。

陶钵　1 件。M6：6，泥质灰陶，素面。直口，下部内收，平底。口径 14、高 6.4 厘米（图七 -2）。

石圭　2 件，残。M6：10，灰褐色，制作粗糙，三角形圭首较尖。残长 7.4、宽 2.2、厚 0.6 厘米（图七 -8）。

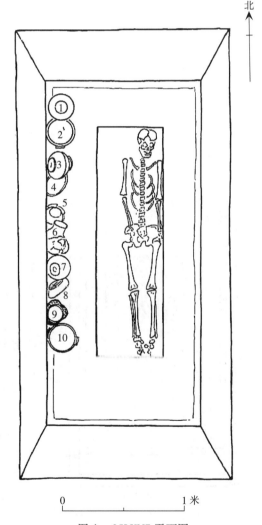

图八　95LYM7 平面图
1、3. 陶豆　2、10. 陶鼎　4. 陶盆　5、6. 陶壶
7、8. 豆盖　9. 陶鬲

陶鼎　2 件。泥质灰陶，素面。形制大小基本相同。M7：2，子母口，深腹圜底，蹄形足。附耳外撇。盖顶微隆，附三个半圆形钮。口径 16、通高 17.2 厘米（图九 -4）。

陶豆　2 件。泥质灰陶，形制大小基本相同。M7：1，子母口，上覆盘盖，柄形握手，敛口深腹，豆腹部饰瓦棱状纹，豆柄粗短，下接喇叭形座。口径 15、通高 20 厘米（图九 -1）。

陶壶　2 件。泥质灰陶，素面。形制大小基本相同。M7：5，敞口束颈，鼓腹平底。口径 12、腹径 22.4、高 30 厘米（图九 -3）。

陶鬲　1 件。M7：9，夹砂灰陶，方唇卷沿，肩部微耸，足低矮，裆较平。器身饰中绳纹，裆部饰粗绳纹。口径 13.6、高 17.6 厘米（图九 -5）。

陶盆　1 件。M7：4，泥质灰陶，素面。圆唇卷沿，尖唇，折腹，平底。口径 17.6、高 6 厘米（图九 -2）。

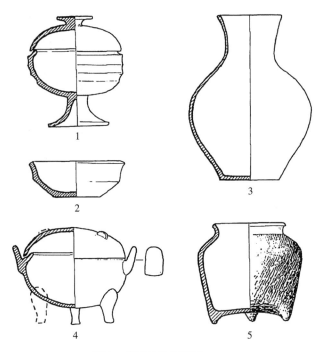

图九　95LYM7 随葬品

1. 陶豆（M7：1）　2. 陶盆（M7：4）3. 陶壶（M7：5）
4. 陶鼎（M7：2）　5. 陶鬲（M7：9）

六、95LYHM8

图一○　95LYM8 平面图

1、2、4、5. 陶罐　3. 陶鬲　6. 石片

（一）墓葬形制

长方形土圹竖穴墓，墓口大于墓底。墓口距地表 1.4 米，墓口长 2.85、宽 1.6 米，墓底长 2.64、宽 1.4 米，墓口距墓底 3 米。方向 16°。

墓葬棺椁已腐朽，葬具为一棺一椁，椁板紧靠墓壁，椁四角斜出一木板，顶至墓棺四角。椁长 2.44、宽 1.32 米。棺长 1.9、宽 0.86 米。葬式为仰身屈肢，双手交叉于腹部。随葬品主要集中摆放在棺椁之间，墓室的东北角（图一○）。

（二）随葬品

6 件。陶罐 4 件、陶鬲 1、石片 1 件。

陶罐　4 件。泥质灰陶，素面。M8：1、2，形制大小基本相同。卷沿，鼓腹，平底。口径 12、腹径 20.4、高 19.2 厘米（图一一 -6）。M8：4、5，形制大小基本相同，卷沿，尖唇，鼓腹，平底。口径 9.2 厘米，腹径 14 厘米，高 14 厘米（图一一 -3）。

陶鬲　1 件。M8：3，夹砂灰陶。方唇卷沿，略有溜肩，实足低矮，裆部较平。器身饰中绳纹，裆部饰粗绳纹。口径 12.8、高 16.8 厘米（图一一 -9）。

石片　1 件，残。M8：6，灰褐色。残长 5.6、宽 4.6、厚 0.6 厘米（图一一 -5）。

七、95LYHM9

（一）墓葬形制

长方形土圹竖穴墓，墓口大于墓底。墓口距地表 1.3 米，墓口长 3、宽 1.8 米，墓底长 2.8、宽 1.6 米，墓口距墓底 2 米。方向 4°。

墓葬棺椁已腐朽，葬具为一棺一椁，椁长 2.2、宽 1 米。棺长 1.8、宽 0.76 米。葬式为仰身屈直肢。随葬品主要集中在摆放在棺椁之间，墓室的东南角（图一二）。

（二）随葬品

9 件。陶鼎 1、陶豆 2、陶壶 2、陶盆 1、陶匜 1、石刀坯 1、石璧 1 件。

陶鼎　1 件。M9：4，泥质灰陶，素面。子母口，深腹圜底，蹄形足。附耳外撇，有方形穿。盖顶微隆，附三个半圆形钮。口径 20、通高 18 厘米（图一一 -18）。

陶豆　2 件。泥质灰陶，素面。形制大小基本相同。M9：3，子母口，上覆盘盖，喇帆形握手，敛口深腹，豆柄较高，下接喇叭形座。口径 16、通高 25.2 厘米（图一一 -10）。

陶壶　2 件。泥质灰陶，素面。形制大小基本相同。M9：5，覆盆式盖，敞口束颈，鼓腹平底。口径 12、腹径 22、

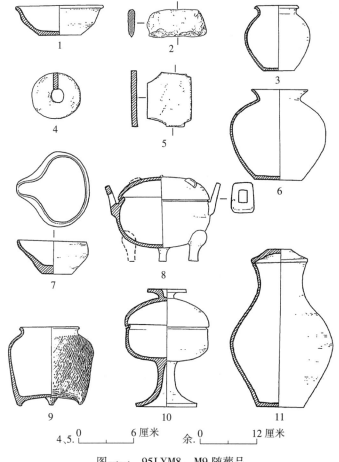

图一一　95LYM8、M9 随葬品

1. 陶盆（M9：9）　2. 石刀坯（M9：1）　3、6. 陶罐（M8：4、1）　4. 石璧（M9：2）　5. 石片（M8：6）7. 陶（M9：8）　8. 陶鼎（M9：4）　9. 陶鬲（M8：3）　10. 陶豆（M9：3）11. 陶壶（M9：5）

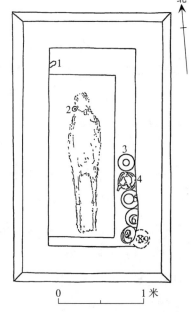

图一二　95LYM9 平面图

1. 石刀坯　2. 石璧　3、7. 陶豆　4. 陶鼎　5、6. 陶壶　8. 陶匜　9. 陶盆

通高 33.6 厘米（图一一 -11）。

陶盆　1 件。M9∶9，泥质灰陶，素面。圆唇卷沿，鼓腹，下部内收，平底。口径 18.4、高 8.4 厘米（图一一 -1）。

陶匜　1 件。M9∶8，泥质灰陶，素面。敛口，深腹，平底，有一小流。口径 15.2、高 6.8 厘米（图一一 -7）。

石刀坯　1 件。M9∶1，通长 12、宽 5.6、厚 1.2 厘米（图一一 -2）。

石璧　1 件。M9∶2，圆形内有孔。直径 5、厚 0.4 厘米（图一一 -4）。

八、95LYHM1

（一）墓葬形制

竖穴土坑墓，墓口大于墓底。墓口长 4.4、宽 2.2 米；墓底长 3.9、宽 1.4 米，墓底距地表 2.9 米，墓深 1.9 米。方向 110°。

墓葬棺椁已腐朽难辨，从遗留的板灰痕迹观察，葬具为一棺一椁，椁长约 3、宽约 0.8 米，棺长约 1.9、宽约 0.6 米。墓主人为成年男性，葬式为仰身直肢，骨架保存不好。随葬品主要集中在墓主人的左侧，在墓主人头的前方（图一三）。

（二）随葬品

14 件。陶罐 6、陶壶 1、陶灶 1、陶熏炉 1、陶钵 3、铜铺首 2 件。

陶罐 6　件。形制大小各异，均为泥质灰陶，素面。M1∶1，侈口折沿，方唇，束颈广肩，平底。口径 13、腹径 21.2、高 21.6 厘米（图一四 -3）。M1∶10，侈口折沿，方唇，颈部微束，平底。口径 7.2、腹径 11.2、高 12 厘米，与 M1∶11、12、13 形制大小相同（图一四 -1）。M1∶6，直口，鼓肩，平底。口径 9 厘米，腹径 17.6、高 14 厘米，与 M1∶9 形制大小相同（图一四 -8）。

陶壶　1 件。M1∶2，泥质灰陶，素面。侈口平沿，长颈鼓腹，平底。口径 13.6、腹径 20.4、高 30.8 厘米（图一四 -6）。

陶灶　1 件。M1∶7，泥质灰陶，素面。灶台平面呈半圆形，三火眼呈"品"字形分布，平底，三条陶足作支撑。灶台上放有 2 件陶釜，均为敞口，平底。陶灶长 20、宽 19.2、通高 14 厘米。火口长 11.2 厘米，高 3.6 厘米（图一四 -5）。

陶熏炉　1 件。M1∶8，泥质灰陶，博山，上部雕重叠峰密，子母口，深腹，长柄，喇叭形底座。高 18、腹径 9.2 厘米（图一四 -4）。

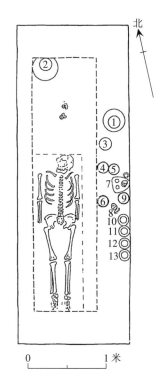

图一三　95LYM1 平面图
1、6、9、10 ~ 13. 陶罐　2. 陶壶
3、4、5. 陶钵　7. 陶灶　8. 陶熏炉
14. 铜铺首

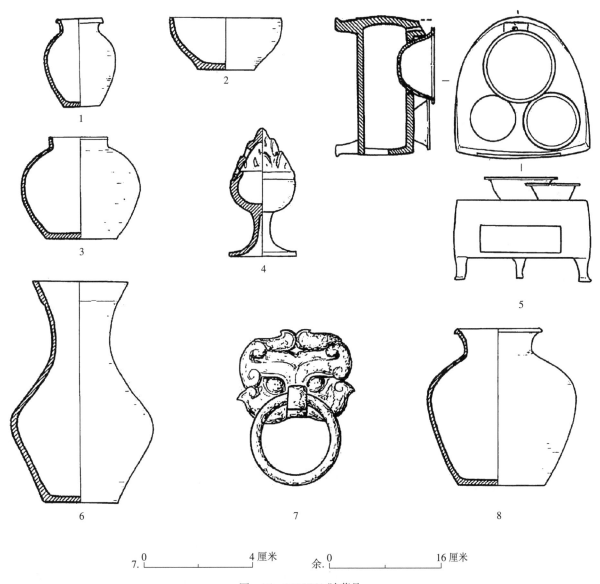

图一四　95LYM1 随葬品

1、3、8. 陶罐（M1：10～13、M1：3UM1：6、9）　2. 陶钵（M1：3、4、5）　4. 陶熏炉（M1：8）　5. 陶灶（M1：7）

6. 陶壶（M1：2）　7. 铜铺首（M1：14－1）

陶钵　3件。泥质灰陶，素面。形制大小相近。M1：3，上部较垂直，下部内收，底部有磨痕。口径16、高7.2厘米（图一四－2）。

铜铺首　2件。形制相同，锈蚀严重。M1：14－1，浮雕兽面，突鼻为钮衔环，背面有钉。应为漆木器上的附件。兽面宽4、通高5.4、环外径3.2厘米（图一四－7）。

九、结　语

柳林杨家坪村华晋公司洗煤厂宿舍区发掘的这七座战国墓葬，在墓葬分布上没有排列规律，其墓葬形制均为竖穴土坑墓，葬具为一棺一椁。墓口长度在3.6～2.85米之间，根据当时的丧葬制度，这批墓葬应属于中、小墓，同时表明墓主人应是一般的平民或下层小贵族。

　　墓葬出土的随葬器物，形制及其时代比较接近，随葬品多以陶制的鼎、豆、壶、盆、匜，鼎、豆、壶往往成双成对出现。M4、M7、M8 伴有陶鬲，这种现象具有战国时期墓葬礼器组合的基本特点。这批出土的器物中，陶鼎（M3：5）（M9：4）分别与临县三交战国墓所出土陶鼎（M8：4）①、侯马下平望墓地所出土的陶鼎（M23：15）相接近②；陶豆（M6：2）（M5：8）分别与临县三交战国墓的陶豆（M23：6）（M7：5）③、闻喜上郭村古墓群试掘所出土的陶豆（M372：4）相近似④；陶壶（M5：5）（M7：5）分别与长子孟家庄战国墓地出土的 B1（M25：2）⑤、临县三交战国墓所出土的 B 型壶（M19：2）相近似⑥；陶鬲（M4：1）（M7：9）（M8：3）与榆次猫儿岭战国所出土的陶鬲（M89：3）⑦ 相近似。

　　经过比较研究认为，这批墓葬除 M1 外，其余墓葬时代应属于战国早、中期。M1 竖穴土圹墓，与山西朔县秦汉墓（3M166）相接近似；陶壶 M1 朔县秦汉墓 V 型 II 式壶相接近；陶罐（M1：1）与朔县秦汉墓的二型三式罐相接近。⑧ 所以 M1 时代应属于西汉中期。这批墓葬资料对于吕梁地区战国、汉代墓葬的考古研究提供了实物资料。

　　执笔：杨红霞、高继平、董楼平

附表　柳林杨家坪华晋焦煤公司宿舍区墓葬统计表

墓号	墓向	规格 长×宽－深（米）	随葬品	葬式及葬具	备注
M3	方向 5°	3.6×2.4—4.7	陶鼎 2、陶豆 3、陶壶 2、陶匜 1	仰身屈肢一棺一椁	墓主为男性
M4	方向 60°	3.2×24－3.9	陶鼎 2、陶豆 2、陶壶 2、陶鬲 1、陶盆 2、陶钵 1、陶 11、骨簪 1、铜带钩 1	仰身屈肢一棺一椁	墓主为女性
M5	方向 26°	3.15×2.45－4.3	陶鼎 2、陶豆 2、陶壶 2、陶盆 1、陶钵 1、陶甗 1	仰身屈肢一棺一椁	墓主为女性
M6	方向 5°	3.3×22－5	陶鼎 2、陶豆 2、陶壶 2、陶钵 1、陶匜 1、石圭 2	仰身屈肢一棺一椁	墓主为男性
M7	方向 3°	3.5×1.7－4.4	陶鼎 2、陶豆 2、陶壶 2、陶鬲 1、陶盆 1	仰身屈肢一棺一椁	墓主为男性
M3	方向 16°	2.85×1.6－3	陶罐 4 件、陶鬲 1、石片 1	仰身屈肢一棺一椁	墓主为男性
M9	方向 4°	3×1.8－2	陶鼎 1、陶豆 2、陶壶 2、陶盆 1、陶甗 1、石刀述 1、石璧 1	仰身直肢一棺	不详
M1	方向 11°	4.4×22－1.9	陶罐 6、陶壶 1、陶灶 1、陶暖炉 1、陶钵 3、铜铺首 2	仰身直肢一棺	墓主为男性

（原载《三晋考古》第四辑）

　　① 《临县三交战国墓发掘简报》，《三晋考古》第一辑，山西人民出版社，1994 年。

　　② 《侯马下平望基地发掘报告》，《三晋考古》第一辑，山西人民出版社，1994 年。

　　③ 《临县三交战国墓发掘简报》，《三晋考古》第一辑，山西人民出版社，1994 年。

　　④ 《闻喜上郭村古墓群试掘》，《三晋考古》第一辑，山西人民出版社，1994 年。

　　⑤ 《长子孟家庄战国墓地发掘简报》，《三晋考古》第一辑，山西人民出版社，1994 年。

　　⑥ 《临县三交战国墓发掘简报》，《三晋考古》第一辑，山西人民出版社，1994 年。

　　⑦ 《1984 年榆次猫儿岭战国墓葬发掘简报》，《三晋考古》第一辑，山西人民出版社，1994 年。

　　⑧ 《山西朔县秦汉墓地发掘闻报》，《文物》1987 年第 6 期。

山西临县窑头古城出土铜戈铭文考释

陶正刚

（山西省考古研究所）

一、古城址及其出土文物

窑头古城位于临县永红乡窑头村漱水河东岸的山坡上，距县城约17公里。古城残垣断续可见，最高保留有3~4米，宽约3米。城墙夹版夯筑，夯土厚度在10~20厘米之间，均小圆夯窝，夯窝直径约5厘米。古城址因山势而筑，蜿蜒曲折，

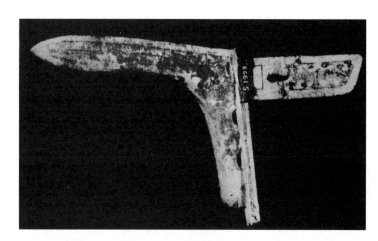

图一　宜安戈

东窄西宽，平面呈簸箕状，东城墙在山巅，长约1公里，南、北城垣由高到低顺山势向河滨延伸。二城垣之西段和锹水河畔的西城墙大部分已被河水冲毁，保留甚少。

古城址内随处可见东周和秦汉时期的陶片。1975年冬，农村在搞土建工程时发现一批青铜器，其中有战国时期文戈2件、剑2件、矛2件、错银锌1件、盖弓帽1件，还有钩肠、狼牙等10余种蜓的箭头和少数属战国晚期的铁挺铜箭头，以及战国早期的尖足布和刀币若干种。尖足布上的地名有"兹氏""闪""大阴""平州"；刀币上有"白人"等，这些地名大都是战国时期赵国的城邑。其他还有汉代的四神炭炉、四乳纹镜各1件。从采集到的铜器及陶器残片进行分析，古城址的建筑年代应在战国中晚期，到汉代还在继续使用。

今离石、临县一带，战国时期属赵国"离石"、"闵"和"皋狼"地区。赵国的蔺和离石是比较有名的城邑，和齐国临淄都城齐名。窑头古城从高低曲折，蜿蜒失度的情况看，既不是普通壁垒，又不象是都邑的规模，因此不可能是赵国的"蔺"或"离石"，可能是一个军事防守要地。当然这只是根据现有不够丰富资料得出的印象。

二、铜戈铭文研究

铭文铜戈2件。

宜安戈　全长28.2、援长17.5、胡长10.5、阑长14、内长11厘米。长胡三穿。胡部正面刻12字

铭文："王何立事⿰⿰⿰⿰⿰（图一、二）

"立事"即莅国执政，或莅事任职之意。《管子·问》立事作位事："群臣有位事官大夫者几何人？""问执官都者。其位事几何年矣？"《战国策·赵策》"苏秦从燕之赵始合从"章有"赵王曰：'寡人年少，莅国之日浅，未尝得闻社被之长计。'"郭沫若先生在释陈骓壶时云："……再立事即国复之后，重任旧职也。"[1] 这类词句多见于齐器铭文。例如陈纯釜"陈犹立事岁"；子禾子釜"□□立事岁"；陈骆壶"陈得再立事岁"。[2] 赵国则主要见于兵器铭文。如《商周金文录遗》著录的立事剑[3]、磁县白阳城遗址出土的立事铭剑[4]等。"宜安戈"出土在赵国境内，"宜安"为冶铸地点，当系赵国的遗物。在赵国历史上名何，又称王立事掌权者，见于《史记·赵世家》："武灵王……二十五年（前 301 年）惠后卒。使周祒胡服传王子何。……二十七年（前 299 年）五月戊申大朝于东宫，传国，立王子何以为王。……是为惠文王……惠后吴娃子也。"因此，宜安戈铭中的"王何"当指赵武灵王的儿子赵惠文王何。"王何立事"应在赵惠文王何在位执政（前 299 ~ 266 年）约 32 年间。因此，宜安戈的制作年代亦应在此期间。

第五字见于《三代》20.54 矢链，上有铭文"右⿰"或"左⿰"，传卤作"⿰"。郭沫若先生认为⿰和⿰是同一个字，释为"控"，并引《说文》云"控，引也"。匈奴引弓控弦，燕赵在北部接壤，而习用胡语[5]。李家浩先生释读为导。此字和《三代》20.54 矢上"⿰"都附有"＝"，在这里应看成合文符号，不应为重文符号。《侯马盟书》中也有类似的合文符号。因此，此字可释为目工。"目"可通作"木"，《礼记·仲尼燕居》有："目巧之饰，盘纡刻俨，赢缕雕琢，诡文回波，淌游瀺域，菱抒纱抱，芒繁乱泽。巧伪纷挐，以相摧错，此遁于木也。"《辞通》第 1436 页按："目、木同音借用。"又见《周礼·考工记·弓人》："斲目必荼。"司农注："幹节目。"《经籍纂诂》目条中也有同注。且把木、目都放在屋部。因此目工即木工。

《小尔雅·广言二》："工，官也。"《小尔雅疏证》："工者，书尧典允釐百工。史记作信饬百官。诗臣工。传，工官也。"目工系官吏，应是百工下面一种管理生产的小官。《周礼·考工记》："审曲面执，以饬五材，以辨民器，谓之百工。"注："五材各有工，言百，众言之也。"《礼记·曲礼下》："天子之六工：曰土工、金工、石工、木工、兽工、革工。"

《广雅·释器》："镆、孑、镘、胡钗、戛，戈戟也。"注馒切音为"莫干"。《说文》："镆，大戟也。"《后汉书·文苑传》："首镆铘。"注《说文》："镆铘，大戟也。"音莫邪。镘、镆均属戈戟类，笔者认为木、目和镘、镆字音相近、意相同的假借字。因此，木工也是管理戈、戟类制造的官员的名称。

第六字即冶。第七字字形特殊，从辛从肉从寸。《三体石经》"春秋宰周公"之"宰"作⿰，从辛从肉。此字可隶定为对。第八字左半边为"户"，右半边为"⿰"。布币半字作"⿰"，讹变成"⿰"（阳高阀布币、阴晋半析布等），三斗鼎作"⿰"。因此"⿰"为斗。此字隶定为庐。冶对庐是指掌管冶铸的工人，名字叫对庐。

① 郭沫若：《两周金文辞大系图录考释》，释文第 220 页。
② 郭沫若：《两周金文辞大系图录考释》，释文第 221、223 页．
③ 于省吾：《商周金文录遗》，图 599。
④ 黄盛璋：《论三晋兵器的国别和年代及其相关问题》，《考古学报》1974 年第 1 期。
⑤ 郭沫若：《金文丛考》，第 25 页。

第九字与古文教字字形基本相似，可隶定为教。第十字为马字的简化字，与郦侯库（载）簋的马字同。西周时期有"趣马"的职名。《左传》成公十八年"程郑为乘马，御六骖属焉。使训群骖知礼"。《后汉书·宦官传》注骖就是养马人。《广雅·释诂》："训，诲……劝学教也。"可见骖、趣马、教都有训的含意，都是管理训练马的官员。

郭沫若先生曾考证趣马、教马的地位："趣马之职见于诗者，其地位颇高，十月与卿士、司徒并列。……趣马之见于彝铭者，如本器（休盘）所受之锡命甚隆，足知亦不卑贱，……其自有等级，其最高者，或当于卿，断非如周礼之仅以为下士也。"[1]可见其职在春秋以前较高，战国以后地位逐步下降，汉时都认为是管教和训驭马的官吏了。

第十一字可释为董。在《侯马盟书》中重通郵，即董字。第十二字，平足布中字常作屮（祁县、阳高、太原化工区、原平均有出土）。金文中史字有作"屮"者，如吴王姬鼎、史喑簋。故此当为史字。董史是教马人的人名。

戈铭文全文可释为："王何立事，目工冶对庎，教马董史。"十分清楚是"物勒工名，以信其诚"的形式。首先是制作年代××立事，然后有督促者对庎，用者为教马董史。

戈背面有铭文"宜安"（图三）。安字形特殊，同赵方足布上安阳、泒安的安字近似，而与魏、齐、秦等国货币上的安字有别。这也能证明这件铜戈是赵国的遗物。

宜安为战国时赵国城邑。《括地志》："宜安故城在常山藁城县西南二十五里。"《史记·赵世家》："（赵幽缪王迁）……三年，秦攻赤丽、宜安。"宜安在今河北藁城、石家庄附近。系赵国的武库和武器制造地。

另外，戈的正背两面铭文风格、体例一致，应是同一时期的铭刻。

阏舆戈　全长26.5、援长17、胡长12、阑长16.5、内长10.3厘米。长胡四穿。内上铸有铭文"阏舆"二字（图四）。"閼"从门从於；金文"於"同"乌"。毛公鼎作"🐦"，沈子簋作"🐦"，禹鼎作"🐦"，齐镈作"🐦"[2]。《说文》作"𣧑"，段注："此即今之於字也。"说明春秋以前"於"字俱作"乌"，战国末期逐步演变为"於"字。此戈上"阏"字已使用"於"，说明戈的时代稍晚了。"舆"字，舆鼎作"🐦"，战国中晚期作"🐦"。同戈上铭文相似。

阏舆，战国时地名，文献作"阏与"。《史记·赵世家》引《括地志》："阏与，聚落，今名乌苏城，在潞州铜鞮县西北二十里。又仪州和顺县城，亦云韩阏与邑。二所未详。"《水经往》："梁榆城，即阏与故城。"《后汉书·郡国志》："涅有阏与聚。"今山西晋东南地区沁县乌苏村附近有战国古城和墓葬区，相传为阏与城所在地。

阏与初为韩国城邑，后为赵地。《史记》载赵惠文王二十九年（前270年）："秦、韩相攻，而围阏与。赵使赵奢将，击秦，大破秦军阏与下。"秦昭王三十八年："中更胡阳攻赵阏与，不能取。"说明此时阏与属赵地。公元前236年并入秦地。

关于阏舆戈的制作年代。戈上铭文为铸字，1971年河南新郑郑韩故城，出土的大批韩国铸铭戈风格、体例一致，是韩兵器的早期形式。目前所见属韩国晚期兵器具有"物勒工名"铭文的，可举1971

---

① 郭沫若：《两周金文辞大系图录考释》，释文第152页。

② 《金文编》，第210页。

年郑韩故城出土的"王二年韩某"戈为早，经黄盛璋考证，"王三年韩熙"戈冶铸的确切时间是韩惠王三年（前 270 年）。[1] 因此，仅铸有武库名的阏舆戈的冶铸年代其下限应在前 270 年以前。此时的阏舆城也属韩国。这件铜戈当为韩国的遗物。

背面铭文

图四　阏舆戈铭文

（原载《文物》1994 年第 4 期）

---

① 黄盛璋：《论三晋兵器的国别和年代及其相关问题》，《考古学报》1974 年第 1 期。

汉唐时期

离石马茂庄汉画像石墓

离石区文管所

吕梁市文物局

1995 年秋，离石县城关镇马茂庄村一村民，在院内修菜窖发现一古墓，县文管所得知后立即赶往该村，在古墓周围已发现不少汉绳纹砖块，部分墓墙体已暴露于外，墓顶已坍塌，经与村民商量停工，进行了清理发掘，现将有关发掘情况简报如下。

一、地理位置

马茂庄村位于离石县城西二公里。东、南临三川河畔，西、北靠山，整个村庄依山傍水。马茂庄村西山塬高出河川约 30 余米，为古今多葬之地。在已发现的古墓集中分布于山塬南部。马茂庄汉墓群 2001 年被国务院公布为第五批全国重点文物保护单位，该墓位于保护范围内。

二、墓葬形制

墓葬为砖砌双室附双耳室汉画像石墓（图一）。墓向坐东朝西，墓葬早年被盗扰，除甬道尚存券顶外，墓顶已全部摧毁，墓内积满碎砖淤土。由墓道，甬道，前、后室，左、右耳室组成，整体平面呈"十字"形。从残存现状看，后室、左、右耳室为拱券顶，前室为穹隆顶。墓底距地表深 4.2 米。因周围民宅相互紧靠，故左、右耳室，后室无法清理，也未见随葬器物和骨骸。墓门位于甬道南端，由门楣石，左右门框石，左右门扉石，门梁及门限七组成。墓门高 164 厘米，宽 105 厘米，左右门框石用条砖砌固，门楣石后附一门梁石（长 136 厘米，宽 20 厘米，厚 11 厘米），内侧各凿一凹缺，并与门限石（长 133 厘米，宽 19 厘米，厚 11 厘米）上的臼窝对应，两扇门扉石外侧上下有门枢纳入，整个墓门合嵌平整又得以向内启阖。墓门外有封门砖墙封闭，通高 208 厘米。

甬道位于前室西壁中央，保存完整，由条砖（18.5×38×6 厘米）错缝平砌墙高至 1.3 米处作单层拱券顶而成，纵深 205 厘米，宽 105 厘米，底部以纵向"人"字形铺地。

前室平面近正方形，东西长 293 厘米，南北宽 290 厘米。东西南北四壁均开门，东通后室，西接甬道，南北门通左右耳室，墙残存高 1.0 米～1.5 米不等。东、北两壁均由两块汉画像石竖砌而成，上承横额画像石，门道中央各竖立一根六角形石柱，上承栌斗石。南、西两壁用砖砌筑，地面以条砖横排错缝平铺，顶部全部塌毁。

　　左、右耳室附于前室南、北壁中央，左耳室门高125厘米，宽183厘米，右耳室宽180厘米，两室的东、西两壁残高1.4～1.7米，地面以条砖错缝平铺，顶部全部塌毁。

　　后室附于前室东壁，门高125厘米，宽185厘米，铺地与左右耳室相同。左右耳室，后室未发掘，故进深不详。

三、画像石

　　墓门处5块，门楣石（1块），左右门框石（2块），左右门扉石（2块），前室东、北壁8块，（横额石2块，立石4块，石柱2根）共计13块刻画像。

　　石材为砂岩质页岩，灰褐色，质较软，石匠选石材后经磨制由画工用墨线画稿，再阴刻物象轮廓，剔地平铲作浅凸雕。物象细部不作雕刻，留有原画稿墨线。出土时部分画像的墨稿线迹尚存。

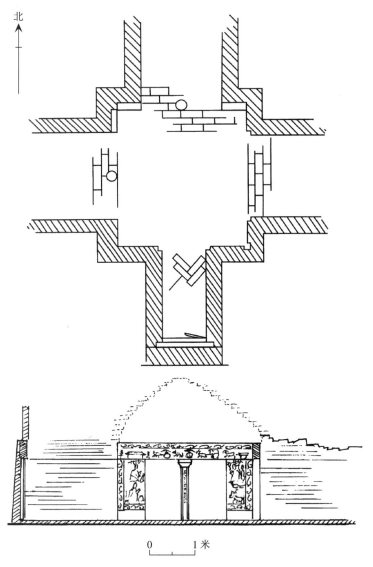

图一　马茂庄汉墓平、剖面图

　　第一石：门楣石，长184厘米，宽30厘米，厚16.5厘米。画像横幅，画面长165厘米，宽22厘米。上下分层构图。上层刻连续蔓草状卷云纹图案边饰。下层为左向行驰的车马出行图，依次刻画导骑二名，轺车二辆，辎车一辆，棚车一辆。

　　第二石：右门柱石，高126厘米，宽32.5厘米，厚17厘米。画像竖幅，画面高105厘米，宽24厘米。画面分两部分，右边饰连续蔓草状卷云纹，主题图案，上部为东王公，下部刻门吏。右边饰卷云纹占画面三分之一，卷云纹用墨线勾边。东王公面左踞座在云拄上，头顶花丽伞盖，手举神草，身着大襟斜领宽袖儒袍，头戴黑羽冠。云柱下有山丘、植树。门吏头戴帻，身着宽袖长袍，底首躬身面左恭立。

　　第三石：左门柱石。与右侧门柱石相对称，尺寸亦基本相同，只是主题图案中间加刻一卷云纹。主题图案上为西王母，中为卷云纹，下刻持慧门吏。西王母眉清目秀，头戴华胜，身着大襟斜领宽袖儒袍，面右踞座在云柱悬圃上，头顶华盖，手持神草。门吏面右持慧，头戴帻，身着交领长袍。

西王母和东王公是离石汉画像石中表现较多的神话形象，一般都端座悬圃之上。汉代尊西王母为西仙之首，是长生不死之药的制造者。东王公住在碧海之中，掌管东方，是东方仙神之长。它反映了汉代人对于人间仙境的向往和幢憬。

第四石：右门扉石，高130厘米，宽49厘米，厚8厘米，门枢上端长8厘米，下端长4厘米。画像竖幅。画面高113厘米，宽30厘米。构图分三部分，上为朱雀，中为铺首衔环，下为祥云纹和朱鸟。朱雀左向，昂首，绣球胜，曲颈嘶鸣，翘尾、双翅上举。右爪立于兽头之顶，左爪腾空作起飞状。细部用墨线代雕。造型生动、活泼。中部铺首兽头形，双耳竖立，独角，嗔目露齿，眼珠点墨。方颔，颏下垂一绺长须，胡须飞动。所衔环之粗大。下部刻祥云和振尾面左伫立的朱鸟一只。

离石汉画像石墓的门扉石上常刻画朱雀、铺首衔环。朱雀是方位神，所谓"左青龙（东）、右白虎（西）、前朱雀（南）、后玄武（北）"，其职责是："御四方，避不祥"。铺首衔环是门户的标志，铺首应为饕餮的演变，刻在墓门上也是为驱邪辟鬼。

第五石：左门扉石与右门扉石相对称。画面内容、尺寸相似。唯不同的是下端祥云纹饰与右门扉石上祥云纹饰一致。

第六石：前室东壁横额石，画像横幅。长314厘米，宽30厘米，厚23.5厘米。画面长298厘米，宽25厘米。上层边饰连续不断卷云纹，下层主题图案刻左向行驰的车骑出行图，从左自右依次刻执节导骑二人，均头戴平上帻，短衣束带。上空有一展翅飞翔的神鸟、下植树。轺车一辆和并行步卒二名为前导。轺车二辆，并驰骑吏二名，轺车二辆。辎车一辆，当为主东。轺车一辆随后，整个出行场面壮观，动感很强。

第七石：前室东壁南侧竖框石。高135厘米，宽58厘米，厚23厘米。画像竖幅，画面高98厘米，宽40.5厘米。左、下边框饰卷云纹。主题图案分层刻画。上层刻东王公面左踞座于华盖垂饰下的三山悬圃上，头戴冠，唇留长须，身着宽袖儒服。前植树，后飞祥云。下层刻面左二神人，左为

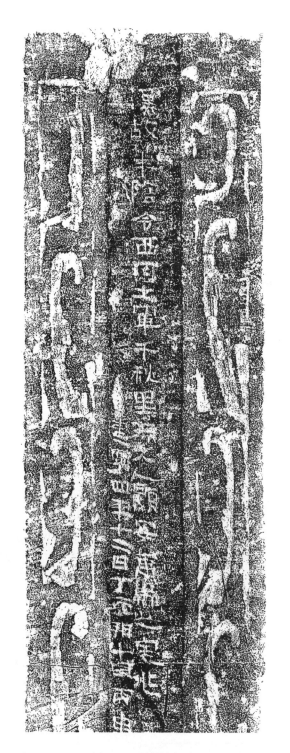

图二　石刻铭柱拓片

鸟首神人，手持柴戟。右为持棒神人，头戴介巾帻。"柴戟是古代官吏出行时前导仪仗的礼器，木制，上绘纹饰，形似戟"。

第八石：前室东壁北侧画像石，高 130 厘米，宽 49 厘米，厚 23 厘米。画像竖幅，画面高 96 厘米，宽 39 厘米。左、下边框饰卷云纹。主题图案通幅刻戴胜着袍的西王母座于云柱悬圃上，手持仙草，上有华盖垂饰，前后植树。

第九石：前室北壁横额画像石。长 310 厘米，宽 30 厘米，厚 23 厘米。画像横幅，画面长 293 厘米，宽 25 厘米。主题图案车骑回归图，上层刻蔓草状卷云纹边饰，下层主题图案左端有一座楼屋，屋旁植树。依次刻左行骑吏一名，轺车三辆，辎车一辆，轺车一辆，棚车一辆。

第十石：前室北壁东侧画像石。高 133 厘米，宽 53 厘米，厚 22 厘米。画像竖幅，画面高 100 厘米，宽 40 厘米。右、下边饰卷云纹，主题图案分三部分，上刻面左跽座戴胜的西王母，身着宽袖儒袍，手持神草。后有一似兔首人神的站立侍者，手举曲柄伞盖，头顶祥云，后植神草。中刻头戴绣球冠、长尾伫立的朱鸟一只，上有飞禽。下刻戴胜挑拨，身似鹿长尾。前后植树。挑拨亦称"天马""神马"，是端兽，汉代盛兴将挑拨造型刻在墓室内为拨出不祥。

第十一石：前室北壁西侧画像石，高 135 厘米，宽 55 厘米，厚 23 厘米。画像竖幅，画面高 98 厘米，宽 37 厘米。左、下边框饰云气纹。主题图案分层刻画，上层刻东王公，面右跽座伞盖下，头戴三梁冠，身着宽袖襦袍，前植树。下层刻面右门亭长，头戴介帻，唇留须。低首躬腰作迎送状。

第十二石：前室东壁门中央石刻铭柱（图二）。横断面呈六角形，高 127 厘米、边宽 8 厘米，五面均刻卷云纹，正面阴刻汉隶："汉故华阴令西河土军千秋里孙大（夫）人显安万岁之宅兆，建宁四年十二月丁口口十二月丙申造。"石柱上承石栌斗，栌斗高 15 厘米，上部边长 28 厘米、下部边长 21 厘米。栌斗凿成榫卯相连，榫高 3.5 厘米，（梯形）、榫径 7 厘米，卯深 5 厘米。第十三石：前室北壁门中央石柱，其形状、尺寸于第十二石近同。唯不同的是石柱无刻铭，且隔面刻卷刻卷云纹。

四、结　语

离石是全国汉画像石墓集中分布区域之一，先后出土汉画像石 400 余块，有确切纪年汉画像石仅 3 块。"和平元年纪年阴刻铭柱"）[1]，"延熹四年纪年阴刻铭柱，熹平四年纪年墨书墓门"）[2]。这次"建宁四年"（171 年）汉画像石墓的发现，使离石纪年汉画像石增至 4 块。该墓墓葬形制和已发现的汉墓基本类同，题材内容接近，雕刻技法相同。但墓内画像石的安置有所不同，已发掘的汉画像石的安置是对称的，该墓前室东、北两壁安画像石，南壁未安置。总之，该墓的发现不仅有较高的学术价值，而且为研究汉画像石增添了新的内容，对汉画像石的断代分期有着重要的意义。

执笔：王金元　王双斌；绘图：王双斌；摄影：王双斌

（原载《文物季刊》1995 年第 4 期）

①　梁宗和：《文物参考资料》，1958 年 4 期。

②　山西省考古所等：《文物》1996 年 4 期。

山西孝义张家庄汉墓发掘记

山西省文物管理委员会　山西省考古研究所

张家庄位于山西省原孝义县（今与介休合并）西 2.5 公里孝河北岸的台地上，附近保存有古文化遗址和古墓葬（图一）。在村东北约半公里处，有两个大土冢，据县志胜迹志记载，为魏文侯之墓。此外，张家庄往北 5 里的居义村西也有三个大冢，县志载为卜子夏、段干木、田子方，即所谓魏文侯的三个贤臣之墓。山西省卜子夏墓即有四个（稷山、芮城、孝义、汾阳），段干木墓有两个（芮城、孝义），众说纷纭。

1959 年 6 至 8 月我们和介休博物馆配合，在张家庄东北清理了"魏文侯"墓及其周围的小墓共 24 座。清理结果，其所谓魏文侯墓是一座东汉早期的一个贵族墓，也是汉代丛葬之地。根据墓葬的形制和随葬品，可分早晚三期叙述。

一、第一期墓葬

第一期共 20 座，有长方形竖穴墓 17 座，土洞墓 3 座。

（一）墓制、葬具和葬式

1. 长方形竖穴墓　四壁平整光滑，口大底小，呈倾斜状。一般墓室（底部）长 1.6～3.88、宽 1.33～2.22、深 2～6.6 米。其中墓 8 较大，长 4.25、宽 3.3、深 6.64 米。墓的方向，除墓 8、19、16 三座为东西向外，其余均 10°～40°。

墓室下部依东西或三面留有高 1 米左右，宽 0.6 至 0.8 米的二层台。二层台上大

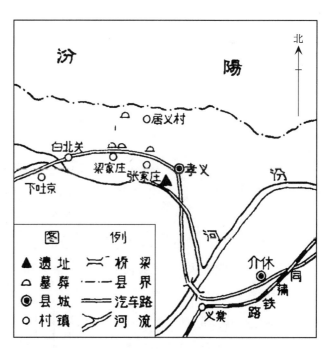

图一　张家庄、梁家庄古墓位置图

多横盖木板一层。从二层台至墓口，在一角的两壁掏有 4 至 8 个脚窝，宽 14 厘米，与出土的铁铲大小相同。

墓内有黄色填土，有明显的夯筑层次，每层厚 20 至 30 厘米，二层台下，除墓 8 填土夯筑外，一

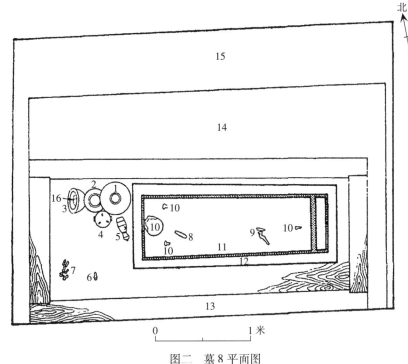

图二　墓8平面图

1. 大陶罐　2. 陶壶　3. 铜銷　4. 铜鼎　5. 铜壶　6. 泥俑　7. 兽骨　8. 铜带钩　9. 带
10. 残骨　11. 木棺　12. 内椁　13. 外椁　14. 填土　15. 二层台　16. 漆耳杯

般没有夯筑。在墓口 12、16、17、19、22、24 二层台上的夯土中都发现铁铲、铁镢，同墓壁的铲痕相同，当系建造墓时使用之工具。

2. 土洞墓　由墓道、墓室粗成。与竖穴墓不同处是于墓道的北端下部掏了一个洞室，长 2.15 至 2.46，宽 0.96 至 1.1 米，里宽外窄，呈方平顶。墓室窄于墓道。其中墓 13 在洞室外的东西两壁高于洞顶处，各掏一个高 40、宽 15、深 30 厘米的方孔，底部也挖了深 25 厘米的一个凹槽，从其形状观察推知当为封堵墓门穿贯木棍或木板（相当于闩）而作的。

葬具有 11 座墓有腐朽的棺灰（灰白色），均为长方形。墓 12 为单棺单椁。墓 1 ~ 5 和 22 ~ 24 这 8 座中未发现棺椁痕迹，人骨架直接置于一块木板上或者地面上。以墓 8 为例（图二）：

墓 8 较大，二层台留在东西和南壁的下部，高 1.14、南宽 0.9、东宽 0.16、西宽 0.08 米。重椁单棺，仰卧直伸葬。外椁：内积长 3.12、东宽 1.24、西宽 1.14 米，由盖板、壁板、挡板及底板组成。盖板九块，横盖在椁壁框上，其长 1.44 ~ 1.66、宽 0.22 ~ 0.64 米，无榫。壁板由三块迭起，高 0.74、长 3.52、厚 0.2 米。挡板由二块迭起，东宽 1.28、西宽 1.18 米，与壁板两头的子母口吻合。底板东西横铺，厚约 10 厘米。内椁：依外椁的西、南两壁筑起。盖板由六块东西纵列的木板粗成，上面分四排各用五个细腰连接成一块大板（图三），盖于外椁的里边。椁身较盖小，壁板高 0.61、长 2.14、厚 0.1 米。挡板亦与壁板两头的子母口吻合。东边留有 86 厘米宽的边箱，内设铜鼎、豆、壶及陶罐、泥俑、牛骨等。底板与外椁同。棺材长 1.94、头宽 0.76、尾宽 0.6 米，内外乌漆未彩绘。棺内末端留有边箱，但没放随葬品。

墓 12 的椁很小，形如长盒，套于棺上，头部留边箱，内冠陶壶，谷物等。棺内两边贴有两块木板，可能是因死者体小，入殓后不固而加贴的。

葬式仅一座（墓 11）为屈肢葬；右腿搭于左腿上，屈成 120°，上体仰卧，右肘回

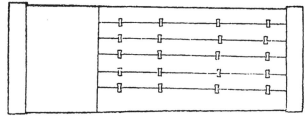

图三　墓8内椁盖侧图

折，左手置于腹部。墓 12 为俯身葬。其余的墓都是仰卧直伸葬，两手放于盆骨的上部或两侧。墓 4、10、24 骨架已零乱。

墓 8 与 19、11 与 12 乃是合葬墓，排列整齐，相隔约 1 米，墓室的形制、大小深度以及随葬品都很相近，墓中各葬一人，其中墓 11 为男性，12 为女性，可能是夫妇合葬。在墓 11 的人骨架中发现 1 件铜镞。据观察，镞是从死者背的左上方射入的、镞头插入第七、八两节脊椎骨中。镞身作三棱形，通长 4 厘米。

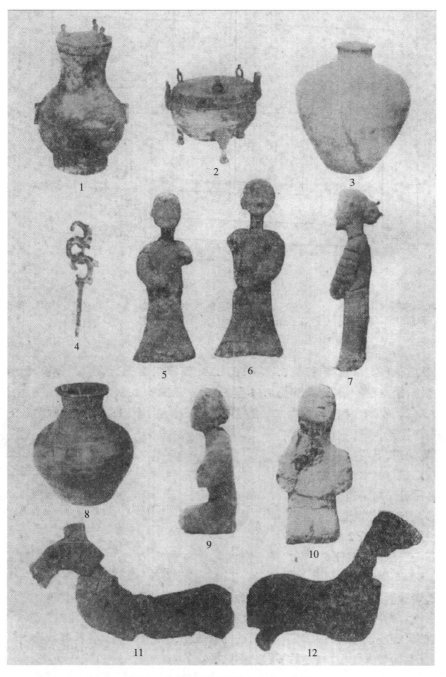

图四　孝义张家庄汉墓出土陶、铜器

1. 铜壶　2. 铜鼎　3. 陶罐　4. 铜带钩　5～7. 女俑　8. 陶壶　9～10. 女俑　11～12. 陶兽（1－7、11 墓 8 出土，8－10、12. 墓 19 出土）

（二）随葬器物

墓 1~5 和 7 未发现随葬品，其余多为 1~3 件，有铜带钩或陶壶等。墓 17 和 23 各出铜镜 1 面。镜、带钩都放在棺内头部和腰部，陶器放在棺外的前方，也有放在边箱内的。在墓 9、12 棺前，发现有碎骨，恐为死者放的祭肉。

1. 容器

铜壶（墓 8）　1 件。口微敞，圆腹，圈足、有盖，腹部饰三道弦纹，并有对称的铺首衔环，盖上有三个小钮，下面有子母口与口吻合。通体高 16.5 厘米（图四 -1）。

陶壶　7 件。分别出于 5 座墓中，可分三式。I 式 3 件。敞口，短颈，扁圆腹，假圈足，颈部有三道弦纹，弦纹之间作锯齿纹两周。II 式 1 件。侈口，小圆底，腹屑间有锯齿纹一周。通高 22.5 厘米。III 式 3 件。侈口，斜屑、圆腹、平底，肩腹间有凸纹四道（图四 -8）。

陶罐　4 件。出于 4 座墓中，可分二式：I 式 2 件。小口，口沿外卷，短颈，大圆腹，平底，肩腹部饰细绳纹，绳纹上有划纹数道。墓 8 出土的一件，肩上刻有字样（图四 -3、图五）。II 式 2 件。平口外侈，鼓腹，平底，腹部隐约可看出印纹数周。墓 12 出土的 1 件颈部有字样和对称的两个小圆孔，可系绳（图六）。

  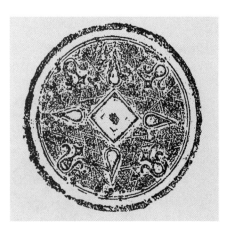

图五　陶罐上的刻字　　　　　　图六　陶罐上的刻字　　　　　　图七　铜镜

2. 炊、餐具

铜鼎　1 件。圜底，圆盖上面有三个环钮，器盖有子母口（图四 -2）。

3. 装饰品及用具

铜销（墓 8）　1 件。圜底，平口，素面薄胎，厚 0.1 厘米，内置漆耳环残片。

铜镜　2 面。墓 23 出的 1 件为规矩镜，壁薄，廓边较窄小，有小钮，钮座呈方形，底纹为旋涡、小点等纹饰组成的菱形图案，上有花瓣纹（图七）。墓 17 出土的已残破，直径 14 厘米。

铜带钩　11 件。墓 8、19、22 各出 2 件，其余各出 1 件，可分 4 式：I 式 3 件。扁平宽大，脊后作钉盖形之钮。有旋涡纹错金的和腹部凸出两道的，总长 13 至 16，腹宽 2 至 2.5 厘米（图八，右）。II 式 5

件。横断面呈圆形或半圆形，腹部粗，两端细，脊后亦作钉盖形之钮。素面，钩端均折断，残长 12 至 16.5 厘米。Ⅲ式 2 件。腹部粗大，作兽面纹，其中墓 8 的 1 件为透空龙首纹，长 12 厘米（图八，左、中；图四 –4）。Ⅳ式 1 件。形制较小，素面长 6.3 厘米。

铁带钩　2 件。墓 9 1 件形制粗壮，与铜带钩Ⅰ式相同。素面长 17 厘米。墓 6 出的 1 件，粗糙且较小（已残）。

玛瑙环　1 件。横断面呈三棱形，直径 3.5 厘米。

石璧　1 件。直径 4.5 厘米。

骨饰　1 件。长方形，背后凸出两道脊为它物之镶嵌物。此外，还有铜环上件已残断。

4. 货币　2 枚。墓 8 和 23 各出 1 枚，皆为半两钱，直径 2.5 厘米。

5. 泥俑　12 件。出于墓 8 与 19。

女立俑　3 件。高 13 厘米。瓜子脸，高鼻，眉、眼均着墨色，头后盘髻有簪，颈稍长，身着黑底红花长衣，对襟于背后，窄袖翻口，衣襟下部饰红边，腰部缠红带绕三匝垂于左下方，外又束红带垂于腹部，作"人"字状（彩色版，图四 –5~7）。

女跪俑　6 件。均残破，能复原者仅 1 件。高 9 厘米，面部与立俑同，唯前额上有皱纹、身着黑衣，双膝跪坐，两脚趾相对，双手置于胸前（图四 –9、10）。

陶兽　2 件。两墓各出 1 件。均作黑色，头部辔饰上有附加的鋞泡及当卢。脊饰红色一道。四肢已缺（图四 –11、12）。

陶鸭　1 件。白色羽毛，头足均缺。

此外，在墓 12 的填土中发现扁平铁铲 1 件，双面刃，有銎，上宽 14，下宽 13.5 厘米。16、17、19、23、24 五座墓的填土中各发现长方形铁镢 1 件，双面刃，长 13.5 至 15，宽 3.5 至 4 厘米。从现象观察，这 6 件铁工具非随葬品，而是建墓工具，用后留下的。

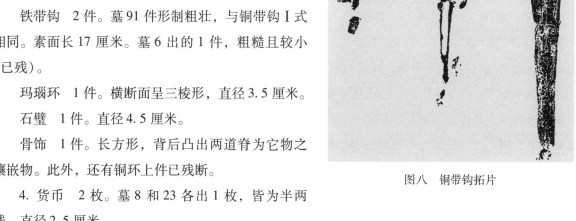

图八　铜带钩拓片

（三）小　结

这一期墓葬的形制，有长方形竖穴墓和平顶式洞室墓，且有二层台，无疑是继承了战国时代的习惯。除墓 1 至 5 没有随葬品外，其余多为两三种，如：陶壶、罐、铜或铁带钩等类，皆为汉代早期常见物。唯墓 8 较大，而筑有重椁，随葬品中还有铜鼎、壶、鋗，并有类似战国晚期之泥俑和西汉前后（公元前 187~公元 180 年）时所铸之半两钱，因之，这期墓葬的年代当在西汉早期。

二、第二期墓葬

第二期共 2 座，圆形土冢，一即所谓"魏文侯"墓（编号 15），冢高 7，直径 40 米。一座是"魏文侯"墓西边的（编号 14），冢高 3，直径 7 米。两墓的土冢均系夯筑，内夹杂着大量的汉代砖瓦残片（图十一 - 12、13）。

（一）墓制、葬具和葬式

墓 15 为方形竖穴，墓 14 为长方形洞室，这两墓的内部都筑有木椁室，基本相同。

1. 墓 15（图九）。规模较大，由墓室、耳室及墓道组成，墓向 14°。墓室居北，呈方形，底部南北长 8.4、东西宽 7.5、深 8.15 米。墓口大于墓底。墓口往下 1.4 米处，留一层台阶，宽 1 米（墓 4.5 被此台阶打破），再往下 1.8 米处，又留一层台阶，宽 25 厘米不等。

底部筑木椁室，四壁各用 30 至 65 厘米厚的两块木枋迭起，高 1.3 至 1.5 米，四角不用榫接。椁内四面壁板的中点及椁室的中心，各竖一根圆柱，直径 25 厘米，高度略低于壁板，柱顶上以四根木枋搭成十字架。用三十四块盖板东西横盖子架和壁板框上，底板厚 20 厘米，平铺于壁板内。

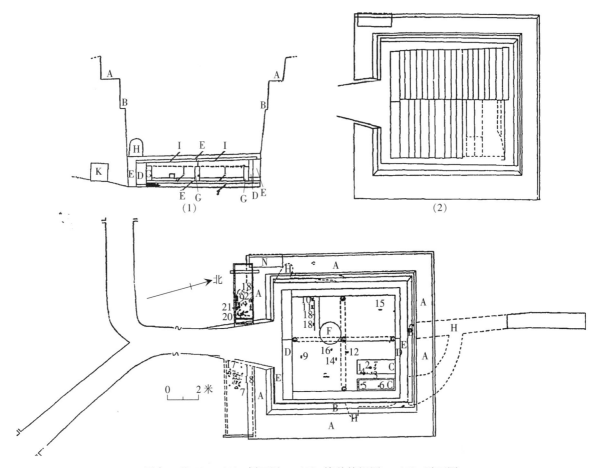

图九　墓 15　（1）剖面图　（2）椁盖俯视图　（3）平面图

1 - 6. 小铜镜　7. 五铢、半两　8. 铁刀　9. 铁斧 10 - 11. 马衔　12. 石片　13. 鈅泡　14. 铜饰　15. 当卢　16. 铁环　17. 陶片
18. 车马饰　19. 瓦当　20. 兽头　21. 铁箭　22. 铁球
A - B. 二层台　C. 木棺　D. 木椁　E. 木炭　F. G. 木柱　H. 盗洞　I. 木板　J. 砾石　K. 耳室

墓壁与椁之间和椁室的上下均填木炭一层，厚 50 至 20 厘米，最底部，即木炭下面，又铺垫厚 25 厘米左右的砾石一层。椁室内的东北角，东北安置棺木两具，从腐朽和烧灰的痕迹观察，东边的棺长

2.4、宽0.7米，板厚5厘米，里外均黑漆。两端等宽。棺内有日光镜两面。西边的棺略大，棺内发现牛两钱一枚，五铢钱二枚，日光镜三面。死者均头北足南，仰卧直伸。

墓门口向南1.3米处，墓道的东西两壁各掏一个平顶耳室，东宽西窄。耳室内都依壁筑有木椁，板厚5厘米，井子椁的底部两端各南北横垫一根木椽。椁内积满淤土，且东耳室被盗，出有少数铜质车马饰；西耳室未被盗，除出有车马饰外，还出有"长乐未央"瓦当和陶罐。这些器物均浮于淤土的上部。

墓门口直向南11.6米为竖穴墓道，宽1.65米；由此转向西作长17.5米的斜坡式墓道。后经二次埋葬又从11.65米处向东南作长18米的斜坡式墓道现呈人字形。

墓室及墓道的填土为五花土，全部夯筑，每层夯厚20至30厘米。在墓室的盗掘范围内发现铁斧、刀、陶耳杯、"昭明"镜以及丝织衣料残片等，其中铁斧形制较晚，恐是盗墓者遗留的工具。在墓道上部的夯土中也发现有动物骨骸和绳纹陶片等。此墓的北壁上有两个盗洞。

另外在椁室的中心柱西旁，有一个圆口坑，深（从墓底）4.25、直径1.4米。圆周皆整齐、圆滑，且有上下的脚窝。底部已接近水位，内积满淤土和木炭，砾石，并于淤泥中发现一个隋、唐时代的浅黄色瓷碗。此洞究竟是盗洞或者是井，尚待研究。

2. 墓14（图十）为长方形土洞墓，方向40°。墓室长7.2、宽4.04米。斜坡式墓道居南，长14.2、宽1.3、深2至8米。

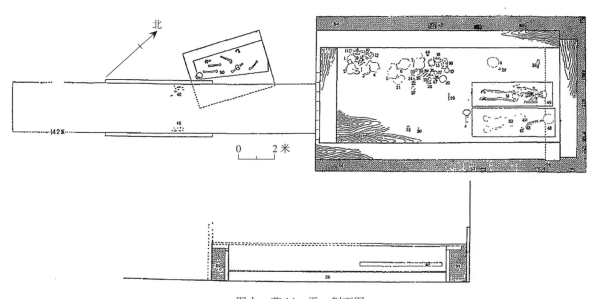

图十 墓14 平、剖面图

1~7. 陶壶 8、15、16. 陶鼎 9. 陶井 10、14. 陶釜 11、12. 陶壶盖 13. 陶豆 18. 灶具 19. 甑 20. 铜锅 21~25. 耳杯 26. 弩机 27. 铁环 28. 铁器 29. 铜灯 30. 陶瓶 31. 不知名器 32~37. 铁镞 38~39. 漆皮 40. 漆器 41. 玉带钩 42. 玉环 43. 玉珠 44. 铁球 45~46. 车马饰 47. 铁镢 48~49. 木棺 50~52. 骨架 53. 贴墙木 54. 木炭 55. 垫木

洞顶为半圆形，已塌毁，下部筑木椁室，与墓15不同的是：椁室外的北壁下，竖长方形木柱三根，东西壁的北端亦各竖三根，柱高0.5至1.5米不等；南壁（即墓门内）东西并排竖七块木板，高1.6、宽0.24、厚0.1米；椁室内无十字架，盖板直接搭于椁的东西壁框上。底部仅铺木炭，而未垫砾石。

葬具的部位及葬式完全与墓 15 相同，男左女右，女的骨架较完整。随葬器物，除男的腰部配有石带钩和手部带石环以外，在棺的西边置麻织的漆盾。盾作长方形，四边抹角，红底黑边，内绘白色老虎等形象。其大部陶壶、鼎、灶、豆、漆耳杯等均置于西壁下，弩机弩箭则置于中间（略偏西）。

墓门已塌毁，形状不辨。但从门口向南 2.74 米，东西两壁高（从底向上量）1.1 米处，向外凹入 10 厘米的台阶，上面东西横盖一层木板，下面左右排列铜质镀金车马饰模型。

（二）随葬器物

1. 容器

陶壶（墓 14）　　7 件。形制皆同，盘口细颈，圆腹假圈足，屑腹分界处有凹弦纹三周，腹部塑出对称的铺首。其中 4 件有漆绘（已剥落）。壶通高 31 至 34 厘米。

陶瓶（墓 14）　　1 件。小口，细长颈，扁腹，假足，有淡绿色釉，颈部有带形锯齿纹三周，腹部二周，通高 33 厘米（图十一 - 1）。

2. 炊、贪具

陶鼎（墓 14）　　5 件。可分三式：Ⅰ式：2 件。盖上有三个扁形兽头钮，腹部凸纹一周，系灰陶，满身漆绘，已剥落。Ⅱ式：2 件。耳外敞，扁腹，兽面足，盖上有三个圭形钮（图十一 - 2）。Ⅲ式：1 件。盖上有三个半球形钩，腹部塑出羊头及羊尾，尾透空、身着漆绘，通高 14 厘米（图十一 - 3）。

陶锜（墓 14）　　1 件。无盖，形与鼎大体相同（图十一 - 4）。

陶灶（墓 14）　　1 件。火门一端为方形，另一端为椭圆形，灶面作 5 口锅。长 28、宽 26、高 10.5 厘米（图十一 - 5）。

陶豆（墓 14）　　1 件。颈短，底作复盘状。

漆耳杯（墓 14）　　7 件。木胎。长 14、宽 9 厘米。

另外还有陶盆、陶甑各 1 件。

3. 工具

3 件。均出于墓 15。

铁犁　　1 件。应为 V 字形，已残，双刃，锋头角度较大。

铁刀　　2 把。一为环首刀，长 15.8、宽 1.2 厘米，细长，刀头刃部抹角，刃与背同厚。另一把（墓 15），长 33.6 厘米，刃部略凹呈弧形，唯锋抹一角呈凸弧形，刃薄，背厚，柄短（图十一 - 8）。

4. 装饰品

铜铜（墓 14）　　1 件。侈口，圜底，素面，胎薄，口径 21、高 9.2 厘米。

昭明镜（墓 5）　　1 面。属钮，宽廓，钮周有八个连弧纹，有铭"内清质以昭明光而象夫明元而忽□而忠显而乎□"。直径 11 厘米。日光镜（墓 5）5 面。扁钮，地纹与昭明镜同。铭为"见日之光天下大明"。直径 6 厘米。

骨装饰品　　13 件。扁圆形的 10 件，直径 1.5 厘米，上面用朱色绘一圆边，中间画 ⚡ 形。另 3 件系长条状，一端圆形，并有一小壑，一端较薄，长 4.5 厘米。

图十一　孝义张家庄汉墓出土器物

1. 陶瓶　2、3. 陶鼎　4. 陶钩　5. 陶灶　6. 铜弩机　7. 铜滑轮　8. 铁刀　9. 绿釉陶壶　10、11. 陶井和井顶　12. 砖　13. 瓦
2.（1～6. 墓14出土；7～8、12～13. 墓15出土；9. 墓21出土；10～11. 墓20出土）

5. 货币

3枚，其中小半两钱1枚，五铢钱2枚，皆出于墓15。

6. 兵器

铜弩机（墓 14）　2 件。一为实用物，一为模型，形制相同。前者出于墓室中央，机盘呈长方形，长 12.8、前端宽 2.2、后端宽 3.5 厘米，中央有凹槽。钩括作弧形，机身用圆形栓塞，右侧在两栓塞中间墨书"堇子"二字，旁又线刻"甲"字（图十一 – 6）。后者与马车饰同出于墓道中，机盘长 4.8、前宽 1、后宽 1.5 厘米。亦于右侧两栓塞之间线刻"|||"。

铁弩箭　16 支。墓 1 耳出 6 支与弩机共存。墓 15 出 10 支。出于东西耳室。箭均呈圆柱形，圆头长脊，短铤，铤身作木套，并饰彩绘。通常 19.5、脊长 13.6、断面直径 1、柄长 5.9 厘米。

弩机、弩箭的尺寸折合魏正始和蜀章武弩机尺寸比较如下：

名　称	尺　寸	合魏弩机尺	合蜀弩机尺
机盘长	12.8 厘米	5.2 寸	5.4 寸
弩　箭	19.5 厘米	8 寸	8.2 寸

铁剑　6 把。与墓 14 的车马饰共存。圆球形铁弹丸 10 个。墓 14 出斗个，余为墓 15 出土，形制皆同，直径 2 厘米。

盾　残甚，略可看出为长方形，长约 50 厘米，宽略短于长，四边抹角，上漆绘，红底黑边，内绘制白色老虎等形象（图十二）。

图十二　盾残片

7. 车马饰

205 件。墓 15 出 156 件，墓 14 出斗 9 件，大部分为鎏金物。

当卢　9 件。墓 15 出 7 件，墓 14 出 2 件，形制皆同。

马衔　11 件。衔的两端有椭圆形环，中间用两小环将衔的两节连接起来，伸长 10 至 12 厘米，镳穿于两端环内。另两件与上不同，即衔的两节直接勾穿。

马镳　20 件。墓 15 出的有叶状和直式的。墓 14 出的有 S 形，其两端又呈刀状。

车軎　6 件。形状皆同，为细小的圆筒，内沿宽于外沿，外沿不透孔，内沿穿内木轴上并套有铁圈。近内沿处有圆柱形辖，辖首作三角形。轴身有凸出棱三周（墓 14 出两件，凸出棱二周）。长 2.8，内沿直径 2.5，外沿直径 1.2 厘米。

车轴　4 件。墓 14、15 各出 2 件。皆为细长圆筒，筒的近两端处各凸出棱一周，中央凸棱一周（筒内有残木），轴长 10，直径 1.7 厘米。

辕轴头　5 件。弯形，兽面，长 2 厘米。

钗　15 件。墓 14、15 均出土，有直式的，身较长，两端折成直角的四棱钉状。也有半圆形的，两端为圆头尖状。

筒形器　15 件。长 1.5 至 2 厘米，筒内有残木。

盖弓帽　72件。銎内均有残木，可分2式：Ⅰ式22件。筒形，上端略窄作圆球顶，腹侧附钩，长2.6厘米。Ⅱ式51件。周身与Ⅰ式相同，唯顶部作柿蒂形（四畔），长3.3厘米。

此外，还出土有铜质钫泡、兽头、带具、蒂饰物等。

8. 其他

陶井　（墓14）　1件。上方下圆，两侧立方柱，柱上部内收有屋顶，下边有搭滑轮之桩。井内附有小扁腹陶水斗一个。

铜灯　（墓14）　1件。灯盘中央有一小钉，有弯把，圈足，通高5.5厘米。

铜滑轮　（墓15）　1件。圆形，圆周有凸槽，中穿轴，轴两端断面为方形，中间为圆形，轮可以活动。轴长10，轮直径3厘米（图十一－7）。

铁棒　（墓14）　1件。长22厘米，中间方两端圆，似为轴类。

铁环　1件。与铁棒伴出，马蹄形，背面两侧凸起二齿，末端作刃状，似为某物之构件。

瓦当　（墓15）　1件，饰绳纹，残存"长乐"二字（未央缺）。

另外，墓14还发现有西瓜籽、甜瓜籽并在两墓的填土中发现了一些不辨形状的漆器残片（图十三）。

在墓14、15的棺木的西边各发现1件用途不明的东西，由长方形（长16.5、宽6、厚0.4厘米）和方形（直径4厘米）两块石板组成；长方形的为素面，方形的较厚，底方上圆，圆周雕樽边，内有四个连弧纹，中央又雕四个圆圈。1958年榆次市猫儿岭第5号汉墓亦发现一件，质料相同，唯于石板上贴有骨圈，骨片、骨鸟鱼等（图十四）。

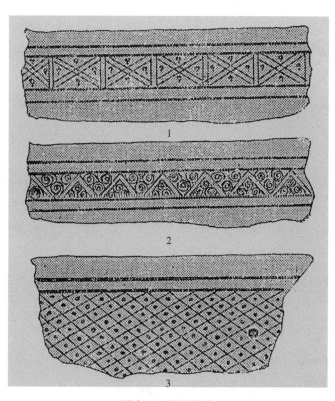

图十三　漆器残片

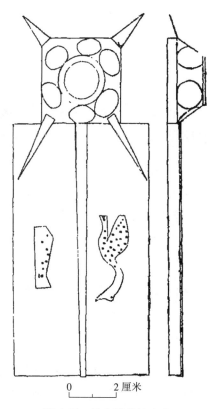

图十四　榆次猫儿岭出土

（三）小　结

这期墓葬形制，除有方形竖穴坑外，增加了圆顶的洞室墓，且有耳室及窄小斜坡式墓道，无疑比前期有了进一步的发展。同时多打破第一期的墓葬，如：墓 15 的土墼下边就压着 16 个墓，其中墓 4、5 两座被墓 15 的竖穴的第一层台阶打破。墓 9、24 被墓 14 打破。两墓均系双人葬，且棺木上出现了铁钉。随葬物中除有半两钱以外，增加了五铢钱。陶器中的鼎、豆、壶、釜、灶、井以及铜弩机和鎏金的车马饰模型等与闻喜西官庄汉墓出土的大体相同。根据上述情况，这期墓葬的年代应当属于东汉早期。

三、第三期墓葬

第三期共 2 座。

（一）墓制、葬具和葬式

均为砖砌方形复室墓。其中墓 20 分前后两室，中间作甬道，长 1.05 米，其底砖高出前后室匣砖 10 厘米，周壁用小条砖平砌，顶部坍塌，据遗痕推知原为方锥形，墓道居北（未清理）偏东 10°。

墓 21，由墓道、甬道、前后室及东西耳室粗成。斜坡式墓道居南，长 10、宽 1.2 米。墓道中部压在墓 22 的上边。

墓门、东西耳室及甬道之洞，均用双层砖作圆顶，以石灰黏合。墓壁与券顶没有明显的分界线。东耳室除门券用砖砌外，里边为长方形土洞，仅在南北两壁的下部平砌六砖高之壁，后壁下迭起三砖高之台，而各式的底部均以方砖或小条砖平铺（不规则）。

此墓后室设棺，有烧毁的棺板及周壁烟熏之痕迹。随葬器物主要放在前室。

这两座墓都被破坏，但随葬器物较为丰富，在时代上与前两期也有所异，如：陶案、勺、灶等都为前者所不见。

（二）随葬器物

1. 容器

陶壶（墓 21）　2 件。侈口，长颈，斜肩，扁腹，圈足，口沿外饰弦纹二周，肩部两侧塑铺首衔环，腹部凸起弦纹四周（图十一 -9）。

陶罐　1 件。平口，直颈，圆腹，平底，器身满饰细绝纹，肩腹间有凹弦纹三周，通高 20.5 厘米。

2. 炊、餐具

陶素（墓 21）　3 件。长方形，四周有凸起的樽边，其中 1 件无樽边，器身均饰朱色，自边至中央墨绘长方形格子，依樽边的一格内绘 S 形图案。长 45 ~ 60、宽 24 ~ 39、厚 1.2 至 1.7 厘米。

陶盘　1 件。残甚，圆形，直径 40 厘米，樽边彩绘。

陶灶　2件。墓20、21各1件。皆长方形，一端作方顶和券顶式火门，一端顶部作圆孔烟囱。灶面上有眼锅，并浮雕着笾、勺、火钩、箅、案及鱼、鸭、碗、筷和耳杯等。

陶碟　2件。大者平口浅腹，小者侈口，浅腹平底。

陶耳杯　9件。均残破。器内均涂朱色，大的长16、宽9.5、高6厘米。

陶勺　2件。均残破，为龙首柄，满身涂朱色。

此外，墓21还出陶盎、甑、锅、瓢等6件。

3. 装饰用具

陶奁（墓21）　2件。侈口，无盖，平底，有三个兽面足，腹部饰笾纹三周，口径18.7、高11.8厘米。

陶洗（墓21）　2件。一件侈口，圆腹平底，肩部饰弦纹三周。一件为直口，内沿抹棱，口径21厘米。器身均涂朱色。

铜圆圈（墓21）　1件。镀金物，胎极薄，恐是某器镶嵌物。

此外，墓20还出有骨笄1件，长8厘米，断面呈菱形。料质喇叭口器。墓21出琥珀珠1件。

4. 其他

陶井　2件。墓20、21各出1件。系圆形口之两侧，立方柱，上部内收，两柱间有滑轮最上层有四阿式顶。也伴出有陶水斗（图十一－10、11）。

瓦砚（墓21）　1件。圆形，平底，砚面凸起，周边下凹无盖。

砚水壶　1件。卧羊式，背作圆口，颈与尾部各有一小孔，可以系绳。

此外，也在墓21内发现有与第二期墓葬（即14、15）中出现的用途，名称不详的石质器物4件。

（三）小　结

划为这一期的两座墓葬，皆为长条砖砌成方锥顶的复室墓，且墓21的后室情况值得注意，后室建筑保存完整，棺木及骨骸均烧成灰，墓室周壁及顶圈，均有烟熏之痕迹。随葬器物中除有绿釉壶和彩绘陶案，奁盘、耳杯、勺等外；陶灶面的纹饰较前有了进步的发展，还有陶砚及研水壶等的出现均为前期所未有，因而它的年代要晚于以上两期，当为东汉末期或者更晚一些。

执笔：解希恭

（原载《考古》1960年第7期）

山西离石马茂庄汉画像石又有新发现

杨绍舜

（山西省吕梁地区文物工作室）

1980 年离石县贺昌中学在整理图书馆库房时，发现两块已破碎的画像石。经复原，其中一块画面较完整，另一块只剩上半部分。后经访问当地几位老教师，并对画像石进行对比研究，得知这两块画像石是 1919 年马茂庄东汉画像石墓出土之物。[①] 据《文物参考资料》1958 年第 4 期《山西离石县的汉代画像石》一文介绍，当时两块刻字墓石被奸商盗运出国，其余十二块有画无字的残石，有十块在解放后交山西省博物馆保管，另两块未见。此次找到的正是所缺的那两块。为了对离石汉代画像石的研究提供资料，今将 1980 年发现的两块介绍如下。

第一块，高 133、宽 97 厘米。画面可分两层。第一层，左右两角各有一舞龙纹；一人头梳螺式双髻，髻后垂发，肩披风巾，腰系风裙，两手持草喂养一只跳跃仰首的麒麟；下面有一犬、一鸟。第二层是一个柿蒂形装饰图案。此石上边和右边有连续的蔓花纹饰（图二）。

第二块，残存上半部，左边高 69、右边高 86、宽 95 厘米。画面也分两层。第一层，左侧一武士手持长剑，与一角上系刀、尾巴翘起的牡牛相斗，右侧有一人身佩长剑，似向他面前的一位年长者诉说。第二层，左侧有一条鱼；中间是一棵大树，树旁一匹马；右侧有一条舞动的龙。左下方残存一马头。此石上边是连续的蔓花纹饰图案（图一）。

上述两块画像石与山西省博物馆收藏的十块刻画风格相同。

图一　第二石拓片（1/7）　　　　图二　第一石拓片（1/10）

（原载《文物》1984 年第 10 期）

---

① 该墓墓主是左元异。据《文物》1979 年第 11 期《跋汉左元异墓石陶片拓本》一文记载，墓中出土刻字墓石两块，一块刻"和平元年西河中阳光里左元异造作万年庐舍"，一块刻"使者持节中郎将莫府奏曹史西河左表字元异之墓"。

山西离石马茂庄东汉画像石墓

山西省考古研究所　吕梁地区文物工作室　离石县文物管理所

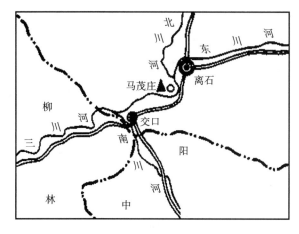

图一　马茂庄墓葬位置示意图

离石县马茂庄村，位于三川河与其支流交汇转弯处北侧二级台地边缘，东距县城南关约2公里（图一）。20世纪初，村西1.5公里的"塌崖湾"曾发现汉画像石"左表墓"①及"和平元年"石刻柱②。若干年以来，在村西山塬上也不断发现汉代画像石。

1990年10至12月，山西省考古研究所协同当地文物部门，在马茂庄村西山塬上，又清理了3座汉代画像石墓，自西向东编号为M2、M3和M4；其中M2与M3相距65米，M3与M4相距20米。出土一批汉画像石和少量的随葬器物，现分别报道如下。

一、2 号墓

（一）墓葬结构

2号墓坐北朝南，方向206°。斜坡墓道开在耕土层以下，经钻探长20、宽2米。此墓由墓门、甬道、前室附两侧耳室与后室组成。被盗，墓室顶部已毁。墓室内积满碎砖淤土，后室有烧后炭化的骨骸少许，死者葬式不详。墓室由绳纹条砖（36×18×6厘米）错缝砌筑，残存高度在墓室四壁横额画石处，墓底距地表深4.2米（图二）。

墓门外以条砖错缝平砌封堵，存高1.68、

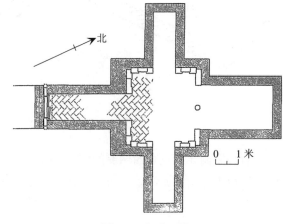

图二　M2 平面图

---

①　梁宗和：《山西离石县的汉代画像石》，《文物参考资料》1958年第4期。
②　谢国祯：《跋汉左元异墓石陶片拓本》，《文物》13T9年第11期。

宽 1.8 米，与墓道底部同宽。墓门在甬道南端，由门楣石、左右边框石和两扇石门组成：纵高 1.66、横宽 1.6 米，两侧用条砖砌固。门扇正面有镶环孔，边侧上下留有门枢。门楣后的石条边沿和门槛内的铺底砖面上，对应凿出凹缺和臼窝，使门扇得以启阖。甬道长 3.5、宽 1.08 米；顶部已塌，残留的 4 层条砖砌作拱券状，墙高 1.36 米。曾在甬道北部出土了 1 块半圆形画像石，可判断为甬道券顶北端的嵌饰物。

前室平面呈正方形，每边长 2.82 米。四壁均有门道，南与甬道相连，北通后室，东、西各通 1 耳室。四壁皆由画像石竖立拼砌。东、西两壁砌法相同，分别以门道为分界，两边各砌 3 块石材。每组石材左、右两块靠前，中间 1 块错后 6 厘米，呈倒凹字形。南壁砌法与东、西壁相似，但两边各为 2 块石材竖砌而成，靠门道的石材很宽，外则凿磨去薄 4 厘米，形成两个层面，看起来与东、西壁相似。北壁门道较宽，中央竖立 1 根断面宽 20 厘米的八角形石柱，上承 40 厘米见方的方形栌斗石。栌斗凿成榫卯相连，榫径 9、卯深 2.5 厘米。门道两侧各竖砌 1 块石材。四壁之上承托横额石，其中，南、北横额石两端长出 15～20 厘米，长出部分被凿薄 5 厘米，形成曲尺形凹槽，再将东、西横额石的两端窄头嵌入南北横额石的凹槽内。后室平面呈长方形，东西宽 1.86、南北长 3.12 米。其北端后壁有盗洞，墙存高 1.2 米，被烟火熏黑。

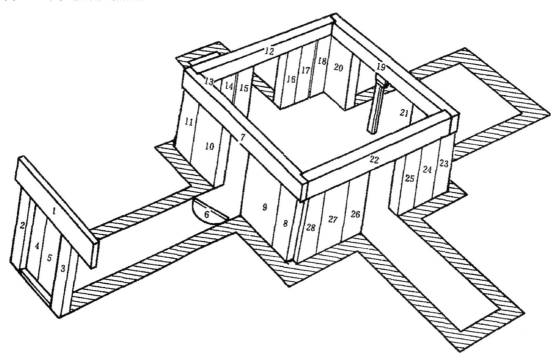

图三　M2 画像石分布示意图

左、右耳室附于前室东西两侧的中部，长 2.3、宽 1.06 米。顶部也已塌落。

铺底砖仅存于甬道和前室，也遭破坏；上层铺作"人"字形，下层为错缝横铺。

（二）画像石内容

画像刻于墓门、前室四壁和横额石上，计 28 块、31 幅画面（图三）。

画像石为砂质页岩，质较软，呈红褐色。系利用板状页岩分层削凿，稍加磨制，再由画工勾勒墨线，石匠镌刻。一般为先阴刻轮廓，再剔地平铲作浅浮雕。对物像细部不作刻划，留下原有墨迹。述有若干画像石的下部存有隶书文字，标明在墓葬中的位置。

　　画像石1：墓门顶部刻石，长1.86、宽0.31、厚0.14米。上下分层构图。上层由连续的蔓草状云气纹组成图案，同左、右门框画石的外栏风格一致，作为边饰。下层为车马出行图，车马皆向左行驶，自左至右刻执节导骑，马车3乘，分别为轺车、帷车和棚车，最右刻1株柏树。

　　画像石2、3：墓门两侧门框刻石，长1.35、宽0.34、厚0.14米。左右对称，皆作内外栏刻画。外栏刻云气纹，内栏上层一刻西王母，一刻东王公，相对坐于华盖垂饰的天柱悬圃之上。下层分别刻持彗与拥盾的门吏（图四~图七）。

图四　M2画像石2拓片　　图五　M2画像石3拓片　　图六　M2画像石2摹本　　图七　M2画像石3摹本

　　画像石4、5：墓门扉刻石，长1.32、宽0.52、厚0.05米。上下分层，刻画内容相同。上层各刻朱雀1只，左右相对。下层各刻铺首衔坏，铺首额似山形，瞋目露齿（图八、图九）。

　　画像石6：甬道刻石，半圆形，直径0.95、高0.44、厚0.06米。正、背面皆刻画像。正面为肩生两翼的虎，背面1兽似豹，也肩生双翼，俯首卷尾，趴伏于地（图一〇、图一一）。

　　画像石7、12、19、22：为前室四壁承托的横额刻石，均有断裂破损。分格构图，为车马出行场面。画像石7为南壁横额，长3.25、宽0.29、厚0.25米。画幅长2.82米，分3格刻画。左为轺车2乘，中有持棨戟骑吏4名，右有车前伍佰6名（图一二）。画像石12，西壁横额，长2.92、宽0.29、厚0.25米。画幅长2.82米，分7格刻画。前3格框从左至右依次为帷车1乘轺车1乘，随从骑吏4名；后4格框均为轺车1乘（图一三）。画像石19，北壁横额，与画像石7的尺寸相近，只是薄4厘米。画面通幅，中部刻1高墙深宅，内有厅堂；大门两侧植柏，围栏双阙，有拥盾、持彗的门吏分别

图八　M2 画像石 5 拓片　　　图九　M2 画像石 5 摹本

图一〇　M2 画像石 6 正面摹本　　　图一一　M2 画像石 6 背面摹本

立于两旁作迎送状（图一四）。画像石 22，东壁横额，尺寸与画像石 12 相同，画面 4 格刻画，自左依次为安车 1 乘与植柏 1 株，轺车 1 乘与步卒 2 名，轺车 2 乘与植柏 1 株，植柏挂剑与轺车 1 乘（图一九）。

图一二　M2 画像石 7 拓片

图一三　M2 画像石 12 拓片

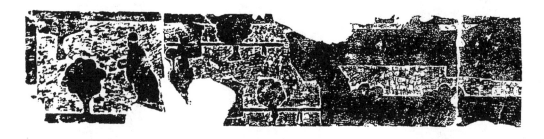

图一四　M2 画像石 19 拓片

图一五　M2 画像石 22 拓片

上述 4 条横额画石表现的车马出行场面，似应从南壁（墓门方向）横额画石的中间起，经西、东两壁再与北壁横额画石相接。

画像石 8 ~ 11：为前室南壁刻石。画像石 8、11，长 1.39、宽 0.29、厚 0.25 米，均刻云气纹，周框素面。画像石 9、10，长 1.37、宽 0.35、厚 0.25 米，上下分层构图，画面相似。上层画面较小，东王公与西王母相对坐；下层画面较大，异兽、云车在持符节驱神骑的导从簇拥下，飞升在层峦叠嶂之间（图一六、图一七）。

画像石 13 ~ 18、23 ~ 28：为西、东两壁刻石，画像内容西、东壁对应。画像石 13、15、16、18、23、25、26、28，刻云气纹（图一八、图一九）。南端的画像石 14、27，皆长 1.4、宽 0.39、厚 0.12 米。分 5 格构图。画像石 14 自上至下依次为戴胜昂首的朱雀 1 只，云气纹，口衔圭的赤鸟 1 只，举尾侧立的三足鸟 1 只和振翅翘尾的双头鸟 1 只（图二〇、图二一）。画像石 27 自上至下依次是双翼天马 1 匹，云气纹，双头相合的两黄兽 1 头，臁疏 1 头和爬行的龟 1 只（图二二、图二三）。北端的画像石 24 及，17 长 1.35、宽 0.37、厚 0.12 米。均作上下分栏刻画，上层各刻肩生双翼的东王公、西王母坐悬圃；下层各刻鸡首人身、牛首人身的执符节着襦袍之神人使者（图二四 ~ 图二七）。

图一六　M2 画像石 9 拓片　　图一七　M2 画像石 10 拓片　　图一八　M2 画像石 23 拓片

图一九　M2 画像石 25 拓片　　图二〇　M2 画像石 14 拓片

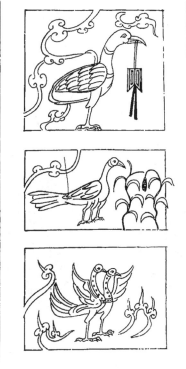

图二一　M2 画像石 14 摹本　　　　　图二二　M2 画像石 27 摹本

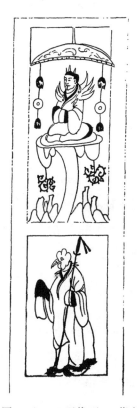

图二三　M2 画像石 27 拓片　　图二四　M2 画像石 24 拓片　　图二五　M2 画像石 24 摹本

　　图二六　M2 画像石 17 摹本

　　图二七　M2 画像石 17 拓片

　　图二八　M2 画像石 20 拓片

　　画像石 20、21：墓室北壁两侧竖立的刻石，长 1.37、画面宽 0.5、厚 0.23 米。各刻廊院和庑殿顶建筑，廊院前有 4 人拱手作迎送宾客状（图二八、图二九）。

　　2 号墓的画像石中，6 处有隶书墨迹，均出自刻云气纹图案画像石的下部。画像石 10 书"户南"2 字，画像石 15 书"东壁北柱"4 字，画像石 16、18、25、28 分别书"西壁户北柱""西壁北头柱""东壁户南柱""东壁南头柱"5 字。除画像石 15 外，所标示的墓中方位与实际位置相符（图三〇~图三二）。

（三）随葬器物

　　清理时，在前室淤土中发现少量的破碎陶片，多已不能复原。可识别形状的有案、奁、榼、耳杯等；类同于洛阳烧沟汉墓中东汉晚期的器物。一些完整器物散出于墓圹的各个部位。

　　陶罐　2 件。灰陶均出土于墓道填土内。一件（M2：1）方唇直领，圆肩平底，肩、腹部有压印的细绳纹，口径 13.2、高 20 厘米（图三七-2）。另一件（M2：2）折沿，平口，短束颈，圆鼓腹，平底。肩、腹部拍印数周细密的绳纹，口径 9.2、高 23.2 厘米（图三七-1）。

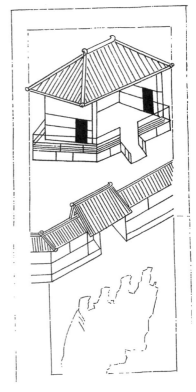
　　图二九　M2 画像石 20 摹本

图三〇　M2 画像石 15、16、18、25、28 墨书摹本（1/2）

图三一　M2 画像石 16 墨书

图三二　M2 画像石 25 墨书

　　铁臿　1 件（M2：3）。出土午墓道底部近墓门处。整体呈 U 型，刃略弧凸，背中空、成銎。长 14.4、刃宽 3.2、背厚 1.3 厘米（图三七 -6）。

　　铁凿　1 件（M2：4）。与铁铲同出，长条形，两面刃。长 13.6、宽 1.7、厚 0.8 厘米。

　　铜盖弓帽　1 件（M2：5）。出土于前室。圆筒状，中空成銎，偏上部挑起一钩，饰凸弦纹。长 7.2 厘米（图三七 -7）。

　　铜泡钉　2 件（M2：6）。也出土于前室淤土中。一件口径 2.5 厘米，另一件口径 3.8 厘米（图三七 -3、4）。

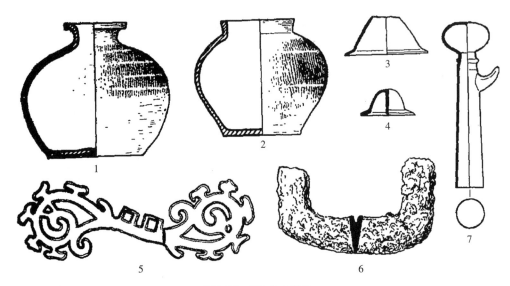

图三三　M2 出土器物

1、2. 陶罐（M2：2、M2：1）　3、4. 铜泡钉（M2：6）　5. 铅衔镳（M2：7）　6. 铁舌（M2：3）　7. 铜盖弓帽（M2：5）

铅衔镳　2 件（M2：7）。出土于前室。弯曲如 S 形，两端部皆镂空。长 10.8 厘米（图三七 - 5）。

五铢钱　3 枚（M2：8）。出土于后室门道处。正面无内廓，体薄且铸造较粗。钱径 2.5、穿宽 1 厘米，重 2.7 克（图三四）。系流行于东汉桓、灵帝之际的钱币。

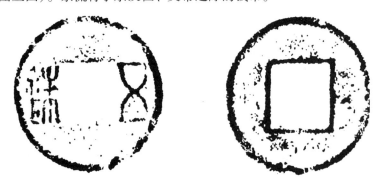

图三四　五铢铜钱（M2：8）
正、背面拓片（原大）

二、3 号墓

（一）墓葬结构

3 号墓也是一座砖石混砌墓。坐东向西，墓向 283°。由斜坡墓道、墓门、甬道、前室、北侧耳室及后室组成。通长 8.45（不含墓道）、宽 6.65 米。墓道长 22、近墓门处的底部宽 1.8、距地表深 5.2 米。封门砖及门外条砖、墓门结构与 2 号墓相同（图三五、三六）。墓门由 5 块画像石组成，高 1.56、宽 1.58 米。门扉中部里侧各镶铁环并有铁链相系。甬道券顶已坍塌，长 2.28、宽 1.12、墙高 1.18 米。

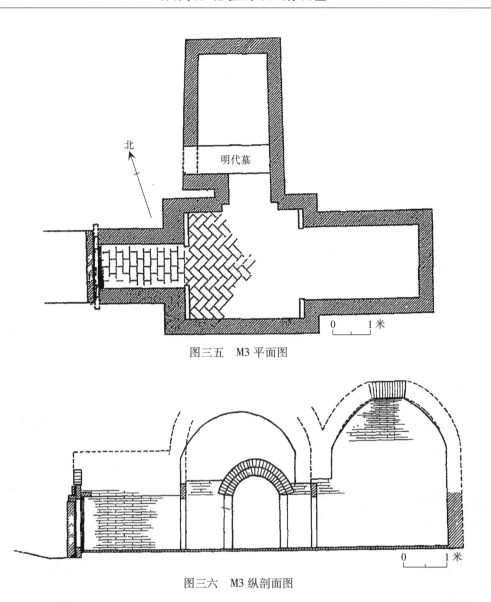

图三五　M3 平面图

图三六　M3 纵剖面图

前室平面略呈长方形，东端稍宽。南、北壁各长 2.9、西壁宽 2.7、东壁宽 2.76 米。在前室西壁、东壁两旁砌画像石门框，上架画像石横额。前室顶部已塌毁，存高 1.5 米。出土少量陶片和一块方形画像石。

后室平面呈长方形，东西长 3.04、南北宽 1.84 米。四壁自 2.1 米处券拱内收，现存南北两面，高 3.24 米，墓顶正中有东西向的一排条砖封砌。

北侧耳室门道开于一侧，长 0.95、宽 1.1 米，券顶。耳室平面略呈长方形，长 3、南端宽 1.9、北端宽 1.8 米。其南段被一座明代洞室墓打破，墓顶东侧有一盗洞，北端墙倒塌。墓壁自 1.8 米处起拱内收四面结顶，南北向一排条砖砌封，内高 2.6 米。

铺底砖仅存于甬道和前室。甬道错缝横铺，前室作"人"字形斜铺。

（二）画像石内容

3 号墓内砌筑画像石 11 块，计墓门门楣、门框、门扉 5 块，前室西壁通甬道的门道、东壁通后室的门道各砌筑 3 块。在前室的淤土中，清理出 1 块方形画像石，边长 26、厚 17 厘米。此石只用红、白色彩绘，未加刻镂；正中绘朱色圆轮，周围画云气纹，其间还有 1 个三梁冠头像。

墓中画像石的质地、刻法与 2 号墓相同。因数量不多，未编号。

门楣石　1 块，长 2.17、宽 0.31、厚 0.12 米。上层刻斜格云气纹，下层刻车骑出行图。左行车 6 乘，1 骑吏，间柏树 4 棵。其中前 3 乘为导车，第 4 乘为辎车，车上乘者当为主人，后 2 乘为从车。这与《后汉书·舆服志》记"公卿以下至县三百石长导从，……三车导，主簿、主记两车为从"的情况相符。

门框石　2 块，长 1.25、宽 0.32、厚 0.11 米。上层分别刻东王公、西王母相对坐于昆仑悬圃，上有华盖下有青鸟。下层分别刻棒盾、持彗的门吏，着交领长袍（图三七~图四〇）。

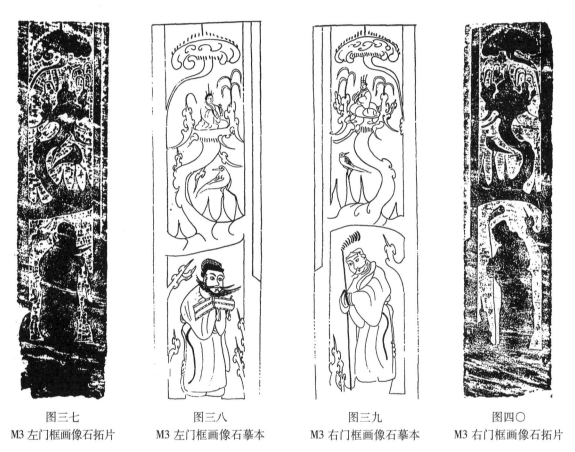

图三七	图三八	图三九	图四〇
M3 左门框画像石拓片	M3 左门框画像石摹本	M3 右门框画像石摹本	M3 右门框画像石拓片

门扉石　2 块，长 1.15、宽 0.5、厚 0.05 米。自上而下为朱雀、铺首衔环和独角神兽（图四一~图四四）。前室西壁画像石 3 块。

横额石：长 2.74、宽 0.31、厚 0.12 米。上层刻云气纹。下层左段有辎车 2 乘，间 1 骑吏；后随骑从 4 人，上方间有飞鸿。中段刻庑殿式建筑，其右侧 1 执笏者作迎候状。右段刻车 3 乘，第 1 辎车前有 1 导骑，第 2 幡车前、后均有二骑吏，第辎车随后（图四五）。

左边框石：长 1.3、宽 0.88、厚 0.12 米。分纵向 3 格刻画。左、右两格内刻云纹、斜格云气纹。中格内 1 条应龙作飞腾扑食状，卷曲的躯体把画面分成上中下 3 层。上层刻戏耍驾御飞龙的羽人、鸿雁玄鸟；中层刻坐悬圃的仙人、昆鹏与骑使；下层刻展翅朱雀、独角神马、天柱猛虎和仙人（图五七）。

  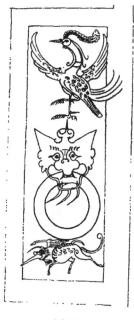 

| 图四一 | 图四二 | 图四三 | 图四四 |
| M3 左门扉画像石拓片 | M3 左门扉画像石摹本 | M3 右门扉画像石摹本 | M3 右门扉画像石拓片 |

图四五　M3 前室西壁

　　右边框石：长1.4、宽0.86、厚0.12米。画像构图似左边框石。中格分上下层，分别刻画仙界、飞升场面。上层中有苍龙卫护着昆仑天柱、坐悬圃的仙人，左有飞行的神人，右有骑使；天柱下有3鸟、羽人、蟾蜍与白虎。下层以执禾羽人、叠峰屏峰烘托出广阔的空际，一御者控驭着五缰飞龙，云车上有伞盖，内坐主人，旁有流云，下有骑使、飞鸿（图四九）。

　　前室东壁画像石　3块。

　　横额石：长2.84、宽0.31、厚0.13米。分上下栏刻画。层刻卷云纹。下层刻左行的出行场面，自左至右依次刻御虎导骑、虎车、雁车、狐车、豹车、鱼车、狗车、龙车、骑吏，怪兽异禽皆半走半飞，车下有卷纹（图四六、图四七）。

图四六　M3 前室东壁

图四七　M3 前室东壁

图四八　M3 前室西壁左边框画像石拓片

图四九　M3 前室西壁右边框画像百拓片

　　左边框石：长 1.27、宽 0.52、厚 0.12 米。纵向分左右栏刻画。右侧窄栏靠门道，内刻卷云纹。左侧刻飞升图。自上而下为 2 人骑马持节，3 匹天马挽云车（上有 2 乘者），1 羽人乘龙，2 羽人戏龙，1 鸡首人身使者持槊戟守护于神木旁（图五〇、图五一）。

　　右边框石：长 1.2、宽 0.53、厚 0.12 米。构图同左边框石。也为飞升图，自上而下刻 2 人骑乌持节，4 匹天马挽云车（上有 2 乘者），3 骑马、2 乘雁持节拥符的仙人，5 匹神兽挽云车（上有 2 乘者），1 持笏着襦袍的牛首人身使者（图五二、图五三）。

　　（三）随葬器物

　　在前室与甬道过洞处，发现零散骨骸，出土少量陶片。可辨识的器种有长方形案、奁的熊形足以及耳杯和长方楹等。

| 图五〇　M3 | 图五一　M3 | 图五二　M3 | 图五三　M3 |
| 前室东壁左边框画像石拓片 | 前室东壁左边框画像石摹本 | 前室东壁右边框画像石拓片 | 前室东壁右边框画像石摹本 |

其中已修复的 1 件陶钵（M3：1），敞口圆唇，扁圆腹，平底。外壁口沿下饰弦纹 3 周。泥质红陶，施墨绿色釉。口径 20、高 8 厘米（图五四–3）。1 件陶勺（M3：2），勺首宽肥，圜底，柄端内下钩曲。残存朱色，深 3.2、长 18 厘米（图五四–1）。另有墓门门扉上的铁环（M3：3），已朽蚀，直径 11、环条径 1.2 厘米（图五四–2）。

此墓随葬器物类同于洛阳烧沟汉墓中东汉晚期的器物。

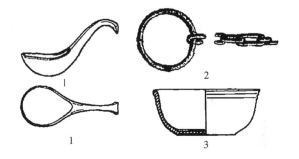

图五四
1. 陶勺（M3：2）2. 铁环（M3：3）3. 陶钵（M3：1）（均为1/8）

三、4 号墓

（一）墓葬结构

4 号墓是一座残墓，为前后室结构，墓向 15°。墓道因平整土地被挖毁，底部宽 1.7、距地表深 4.6 米。甬道被一座西向的近代竖穴洞室墓打破。后室部分也已不存，仅存墓门、部分甬道和前室。

墓门的结构和封门砖砌法与 2 号墓相同。墓门石材残存 3 块。

甬道长 1.6、宽 1.02 米。前室平面作正方形，边长 2.8 米。西壁残高 2.2 米，自 1.9 米以上开始起券。出土 1 块正方形画像石，边长 27、厚 15 厘米。上面可辨的仅绘白色圆轮，未加刻划。

后室经钻探得知，南北长 2.68、东西宽 2.44 米。

铺底砖已遭破坏，甬道、前室作"人"字形斜铺（图五五）。

（二）画像石内容

仅残存墓门画像石 3 块，未编号。质地和刻法与 2 号墓相同。

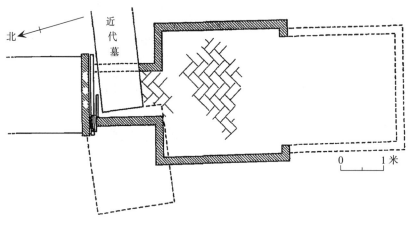

图五五　M4 平面图

门楣石：长 1.76、宽 0.32、厚 0.08 米。上层刻云气纹，间怪兽 2 只。左兽似熊，右兽似牛，均作奔跑状。下层刻车马出行图，自左至右为导骑 2 人、轺车 1 乘、从骑 1 人、棚车 1 乘、从骑 2 人。最右从骑返身张弓引矢。后有 1 鹿作逃命状（图五六）。

右边框石：长 1.3、宽 0.36、厚 0.09 米。纵向分左右栏构图。右栏刻云气纹。左栏上刻坐方坛的肩翼神人，卷曲的蛇尾拖于坛下；中刻 1 侧身跨步，双手操蛇的羽人；下刻 1 戴冠着袍拱手拥盾的门吏（图五七）。

图五六　M4 门楣画像石拓片

右门扉石：长 1.25、宽 0.5、厚 0.05 米。有残缺。上刻戴胜振翅的朱雀，下刻铺首衔环（图五八）。

（三）随葬器物

在墓道填土近墓门处，距地表 3.1 米，发现 1 件陶瓶（M4∶1），外折宽斜平沿，短颈，扁鼓腹，平底。口径高 18.8 厘米（图五九-1）。

甬道出土 1 件陶盆（M4∶2），方唇，平沿外折，近直腹，平底。口径 20、高 10.5 厘米（图五九-2）。

图五七　M4 右边框画像石拓片　　　　图五八　M4 右门扉画像石拓片

前室淤土中清理出土的陶片，可辨器形的有案、罐、杯等。已修复 1 件陶罐（M4∶3），灰陶，火候较高。侈口，方唇，圆肩，圆腹，平底。通体压印细绳纹，内壁有点状印痕（图五九 -3）。

此墓随葬器物类同于洛阳烧沟汉墓中东汉晚期器物。

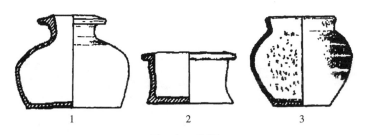

图五九　陶器
1. 瓶（M4∶1）2. 盆（M4∶2）3. 罐（M4∶3）

四、结　语

乌茂庄发掘的 3 座画像石墓，相距不远，周围还钻探出数座同类墓，表明这里应是一处族茔。从墓葬形制、随葬器物、画像石内容及刻法等特征推测，墓主可能为地方官吏或豪强。墓葬时代为东汉晚期，即相当于桓帝、灵帝之际。

2 号墓画像石构图简明疏朗，多作分格框处理，刻画凝重醒目，艺术风格古拙。3 号墓画像石构思奇特，刻画活泼自由，不拘绅微但求神似，雄浑豪放。

砌筑在墓室门道过洞的横额画像石，具有装饰墓门和拓宽通道的作用。

与三川河流域相距不远的陕无定河流域，发现过东汉中期画像石墓。① 因资料有限，两地汉画像石之间关系尚难确定，有待于今后研究。

发掘期间，曾得到了马茂庄村民委员会的支持，在此表示感谢。

执笔：商彤流、刘永生；拓片、摄影：王传勋；绘图：商彤流、畅红霞

（原载《文物》1992 年第 4 期）

---

① 　戴应新、李仲煊：《陕西绥德县延家岔东汉画像石墓》，《考古》1983 年第 3 期。

离石马茂庄村汉墓

商彤流　董楼平　王金元

（山西省考古研究所　吕梁地区文管处　离石县文管所）

　　1993 年春，为配合离石县城区"改河扩城"基本建设，我们对即将被新辟为河道的马茂庄村西山塬进行了抢救性发掘，清理汉代砖室墓十余座（另出土一批金、元、明、清时期墓葬，还发掘 75 平方米的新石器时代遗址）。其中有单室墓 5 座，双室或附耳窄墓 13 座。大多数墓葬或系早期盗扰，或于近代整地时被毁，又因地表剥蚀，因此墓位浅露而遗物甚少。

　　离石县城关镇马茂庄村西山塬（图一），即三川河转弯西流的北侧二级台地，高出河床 40 余米，为古今多葬之地。汉代砖室墓较集中分布于山塬南部，墓向多数朝北。现择 1993 年 LM55（单室墓，仅存的未盗扰墓）、1993 年 LM4（双室附耳室墓，随葬遗物较多的墓），作为此次发掘的汉砖室墓之代表。另外，将在马茂庄村内征集到的六块汉画像石，一并简报如下。

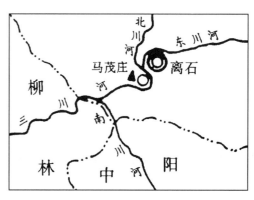

图一　马茂庄汉墓位置示意图

一、93LM55

（一）墓葬形制

　　墓葬为砖券单室墓，坐南朝北，墓向 21°（图二）。

　　斜坡墓道因处于施工通路而未能发掘，仅钻探其长度为 7.5、墓底距地表深 4 米。

　　甬道位于墓室北壁中央，与长方形墓室相通，整体平面呈"凸"字形。进深 0.60、横宽 0.88、并列式弧形拱券顶高 1.26 米。其北侧与墓道相接处，有一道错缝平垒的条砖墙封堵，条砖为 32×15×5 厘米。

　　墓室南北长 3.30、东西宽 1.62 米。墓壁作两层条砖错缝平砌，高至 1.14 米处形成一条墙棱，再以条砖作并列式双层叠券，逐渐收成半圆弧形拱券墓顶，通高 1.70 米。墓底以条砖纵向铺砌成"人"字形。墓室砖墙建于铺地砖之上。整个墓室砖砌缝间均用黄泥浆勾粘。

　　墓室内积满渗进的淤泥。清理出一具棺木痕迹，内有一未被扰动的女性骨骸。葬式为仰身直肢，

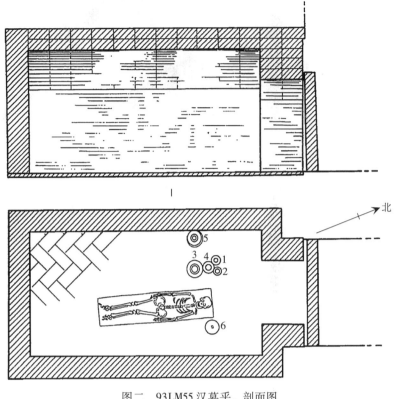

图二　93LM55 汉墓平、剖面图
1. I 式瓶　2. II 式瓶　3. III 式瓶　4. 罐　5. 壶　6. 铜镜

头向与墓向一致。在墓主人头部棺外东侧出土一面铜镜（附着布帛朽迹），西侧出土 5 件陶器，似摆放有序。

（二）随葬器物

该墓出土的随葬器物全部完整。陶器中，除 1 件绿釉陶壶外，其余 4 件皆为泥质灰陶，均为轮制，且火候较高。

瓶　3 件。侈宽口沿，短束颈，圆溜肩，鼓腹，平底。形似半截罐。可分三式。

I 式　M55：1。外折宽平口沿，束颈，圆肩，鼓腹，平底。口径 7.8、高 12.6 厘米（图三 -1）。

II 式　M55：2。方唇外卷，短颈斜领，溜肩部有一周戳印纹，圆腹下垂，平底。口径 8.4、高 12.2 厘米（图三 -2）。

III 式　M55：3。口沿外侈有折棱，内斜束颈，领部饰一圈压印纹，圆肩，腹部有数道轮磨痕，平底。口径 12.5、高 21.4 厘米（图三 -3）。

罐　1 件，M55：4。圆唇，卷沿，圆肩，鼓腹，平底，罐身布满拍打痕。口径 13、高 16.5 厘米（图三 -4）。

壶　1 件，M55：5。盘状敞口，方唇，曲长颈，圆肩，鼓腹，筒状假圈足。肩部附着对称的铺首衔环，有二道弦槽纹，通体绿釉。口径 13.8、通高 33 厘米（图三 -5、图八 -6）。

铜镜　1 件，M55：6。四神博局镜。圆形，圆钮，四叶纹钮座。内区大方格内 12 乳钉间有十二地支铭。中区以博局及 8 乳钉划分四方八区，纹饰配置是：青龙配凤鸟，白虎配独角兽，朱雀配山羊，玄武配羽人。外区铭文为：府尹作竞真大巧，上有山人不知老，渴饮玉泉饥食枣。铭文带外围一周栉齿纹，宽平缘，上面的纹饰为两周锯齿纹夹单线波纹。直径 19、厚 5 厘米（图四、图八 -7）。

图四　93LM55 汉墓出土铜镜（1/2）

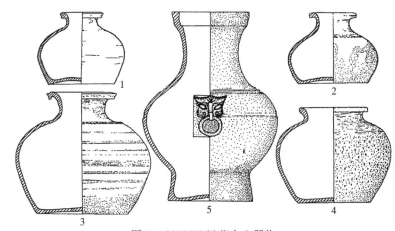

图三　93LM55 汉墓出土器物
1. Ⅰ式瓶　2. Ⅱ式瓶　3. Ⅲ式瓶　4. 罐　5. 壶

二、93LM4

（一）墓葬形制

墓葬为砖砌双室附耳室墓，坐南朝北，墓向12°（图五）。除甬道尚存券顶外，墓室顶部已全部塌毁。墓底距地表深2.60米，即残存墓圹已暴露在耕土中。墓内积满碎砖淤土，因在墓底出土较多的随葬遗物，判断其为早期盗扰。清理时未见骨骸，死者葬式亦不详。

余坡墓道因客观原因，未能作发掘。

甬道南北长2.74、横宽0.90米。侧墙高至0.98米处以条砖作双层并列式拱券顶，内高1.50米。其北端外侧有一道错缝平垒条砖墙封堵。

前室平面近方形，南北长2.84、东西宽2.98米，墓壁四周向外凸出呈弧形壁，残高2.60米。墓室顶部可判断为"四面结顶"式。

耳室开启在前室西壁处，其双层拱券门洞口处呈"L"形，即一层拱券在前室西壁上，一层拱券为耳室砌筑。东西长2.96、南北宽1.80、残高2.60米。原有类同于甬道的拱券顶已毁。

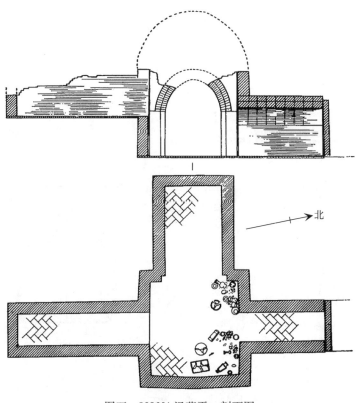

图五　93LM4 汉墓平、剖面图

后室墓位高出前室，其墓底开辟在前室南壁的1.24米高处。平面为长条形，南北长4.20、横宽1.00、墓底距地表深1.36米。

整个墓室由绳纹条砖（31×15×5厘米）与黄泥浆错缝砌筑。墓底铺地砖纵向砌作"人"字形。随葬器物皆出土于前室北部。

（二）随葬器物

此墓出土较完整的泥质灰陶器物三十余件，另有小部分不能复原的陶器残片。皆为轮制，火候也较高。还有铜带钩1件，钱币51枚。

勺　2件。勺首宽肥近圆形，圜底，勺柄端弯曲如鸭首。口径6.5、深

3. 1、长 10.5 厘米（图六 -1）。

　　盘　3 件。外折平口沿，方唇，浅折腹，盘内底部有凸起棱，平底。直径 19.2、高 3.6 厘米（图六 -2）。

　　杯　2 件。杯身椭圆形，侈口平底，两侧附耳微上翘。长 14.8、宽 9.8、高 4.2 厘米（图六 -3）。

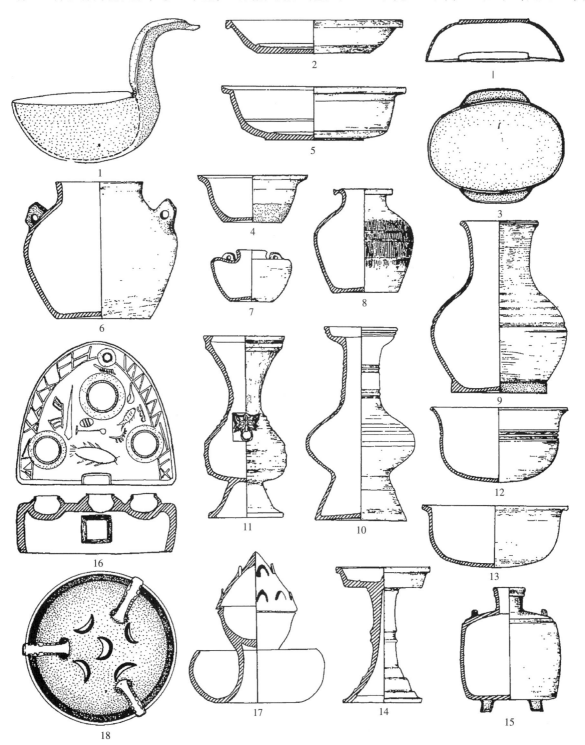

图六　93LM4 汉墓出土器物

1. 勺　2. 盘　3. 杯　4. I 式盆　5. II 式盆　6. A 型 I 式罐　7. A 型 I 式罐　8. B 型罐　9. 小壶　10. I 式大壶　11. II 式大壶
12. I 式钵　13. II 式钵　14. 灯　15. 椑　16. 灶　17. 博山炉　18. 温炉

盆　敞口深斜腹，平底，分二式。

Ⅰ式　3件。外敞折平沿，尖圆唇，斜腹壁下部内收。口径12、高5厘米（图六-4）。

Ⅱ式　2件。外侈折平沿，圆唇有边棱，斜腹壁下部内折，盆内壁有一周折棱。口径30、高8.4厘米（图六-5）。

罐　小口，短颈，圆肩，鼓腹，平底。分二型二式。

A型　周身素面，有轮痕，肩部两个穿孔附耳，依肩部变化分二式。

A型Ⅰ式　3件。直口，方折唇，广肩，斜腹。口径9.3、高14.4厘米（图六-6）。

A型Ⅱ式　4件。平直口，方唇，肩部高耸，肩颈处凹陷。口径6.8、高10.8厘米（图六-7）。

B型　2件。侈平沿，方板唇，短束颈，圆鼓腹，平底。肩、腹部拍印细密绳纹。口径12.8、高21.6厘米（图六-8）。

小壶　2件。敞口，圆唇，长圆颈，圆肩，鼓腹，平底。口径12.6、高27厘米（图六-9）。

大壶　盘形口，长颈，球形腹，圈足。可分二式。

Ⅰ式　1件。盘形敞口，圆唇，长颈，鼓腹，折曲筒状假圈足，平底。盘口、颈部有数道弦槽。口径16、高40.8厘米（图六-10、图八-3）。

Ⅱ式　3件。盘形口，方唇，束状斜长颈，圆腹下垂，折曲喇叭状真空心圈足。肩部附对称的铺首衔环，肩腹部有数周较宽凹棱。口径17.6、高38.4厘米（图六-11、图八-4）。

钵　敞口沿，扁圆腹，圜底。分二式。

Ⅰ式　1件。外侈口，方唇，深圆腹微鼓，腹外壁有三道凸棱。口径22.2、高12厘米（图六-12）。

Ⅱ式　2件。敞口平折，斜方唇，腹外壁周素。口径16、高6.6厘米（图六-13）。

灯　1件。灯盘平折，方唇，圆平底，内底中有一灯扦。轮制手柄中部有一带棱环条。圈足作喇叭口状，附三道折凸棱。口径15.2、高21.4厘米（图六-14）。

椑　又称扁壶，1件。圆柱状直口，短颈，扁方形器身，肩部两枚穿孔附耳。平底部有两只条状足。口径5.4、身宽16.5、厚7.5、通高19.8厘米（图六-15、图八-5）。

灶　2件。呈三角形，椭圆形灶头，空腔无底。方形灶门，灶面上有三个置釜火眼，一个烟囱，模印有案、勺、瓢、帚、俎等物。边缘饰斜格纹。长22.8、宽25.8、高9.4厘米（图六-16）。

博山炉　1件。敛口，圆唇，圆形盘，底部中一空心柱以承炉身。炉身子母口，圜底，覆盖一山形有孔的炉盖。炉口12.6、盘口19.6、通高24厘米（图六-17、图八-1）。

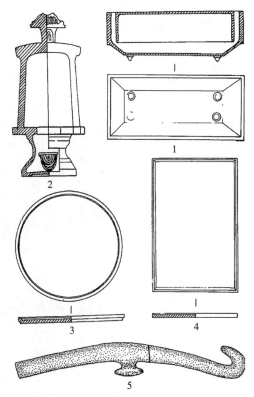

图七　93LM4汉墓出土器物（二）
1.椑　2.井　3.A型案　4.B型案　5.铜带钩

温炉　1件。侈口外折，斜方唇，圜底有五个月牙状镂空眼。下着三枚模制的兽首形蹄足。自炉内底至炉口沿附三只龙首形躯条。口径 16.2、高 10.6 厘米（图六 –18、图八 –2）。

图八　马茂庄村汉墓出土器物

1. 博山炉（93LM4）　2. 温炉（93LM4）　3. Ⅰ式大壶（93LM4）　4. Ⅰ式大壶（93LM4）　5. 椑（93LM4）　6. 绿袖陶壶（93LM55）　7. 铜镜（93LM55）

樋　1件。长方形盖盆，盖顶覆斗形，附四乳突。盆身直壁平底。通长38、宽15.6、高12.8厘米（图七-1）。

井　1件。井身为筒状束腰形，井栏口方形，平底，内置一水斗。两侧支架上置一四阿顶井亭，有滑轮。井口20、通高43厘米（图七-2）。

案　平板状，周边有凸棱。分二型。

A型　1件。圆形，一圈斜平边棱。口径37、高2厘米（图七-3）。

B型　1件。长方形，四周起棱微撇。长53、宽35、高1.8厘米（图七-4）。

铜带钩　1件。钩身圆条状，素面。腹部成弧形，背部有一圆钮，钩首似兽形。钩身径1.2、通长16厘米（图七-5）。

铜币　51枚。均为五铢币，已锈蚀。多数正面无内郭，体薄且铸造较粗。其中有十余枚为"剪轮五铢""綖环钱"。

三、汉画像石

我们在马茂庄村内，征集到整套5块墓门汉画像石和1块半截的汉画像石。据村民讲，1991年初夏，在挖掘旧宅房基时发现，当时没有挖到墓室部位，也未见到出土遗物。

墓门画像石共5块，计门楣1块，门框2块，门扉2块。另一半截的画像石，因其艺术风格有异，或许不是同墓遗物而从别处混杂于一起。

门楣　1块。横长1.84、宽0.32、厚0.12米。上下分栏刻画。上栏以连续的蔓草状云气纹组成图案。下栏为左向行驶的车马出行图，刻有持节骑吏3名；轺车两乘，上有驭者策马，乘者正襟；右刻一庑顶房。构图中间点缀植柏，以示郊途。

门框　2块。竖长1.18，宽0.29，厚0.12米。两块画像石构图对称，皆作竖向的内外栏刻画。内栏上层分别刻西王母、东王公，相对踞坐于华盖垂饰下的天柱悬圃之上。内栏下层分别刻持彗、捧盾的门吏，形态恭敬。外栏皆刻云气纹，风格同于门楣石上栏云气纹，以作边饰。

门扉　2块。竖长1.19、宽0.47、厚0.05米。两块画像石左右对称，刻画内容亦相同。上部各刻一朱雀，昂首抬足，振翅翘尾。下部各刻一铺首衔环，兽额似山形，瞑目露齿。在门扉裙脚处刻有一组云气纹。

半截残画像石　横长1.16、宽0.31、厚0.12米。上下分栏刻画。上栏刻蔓草状云气纹作边饰。下栏刻左行的车马图，有持节骑吏2名；车前伍佰2名皆执箭执殳；轺车1乘，随从骑吏2名；随后又有轺车、辎车各1乘（图九）。

以上画像石为砂质页岩，质较软，呈灰绿色。系削凿磨制成石材后，以墨线勾勒出物像，再阴刻

图九　残画像石

其轮廓并剔地平铲，成为浅浮雕作品。画像中细部不作阴线镌刻，留有隐约可辨的原有墨迹。其画像石构图疏朗，刻画凝重醒目，形象洗练质朴。且剔地平铲极浅，故拓片效果宛如剪影，又衬凿地，得成古拙深沉的艺术风格。

四、结　语

上述两座砖室墓从墓葬形制如斜长坡墓道出现于东汉，及墓室券顶结构、错缝平垒的封门砖及排列为纵向"人"字形的铺地砖分别与《洛阳烧沟汉墓》中的第 6 式、第 8 式相同，亦多见于它地的东汉晚期墓葬。93LM4 出土有"剪轮五铢""綖环钱"等，多数体薄而质劣，当为东汉晚期之物。因此，将此二墓定为东汉桓、灵帝之际较为合适。

为配合基建而进行的钻探与发掘表明，存在着砖室墓地与画像石墓地两个相对独立的分布区域，分南北二区，南区多砖室墓，以本文发表的二墓为代表；北区砖室墓少，而画像石墓较多（简报将另文发表）。我们认为，此三墓墓主人应为当地的豪族或官吏，从"事死如事生，礼也"（《左传·哀公十五年》）到"宽于行而求于鬼，怠于礼而笃于祭"（《盐铁论·散不足》），展示了东汉统治者祭祀升仙，企荫后世的阶级私欲。

就汉画像石墓而言，应注意到隔河相邻的陕北亦出土同类遗物。彼为东汉中期，此为东汉晚期，两地在东汉时同属西河郡管辖。顺帝永和五年（140 年），郡治迁至离石。我们认为，很可能存在着因社会政治变故而由彼及此的葬俗文化的发展关系。

绘图：畅红霞、吴俊生；摄影：王传勋、李建生

附记：参加工作的还有山西省考古所的刘永生、海金乐，吕梁地区文管处的郭建军、袁秀明、韩思元，离石县文化局的王爱萍、马吉林等同志。

（原载《三晋考古》第四辑）

山西离石再次发现东汉画像石墓

山西省考古研究所　吕梁地区文物管理处　离石县文物管理所

图一　墓葬位置示意图

1992 年 12 月至 1993 年 4 月，山西省和离石县文物考古部门在配合"改河（三川河）扩城"基建工程的考古发掘中，于城西南马茂庄村西山塬上，发现 3 座东汉画像石墓（编号为 14 号、19 号、44 号墓），出土一批汉画像石和少量随葬器物（图一）。

1990 年这里曾发现过画像石墓，[1] 这次发现的 3 座墓中，19 号墓东北距 1990 年发掘的 2 号墓约 20 米，14 号墓位于 19 号墓以西 18 米处。墓皆南向，说明这里可能是一处家族茔地。44 号墓位于此墓地以北 90 米之处，墓向北，现分别介绍于下。

一、14 号墓

（一）墓葬结构

14 号墓墓向 188°，由斜坡墓道（附小耳室）、墓门、甬道、墓室组成（图二）墓室以单面绳纹条砖（36×18×5 厘米）错缝砌筑；被盗扰，墓室顶部已毁，墓内积满碎砖淤土，未见骨骸，葬式不明。

斜坡墓道开口在耕土层以下，长 17、底部宽 1.54、距地表深 4.2 米。在墓门外的东侧附一砖砌

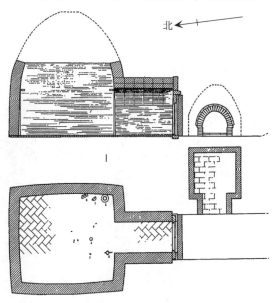

图二　14 号墓平、剖面结构图

1. 陶钵　2. 陶罐　3. 陶灶　4. 铜镜　5. 铜镶壶　6. 铜钱
7. 铜印　8. 陶钵

---

① 商彤流、刘永生：《山西离石马茂庄东汉画像石墓》，《文物》1992 年第 4 期。

小耳室（图三、图四），其平面呈凸字形。该耳室拱券顶洞口平砌封门砖，券洞宽 0.84、高 0.72、进深 0.7 米。耳室内东西宽 1.38、南北长 1.48 米。四面结顶，高 1.44 米。室内南墙有一盗洞，内淤积，无遗物。铺地砖为错缝横排，高出墓道底部 0.1 米。

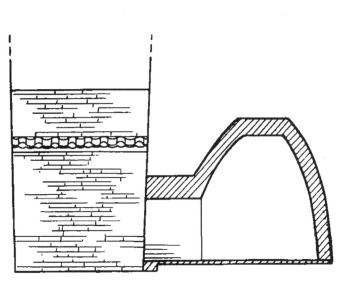

图三　14 号墓封门砖与墓道东耳室剖面图　　　　图四　14 号墓道与耳室

　　墓门由房檐石覆盖着的门楣石、左右门框石、两扇门扉石、叠压的门槛石组成，高 1.66、宽 1.48 米（图五）。墓门左右两侧门框石用条砖砌固，其里侧有曲尺形凹槽；门楣石下部亦有凹槽，门槛石上部两侧与之对应处凿出臼窝，两扇门扉石外侧上下有门枢纳入，整个墓门合嵌平整又得以向外启阖。

墓门外有封门砖墙封闭，房檐石上部有砖砌照壁，皆为条砖错缝平砌，通高 2.12 米。

　　甬道保存完整，进深 2.12、宽 1.06 米；两侧墙壁于 1 米高处，以 6 排条砖砌作并列式拱券顶，通高 1.6 米。铺地砖同于墓室地面，即条砖作纵向人字形铺砌。

　　墓室平面近方形，南北 3.48、东西 3.08 米。四壁平整，墙面向外弧凸，为条砖经磨制后以泥浆错缝垒砌。墓室四角在 1.52 米高处皆嵌砌一块平出条砖，当为四壁拱券内收，起四角对称的"四

图五　14 号墓门

面结顶"式穹隆顶。现顶部已塌毁，存高 2.48 米。

（二）画像石

墓门上方房檐石刻出 8 条瓦垅，门楣石、门框石（2 块）、门扉石（2 块）刻画像。

石为砂岩质页岩，红褐色，质较软。系经磨制后画稿镌刻，即阴刻物象轮廓，剔地平铲作浅浮雕。因有封门砖堵闭，出土时画像的墨稿线迹尚存。

第一石：为墓门顶部门楣石，长 1.64、宽 0.3、厚 0.14 米。上下分层构图。上层刻连续蔓草状云气纹图案边饰。下层左部有一干栏式房屋，立柱栌斗承两坡顶，画出窗框斜梯，房旁植树。右部为左向行驶的车马出行图，依次刻画骑吏、辎车和辇车各一乘（图六 –1、图七 –1）。

第二石：为墓门左侧门框石，长 1.12、宽 0.22（里边侧有凹槽，未计在内）、厚 0.14 米。通幅作上下层刻画。上有西王母坐于三层天柱之上，面右向，手执一伞形物。下为一持彗门吏面右躬立，旁

图六　14 号墓画像石拓片
1. 第一石（门楣石）　　2、3. 第二、三石（左、右门框石）　　4、5. 第四、五石（左、右门扉石）

有植树（图六 -2、图七 -2）。门框石右侧上部边缘有一竖行的隶书刻铭："汉故西河圜阳守令平周牛公产万岁之宅　兆"（图八）。

第三石：墓门右侧门框石，与左侧门框石相对称，大小亦同。上层刻东王公，面左向，手执一枝状物，头上有华盖，身下有天柱。下层刻一持牍拥盾的门吏，面左而立，旁有植物（图六 -3、图七 -3）。

第四石：墓门左扇门扉石，长 1.17、宽 0.5、厚 0.05 米。上刻一右向朱雀，下刻一铺首衔环（图六 -4、图七 -4）。在门扉石右边缘残留墨书题记："熹平四年六月"。

第五石：墓门右扇门扉石，形制同于左门扉石。其刻画内容亦相同，唯朱雀左向。石面右边缘残留有墨书痕迹："墼□"（图六 -5、图七 -5）。

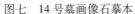

图七　14 号墓画像石摹本　　　　　　　图八　14 号墓第二石题刻

1. 第一石（门楣石）　2、3. 第二、三石（左、右门框石）　4、5. 第四、五石
（左、右门扉石）

（三）随葬器物

在墓室的淤土中清理出少量的残碎陶片，能识别器形的有案、盘、杯、榼等。个别较完整遗物散出于墓内，除 1 件釉陶钵外，其余均为泥质灰陶，还有一些铜质随葬品。

陶钵　泛铅白色黄绿釉。斜平沿外折，圆唇，扁圆腹，圜底。口径 14、高 5.2 厘米（图九 -1、图一〇）。

陶盆　敞口圆唇，扁圆腹微鼓，平底。口径 16.8、高 6.2 厘米（图九 -2、图一一）。

陶罐　平沿方唇，短直领，圆肩，平底口肩、腹部饰压印的细绳纹。口径 14、23.4 厘米（图九 -3、图一二）。

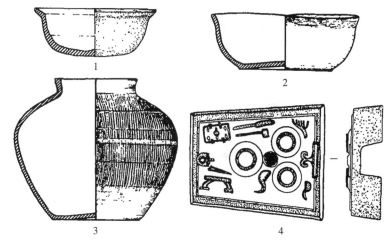

图九　M14出土陶器
1. 釉陶钵　2. 盆　3. 罐　4. 陶灶

陶灶　灶面梯形，中空。灶门平顶。灶面上有二小一大的三个火眼，其周模印出勺、帚、俎、案、铲等物，灶面后部有烟囱。长23、宽15～19、高6.3厘米（图九-4、图一三）。

铜镜　镜面微凸。镜背中心圆纽，圆纽座，内区六枚乳突间有六只飞鸟；外区铭文"位至三公　长宜子孙"，饰带为三角锯齿纹摹素窄三角缘。直径12.2、厚0.4厘米（图一五）。

铜鐎壶　盖已失。器身弇口方唇，折肩，扁圆腹，出宽平棱。前有独角兽形流，后出兽头长柄，左右附两只环形竖耳。圜底，下有3只蹄形足。口径5.5、高8.6、流口至柄端通长22.2厘米（图一四、图一六）。

五铢钱　2枚。周边有郭，五字交股弯曲、朱字头圆折。外径2.5、穿宽1厘米，重2.6克（图一七）。

铜印　为一子母印之母印，子印未存。印身为梯形体，旁有凹槽；上立神兽形纽。印面作正方形，篆刻阳文4字"牛剥印信"，边长2.5、通高4厘米（图一八、图一九）。

二、19号墓

（一）墓葬结构

19号墓方向204°。由斜坡墓道（附一小耳室）、墓门、甬道、前室附东耳室、后室组成（图二〇）。墓室砖砌同于14号墓。被盗被烧，墓顶已全部坍塌，后室壁面呈烧后的灰红色。未见骨骸，葬式不明。

斜坡墓道开口在耕土层下，长26、开口处宽1.8米，近墓门处的底部宽1.54、距地表深6.1米。墓道东侧附筑一小耳室，形制同于14号墓，但室内南、北壁向外弧凸；总进深1.88、券洞宽1.1、耳室宽1.74、顶高1.86米（图二一）。顶部有一盗洞。

封门砖及墓门结构也与14号墓相同，墓门上方有房檐石，刻瓦垄。门楣石、门框石、门扉石五块上刻画像。高1.78（不含门槛石）、宽1.62米。其上部有砖砌照壁，以平砌条砖与侧卧人字形条砖相间构作，存高1.5米（图二一、图二二）。

甬道长2.6、宽1.06米。墙高至1.26米处错缝平砌作双层拱券顶，通高1.92米。铺地砖同于前室，系条砖成纵向人字形铺砌。

图一〇　釉陶钵（M14 出土）

图一一　陶盆（M14 出上）

图一二　陶罐（M14 出土）

图一三　陶灶（M14 出土）

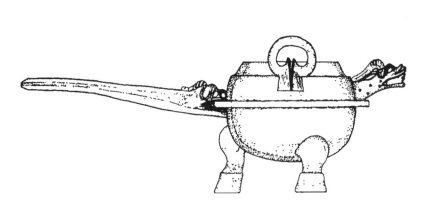

图一四　铜鐎壶（M14 出土）

图一五　铜镜（M14 出土）

前室平面呈正方形，边长 3.14 米；墓壁向外弧凸，残高 2.26 米，应为穹隆顶。东壁中部辟双层砖券洞，高 1.2、宽 1.18 米。所附东耳室平面长方形，进深 1.48 米，宽同于券洞，顶部已毁。

图一六　铜鐎壶（M14 出上）

图一七　铜五铢钱（M14 出土）

图一八　铜印及印文（M14 出土）

图一九　铜印（M14 出土）

前室北壁通后室过道处，两旁竖立画像石门框，在过道地面中央有一支顶的石柱（现存半截）。过道处进深 0.74、横宽 1.9 米。

后室平面作长方形，进深 3.22、宽 2.64 米，墙壁呈弧形外凸，存高 2.68 米，当为穹隆顶，铺地砖已毁，暴露出红烧土地面。

（二）画像石

19 号墓砌筑画像石 8 块；计墓门 5 块，前、后室过道处 3 块。另有支顶的刻铭石柱 1 块。其质地、刻法与 14 号墓相同。

第一石：门楣石，长 1.64、宽 0.3、厚 0.14 米。上层刻蔓草状云气纹边饰，下层刻车骑出行图。自左以三排六名骑吏及一乘轺车为前导，中有二名持符节骑吏，一乘主车，从二名骑吏。后随一骑吏及一乘辇车（图二三 - 1、图二四 - 1）。

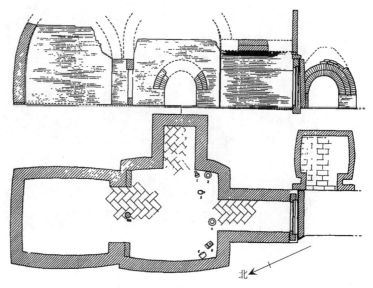

图二〇　M19 平、剖面结构图
1. 陶井　2. 陶　3、4. 陶勺　5、6. 陶灶　7. 陶筒

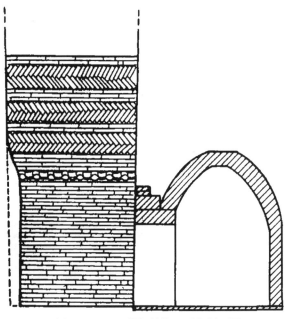

图二一　M19 墓门结构，耳室剖面图

图二二　19 号墓墓门及耳室

图二三　19 号墓画像石拓片

1. 第一石（门楣石）　2、3. 第二、三石（左、右门框）　4、5. 第四、五石（左、右门扉石）

图二四　19 号墓画像石摹本

1. 第一石（门楣石）　2、3. 第二、三石（左、右门框石）　4、5. 第四、五石（左、右门扉石）

第二、三石：左、右两侧门框石，皆长 1.27、宽 0.23（未计里侧凹槽）、厚 0.18 米。二石上层分别刻西王母、东王公相对坐于天柱上，上有华盖垂饰。下层各分别刻一名持彗、持牍门吏，相对躬身而立（图二三 - 2、3，图二四 - 2、3）。

第四、五石：左、右两扇门扉石，皆长 1.37、宽 0.56、厚 0.06 米。自上而下各刻一朱雀、一铺首衔环；其外侧及上下边饰刻云气纹图案。在门扉石的背面（向墓内）均有相同于正面的画像（图二三 - 4、5，图二四 - 4、5）。

石柱：前、后室过道中央竖立一条石柱，八角柱体径 0.19、残高 0.42 米。面南有隶书刻铭：

"……十二月廿七日庚申安错于斯"（图二五）。

第六、七石：前、后室过道左、右侧立框石，皆长 1.32 米，左立框石宽 0.58、右立框石宽 0.6、均厚 0.18 米。画像石的外侧刻云气纹，里面刻画人、物形象，有界格，左立框石上层刻面右坐悬圃上的西王母，戴胜着袍，持仙禾（？）。下层刻二名持戟门吏面右而立。右立框石上层刻面左坐天柱上的东王公，顶冠着服，持嘉实（？）；下层刻一名持牍佩剑门吏面左躬立（图二六 - 1、2）。

第八石：前、后室过道上部横额石，残断为 4 截，通长 3.07、宽 0.34、厚 0.25 米。上

图二五　19 号墓前后室过道处石柱拓片

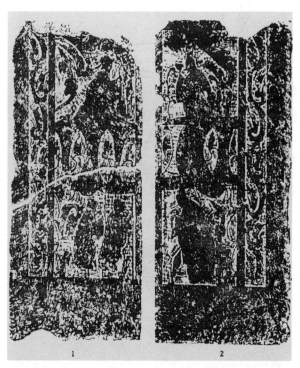

图二六　19 号墓前后室过道处左，右门框石拓片

1. 左立框石　2. 右立框石

层刻云气纹图案。下层左端有一座楼屋，左行车骑图为二排四名骑吏，一导骑及二名并驰骑吏。后有一乘主车，随从二名骑吏，一乘从车和一乘安车。右段存界格，刻左行骑吏三名，轺车、辇车各一乘（图二七）。

图二七　第19号墓第8石（横额石）拓片

（三）随葬器物

墓前室淤土中零散出土少量残碎陶片，皆为泥质灰陶，器形可识者有案、杯、壶、罐等，仅介绍部分修复的随葬遗物。

盘　敞口方唇，浅折腹，平底。口径19、高3.4厘米（图二八–1）。

盆　敞口，外折平沿，腹壁斜而微曲，平底。口径10.8、高6厘米（图二八–2）

洗　敞口，折沿圆唇，腹壁斜直，平底。腹外壁附一对铺首。口径29.4、高6.6厘米（图二八–3、图二九）。

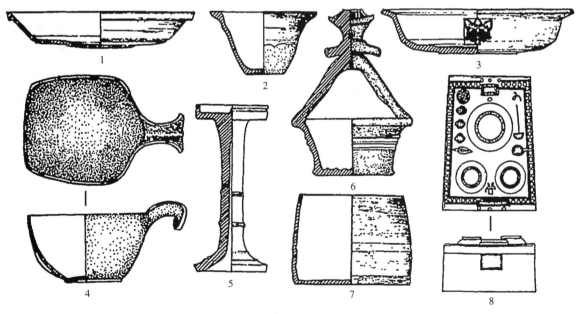

图二八　19号基出土陶器
1. 盘　2. 盆　3. 洗　4. 勺　5. 灯　6. 井　7. 筒　8. 灶

勺　敞口，深腹，口沿一端外侧出弯曲的短柄，平底。口径 15.5、高 9.6 厘米（图二九－4）。

井　井筒呈盆形，有束腰，平底。井架支柱相斜交，上有四注顶井亭。口径 18.5、通高 24 厘米（图二八－6、图三〇）。

灯　灯盘平沿方唇，直壁平底，中部出灯钎。灯把中空作圆柱状，有

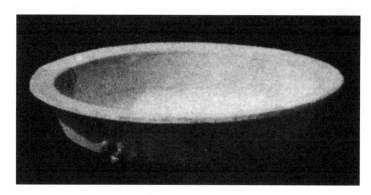

图二九　陶洗（M19 出土）

两道竹节状凸棱，圈足作喇叭口形。口径 11、高 24 厘米（图二八－5、图三一）。

筒　直壁，平底，筒口略小于筒底。器壁上有轮制痕迹。口径 21、高 17 厘米（图二八－7）。

灶　长方体，中空无底。前壁灶门方口，灶面有三个火眼，并模印勺、杯、铲等炊具，灶面后端有方形烟囱，长 26.5、宽 19、高 8 厘米（图二八－8）。

图三〇　陶井（M19 出土）

图三一　陶灯（M19 出土）

图三二　44 号墓画像石拓片，摹本
1. 第四石（横额石）　2. 第三石（残石）
3、4. 第一、二石（左、右门框石）

三、44 号墓

（一）墓葬结构

44 号墓为一座残墓，前室一半及后室全部已毁。墓向北，方向 15°。由墓道、墓门、甬道、前室、后室组成。清理时发现墓前室曾被一近代墓穴打破。其形制尚可辨识。

墓道残存 4 米许，底部宽 1.68、距地表深 1.8 米。

墓门结构、封门砖砌法与 14 号墓相同，仅存两侧门框石、下部门槛石。

甬道长 2.3、宽 1.02、存高 1.4 米。拱券顶。铺地砖两层，下层错缝横排，上层为纵向铺作人字形，皆贯通于墓室内。

前室平面为方形，边长 2.96 米。西壁残存 1.5 米，壁面外弧，错缝平砌。在南壁与后室相接过道处西侧有立框石及横额石残块。

后室不存，仅在前、后室交接的过道处通连有一段西壁。

（二）画像石

计 5 块，分别为墓门门框石 2 块，在前室淤土中清理出，方形画像石 1 块，前、后室过道处立框石和横额石 2 块。其质地和刻法与 14 号墓相同。

第一石：墓门左侧门框石。残长 0.89、宽 0.26（未计里边凹槽）、厚 0.16 米，上层存有天柱山、树，下层刻面右而立的持彗门吏，衬云形纹（图三二 -3）

第二石：墓门右侧门框石。长 1.15、宽 0.25、厚 0.16 米。上层刻东王公坐于华盖垂饰的天柱山上；下层刻面左而立的持牍门吏，垫有云形纹（图三二 -4）。

第三石：前室出土的方块画石。边长 0.27、厚 0.16 米。画像石中部刻一轮圆轮，四角有云气纹，宽平外缘（图三二 -2）。

第四石：前、后室过道处西侧横额石。残长 1、宽 0.27、厚 0.2 米。上层刻云气纹边饰，下层刻一乘左行安车，两棵树，后为二名骑吏、一乘棚车，最右段植丛树（图三二 -1）。

第五石：前、后室过道处西侧立框石。长 1.35、宽 0.6、厚 0.2 米。在立框石左侧面刻云气纹边饰（图三三 -1）。画石正面右边侧及上下处也刻云气纹，内面上层刻华盖，相对而坐的东王公、西王母，似在宴饮。两人之间有一案，内置钵、勺。下层刻二名骑吏向左行于山、树之上。画面中点缀硃色圈点（图三三 -2）。

四、结　语

离石马茂庄这次发掘的三座汉画像石墓，在形制上与以前的有所不同，在斜坡墓道中附小耳室。而残存少

图三三　44 号墓过道西侧立框石拓片，摹本
1. 侧面　2. 正面

量随葬品则与中原地区东汉晚期墓所出遗物相似。

14 号墓门扉石上墨书题记"熹平四年"（175 年），当是此墓入葬的确切年代。墓门框石上隶书刻铭"圁阳""平周"为地名，分别在今陕北神木东和晋中介休西，"牛产"与出土铜印的"牛剥"谐音相通，明确记载墓主是曾在当地任郡令之职的官吏，当是难得的史料。

此地两次发掘的汉画像石墓，虽皆被盗扰，但仍是对晋西北零散出土和征集的众多画像石的认识基础。因其题材内容相近，技法风格相同，说明时代接近，从画像石的刻画技法以及出土器物的形制，说明它们都是东汉桓帝、灵帝年间的遗物。墓主多为当地官吏或土著豪强。在考古分区分期研究中，陕北、晋西北被视作同一汉画像石集中地区，陕北汉画像石集中在东汉章帝、和帝时期，[①] 而在晋西北，至今未见有东汉中期的画像石。而多为东汉晚期之物，可见两者时代有早晚之别。两地在东汉时均辖于西河郡。因南匈奴侵扰，汉顺帝永和五年（140 年），郡治南迁至离石。这或可说明，晋西北与陕北的画像石存在一定的渊源关系，正是由于政治变故，使画像石由陕北传到了晋西北。

共同工作的还有吕梁地区文物处董楼平、袁秀明、郭建军。离石县文管所王金兀、马吉林。

拓片、摄影、绘图：商彤流、畅红霞、李建生、吴进生；执笔：商彤流、刘永生

（原载《文物》1996 年第 4 期）

---

① 戴应新、李仲煊：《陕西绥德县延家岔东汉画像石墓》，《考古》1983 年第 3 期。

离石市石盘汉画像石墓发掘简报

王金元

（山西省离石市文物管理所）

石盘村位于离石市城西 4 公里的 307 国道旁（图一）。曾在该村村北二级台地发现过陶片、绳纹砖等汉代遗物，并在该村征集过汉画像石。1997 年 4 月，该村农民建窑时发现一砖石墓，市文物管理所得悉后派人进行了清理，现将清理情况介绍如下。

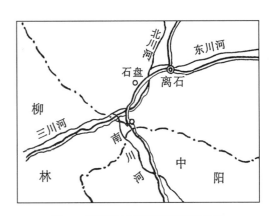

图一　石盘汉画像石墓位置示意图

一、墓葬形制

墓向坐北朝南，为砖砌墓葬。由墓道、甬道、前室、后室、、左耳室、右耳室组成。墓顶全部塌毁，墓内积满碎砖淤土。因条件所限，无法清理发掘，故未见骨骸，葬式不明，墓底距地表深 4.3 米。

墓门在甬道南端，由门楣石，左、右门框石和两扇门扉石组成，墓门通高 1.64、宽 1.62 米，墓门左右门框石用条砖砌固。门楣石后附一条石，两侧各凿一凹缺并和门阶上的臼窝对应，以便安放上下门枢，使门扉石得以向内启阖。

甬道保存完整，进深 2、宽 1.2 米，两墙高至 1.25 米处错缝平砌作单层拱券顶，通高 1.85 米，以条砖作纵向人字形铺地。

前室平面近正方形，东西宽 3、南北 2.9 米。前室四壁均开门，南门与甬道相连，北门通后室，东西门各通一耳室。四壁均由两块画像石竖砌而成，上承托横额画像石。东西两壁砌法相同，门道中央各竖立一根方形石柱，上承栌斗石。

后室东西宽 1.9、高 1.30 米，左、右耳室附于前室东西两侧中部，宽均 1.95、高 1.30 米。顶部全部塌毁，因无法发掘，进深不详。

二、画像石

门楣石，门框石（2 块），门扉石（2 块），前室四壁立石（8 块），前室横额石（4 块），石柱（2 块）。计 19 块（图二）。

画像石为砂岩质页岩，红褐色，质较软。系经打磨好刻绘的一面，由画工勾勒墨线，石匠将物像轮廓外再剔地平铲作平面浅凸雕，物像细部用墨线描绘，代替了对细部的雕刻，起到以笔代刀的作用，留下原有墨迹，再在部分物像上施彩。出土时画像石上的墨线稿，施彩保存完整，颜色鲜艳，墨浅清晰。部分画像石下角存有隶书文字，标明在墓中的位置。

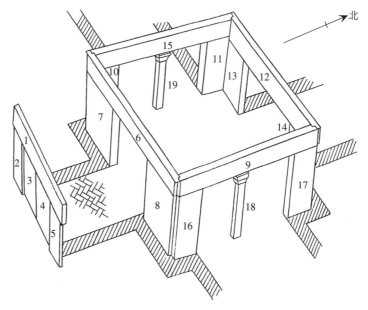

图二　画像石分布示意图

1 石：门楣石，"车骑出行"，画像横幅，施彩鲜艳，墨线清晰。长 193、宽 32、厚 14 厘米，单边饰（上）蔓草云纹。云纹外轮廓以墨线勾绘，云纹中间间断涂红彩。车马向左行驶，从左至右依次为：导骑一名，开道辎车两辆，主车一辆，从骑一名，棚车一辆。导骑头戴黑平上帻，身穿短衣束带，一手持缰，一手持便面，策马前行，马头戴长辔缨，马背附障泥，无鞍无蹬。导车两辆。一红马驾单辕辎车，前驭后吏。驭手头戴黑平上帻，身着袍服，一手持缰，一手扬鞭坐前厢，乘者当为门下五吏，戴冠着袍坐车后。主车是辆一马驾辎车，马呈奔跑状，辔缨飘逸，车撑伞盖，驭者持缰扬鞭。主人头戴进贤冠，衣穿袍服，双手持笏坐于后厢。从骑一名，衣戴同导骑。人物面部、衣纹、马身细部以墨线勾绘。棚车一辆，车厢涂红彩，车轮以墨线勾绘。后出辕便于上下。该车可载人，又可带物（图三–1）。

2 石：左门框石，"西王母，持慧门吏"，画像竖幅，画像石施彩。高 129、宽 31、厚 12 厘米。主题图案分层刻绘，并位于四边框内，上图西王母，下图门吏。西王母眉清目秀，五官以墨线勾绘。头戴黑华胜，身穿大襟斜领红色宽袖长袍，衣纹以墨线勾绘，面右踞坐在碧波荡漾的豆形悬圃之上，山丘涂淡红彩，顶蔽穹盖，手持"寿木之华"，身后祥云缭绕。"寿木之华"即昆仑山上不死树之果，传说中的长生不老药。门吏头着黑介帻，身穿长袍，衣纹以墨线勾绘（图三–4）。

3 石：右门框石，"东王公，持盾门吏"，画像竖幅，画像石施彩。石刻尺寸，图案刻法与左门框同。上图东王公，下图门吏。东王公唇留须，墨线勾出五官，手持仙草，头戴黑羽冠，身穿大襟斜领红色长袍，脚穿黑色云头靴。面左踞坐在祥云、青鸟围绕的豆形悬圃上，上蔽穹盖。门吏唇留八字胡，颌下山羊胡，头戴高冠，身着大襟斜领长袍，腰束红丝带编织成的组（腰带）佩剑，一手持物，一手持红色盾，盾上绘墨圈（图四–1）。

4 石：左门扉石，"朱雀、兽衔环"，画像竖幅，画像石施彩。高 124、宽 48、厚 6 厘米，上枢长 7、下枢长 3 厘米。上、下、左边饰蔓草云纹，云纹中涂不规则红彩，蔓草云纹与主题图案中间绘红框。主题图案分层刻绘，上图朱雀，下图衔环铺首。朱雀右向，绣球冠，冠内绘红点。曲颈嘶鸣，双

图三　离石石盘汉画像石墓
1. 1 石　2. 6 石　3. 9 石　4. 2 石

翅上举，振尾展翅欲飞翔。背鳞、翅羽、颈纹均用墨线代雕，双爪涂红色，造型生动。兽衔环铺首头顶祥云，戴红柿蒂华胜，双耳竖立，眉及鼻用墨线勾绘，鼻绘红色。二目圆睁，眼珠点墨，口衔环，环内以细墨彩相间，绘放射状的曲线纹。须下垂（图四－2）。

5 石：右门扉石，画像内容、尺寸、边栏纹饰，画像色调与左门扉同，并与之对称，唯不同的是右门扉较左门扉宽 4 厘米，上枢 8、下枢 5 厘米；铺首胡须由笔直下垂变成左向弯曲（图四－3）。传说朱雀代表勇捷，古代行军常常画其形于旗上，以为前驱。《拾遗记》云："尧在位七十年……有祇支之国，献熏明之鸟，一名双晴，状如鸡，鸣似凤……能博逐猛兽虎狼，使妖灾群恶，不能为害……其未至之时，国人或刻木，或铸金，为此鸟之状，置于门户之间，则魑魅类，自然退伏。"又说明置于门上是为了能辟不祥。

6 石：前室南壁横额石，"车骑出行"，画像横幅。长 325 厘米，画长 300、宽 32、厚 24 厘米，单边饰（上）蔓草云纹。主题图案分 8 格制作；8 车 10 马，均左行。从左至右依次为：导车、单辕轺车一辆，上乘二人，前吏后驭。主车，单辕耕车一辆，乘坐女眷。导骑一名，头戴平上帻，短衣束带，双手紧勒辔头；轺车一辆，上乘二人，前者持笏，正襟危坐，后者持缰驭车前行，当为主车。从骑一名，头戴平上帻，短衣束带，紧勒辔头，鞍加障泥；从车一辆，单辕轺车上乘二人，乘吏头戴平帻，身

穿袍服，双手持笏，坐前厢，
驭者头戴介帻，身穿袍服，双
手持缰，坐后厢。缰绳通过马
背上的支架引向辔头，驱马前
行。从车，单辕轺车，上乘二
人。从车，轺车一辆，上乘二
人。女眷乘坐的轿车一辆。从
车，轺车一辆，上乘二人。

6 石外侧："车骑出行"，
画像横幅，画像石施彩。画幅
上边长 90、下边长 100 厘米，
单边饰（上）蔓草云纹（稍
残），蔓草云纹上断续涂红彩，
左、右、下边框涂红彩。主题
图案 2 车 3 马 5 人，车骑左行。
从左至右依次为：植柏一棵，

图四 离石石盘汉画像石
1. 3 石 2. 4 石 3. 5 石

树身、树枝墨线描绘。导骑一名，骑吏头着黑平上帻，身穿大襟斜领袍服，一手执辔头，一手执便面，
目视前方。坐骑面戴辔头顶缨，骑鞍加障泥。主车是辆轺车，驾一马乘二人，前坐驭者，后乘主人。

1. 16 石   2. 18 石题记

图五 离石石盘汉画像石墓

马头戴辔缨，车辕曲柄带伞盖。驭者头带平上帻，
短衣束带，一手持缰，一手扬鞭，主人头戴斜顶高
冠，身穿斜领长袍，坐后厢。从车是辆轺车，一马
驾，上乘二人。人物面部，衣纹，马、车细部均以
墨线勾绘（图三-2）。

7 石：前室南壁左竖框石，"绶带穿璧，马"，
画像竖幅。高 130、宽 88、厚 20 厘米，三边饰
（上、左、右）蔓草云纹。主题图案位于边饰内，
分格刻绘。上图绶穿璧，卜图双马、雄鸡、飞鸟。
璧，古代玉器名，平圆形，正中有孔。古代贵族朝
聘、祭祀、丧葬时标明身份的礼器，也作装饰品。
《周礼·春官·大宗伯》云："王执镇圭，……子
执谷璧，男执蒲璧。"绶是用来系玉佩或系印钮的
绦带，有红、绿、紫、青、黑、黄等色，并由朝廷
按官级大小统一发放。双马，两匹马同系在一棵树
上，马头相对。树下有槽。右上角踞坐马夫，双手
正在编织什么。马打扮得很漂亮，鬃修剪得很整

齐，头戴辔缨，长鬃披颈，斑纹艳丽，腰肥蹄壮，该是墓主坐骑。雄鸡昂首挺胸，信步槽前觅食。画像石右下角墨书"石东柱"。

8 石：前室南壁右竖框石，"绶带穿璧，牛，车"，画像竖幅，局部施彩。尺寸、边饰、刻法与 7 石同。上图绶带穿璧，下图一犍牛站山丘上，一车、鸟、树、草。开耕劝农是汉代一年一度的重大活动，天子称"籍田"，郡国谓"劝农始耕"。《吕氏春秋·孟春纪》："天子乃以元日祈谷上帝，乃择元辰，天子亲载来耜……率三公九卿诸侯大夫躬耕帝籍，天子三推，公五推，卿诸侯大夫九推。"《后汉书·礼仪志》亦云："是月令曰：郡国守相皆劝农始耕，如仪！"可见耕牛、车是表现墓主人为官一任，造福一方，曾多次主持劝耕活动的一段值得纪念的往事。画像石右下方墨书"石西柱"。

9 石：前室东壁横额石，"车骑出行"，画像横幅。石长 310 厘米，画幅长 290、宽 32、厚 24 厘米，单边饰（上）蔓草云纹。主题图案分 4 格刻绘，车骑左行。从左至右依次为：从骑三名轿车一辆。从骑一名，辎车一辆。从骑一名，辎车一辆，骑吏一名，马拉棚车一辆，车厢以上红下黑描绘，车轮车辐以墨线描绘（图三-3），手持紫戟的护骑一名。

10 石：前室西壁南端竖框石，"牛首神人"，画像竖幅。高 129、宽 55、厚 21 厘米，单边饰（右）蔓草云纹。牛首神人面左，身穿长袍，手持矛，立于仙草丛生、碧波环绕的豆形圃之上，头顶祥云，前植柏，背流云。

11 石：前室西壁北端竖框石，"车骑出行"，画像竖幅。高 130、宽 48、厚 20 厘米，单边饰（右）蔓草云纹，主题图案分 3 格刻绘。上图骑吏，中图轿车，下图辎车、骑吏、门亭长。骑吏一名，头戴帻，身穿短衣束带，一手持缰，一手持便面，马背附障泥，无鞍无蹬。，轿车一辆，驭者坐前，双手持缰，上乘女眷。《三国志·吴书·士燮传》中描写东汉末年交趾太守士燮出行情况："雄长一郡，偏在万里，威尊无上，出入鸣钟磬，备具威仪，笳箫鼓吹，车骑满道……妻妾乘辎軿，子弟从兵骑。"辎车一辆，上乘二人，前主后驭，轻车一马。主人戴斜顶高冠，身着长袍，双手持笏，目视前方。骑从一名，头戴巾帻，身穿紧衣，双手持缰，马头戴缰缨，无鞍无蹬。门亭长头戴帻，身着袍服，面左拱手恭立送行。

12 石：前室北壁横额石，"车骑出行"，画像横幅。石长 325 厘米，画幅长 300、宽 32、厚 24 厘米，单边饰（上）蔓草云纹。主题图案分 5 格刻绘，车骑左行，主题图案从左至右依次为：重檐官邸，庑殿顶，面阔三间，骑吏一名，单辕辎车一辆。辎车上乘二人，前主后驭。主人头戴笼冠，身穿袍服坐车前，驭者头戴尖顶高冠坐车后，双手持缰，马饰辔，头戴缰缨。辎车，车上有盖，车下轮毂显然，轮辐清晰。辎车，驾一马，车带伞盖，加四帻，当为主车。二名骑吏，一马辎车，一名从骑。

13 石：前室北壁左竖框石，"鸡首神人"，画像竖幅。高 131、宽 52、厚 21 厘米，单边饰（右）蔓草云纹。主题图案鸡首神人穿长袍，持笏拱立，立于豆形悬辅之上，头顶祥云，背流云，面左而立。汉代人迷信，想借助神人施加影响，目的是为了辟疫驱厉。

14 石：前室北壁右竖框石，"车骑出行"，画像竖幅。高 127、宽 55、厚 20 厘米，单边饰（左）蔓草云纹，主题图案分 4 格刻绘。辎车一辆，乘者头戴斜顶高冠，身穿儒袍，正襟持笏坐前厢，驭者头戴帻，一手持便面，上有飞鸟，后有植柏。单辕辎车一辆，上乘二人。二门吏，一拱手躬身，一掩棒恭立，皆面右，前者留须似为长者，可能为门亭长。

15 石：前室西壁横额石，"车骑出行"，画像横幅。长 310 厘米，画幅长 290、宽 32、厚 24 厘米。单边饰（上）蔓草云纹，主题图案分 6 格刻绘，车骑向左行驶。重檐庑殿顶宫门，开道骑吏，轺车一辆。单辕轺车一辆。一马驾轺车一辆，上乘主仆二人，主前驭后。主人头戴冠，身着袍服，双手持笏，目视前方；驭者头戴平上帻，双手持缰绳，驱车前行。軿车一辆，上带伞盖，马饰辔头，车辕曲柄，上乘女眷。从骑一名，巾帻飞扬，无鞍无蹬，轺车一辆，上乘二人。轺车一辆。

16 石：前室东壁南端竖框石，"挑拨天马"，画像竖幅。高 130、宽 50、厚 20 厘米，三边饰（上、右、下）蔓草云纹。主题图案分层刻绘，上图挑拨，头戴胜，尾细长，前生朱草，后飞祥云。挑拨是汉代传说中的一种神兽，身似鹿。下图天马，左边框墨题："马头牛蹄之名浮口"，后飞流云（图五-1）。

17 石：前室东壁北端竖框石，"西王母、楼"，画像竖幅。高 130、宽 48、厚 19 厘米，单边饰（左）蔓草云纹。主题图案分层刻绘。上图西王母，下图望楼。西王母头戴胜，身穿袍服，手持不死药，踞坐在豆形悬圃上，上有祥云飞逸，下有弱水碧波。望楼、流云。望楼二层，鸱吻庑殿顶，以墨线绘瓦缝、瓦当。一层有悬梯可登楼。流云示意楼很高。

18 石：东壁墨题铭柱，正方形，高 117、宽 17、厚 17 厘米，四面均刻蔓草云纹，正面蔓草云纹外轮廓以墨线勾绘，中间涂红、黑、彩，四周边框涂红彩。正面墨书汉隶"西河太守……"。墨书面宽 5、高 89 厘米（图五-2）。石柱上承石栌斗，栌斗高 16、上宽 29×29、下宽 18×18 厘米。栌斗凿成榫卯相连，榫径 9、卯深 4 厘米。

19 石：西壁石刻云柱，石柱形状、尺寸，四面纹饰均同 18 石，唯不同的是石柱上无铭题。

三、结　语

离石市石盘村发现的汉画像石墓，墓葬形制、画像内容与离石马茂庄出土的汉画像石基本相同，[①] 因两地相距 2.5 公里，而画像题材内容、雕刻技法、艺术风格基本相同，都是东汉桓帝、灵帝年间的遗物，墓主多为当地官吏或土著豪强。

目前离石境内先后出土近 300 块汉画像石，石盘出土的汉画像石大面积施彩，墨线流畅、清晰，且画像内容丰富，技法娴熟，雕刻精美，构图布局疏朗充盈，反映了东汉时期的社会现实生活与思想意识，丰富了离石汉画像内容，为研究汉代美术、建筑、神话、服饰、车舆制度等方面提供了难得的新资料。

本文在编写中得到吕梁地区文物局刘起印副局长的指导，谨表谢意。

（原载《山西省考古学论文集》，山西人民出版社，2000 年）

---

① 《山西离石再次发现东汉画像石墓》，《文物》1996 年第 4 期。

离石西崖底汉代画像石

王金元　王双斌

（离石市文化局　吕梁地区文物局考古队）

　　1998 年秋，山西省离石市文物管理所在本市城关镇西崖底村村民建房工地发现 4 块汉画像石，介绍如下：

　　一石：立框石，高 125、宽 54、厚 21 厘米。该石右边饰刻蔓草纹图案。左边分 3 格刻绘，上格刻绘宾主坐圆垫之上，在祥云絮飞的曲柄伞盖之下叙谈，宾主皆为男性，头戴斜顶高冠，身穿宽袖长袍。宾主之间有一桌，上置酒具，似在边叙谈、边宴饮。中格刻三只鸟，前为硕冠朱雀，宁立静待，后有两只鸾鸟相视而立，上飞流云，下生朱草。朱雀，是"四灵"之一，它同青龙、白虎、玄武一样，都是方位神，汉代人视朱雀为"正四方"的神鸟，一般把它刻在墓门上，呈飞鸣状。传说朱雀飞鸣，天下太平，示意吉祥和辟邪。此画

图一　　　　　　　图三

像石上朱雀停立于山林间，这在离石汉画像中属首次发现。下格刻绘三个门吏侧身恭立，他们都头戴帻巾，身穿宽袖长袍。右边一吏留八字须，面带笑容，侧身面左恭立，其前二吏双手持棒，一吏左视查看，一吏正视前方（图一）。

　　二石：横石（残），长 65、宽 30、厚 20 厘米。上边饰刻绘蔓草纹，下分格刻绘，因石残仅存两图。白左至右蔓草纹，向左行驶的二骑吏。骑吏头戴帻巾，身穿长袍，手持缰绳，双眼机警注意左右。马鬃、马尾用重墨线一笔绘出，马头戴辔饰（图二）。

图二

　　三石：立石，长 140、宽 30、厚 20 厘米。四边框内刻绘蔓草云纹，墨线构边（图三）。

　　四石：门楣石，长 191、宽 30、厚 11 厘米。上下分层构图。上层刻绘连续的蔓草纹，下层刻绘车马出行图，车马皆向左行骑，马皆呈奔跑状，出行场面较为活泼。白左至右依次刻绘：导骑 2 名，头戴帻。

伞盖加四维轺车一辆，一马驾，上乘二人。轺车一辆，一马驾，上乘二人。植柏 1 株，飞鸟 1 只。轺车一辆，一马驾，上乘二人。并驰随从骑吏 2 名。最后一车辆只刻出一匹马，以示车队未尽（图四）。

　　四块汉画像石均为砂岩质页岩，质较软，呈灰绿色、褐色两种，系在打磨平的石材上，画工以简练的线条勾图，由石匠采用东汉最普遍的剔地平铲技法作平面浅浮雕，使物像平面凸起，取得整体效果。物像细部的眉、眼、鼻、口、发髻、衣冠、车辆细部等不作雕刻，保留了原画墨稿，起到以笔代刀的作用。画面上墨线清晰流畅。

　　由于这批汉画像石为零散发现，原墓已被扰乱，不能明确判明是否为同一墓出土，但根据已出土的汉画像石的画像内容、雕刻手法等方面分析，这 4 块画像石应为东汉晚期的遗作（西崖底村紧邻全国重点文物保护单位马茂庄汉墓群）。这批画像石的发现，为研究汉代礼仪活动和汉代画像石雕刻艺术的发展提供了难得的资料，对离石汉画像石本身的研究也有着重要的意义。

（原载《文物世界》2002 年第 6 期）

山西离石石盘汉代画像石墓

王金元

（离石市文物管理所）

石盘村位于离石市城西4公里的307国道旁（图一）。在该村村北的二级台地上曾出土过陶片、绳纹砖等汉代遗物，并在该村征集过汉代画像石。1997年4月，该村农民在建窑时发现一座砖石墓，市文物管理所随即派人进行了清理，现将抢救发掘情况介绍如下。

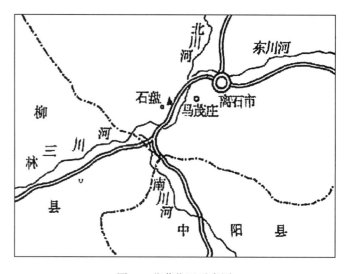

图一 墓葬位置示意图

一、墓葬形制

该墓坐北朝南，为砖砌墓葬，由墓道、甬道、前室和后室、左耳室和右耳室组成（图二）。该墓已被盗，墓顶全部塌毁，墓内积满碎砖、淤土，墓底距地表深4.3米。因条件所限，无法对此墓进行完全的清理、发掘。墓内未见骨骸。

墓门在甬道南端，通高1.64、宽1.62米，石质，由门楣、门框和两扇门扉组成。左、右门框外侧均用条砖砌固。门楣的后面附一条石，两侧各凿一凹缺，并与门阶上的臼窝对应，以便安放上、下门枢，使门扉得以向内启阖。甬道进深2、宽1.2、高1.85米。两侧墙壁用砖错缝平砌，高至1.25米处作单层券顶。甬道及室内地面均以条砖作"人"字形平铺。

前室平面近正方形，东西宽3、南北长2.9米。前室四壁均开门，其中南门与甬道相连，北门通往后室，东、西门各通一耳室。四壁均由两块画像石竖砌而成，其上承托横额画像石。东西两壁门道的中央各竖立一方形石柱，上承石质栌斗。后室东西宽1.9、高1.3米，左、右耳室均宽1.95、高1.3米。因无法全部发掘，后室及耳室的进深不详。

二、画像石

画像石共有19块，其中门楣1块、门框2块、门扉2块、前室四壁立石8块、前室横额4块、石

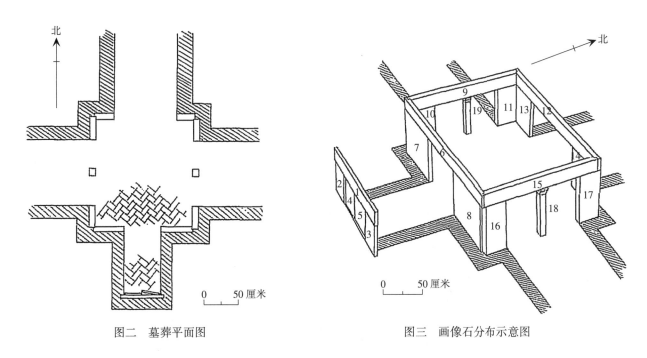

图二 墓葬平面图 　　　　　　图三 画像石分布示意图

柱2块（图三）。为砂岩质页岩，红褐色，质较软。制作方法是先打磨好要刻绘的一面，然后用墨线勾勒线图，再将物象轮廓之外剔地平铲，形成平面浅浮雕。图像细部用墨线描绘，局部施红彩。部分画像石的下角题有隶书文字，标明其在墓中的位置。

1号石：门楣石。横幅，为车骑出行图，长193、宽32、厚14厘米。图案分上下两层。上层饰卷云纹，下层从左向右刻导骑一名、辂车三辆、从骑一名、棚车一辆（图四、图一一、图一三）。

2号石：左门框。竖幅，为西王母和持彗门吏图，高129、宽31、厚12厘米。图案分为上下两层。上层是西王母，头顶华盖，身穿红色宽袖长袍，面向内侧，手持仙药，踞坐在束腰的高座之上。下层是一门吏，头戴黑色介帻，身穿长袍，左手持彗，垂首恭立（图五、图九、图二七）。

3号石：右门框。竖幅，为东王公和持盾门吏图，刻石尺寸与左门框相同。图案分为上下两层。上图是东王公，头顶华盖，唇留短须，头戴三山冠，身着长袍，手持仙草，面朝内侧，踞坐在束腰的高座之上。下层刻一门吏，头戴高冠，身着长袍，腰间佩剑，右手持物，左手持红色盾牌，恭立迎候（图六、图一〇、图三〇）。

4号石：左门扉。竖幅，为朱雀和铺首衔环图，高124、宽48、厚6厘米。图案被红色边框分成内外两部分。边框外装饰卷云纹，边框内是主题图案，上刻朱雀，下刻衔环铺首（图七、图一二）。5号石为右门扉，画像石内容与左门扉近同，但尺寸较左门扉宽4厘米（图八、图一二）。

6号石：前室南壁横额内侧。横幅，为车骑出行图，长325、画长300、宽32、厚24厘米。图案

图四

分为上下两层。上层刻卷云纹，下层刻 8 车 2 骑，从左至右依次为轺车一辆、軿车一辆、导骑一名、轺车一辆、从骑一名、轺车三辆、軿车一辆、轺车一辆（图一七）。6 号石外侧也是车骑出行图。画像呈梯形，上边长 90、下边长 100 厘米，主题图案是二车一骑（图一八）。

　　7 号石：前室南壁西侧竖框石。竖幅，长 130、宽 88、厚 20 厘米。除底部外，边框饰卷云纹。主题图案是窗户纹样，为绶带穿璧图，窗下刻双马、雄鸡。两匹马系在同一棵树下，马头相对，树下有马槽，右上角踞坐一个马夫。画像石右下角墨书"石东柱"（图一六）。

　　8 号石：前室南壁东侧竖框石。竖幅，尺寸同 7 号石。纹饰与 7 号石近似，但窗户下面刻一牛、一车、飞鸟、山丘等图案。画像石右下方墨书"石西柱"（图二六）。

图五　　　　　　　　　图六　　　　　　　　　图七　　　　　　　　　图八
2 号画像石摹本（约 1/12）　3 号画像石摹本（约 1/12）　4 号画像石摹本（约 1/12）　5 号画像石摹本（约 1/12）

　　9 号石：前室西壁横额。横幅，为车骑出行图，长 310、画幅长 290、宽 32、厚 24 厘米。图案分成上下两层。上层饰卷云纹，下层分 4 格，从左至右依次为从骑三名和骈车一辆，从骑一名和轺车一辆，从骑一名和轺车一辆，骑吏一名和棚车一辆，车后有一护骑（图一四）。

　　10 号石：前室西壁南侧竖框石。竖幅，高 129、宽 55、厚 21 厘米。右侧边框饰卷云纹，左侧为牛首神人像。牛首神人面朝左，身着长袍，右手持长矛，立于束腰的高座之上（图二一）。

　　11 号石：前室西壁北侧竖框石。竖幅，为车骑出行图，高 130、宽 48、厚 20 厘米。右侧边框饰卷云纹。左侧主题图案分 3 格，其中上层刻骑吏，中层刻軿车，下层刻轺车、骑吏、门亭长（图二二）。

12 号石：前室北壁横额内侧。横幅，为车骑出行图，石长 325、画幅长 300、宽 32、厚 24 厘米。石刻内容与 6 号石相似，唯左侧加刻重檐府第，庑殿顶，面阔三间。

13 号石：前室北壁西侧竖框石。竖幅，为鸡首神人图，高 131、宽 52、厚 21 厘米。右侧边框饰卷云纹，左侧是鸡首神人像。鸡首神人穿长袍，右手持长矛，立于束腰高座上（图二三）。

14 号石：前室北壁东侧竖框石。竖幅，为车骑出行图，高 127、宽 55、厚 20 厘米。左侧边框饰卷云纹。右侧主题图案分 4 格，其中第一格刻辎车一辆，第二格刻两名骑吏，第三格刻辎车一辆。第四格为两个门吏，前者躬身迎立，后者持矛站立（图二四、途二八）。

   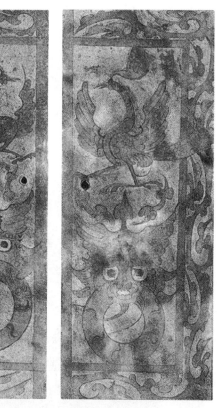

图九　2 号画像石　　　图一〇　3 号画像石　　　　图一二　4 号和 5 号画像石

图一一　1 号画像石

图一三　1 号画像石局部　　　　　　　　　图一四　9 号画像石局部

图一五　17 号画像石　　　图一六　7 号画像石　　　图一九　18 号画像石局部　图二〇　16 号画像石墨题

图一七　6 号画像石内侧

图一八　6 号画像石外侧

图二一　10号画像石　　　　　图二二　11号画像石　　　　　图二三　13号画像石

图二四　14号画像石　　　　　图二五　16号画像石　　　　　图二六　8号画像石墨题

　　15号石：前室东壁横额。横幅，为车骑出行图，石长310、画幅长290、宽32、厚24厘米。石刻内容与9号石相似。

　　16号石：前室东壁南侧竖框石。竖幅，高130、宽50、厚20厘米。除左侧外，其余边框均饰卷云纹。主题图案分为上下两层，均为天马图。马匹头戴璎珞，尾细长，前生朱草，后飞祥云。下图的左边框还有墨题：“马头牛蹄之名浮□”（图二〇、图二五）。

|图二七|图二八|图二九|图三〇|
|2 号画像石拓片（1/9）|14 号画像石拓片（1/9）|17 号画像石拓片（1/9）|3 号画像石拓片（1/9）|

17 号石：前室东壁北侧竖框石。竖幅，为西王母和楼阁，高 130、宽 48、厚 19 厘米。左侧边框饰卷云纹。主题图案分为上下两层，上层刻西王母，下层刻望楼。西王母头梳高髻，身穿长袍，手持仙药，踞坐在束腰的高座之上。下层刻望楼，高两层，庑殿顶，一层有楼梯，直达二楼（图一五、图二九）。

18 号石：前室东壁门道隔柱，横断面呈正方形，高 117、宽 17、厚 17 厘米。四面均刻卷云纹，四周边框及部分纹饰涂红彩。正面墨书汉隶：“西河太守……”，墨书幅宽 5、高 89 厘米。石柱上承石栌斗，栌斗高 16、上部边长 29、下部边长 18 厘米。栌斗凿成榫卯相连，榫径 9、卯深 4 厘米（图一九）。

19 号石：前室西壁门道隔柱，其形状、尺寸及四面纹饰均同 18 号石，唯石柱上无刻铭。

三、结　语

此次发现的画像石墓，其墓葬形制、画像石内容、雕刻技法与离石马茂庄出土的东汉画像石近似①。两地相距 2.5 公里，两座墓的时代应该接近。所以，石盘村画像石墓的时代约在东汉桓帝、灵帝时期，墓主可能是当地的官吏或土著豪强。

在离石境内已先后出土 300 余块汉画像石，石盘村出土的汉画像石大面积施彩，在当地尚属首次

---

① 山西省考古研究所等：《山西离石再次发现东汉画像石墓》，《文物》1996 年第 4 期。

发现。而且这批画像石墨线流畅、清晰，画像内容丰富，雕刻精美，为研究东汉时期的社会生活与思想意识提供了新资料。

参加清理工作的有王爱萍、王金元、付新平等同志。本文在编写过程中，得到吕梁地区文物局刘起印副局长的指导，谨表谢意。

绘图、摄影：王双斌

（原载《文物》2005 年第 2 期）

离石马茂庄汉画像石墓

离石区文管所　吕梁市文物局

1995 年秋，离石县城关镇马茂庄村一村民，在院内修菜窖发现一古墓，县文管所得知后立即赶往该村，在古墓周围已发现不少汉绳纹砖块，部分墓墙体已暴露于外，墓顶已坍塌，经与村民商量，进行了清理发掘，现将有关发掘情况简报如下。

一、地理位置

马茂庄村位于离石县城西二公里。东、南临三川河畔，西、北靠山，整个村庄依山傍水。马茂庄村西山塬高出河川约 30 余米，为古今多葬之地。在已发现的古墓集中分布于山塬南部。马茂庄汉墓群 2001 年被国务院公布为第五批全国重点文物保护单位，该墓位于保护范围内。

二、墓葬形制

墓葬为砖砌双室附双耳室汉画像石墓（图一）。墓向坐东朝西，墓葬早年被盗扰，除甬道尚存券顶外，墓顶已全部坍毁，墓内积满碎砖淤土。由墓道，甬道，前、后室，左、右耳室组成，整体平面呈"十"字形。从残存现状看，后室、左、右耳室为拱券顶，前室为穹隆顶。墓底距地表深 4.2 米。因周围民宅相互紧靠，故左、右耳室，后室无法清理，也未见随葬器物和骨骸。墓门位于甬道南端，由门楣石，左右门框石，左右门扉石，门梁及门限石组成。墓门高 164 厘米，宽 105 厘米，左右门框石用条砖砌固，门楣石后附一门梁石（长 136 厘米，宽 20 厘米，厚 11 厘米），两侧各凿一凹缺，并与门限石（长 133、宽 19、厚 11 厘米）上的臼窝对应，两扇门扉石外侧上下有门枢纳入，整个墓门合嵌平整又得以向内启阖。墓门外有封门砖墙封闭，通高 208 厘米。

甬道位于前室西壁中央，保存完整，由条砖（18.5×38×6 厘米）错缝平砌墙高至 1.3 米处作单层拱券顶而成，纵深 205 厘米，宽 105 厘米，底部以纵向"人"字形铺地。

前室平面近正方形，东西长 293 厘米，南北宽 290 厘米，东西南北四壁均开门，东通后室，西接甬道，南北两门通左右耳室，墙残存高 1.0～1.5 米不等。东、北两壁均由两块汉画像石竖砌而成，上承横额画像石，门道中央各竖立一根六角形石柱，上承栌斗石。南、西两壁用砖砌筑，地面以条砖横排错缝平铺，顶部全部塌毁。

左、右耳室附于前室南、北壁中央，左耳室门高125厘米，宽183厘米，右耳室宽180厘米，两室的东、西两壁残高1.4～1.7米，地面以条砖错缝平铺，顶部全部塌毁。

后室附于前室东壁，门高125厘米，宽185厘米，铺地与左右耳室相同。左右耳室，后室未发掘，故进深不详。

三、画像石

墓门处5块，门楣石1、左右门框石2、左右门扉石2块；前室东、北壁8块，横额石2、立石4、石柱2块，共计13块刻画像。

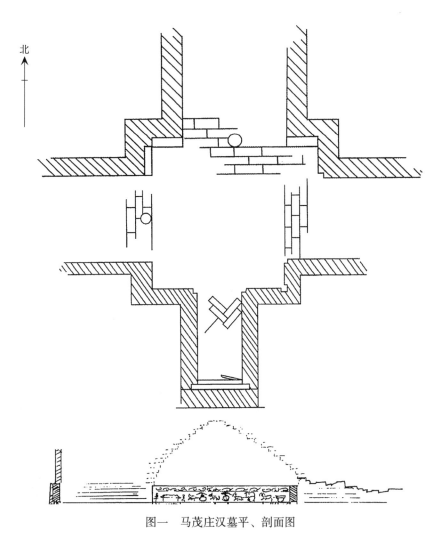

图一　马茂庄汉墓平、剖面图

石材为砂岩质页岩，灰褐色，质较软，石匠选石材后经磨制由画工用墨线画稿，再阴刻物象轮廓，剔地平铲作浅凸雕。物象细部不作雕刻，留有原画稿墨线。出土时部分画像的墨稿线迹尚存。

门楣石　长184、宽30、厚16.5厘米。画像横幅，画面长165、宽22厘米。上下分层构图。上层刻连续蔓草状卷云纹图案边饰。下层为左向行驶的车马出行图，依次刻画导骑二名，轺车二辆，辎车一辆，棚车一辆。

右门柱石　高126、宽32.5、厚17厘米。画像竖幅，画面高105、宽24厘米。画面分两部分，右边饰连续蔓草状卷云纹，主题图案，上部为东王公，下部刻门吏。右边饰卷云纹占画面三分之一，卷云纹用墨线勾边。东王公面左踞座在云拄上，头顶花丽伞盖，手举神草，身着大襟斜领宽袖儒袍，头戴黑羽冠。云柱下有山丘、植树。门吏头戴帻，身着宽袖长袍，底首躬身面左恭立。

左门柱石　与右侧门柱石相对称，尺寸亦基本相同，只是主题图案中间加刻一卷云纹。主题图案上为西王母，中为卷云纹，下刻持慧门吏。西王母眉清目秀，头戴华胜，身着大襟斜领宽袖儒袍，面右踞座在云柱悬圃上，头顶华盖，手持神草。门吏面右持慧，头戴帻，身着交领长袍。西王母和东王公是离石汉画像石中表现较多的神话形象，一般都端坐悬圃之上。汉代尊西王母为西仙之首，是长生不死之药的制造者。东王公住在碧海之中，掌管东方，是东方神仙之长。它反映了汉代人对于人间仙境的向往和憧憬。

右门扉石　高 130、宽 49、厚 8 厘米，门枢上端长 8、下端长 4 厘米。画像竖幅。画面高 113、宽 30 厘米。构图分三部分，上为朱雀，中为铺首衔环，下为祥云纹和朱鸟。朱雀左向，昂首，绣球胜，曲颈嘶鸣，翘尾、双翅上举。右爪立于兽头之顶，左爪腾空作起飞状。细部用墨线代雕。造型生动、活泼。中部铺首兽头形，双耳竖立，独角，瞋目露齿，眼珠点墨。方颏，颏下垂一绺长须，胡须飞动。所衔环之粗大。下部刻祥云和振尾面左伫立的朱鸟一只。离石汉画像石墓的门扉石上常刻画朱雀、铺首衔环。朱雀是方位神，所谓"左青龙（东）、右白虎（西）、前朱雀（南）、后玄武（北）"，其职责是"御四方，避不祥"。铺首衔环是门户的标志，铺首应为饕餮的演变，刻在墓门上也是为驱邪辟鬼。

左门扉石　与右门扉石相对称。画面内容、尺寸相似。唯不同的是下端祥云纹饰与右门扉石上祥云纹饰一致。

前室东壁横额石　长 314、宽 30、厚 23.5 厘米。画像横幅，画面长 298、宽 25 厘米。上层边饰连续不断卷云纹，下层主题图案刻左向行驶的车骑出行图，从左自右依次刻执节导骑二人，均头戴平上帻，短衣束带。上空有一展翅飞翔的神鸟、下植树。轺车一辆和并行步卒二名为前导。轺车二辆，并驰骑吏二名，箱车二辆。辎车一辆，当为主东。轺车一辆随后。整个出行场面壮观，动感很强。

前室东壁南侧竖框石　高 135、宽 58、厚 23 厘米。画像竖幅，画面高 98、宽 40.5 厘米。左、下边框饰卷云纹。主题图案分层刻画。上层刻东王公面左棨座于华盖垂饰下的三山悬圃上，头戴冠，唇留长须，身着宽袖儒服前檀树，后飞祥云。下层刻面左二神人，左为鸟首神人，手持棨戟。右为持棒神人，头戴介巾。"棨戟是古代官吏出行时前导仪仗的礼器，木制，上绘纹饰，形似戟"。

前室东壁北侧画像石　高 130、宽 49、厚 23 厘米。画像竖幅，画面高 96、宽 39 厘米。左、下边框饰卷云纹。主题图案通幅刻戴胜着袍的西王母座于云柱悬圃上，手持仙草，上有华盖垂帏，前后植树。

前室北壁横额画像石　长 310、宽 30、厚 23 厘米。画像横幅，画面长 293、宽 25 厘米主题图案车骑回归图，上层刻蔓草状卷云纹边饰，下层主题图案左端有一座楼屋，屋旁植树。依次刻左行骑吏一名，轺车三辆，辎车一辆，轺寒一辆，棚车一辆。

前室北壁东侧画像石　高 133、宽 53、厚 22 厘米。画像竖幅，画面高 100、宽 40 厘米。右、下边饰卷云纹，主题图案分三部分，上刻面左踞座戴胜的西王母，身着宽袖儒袍，

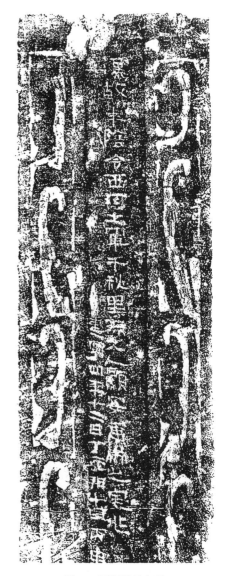

图二　石刻铭柱拓片

手持神草。后有一似兔首人神的站立侍者，手举曲柄伞盖，头顶祥云，后植神草。中刻头戴绣球冠、长尾伫立的朱鸟一只，上有飞禽。下刻戴胜挑拨，身似鹿长尾。前后植树。挑拨亦称"天马""神马"，是瑞兽，汉代盛兴将挑拨造型刻在墓室内为拨出不祥。

前室北壁西侧画像石　高 135、宽 55、厚 23 厘米。画像竖幅，画面高 98、宽 37 厘米。左、下边框饰云气纹。主题图案分层刻画，上层刻东王公，面右踞座伞盖下，头戴三梁冠，身着宽袖儒袍，前植树。下层刻面右门亭长，头戴介帻，唇留须。低首躬腰作迎送状。

前室东壁门中央石刻铭柱　横断面呈六角形，高 127 厘米、边宽 8 厘米，五面均刻卷云纹，正面阴刻汉隶："汉故华阴令西河土军千秋里孙大（夫）人显安万岁之宅兆，建宁四年十二月丁口口口十二月丙申造。"石柱上承石栌斗，栌斗高 15 厘米，上部边长 28 厘米、下部边长 21 厘米。栌斗凿成榫卯相连，榫高 3.5 厘米，梯形，榫径 7、卯深 5 厘米（图二）。

前室北壁门中央石柱　其形状、尺寸于第十二石近同。唯不同的是石柱无刻铭，且隔面刻卷刻卷云纹。

四、结　语

离石是全国汉画像石墓集中分布区域之一，先后出土汉画像石 400 余块，有确切纪年汉画像石仅 3 块："和平元年纪年阴刻铭柱""延熹四年纪年阴刻铭柱""熹平四年纪年墨书墓门"。

这次"建宁四年"（171 年）汉画像石墓的发现，使离石纪年汉画像石增至 4 块。该墓墓葬形制和已发现的汉墓基本类同，题材内容接近，雕刻技法相同。但墓内画像石的安置有所不同，已发掘的汉画像石的安置是对称的，该墓前室东、北两壁安画像石，南壁未安置。

总之，该墓的发现不仅有较高的学术价值，而且为研究汉画像石增添了新的内容，对汉画像石的断代分期有着重要的意义。

执笔：王金元、王双斌；绘图、摄影：王双斌

参考文献

1. 梁宗和：《山西离石县的汉代画像石》，《文物参考资料》1958 年第 4 期。
2. 商彤流、刘永生：《山西离石再次发现东汉画像石墓》，《文物》1996 年第 4 期。

（原载《三晋考古》第四辑）

山西吕梁地区征集的汉画像石

吕梁地区文物局

吕梁地区位于山西省中部西侧，地处黄河中游，雄伟的吕梁山纵贯全区，境内山峦起伏，沟壑纵横。据《汉书》[1]《水经注校》[2] 记载，武帝元朔三年（前 126 年），代共王有六个儿子被封在这里。早在 1919 年，离石县马茂庄就曾发现汉代左元异的墓，出土和平元年画像石多块。其中 2 个刻铭石柱被奸商盗运国外，剩余的 10 块画像石后被山西省博物馆收藏[3]；另两块保存于吕梁地区文物事业中心[4]。1930 年，柳林县杨家坪也发现过一座画像石墓，仅存 7 石，新中国成立后由山西省博物馆收藏。[5]

1985 年，当时的吕梁地区文物事业中心在全区开展了文物大普查，又陆续征集回几批画像石，现将其中的部分画像石分述于下。

一、离石县交口镇汉墓

1980 年，在离石县交口镇发现汉墓一座，出土画像石 9 块，包括门楣 1、门框 2、石门 2、石柱 1、小门楣 1、门柱 2 块。

门楣　长 283、高 30 厘米，已断成 3 截。画面为车骑出行图，有辎车 5 辆、轿车 2 辆。画面上方以云气纹作装饰带。

门框　2 块，均为高 134、宽 53 厘米。左门框上的画面为狩猎图，纵向刻 23 骑，奔向前方，中间有鸟、蹲兔、树木和野草。此石的上部和左侧均饰以云气纹（图一）。右门框上的画面仍为狩猎图。下层刻两人，头戴三山冠，腰系风裙，手持棍状武器。中层纵向刻有六骑，其后还有二骑，正在开弓射鸟。画面最上方是两个仙人，跪坐在高台座上。两人中间还摆着一个三足鼎，鼎下刻一长方拖盘。此石右侧饰以云气纹（图二）。

---

① 《汉书》卷十五上《王子侯表第三上》，中华书局，1964 年，第 453 ~ 455 页。《汉书》卷十五上《王子侯表第三上》，中华书局，1964 年，第 453 ~ 455 页。

② 《水经注校》，上海人民出版社，1984 年，第 96 ~ 97 页。

③ 崔斗辰：《离石县文物勘察》，《文物参考资料》1952 年第 1 期。

④ 杨绍舜：《山西离石马茂庄汉画像石又有新发现》，《文物》1984 年第 10 期。

⑤ 崔斗辰：《离石县两处汉代石室画之介绍》，《山西文物》1982 年第 2 期。

石门　2块，均为高112、宽47厘米，门枢高8、直径8厘米。两石画面相同，上端是昂首展翅的朱雀，单爪立于铺首头顶。铺兽竖耳睁目，嘴衔璧形环。下部是一头正在行走的独角兽。

石柱　高122、周长38厘米，横截面为六角形。铭文阴刻，为"汉河东椽丞西河平定长乐里吴执仲超万世宅兆"（图一〇）。

小门楣　长176、宽29厘米。画面为车骑出行图。行列前面是2辆辎车。其中第二辆车后面跟随二骑；第三辆车后面行走二神人。中央刻一辆辎车，车后跟随三骑和一辆辎车。该石上部以云气纹作边饰（图三）。

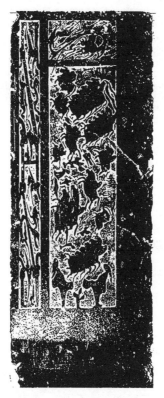

图一　左门框画像石拓片

图二　右门框画像石拓片

门柱　2块，均为高125、宽30厘米。左门柱上的画面分为上下两层。上层刻着头梳高髻的西王母，手持火炬状物，坐在山形高台座上，头上方有一伞形云状物。在山形高座中间，有神兽在行走。下层为一牛首使者，身着长袍，面向内侧而立（图六）。右门柱上的画面分为上下两层。上层刻着头戴三山冠的东王公，坐在山形高台座之上，头上方有一伞形云状物。下层为鹰首使者，身着长袍，双手持一根细长棍，面向内侧恭立。两石外侧均以云气纹作边饰（图七）。

图三　小门楣画像石拓片

图四　门楣画像石拓片

图五　门楣画像石拓片

二、离石县下水村画像石

1972 年，在离石县下水村征集画像石 4 块，包括门楣 1、门框 2、石柱 1 块。

门楣　长 287、高 35 厘米，已断成三截。画面为车骑出行图。走在前面的是开道骑者，身后有二阙。阙内站一头戴方帻、身着长袍的地方官吏，双手拥彗，面向阙外恭立。阙外是轺车 2 辆，御者头戴平帻，手持缰鞭，主人头戴进贤冠。其后是一骑、一辆辎车和一辆牛车。车辆之间点缀着山峦、飞鸟、树木等。该石上部以云气纹作装饰带（图四）。

门框 2 块。左门框，高 130、宽 52 厘米。画面分为上下两层。上层刻二人，身着长袍，手持曲形器。二人的头顶上都有伞盖形云状物。下层刻鸟首门吏，身着宽袖大袍，双手持一长棍，面向左侧恭立。右门框，高 138、宽 53 厘米。画面分为上下两层。上层有二人，一人头戴平巾帻，身着长袍，手持曲形器，恭腰面向左侧；另一人双手拱笏，向左而立。二人头顶都有伞形云状物。下层刻兽首门吏，身着长袍，拱手面左而立。两石外侧都以云气纹饰边（图八）。

图六　左门柱画像石拓片　　图七　右门柱画像石拓片　　图八　右门框画像石拓片　　图九　右门框画像石拓片

石柱 已残，高46、上宽17、下宽21厘米，呈方塔形。上面阴刻铭文四字，为"延熹四年"（图一二）。

三、中阳县道棠村画像石

1983年，在中阳县道棠村发现画像石4块，包括门楣1、门框2、石柱1块。

门楣 长297、高35厘米，已断成两截。画面为车骑出行图。

门框 2块，均为高131、宽53厘米。左门框的画面上有三人，均为半身，头戴平帻，两人手中持戟。右门框的画面上有二人，均为头戴武弁大冠，身着长袍，足蹬靴，手中持戟，面向左侧恭立（图九）。

石柱 方形，高118、宽13厘米。柱顶端为一方斗，斗高6、上宽23、下宽17厘米，四周饰以蔓草花纹。石柱正面阴刻隶书，为"和平九年十月五日甲午故中郎将□集椽平定沐拊孙室舍"（图一一）。

图一〇 石柱铭文拓片　　　图一一 石柱铭文拓片

四、阳县道棠村汉墓

1982年，在中阳县道棠村发现汉墓一座，出土画像石5块，包括门楣1、门框2、石门2块。

门楣 长17、高33厘米。画面为车骑出行图，包括轺车二、辎车一。御者头戴平巾帻，手持缰绳；乘者头戴却敌冠，身着长袍。辎车位于画面中央，其后有单骑二名，头戴帻，身佩剑。车骑之间点缀以飞鸟和树木，顶部边框装饰云气纹（图五）。

门框 2块，均为高124、宽35厘米。左门框的画面上方站立一人，头戴帻，身着长袍，双手拥篲，面向右侧。画面下方竖刻玉兔和蟾蜍（图一三）。右门框的画面右上角有一棵树，树下站一小兽，手持圆扇形物。中间刻一人，头戴帻，身着长袍，双手捧一笏形物，面向左侧。画面下方竖刻一猛虎，将一人的上半身吞进口内。这应该是传说中的"虎食女魃"图。二石都以云气纹作边（图一四）。

石门 2块，均为高117、宽47厘米。画面内容近同，均为

图一二 石柱铭文拓片

朱雀振翅，朱雀一爪前伸，另一爪立于铺首兽头之上。铺首竖耳圆睛，露齿衔环。石门下部有一独角兽。两扇门中间靠内侧都有一穿，为系门环之用（图一五、图一六）。

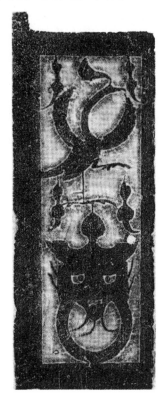

图一三　左门框画像石拓片　图一四　右门框画像石拓片　　图一五　左门画像石拓片　　图一六　右门画像石拓片

五、结　论

　　吕梁地区出土的画像石，皆采用当地的红砂质页岩石，年久容易剥落、断裂，加之雕刻很浅，有些已经看不清楚。石柱上的铭文有"和平元年"（150 年）和"延熹四年"（161 年）的年号，都在桓帝时期。所以，这批画像石的时代应属东汉晚期。

　　本地区出土的画像石，全部采用剔底浅浮雕，刀法流畅，线条简约。画像石大多先用笔线起稿，然后再雕刻。其特点是只刻外形轮廓，内部线条如口、眼、鼻以及衣纹等都很少刻出。尚未雕刻就以各种颜色绘之，这种做法与其他地区出土的画像石不同。

　　在吕梁地区，目前发现画像石墓的地点仅见于三川河流域一带，主要分布在以离石为中心的周围。从画像石的风格及铭文看，都属于东汉晚期。它和在陕西绥德延家岔①、米脂上官村②发现的东汉画像石的风格相似，应该属于同一类型。两个地区远在商周时期就有着密切的文化关系，如山西石楼③、

---

① 戴应新、李仲煊：《陕西绥德县延家岔东汉像石墓》，《考古》1983 年第 3 期。
② 陕西省博物馆、陕西省文管会：《米脂汉画像石墓发掘简报》，《文物》1972 年第 3 期。
③ 山西省文物管理委员会保管组：《山西石楼县二郎坡出土商周铜器》，《文物参考资料》1958 年第 1 期。

柳林①等地出土的商周青铜器，与陕西绥德②的同类器相似。这说明，两地可能属于同一个考古学文化体系。吕梁发现的汉画像石，为研究这一地区的汉代文化提供了珍贵的实物资料。

执笔：董楼平、杨绍舜

（原载《文物》2008 年第 7 期）

---

① 杨绍舜：《山西柳林高红发现商代铜器》，《考古》1981 年第 3 期。
② 黑光、朱捷元：《陕西绥德墙头村发现一批窖藏商代铜器》，《文物》1975 年第 2 期。

山西离石马茂庄建宁四年汉画像石墓

王双斌

（吕梁市文物考古调查勘探队）

马茂庄村位于离石县城西 2 公里，东南临三川河，西、北侧靠山（图一）。村西的山塬高出河川约 30 米，在山塬南部的二级台地上发现过许多汉墓。2001 年，这里被国务院公布为第五批全国重点文物保护单位。1995 年秋，马茂庄村一村民在院内修菜窖时发现一座古墓。离石县文管所得知后，立即派人对该墓进行了抢救性清理，现将发掘情况简报如下。

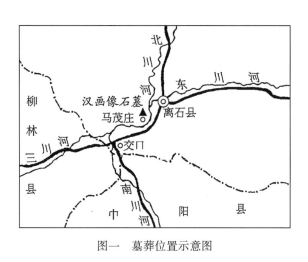

图一　墓葬位置示意图

一、墓葬形制

该墓为砖砌双室附双耳室汉画像石墓（图二），坐东朝西，由墓道，甬道，前、后室，左、右耳室组成，整体平面呈"十"字形。墓葬早年先后两次被盗扰，除甬道尚存券顶外，墓顶已坍毁，墓内积满碎砖、淤土。从残存情况看，后室和左、右耳室为拱券顶，前室为穹隆顶，墓底距地表深 4.2 米。因与周围民宅紧邻，故左、右耳室和后室无法清理，未见随葬器物和骨骸，葬式不明。前室有许多绳纹陶片和少量彩陶片。

墓门位于甬道西端，由石质门楣，左、右门框，左、右门扉，门梁和门槛组成。墓门高 1.64、宽 1.05 米，左、右门框石用条砖砌固。门楣后附一门梁，长 136、宽 20、厚 11 厘米，两侧各凿一凹缺，并与门槛（长 133、宽 19、厚 11 厘米）上的臼窝对应，两扇门扉的外侧上下有门枢纳入，整个墓门合嵌平整又得以向内启阖。甬道门外砌有封门砖墙，通高 2.08 米。

甬道位于前室西侧，保存完整，由条砖错缝平砌，高至 1.3 米处起券顶，纵深 2.05、高 1.55、宽 1.05 米。甬道底部用砖纵向"人"字纹铺地。砖长 38、宽 18.5、厚 6 厘米。

前室平面近正方形，东西长 2.93、南北宽 2.9 米。东西南北四壁均开有门，四面的墙壁已残，残高 1~1.5 米不等。其中东、北两壁均由两块画像石竖砌而成，上承横额画像石，门道中央各竖立一根六角形石柱，上承栌斗石。南、西两壁用砖砌筑，地面以条砖横排错缝平铺，顶部全部塌毁。

左（南）耳室门高 1.25、宽 1.83 米，右（北）耳室宽 1.8 米，两耳室的东、西两壁残高 1.4~

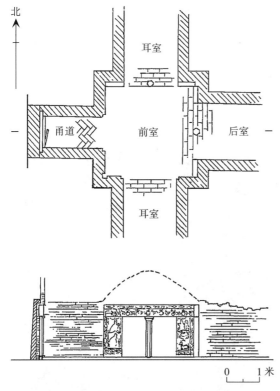

图二 墓葬平、剖面图

1.7米。地面以条砖错缝平铺，顶部全部塌毁。后室附于前室东壁，门高1.25、宽1.85米，铺地砖与左、右耳室相同。左、右耳室和后室未做发掘，故进深不详。

二、画像石

包括墓门处5块（门楣1块，门框2块，门扉2块），前室东壁、北壁8块（横额2块、立石4块、石柱2根），共计13块（图三）。

石材属于砂岩质页岩，灰褐色，质较软。制作方法为先经磨制，再由画工用墨线画稿，然后阴刻物像轮廓，剔地平铲，形成平面浅凸雕。物像细部不加雕刻，留有原画稿墨线，出土时部分画像的墨稿线痕迹尚存。

门楣 长184、宽30、厚16.5厘米。横幅，画面长165、宽22厘米。分为上下两层，其中上层刻连续蔓草状卷云纹。下层为车马出行图，从左依次刻导骑2名、轺车2辆、辎车1辆、棚车1辆（图一〇）。

门框 2块。右门框，高126、宽32.5、厚17厘米。竖幅，画面高105、宽24厘米。画面右边刻蔓草状卷云纹，占画面的三分之一，卷云纹图案用墨线勾边。左侧是主题图案，上部为东王公，下部刻门吏。东王公面朝左坐在云朵形高座上，头顶华盖，手执仙草，身着长袍，头戴羽冠。云柱下有山丘和树木。门吏头戴帻，身着宽袖长袍，低首躬身，面左拱手而立（图五）。左门框，与右门框对称，尺寸基本相同，只是左侧刻卷云纹。右侧主题图案分为上、中、下三部分，上为西王母，中刻卷云纹，下为持慧门吏。西王母头梳高髻，身着斜领宽袖长袍，面朝左坐在云朵形高座上，头顶华盖，手执仙草。门吏面右持慧，头戴帻，身着交领长袍（图四）。

门扉 2块。右门扉，高130、宽49、厚8厘米，上门枢长8、下门枢长4厘米。竖幅，画面高113、宽30厘米。构图分为上、中、下

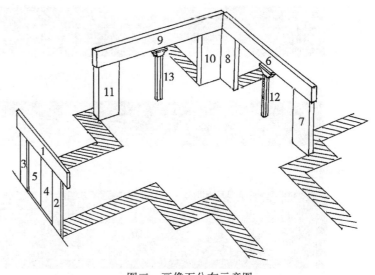

图三 画像石分布示意图

三部分，上为朱雀，中为铺首衔环，下为祥云纹和凤鸟。朱雀右向，昂首挺立，华冠，伸颈，展翅，翘尾。左爪立于铺首兽头之顶，右爪腾空。细部用墨线描绘。中部铺首呈兽头形，双耳竖立，独角，瞋目露齿，环眼，眼珠点墨。颏下垂一绺长须，口中所衔之环粗大。下部刻祥云，祥云之下有长尾凤鸟一只，面右伫立（图七）。左门扉，画面内容与右门扉石对称，尺寸相似。唯一不同的是，下端祥云与右门扉石上祥云纹饰的方向一致（图六）。

图四　　　　　　　　图五　　　　　　　　　图六　　　　　　　　图七
第 3 石画像拓片（1/10）第 2 石画像拓片（1/10）　　第 5 石画像拓片　　　第 4 石画像拓片

图八　第 6 石画像拓片

图九　第 9 石画像拓片

图一〇　第 1 石画像拓片

横额　2块。前室东壁横额，长314、宽30、厚23.5厘米。横幅，画面长298、宽25厘米。分为上、下两层，其中上层边饰为卷云纹。下层主题图案为左向行驶的车骑出行图，从左向右依次刻执节导骑2人，均头戴平上帻，短衣束带。天空有一展翅飞翔的神鸟，下植树。轺车1辆和并行步卒2名为前导。中刻轺车2辆，后随骑吏2名、轺车2辆。又刻辎车1辆，当为主车，轺车1辆随后（图八）。前室北壁横额，长310、宽30、厚23厘米。横幅，画面长293、宽25厘米。分为上、下两层，上层刻蔓草状卷云纹边饰。下层主题图案为车马出行图。左端有一屋，屋旁植树。其后刻左行骑吏1名、轺车4辆、辎车1辆、轺车1辆、棚车1辆（图九）。

立石　3块。前室东壁南侧立石，高135、宽58、厚23厘米。竖幅，画面高98、宽40.5厘米。右、下边框均饰卷云纹，主题图案分为上、下两层。上层刻东王公，面朝右坐在云朵形高座上，头顶华盖。头戴冠，唇留长须，身着宽袖长袍。下层刻面右而立的二神人。左为鸟首神人，手持棠戟；右为持棒神人，头戴介帻（图一二）。前室东壁北侧立石，高130、宽49、厚23厘米。竖幅，画面高96、宽39厘米。左、下边框均饰卷云纹。主题图案刻西王母头梳高髻，身着长袍，面朝左坐在云朵形高座上。她手持仙草，上有华盖（图一一）。前室北壁东侧立石。高133、宽53、厚22厘米。竖幅，画面高100、宽40厘米。右、下边均饰卷云纹，主题图案分为3部分。上刻西王母，面朝左，头梳高髻，身着宽袍，手持仙草。后有一似兔首人身的站立侍者，手举曲柄伞盖。中刻一只长尾伫立的凤鸟，上有飞禽。下刻神兽，身似马，长尾。前后植树（图一四）。前室北壁西侧立石，高135、宽55、厚23厘米。竖幅，画面高98、宽37厘米。左、下边框均饰云气纹，主题图案分上、下两层。上层刻东王公，面朝左坐于伞盖下，头戴三山冠，身着宽袖长袍。下层刻一门吏，面朝左，低首躬腰作迎送状（图一三）。

图一一　第8石画像拓片　　图一二　第7石画像拓片　　图一三　第11石画像拓片　　图一四　第10石画像拓片

图一五　第 12 石铭文拓片

图一六　第 13 石铭文拓片

石柱　2 块。前室东壁门中央石柱　横断面呈八角形，高 127、边宽 8 厘米。七面均刻卷云纹，正面刻铭两行，竖行隶书，为"汉故华阴令西河土军千秋里孙大人显安万岁之宅兆，建宁四年十二月丁□□十日丙申造"。华阴、土军均为地名，分别在今陕西华阴县和山西石楼县一带。从石柱铭文可知，墓主人生前系山西土军人，在陕西华阴任县令（图一五）。前室北壁门中央石柱，其形状、尺寸与第 12 石近同，但是无刻铭。横断面呈八角形，四面刻卷云纹（图一六）。

石栌斗　石柱上承石栌斗，栌斗高 15 厘米，上部边长 28、下部边长 21 厘米。栌斗凿成榫卯相连，榫高 3.5、榫径 7 厘米，卯深 5 厘米。

三、结　语

离石地区曾多次出土汉画像石。1919 年，在马茂庄村出土"左元异"汉画像石墓。[1] 迄今在马茂庄村及周围 20 公里的村庄，已经先后发掘汉画像石墓 20 余座，共出土、征集汉画像石近 300 块（组）。其中有确切纪年的汉画像石墓有 3 座，即和平元年（150 年）左元异墓[2]、延熹四年（161 年）汉墓、熹平四年（175 年）牛产汉墓[3]。此次建宁四年（171 年）汉画像石墓的发现，为研究汉画像石

①　梁宗和：《山西离石县的汉代画像石》，《文物参考资料》1958 年第 4 期。
②　梁宗和：《山西离石县的汉代画像石》，《文物参考资料》1958 年第 4 期。
③　山西省考古研究所等：《山西离石再次发现东汉画像石墓》，《文物》1996 年第 4 期。

墓的形制、建造等提供了新资料。

附记：参加发掘的人员有王金元、王爱萍、付新平，拓片陈雷、马中校、朱小梅、成凤仙，绘图、摄影王斌斌、王双斌。本文承蒙离石区文物旅游局副局长、文物管理所所长王金元副研究员指导，在此谨致谢忱。

（原载《文物》2009 年第 11 期）

山西柳林发现的汉彩绘画像石①

高继平　孔令忠

（柳林县文物旅游局　太原师范学院）

　　1997 年 8 月，山西省柳林县文物部门工作人员在柳林看守所施工工地，清理出 7 件画像石。该处位于杨家坪村北，南距三川河约 0.3 公里，东距 1997 年发现的离石石盘汉墓②约 24 公里，距 90 年代发现的离石马茂庄汉墓群③约 27 公里（图一）。这些画像石为同一墓葬的部分构件，分别是墓门的门楣石、右门扉石、左右门框石，墓室东壁的左右竖框石、横额石。该处未找见左门扉石，未清理出其他随葬器件，葬式不明。画像石质地为砂岩。现藏于山西省柳林县文物旅游局。

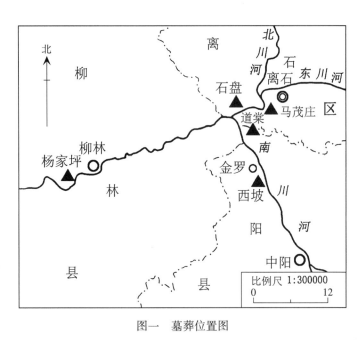

图一　墓葬位置图

　　这 7 件画像石的保存状况不同。墓室部分的 3 件画像石，风化严重，墨线色彩全无，雕刻的形象也不易辨别。而墓门部分的 4 件画像石，由于封土紧密，与空气隔绝等因素，得以良好保存。图像中的线条清晰，色彩鲜艳，是该地区继石盘汉墓发现之后，又一处彩绘画像石的重要发现。

一、画像石

　　门楣石　石高 31.4、上宽 164、下宽 167.3、厚 11.8 厘米。分上下二图像格栏，图像格栏内减地，饰白粉，减地很浅，约 0.1 厘米。上图像格栏高 7.3、宽 137.6 厘米。刻绘蔓草纹饰，共 4.5 组。第一组蔓草纹宽 27.5 厘米。蔓草纹上的墨线清晰完整，间断饰以朱红色，由此而产生明确、运动的节奏感。下图像格栏高 14.5 厘米。刻绘车骑出行。自左始：树木，楼阁建筑（高 14.3 厘米），树木，导骑

① 本文为山西省文物保护科学和技术研究课题（2012 - kg - 27）"山西汉画像石图像与材料研究"的阶段性成果。

② 王金元：《山西离石石盘汉代画像石墓》，《文物》2005 年第 2 期。
③ 山西省考古研究所、吕梁地区文物工作室、离石县文物管理所：《山西离石再次发现东汉画像石墓》，《文物》1996 年第 4 期。

图二　门楣石与摹本

（高12.4厘米），轺车（高16.3厘米），马车（高12.5厘米），牛车（高12.5厘米），树木。此车骑出行中所有图像的刻画都完整可辨，楼阁的窗棂、马车牛车的车棚上所饰朱红色亦很明显（图二）。

右门扉石　石高117、右连门枢高132、宽50、厚7厘米。图像格栏高96、宽33厘米。石左侧中部有一孔洞。此石图像格栏完整，图像墨线清晰，格栏内粉地明显。上方朱雀有一圆形头冠，昂首挺立，一爪踏在铺首顶端。线条圆转，头冠与尾羽处饰朱色圆形图案。朱雀左上方刻绘一飞禽。下方铺首造型完整，颌下胡须垂直。眼、口部减地饰白粉；眉为横向排列的三角形墨点，圆形眼孔饰墨色；冠珠、额、鼻等处饰朱色；羽翅等处墨线间饰朱点；环上相间绘S形墨、朱色图案。朱雀与铺首之间有对称的二流云图像，其墨线间有朱点装饰（图三）。

左门框石　石高129.4、宽28.9、厚12.8厘米。图像格栏高88、宽19.3厘米。自上而下图像顺序为：华盖；踞坐的人物图像，高22.4厘米，应为西王母，手持一物，着宽袖衣袍，上身饰朱色；人物背后绘一流云、身前绘一树木图像；S形云柱；云柱左绘一流云、右绘一飞禽，云柱下为五株树木，其上着一飞禽；四云柱，其上下均绘有波浪纹；一鸡首神人，高25.5厘米，手持一杖形物，身后一树木。此石图像中，墨线尚清晰，云柱、流云、波浪纹、鸡首等部分饰朱点（图四）。

图三　右门扉石与摹本

图四　左门框石与摹本

右门框石　石高 130、宽 29.5、厚 1 2 厘米。图像格栏高 9 1、宽 18.8 厘米。自上而下图像顺序为：华盖；踞坐的人物图像，高 22.3 厘米，应为东王公，手持一物，着宽袖衣袍，上身饰朱色；人物背后绘 1 流云；S 形云柱；云柱左右各绘一树木；三云柱，其间绘 4 株树木，上下均绘有波浪纹；二侍吏，左高 18.8、右高 1 8 厘米，手持一杖形物，身后一树木（图五）。

图五　右门框石与摹本　　　　　　　　图六　横额石左段与摹本

横额石　此石残存两端 2 段（图六、图七），缺中间段。左段石宽 77.8、右段石宽 71.5、高 35、厚 23.6 厘米。分上下二图像格栏，上格栏高 6.8 厘米，刻绘蔓草纹饰，各存 1.5 组，第一组蔓草纹宽 28.5 厘米。下格栏高 15.7 厘米，为车骑出行，左石左为一组树木，右为一殿宇；右石左为一树木，右为一马车。

左竖框石　此石上方五分之二处断裂，右上角、右下角残缺。石高 126.5、宽 57.4、厚 20 厘米。分左中右三个图像格栏，高 97.2、左宽 6.6、中宽 22.6、右宽 6.7 厘米。左右格栏为蔓草纹饰，各三组，式样同横额石；中间格栏上为华盖；之下为踞坐的人物，

图七　横额石右段与摹本

手持一植物，其后为一侍吏，侍吏后有一树木；踞坐的人物下方，似为三层云柱，上层三、中层二、下层一分布。上层云柱间有树木，中层云柱左有一飞禽，下层云柱左右为树木（图八）。

图八　左竖框石与摹本　　　　　　　　　　　　　图九　右竖框石与摹本

　　右竖框石　此石二分之一处断裂。石高129、宽55、厚21.5厘米。分左中右3个图像格栏，高97、左宽6.9、中宽22.3、右宽7.2厘米。左右格栏同左竖框石。中间格栏上为一马形神兽，其左为一藤蔓植物，其右上为一流云；神兽下为一云柱，云柱左右各有一树木；云柱下为一朱雀，有巨大的圆形头冠；朱雀右上、右下各有一飞禽；格栏最下方为一牛，站立于山石之上，其左侧有一树木（图九）。

二、结　语

　　此次出土的画像石上没有纪年等题铭，也未清理出其他器物。从图像与制作手法等方面来看，此次出土的画像石与离石石盘汉墓画像石十分相似，如蔓草纹饰、朱雀头冠等等，而第七石中间格栏上的马形神兽，则与石盘汉墓前室东壁上的位置与图像①均如出一辙。依照笔者对石盘汉墓画像石断代的分析②，此次出土画像石的完成年代，应在公元175年前后的数年之间。

　　柳林县杨家坪村最早于1930年即发现汉画像石墓葬，其中出土的画像石7件现存于山西省艺术博物馆。这批画像石，其纹饰、造型及雕刻手法丰富多样，不为同一墓葬刻石，说明杨家坪村附近在1930年之后应有多处画像石墓葬被盗出土。

---

　　① 孔令忠、张庆捷：《山西离石石盘汉墓彩绘画像石的图像结构与风格》，日本《龙谷大学国际文化研究所纪要》2011年第13号。
　　② 孔令忠：《石盘汉墓彩绘画像石断代分析》，《太原师范学院学报》，2011年第2期。

　　吕梁汉画像石博物馆 1997 年建馆时，从柳林文物管理所征集的一组墓门画像石①，其出土地也在杨家坪村附近，其内容手法与此次发现的画像石明显有别，说明杨家坪村是汉画像石墓葬较为集中且时间跨度较长的汉墓群遗址。

　　绘图：刘丹

（原载《文物》2009 年第 11 期）

---

① 吕梁汉画像石博物馆：《铁笔丹青》，山西人民出版社，2011 年。

山西中阳西坡汉墓彩绘画像石[①]

乔晋平　孔令忠

（山西省中阳县文物旅游局　太原师范学院美术系）

2010 年 10 月，山西省中阳县文物部门工作人员在该县一建筑施工工地发现一古代墓葬，从中共清理出 4 件彩绘画像石，以及一些随葬器物。该处位于中阳县金罗镇西坡村东边，东距南川河约 0.3 公里，与 1982 年发现的中阳县道棠汉墓[②]相距约 6 公里，与 90 年代发现的离石区马茂庄汉墓群[③]相距约 10 公里（图一）。该墓葬发现时已遭破坏，葬式不明。4 件画像石为同一墓葬墓门的部分构件，分别是左右门扉石、门框石，清理时未找见门楣石。画像石质地为砂岩。现藏于山西省中阳县文物旅游局。

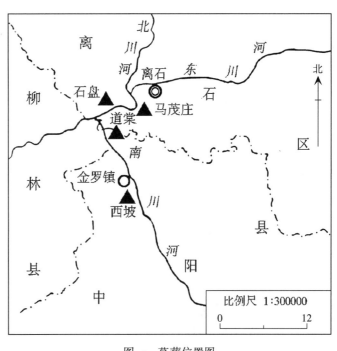

图一　墓葬位置图

一、画像石

左门扉石　上部缺，残高 96.8、宽 50、厚 6.8 厘米。石左下角有门枢。石右侧有一孔，孔中残留有 2 根铁条，外露 4.4、2.3 厘米，已锈蚀。图像格栏残高 88.4、宽 33.7 厘米，图像外部分均减地，减地很浅，约 0.1 厘米，饰白粉。图像分上下三部分，上方朱雀图像的头颈部缺，羽翼、尾、爪造型墨线已有消退。铺首衔环图像较完整，头部绘两只扇形大耳，圆形眼孔饰墨色，眼白减地饰白粉，大口、獠牙部分的墨线已显消退，颌下胡须右向飘动，形象狰狞。下方绘一异兽（獬豸），向右急奔，形象刻画充分，右侧前蹄墨线清晰，其余已漫漶（图二）。

①　本文系山西省文物保护科学和技术研究课题（2012 - kg - 27）"山西汉画像石图像与材料研究"的阶段性成果。
②　吕梁市文物局：《山西吕梁地区征集的汉画像石》，《文物》2008 年第 7 期。
③　山西省考古研究所、吕梁地区文物工作室、离石县文物管理所：《山西离石马茂庄东汉画像石墓》，《文物》1992 年第 4 期。

图二　左门扉石与摹本　　　　　　　　　　　图三　右门扉石与摹本

　　右门扉石　高 121.7、宽 49.5、厚 6.5 厘米，石右上角门枢缺。图像格栏高 108.4、宽 34.8 厘米。石左侧与左门扉对称处有残留铁条的孔洞。此石图像格栏完整，图像墨线较之左门扉清晰，格栏内粉地明显。上方朱雀昂首挺立，一爪踏在铺首顶冠，另一爪踏在铺首左耳端。铺首造型完整，颌下胡须左向飘动。下方异兽的墨线造型保存完好，双目口舌、长尾斑纹、双瓣蹄脚等细节都清晰可辨（图三）。

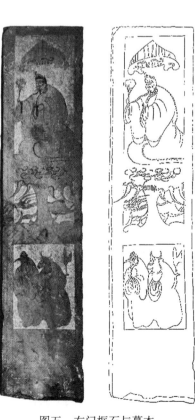

图四　左门框石与摹本　　　　　　　　　　　图五　右门框石与摹本

左门框石　高135、宽29.6、厚15.4厘米，图像格栏高104.6、宽21.2厘米。图像分为上下2个格栏，第1格栏上左右两边粉地已显消退。第1格栏上为华盖，华盖下方为一面右踞坐的西王母，高30.1厘米，其踞坐于传说中昆仑山上的云柱。人物面前有一拱手侍史，高9.1厘米，其背后有一牛首神人，高12.6厘米。云柱后有一长尾神兽。第2格栏为面右踞坐的二侍史，高23.6厘米，其头部后方各有一株植物，高7.6厘米（图四）。

右门框石　高129.7、宽29.1、厚18.4厘米。图像格栏高102.3、宽21.2厘米。图像分为上下2个格栏，下方格栏内的粉地仍明显，往上则逐渐消退。第1格栏上为华盖，华盖下方为一面左踞坐的东王公，高31.9厘米，其带冠，手持一仙草。踞坐的云柱上绘波浪纹，云柱后亦有一神兽。第2格栏内，左绘一面左站立的鸟首神人，高26.9厘米，右为牛首神人，其手中持有一物。其后有一株植物，高10.4厘米（图五）。

二、随葬器物

该墓共清理出3件较完整器物，以及有30余件器物残片。

铜盆　1件（ZYXPM1∶1）。敞口，宽平折沿，深弧腹，平底，高圈足，腹部有2个对称的兽面铺首，腹部饰弦纹1组，口径20.5、高10.7厘米（图六）。

铁炉　1件（ZYXPM1∶2）。锈蚀严重，有残损。上层圆环口，环口内存有3处凸出头，深弧腹，腹部开8处梯形孔，圜底，十字加4个三角形镂空，3足与下层盘连接；下层三足盘，敞口，浅弧腹，圜底，下接3个兽蹄足。上口径17.7、下口径23.5、高14.7厘米（图七）。

陶井　1件（ZYXPM1∶3）。上为一人形井架，双足与井台连接，井台中空，口径13.5、通高24.6厘米（图八）。

图六　铜盆与摹本　　　　　　　　　图七　铁炉与摹本

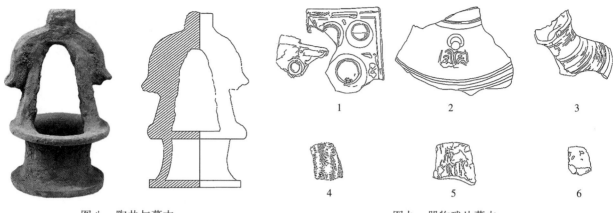

图八　陶井与摹本　　　　　　　　　　　　图九　器物残片摹本
1. 陶灶　2. 铺首纹饰陶片　3. 彩绘陶片　4. 细纹陶片
5. 粗纹陶片　6. 漆器残片

三、结　语

　　西坡汉墓中的这 4 件画像石上没有题铭，也没有清理出有纪年的物件。该墓葬为砖石结构墓葬，其绳纹砖长 37.5、宽 19.7、厚 5.5 厘米，与该地区出土的其他汉墓同。清理出的器物，如陶灶，在其他汉墓中也屡有发现。再从画像石形制、内容及刻绘手法等方面与石盘等汉墓①出土的画像石比较，该墓葬可推断为东汉时期墓葬。

　　山西汉画像石最显著特征是很好地保存有彩绘的部分，呈现了我国汉画像石完整的发展体系。

　　西坡汉墓出土的陶片上，尚有色泽鲜明的黑与朱红色。这 4 件画像石上，鲜明的朱砂等其他色彩已消退，只存有化学成分较为稳定的黑色线条与白色粉地。然而，尚存的线条与减地平雕，很好地展现了诸多图像的完整内容与造型。通过这些线条，汉代人丰富的想象、饱满而矫健的造型，以及简约而生动的表现手法等等信息，仍是显露无遗。

　　绘图：郎丽媛　贺改焕

（原载《文物世界》2006 年第 1 期）

---

　　①　王金元：《山西离石石盘汉代画像石墓》，《文物》2005 年第 2 期。

吕梁汉代画像石研究

刘起印

（吕梁地区文物局）

　　汉画像石是汉代艺术品中的杰作，以其丰富的内容，写实的技法，高超的技艺而享誉海内外。其制作工艺特殊，画像既不同于圆雕、高浮雕，又有别于碑文阴刻、岩画雕造，形同剪影即平面雕刻。汉代画像石是汉武帝刘彻执政后期出现的一种新的艺术形式，距今已有 2000 年的历史。根据有题词画像提供的材料，画像石先于画像石墓，一度为贵族、地主纪念建筑上的石雕艺术装饰品，后来才有以画像石为冥具，画像石墓实际是仿官宅府邸建筑的产物，是汉代封建统治者运用绘画点缀政教思想在丧葬制度上的集中体现。

一、基本情况

　　中国最早记录画像石的著作是东晋戴延之的《北征记》，其次为北魏郦道元的《水经注》，北宋赵明诚的《金石录》，南宋洪适著《隶释》《隶续》，清冯云鹏、冯云鹓著《金石索》。

　　吕梁汉画像石最早著述见于罗振玉替刘承干编的《希古楼金石粹编》。该书将离石马茂庄左表桌东汉和平元年误定为西汉河平元年。1928 年中国画学研究会主办的《艺林旬刊》第七卷、第八卷止其误，公布二根墓柱原拓，指出"和平东汉桓帝纪年"，并进一步说明："左表不过一奏曹史·岁禄白石·而筑墓刻石如此其侈·高官显爵·更可想见·厚葬殊非有益丁死者·然孝了之事亲·唯恐其不至。亦足徵风俗之厚矣·前柱书郡里·故举字·此书官·古称名·墓写作墣·昔所米见·可补渚家辑录之阙·两柱隶书皆作丽雄峻·制作方雅·惜已流出每外"。1943 年，卫聚贤在《说文月刊》第一卷撰文《汉左长墓石画说明书》，再次指明左表"墓的石画系东汉帝和平元年（西历 150 年）所刻，系左表的墓中物"，并指出该墓出土"石画十三幅"，其中"石柱两根，上刻汉隶，第一条上云：和平元年两河中阳左元异建筑万年卢舍，第二条云：使者持节中郎将莫府奏曹史左表字元异之"，第一条上所说的"建筑"应为"造作"之讹传。

　　吕梁汉画像石目前保存在地风文物局和离石、柳林中阳、方山四县市文物部门，30 多块，涉及和平、延熹、建宁、熹平 4 个年号，集中反映东汉桓帝、灵帝执政期间吕梁地方经济状况、政治变迁、军事布防、文化习俗、宗教思想等。根据有文字题记的画像石披露，吕梁画像石墓的墓主多是戍边将士，或地方官吏和归葬官员，论职位有太守、令、丞、椽、史等百石至 2000 石的官，为官地域涉及晋陕两省和西河郡 36 县的四个县：平定、中阳、圜阳、平周。吕梁汉画像石是东汉晚期作品，此时的画像石艺术已失去其初期、盛期用绘画点缀政教的积极意义，而成为封建统治者以举孝廉为借口，以厚葬为手段，达到显名立世、扬宗耀祖的目的，也是汉代封建统治者借"死官"之名，从老百姓身上搜括送葬费，家产，发横财的罪证。"大郡二千石死官，赋敛送皆千万以上，妻了通共受之，以定产业。"（《汉书·游侠传》）

二、题材内容

汉代画像石的题材内容，主要取决于汉封建统治者独尊儒术、忠孝仁义这一指导思想。吕梁汉画像石的题材亦不例外，带有明显的时代特征和地方艺术的特色。

吕梁汉画像石以反映东汉末年封建统治者追求享乐、幻想长生不老、企盼福禄亨通为主要内容，具体又可细分为神话传说、历史故事、官宦生活三种类型。反映神话传说题材的有伏羲、女娲、西王母、东王公、阳鸟、蟾蜍、日月轮，玉兔捣药、天马行空、五龙云车、四虎云车、四鹿云车、四鱼云车、虎食女魅、虎驱狐狸、四灵、鸾鸟、九尾狐、仙鹿、神鱼、鹢鹕、羽人、长尾神人、鸟首神人、牛首神人、牛首神人、长青树、嘉禾等；反映官宦生活题材的有官府建筑、车骑出行、郊游狩猎、歌舞宴乐、行车布阵、农耕牧放等。有的一石一画，连版贯通，有的分格（分层）制作，独立成章或数画突出一个主题。

吕梁汉画像石的边饰和全国其他地方画像石的边饰一样，分纹饰和边框两种，纹饰又细分为单边饰、双边饰、三边饰、四边饰，以单边饰蔓草云纹为主要表现形式，少许有窃曲龙纹、柿蒂纹、如意云纹等，较全国其他地区画像石纹饰单纯得多。吕梁汉画像石的主题图案与边饰纹的比例一般为 2：1，只有柳林县杨家坪村出土的隰城遗址汉墓"农耕牧放"五块画像石例外，主题图案和纹饰比例各占 1/2，和陕西汉画像石制作方法类似，体现秦晋文化过渡特征。

在构图设计上，吕梁汉代画像石着重刻画墓主死后成仙的场面较多，乘云车游仙界，骑鲤鱼观龙宫，塑造了大量的神禽异兽和传说中的东王公、西王母等，寓意墓主人生前德高望重，死后过着神仙般的生活。在众多神兽中，马是反映最多的一种动物，其次是神化了的朱雀和牛首神人，鸡首神人。汉代人爱马，对马情有独钟，酷爱之情难以言表，往往把马比做瑞兽、吉辰。1995 年 4 月，离石市城关镇石盘村出土一座汉画像石墓，其中一石上画马，左旁墨题："马头牛蹄之名浮口"。1919 年离石马茂庄汉左元异墓出 14 块汉画像石，其中两块上刻有"龙种马"造型：一兽龙首马身，背有翼，静卧于地；一兽龙首马身，昂首扬蹄立在饲养人面前。饲养人是个"羽人"，头梳螺式双髻，肩披凤巾，腰束凤裙，双手持朱草和龙马戏耍。马在汉代人的心目中有举足轻重的作用，它是汉王朝多年征匈讨狄的重要军需，也是汉代人交通运输、生产劳作的主要兽力，在墓中刻马，特别是刻神化了的天马，除有标明墓主人身份、地位的功能外，还有比喻营建室选时吉利的功能。

吕梁汉画像石表现神话题材的不少，其中东王公、西王母乘云车巡视天下的画像居多，墓主乘五龙云车、四虎云车、四鹿云车、四鱼云车飞升天国的画像也不少。其中四鱼云车画像世上较罕见。"四鱼云车图"见于汉左表墓画像石。一驾云车由四条吻边带短须的龙鱼牵引，云车上插有旌蟠，乘者居前，驭者坐后，面左行驶，下有"仙女骑鲤图"。《山海经·海外西经》记载"龙鱼陵居在其北，状如鲤，……有神圣乘此以行九野。"汉代人迷信，认为宇宙分仙凡鬼三界，云车是沟通三界的交通工具。

吕梁汉画像石反映历史故事题材的不多，仅见左表墓二石，内容有"大禹治水""火牛阵""窃符救赵"三例。

吕梁汉画像石的立意是以古为鉴、以善为师、以恶为戒，重在炫耀富有，弘扬名节。吕梁汉画像石是山西仅有的画像石文物，它用绘画、雕造的特殊形式再现了山西两汉以前的历史，它是汉代人以月代笔刻在石头上的"史书"，"大禹治水""火牛阵""窃符求赵"都是这部石书中的文章，并以二晋地方典故在全国汉画像石"历史人物故事"中独树一帜。

三、制作工艺

汉代画像石在全国 16 个省市都有发现，正要集中在山东、河南、江苏、陕西、山西 5 个省，而这五省出土、传世的汉画像石又相对集中在汉王朝皇亲国戚聚集的地区，如山东省嘉祥县、肥城县、滕州市、江苏省徐州地区、河南省南阳市以及陕西省汉西河郡治富昌（今府谷县）周边 7 县等地。山西省吕梁地区汉画像石的分布，同全国汉代画像石分布区一样，亦呈现大分散小集中的现象。吕梁汉代画像石集中分布在汉代侯爵封地，马茂庄方园 200 里间的三川河流域，即离石侯绾、蔺侯刘熹、皋狼侯刘迁、隰城侯刘忠的封地，也就是今离石市区新华街、下水、西底、王家坡、马茂庄、歧则沟、石盘、交口、贺家塔，中阳县道棠、水峪、北坡，柳林县杨家坪、穆村，方山县车道辗、潘家坂等地。

吕梁汉代画像石的制作工艺是：先请工匠在经过铲凿磨制平的石材面上以墨线绘出物像，再请石匠阴刻其轮廓，并将物像轮廓线外的石而剔地（减地）平铲 0.5 至 1 厘米，使物凸出石面，画像细部眉、眼、鼻、口、发、髻、衣纹、冠带、配饰、毛羽、绶带等保留画师墨稿。

吕梁画像石的石材般采自本地的砂质页岩，少量石材来自陕西的细砂岩。吕梁的砂质页岩呈红褐色或灰绿色，这种石头石质软、吸水、吃色、易风化，且硕大厚实。吕梁汉画像石一半是画的，一半是刻的，墨线、色彩保持千年不变和砂质页岩吸水、吃色将性有很大关系。吕梁汉画像石和全国其他地区的汉画像石样，重在实用，设计者、画师、石匠很少留名。

吕梁汉画像石与别地汉画像石不同的是：第一，制作时间上吕梁汉画像石没有早、中、晚分期，均为东汉晚期作品；第二，吕梁汉画像石没有山东、江苏、河南汉画像石那样细腻坚硬，雕刻技法也不同，吕梁汉画像石以平闻浅凸雕为主；第三，吕梁汉画像石与陕西汉画像石相比，吕梁汉画像石采用的砂质页岩，石质粗，易风化，陕西汉画像石采用岩面平整的细砂岩，石质松软呈片状，体态轻盈。雕刻技法两地基本相同，不同的是陕西采用平面深凸雕制石较多。在构图设计上，山东、江苏、河南、陕西汉画像石繁密充盈，"画面上台阁车与充天塞地，密不透风，空白处还要填以飞鸟走兽"（《徐州汉画像石》序），而吕梁汉画像石则构图疏朗，不少画像石还采用分格、分层制作的方法．从多种角度渲染主题。从画像内容上，山东、江苏、河南、陕西汉画像石内容多为神话传说、历史故事，而吕梁汉画像石以反映现实生活为主要题材，特别是东汉末年封建统治者信黄老、执五行，敬神仙、幻长生，惧鬼神、盼瑞兽、重名节、炫富有的心态表现得淋漓尽致。

四

吕梁汉代画像石有明确纪年和载文的计 16 块，其中纪年刻石 5 块，载文石 11 块。5 块纪年石铭文如下：

"和平元年西河中阳光里左元异造作万年卢舍"（纪年铭柱，阴刻隶书，离石市马茂庄出土）；

"和平元年十月五日甲午故中郎将因集椽平定沐叔孙室宅"（纪年铭柱，阴刻隶书，中阳县道棠出土）；

"延熹四年"（纪年铭柱，阴刻隶书，离石市下水出土）；

"汉故华阴令西河土军千秋里孙大人显安万岁之宅兆。建宁四年二月丁卯塑十口丙申造"（经年铭柱，墨书隶体，离石市马茂庄出土）；

"熹平四年六月"（墓门黑书隶体，离石市马茂庄出土）。

11 块有载文的汉画像石，铭文如下：

"使者持节中郎将莫府奏曹史西河左長字元异之墓"（铭柱，阴刻隶书，离石市马茂庄出土）；

"汉河东杨丞西河平定长乐里吴执仲造力世宅兆"（铭柱，阴刻隶书，离石市交门镇出土）；

"东壁南头柱"（柱石，墨书隶体，离石市马茂庄出土）；

"东壁户角柱"（柱石，墨书隶体，离石市马茂庄出土）；

"西壁北头柱"（柱石，墨书隶体，离石市马茂庄出土）；

"西壁户北柱"（柱石，墨书隶体，离石市马茂庄出土）；

"东壁北柱"（柱石，墨书隶体，离石市马茂出土）；

"擎〔｜〕"（墓门，墨书隶体，离石市马茂庄出土）；

"汉故西河圖阳守令平周牛公产力岁之宅兆"（铭柱，阴刻隶书，离石市马茂庄出土）。

"东石柱"（坚框石，书隶体，离石市石盘村出土）；

"西石柱"（坚框石，墨书隶体，离仁市石盘村出土）。

总之，吕梁汉画像石墓是吕梁地区汉代诸多葬式中的一种形式，始于东汉初年，盛行于桓、灵二帝执政期间，终于汉末。它曾是时代的宠儿，倍受封建统治者的青睐，被看成是宣传儒家孝道的理想方式，体现忠孝仁义的重要载体，是满足生者扬宗耀祖手段，是反映"事死如生"礼制的最佳方案，但随着时代的变迁，三国、两晋、南北朝分裂局面的形成，汉画像石作为汉代特定时期的产物，随着东汉王朝的覆灭，永远被埋入了地下。但必须指出，汉画像石墓是两汉时期殡葬制度改革的成果，是以绘画方式取代人殉、俑殉的进步措施，是社会向前发展的里程碑，而且画像石艺术亦被其他艺术借鉴，在中外美术史上占有重要一席。

（原载《山西省考古学论文集》，山西人民出版社，2000 年）

吕梁汉画像石博物馆馆藏的几件汉代青铜器

董楼平

2004 年初, 吕梁汉画像石博物馆接收吕梁市公安局、临县公安局移交来的一批文物, 均为多年来临县公安局收缴的不法分子盗墓所出文物。文物时代上大部分属于战国到汉代, 现选一部分汉代青铜器介绍给大家, 供专家研究。

1. 鼎 2 件, 可分两型:

A 型附耳蹄足覆钵盖鼎。口径 14.8 厘米, 通高 18 厘米。敛口, 深鼓腹, 圜底。覆钵式盖, 盖面有三个几何形环钮。方形附耳外撇。蹄足, 稍向外撇。素面。

B 型附耳蹄足覆盘盖鼎。口径 17.3 厘米, 通高 18 厘米。口内敛, 深腹, 腹最大径处有凸棱一周。圜底。覆盘式盖, 盖面有三个几何形钮。方形附耳内收, 蹄足微外撇。素面。

2. 钫 1 件, 口径 57 厘米, 腹径 84 厘米, 底径 5.6 厘米, 通高 152 厘米。器体方正, 有盖, 敞口, 微束颈, 溜肩, 鼓腹, 圈足。子母口, 盖面微上鼓, 中间有一环形提手。肩两侧置铺首衔环对, 素面。

3. 灯 2 件, 可分两型:

A 型高柄豆形灯。灯盘口径 116 厘米, 灯座底径 98 厘米, 通高 22 厘米。灯盘直口, 直腹平底, 细高柄, 中部有三周凸棱, 底座近喇叭形, 素面。

B 型矮柄行灯。灯盘口径 73 厘米, 底座底径 6 厘米, 通高 6.2 厘米。灯盘直口, 直腹, 平底, 盘近底部一侧, 装扁形近 "S" 状把手, 矮粗灯柄, 底座近喇叭形, 素面。

4. 釜甑 1 件, 上部为甑, 下部为釜。甑口径 27 厘米, 通高 35 厘米。甑口折沿, 腹微鼓, 圈足部为甑箅与釜相接。腹最大径处装铺首衔环一对。釜下部为平底盆, 上部为折沿覆盆, 中间有口与甑对接, 釜上部有一对环形提手。素面。

5. 灶 1 件, 近船形, 长 28 厘米, 灶口宽 128 厘米, 高 14 厘米。灶似龟形, 灶面有一大两小火眼。两个小火眼旁为一长方形灶口, 烟道似为龟头。灶下为四个蹄形足。

6. 博山炉 1 件, 豆形博山炉。口径 57 厘米, 底径 5 厘米, 通高 9 厘米。炉身近豆形, 敛口, 鼓腹, 柄粗短, 底座似有纹饰, 已锈蚀不清。炉盖耸起, 镂空作山云图案。

7. 鍪 1 件, 口径 12.4 厘米, 高 15.5 厘米。侈口, 卷沿, 矮颈, 溜肩, 鼓腹, 圜底, 肩部有周凹旋纹, 对称饰环耳于肩部。

8. 带钩 1 件, 长 15.5 厘米。形似琵琶, 带钩正而有二道凸棱, 似为琴弦, 素面。

9. 筒形器 1 件, 为盛酒器, 口径 10 厘米, 通高 14.8 厘米。直筒形, 子母口, 口沿下有一周旋纹,旋纹下饰铺首衔环耳，两环均连有三节铜链。底部为三个蹄形足，器盖微鼓，中有环形捉手。

10. 盆 2 件。

标本 1 口径 27 厘米，高 12 厘米。敞口，折沿，腹微鼓，小平底。上腹部饰∷道凸弦纹，装有对称的铺首衔环。

标本 2 口径 26 厘米，高 12 厘米。敞口，折沿，鼓腹，小平底。上腹部饰四道凸弦纹，饰对称铺首。

11. 镜 2 面。

标本 1 日光镜。直径 114 厘米，厚 0.5 厘米。外缘平而宽，内区为一周连弧纹，两者之间为铭文带，中间为桥状钮。

标本 2 四乳草叶纹镜。直径 11 厘米，厚 0.2 厘米。外缘为连弧纹，中间为拱形钮，钮外为一个大的方格，方格内绕钮排列铭文，格外为四乳钉，并有八组麦穗状图纹。方格四角则各有一组草叶。

这批汉代青铜器绝大部分出自临县的曜头村。曜头遗址是一处时代跨度很长的遗址，从春秋一直延续到汉代。文化堆积很厚，遗存丰富，有城址、房址、墓葬等。山西省考古研究所、山西大学历史系考古专业曾在此做过一些考古调查和试掘，对该遗址有了初步的了解。战至汉代的墓葬极为密集，曾出土过精美的铜器和大量的陶器。

20 世纪 90 年代，当地盗墓之风甚为猖獗，大批墓葬遭到毁灭性的破坏。临县文物、公安部门重拳出击，才制止了盗墓活动，这批铜器当是这一时期出土的。这批铜器多为素面，但制作极为规整，均为汉代的典型器物。有纹饰者，制作更为精美，如日光镜、四乳草叶纹镜等，与中原出土同类器物几近相同。

吕梁地区地处偏僻，自然条件不好，经济不发达，所以多年来考古工作做得很少，战国秦汉时期的则更少。已知的只发掘过临县三交战岗墓、柳林杨家坪战国墓等。而最为重要的是离石马茂庄、柳林杨家坪及中阳——一带的汉代画像石墓。该类墓属东汉晚期，其题材内容和艺术风格与陕北出土的汉画像石相类同；专家们划分为问区同类。也由于集中出现而受到研究者的广泛关注，但该类墓葬出土遗物甚少。吕梁汉画像石博物馆收藏的这批青铜器对于研究该地区汉代的历史有着非常重要的意义。

（原载《山西省考古学论文集》，山西人民出版社，2006 年）

吕梁汉画像石浅谈

周瑞伟

山西省吕梁市汉画像石博物馆

汉画像石是两汉时期特有的文物，是用雕刻绘画手法在石质材料上制作的画像。它产生于西汉初年，消亡于东汉末年。一般存在于祠堂、石阙、墓室和石棺之上，是汉代独特的文化葬俗现象。它既是艺术品，又是具有实际使用价值的石质建筑材料，是汉武帝执政后期出现的新的艺术形式，是汉代统治者以古为鉴、以善为师、以恶为戒，给世人树立忠、孝、仁、义、礼、智、信、节的榜样和示范教材，当然也是汉代贵族独尊儒术、崇尚厚葬、炫耀富有、区分贵贱的标识和举孝廉、扬名节的标准之一。目前发现的画像石主要分布在河南、山东、四川、陕西、山西等地。

一

吕梁是山西唯一出土汉画像石的地区。吕梁汉画像石的产生源于西河郡的内迁。《元和郡县志》汾州："汉武帝元朔四年置西河郡，领县三十六，理富昌县是也。后汉徙理离石，即今石州离石县也。献帝末荒废。"《北周地理志·介州》："（西河郡）后汉移治平定，今陕西榆林北境，顺帝永和五年又移治离石，今离石县治。"

吕梁目前发现的画像石共 300 多块，主要分布在以离石马茂庄为中心方圆 200 里的三川河流域。这些画像石中，国外 2 块，在加拿大多伦多博物馆；国内，故宫博物院 2 块，山西博物院 17 块，山西省考古研究所 11 块。

吕梁市的汉画像石中，其中 15 块有纪年、铭题。吕梁画像石最早发现于 1919 年在马茂庄村西鱼塌梁的古墓地，被奸商所盗，把其中有纪年的两块卖到了国外。

吕梁汉画像石的雕刻技法具有东汉时期平面浅雕的共性，又有自身的艺术特点，即在画工勾勒出物像的基础上，剔地浅雕出轮廓，人与物的细部保留画工墨线稿迹，浅雕墨描，附标凿地，构图疏朗，宛如剪影（图一）。

吕梁画像石的材料介于山东青石材料的细密和河南砂石材料的粗犷之间，取历史地产的红褐色砂质页岩，易吸水，易着色，易风化。

吕梁汉画像石的反映的内容丰富，有神话故事：如日神、月神、伏羲、

图一　石盘汉墓墓门
右门框石

女娲、东王公、西王母、悬圃、天庭、羽人、云车飞升等；有祥瑞：朱雀、铺首、三青鸟、三足乌、鱼、龙、虎、鹿等；有历史故事："火牛阵"、"窃符救赵"等。有表现墓主身份的车马升仙享祭：门吏迎送、车马出行；有辎车、安车、辒车、辇车、捧盾、执篲、执戟、执棒等。装饰图案有蔓草纹、云纹、连理枝、柿蒂纹等。画像石的画面构图形式：有的一石一画，有的一石多画；有的分格排列，有的分层排列。吕梁汉画像石墓均为砖石结构，分为四个类型：一是单室，由墓道、石门、甬道、墓室组成；二是双室，由墓道、石门、甬道、前室、后室组成，前室较大，后室较小，穹隆顶；三是三室，由墓道、石门、甬道、前室、后室、耳室组成；四是四室，由墓道、石门、甬道、前室、后室、左右耳室组成。前室方形，后室长方形，穹隆顶。耳室是券顶。每壁由横额、侧柱组成。后室跨度较大，中心加柱，栌斗。甬道出处有半圆挡板，前后刻画瑞兽。以马茂庄 1990 年发掘的 2 号墓为代表，有画像石 28 块。

二

东汉左表墓斗牛图画像石（图二），左高 69 厘米，右高 86 厘米，宽 95 厘米。主题图案为斗牛图，上端刻卷云纹作边饰。从左到右

分别为一名武士，面向右，身体侧蹲，双手举剑；一头牛，朝左狂奔，牛角分叉尖利细长；一名武士，左手按剑，右手执锤，面朝右；一名武士，面朝右站立。下方从左到右分别为一条鱼、一匹马、一条龙。

左表墓于 1919 年出土于离石市马茂庄村西鱼塌梁的古墓地，系东汉恒帝刘志和平元年遗物。墓主左表官拜奏曹史，月俸百石，专司匈奴进贡事宜。该墓共出土 14 块画像石，现分存于三处，两根带铭墓柱，解放前即被奸商盗卖出国，现存加拿大多伦多博物馆。另 10 块画像石 1953 年运抵太原，现存山西博物院，两块残石留在离石埋在垃圾堆里，直到上世纪 80 年代初才重见天日，现存吕梁市汉画像石博物馆，为国家一级文物。这就是其中一块。

三

2000 年 6 月 8 日，离石区文管所在西崖底村征集到三块东汉画像石。这三块汉画像石是西崖底村民盖房取土时发现的，系汉墓中的右门框石和两块门楣石。

右门框石（图三），石高 125 厘米，石宽 54 厘米，石厚 21 厘米，单边饰，蔓草纹，全幅图案采用平面浅浮雕，画像竖幅墨线点缀，主题"宾主叙谈"。图案分格制作，共三层，占全幅图案的三分之二。上图宾主

图二　东汉左表墓斗牛图画像石

对坐，左主右宾，坐于祥云絮飞的曲柄伞盖之下，宾主均为男性，头戴斜顶高冠，宽袖长袍，踞坐在圃垫之上畅谈，宾主之间有桌，上置酒具。中图三只鸟，前为硕冠朱雀，宁立静待，身上丽羽斑纹墨线清晰可见，后有两只鸾鸟相视而立，上飞流云，地生朱草。朱雀，汉代人又叫"朱鸟""玄鸟""凤凰"。晋人郭璞在《尔雅·释鸟》中加注说：凤凰的形状是"鸡头、蛇颈、燕颔、龟背、鱼尾、五彩

图三　离石西崖底东汉画像石局部 宾主叙谈

色，高七尺许"。史传玄鸟是商人的祖先，《诗经·商颂》："天命玄鸟，降而生商"。朱雀亦是"四灵"之一，它同青龙、白虎、玄武一样同是方位神，是二十八星宿南方七宿井、鬼、柳、星、张、翼、轸的总称。汉代人视朱雀为"正四方"的神鸟，一般把它刻在墓门上，呈飞鸣状。据说朱雀飞鸣，天下太平，示意吉祥和辟邪。此间朱雀宁立于山林间，在吕梁汉代画像中尚不多见。下图三门吏侧身恭立。他们都头戴帻巾，身穿宽袖长袍，右边长者留须，面带微笑，侧身面左恭立，似为领班，其前二吏双手执棒，一吏左视察看，一吏正视前方。

一门楣石，石长 65 厘米，石宽 30 厘米，石厚 20 厘米，单边饰，云气纹，平面浅浮雕，画像横幅，墨线点缀，主题"车骑出行"。图案分格制作，占全图的三分之二，因石残仅存两图，左图云气纹，右图二骑吏，左像行驶。他们都头戴帻巾，身穿长袍，手持缰，双眼机警地注视左右。马鬃、马尾、辔饰、障泥、骑吏衣纹、面部表情全用墨线绘出。

另一门楣石，石高 30 厘米，石长 140 厘米，石厚 20 厘米。画像横幅，墨线勾边，主题"云气纹"。四边框内饰蔓草云纹，平面浅浮雕。三块画像石均为砂岩质页岩，呈灰色。该石的特点是采用东汉最普通的剔地浅浮雕技法，物象细部保留画工墨稿。墨线清晰流畅，是吕梁画像石中保留画工墨稿较好的范例，亦是画像石先画后雕再着色制作工艺的体现，有别他地画像石的艺术特色。

四

离石石盘汉墓墓门（图四），1997 年离石市交口镇石盘村出土，为砖石混合结构，坐北朝南，由墓道、甬道、前室、后室和左右耳室组成。画像石为红褐色砂岩，分门楣、门框、门扉、立石、横额和柱等 19 块。

图四　离石石盘汉墓墓门

内容有车骑出行、西王母、东王公、门吏、神兽和花草等。

门楣石长 193 厘米，宽 32 厘米，厚 14 厘米，主题为车骑出行图。图案分上下两层，上层饰卷云纹，下层从左向右为导骑一名、轺车三辆、从骑一名、棚车一辆。左门框石长 129 厘米，宽 31 厘米，厚 12 厘米，主题为西王母和门吏图。图案分为上下两层，上层为西王母，头顶华盖，身穿红色宽袖长袍，面向内侧，手持仙药，踞坐于束腰云柱之上；下层为一门吏，头戴黑色介帻，身穿长袍，左手持篸，垂首恭立。右门框石长 129 厘米，宽 31 厘米，厚 12 厘米，主题为东王公和门吏图。图案分为上下两层。上层为东王公，头顶华盖，戴三山冠，留短须，身着长袍，持仙草，面朝内侧，踞坐于束腰云柱之上；下层为一门吏，头戴高冠，身着长袍，恭立迎候。左门扉石长 124 厘米，宽 48 厘米，厚 6 厘米；右门扉石长 124 厘米，宽 52 厘米，厚 6 厘米。左、右门扉皆为朱雀和铺首衔环图。图案被红色边框分为内外两部分。边框外饰卷云纹，边框内为主题团，上刻朱雀，下刻衔环铺首。左、右门扉合为一图，纹饰相近。

总之，吕梁汉画像石墓室为汉代诸多葬式中的一种形式，它诞生于东汉初年，盛行于桓、灵二帝执政期间，亡于汉末。它曾是时代的宠儿，倍受封建统治者的青睐，被看成是宣传儒家孝道的理想方式，体现忠孝仁义的重要载体，是满足生者光宗耀祖的手段，是反映"事死如生"礼制的最佳方案。汉画像石墓做为汉代特定时期的产物，随着东汉王朝的覆灭，永远被埋入了地下。汉画像石墓是以绘画方式取代人殉、俑殉的进步措施，是社会向前发展的里程碑，而且画像石艺术亦被其他艺术借鉴，在中外美术史上占有重要一席。

（原载《文物世界》2013 年第 3 期）

吕梁汉画像石探析

李旭峰

（吕梁市文物考古队）

汉画像石是我国古代文化遗产中的瑰宝，是汉代大多没有留下名字的民间艺人雕刻在墓室、棺椁、墓祠、墓阙上的以石为地、以刀代笔的石刻艺术品。吕梁作为当时经济、文化欠发达地区，发现了数量颇多的汉画像石，令世人惊叹。

一、吕梁汉画像石形成的特定历史背景

吕梁汉画石产生在西汉中叶，即国家财力势力最为雄厚发达的时期，西汉末至东汉初是画像石的发展期，东汉中晚期是画像石的全盛期，东汉末年，战乱局势使社会生产遭受重大破坏，画像石失去了存在的社会基础，全面而迅速的走向了衰微。吕梁汉画像石诞生于东汉初年，盛行于东汉晚期，涉及和平、延熹、建宁、熹平4个年号，集中反映东汉桓帝、灵帝执政期间吕梁地方经济状况、政治变迁、军事布防、文化习俗、宗教思想等。吕梁在东汉顺帝以前是北方边防重地，又位于通往西方的贸易通道上，所以吕梁汉画像石墓多是戍边将士或地方官吏和归葬官员，论职位有太守、令、丞、橡、吏等百石至二千石的官，为官地域及晋陕两省和西河郡十三县的4个县：平定、中阳、圜阳、平周。从吕梁汉画像石的出土分布来看，主要集中在汉代侯爵封地，马茂庄方圆二百里间的三川河流域，即离石侯刘绾、蔺侯刘熹、皋狼侯刘迁、隰城侯刘忠的封地，具体出土地点是：离石市新华街、下水、西崖底、前王家坡、后王家坡、马茂庄、歧则沟、石盘、交口、贺家塔；中阳县道棠、水峪、北坡；柳林县杨家坪、穆村、方山县车道辗、潘家坂等地，目前分存在吕梁汉画像石博物馆和离石、柳林、中阳、方山四县市文物部门，约300多块。吕梁汉画像石主要是东汉晚期的作品，此时的画像石艺术已失去其初期、盛期用绘画点缀政教的积极意义，而成为封建统治者以举孝廉为借口，以厚葬为手段，达到显名立世，扬宗耀祖的目的，也是汉代封建统治者借"死官"之名，从老百姓身上搜刮送葬费、置家产、发横财的罪证。

二、吕梁汉画像石的题材内容

吕梁汉画像石的题材内容带有明显的时代特征和地方艺术特色，主要取决于汉封建统治者独尊儒术、忠孝仁义这一指导思想。与徐州等地汉画像石题材广博、内容丰富相比，吕梁汉画像石题材内容

大致可分为两类：一类是天上的神仙世界，描写的是墓主人死后祈求步入的仙境；一类是人间的现实图景，描写的是墓主人生前的享乐生活。在神话传说的题材里，常见的有口衔圭的赤鸟、三足鸟、双头鸟，有鸡首人身、牛首人身、独角神马，有虎车、雁车、狐车、豹车、鱼车、狗车、龙车、车马出行图，有东王公、西王母、羽人乘龙、羽人双龙等。为求得墓主人在阴间平安无事，画像石墓中常刻有铺首衔环、朱雀、青龙、玄武、白虎等吉祥动物。铺首衔环多刻在墓门上，是门户的标志，铺首应为饕餮的演变，刻在墓门上是为了驱邪避鬼。青龙、白虎、朱雀、玄武、是方位神，其职责是御四方，避不祥。除反映神话传说、神话故事的内容外，还有部分反映贵族生活的题材，在这类题材中刻有重楼高阁，楼内主人宴饮闲谈，下棋听乐，有的奴仆捧食进撰，有的拱手作迎送宾客状。在构图设计上，吕梁汉画像石着重刻画墓主人死后成仙的场面较多，乘云车游仙界，骑鲤鱼观龙宫，塑造了大量的神禽异兽和传说人物东王公，西王母与墓主相伴，寓意墓主人生前德高望重，死后过着神仙般的生活。在众多神兽中，马是反映最多的一种动物，马在汉代人心目中举足轻重的作用，它是汉王朝多年征匈讨狄的重要军需，也是汉代人交通运输、生产劳作的主要兽力，在墓中刻马，特别是刻神化了的天马，除有标明墓主人身份、地位的功能外，还有比喻营建墓室选时吉利的功能。

三、吕梁汉画像石的制作工艺

吕梁汉画像石为砂质页岩，质较软，呈灰绿色，红褐色。系削凿磨制成石材后，由画工用墨线勾勒出物像，再由石匠阴刻其轮廓并剔地平铲，成为浅浮雕作品。画像中细部不作阴线镌刻，留有隐约可辨的原有墨迹。其画像构图疏朗，刻画凝重醒目，形象洗练质朴。且剔地平铲极浅，故拓片效果宛如剪影，又衬凿地，得成古拙深沉的艺术风格。吕梁汉画像石可与洛阳汉墓中砖上的彩色人物，大连劳城子汉墓中人物壁画，以及朝鲜平壤附近一些汉墓中各种漆器上的人物画有同样的艺术、历史价值。它比山东武梁祠的图案疏朗，而画刻亦比武梁石室的人物现实生动。吕梁汉画像石和全国其他地区的汉画像石制作工艺不同的是：①在制作时间上吕梁汉画像石没有早、中、晚分期，均为东汉晚期作品；②吕梁汉画像石没有山东、江苏、河南、四川青石质汉画像石那样细腻坚硬、雕刻技法也不同，吕梁汉画像石以平面浅凸雕为主；③吕梁汉画像石与陕西汉画像石相比，吕梁汉画像石采用的砂质页岩，石质粗、易风化、硕大厚实，陕西汉画像石采用岩面平整的细砂岩，石质松软呈片状，体态轻盈，雕刻技法两地基本相同，唯有不同的是陕西采用平面深凸雕较多；④在构图设计上，山东、江苏、河南、四川、陕西汉画像石繁密充盈，四川"画面上台阁车马充天塞地，密不透风，空白处还要填以飞鸟走兽"，（《徐州汉画像石》序），而吕梁汉画像石则构图疏朗，不少汉画像石还采用分格制作的方法，从多角度宣染主题；⑤山东、江苏、河南、四川、陕西汉画像石存在数量大，分布地域广，内容丰富，能较全面反映汉代社会，而吕梁汉画像石存在数量相对较少，分布地域集中，内容单调，突出反映的是东汉末年封建统治者信繼玮、幻长生，敬神仙、惧鬼魅，重名节、炫富有的消极心态内容较多。

（原载《科学之友》2008 年第 12 期）

山西汾阳北关隋梅渊墓清理简报

山西省博物馆　汾阳县博物馆

北关村位于汾阳县城北郊，属城关镇。梅渊墓在村西北约2公里处，其西北是吕梁山，东面是太汾公路（图一）。1989年冬，在施工中发现此墓，县博物馆得知后，立即派人进行了初步勘察清理。后山西省博物馆又派人会同县博物馆的同志进一步做了详细调查和清理。现简报如下。

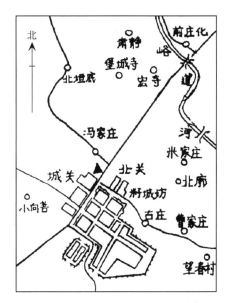

图一　墓葬位置示意图

一、墓葬概况

墓葬为砖砌单墓，由墓道、墓门和墓室3部分组成。墓道位于墓室南端，未做清理。墓门券顶，高1.58、宽0.84米，以条砖封堵。墓室南向，平面为圆角方形，长宽各4.88米。室内地面除门口有一长方形小块土地外，其余均用条砖横竖铺砌。四壁砌法为一丁三顺，四壁与顶部之间用工砖叠砌一周。墓顶为攒尖顶，从室内地面至墓顶高约4.8米（图二）。

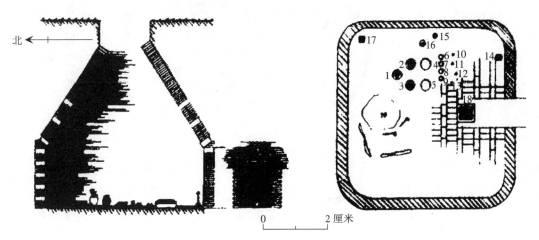

图二　墓葬平、剖面图

1. 龙柄壶　2、3. 鼓腹罐　4、5. 高足盘　6～9. 大碗　10～13. 小碗　14. 矮足灯　15. 唾壶　16、17. 高足灯　18. 墓志　19. 灰渣　（1～17均为瓷器）

此墓原来保存很好，没有被盗过，只是这次施工从墓顶经过，将墓顶的一部分破坏了。由于多年雨水渗透，墓内淤土厚约 40 厘米。据最初的发现人讲，墓内有棺板，已腐朽，位于室内西北侧，附近还发现有铁链。由于水力漂移，骨架位置较零乱。头骨在室内南部偏西，一些肢骨在头骨北侧。在骨架附近还发现灰渣及许多零散的云母片。依此推知，墓主人是用木棺装殓，可能顺放在室内西侧，头向南。

二、随葬品

随葬品放置在室内东侧，大多是瓷器，共 17 件，由北向南排列，依次为龙柄壶 1、鼓腹罐 2、高足盘 2、青釉大碗 4、青釉小碗 4 件。矮足灯和唾壶放在上述器物的东侧。另外，在室内东北和东南角还各放有高足灯 1 盏。墓志放在正对门口的土地上，盖志叠合。据说还有 1 件铜镜，已破碎，尚未追回。

龙柄壶　1 件。盘口，束颈，卵形腹，平底。在肩部与盘口一侧置柄，上端作变形龙首衔盘口。龙圆目，双卷鼻，有耳有冠，上唇在盘口内，下唇在盘口外，柄下端用三个圆饼形的假铆钉加固。与柄相对的一侧和左右两侧的肩部置三个泥条盘成的复系，系下端仍饰圆饼形假铆钉。壶内外施青釉，外腹釉不到底，灰白胎，通高 45.6、口径 12、底径 13.8 厘米（图三 – 1 ~ 5）。

鼓腹罐　2 件。大小，形制相同。敛口，束颈，腹较圆鼓，下腹内收，平底。有盖，盖呈碟状，中间有宝珠形捉手，与罐口扣合。罐内外施青釉，外腹釉不到底，罐底与盖底部均无釉，口径 15.5、底径 14 厘米（图三 – 4、图四）

高足盘　2 件。大小，形制基本相似。盘壁外侈，唇较尖圆，壁与底交接处有折棱。盘内底微下凹，有三个支烧痕迹，外底下接喇叭形高圈足。盘内印有四瓣花纹。内外施青釉，圈足内外无釉。通高 10.8、口径 31、底径 17 厘米。（图三 – 2、图八）

唾壶　1 件。盘口，束颈，斜肩，垂腹，小平底，实足。崖呈碟状，中间有宝珠形捉手，盖沿与壶口平齐扣合。壶颈与上腹部有阴线双弦纹三周。内外施青釉，外腹釉不到底。壶底与盖底无釉，壶上部胎骨较薄，下部较厚重。通高 14、口径 8.6、底径 7.7 厘米（图三 – 8、图七）。

高足灯　2 件，大小相同。由灯盘和灯座两部分组成。灯

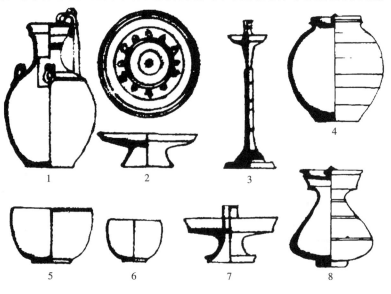

图三　青瓷器
1. 龙柄壶　2. 高足盘　3. 高足灯　4. 鼓腹罐 5. 6. 碗
7. 矮足灯　8. 唾壶　（1 ~ 4 为 1/12，余为 1/6）

盘壁微外侈，盘心平坦，中心有蜡烛形插柱，柱顶端中空。盘外底下连圆柱形短柄，下端作尖锥形，插入灯座柄内。灯座底为平板方形，上为倒喇叭形高柄，柄上部中空，与盘底插柄套合。盘心插柱、灯座和灯柄上均有阴线弦纹装饰。通体施青釉，盘底短柄与灯座底部无釉。通高42、盘径12、底边长15.6厘米（图三－3、图六）。另1件灯盘底部短柄末端为方形榫卯，与灯座柄套合，余同前件。

图四 青磁鼓腹罐

图五 青瓷龙柄壶

图六 青瓷高足灯

图七 青瓷唾壶

图八 青瓷高足盘

图九 青瓷矮足灯

图一〇 青瓷碗

　　矮足灯　1件。盘壁外撇，内底平坦，中间有中空的烛形插柱。盘外壁与盘底交接处有折棱，盘外底下接短柄，圈足呈喇叭形，底边向上起棱。灯盘与插柱施青釉，柄与足无釉。通高 8.1、盘径 14、底径 7 厘米（图三 -7、图九）。

　　青釉碗　8件。有大小两类。

　　大碗　4件。形制相同。口微敛，深腹，小平底，实足。内底有三个支烧痕。口外边、有阴线弦纹一周。内外施青釉，外腹釉不到底。通高 7.8、口径 12、底径 6 厘米（图三 -5、一〇 - 左）。

　　小碗 4件。大小略有不同，但形制一样。口微敛，深腹，小平底微内凹，实足。内外施青釉，有冰裂纹，外腹施釉不到底。通高 6、口径 8.1、底径 3.6 厘米（图三 -6、图一〇 - 右）。

　　墓志　1合。青石质，正方形。志盖盝顶，四刹无纹饰，中间阳刻篆书"梅君墓志"四字，边长52.5、厚 10 厘米（图一一）。志石与志盖大小相同，厚 12 厘米，刻志文 19 行，满行 19 字，共 349 字（图一二）。首行刻"大隋隰城处士梅君慕志"。墓志记录："君讳渊，字文数，九江寿春人也，……年廿廿七卒。夫人李氏，……春秋六十九而卒。今以开皇十五年岁次乙卯八月丁亥朔廿三日己酉吉辰合葬。"

图一一　墓志拓片（1/8）

图一二　墓志拓片（1/4）

三、结　语

　　汾阳北关隋开皇十五年梅渊墓的发现，为研究隋代北方墓葬的形制，青瓷的发展等提供了新资料。例如过去仅知河北景县开皇三年高潭夫妇墓①是砖砌方形单室墓，现在看来，这是继承北朝墓葬形制发展而来的，具有北方隋代墓葬结构的特点。

────────────

　　①　河北省文管处：《河北景县北魏高氏墓发掘简报》，《文物》1979 年第 3 期。

墓内出土的瓷器，时代特征明显，器物种类有壶、罐、盘、唾壶、灯、碗等。这些器物的胎壁下部一般较厚重，胎质细腻，胎色灰白，瓷土经过淘洗。器物里外施釉，外腹施釉不到底。釉为青绿色玻璃质，有冰裂纹，一般薄而均匀，流釉现象不明显，因系叠烧，在一些器物内有支烧痕。纹饰简单，除高足盘有花瓣纹外，其余多为阴线弦纹，从这些器物的特征看，与河南安阳窑烧制的青瓷大致相仿，[①] 是否安阳窑的产品，有待进一步研究。

梅渊墓内发现有云母。过去在河北景县东魏天平四年高雅墓内出土过云母，河北省文管处曾根据《太平御览》"以云母壅尸，则亡人不朽"，《西京杂记》"魏王子且渠冢……床下悉是云母"的记载，论证云母为壅尸所用。[②] 梅渊墓出土云母证明这一论断是正确的。

参加清理的有段沛庭、温子俊、苟必正、王江、李勇、郭志成、张茂生、张德光同志。

执笔：张德光

（原载《文物》1992 年第 10 期）

---

① 河南省博物馆、安阳地区文化局：《河南安阳隋代瓷窑址的试掘》，《文物》1977 年第 2 期。
② 河北省文管处：《河北景县北魏高氏墓发掘简报》，《文物》1979 年第 3 期。

山西汾阳唐曹怡墓发掘简报

山西省考古研究所　汾阳市博物馆

2007 年 4 月，山西省考古研究所和汾阳市博物馆在汾阳市胜利西街抢救性发掘了一座砖室墓（编号 M3）（图一）。墓葬封顶已被破坏，距地表 1.43 米。墓道未清理。墓室内出土少量陶器、瓷器、陶俑及墓志 1 合，其中墓志记载内容较为重要。现将该墓发掘情况简报如下。

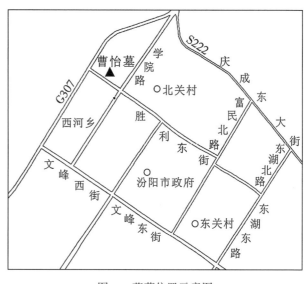

图一　墓葬位置示意图

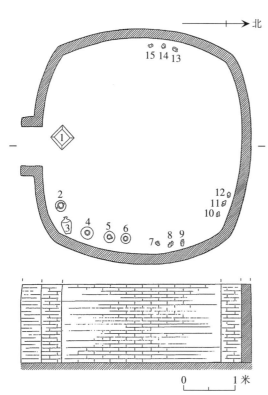

图二　M3 平、剖面图

1. 墓志　2. 青瓷龙柄鸡首壶　3. 青瓷梅瓶
4～6. 陶罐　7～15. 陶俑

一、墓葬概况

M3 为圆角方形砖室墓，四壁外弧。方向 179°。墓道位于墓室南端正中，宽 0.69 米，高度不明。墓室南北宽 3.08、东西长 3.1 米，对角长 4.38 米。从残存情况看，应是穹隆顶，与以往汾阳、孝义两市发现的唐代墓葬的形制基本相同。墓室用条砖铺底，未发现墓主人骨骸，推测为火葬。残存器物 15 件，散置于墓室四壁（图二）。

二、出土器物

共 15 件。包括陶器 3 件、瓷器 2 件、陶俑 9

件、墓志 1 合。

1. 陶器　3 件。均为高领罐。依据有无流可分为 2 型。

A 型　1 件（M3：5）。有流。泥质灰陶，陶质坚硬。圆唇，卷沿，口沿上有用手捏制的一个短流，长颈，圆肩，斜腹，平底。口径 10.5、腹径 22.3、底径 11.6、高 27.2 厘米（图四 –1）。

B 型　2 件。无流。泥质灰陶，陶质坚硬。圆唇，卷沿，长颈，圆肩，斜腹，平底。标本 M3：4，口径 112、腹径 22.7、底径 10.8、高 272 厘米（图四 –2）。标本 M3：6，口径 11.7、腹径 22.4、底径 12.8、高 27.5 厘米（图四 –3）。

2. 瓷器　2 件。青瓷龙柄鸡首壶　1 件（M3：2）。直口，长颈，颈部有三周凸弦纹，溜肩，深腹，下腹内

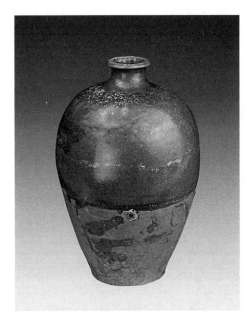

图三　青瓷梅瓶（M3：3）

曲，平底外凸。双龙形柄，鸡首形流，肩部置对称桥形系。胎质粗松，胎色青灰。器物表面施半釉，釉色青中闪绿，有细碎开片。口径 10、腹径 22、底径 13.5、高 42.6 厘米（封面、图四 –4）。

青瓷梅瓶　1 件（M3：3）。圆唇，口沿外翻，小口，无颈，圆肩，下腹斜收，小平底。胎质较密，胎色青灰。器物表面施半釉，釉色青中闪绿。口径 6.8、腹径 22.5、底径 12、高 34 厘米（图三、图四 –5）。

3. 陶俑　9 件，均为残俑头。低温陶。标本 M3：7，官帽俑，高 10.1 厘米（图四 –8）。标本 M3：8，女俑，高 10.1 厘米（图四 –9）。标本 M3：9，男俑，高 9.3 厘米（图四 –6）。标本 M3：10，滑稽俑，高 11.7 厘米（图四 –10）。标本 M3：11，武士俑，高 13.2 厘米（图四 –7）。

4. 墓志　1 合（M3：1）。分为志

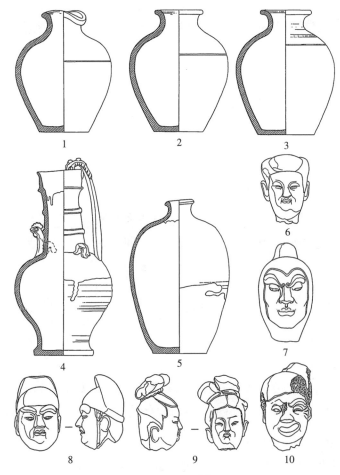

图四　出土器物

1. A 型陶罐（M3：5）　2、3. B 型陶罐（M3：4、6）　4. 青瓷龙柄鸡首壶（M3：2）　5. 青瓷梅瓶（M3：3）　6～10. 陶俑（M3：9、11、7、8、10）

盖和志石两部分。志盖为盝顶，表面不平整，上下篆书四字"曹君墓志"（图六）。志石为红砂岩质地，四边形，保存基本完好，长 45、宽 43、厚 9 厘米。志文满行 15 字，共 15 行，由右向左书，共219 字。录文如下（图七）：

图六　墓志盖拓片（约 1/6）

图七　墓志拓片（约 1/4）

君讳怡，字愿恢，隰城人也。曹叔振铎，周文之昭，建国命氏，即其后也。祖贵，齐壮武将军。父遵，皇朝介州萨宝府车骑骑都尉。君禀灵海岳，感气星辰，家着孝慈，国彰忠烈。起家元从，陪翊义旗；后殿前锋，殊功必致，于是授公骑都尉，用旌厥善。汪汪挺黄宪之度，谔谔含周舍之风。乡塾挹其轨仪，僚庶爽其俯仰，宜应享兹多福，锡（赐）以永龄。天不憖遗，遽沾风烛。粤以永徽六年六月景辰奄卒私第，春秋七十有五，遂年十月一日葬于城西北二里。赠襚接踵，赴吊如林，缨冕悽伤，缁素哀悼。其词曰：言契诗书，动符礼乐；门笃义方，家崇文学；岂谓梦洹，泣王卖滨玉；燕赏停欢，歌钟罢曲。

三、结　语

由墓志内容可以得知墓主人曹怡卒于唐永徽六年（655 年），当年十月一日葬于汾州城西北二里。曹怡及其祖上均为介州萨宝府的中低级武官，其身份、地位并不高，但墓葬中出土的青瓷梅瓶和青瓷龙柄鸡首壶个体硕大、釉色光亮、器形规整，无不透露出他与众不同的粟特人特殊身份。曹怡为西域"昭武九姓"中曹国人后裔，此墓的发现打开了隋唐时期汾州、介州地区粟特人研究的一扇明窗，是研究唐代山西地区中西文化交流史的绝好材料。曹怡墓是山西汾阳首次发现的唐代粟特人遗存，具有重要意义。

附记：感谢汾阳市文物旅游局、汾阳市博物馆的同仁对此次发掘工作给予的帮助和支持。感谢山西省考古研究所张庆捷先生在墓志志文的释读上多有惠赐。

执笔：王俊、王仲璋

（原载《文物》2014 年第 11 期）

宋元明清时期

山西民间交城窑的考察与探索

王 甜

（晋中师范高等专科学校）

　　中国的陶瓷文化是世界陶瓷史上最古老、最悠久的国家之一，可追溯到几千年前，并且也对世界陶瓷文明和人类文明有着很深的影响。"陶瓷"可以作为中国的一个名片出现在世界舞台上。这种材料也带有了一定的"中国性"在它的本身。因此，我们把陶瓷材料运用到当代艺术样式中，让这种更具"中国性"的材料在当代艺术中展现它的品格。在当代艺术的舞台上再现它的灿烂的光芒，让世界了解并记住中国的优秀文化，我们有义务更有责任去研究它。当然，做这个研究我们也有深厚的文化土壤。在中国提到陶瓷，人们必然会说景德镇的陶瓷，然而我们山西在历史上也有过辉煌的陶瓷文化历史。据记载，在山西夏县东下冯龙山文化遗址中发现了中国最早的青瓷（原始），距离今天约有4200多年。而早在南北朝时期，山西就已出现了许多瓷窑，有大量的原始青瓷和白瓷出土于此。说明在山西当时制瓷业的兴盛和繁荣。如：交城窑、平定窑、介休窑、浑源窑、榆次窑、大同窑、怀仁窑等等大小窑址几百处，山西太原曾在北宋时期设立过官窑，形成了自己的："本土化"文化特征。

　　在工业文明高度发展的今天，像交城窑这样有着悠久历史传统的手工艺，已形成的历史传统、民俗文化、技艺作为一种物质呈现给大众，也作为一种精神启迪着我们不断去思考。本文在查阅相关文献和实地考察的过程中发现，有关交城窑的研究文献、历史资料记载较少而且都比较零散，有的只是一概而过，要对其有一个精细整理不断挖掘的过程。另外在当地的采访过程中，笔者发现很多当地人对交城瓷窑并不了解，有的也只是听说过而已。基于这一情况和事实，本文从交城瓷窑的历史、传承情况进行了调查，对其艺术特征进行分析，探讨未来发展的策略，不断创新，重建一种符合现代大众需求的新文化和新审美。

一、交城窑形成的条件

　　纵观陶瓷史，任何一个以做陶瓷为产业的地方基本上都有丰富的黏土资源、便利的交通及便于烧瓷的松柴或煤炭资源等，这些无疑为当地制瓷业的繁荣发展提供了先决条件。过去交城窑如此，现在交城瓷窑的形成也不例外。交城境内有丰富的瓷土原料、煤炭资源及富足的水源。可以说，正是这些得天独厚的资源优势，为交城窑的发展提供了有力的保障。

　　交城境内拥有极其丰富的陶瓷矿产资源，主要包括高铝黏土、一般黏土、高岭土、紫砂陶土等，具有品种多、储量大、品质高等特点。

从磁窑村出土的瓷器考证，交城窑在唐代主要烧制粗白瓷以及黑釉瓷，白而微黑，多做实用器皿，品种主要有盘，碗，壶等。在走访交城窑时，据当地人说在窑口遗址还发现了大量的黑釉斑点拍鼓陶瓷残片，但交城窑仍是以白瓷最为突出，也出现了很多动物形态的小陶瓷雕塑。还烧造一些白釉釉下储彩彩绘的陶瓷器物，其特征与介休窑大体相似。储彩呈橘红色的特点在其他瓷区是很少见的。交城窑早在唐代时烧制出了花釉瓷。它以黑褐色为底色，在釉上随意泼洒或点染白色的彩斑犹如彩霞。给人一种随心所欲，浑然天成的视觉感受。交城窑在釉料方面讲究"施釉肥厚、釉如堆脂"，刻釉因为此工艺特点，形成了其特有的"拙朴厚重"的艺术特色。

二、山西交城窑的传承

交城窑目前一直沿用古法制陶瓷，选用当地的土材料，交城窑从材质上看比较粗犷质朴。粗白瓷全部用化妆土，以增强瓷器的白度。化妆土是介于泥和釉之间的一种有色泥浆，它的覆盖力很强，能够把泥坯上的瑕疵、多孔、粗糙等缺陷覆盖上，改善表面的质感和效果。在当地开采煤矸石、紫木节、瓷石等陶瓷原料是交城白瓷的发展的坚实后盾。开采的瓷土主要包括高铝黏土、一般黏土、高岭土、紫砂陶土等高铝黏土可以加工成熟料，在全县均有分布。一般黏土以高岭土为主，可做天然熟料，使用也比较广泛。充分发挥陶瓷材料的内在潜能，展示陶瓷材料特有的内在质感，使材料发出自己的艺术语言。

工匠采土主要靠眼观定优势、手捻定其量、口尝定取舍予以辨别选择瓷土，选取讲究颇多。可见，泥料的采集与选择是一项很严格的事情，因为它直接关系到后面几个环节的成败。在《考工记》讲到了十分复杂的淘炼陶土的方法：用大的水缸浸泡泥土成水状，拿木棍把泥浆翻搅至表层漂起渣滓，再用马尾毛做的细箩或是双层的绢布袋过滤泥浆，使泥浆过滤到晾泥池中晾晒。晾泥池可以用没有底部的木匣，下面铺上几层新砖，再铺上大细布，将泥浆倒入池中，把布包紧，用砖压住吸水。水慢慢渗出泥浆就会变成泥，然后把泥放置在大石片上，用铁锹翻扑使泥变结实，就可以做成成品泥了。不管是做什么样的泥都是按照这样的方法来制泥，可以按照不同的配料配制陶泥或是瓷泥。这是泥料从选材到加工的一个必需的过程。

三、交城窑的发展

作为一种传统艺术，交城窑陶瓷想要在未来发展中突破重围、走得更远，不能只停留在传统的技法和艺术形式上，而应该与时代同步，不断丰富自己的艺术谱言和形式。具体应做到以下几点：

首先，可以借助当地的文化资源和旅游资源的发展，交城有丰富的旅游资源，主要有：庞泉沟国家森林公园、竖石佛石刻、广生院、玄中寺、石壁寺等。交城窑应该增加产品样式，发展陶瓷创新工艺旅游，开发研制具有当地特色文化的旅游纪念品，也可以利用现代设计元素，研发具有当代审美要求的实用陶瓷器皿和陶瓷艺术品。

　　其次，建立大学生校外实践学习基地，或者可以直接与高校对接，培养校企合作学员，这样既弥补了设计人才的不足，又能使学生有实践经验，形成一种开放的交流学习平台，为交城窑的发展提供人力资源保障。

　　再次，运用便捷的网络渠道拓宽产品销售。通过众多铺售平台（会展、网络、微拍等）的展示、销售，让更多人了解交城窑的产品。同时可以提供更加便捷的网络人性化服务体制。在现代科技日新月异的发展中，为拓展陶瓷手工艺的生存空间，交城窑可以与现代新型材料相结合，研制适合当代各类人群需要的新型陶瓷产品。使交城窑真正做到产品优化，具有较强的市场竞争力。

参考文献

1. 梁思成：《中国雕塑史》，百花文艺出版社，1997 年。

2. 田自秉：《中国工艺美术史》，东方出版中心，1985 年。

3. 程金城：《中国陶瓷艺术论》，山西教育出版社，2001 年。

4. 陈淞贤：《中国传统陶瓷艺术研究》，中国美术学院出版社，2001 年。

5. 中国硅酸盐协会：《中国陶瓷史》，文物出版社，1997 年。

（原载《艺术科技》2016 年第 12 期）

山西兴县磁窑沟北宋窑场与其烧造的瓷器

孟耀虎

多年前，在收集山西古陶瓷资料的时候，发现有一类赭黄彩绘的瓷器，不是以往人们认为的介休窑器物。经过一段时间的考察，并多方访问这类器物的持有人，大体知道它的烧造地点应该在山西西北部的兴县、河曲一带。还有黑釉斑的盘或钵、划花盘和碗、低温和高温的塔等一批器物，都来自山西的西北地区，并具有了自己独特的风格。几年来，一直有意查找这类器物的烧造地点，但由于种种原因，未能如愿。

2012 年夏天，经过筹划，在当地几个文物爱好者的帮助下，终于在兴县调查发现了该窑址。窑址采集到的标本虽然有限，但解决几年来的疑虑和应证以往的看法，还是没有疑问。这要算是近些年于我来说最为舒坦的事了，每每想到，总是心意惬然。兴县窑址发现的意义是显而易见的，流散国内外的那些藏品由此可以找到其生产的窑场。

图一 兴县磁窑沟

2012 年 6 月，去磁窑沟调查时，因为所驱之车为两驱，而那仅容一车通过的沟底积了很深的水，只好绕道而行，却还是路不能行。只好置车半路，步行而入。走了几公里的山路，在大家的努力下还是如愿找到了窑址。当中，我们曾被雨淋，钻进半路的现代馒头形耐火窑炉中。从窑址返回时，天色已晚。

磁窑沟一带很是荒凉，本来不大的村子内静悄悄的，居住的村民不多。想要探访，也没有结果，无人知道这东、西瓷窑沟村的来由。当看到半山腰坍塌的窑炉时，以为就该是磁窑沟的物证。半山腰的窑炉不大，周围的堆积也很少，推测它的使用年代在民国或其前后。心想，如果是这个时间烧造陶瓷的话，这村子也没有多少年历史，也不是我想要考察的窑址。在沟底的路边有现代馒头形耐火砖窑炉，里面装满了坯子。据说是因环保部门的介入，这里不让用煤烧砖了，窑炉已经开始破败。在瓷窑沟的路边，有两个采料洞，从洞口看，是比较好的青坩土。矿洞的深浅不知，推测可能不是现代的采料洞，或需与半山腰的窑炉是同一个时期。茫然间，我们发现了第一片赭黄彩的瓷片，惊喜中，顿感亲切。我们找到了北宋的窑址，这是多年来我心所愿。

该窑址的堆积其实还不是很清楚。因为基本上都在地表以下。从并不宽阔的沟内考虑，可能规模不是很大。采集到的标本有白地赭黄彩（包括赭彩、柿黄彩等多种色阶）、赭色或赭地白彩、白地釉彩斑、白地酱彩、白瓷、黑瓷等品类，还有窑具、支具、钱币等。国内外公私收藏中有一些器物完全可以和兴县北宋窑址采集到的标本相对应。它们古朴而斑斓、简洁而大气，诠释了那时期山西西北部的地域人文与文化的风貌。

图二　坍塌的民国窑炉

图三　民国或略晚的窑炉

图四　白地赭彩钵
圆唇口、鼓腹、圈足，灰白胎。肩腹部画对称草叶纹两组。

图五　白地赭彩钵
扁唇口内敛、鼓腹、圈足、灰白胎。肩腹部画对称草叶纹两组，器形较大。

图六　白地赭彩梅瓶

圆唇、束颈、溜肩、深腹、圈足、黄白胎。肩腹部绘赭色草叶纹。

图七　白地赭彩盘口瓶

残口可能为盘口、长颈、鼓腹、圈足，砖红胎。肩腹部绘赭色折枝牡丹花叶纹。

图八　白地赭彩盆

方唇、斜腹、浅圈足、灰白胎。底部有抹釉涩圈，中心部位会赭色逗圈纹饰，腹部主题为囧字形草叶纹，辅助纹饰为简易式草叶纹。

图九　白地赭彩盆

圆唇、斜腹、浅圈足。腹底赭绘对称两组四片草叶纹，底部主题为一鸟作觅食状。

　　兴县窑是目前为止可以确认的山西西北部地区古代窑场。在未调查以前，因检索出东磁窑沟、西磁窑沟之名，推测为晚期窑场，所以在《山西省历史地图集》一书中笔者将其标示为"明～清"。目前就流散文物显露的线索而言，还应当有其他的窑场存在，但现在还不能落实其烧造窑场的所在地点。在偏关县和神池县都有自然村落磁窑沟，极有可能也是较早时候的烧瓷窑场，需要以后的考古调查。

图一〇 白地釉斑盘

圆唇、斜腹微弧、圈足。灰胎。器内白色化妆土上涂施黑褐色斑釉，白色呈现海星状图案；器外无釉处为五星。

图一一 赭地白彩提梁罐

弯梁、短直流、扁唇口内敛、鼓腹、圈足、灰胎。提梁及器外施白色化妆土，其上再施赭色化妆土，梁部、唇部、肩部白色化妆土上点画弧线、直线圆点等几何图案，罩透明釉。

图一二 赭色瓜棱执壶

直口、长颈、颈肩间设扳、短流、瓜棱鼓腹、圈足。灰胎。器外白色化妆土上再施赭色化妆土，罩透明釉。

图一三 白地黑斑罐

唇口内敛、鼓腹、圈足。器外白色化妆土上施以黑釉斑块。英国英格兰·格拉斯哥博物馆藏品。照片由该博物馆的钟瑜平博士提供。藏品早年被收藏，定为金代。

图一四 白地黑斑罐

圆唇，鼓腹、圈足、灰胎，腹部白色化妆土上施以连续黑釉斑块，黑白相应，别具一格。

图一五 白地黑斑罐

唇口内敛、鼓腹、圈足，灰黄胎。外部白色化妆土上施黑釉斑块装饰。东京国立博物馆藏，图片采自《世界陶瓷全集·12·宋》，小学馆。

图一六　葫芦形执壶

颈肩之间设扳，另一侧肩部设短流、鼓腹、圈足。浅灰胎。白色化妆土上施透明釉。

图一七　瓜棱罐

圆唇、束颈、深腹、圈足。透明釉有细碎开片。器身有瓜棱纹。

图一八　白地赭彩盘口瓶

盘口、长颈、鼓深腹、圈足、浅灰胎。肩腹部位画赭色折枝草叶纹两组，做对称布局。图片采自陈永志《内蒙古盛乐古城的考古发现》，《收藏家》2007 年第 7 期。

图一九　赭地白彩梅瓶

圆唇、束颈、丰肩、深腹、圈足、灰黄胎。器身唇口及外侧在白色化妆土上施赭色化妆土，在肩腹部绘白色草叶纹。这种装饰手法独具特色。

图二○　白地赭彩梅瓶

圆唇、束颈、丰肩、深腹、圈足。腹部赭绘对称草叶纹两组，每组由中间一叶左右两叶组成。器形浑厚朴素。

图二一　赭色彩绘瓷塔

塔由五节组成。塔顶一层，塔身四层。塔顶由宝瓶式刹、六棱束腰柱、宝珠、屋顶组成、宝瓶下方的六棱束腰柱上题刻纪年文字。塔顶下承罐式第四层塔体。第三层中部圆鼓，贴塑3个人面，上部为仰盘式并设凸起的锥刺，顶端设围栏，下部为台阶式座。第二层为六棱塔身，设立柱、门、窗、斗拱，出沿瓦顶，上部有围栏。最下一层与设围栏，斗拱立柱、门窗。这种式样的瓷塔，是晋西北一带成熟的样式，或素或绘，或繁或简。

图二二　彩绘瓷塔

高86厘米。由五节组成。顶部为宝塔样，下承帽式座扣合于第四层的罐式塔身上；塔式顶与罐式身都是在胎体上施白色化妆土后再罩以赭色化妆土，分别用白色化妆土绘画出斑线和折枝草叶纹，最后罩透明釉。第三层中部圆鼓，贴塑3个人面且用赭色涂染绘画，上部成碗式，腹部也堆帖3个人面，下部成覆碗式座。第二层上部设围栏，其下为斜坡瓦楞屋顶，再下为立柱，门洞。底层顶边设囤栏，下有立柱，葫芦式开光或门洞。

图二三　贴塑人首罐

圆唇、鼓腹、圈足。肩腹部贴模制人面 3 个并涂染赭色化妆土，罩透明釉。三个人面为高浮雕，是有意要表现某些内容，目前还不能通译。图二一、图二二两件塔的构件上也有一样的贴塑人面。可以确认其和宗教信仰有关。此件罐，可能也是塔上的组件而非单独使用。浅灰胎致密。

就兴县窑的烧瓷时间而言，并没有太多的墓葬资料可以印证。内蒙古盛乐古城出土的浅灰胎盘口瓶，可能来自兴县窑。可以作为兴县窑烧瓷的一个标志性器物。兴县窑采集标本也表现出它烧造在北宋时期的特征。有一件纪年瓷塔，从它的胎釉和绘画色彩看应当是兴县窑产品。在它的塔刹部分，有"天圣八年四月日记"的刻铭，为我们提供了烧造的直接时间证据。同一时期没有纪年的兴县窑瓷塔也有发现。天圣八年为北宋仁宗赵祯年号，时在 1030 年。依据这纪年塔成熟的烧造技术，兴县磁窑沟一带烧瓷可能还要早。由此简单的推测，兴县烧瓷的时间当在北宋早期晚些时候开始，延续至北宋末期。

兴县窑烧造的瓷器在胎质、胎色、釉水甚至器形上有自己的特点，特别表现在胎质和胎色上。胎质坚硬，胎色为灰色或黄白胎带灰色格调，与黄白胎器物共存。最能体现自己风格的还有绘画题材上的线条运用。这里主要是使用变异的草叶纹作为装饰，草叶的图案组成比较活泼，但线条在运笔上弯曲程度要小，相对于动感略强的北宋时期介休窑、交城窑而言，显得规矩或硬直。介休窑和交城窑的草叶纹在线条上多运用比较弯曲的线条组成图案。而没骨法所绘花鸟的装饰手法，在北宋的介休和交城窑中到目前也没有见到。介休窑和交城窑同时期的器物多为黄白胎，胎质略显疏松。盘、钵之类白地釉斑装饰，在唐代的长沙窑、耀州窑已经出现，长沙窑更是在执壶、罐类等多种器物上使用。兴县窑此类手法的使用，或是受到历史上的长沙或耀州窑影响。历经一个多世纪后的兴县窑出现的这类釉斑装饰，是一种怎样的文化传承？需要更多的发现和更深层次的探讨。河南登封一带窑场也生产相似的白地釉斑装饰的盘类器物，可能也在北宋，并非有研究者认为的唐代。随着北宋兴县窑的发现，以往多数人不能区分同时期的介休窑或交城窑与西北地区窑场生产的这类有赭色画花的器物以及黑釉釉斑装饰的遗物的产地问题，将会逐步得到新的认知和理解。

（原载《文物天地》2019 年第 9 期）

山花烂漫——兴县西磁窑沟瓷窑址

刘岩

（山西省考古研究院）

一、瓷窑址调查与发掘

2019 年，山西省考古研究所对吕梁地区古代瓷窑址进行了系统调查，调查过程中发现了西磁窑沟瓷窑址。由于保存现状不容乐观，考古调查队得到国家文物局批准后对遗址进行了抢救性发掘。

西磁窑沟瓷窑址位于吕梁市兴县北部魏家滩镇岚漪河南岸南北向的"磁窑沟"山谷中，西南距西磁窑沟村约 1 公里。残存的窑址于山谷中自然拐弯处东山坡下一个三角形台地的南缘，台地东高西低，缓呈斜坡状，南北部均为冲沟。

兴县西磁窑沟窑址保存现状窑址指示图（南向北）

西磁窑沟瓷窑址（西向东拍摄）

发掘分为 AB 两区，共发掘 200 平方米。发掘区地层堆积较为简单，除东南部有个别探方分布有稍晚的由北向南倾斜堆积外，大部分遗迹均直接位于耕土层下，遗迹之间叠压打破关系较少。

二、遗　迹

A 区是主要发掘区域，发现窑炉、作坊、灰坑、澄泥池等遗迹 18 个。各类遗迹沿台地及坡面不均匀分布，坡地上部相对集中。

依据和遗迹平面布局和功能等大致可以将遗迹分为三组。

第一组位于台地平面阶地上，以 Y1 和 F1 为代表。

作坊（F1）整体呈南北长、东西宽的长方形，作坊的北部地势略高，南部渐低，西、北、东三面围以不规则石块（石墙）与外部间隔。南部石块以南有缓坡状的踩踏面，应为作坊的入口。

Y1 仅存窑前工作面和落灰道。整体在生土上向下掏挖而成，

Y1　西向东

呈半地穴式，坐东朝西，底部平整，边壁竖直。西边垒砌一道石墙，似为窑室的西边界。落灰道呈西低东高的斜坡状，烟囱内部有一层厚约 2～4 厘米不等的红烧土烧结面，边壁较薄，底部较厚。

第二组位于台地半坡上，沿坡面分布。

H5，与山坡掏挖一个半圆形袋状坑，坑壁较为规整，坑壁略微内凹，坑壁上出露地层中的砾石等。

C2，打破 H5，石片砌筑的长方形池子，仅存底部，东西长 1.4 米，南北残长 1 米，残高 0.15 米。应为澄泥池。

Y3，生土中掏挖圆形坑，仅存底部，坑壁及底部有薄薄的红烧土层，底部残留有较为纯净的黑色植物种子皮。

第三组位于台地坡下，仅残存一个石块石板垒砌的澄泥池。

三、遗　物

出土瓷器产品以日用粗化妆白瓷为主，器形有碗、盆、盏、盘、罐、执壶、盒、盖等，以卷沿斜壁大平底的盆和卷沿深弧腹钵为特色器类。

"柿色彩"盆

　　粗白瓷胎体呈灰褐、褐色不等，胎质稍粗，较坚致。釉色白中泛黄，较为光亮。有少量生烧产品，和一定数量过烧变形的产品。另有少量粗胎黑釉、褐釉产品。

酱釉梅瓶

黑釉碗

　　瓷器产品以素面为主，目前所见装饰以粗化妆白瓷中釉下白釉褐彩、白釉赭彩为显著特点。这类装饰多在盆类器物内壁、内底或执壶、瓶罐类器物口部、肩部点绘褐彩、赭彩。

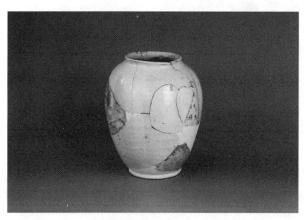

白釉瓜棱罐

白釉钵

　　彩料分浓厚和稀薄两种，从出土残片观察，彩料呈色多样，有浅橙黄色、橙色、红褐色、深褐色、黑褐色等不同色阶、从正烧的产品呈色看，这类装饰的正常呈色应为较为鲜艳浓厚的"柿黄色"或"柿红色"，可以"柿色彩"来与其他窑口的白釉褐彩或白釉赭彩来区分。绘画手法以软笔点顿、勾绘为主，笔法粗犷，线条流畅。装饰题材以抽象线条花卉纹为主，整体风格洒脱奔放，色彩明亮鲜艳，富有浓郁的民间气息。

　　出土窑具有筒形匣钵、窑柱、三叉支垫和细泥条捏制的环形火照等。碗盘类器物装烧方法以涩圈叠烧法为主，另有少量以三叉支垫叠烧。盆、钵类大型器物则为对口套烧。从窑渣观察，该窑以煤炭为燃料。

"柿色彩"敛口罐

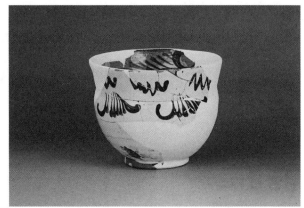

"柿色彩"渣斗

"柿色彩"盒

"柿色彩"盆

四、年代及相关问题

该窑址时代在北宋至金代初期。

兴县西磁窑沟窑址，地处吕梁山区，因这里有煤炭、坩土和水源，才得以发展制瓷业。但山谷内地势狭窄，少有台地或缓坡，早期的陶瓷生产和现代烧制耐火砖等活动也都相对集中在发掘区所在的山谷转弯处一带。从发掘揭示的相关制瓷遗存布局来看，这里呈现出一种小而全、制瓷工艺生产环节功能复合式的小作坊式生产的面貌，且应为季节性的以日用粗瓷器物为主的小规模生产模式。

釉下"柿色彩"瓷器产品极具地方特色，是这次考古发掘的重要发现。这是介休窑、交城窑调查之外，第一处经考古证实明确烧造此类产品的窑场，为探究兴县、交城、介休窑同类柿色彩类器物以及北方地区其他窑场白釉褐彩类产品的年代、装饰工艺技法传播、互动提供了科学的实物资料。从本次发掘成果来看，当地瓷器产品种类相对单一，也为当地制瓷技术来源、技术传统的来源的探讨等，提出了新的课题。

西磁窑沟窑地处吕梁山岚漪河谷南岸的南北向山沟中，地理位置偏僻，向西 20 余公里过黄河渡口可到陕西和内蒙。根据相关资料，兴县西磁窑沟窑址产品的行销范围应当是兴县及周边的保德、河曲、岢岚等县区，再远可到陕西和内蒙。内蒙古呼和浩特市和林格尔县盛乐古城周边的辽墓中就出土了与西磁窑沟窑产品高度类似的柿色彩装饰的盘口壶和执壶。

环形火照

西磁窑沟窑址出土执壶残片

五、意 义

西磁窑沟窑址的考古发掘是吕梁地区古代瓷窑址第一次科学考古发掘，填补了吕梁地区陶瓷考古的空白，为这类极具山西地方特色的釉下"柿色彩"瓷器产品证实了又一个产地。

西磁窑沟瓷窑址虽然生产规模较小，产品面貌较为单一，但在陶瓷手工业生产技术工艺传播、生产经济模式、山西制瓷传统来源，以及北宋与辽、西夏关系等方面都提供了科学的资料和依据，在搭建山西古代陶瓷手工业框架，书写山西及北方地区古代陶瓷发展史的漫漫征程中，向前迈出一小步。

（原载《中国文物报》2020 年 3 月 6 日）

山西石楼发现的三方官印

杨绍舜

一、肥乡县尉朱记

1982年秋天，西卫公社刘家塔村一社员，在耕地时发现一方铜印。印为长方形，重275克，印边为5.7×4.8厘米，厚1厘米，纽高2.5厘来。印面阳刻篆文"肥乡县尉朱记"六字（图一左）。

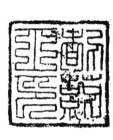

图一　铜印

肥乡县在河北省南部。汉列入县，春秋时晋地，七国时属赵。三国时分置肥乡县。东魏并入临漳县，隋复置。现属河北省邯郸地区管辖。《历代职官表》："县尉自汉以来县有丞有尉，少有更改。明始不设县尉"。石楼出土的这方铜印，从形制和印文的篆法以及特有"朱记昂这类专用名称来看，此印当属于宋代遗物。

二、提控之印

1980年春季，义牒公社社员任文海，在地里劳动时发现了一方古印，印为铜质，正方形，重950克，印边长9.6、厚1、纽高3.1厘米。印背上方有一"上"字。印面阳刻九叠篆书，从右而左，分两行曰"提控之印"四字。印的左右两侧原有阴刻铭记，现只存凿毁痕迹，右边影约为"□□崇□□庆□□"等字样，左边已看不清了（图一右）。

《金史·兵志》："五谋克为一千户，四千户为一万户，四万户为副统，两副统为一都统，此多国初之名也。然有外设一总领提控，故时皆称元帅为领云"。"提控"在宣帝时已是领兵之官，州、县各有提控官。

三、都统之印

1981年7月16日，龙交公社下属河大队吉家垣村，社员辛子业在村东，地名叫莹条的地里，锄山药蛋时发现铜印一方，印为正方形，重575克，印边为7.1、厚1厘米，纽高2.1厘米，纽顶刻有"⊥"符号，以正印文。印面阳刻九叠文"都统之印"四字。从形制和印文内容看，此印时代应属金代末期无疑（图一中）。

（原载《考古》1986年第2期）

汾阳北榆苑五岳庙调查简报

刘永生　商彤流

1986 年 7 月，山西省考古研究所配合孝义至柳林铁路基建工程进行文物调查时，于线路经过的汾阳县三泉镇北榆苑村五岳庙内，发现两座元代建筑和壁画。

北榆苑村位于汾阳县城西南 20 公里处，这里与孝义县交界（图一），在吕梁山麓，虢义河北岸。五岳庙坐落在村子的南边，庙基位置较高，占地 7200 多平方米。庙的东边和北边筑有护坡，北边护坡高约 8 米，还筑有斜坡马道。

五岳庙坐北朝南，平面布局可分为三部分（图二）：前院有庙门和部分窑洞；中院

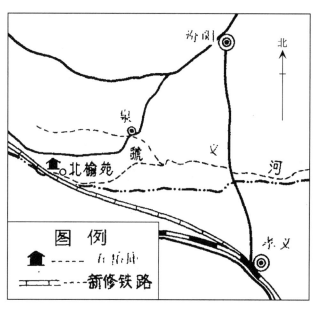

图一　北榆苑付五岳庙位置示意图

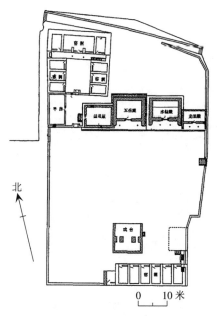

图二　五岳庙平面示意图

为戏台和成一字排列的殿宇，殿宇中的五岳殿居中正对戏台，东侧为水仙殿、龙王殿，西侧为圣母殿；后院是自成一体的小院，为窑洞建筑。

五岳庙是道教寺庙，庙内五岳殿檐下现存两通清代维修碑记，记载了庙内殿堂的修建年代和名称。

据清道光元年（1821 年）重修五岳大庙碑志，庙中五岳殿、水仙殿和圣母殿均为元代修建，但根据现存建筑结构情况和梁架上题记，圣母殿已经明清改建，无元代建筑遗迹；龙王殿为清乾隆六年（1741 年）修造，其余如戏台，窑洞等亦是清代修建。而较完整地保存元代建筑原状的仅有五岳殿和水仙殿。

一、五岳殿

五岳殿是庙内主体建筑，为单檐悬山顶（图三），面阔三间，共 9.86 米，进深三间，共 8.82 米（图四、图五）。前廊宽 1.96 米，前檐柱高 3.3 米（至普柏枋下）。平柱外移扩大了明间，缩小了次间。金柱间辟门，东西次间设直棂窗。下肩高 0.84 米，磨砖对缝。其余两山面和后檐均用土坯垒砌厚墙，外墙加固封裹砖墙，厚 0.4 米。

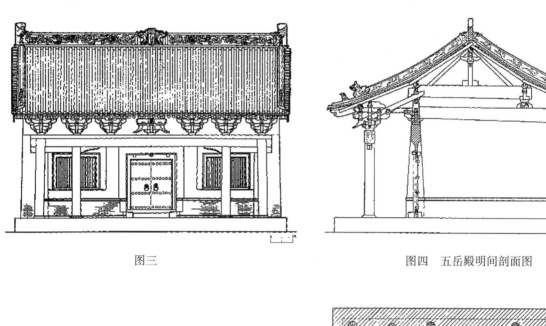

图三　　　　　　　　　　　　　　　　图四　五岳殿明间剖面图

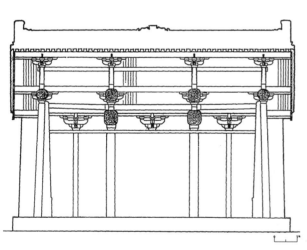

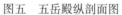

图五　五岳殿纵剖面图

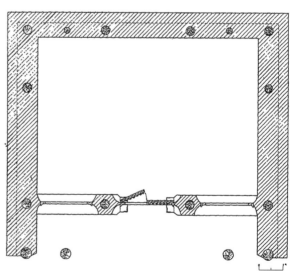

图六　五岳殿平面图

1. 平面　柱网布局采用移柱、减柱造。前檐明间檐柱向外移 1.6 米，扩大明间成 6.66 米，次间缩小成 1.6 米，扩大了活动空间。柱侧脚正面为柱高的 2%（图六）。

2. 斗拱　五铺作单抄单昂造。前檐斗拱总高 0.98 米，约为柱高 1/3.4。明间柱头铺作第一跳出昂，后尾出华拱一跳，昂尾斜挑向上承托橑榑（图七）。移柱后形成的三朵补间斗拱，中心为斜拱斜昂斗拱，斜拱与正心成45°，正中要头为龙首形。

正心昂与柱头斗拱昂相同。其余两朵与边柱头斗拱同，边柱头铺作云形要头伸长与金柱的袱头相连（图八、图九）。

明间柱头斗拱用真昂，后尾压在下平槫的下面（图一〇、图一一）。在结构上仍具有实际承挑功能。昂尾伸出后跳斗拱处加桦楔，昂嘴呈扁五角形，为琴面昂。斗拱构件用材比例小于宋制。

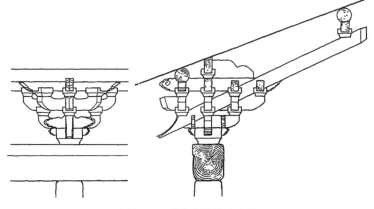

图七　五岳殿前檐柱头斗拱

斗拱材高18厘米（折合元尺6寸），以宋制衡量合六等材。"亭榭或小厅堂用之"①，按建筑规模本应合宋制五等材。

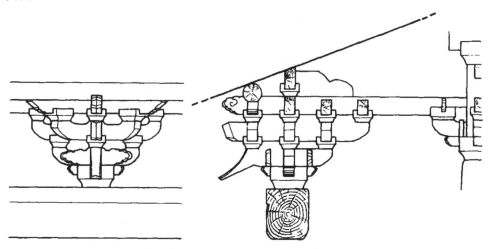

图八　五岳殿补间斗拱

图九　五岳殿前檐斗拱伸长与金柱袱头相连

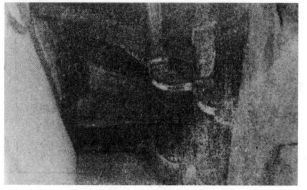

图一〇　五岳殿斗拱的真昂后尾

---

① 梁思成《营造法式注释》卷上："大木作制度图样一：第五等，广六寸六分，厚四寸四分，殿小三间厅堂大三间则用之。第六等，广六寸，厚四寸，亭榭或小厅堂用之。"

五岳殿斗拱尺寸见下表：

斗拱名称	长	广	高	耳	平	欹	底四面各杀	欹颐
柱头方栌斗	38	38	23	110	4	9	5	1.2
交互斗	20	20	12	4.5	2.5	5	3	0.5

图一一　五岳殿前檐侧视

从斗拱尺寸可看出，斗拱用材与宋以前相比显然缩小了很多。按宋《营造法式》卷四，"殿小三间，厅堂大三间"用第五等材，"广六寸六分，厚四寸四分"，约合广 19.8、厚 13.2 厘米。斗拱的缩小是元代建筑的一个特征。

令拱上施替木呈蝉肚绰幕形，承托橑檐槫。昂、华拱后尾横施翼形拱。

3. 梁架　为彻上明造。但大构件皆用草栿作法，多用原木成造，稍加修饰。

三椽栿直径 0.58、长 7.82 米，平梁直径 0.43、长 5.2 米（图一二）。

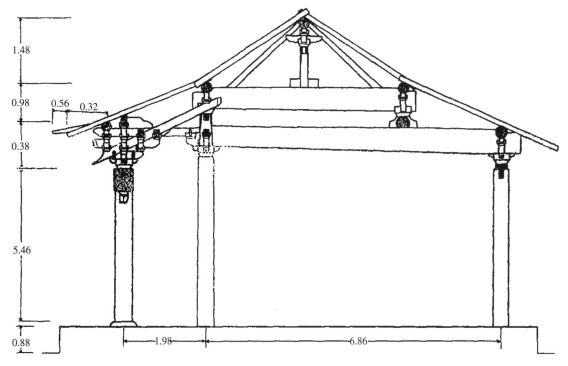

图一二　五岳殿梁柱侧样图

图一三　五岳殿板门

明间三椽栿上在前金柱部位采用蜀柱叉柱造。前金柱上层蜀柱根叉于下层斗拱的大斗之上，连接了三椽栿与平梁。在后部用驼峰大斗承托平梁，平梁以上用蜀柱，丁华抹颏拱和叉手支承脊槫。蜀柱皆用榫卯插入梁背，柱脚用合楷夹持，非常简略。梁架举高为 1∶3.8。

4. 大檐额　据《营造法式》卷 5，"凡檐额，两头并出柱口，其广两材一架至三材三架。檐额下绰幕方，广减檐额三分之一；出柱长至补间；相对作楷头或三瓣头。"五岳殿正是如此，长贯三间，并出柱口（长 10.6 米），其广约为两材两栔（0.5 米）。檐额下绰幕方，广减檐额超三分之一（实物为 0.24 米），出柱长至补间，相对作三瓣头。应是较典型的大檐额。檐额正面刻出普柏枋形状。

5. 悬山　出际深 1.2 米（墙中虚线外为加固的砖墙部分）。

6. 门窗　板门每扇用 3 块厚度不等的木板拼合，再用 4 根穿带串联加固，又以门钉钉牢。门钉为铁质兽头形覆盆边，4 路，每路 6 枚（图一三、一四）。直棂窗，长 2.1、高 1.54 米。

7. 柱础　前檐明柱下均有柱础，为覆盆式。平柱柱础直径 62 厘米，雕刻莲瓣（图一五）。

8. 屋面　五岳殿顶部覆板瓦、筒瓦，脊为琉璃制件，色彩以黄绿为主，所饰图案有飞龙、舞凤、人物、花草等。吻高 0.9 米，龙四爪（图一六）。脊高 0.56 米。正脊琉璃立牌正面为一足踏祥云的布袋弥勒，背面残存"介休"字样题记。琉璃脊图案中尤以龙、凤形态最佳，釉色浑厚鲜明，反映了明代早期介休琉璃的风格特点。

五岳殿现存建筑木构件大部为元代原物，仅部分为后世维修时更换，构件粗壮，虽工艺较粗糙，线条轮廓较僵直，但整座建筑呈现一种雄浑古拙的风格。

五岳殿定为元代建筑，还可由其梁、枋、额等处题记判断。殿梁枋有墨书题记："五岳圣帝庙者自天德三年重建至大德七年八月初六日夜成时地震倒塌功德维那再建""昔大元大德拾年岁次丙午十月己亥二十二日己未庚午时重建志"。以上题记是五岳庙中年代最早的记录，说

图一四　五岳殿板门门钉

明此殿金天德三年（1151 年）重建，元大德七年
（1303 年）倒塌，大德十年（1306 年）又重建。同
时还记录了当时一次地震发生的详细时刻。

殿内东西壁分别有元泰定三年（1326 年）七、
八、九月 3 块题记，记录了妆塑五岳帝像时的捐钱
者、工匠以及工程管理人员（图一七）。

殿内塑像已遭破坏，只有壁间残存的塑像轮廓线。

壁画分绘于殿内三面墙壁和门额、拱眼壁等
处，计 40 多平方米，其中南壁门神、东壁出行图
保存较好。

南壁殿门东、西两侧绘门神像，门神高 1.6 米
（图一八、图一九）。根据西侧门神的白底色下发
现的明清题记，知门神为清代重新勾描着色。

图一五　五岳殿柱础

东西壁为五岳神出行图、回归图及后宫侍女
图。东壁出行图上部绘山川云气，花草补白，下部
为四值功曹，中为五岳神出行队伍，系清代重新勾
描之作（图二〇）。后宫侍女图被白灰涂过，人物
高 1.5 米，面目细部不清。侍女手捧瓶壶采用沥粉
贴金作法。服饰及绘画手法保留了宋、元特征，亦
经明清重新勾描（图二一）。

西壁壁画风格略同东壁，但已被严重涂抹。

门额及拱眼壁等处壁画，多为单色或双色，均
以墨色为主，辅以黄、白彩。内容有佛经故事、人
物山水等。

图一六　五岳殿脊吻

二、水仙殿

水仙殿位于五岳殿东侧，台
基与现今地表平，是五岳庙内规
模仅次于五岳殿的建筑。殿为单檐
悬山顶，面阔三间，计 9.86 米，
进深三间，计 8.72 米，前廊宽
1.85、前檐柱高 3.86 米，明间宽
3.46、次间宽 3.2 米（图二二、二
三）。金柱间辟门，次间设直棂窗。

图一七　五岳殿壁泰定三年题记

下肩高0.8米，磨砖对缝。其余两山面和后檐均用土坯垒砌厚墙，外墙封裹加固砖墙，厚0.4米。

1．平面　柱网布局采用减柱造，用三柱式作法，省去殿内的内柱，扩大了活动空间。柱高宽于间广。柱侧脚正面为柱高的2%（图二四）。

图一八　五岳殿地壁东侧壁画门神

图一九　五岳殿南壁西侧壁画门神

图二〇　五岳殿东壁壁画五岳出行图

图二一　五岳殿东壁壁画侍女

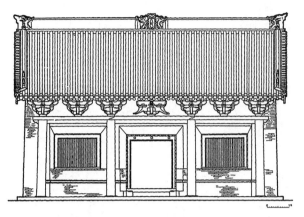

图二二　水仙殿正视图

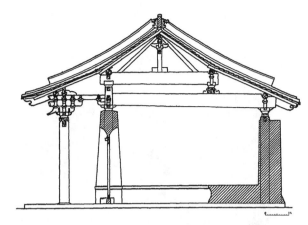

图二三　水仙殿明间剖视图

2. 斗拱　五铺作单抄单昂造（图二五）。前檐斗拱总高 0.98 米（图二六、二七）。明间柱头铺作云形要头后尾伸长，与金柱栿头相连。补间铺作均一朵。明间由于跨度较大，补间斗拱增斜拱、斜昂，与正心成45°。要头雕成龙首形。正昂后尾斜挑向上承托檐槫。次间的补间斗拱昂与此相同，均为第一跳出昂（图二八）。

斗拱高度 0.98 米，约为柱高 1/4，材高 18 厘米，合六等材。补间斗拱用真昂，仍具有实际承挑作用。昂嘴呈扁五角形，琴面昂。斗拱构件用材比例大大缩小。令拱上施替木承托橑檐槫，替木成蝉肚绰幕形。余同五岳殿。

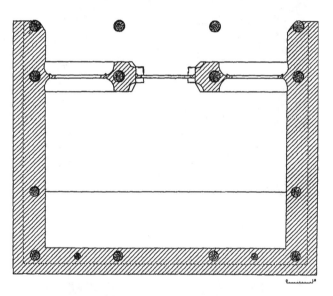

图二四　水仙殿平面图

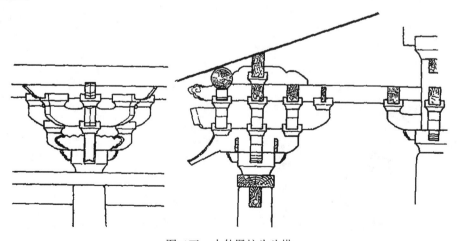

图二五　水仙殿柱头斗拱

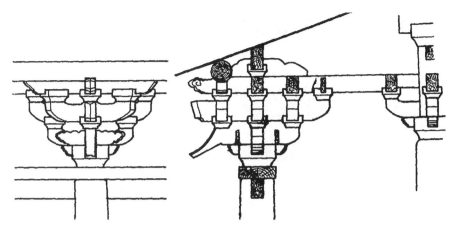

图二六　水仙殿补间斗拱

图二七　水仙殿前檐斗拱侧视

图二八　水仙殿前檐斗拱昂后尾

3. 梁架　为彻上明造、草栿作法，多用原木稍加修饰而成。

三椽栿直径0.52、长7.82米，平梁直径0.4、长5.2米。

金柱部位三椽栿头上部，采用蜀柱叉柱造连接三椽栿与平梁（图二九）。在后部用驼峰大斗承托平梁。平梁以上用蜀柱，柱脚用合㭼夹持，丁华抹颏拱和叉手支承脊槫。梁架举高为1：3.8。

4. 阑额、普柏枋　阑额横断面20×12、普柏枋断面36×12厘米，阑额出柱口成"霸王拳"形，普柏枋出柱口为垂直截法，接点相交柱头之上用"勾头搭掌"式（图三〇）。槫间内额与槫之间加驼峰、斗拱（图三一）。悬山出际1.2米。

5. 柱础　檐柱础为素平柱础。基本平行于地面。

图二九　水仙殿金柱部叉柱作法

图三〇　水仙殿阑额接口处的"勾头拱掌"作法

水仙殿为祭祀水神而建，其木构建筑呈现一种稳重拙朴的艺术风格，虽经后世维修、加固，但大部分构件如梁栿、枋、斗拱等仍为元代构件。这一判断也可由殿内纪年题记得到证实。殿内梁枋间有墨书题记"旹大元大德四年岁次庚子三月壬申朔初十日辛巳甲午时创建"。

水仙殿内东、西壁壁画内容为水仙出行、回归图。构图场面宏大，布局严谨，笔法细腻，为元代寺观壁画中的精品。

东壁绘水仙出行场面，可分为五部分：（1）中心部分水仙位于正前方，乘白马，神态

6. 门窗　直棂窗 2.1×1.54 米。板门框 0.2×0.08 米，上有方形门簪 3 枚，门框饰竹节形装饰纹样。

7. 屋面　为筒、板瓦铺盖，素面瓦脊高0.56 米。

8. 须弥座砖雕　殿内佛台须弥座保存完好。砖雕台座束腰部有各式图形，表现历史故事、花草人物、窗格图案等（图三二），并有当时工匠的落款"大德六年四月初三日制造记"（图三三）、"汾州在市提控王赤白泥瓦花锦砖匠作头武之明男仲成、仲文、仲童"。

图三一　水仙殿襻间斗拱

安详，一手抱卷轴，一手拈长须，庄重前行。周围簇拥着众多神人随从。水仙后面为龙君，骑黑马，戴高冠，长髯飘逸，转身回首，双目圆突，炯炯有神，鼻大嘴阔，仪像威严。再后有文侍武将，或静，或惊，或怒，或急，俯仰顾盼，神情各异，构成一幅紧张热烈的出行场面。这一组人物身份高，主要人物背后都有璎珞华盖，应是整壁壁画中的主体内容。（2）在中心人物的前部，有一组神将，2 人骑马持门旗，全身披挂铠甲，另外几人不穿甲，但均手持各式武器，作护卫姿态。（3）在第二组人下部是 4 人一组的图像，均为横眉怒目的神将形象。（4）在中心人物后下方是一组手抱大剑的神将，在一位胡人形象的天神背上还背负着羊、鸟等物。此组壁画风化较重。（5）在中心人物后部，绘山石树木。

图三二　水仙殿台座砖雕伽陵频迦

图三三　　　　　　　　　　图三四　　　　　　　　　图三五　　　　　　　　　图三六
水仙殿台座元大德六年题记　五岳殿梁枋题记　　　五岳殿梁枋题记　　　五岳殿梁枋题记

　　在东壁右上方有题记："丹青待诏汾州众乡里贾从政、男朝廷，靳同里原可道、男庭安、庭玉、庭钧、庭秀笔。"

　　西壁为水仙回归场面。水仙作为中心人物据画面正中，骑白马，神态安详，轻纱笼冠，稍带倦意。周围簇拥龙君、文侍、武将，各持天书、印盒等，一胡人装束的神人怀抱宝瓶。另外如精神抖擞的白马，奋力撑持门旗的武士，雄纠纠的前卫武士与搬杌子迎接水仙的侍者，以及重檐楼阁前演奏器乐的乐伎等，虽然多有剥落不清之处，但线条流畅，构图紧凑，极富生气和感染力。西壁左上角有题记"丹肯待诏汾州在市王继宗笔"。

　　水仙殿东、西两壁壁画构成一幅较完整的水仙出行、回归图卷。场面恢宏，气氛热烈。整个壁画线条遒劲流畅，圆润自如，重色勾填，傅色古厚，保存了唐宋壁画的传统特色。两壁相较，东壁略优于西壁。

　　从两殿壁画剥落处显示的情况看，其制作和绘画程序都是先在土坯墙之外抹压麦秸粗泥和麻筋，再抹一层掺和了纸筋、棉花的细泥，压光壁面后作画。水仙殿东西壁下部可看出在泥面完成后曾裱过一层棉纸，现隐约可见压边的纸痕。此种做法似为防止壁画下层腐蚀、风化而采取的措施。在别处尚不多见。

　　壁画制作采用当时流行的传统技法，在细泥之外刷白粉，用胶矾水固化墙面，然后过稿作画。粉本完成后，用柳木炭条修整并勾出轮廓，然后用墨上线，彩笔着色。两座殿中壁画都采取重彩平涂手法，仅五岳殿侍女所捧器物采用沥粉贴金作法。

　　水仙殿壁画作于元代，人物服饰反映了明显的时代风格和地方特征。辽金元时期少数民族政权统治山西时间较长，故山西这一时期壁画、塑像中的人物服饰多左衽，水仙殿壁画中人物的左衽服装亦是这种时代和地域特征的反映。

三、小　结

（一）五岳庙现存的两座元代建筑规模虽小，但结构典型，在山西省现存古代建筑中有一定的代表性。庙中主要殿宇作一字横排，在他处似不多见。两座主殿大形相同，但稍有变化，五岳殿的大檐额三柱式结构，梁跨度较宋《营造法式》尺寸超出 1 米。这种大檐额在梁思成先生注的《营造法式》中仅有河南济源渎神庙一例。据殿内题记，此殿元大德七年因地震倒塌，大德十年重建，还保留了一定的金代建筑痕迹。而水仙殿在结构上则保留了较多的元代特征。元大德四年始建时因材料缺乏，已无力再做大檐额，而采取了用料较小的阑额、普柏枋作法。接口处理采用当时流行的"勾头搭掌"。从殿内现存的砖雕台座分析，大德七年的地震对水仙殿的破坏不大，震后只是做了局部修整。

（二）两殿壁画为山西寺观壁画中的精品。五岳殿中虽有元代作品，但经过后世重新勾绘，风格已变，只衣着服饰仍保留了元代特征；水仙殿内保留了元代壁画的精品。寺观壁画在元代是得到统治阶级提倡且十分盛行的艺术形式，元代的画家在注重绢本画的同时，很重视寺观壁画。据《元代画家史料》记载，元代著名画家李衎、唐棣、张彦辅、刘融等都曾作壁画。现存的山西元代寺观壁画以永乐宫、青龙寺等为代表。这次发现的五岳庙特别是水仙殿壁画，构图、线条、着色等表现形式和技法，都有一定代表性，为我国寺观壁画园地增添了新内容，也为研究历史上当地宗教信仰、绘画、服饰、民俗提供了宝贵资料。

（三）五岳庙五岳、水仙两殿中梁枋上布满墨书题记，除前文记叙有关两殿建造及维修时间的内容外，还涉及一些其他问题，也有重要的资料价值。题记反映了五岳庙所在的北榆苑村元代行政归属和地方行政管理的情况。北榆苑村历史上曾隶属孝义、汾阳两县，题记中记录了建庙修殿时，孝义县进表副尉达鲁花赤兼诸军奥鲁劝农事也先，从仕郎孝义县尹兼诸军奥鲁劝农事郝，以及县主簿、县尉的官职和题名（图三四、三五），还有社长、村长、里正、乡老等人员的姓名和官职。题记也保存了与文化艺术有关的资料线索。汾阳是山西梆子（晋剧）的发源地。但当地元以前的戏剧资料极少见，五岳殿梁枋题记中有"大散乐……"字样（图三六），这是与洪洞广胜寺明应王殿"大行散乐忠都秀作场"壁画内容有关的戏剧文化新资料。又如水仙殿有题记"画待诏汾州同节坊郭从礼、琉璃待诏六院庄任廿宗"，为研究元代工艺匠人的称谓、组织提供了资料。

这次调查工作得到汾阳县文化局、汾阳县博物馆、北榆苑村委会的支持，报告整理过程中得到山西省古建筑保护研究所柴泽俊、张丑良、吴克华、张殿卿、刘宪武等同志指导，在此表示感谢。

测量绘图：刘永生、王勇、邢晋中、商彤流；制图描图：畅红霞；摄影：王传勋

1. 山西汾阳五岳庙元代壁画

2. 五岳庙水仙殿壁画水仙出行图   （局部）

（原载《文物》1991 年第 12 期）

山西汾阳金墓发掘简报

山西省考古研究所　汾阳县博物馆

汾阳县位于吕梁山东麓，晋中盆地的南部，行政上隶属于吕梁地区。

1990 年 5 月，汾阳高级护理学校在施工中，发现 1 座古代砖室墓，当即报告县有关部门。县博物馆随即对墓葬进行了抢救性清理，同时上报省考古研究所。省考古所派人对施工区进行钻探，共发现砖室墓 8 座（编为 M1～M8 号）。省考古研究所与县博物馆联合发掘了这批墓葬。

汾阳高级护理学校位于县城北边，太（原）军（渡）干线公路的东侧，北关村的西面（图一）。墓群位于学校正中（图二）。现介绍如下。

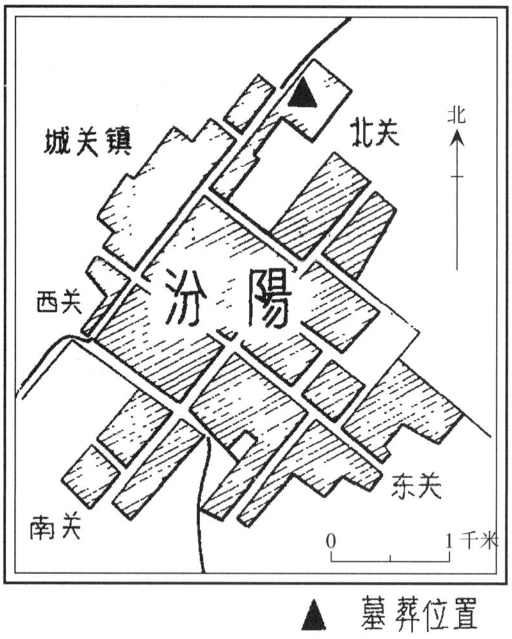

图一　金墓位置示意图

一、墓葬类型

这 8 座墓都是单室墓，但形制各异，墓向不一，分布也无一定规律。依形制可分 3 类。

M1、M4 及 M6 为长方形墓，均有窄长土墓道。M4、M6 东向，M1 西向。

M2 为六角形墓，有土坑墓道，但局部已遭破坏。墓南向。

M3、M5、M7 及 M8 为八角形墓，均有较长的土坑墓道。M5 东向，M3、M7 及 M8 南向。

M1 与 M2、M3 与 M4 之间有打破关系。

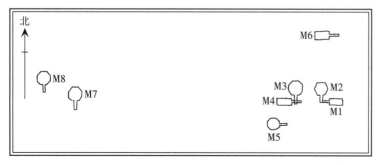

图二　墓葬分布示意图

二、墓葬结构及砖雕、彩绘

（一）八角形墓

M3、M5、M7、M8 平面均呈八角形，穹隆叠涩顶，仿木结构。但规模大小不同，结构及砖雕装饰繁简也有很大区别。

1. M7、M8 结构极为简单，基本相同。墓壁不高，均素面。墓内八角有砖砌角柱，上托砖雕斗拱。斗拱上方砌一周菱角牙子，其上用 24 层顺砖叠涩成穹隆状顶。墓砖均为条砖，用白灰粘合。其中 M7 墓向 224°，墓室南北长 2.8、东西宽 1.68 米；墓壁宽度不等，为 0.8 ~ 1.1 米，墓壁在高 1.46 米处开始叠涩。M8 因破坏严重，无法进行测量。

2. M3 面积较大，墓壁平整，抹有一层薄白灰，绘极为简单的花草人物。墓内八角砌方形抹角的柱子，柱头托砖雕一斗三升斗拱。斗拱涂朱色，柱子为黑色。墓顶用 26 层条砖叠涩而成。因破坏严重，无法进行测量。

3. M5 在这批墓中规模最大，结构、砖雕及装饰艺术也最为复杂。墓向 126°，由墓道、墓门、甬道及墓室组成（图三）。

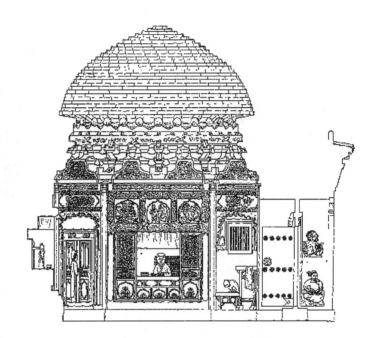

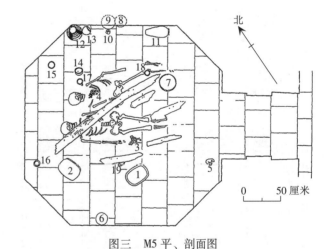

图三　M5 平、剖面图
1、2. 白瓷枕　3、4. 铜钱　5. 铁牛　6 ~ 9. 白瓷碗　10. 铜镜　11. 陶梅瓶　12. 陶魂瓶　13. 陶罐　14 ~ 16. 陶钵　17 ~ 19. 铁棺环

M5 用 3 种砖。以条砖为主，长 30、宽 14.5、厚 4.5 厘米；一般在砖背面有 4 ~ 5 条沟纹，以利黏合。其次为方砖，多用于铺墓底，厚度与沟纹条砖相同，面积约为条砖的两倍。仿木构件部分如斗拱、额、柱、瓦当、滴水及装饰部分的门窗格扇等多模制，也有少量装饰是用特制的砖精雕细磨而成。砖与砖之间用白灰黏合。墓室内砖而均经打磨合缝，表面平整、光滑。

土坑墓道呈坡状，宽约 0.75、长约 4、深约 5 米。墓道填土为碎石与黄土的混合物，厚约 1.5 米。

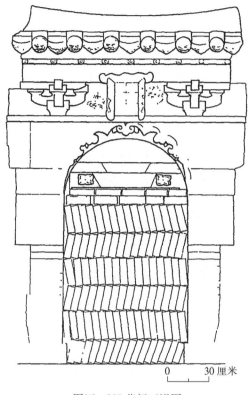

图四　M5 墓门正视图　　　　　　　　　图五　M5 墓门正视图

图六　M5 墓壁展示图
1. 东壁　2. 甬道南壁

墓门为砖券门洞，宽0.87、高1.6米。门洞外雕作仿木结构。墓门两侧上、下立砌方砖，中间平砌7层条砖。券拱顶部雕卷云花边。门额上雕出两枚花形门簪。门洞上方雕出两朵一斗三升斗拱，挑檐枋上雕出椽头、瓦当和滴水。正脊两面升起，中间低。两朵斗拱中间、墓门正上方雕出一花边牌匾，匾分成6格，但无文字。其两侧以白灰作底，分绘黑色花草。墓门用条砖封堵（图四、图五）。

墓门以内为甬道，券顶，长1.07米，高、宽同墓门洞。在甬道两壁靠墓门处有浮雕。南壁上部为一卧于莲花座上的鹿，口衔仙草；下部为一武士，头戴巾，上身穿交领战袍，内穿铠甲，腰束带，左手持弓，右手握箭，呈蹲踞状，目视门外（图六-2）。北壁上部为一卧于莲花座上的狮子，脚踏绣球（图七）；下部也为一武士，头戴巾，衣着姿势同南壁武士，右手持短剑，目视门外。甬道正中雕出高门枕，并沿壁面砌出两扇板门，呈向内敞开状。门扇各有3排15个

图七　M5甬道北壁砖雕卧狮

门钉，一侧位置相对处各有一门环座，座上均有小孔，并有锈烂的铁块。甬道内也发现断铁环，估计原曾有铁门环。门扇涂朱色，门环座及门钉为黑色。

甬道内接墓室。墓室地面用方砖及条砖错缝铺砌。八面墓壁四大四小，宽分别为1.44和0.87米。墓壁从高2.7米处开始叠涩成穹隆顶，以27层条砖砌成。顶端以一块方砖封盖（图八），内原悬一面铜镜，已脱落。墓壁有砖雕和彩绘，砖雕也施彩。墓室八角共砌檐柱8根，均四方抹角，刷成黑色。柱底雕在地栿之上，柱头绘黄包图案，上托普柏枋。

墓室斗拱分柱头铺作和补间铺作两种，共12朵，8朵柱头铺作，4朵补间铺作。补间铺作设在墓壁四个大面的正中。斗拱由砖雕和彩绘结合做成单抄单下昂四铺作。斗拱均涂朱色，勾以白边。华拱部分绘有黑色卷云纹。12朵铺作皆有耍头，补间铺作的耍头呈卷云状，其余为方棱形。斗拱之上有撩檐枋，以朱色为底。在斗拱之间、拱眼壁正上方绘出12只展翅飞翔的仙鹤，鹤与鹤之间绘卷云纹。椽头均绘成米色，勾以白边。瓦当、滴水皆特制而成。瓦当均饰兽面，排列整齐有序，极其规范。拱眼壁均以一层薄白灰作底，绘以各种缠枝花卉，有牡丹、水仙、莲花、菊花、葵花、月季花等等。普柏枋绘成白色，在柱头处雕出表现加固的纹饰，阑额则绘卷云纹（图九）。

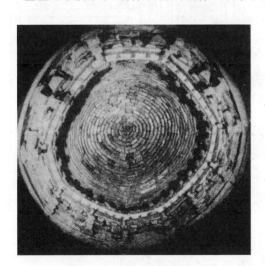

图八　M5墓室顶部仰视

图九　M5 斗拱

墓室两壁正中雕刻主人夫妇宴饮图。两人端坐于椅上，面前置案，上置二盏。背后设有屏风。上方有帷幔。女主人头束高髻，身着对襟长服，笼手置于案上。男主人头戴幞头，蓄长须，身着圆领袍服。右臂曲肘置于案上，手捻串珠。案正面彩绘花草，屏风也绘有花草，似为梅花。宴饮图两侧分别雕两单隔扇门。门柱为四方抹角形，涂成黑色。两扇门均为四抹头。）格心用细棂条拼成菱形图案。裙板半浮雕成壸门形，内雕一花。杯板上也浮雕出一朵变形花。整个西壁上方雕出卷起的竹帘，与门柱相交处雕有卷云头，以示支撑。竹帘两端及正中段为黑色，帘心其余部分为黄色。竹帘上部有帏帐边。墓壁下端做成台阶状，于墓主人正对处刻一半浮雕下蹲的小狗（图一○-2、图一一）。

西北壁雕妇人半启门。妇人头戴巾，外穿长服，内系长裙，推门欲进。门为两扇四抹头格扇门，环板内半浮雕卷曲花草，有铁质门环的残痕。门额雕两枚花形门簪。门额以上存半环形雀替，雀替以上浮雕卷曲花卉并绘白色卷云纹等。壁下端砌出台阶（图一○-3、图一二）。

0　　　　30厘米

图一○　M5 墓壁展示图
1. 西南壁　2. 西壁　3. 西北壁

北壁雕刻主体部分雕两扇四抹头格扇门，格心内用细棂条拼成毯纹图案，裙板和环板内均雕变形花卉。两扇格扇雕出一案，案前挡板雕变形花卉。案后坐一人，头戴圆形帽，身着交领服、笼手置于案上。面前置一打开的本子，旁置观台。身后浮雕成串的铜钱。头顶以上绘帏帐。门和人物上方雕出壶门形，内雕二十四孝故事中的"郭巨埋儿"及花卉。

东北壁雕直棂窗。窗左侧雕一灯台。窗下左侧雕一小桌，桌上蹲一猫；右侧雕一衣架，架上斜搭一巾。窗上方雕半环形雀替、花卉并绘花纹（图一三－1）。

东壁即墓门内侧。上部券顶可直达阑额，以白灰作底。券拱半环内绘黑色缠枝牡丹，两侧绘缠枝花草。门两侧立砌磨光方砖，左侧下方浮雕一小桌，桌上置一壶和覆扣的三个小碗；右侧下方也浮雕一小桌，桌上置一盘，内置一带盖盒（图六－1、图一四）。

图一一　M5 西壁砖雕小狗

图一二　M5 西北壁

东南壁雕一立屏，屏面分成三部分：上部中间雕一竖着的大菱形，四边外侧及中部雕花叶；下部雕出壶门形风以上雕出半环形雀替、花卉及彩绘卷云纹（图一三－2）。

南壁与北壁结构基本相同。雕四扇四抹头格扇门，两侧两扇关闭，格心由细直棂条拼成复杂的菱花图案，裙板和环板均雕花卉。中间两扇半沿，格心也以棂条拼出简单的菱花图案。裙板和环板也均雕花卉。两门扇相交处有一对大的铁门环。一妇人从门后持盒欲出。妇人头束髻，外穿长服，内系长裙。门内上面绘帏帐，下面似有墙围、床榻，并绘花草图案。门以上雕出壶门形，内雕二十四孝故事中的"王祥卧冰"及花卉（图一三－3、图一五）。

西南壁雕砌两扇板门，一扇半启，每扇有3排15枚菱形门钉，门扇上半部留有门环痕迹。门额雕两枚变形菊花形门簪。一妇人头束髻，身着对襟长服，内束长裙。右手执壶，左手抚衣襟。板门以上雕半环形雀替，再上雕花卉，绘卷曲花纹（图一○－1、图一六）。

（二）六角形墓

M2 墓向215°，由墓道、墓门甬道和墓室组成，清理前已遭破坏（图一七）。

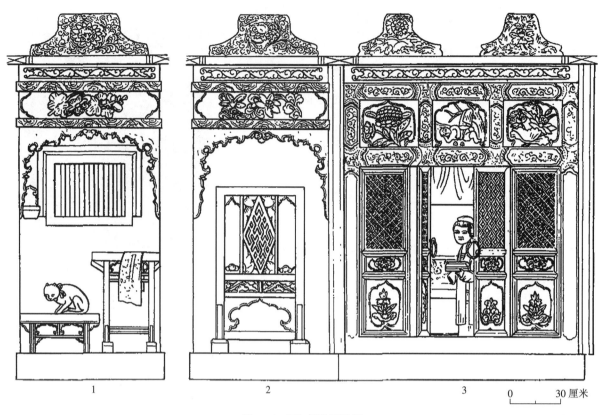

图一三　M5 墓壁展示图
1. 东北壁　2. 东南壁　3. 南壁

图一四　M5 东壁

图一五　M5 南壁砖雕花卉

图一六　M5 西南壁砖雕花卉

　　M2 所用砖的形制、大小与 M5 相同。绝大部分为沟纹条砖；模制、特制的砖相对要少一些。砖与砖用白灰黏合。墓室内所用砖稍经加工。

　　由于 M2 被 M1 叠压，我们清理拆除 M1 时破坏了 M2 的墓道。砖券墓门，宽 0.78 米，以条砖封

堵，砖呈"之"字形排列。墓室六壁均宽 1.35
米左右。墓壁从高 1.61 米处开始叠涩。墓顶为穹
隆叠涩顶，用 24 层条砖叠涩而成，顶端收成方砖
大小。墓底用方砖和条砖错缝铺砌。六角砌 6 根
四方抹角形柱，涂黑色，柱脚直接砌在墓底上，
柱头绘简单图案，上置普柏枋，有阑额。

斗拱分柱头铺作和补间铺作两种，各 6 朵，
柱头铺作涂朱色并勾白边。补间铺作为变形的人
字拱，人字拱边缘雕花边，也以朱色为底并勾白
边。在人字拱的下端空隙处绘极简单的花草。拱
眼壁均抹白灰。普柏枋厚约 4.5 厘米，是用条砖
错落出角而成。阑额涂朱色，中间绘一道横线并
分成段状，起装饰作用。橑檐枋涂朱色，其上有
排列整齐的板瓦。有零散的兽面瓦当。瓦当与板
瓦都是普通建筑材料，没有特殊加工的痕迹。

墓室六壁除有砖雕外，都抹一层白灰，绘各
种花卉。

北壁即后壁。两侧各雕一扇固定的四抹头格
扇门，格心用细直棂条拼成菱形图案，并在对称
的四个菱形块中填 1 朵菱花。裙板及环板内均雕
花卉。格扇门之间为表现内室的砖雕，上雕卷起

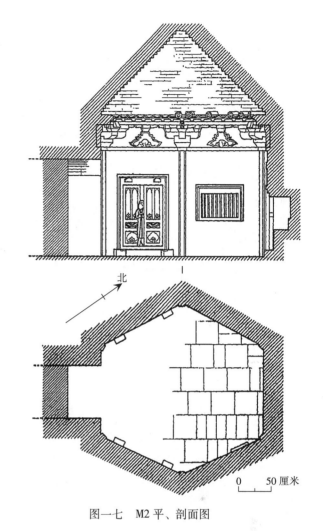

图一七　M2 平、剖面图

的帏帐，下雕床榻，以白灰做底，绘朱色小梅花，塌后靠墙处分成三个界格，内绘简单花卉当为墙围。
门以上雕出三个方格（图一八 – 1）。

图一八　M2 墓壁展示图
1. 北壁　2. 东北壁　3. 东南壁

图一九　M2 墓壁展示图
1. 南壁　2. 西南壁　3. 西北壁

东北壁上部绘多层帏幔，帷幔之下露出三个边框，下部雕出抱柱和雀替，雀替以下右侧雕出一立屏，屏面绘山石和牡丹花。屏风前立一妇人，头系巾，身着对襟长服，笼手，腋下夹一把扫帚。左侧前面雕高灯台，后面绘一桌，桌上置盘、壶、细高颈瓶及覆扣的小碗（图一八 - 2）。

东南壁上部绘帏帐，下部中间雕砌两扇板门有石柱、门枕、下槛，门额雕两枚菱形门簪。板门紧闭，涂朱色，每扇各有 4 排 16 个黑色门钉。两门相交处各设一门环底座，上设一把长锁。门柱外侧各绘一瓶架，上置瓶花（图一八 - 3）。

南壁中开墓门。砖券部分及门两侧均勾黑框，内绘花卉（图一九 - 1）。

西南壁上部绘帏帐，下雕两扇格扇门，有门柱、门枕及下槛，门额雕两枚半圆形门簪。格扇为四抹头，格心内雕壶门形及简单花卉，

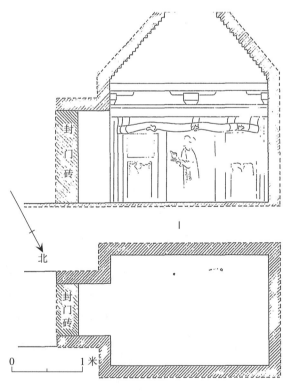

图二〇　M4 平、剖面图

裙板及环板均雕花卉。一扇门半掩，一妇身着对襟长服，内系长裙，笼手立于门启处。门柱外侧均绘一瓶花，下有瓶架（图一九 - 2）。

西北壁上部绘帏幔，下部雕直棂窗，窗下及两侧均绘瓶花，下均有瓶架（图一九 - 3）。

（三）长方形墓

M1 已遭破坏，无法测量。墓室平面呈长方形。墓内雕有简单的一斗二升斗拱，涂朱色并勾白边。有角柱，涂黑色。墓壁光素。覆斗形顶，顶端已不存。

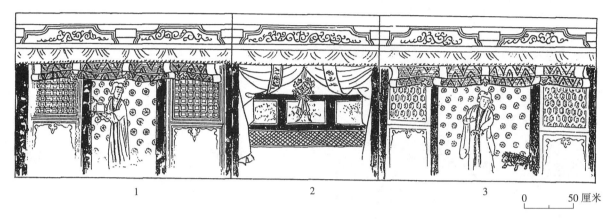

图二一　M4 墓壁展示图
1. 南壁　2. 西壁　3. 北壁

M4 与 M6 形制基本相同。墓室呈长方形，墓壁绘壁画，顶部叠涩成覆斗形，顶端以两块方砖封顶。其中 M4 墓向 123°。原有墓道已毁。甬道券顶，长 0.74、宽 0.7、高 1.24 米。墓室东两长 2.2、南北宽 1.5 米。墓壁从高 1.66 米处开始叠涩（图二〇）。M6 墓向 132°。原有墓道已毁，仅知宽约 0.8、深约 3 米。甬道券顶长 0.62、宽 0.7、高 1.26 米。墓室东西长 2.2、南北宽 1.5 米。墓壁从高 1.6 米处开始叠涩。

三墓所用砖多为沟纹条砖，尺寸 30×14.5×4.5 厘米；包有少量方砖，体积为条砖的两倍。

M4 的壁画保存较好，绘画技法也比较高。墓壁皆罩白灰面，上刷白粉作底，用墨线勾勒图形轮廓，内填红、黄、绿等色。南、西、北三壁上方均绘出仿木构件，有斗拱、普柏枋及角柱。角柱涂黑色。斗拱分柱头铺作和补间铺作两种，涂朱色。阑额下方绘帏帐。拱眼壁绘连续的涡纹图案。

M4 西壁（后壁）绘卷起的帏幔，中间吊一绣球，墙围分成三部分，均绘花卉（图二一-2、图二二）。南壁上部绘卷起的竹帘，两侧绘三抹头格扇门，格心内以细棂条拼出方格。中间绘帘障，红底，上有白色团花。帘障

图二二　M4 西壁壁画

图二三　M4 北壁彩绘妇人

前立一妇人，头束髻，身着浅黄色镶褐红边对襟窄袖长服，内系白裙，侧身回首，双手捧一托盘，盘内置杯及食匕（图二一 - 1）。北壁构图与南壁基本相同。格扇门的格心拼成菱花形。妇人发式、衣着与南壁基本相同，肩披锦帛，左手持扫帚。脚旁有一黑猫（图二一 - 3、图二三）。南壁拱形幕门绘黑色连续的圆涡纹。

M6 的壁画剥蚀严重，许多地方模糊不清。从残存画面看，取材与 M4 不尽相同，敷色简单且较淡，我物像稍显板滞。M6 南、北、西三壁上部也绘仿木构件，其形状及拱眼壁、阑额所绘图案均与 M4 相同。三壁绘有格扇门，也与 M4 北壁的格扇门完全相同。西壁绘"开芳宴"，格扇门中间绘一案，案上置钵、碗、杯、盏等，墓主人夫妇袖手端坐于案后椅上。身后有门形立屏，屏风两侧各立一侍童。男主人头戴巾，身穿圆领窄袖服；女主人头束髻，外着对襟长服，内系裙，二人均笼手（图二四 - 2）。南壁格扇门中间绘长桌，上置笼盖，两侍者立手于桌旁（图二四 - 1）。北壁格扇门中间绘长桌、几和案等，上置壶、坛、盘、碗等。两男侍正在忙碌（图二四 - 3）。

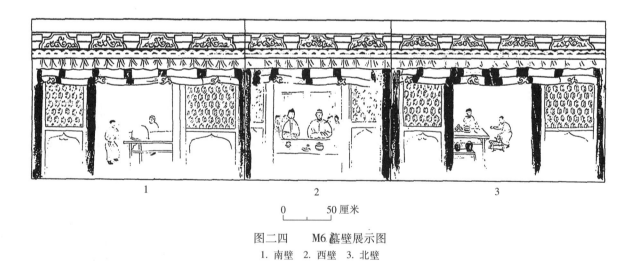

0　　　50 厘米

图二四　　M6 墓壁展示图
1. 南壁　2. 西壁　3. 北壁

三、葬具、葬式及随葬遗物

（一）葬具、葬式

墓葬所在地地下水位较高，管架大都朽烂，葬具多已不存。保存较好的 M2、M5 骨架下压木板，旁边散落铁棺环，推测这两座墓当初可能有木质棺具。有的墓极简单，未见木质葬具的痕迹，估计原来直接将尸体置于墓底。

这批墓都已程度不同地受到水浸，骨架已漂离原位，但尚可看出一些迹象。M2、M3、M5、M7、M8 是双人合葬墓，从骨架分析应系夫妻合葬。M6 也是合葬墓，但其中一具骨架为二次迁葬。M1、M4 则为单人葬，墓主年龄只有十几岁。从散落骨架看，葬式均为仰身直肢（迁葬的除外），大部分尸体下压铜钱，各墓都有少量的随葬品。

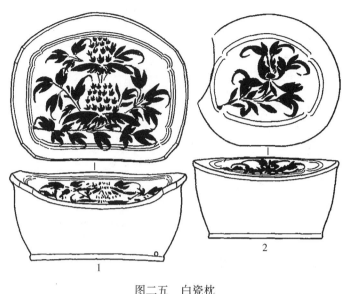

图二五　白瓷枕
1. M5：2　2. M5：1

（二）随葬遗物

这批墓有的曾经被盗，出土随葬品不多，有瓷、陶、铜、铁器等。

1. 瓷器

白瓷枕　2 件。瓷质较粗。M5：2，正面呈倒梯形，背面略呈圆形，枕面下开，上绘黑色花草。长 29.6、高 14.4 厘米（图二五 - 1）。M5：1，整体略呈圆形，枕面微凹，上绘黑色花草。长 21.3、高 13 厘米（图二五 - 2）。

黑瓷碗　2 件。M1：1，侈口，卷沿，深弧腹。口径 14.3、高 8 厘米（图二六 - 8）。M7：2，侈口，斜腹较深。口径 17.5、8.2 厘米（图二六 - 9）。

白瓷碗　20 件。13 件为深腹碗，均弧腹，平底，圈足。其中，M3：2，瓷质白细，花口，内壁划细密的凹槽。口径 21.2、高 8 厘米（图二六 - 1）。M1：4，花口，内壁等距离刻几道深槽。口径 21.6、高 8.8 厘米（图二六 - 2）。M3：4，瓷质较细，腹施棱状弦纹。口径 21.2、高 9 厘米（图二六 - 4）。M5：6，侈口，口径 19.6、高 8.6 厘米（图二六 - 3）。7 件为浅腹碗，形制略有不同。其中，M5：9，侈口，弧腹。口径 18.4、高 1.6 厘米（图二六 - 7）。M5：5，侈口，卷沿，弧腹。口径 12.9、高 3.8 厘米（图二六 - 5）。M8：3，侈口，斜腹，厚壁，口径 13.3、高 3.6 厘米（图二六 - 6）。

白瓷盏　2 件。M2：3，瓷质较粗，敛口，直腹，尖底。口径 5.6、高 1.9 厘米（图二六 - 12）。M2：4，侈口，圆唇，斜直腹，圜凹底。口径 8.4、高 2.6 厘米（图二六 - 10）。

黑瓷盏　1 件（M8：6）。口微敛，斜直腹，圜凹底。口径 6.7、高 2.2 厘米（图二六 - 11）。

黑瓷罐　2 件。形制相近。M7：1，小口微侈，鼓腹，腹中部有凸棱，平底，圈足。腹最大径 11.9、高 8.8 厘米（图二六 - 14）。M8：1，饰弦纹。腹最大径 11、高 8.9 厘米（图二六 - 13）。

2. 陶器

魂瓶　3 件。M6：1，侈口，卷沿，上腹斜直，下腹外鼓。上腹及口沿饰 4 周附加堆条，堆条上下

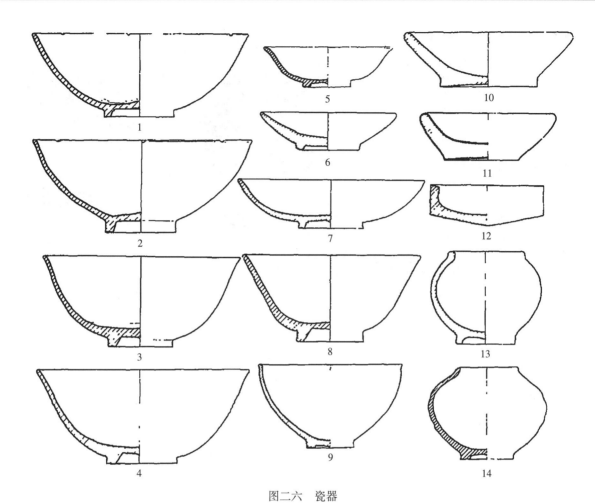

图二六　瓷器

1～7. 白瓷碗（M3：2、M1：4、M5：6、M3：4、M5：5、M8：3、M5：9）　8、9 黑瓷碗（M1：1、M7：2）　10、12. 白瓷盏（M2：4、3）　11. 黑瓷盏（M8：6）　13、14 黑瓷罐（M8：1、M7：1）

有桃形等形状的镂孔，下两条间还刻出两扇板门。口径 11.4、最大腹径 21.7、高 31.4 厘米（图二七 -2）。M5：12，侈口，卷沿，上腹略束，下腹微外鼓。上腹及口沿饰 4 周附加堆条，有 4 层圆形镂孔。口径 10.5、底径 17.9、高 32.7 厘米（图二七 -1）。M1：2，形制基本同于 M5：12。所饰上三层镂孔为三角形。口径 9.6、底径 17.5、高 33 厘米（图二七 -3）。

梅瓶　1 件（M5：11）。小侈口，卷沿，鼓肩，收腹，圜底，圈足。外壁施不明显的弦纹，肩部似刷过漆。口径 4.5、高 36.2 厘米（图二八 -7）。

盖罐　2 件。形制基本相同。M5：21，塔形盖，子口。罐身母口，卷沿，鼓腹，平底。罐口径 9.6、腹最大径 13.3、带盖通高

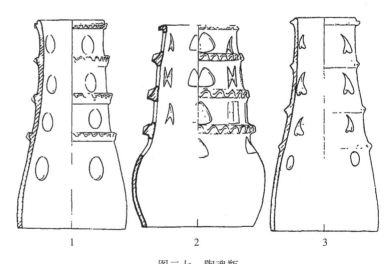

图二七　陶魂瓶

1. M5：12　2. M6：1　3. M1：2

14.2厘米（图二八－6）。M1：3，
罐口径8.8、腹最大径11.6、带盖
通高11.1厘米（图二八－1）。

罐 3件。M5：13，小敛口，
鼓肩，收腹，平底。口径2.2、高
8.4厘米（图二八－4）。M3：1，
小敛口，鼓腹，平底。口径2.6、
高8.7厘米（图二八－5）。

钵 4件。M5：14，侈口，圆
唇，卷沿，鼓腹内收，平底。内
壁有凹槽。口径9.9、高5.6厘米
（图二八－2）。M5：15，形制基本
与M5：14相同。口径9.5、高
5.5厘米（图二八－3）。

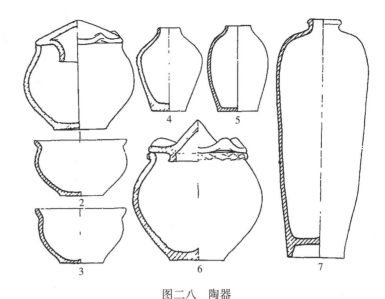

图二八　陶器

1、6. 盖罐（M1：3、M5：21）　2、3. 钵（M5：14、M5：15）　4、5. 罐
（M5：13、M3：1）　7. 梅瓶（M5：11）

3. 铜器

铜镜 4件。M5：10，桥纽，周围有菊花纹，外一周为菱花组成的齿形图案。纽插铁钩，原曾悬
在墓后壁瓦上。直径20.3厘米（图二九－1）。M5：20，桥纽，周围饰花叶纹，外饰一周乳钉，葵缘。
直径12.1厘米（图二九－2）。原悬挂于墓顶正中。M2：7，桥纽，方形纽座，中心为菊花纹，四角各
有1朵六瓣小花，框外饰4朵牡丹花，再外为一周波纹带，葵缘。直径16.5厘米（图三〇－2）。M1
：9，桥纽，葵缘。直径17.9厘米（图三〇－1）。

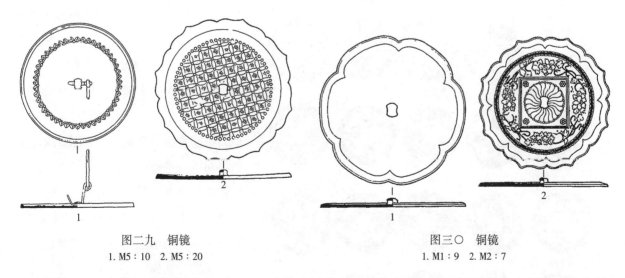

图二九　铜镜
1. M5：10　2. M5：20

图三〇　铜镜
1. M1：9　2. M2：7

铜钱 300余枚。多集中于M1和M5。有许多汉代"五铢"及唐"开元通宝"；大部分为北宋钱；
最晚的为金代"正隆元宝"（图三二）。

此外，墓中还发现一些锈烂的铁器，有3件可辨出为铁牛。其中M2：6形制较为清楚，下连长方
形座。长12.3、带座通高10厘米（图三一）。

四、结　语

这 8 座墓都没有出土墓志等有文字的资料，但所发现的铜钱绝大部分为北宋钱币，另有几枚金代"正隆元宝"。按金初沿用北宋货币，"正隆元宝"则为金代较早的货币，铸于海陵王正隆年间。另据有关史料记载，金代无官品者不得用墓志。从以上两点结合墓葬砖雕、壁画等方面的特点推测，这批墓的时代应为金代早期。

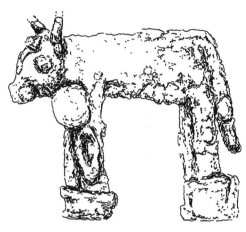

图三一　铁牛（M2∶6）

这批墓是在吕梁地区首次科学掘的金代早期墓葬，其中尤以 M5 材料最重要。像 M5 这样规模的集砖雕、彩绘为一体的金墓在山西省为数不多。

M5 砖雕中，仿木建筑构件雕刻精细、极为规矩，而且配以彩绘，有很强的主体感。雕刻人物共 6 人，从人物形态到发饰、衣着，无一雷同，身份明确。墓室北壁砖雕表现的是一人伏案理账的情景，这种内容的砖雕在以往发现的同期墓中极为少见。砖雕动物形象逼真、可爱，砖雕家具雕刻得也极为精细。

墓室内砖雕无法表示的地方均以绘彩补充。在拱眼壁、橡檐枋等空白处则绘花鸟，用笔简练，所绘花草无一重复。

M5 砖雕反映的是墓主人生前或想象中的庭院生活情景。而以往晋南地区发现的同时期墓葬，其砖雕反映较多的则是戏剧方面的内容。

M1 与 M6 同为壁画墓。但壁画内容有异。这种差异反映出墓主人的不同身份。M4 墓主人为小孩儿，故壁画内容主要是床榻侍女。M6 为夫妻合葬墓，所以壁画内容为墓主人夫妇坐像及侍佣劳作等。

由于没有出土墓志，可以认为墓主都是平民。但从墓葬营造的复杂程度看他们都叫富裕，这从一个侧面反映出金代早期这一带经济比较繁荣。

这批墓分布零散，无一定规律，年代跨度不大，有的相互间有打破关系，可以认为它们不是一个家族的墓群。

执笔：马昇、段沛庭、王江、商彤流；摄影：李建生；绘图：李夏廷、畅红霞、张红旗、商彤流

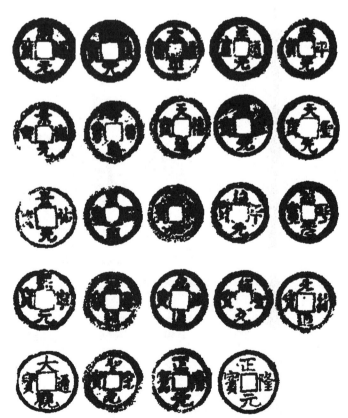

图三二　制钱拓片

（原载《文物》1991 年第 12 期）

离石马茂庄发现一座金墓

商彤流　　王金元

（山西省考古研究所 山西省离石县文管所）

1993 年 3 月 10 日，在离石县城关镇马茂庄村西的山梁上，发现被推土机刚刚推毁的一座洞室墓，遂予以制止并追缴回数件出土器物。墓室已被扰乱，未见骨骸，葬式不详。收缴的随葬物已移交山西离石县文管所，兹简报如下。

一、墓葬情况

此墓坐落在马茂庄山梁西侧陡峭山塬的土崖下，墓南向，方位角195°，为土洞竖穴墓。墓道置于土洞墓室一边（图一）。竖穴，长度不详，宽 0.66 米，距地表的深度不清。墓道由南向北，呈斜坡状的券顶土洞，长0.92、宽0.41、高1.30 米。墓室平面为不规则的长方形，即南端宽，北端窄，墓室中部有明显收分处，长2.94、南宽1.34、北宽0.96 米。墓顶中分为两面坡状室顶，南高北低呈斜坡形，南高1.80，北高1.52 米。

二、随葬物

随葬遗物29 件，分述如下：

魂塔　泥质灰陶，彩绘，由 6 件个体组成为一套件。自上而下有葫芦形塔顶、侈口圆唇鼓腹罐、盘式口沿卷肩缘筒、盆状平底钵、斜腹壁筒与盘口空底座组合而成；除顶、罐外，其余各件的腹壁皆四面缕方孔。施有朱红色"大吉"字样，或绘白粉色牡丹、四瓣化与钩形的图线。通高 79、底径 32 厘米（图二 -2、图四）。

梅瓶　黑瓷，1 件。卷唇小口沿，鼓肩直腹壁，圜底圈足，口径5.7、器高42 厘米。

白瓷碗　13 件，可分两式。

Ⅰ式：深腹碗，6 件。侈口沿，微弧腹，平底圈足。口径20、高7.5 厘米（图二 -3）。

Ⅱ式：浅腹碗，7 件。广侈口，斜弧腹，平底圈足。口径18、高5 厘米（图二 -5）。

小陶罐　11 件。侈口圆唇，鼓肩收腹，圜底内凸。口径6.8、器高6 厘米（图二 -4）。

铁牛　1 件。锈蚀严重，昂首直立，系镇墓之用。通体长24、高14 厘米（图五）。

铜镜　1 件。束腰桥形钮，钮座为八分半圆形，又围一周九分花瓣图案。内区饰有浅浮雕的缠枝

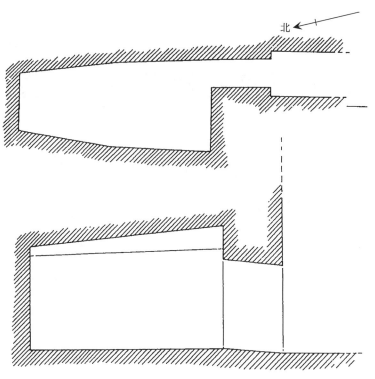

图一　墓葬半、剖面图

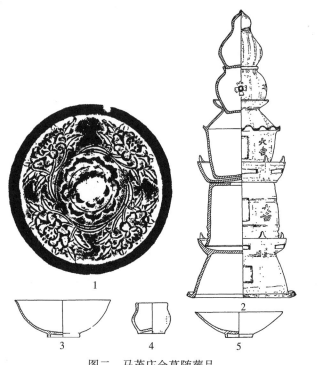

图二　马茂庄金墓随葬品
1. 铜镜　2. 魂塔　3. Ⅰ式碗　4. 陶罐　5. Ⅱ式碗

牡丹花四朵。宽平素外缘。直径11.5、厚0.3 厘米（图二 -1）。

墓记砖　1 件。系青砖研磨平整，刻铭填朱，券额篆书"王君墓记"。长方形 44.5X31X6 厘米（图三）。

此墓有明确的葬者、纪年，其墓形尚存，收缴的随葬器物虽为金代常见，但成组出土于吕梁山区腹地，见诸报道的不多。

马茂庄村西山梁，当地人俗称"鱼塔梁"（"鱼"意为"坟墓"）。为三川河转弯处的二级台地，应为古今多葬地带。

有记载称，金代不为官者不得用墓志，但出土墓记在志文后有四字韵语的"铭"，符合墓志格式，而无买地券中常见的券约形式和作为压胜的迷信内容。抑或"墓记"就是墓志称谓上的规避，或是民间并不当真遵守正统的例制。

此项工作得到吕梁地区文物工作室大力支持，参加工作的还有离石文管所王金元。

绘图：吴俊生；摄影：李建生

（原载《文物季刊》1994年第1期）

山西汾阳县北偏城宋墓

张茂生

1989 年 5 月汾阳县杨家庄乡北偏城村村民孔祥伯在挖房基时发现一古墓。我们闻讯后对此墓进行了清理。现将清理情况简报如下。

一、墓室情况

此墓位于北偏城村南尖角上，据调查，以前在附近也发现过类似该墓形的古墓，但墓的装饰和规模都不及此墓。

此墓坐西向东，为八角形穹隆顶式单室合葬墓。用方砖（边长 35、厚 5.5 厘米）、长砖（长 35、宽 17.5、厚 5.5 厘米）、子母砖砌成。墓壁上有彩绘并嵌有砖雕，涂料皆用矿物色（如红、黄、黑等）。

此墓壁有四个大面、四个小面。墓西壁上有砖雕神龛，墓主人端坐其中。神龛高 28、宽 61.5 厘米，砖雕男主人头扎包巾，高 32.5、宽 20 厘米。砖雕女主人发髻高昂，通高 33.5、宽 29 厘米，龛上雕卷帘长 142 厘米。墓西南、西北两壁上有砖雕侍女，虚掩半扇门，向里探望，门高 85、宽 49 厘米。侍女高分别为 69、68 厘米。墓南、北两壁上分别雕有槅扇，高 106、总宽 123 厘米。上面格心为双圆圈重叠式样，腰华板雕有花朵，下面裙板雕云纹；墓东北、东南、东面墓道两侧五个面上绘有：狗、狮、鹿、马、鹤等动物，个个活灵活现。

墓室周围额枋由雕有牡丹图案的砖雕组成，上置斗栱 12 攒，其中八个转角斗栱。斗栱为一斗三升，通高 40 厘米，并雕有椽、滴水，最后用子母砖砌成穹隆顶。

墓室地面长 231、宽 140 厘米，并用砖砌成高 42.3 厘米的炕。炕上有人骨两副，均已朽烂，但无棺椁的遗迹，随葬品置于炕两侧（图一）。

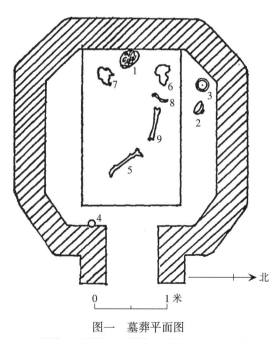

图一　墓葬平面图
1. 瓷枕　2. 瓷碗　3. 瓷罐　4. 灯盏　5~9. 人骨

二、出土遗物

黑釉瓷灯盏 1件。敞口平足。口径8.7、高为3.1、足径3.8厘米。内上黑釉，外壁露胎。

白釉褐花瓷枕 1件。长25、宽22、前高8.8、后高12厘米。枕面为如意头形，上施白底褐釉缠枝菊花，周围有凸棱，底缘附近有一小气孔。

白釉瓷碗 1件。口径20.3、高7.8厘米。敞口，弧壁，圈足，内外壁施白釉不到底（已残），粗瓷。

黑釉瓷罐 1件。口径12.5、通高14厘米。唇口，鼓腹，圈足，内外施黑釉不到底。

山水纹铜镜 1件。此镜为圆形铜镜，直径12.7、厚0.3厘米。镜背有直径1厘米的桥形钮，周围铸有山水图案，缘宽0.8厘米。重238.1克。

三、结 语

此墓无文字记载，但从墓壁上的砖雕仿木结构建筑构件，特别是虚掩半门的侍女雕像，以及墓室结构来看，都是北宋古墓的特征；从出土的瓷器来看，除瓷枕外皆为粗瓷，从胎形和着釉来看，也是宋代的特征。清理过程中，没有发现棺椁的遗迹，证明当时丧葬时不用棺椁。此墓是比较有代表性的宋墓。

绘图：王江、张茂生；摄影：赵登新

（原载《考古》1994年第3期）

山西孝义市发现一座金墓

康孝红

（孝义市博物馆）

1992 年 11 月，在山西省孝义市经济开发区工地筑路挖基时，发现 1 座金墓（编号为 M1）。该墓位于孝义市新义东街路北 200 米，人民医院东约 300 米处。孝义市博物馆接到报告后，对此墓进行了清理。现将发掘情况简介如下。

一、墓葬形制

该墓为八角券顶式单室合葬砖墓，平面呈抹角八边形。由墓道、墓门、墓室组成，方向 15°。墓门呈拱形，高 1.7、宽 1 米，用砖封堵。墓室呈八边形，底铺方砖，墓底距墓顶高 3.1 米；墓壁长 0.8～

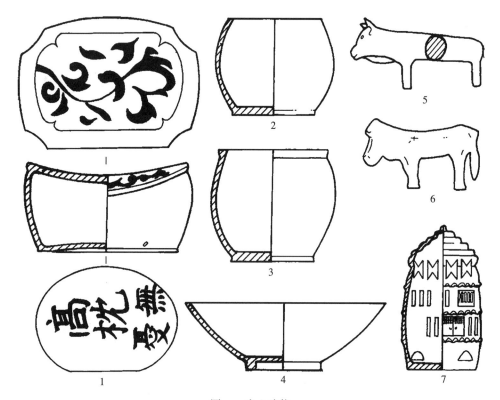

图一　出土遗物

1. 瓷枕（M1：5）　2. Ⅱ式陶罐（M1：8）　3. Ⅰ式陶罐（M1：6）　4. 瓷碗（M1：1）　5. 陶牛（M1：9）　6. 铁牛（M1：10）
7. 陶楼（M1：3）

1.4、高 1.8 米，以横砖叠砌；壁以上用条砖叠压横砌，其上逐渐内收成穹隆顶，顶部盖一方砖，边长 0.32 米。墓道未清理。骨架放在墓室中部，系一男一女，头朝北。男性身高 1.7 米，女性身高 1.5 米，年龄均在 50～60 岁之间。共发现随葬品 10 件，种类有陶罐、楼、牛及瓷枕、铁牛、铜钱等；另外，在墓室填土中，还发现 4 件铁环和 1 件白瓷碗。

二、出土遗物

1. 陶器 6 件。器类有罐、楼等。

罐 4 件，可分二式。

Ⅰ式：2 件。方唇，侈口，弧腹，平底。M1：6，口径 7、底径 5、高 7 厘米（图一–3）。

Ⅱ式：2 件。敛口，方唇，鼓腹，平底。M1：8，口径 6、底径 5.4、高 6 厘米（图一–2）。

楼 1 件（M1：3）。制作粗糙。尖顶，平底。腹部饰三道指捏纹，并刻有门、窗、半圆及锯齿等图案。底径 17、高 36 厘米（图一–7）。

牛 1 件（M1：9）。长 16、高 8 厘米（图一–5）。

2. 瓷器 2 件。器类有碗、枕。

碗 1 件（M1：1）。敞口，浅腹，圈足。口径 13、底径 4.8、高 4 厘米（图一–4）。

枕 1 件（M1：5）。平面呈扇状，上饰花卉，立面弧形，平底。枕底有"高枕无忧"4 字。长 22～23、宽 15～17、高 8～13 厘米（图一–1）。

3. 其他

买地券 1 件（M1：4）。长方形。长 45、宽 28.5、厚 5 厘米。上用朱砂写有铭文"维大安元年……"等 268 字（图二）。

　　维大安元年岁次己巳十一月辛卯朔十八日戌时破土｜斩草择定来年正月八日丁酉安葬｜

　　河东北路汾洲孝义县悦礼社祭主郭　滋　□｜亡考进义副尉郭裕龟筮协从相地□吉宜于□西北三尺｜已来安厝宝兆壹座谨用钱三百九十九贯文无织币｜买墓地壹段南北长一十步东西阔九步四尺五寸东至□□｜西至庚辛南至丙丁北至壬癸内广勾陈分厅堂域立｜承墓伯封步界畔道路将军齐整阡陌永无殃咎若｜鞭干犯诃禁者将军亭长收付河宿□□□牲酒饭百味｜香新亦□信□财地交相分付工匠修当安厝已后永保｜休吉知见人岁月主保□□日直符故气□精不得｜□先有居者永避万里若违此约地府主吏自当其祸｜主人内外存亡悉皆□吉急急如｜五帝使者女青律令

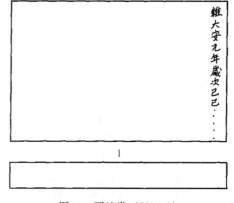

图二　买地券（M1：4）

铁牛 1 件（M1：6）。长 13、高 10 厘米（图一–6）。

铁环 4 件。M1：2，环上镶有"丫"形柱。直径 12 厘米。

铜钱　1 枚（M1∶7）。平肩，为"至和通宝"。直径 2.5 厘米。

从该墓形制和所出瓷枕、陶楼等器物来看，具有南宋（金）时期的风格。从墓志铭文来看，大安为金完颜永济的年号，其元年为 1209 年，即己巳年，这表明其年代应为金代。

（原载《考古》2001 年第 4 期）

2008 年山西汾阳东龙观宋金墓地发掘简报

山西省考古研究所　汾阳市文物旅游局

2008 年 6 ~ 12 月，山西省考古研究所与汾阳市文物旅游局组成联合考古队，对汾阳至孝义一级公路建设的路经地带进行为期 7 个月的考古发掘，发现并发掘了东龙观、西龙观、团城、团城南四个墓地，其中以东龙观家族墓地规模最大（27 座墓）、保存最好、时间延续最长、研究价值较高。现在将主要墓葬情况给予初步报道。

一、墓地位置与历史沿革

汾阳市位于山西省晋中盆地西缘，西倚吕梁山，东濒汾河水，属于低山平原地区。东龙观墓地位于今汾阳市境内西南部（图一）。

汾阳，于《禹贡》九州，为冀州之域；于周《职方》，属并州。春秋初期晋灭虞、虢，迁其人于此，置瓜衍县。战国属赵，为兹氏县。秦时为太原郡之属县，仍名兹氏县，隶太原郡。

汉属并州刺史部——太原郡。新朝易名兹同。东汉复为兹氏县。

北魏太和八年（484 年）复名隰城县，邑置西河郡，隶于汾州。北周于建德五年（576 年）取汾州，废州，西河郡隰城县改隶于介州。

唐武德三年（620 年）复称汾州，治隰城县如故。天宝元年（742 年）改汾州为西河郡。乾元元年（758 年）复名汾州。

历五代、宋、金、元，县名均称西河，属于汾州，汾州治所在县城。宋元丰

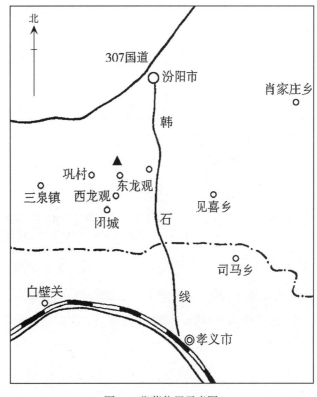

图一　墓葬位置示意图

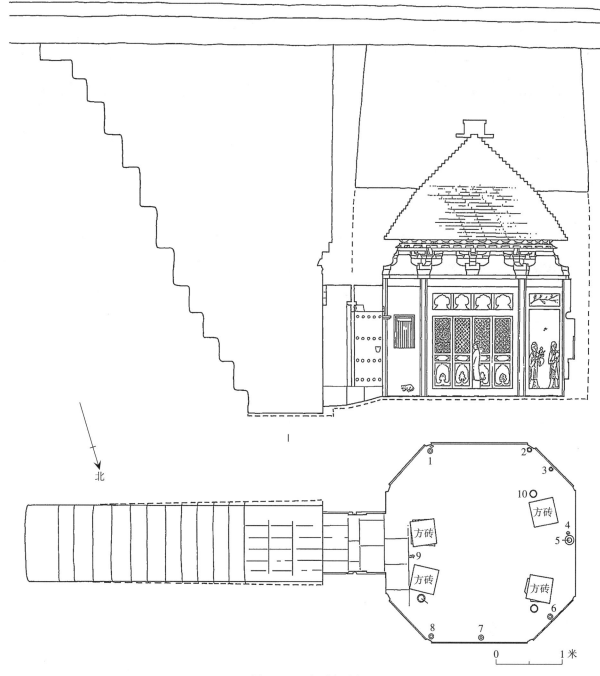

图二　M2 平、剖面图

1、4、8. 陶罐　2、3、6、7. 陶钵　5. 陶魂瓶　9. 铁牛　10. 铁环

年间（1078～1085 年）汾州西河郡军置于县，宣和年间（1119～1125 年）汾阳军置于县。

　　明洪武元年（1368 年），省西河县置汾州（直隶州），兼领平遥、介休、孝义三县。万历二十三年（1595 年），升州为汾州府，依郭设汾阳县。明以后，汾阳县一直延续。①

---

　　① ［清］周超、贾若瑚、樊之楷纂修，张立新、贾平点注：《汾阳县志》，中国文史出版社，2007 年。

二、墓葬形制及随葬器物

（一）二号墓

1. 形制和规格

二号墓（08FXM2）是一座中型砖砌八角形单室墓，叠涩穹隆顶。由墓道、墓门、甬道、墓室组成（图二）。墓道朝西，墓室方向108°。营建墓室用砖为三种，有条砖、子母砖和方砖。

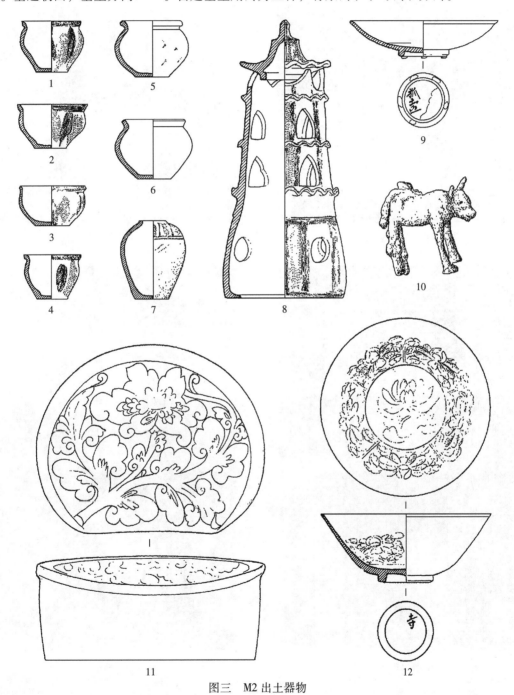

图三　M2 出土器物

1~4. 陶钵（M2：6、2、3、7）　5~7. 陶罐（M2：1、8、4）　8. 陶魂瓶（M2：5）　9. 白釉盘（M2：04）10. 铁牛（M2：9）
11. 瓷腰圆枕（M2：07）　12. 白瓷碗（M2：01）

图四　M2 南壁

图五　M2 西南壁局部

图六　M2 西壁

图七　M2 西北壁局部

墓道为长条形阶梯状，口窄底宽，两壁略斜，从墓口至墓底共有较整齐的生土台阶 12 级。墓道上口长 4.49、宽 1.1 米，底部有一段长 1.19 米的小斜坡，下端宽 1.1 ~ 1.23、深 6.2 米。

墓门距地面深 4.26 米，高 1.85、宽 0.86 米。以条形砖垒砌，表面抹灰。门框之上置斗拱，中间为一组完整斗拱，两边为半组斗拱，

图八　M2 出土陶罐、钵

斗拱之上以两层条形砖压砌，条砖之上两角各有一块角砖。条形砖封门，由下至上第一层为左斜向排列 15 块，第二层为右斜向排列 15 块，二层之上为右斜向上下交错堆砌至门洞顶，墓门起券距墓底 1.54 米，券高 0.3 米，门左右置门墩，砖雕大门左右各一门砧，两个门砧之间还有长条形的门槛。

甬道长 0.92 米，甬道壁两侧各有大门一扇，均匀横向排 4 排门钉，每排 5 个，门面施红彩，门钉施黑彩，门中内侧设门环各一。甬道底用方砖、条砖铺成，底部呈缓缓斜坡，东低西高缓慢上升至墓室。

墓圹平面呈圆形，墓室平面呈八角形，方砖铺地，墓底有垫棺砖 8 块，均为方砖，西南、西北、东南、东北四角各置方砖 2 块。墓壁用条形砖垒砌且装饰有砖雕，用少量白灰抹面勾缝。墓顶先用 15 层条砖叠涩内收，再用 16 层子母砖叠涩至墓顶，方砖盖顶。墓室长 2.9、宽 2.87、高 5.95 米。

2. 葬具和人骨

棺木及人骨架已完全朽掉，葬式、墓主性别、人骨数量等不明。

图九　白釉盘（M2：04）

图一〇　瓷腰圆枕（M2：07）

3. 壁面装饰

八角形墓室的东南壁、西南壁、西北壁、东北壁四壁为窄壁，南壁、西壁、北壁、东壁为宽壁，每壁间设立柱一根，立柱施黑彩。进入墓门按顺时针方向介绍：墓室的东南壁，壁中间砖雕直极窗，表面施红彩，下边黑彩绘猫一只。南壁雕有格扇门 4 扇，门上饰钱纹和毯纹格眼，门框之上和门的中、下位置有不同形式的壶门图案，正中的右门扇微开，一妇人立于门缝中，面向门外（图四）西南壁下

图一一　M5 剖面图

半部雕有二侍女，其中一人手持温碗酒壶，另一人手持酒瓶（图五），其上墨绘单支梅花。西壁正中墓主人夫妇并坐条桌后，拢手。该壁上方绘有花草图案，图案下为幔帐，幔帐之下为卷帘，左、右两侧雕有门扇务一，门扇上半部雕菱形图案，下半部为壶门，中间为花朵（图六）。西北壁下半部雕有二侍女，其中一人右手托一盖有罩子的圆盘，左手持长柄团扇。另一人双手端一圆盘，盘中有两个小盏（图七）。其上绘有单支梅花。北壁雕格扇窗、门，一妇女启门进入室内。东北壁上为直棂窗，中下部雕有两类壶门图案，窗上有小幔帐。东壁为墓门，墓门右侧偏上置简易灯台。

墓室各壁之上雕斗拱，均为一斗三升，共计十二组斗拱。斗拱表面施红彩，白彩镶边。拱眼间均白灰抹面，拱眼壁绘牡丹、菊花等。斗拱上为橑檐枋，之上为均匀排列的一周椽，椽上为滴水一周，滴水之上条形砖叠砌 15 层后子母砖叠涩 16 层至墓顶口。顶口条形砖对头垒砌，之上立放条砖封口，最后方砖盖顶。

4. 遗物

二号墓出土随葬品不多，主要有陶、瓷、铁器等。

（1）陶器

基本为陶罐、陶钵、魂瓶等三类（图八）。

陶罐　3 件。器形完整，皆为明器。灰或深灰色，素面，多在外壁加饰有红色或红白相间彩绘，

图一二　M5 墓门上方匾额

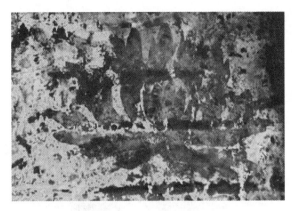

图一三　M5 门楼彩绘牡丹

个体较小。小口，鼓腹，平底。M2∶1，口径 7、底径 4.2、高 6.6 厘米（图三 - 5）。M2∶4，口径 3.3、底径 4.2、高 9.2 厘米（图三 - 7）。M2∶8，口径 7.2、底径 4.2、高 7.2 厘米（图三 - 6）

陶钵　4 件。器形完整，皆为明器。素面，灰色，口外侧加饰红彩一周，腹部有红白相间彩绘，个体较小。皆小方唇，侈口，束颈，平底。底面有偏心涡纹，口径大于腹径。M2∶2，口径 8.8、底径 4、高 5.2 厘米（图三 - 2）。M2∶3，口径 8、底径 4.4、高 4.8 厘米（图三 - 3）。M2∶6，口径 7.4、底径 4、高 6 厘米（图三 - 1）。M2∶7，口径 7.2、底径 3.8、高 5.2 厘米（图三 - 4）。

陶魂瓶　1 件（M2∶5）。手制，轮修。浅灰色，器身附加三周泥条，捏成花边状，器盖至器身底部加饰条带形红白相间彩绘，下腹及底部有两周红彩。器身有三层镂孔，上两层为桃形，下层为圆形。塔形盖，子口。器身口部切割成花瓣状，上腹斜直，下腹微鼓，底部周边内折。口径 9、底径 14.6、通高 32.6 厘米（图三 - 8）。

（2）瓷器

包括白瓷碗、白釉盘、腰圆枕等三类。

白瓷碗　1 件（M2∶01）。白釉泛黄。圆唇，敞口，弧腹较深，圈足。内、外均施化妆土。内壁满釉，腹底之间印有较浅的缠枝菊纹 6 组，每组间有轻微的凸棱，内底印一朵菊花，可见 5 个支钉痕迹。外壁施釉至足，近口沿处有脱釉现象。器壁有粘沙痕迹，局部有流釉现象。挖足过肩，足内微凸，留有墨书"寺"字。圈足略外撇，足底有 5 个支钉痕，为平叠仰烧。口径 18.7、底径 6.1、高 5 厘米（图三 - 12）。

白釉盘　1 件（M2∶04）。圆唇，敞口，浅腹，矮圈足。内、外壁均施化妆土。内壁施全釉，内底略平，内凹，可见 6 个支烧痕。外壁施釉至圈足。釉色不均匀。挖足过肩，圈足内有流釉痕迹，有墨书两字，不可辨识，足底有 5 个支钉痕，并粘有化妆土，为平叠仰烧。口径 18.4、底径 6.2、高 4.2 厘米（图三 - 9、图九）。

腰圆枕　（M2∶07）。瓷质，黑地绿花，缠枝牡丹纹。腰圆形枕面，采用剔花工艺，留绿露黑色底子，周边有绿色条带，中间剔出缠枝牡丹纹，纹饰饱满。胎土略粗糙，枕面上有明显的流釉现象，系侧立支烧形成。长 28、宽 21.8、高 8.8～12.2 厘米（图三 - 11、图一〇）。

（3）铁器

铁牛　1 件（M2∶9）。头微垂，目视前方，牛角呈倒八字竖于牛头之上，颈部高耸，背部下拱，尾部高挑，尾下垂。四蹄着地呈直立状，牛肚微下垂。牛体表面朽蚀严重。高 10 厘米（图三 - 10）。

（二）五号墓

1. 形制和规格

五号墓（08FXM5）是一座中型砖砌八角形单室墓，穹隆顶。由墓道、墓门、甬道、墓室组成

（图一一）。墓室方向 190°。砌墓条砖长 34、宽
17、厚 5 厘米。铺地方砖边长 33、厚 5 厘米。

墓道为长条形阶梯状，口底同宽，直壁，位于
墓室南侧。长 5.97、宽 0.77~1、深 4.94 米。墓
道南端被西邻的 M4 墓道东端打破。

墓门距地面深 4.26 米，高 1.6、宽 0.85 米。
仿木结构砖雕门楼顶部滴水排列整齐，下有橼头、
斗拱，居中有匾额一块，刻"王立之墓"4 字（图
一二），匾额两侧各绘一朵红色牡丹花（图
一三）。墓门两侧白灰抹面，墓门拱形，距墓道底 1.22 米
处起券，券高 0.38 米，墓门左右各置门墩一个，
中间有门槛。条砖封门。

甬道长 0.84 米，壁面涂白灰，东西两侧各绘
一武士，武士半跽坐于矮凳或床榻之上，右手握
剑，左手抚膝，怒目而视。

墓室平面呈八角形，方砖铺地，墓室边长
2.8、高 5.24 米。墓壁条形砖错缝垒砌，表面抹

图一四　M5 西南壁"妇人启门"壁画

灰，墓顶用条形砖叠涩成圆形，条形砖盖顶。墓室内设砖床，方砖铺砌，高 0.3 米。砖床正面靠墓室
北壁置买地券一块，写满朱书文字："维明昌陆年伍月拾贰日汾州府城崇德坊居住｜王立伏为今身病
患来预修砌墓一座故龟筮｜协从相地袭吉宜于本州西河县庆云乡东景宁（?）村｜西北已未祖园前安
厝宅兆谨用钱九百九十｜九贯文兼五彩信币买地一段新封园一座南北长｜壹拾贰步伍分贰厘东西阔壹
拾贰步伍分东至甲｜乙西至庚辛南至丙丁北至壬癸内方戊己分掌擘四｜域斤墓神祇封步界畔道路诸神
齐整阡陌千秋百｜岁永无恙咎今以脯酒饮百味香新
奉为信契｜财地交相分付工匠修茔安厝己后永保修
吉知见｜人乙卯保人壬午直符丙申故气邪精不得干
（?）扰（?）｜先有居者永避他若违此约此地掌吏
使者｜自当其祸王立悉皆安吉｜急急如｜五方使者
女青律令"（图一五）。地面除随葬品外，还有 5
块彩色的椭圆石，应是镇墓的五方精石。砖床正面
雕有壶门，内饰牡丹花，各壁面间均有立柱共
8 根。

2. 葬具和人骨

葬具及人骨架保存极差，皆朽，除头向可判断
为北向，其余面向、葬式、性别、人骨数量等皆
不明。

图一五　M5 出土买地券

图一六　M5 出土买地券、地心砖、陶罐

图一七　M5 陶罐内出土部分泥钱

图一八　M5 出土澄泥砚

图一九　瓷八角方枕（M5：02）

3. 壁面装饰

墓室壁除砖雕斗拱部分之外，均白灰抹面，并彩绘反映日常生活场景的壁画。其中西南壁绘妇人启门（图一四），之上绘喜鹊和竹叶。西壁两侧画有货币兑换场景，窗上绘飞鸟。西北壁自名"香积厨"。北壁墓主人端坐正中，二妇人陪伴左右，童男童女站立两侧，两侧为格扇门。东北壁自名"茶酒位"。东壁为四扇格扇门，顶部绘有飞鸟。东南壁直棂窗下绘有一猫一狗，顶部绘竹叶。南壁墓门居正中，左右绘男侍各一人，西侧的肩扛囊袋，形象略显疲惫，东侧男侍执扇，神采奕奕。墓门右侧置灯台，上部绘飞鹤和幔帐。墓壁之上雕斗拱，为一斗三升四辅作，分为柱头辅作和补间辅作，共有 12 朵，施红彩，拱眼壁绘有花卉图案，可辨有莲花、菊花、牡丹等。斗拱上为撩檐枋，再往上为方平头橡头一周，橡头之上是滴水一周，滴水之上有 30 层条砖横向叠涩至顶。顶部两层条砖盖顶，顶部有铁钉，悬吊物不详。

值得注意的是，在 M5 墓道东南发现一处活土小坑，出土器物有买地券、地心砖、陶罐（图一六）、泥钱（图一七）、墨块、澄泥砚（图一八）等。买地券与地心砖相对盖压在陶罐上，陶罐内装大小泥钱、墨块等。买地券方形，边长 33、厚 5 厘米，正面用朱砂书写，其内容与 M5 墓室中买地券内容完全一致，且很可能是同一人书写。

4. 遗物

五号墓出土随葬器物与二号墓相近，有陶、瓷、铁等类器。

（1）陶器

陶罐　2 件。器形完整，灰或深灰色，素面，个体较小。小口，鼓腹，平底。M6：1，口径 4.2、底径 4.2、高 7.8 厘米（图二○ - 6）。M6：6，有盖。口径 8、底径 5.7、通高 10.4 厘米（图二○ -7）。

陶钵　2 件。器形完整，素面，灰色，个体较小。皆小方唇，侈口，束颈，平底。口径大于腹径，底面有偏心涡纹。M5：5，口径 9.2、底径 4.8、高 4.4 厘米（图二○ - 4）。M5：7，口径 8.8、底径 4.9、高 4 厘米（图二○ -5）。

陶大罐　1 件（M5：003）。深灰色，素面，肩部略磨光。圈唇，卷沿，大口，鼓腹，下腹弧收，底平整。口径 18、底径 13.6、高 19 厘米（图二○ -3）。

陶魂瓶　1 件（M5：3）。浅灰色，器身附加两周泥条，捏成花边状，器身上有三层镂

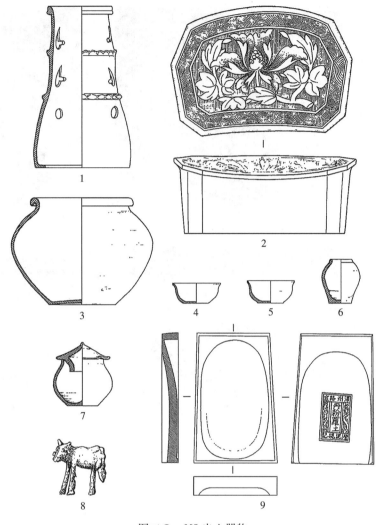

图二○　M5 出土器物

1. 陶魂瓶（M5：3）　2. 瓷八角方枕（M5：02）　3. 陶大罐（M5：003）　4、5. 陶钵（M5：5、7）　6、7. 陶罐（M5：1、6）　8. 铁牛（M5：8）　9. 澄泥砚（M5：004）（均为1/6）

孔，上面两层为不规则心形，下面为不规则圆形。上腹斜直，下腹微鼓，底部周边内折，最大径近底部。口径 2.2、底径 17.6、高 28 厘米（图二○ -1）。

澄泥砚　1 件（M5：004）。澄泥质，黑色，素面。宋式抄手砚，砚海与砚堂之间没有隔断，砚正面四周有一条较细的凹线。砚背面抄手处留有一个长方形戳记，内容为"泽州路家，丹粉箩土，澄泥砚记"。从背面可见砚中夹杂有大片红色朱砂痕迹，系仿红丝砚而做。器物保存完好，且有使用痕迹。长 34.6、厚 4.1 厘米（图二○ -9）。

（2）瓷器

包括碗、盘、盏、枕等器。

八角方枕　1 件（M5：02）。瓷质，绿釉，纹饰为划花缠枝牡丹。枕面呈弧形八角，枕面双线做框，中心为缠枝牡丹一枝，八个花瓣中间两个夹花蕊，两侧衬托肥大花叶。填细密竖线做地纹。在两周框线之间填半圆形弧线纹。枕面较宽，四周出棱，枕后侧留有一个圆形气孔。除底部外全身施绿釉。

底面有墨书"三佰"2 字。枕体较大，釉色明亮，枕的左侧有三个支烧痕和流釉现象。长 34、宽 22.4、高 10.4 ~ 14 厘米（图一九、图二〇 -2）。

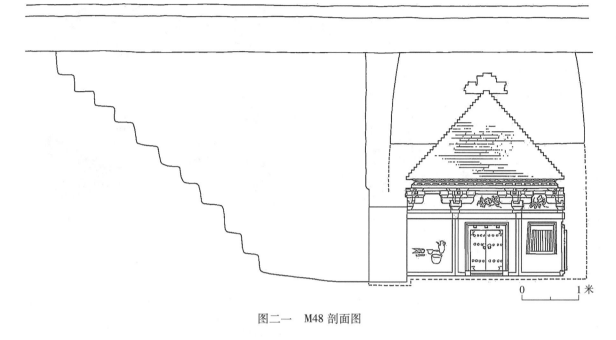

图二一　M48 剖面图

（3）铁器

铁牛　1 件（M5：8）。左后足残，头微垂，目视前方，牛角呈倒八字竖于头上，颈部高耸，背部下拱，尾下垂。表面朽蚀严重，凹凸不平。通高 8.4 厘米（图二〇 -8）。

（三）四十八号墓

1. 形制和规格

四十八号墓（08FXM48）是一座中型砖砌八角形单室墓，穹隆顶。由墓道、墓门、甬道、墓室组成（图二一）。墓室方向 85°。慕道为长条形阶梯状，位于墓室东侧。墓道西宽东窄，中部平面略向南弧，口底同宽，直壁，壁面较整齐，共有台阶 10 级。上口长 5.47、宽 0.66 ~ 1.26 米，底坡长 1.92 米，深 0.8 ~ 3.9 米。

墓门距地面深 3.42 米，高 1.18、宽 0.86 米，为条砖垒砌的拱形门，表面抹白灰。条砖封门，从底向上，第一、三层左斜，第二、四层右斜，其余随意堆砌，后用一块大石板砌于墓门外。石板长 1.3、宽 0.68、厚 0.08 米。

甬道长 0.66 米，条砖错缝垒砌，两壁表面抹灰，弧顶未抹灰，距墓底 0.98 米起券，甬道地面铺方砖。

墓圹表面呈圆形，墓室为仿木建筑结构，平面八角形，方砖铺地。砖室内设较矮棺床，棺床高 0.1 米。墓壁条形砖垒砌且装饰砖雕，墓顶先用 12 层条砖叠砌，再用 17 层子母砖叠涩成圆顶，方砖盖顶。墓室长 2.76、宽 2.7、高 4.6 米。

2. 葬具和人骨

棺木已朽，形制不明。人骨架 2 具，保存状况一般，南男北女，头向西，面向北。葬式男性为仰身直肢，女性为二次葬。

3. 壁面装饰

墓室以条砖垒砌，除墓门（东壁）及东南壁之外，其余六壁均砌有砖雕，表面施彩（图二二）。东南壁用黑色绘制，壁画内容为尺子、剪子、熨斗、注子等日

图二二　M48 墓室结构

常生活用品（图二三）。南壁白灰抹底，砖雕大门，门表面施红彩，黑彩画门钉 3 排，每排 8 个，第二排下画有门环左右各一，门头上砖雕门簪 3 个，表面施红彩。西南壁砖雕直棂窗，表面施红彩，周边施白彩。西壁、北壁装饰同南壁。西北壁同西南壁。东北壁砖雕灯台、灯座，表面涂黑色。八壁间均有表面施黑色的立柱一根。

墓壁上方有斗拱 12 朵，其中柱头斗拱 8 组，补间辅作 4 组，均为一斗三升四辅作，上有较小的翼形拱。斗拱表面施红彩，白色镶边，拱眼壁内用墨色画牡丹花（图二四）。斗拱之上有椽头、滴水各一周，规则排列。滴水之上，叠砌 12 层条砖，条砖上 17 层子母砖叠涩至顶，墓顶条砖立放封口，之上用方砖盖顶。

该墓墓道东北角向北 0.8 米处发现有两块八角形的砖相扣合（图二八），未见买地券，仅见天干地支的方位图，其具体内容有待详考。

4. 遗物

四十八号墓出土遗物主要包括陶、瓷器两类。

（1）陶器

共 6 件，主要为罐、魂瓶。

陶罐　4 件。为明器，灰或深灰色，素面，个别罐身有彩绘。个体大多较小。小口，鼓腹，平底。M48：6，口径 6、底径 4.6、高 5.4 厘米（图三〇 - 4）。M48：12，口径 6.5、底径 4、高 5.5 厘米（图三〇 - 3）。M48：15，肩口部残，底径 3.8、残高 3.4 厘米（图三〇 - 2）。M48：17，口径 6.4、底径 3.8、高 5.7 厘米（图三〇 - 1）。

陶盖罐　1 件（M48：5）。个体较大，为子母口盖罐，圆扁形捉手，盖外沿翘起。大口，圆肩，鼓腹，平底。口径 14.2、底径 13.5、高 15 厘米（图三〇 - 5）。

陶魂瓶　1 件（M48：9）。略残。手制，分四次套接。灰色，饰白色彩绘。口外侧和上腹底部各附加泥条一周，捏成花边状，从上至下有 4 层镂孔，镂孔有扁圆形、长方形等。微敛口，筒形上腹，下

图二三　M48 东南壁壁画

腹外鼓，底外折，上腹中间有两周规整凸棱，最大径在底部。口径 11.4、底径 27.2、通高 37 厘米（图三〇 -6）。

（2）瓷器

器物种类较多，有白釉碗、白瓷碗、葵口盘、印花小碗、黄绿彩方枕、灰釉小罐等。

白釉碗　1 件（48：1）。敞口，六入葵花形。斜腹略弧，下腹部急收，小圈足，挖足较深。足内高外低，足墙上有 3 个较小的支钉。内外施白釉，外壁釉至圈足，足内有墨书"后"字被白釉部分覆盖。胎质细腻，釉色白中泛黄，器壁较薄，制作规范，瓷质较脆，似霍州窑的产品。口径 18.4、底径 5.7、高 4.4 厘米（图三〇 -12）。

白瓷碗　1 件（M48：4）。细白瓷，白色微黄。圆唇，敞口，六入葵花形，斜腹微弧，外壁与葵口对应处有竖向压印纹，在器壁内侧形成了六个花瓣状效果。下设小圈足，圈足，外撇内高外低，上有 3 个较小的支钉，圈足内侧留有小鸡心钉，并有墨书"后"字。内壁施满釉，外壁施釉至圈足外侧。器壁较薄，应是早期霍州窑的产品。口径 18.2、底径 4.5、高 6 厘米（图二五、图三〇 -8）。

白瓷盘　1 件（M48：3）。细白瓷，白色微黄。圆唇，敞口，六入葵花形，弧腹较深，下腹斜收，圈足内侧略外撇，外侧内收。足墙上有 3 个较小的支钉。内壁腹部有一周凹弦纹，外壁上腹部与葵口对应处有 6 个竖向压印纹。内外壁均施满透明釉，未施化妆土，仅将足墙上的釉料刮去。从流釉的方向判断此器应该是平置覆烧而成。器壁较薄，造型优美。口径 18.3、底径 4.6、高 4.6 厘米（图三〇 -13）。

印花小碗　2 件。M48：11，敞口，口沿外撇，斜腹略弧，下腹急收，小且极矮的圈足，足底及圈足内有粘沙及姜黄色釉料。内壁施缠枝菊纹，底部施菊花纹，外壁近口部施弦纹一周，在足与凹弦纹之间施放射状的弦纹，有不太明显的凹凸感。器形规整，胎质细腻，是典型的耀州窑产品。口径 11.4、底径 2.9、高 4.9 厘米（图二六，图三〇 -9）。M48：13，形制、纹饰与前者相同。口径 11.2、底径 2.8、高 4.8 厘米（图三〇 -10）。

图二四　M48 拱眼壁墨绘牡丹

图二五　白瓷碗（M48∶4）

图二六　印花小碗（M48∶11）

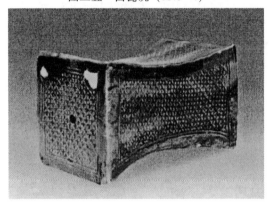

图二七　亚腰方枕（M48∶10）

图二八　M48 出土扣合的八角形砖

图二九　灰釉小罐（M48∶14）

亚腰方枕　1 件（M48∶10）。珍珠地黄绿釉相间，方形，亚腰。枕面六面纹饰相同，均以双线为外框，中间填满珍珠地纹。侧面留有气孔，从留有窑粘的情况看，此枕是竖直放置烧制。枕面光滑油亮，只是四角略有磨损。长 19.6、宽 11.4、高 12.2 厘米（图二七、图三〇 -7）。

灰釉小罐　1 件（M48∶14）。瓷质，深灰色。圆唇，卷沿，小口，矮领圆肩，鼓腹，下腹斜收，圈足较矮，未见刀痕，露胎，圈足内施釉，有爆裂痕。罐内、外均施釉，做工精细，器物小巧，口部釉面有磨损。口径 4.4、底径 4.2、高 7.2 厘米（图二九、图三〇 -11）。

三、结　语

本次发掘墓葬共 27 座，可分为两个家族墓地。北边以为中心，依次有 M1 及排列有序的一批土洞墓；南边以 M2 为中心，依次有 M3、M5、M4、M6，等从墓葬形制以及发现的买地券、随葬品分析，初步确定时代为北宋晚期；M2 为金代早期；M5 的时代金代中期，即买地券上所书"明昌六年"

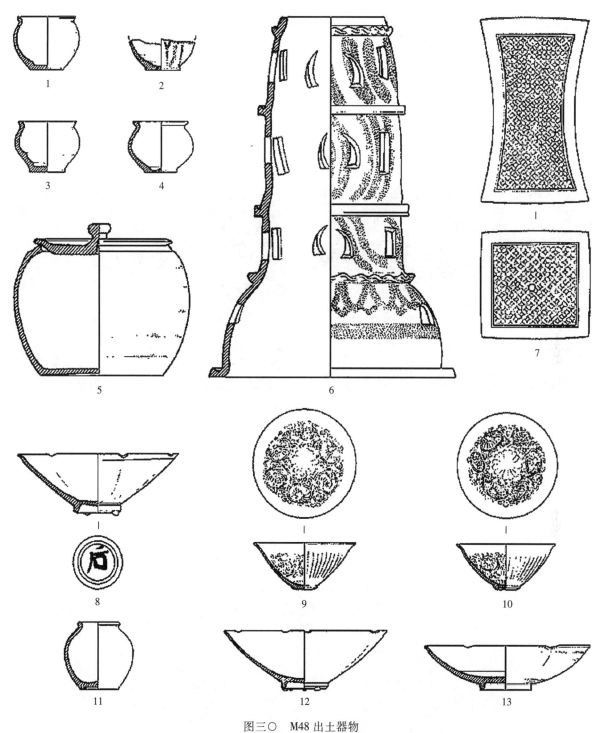

图三〇　M48 出土器物

1~4. 陶罐（M48：17、15、12、6）　5. 陶盖罐（M48：5）　6. 陶魂瓶（M48：9）　7. 瓷亚腰方枕（M48：10）　8. 白瓷碗（M48：4）　9、10. 瓷印花小碗（M48：11、13）　11. 灰釉小罐（M48：14）　12. 白釉碗（M48：1）　13. 白瓷盘（M48：3）

（1196 年）。这批墓葬与1990 年汾阳高级护理学校发现的金代墓葬时代大致相同。①

　　东龙观墓地的发掘，为深入了解和研究宋金时期山西中部独特的丧葬习俗提供了新资料，并印证了

①　山西省考古研究所、汾阳县博物馆：《山西汾阳金墓发掘简报》，《文物》1989 年第 12 期。

宿白先生 50 年前在《白沙宋墓》中的论述，[①] 也为今后发掘、整理和研究宋金家族墓地提供了标尺。

　　附记：2008 年底东龙观墓地发掘结束。在此期间汾阳市政府、汾阳市文物旅游局、汾阳市博物馆给予我们全力的协助。特别是汾阳市刘广龙市长及汾阳市文物旅游局的韩守林、包金泉、王仲璋等给予了大力支持。参加发掘的人员有畅红霞、邢晋中、张银才、张王俊、杨志宏、廉玉龙、马泉、马洪、贾有林、吕建飞等。

　　执笔：王俊；绘图：畅红霞；摄影：王俊

1. 西北壁"香积厨"

2. 东北壁"茶酒位"

山西汾阳东龙观宋金墓地 M5 壁画

（原载《文物》2001 年第 2 期）

① 宿白：《白沙宋墓》，文物出版社，2004 年。

岚县北村金墓发掘简报

山西省吕梁市文物技术开发中心

2009 年 6 月岚州大道建设工程在山西省岚县北村施工时，发现一座古墓。吕梁市文物技术开发中心闻讯后，立即对该墓进行了抢救性清理发掘。现将发掘情况简报如下（图一）。

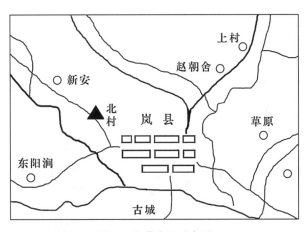

图一　墓葬位置示意图

一、墓葬形制

此墓为仿木结构八边形单室砖墓（俗称八卦墓）（图二），墓向 185°。墓道已经在施工中被挖去，从残存部分看，为竖穴土坑墓道，长度在 3 米以内。墓门上部已残，长方形门框单砖砌成，宽 0.95、残高 0.43 米。墓室平面呈八角八边形。宽 3.04、进深 3.65、边长 1.24～1.32 米。墓室前部中央东西长 0.74、南北宽 0.3 米的范围与甬道底平，形成"凹"字形棺床，高出甬道 0.4 米。棺床上有两具人骨架，一具直肢，一具腐朽无法辨清，头向均无法辨清。棺床下边墓门对面，有两个砖雕小动物，左边一只猫，右边一只狗（吕梁至今还流传有这样的民谚："家有十口，才养黑猫、白狗"，说明墓主人家中人丁兴旺，至少有十口人）。

图二　墓室内壁画图

二、壁　画

由于破坏严重，壁画只残留正面三幅。

正中壁画为室内场景，画面为"开芳宴"场景。男女主人对坐中堂，中有官桌，桌上绘有茶盏、食品，桌下方靠近男主人的地上，摆有花盆、胡床。男女主人背后各有一个侍童，桌后是屏风，两侧有直棂窗两个，后墙上绘有帐幔，描绘出了男女墓主人生前的生活场景。

左边壁画为"备宴图"。壁画右下边一个妇人跪在地上，右手用石磨磨东西，左手指着左边小桌上的东西；右上边站立四人，手中拿着各种器物。左边前是一个二层橱柜，上面摆着各类盘碗，橱柜后面站立两人正在摆弄盘碗。

右边壁画是一幅"奉侍图"，左边置一方桌，上面陈设各类器皿，里面摆满食物。桌后站立四人，桌子下面摆有各种杂物；右边有四人端着盘碗，正走向桌子。

三、随葬器物

1. 瓷器 11 件

虎形瓷枕　1 件（很多人认为瓷枕是随葬品，人去世后，特意买来瓷枕埋入墓中，其实不是这样的。瓷枕主要在夏日就寝而用，隋唐时期已经流行，宋元时期大量使用）。三彩，上部为绿色荷叶形面，一只猛虎横卧枕底，怀抱小虎，两脚微翘（图三）。

图三　三彩瓷枕

图四　瓷碗

图五　玉壶春

图六　梅瓶

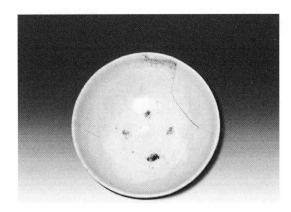

图七　单柄白釉小盏　　　　　　　　　图八　白瓷盘

瓷碗　1件（图四）。酱釉，内壁釉面有六片铁锈花。

玉壶春　1件（图五）。白釉。

梅瓶　1件（图六）。褐釉，划花。侈口唇沿短颈流肩鼓腹下敛底部削圈，肩部腹部是弦纹。

单柄白釉小盏印花　1件（图七）。

钧窑碗　1件。已残。广口，尖唇，斜腹，圈足，圈足底部凸起。胎质粗，呈灰色。里外施釉，釉汁肥厚，呈天蓝色。近圈足处无釉。

白瓷盘　2件（图八）。敞口，圆唇，斜弧腹，圈足，外底有鸡心突。

2. 铜镜 2 件

大小基本相同，圆形，半圆纽，铸有兽纹。

3. 砖墓志 1 件

发现时斜倚于棺床北壁下方。为一方形青砖，长30、宽29.5、厚4.7~4.8厘米。其上朱砂楷书铭文16行，字迹漫漶不清。

四、结　语

岚县岚州大道壁画墓虽然出土砖质墓志，可惜字迹已漫漶不清，无从了解其年代及墓主身份，只能从墓葬形制、壁画和出土器物分析判断。该墓形制简单，砖床凹口壁上的砖雕猫和狗，与汾阳东龙观金代墓葬一致；墓内壁画"开芳宴"系日常家居生活内容，出土的兽形瓷枕也是金代的典型器物，所以此墓应该属于金代。

执笔：刘吉祥

（原载《文物世界》2015 年第 3 期）

山西文水北峪口的一座古墓

山西省文物管理委员会   山西省考古研究所

1960 年 6 月中旬，文水县北峪口发现了一座画像石墓。我们得悉后，即派人协同该县文化局同志对此墓进行清理。另在墓前约 5 米处，发现宋铜钱两瓮，300 余公斤，钱上有嘉祐、元祐和崇宁等年号。

一、墓的形制和结构

此墓为石砌八角形仿木构建筑的单室墓。墓室正南北向，南北长 2.43、东西宽 2.37 米。在墓室东西及北壁下有石砌棺床，南北宽 1.6、高 0.18 米。墓门在墓室的南壁，石门厚 8 厘米。甬道宽 1、深 0.6 米，在甬道外有厚 10 厘米的门槛。墓室南壁的两角，上有斗栱，其他六角各有宽 19 厘米的方形石柱一根，柱头上有厚约 6 厘米的普柏枋，枋上石刻斗栱为单抄四铺作（其中泥道栱为影作）。墓室顶部以四层石块方形迭涩，并在斗栱上起券的第一层的四角各有一悬柱。最上层盖有一块石板，板上藻井图案已剥落。墓室周壁（南壁除外）从底向上 50 厘米处有凸出墙面 3 厘米宽的凸棱。此棱之上下各柱间共嵌着板石 14 块，上面七块作线刻。在甬道两壁之板石上也作线刻。甬道外的两边竖两块与甬道同高、宽约 40 厘米的石板。整个墓室、棺床和甬道均用石板铺底（图一）。

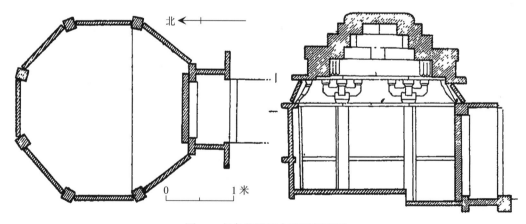

图一   文水北峪口古墓平剖面图

二、葬式、葬具和随葬器物

墓中有骨架三具，头向东，没有棺木而直接放在棺床上。随葬物只有3件瓷器。

黄绿釉二龙穿花香炉　1个，附耳，足为龙首形，腹部雕二龙穿花图案，高12厘米，形制小巧（图二-1）。

黑釉瓷瓶　1个，高17厘米（图二-2右）。

豆绿色瓷瓶　1个。小口，已残，残高17.5厘米（图二-2左）。

图二　文水北峪口古墓出土的器物
1. 二龙穿花香炉　2. 小瓷瓶

三、墓壁绕雕画及供眼壁彩画

共有人物、花卉等线雕9块。其中7块在墓室的各壁（除南壁墓斗），两块在甬道的两壁上。

1. 东北壁备餐图

2. 西北壁备餐图

3. 东壁出行图

4. 西壁出行图

图三　文水北峪口古墓之石刺线雕画

图四　北壁墓主夫妇对坐图

北壁：为墓主人一男二女对坐。画面上部作围幕展开之状，其下左方坐一男主人，右方坐两女主人。男主人年迈留须，头戴圆顶大帽，脚穿靴，身着长袍。两女主人均头梳髻，袖手分坐上下。正中间有一方桌，上设"祖父之位"灵牌。男主人旁，前后站男侍童各一人，均若长衣高靴，前各拱手伫立，后者双手持拐杖。女主人旁站一女侍童，头梳髻，身着长衣，拱手（图四）。

东北壁：画中间设桌，上有坛、碗、勺等用具。桌两旁各立两侍从，其中三人年迈，一人较年青。四人衣饰大体相同，皆头戴圆顶大帽，身着长衣，脚穿长靴。双手各持杯、壶及盘等用具。桌前有两条家犬（图三－1）。

西北壁：中间设一桌，十分华丽。桌上放高颈壶、带托茶钵和长方形奁盒。桌旁各立侍女，身着长衣，发梳髻，有的手持怀、碗，有的拱手侍立，有的手拉若幼童。另外，在侍女前有回首后顾的一幼童，头梳双髻（图三－2）。

东壁：墓主人一男一女骑马出行，男侍随行其后，肩挑筐子（图三－3）。

西壁：大体与东壁相同，唯侍者有两人，分别随行于马后两侧。马侧有一条昂头的狗（图三－4）。

东南和西南两壁为两束大莲花。

甬道东西两壁各雕一武士，均头着幞头，身穿长袍，腰束带，脚穿靴，各持兵器一件（图五）。

栱眼壁均彩饰牡丹、水仙等花卉。在迭涩墓顶的各石块上，也可以模糊地看到些飞禽之类的彩画。

四、后　记

此墓未见县志记述，亦未见其他文献记载。北峪口现有蔚姓数户，说此墓可能是其始祖蔚少回之墓，这只能是一种推测而已，无有更多旁证证实之。

墓内线雕画中男女墓主人之服饰似非汉服，从

图五　甬道东、西壁武士图

画面的反映，充分说明墓主人非一般平民。

　　墓的年代，根据随葬品的形制及石刻中人物服饰推测，可断定在元末明初，当否，还可研究。

　　至于墓前发现的两瓮铜钱，恐为一处窖藏。

　　执笔者：冯文海

（原载《考古》1961 年第 3 期）

山西孝义下吐京和梁家庄金、元墓发掘简报

山西省文物管理委员会　山西省考古研究所

下吐京村在张家庄西约 10 公里左右。梁家庄在张家庄村西 2.5 公里。我们在 1959 年 6 至 8 月，和介休博物馆配合，在下吐京发掘金墓一座，元墓一座，而在梁家庄发掘元墓一座。兹将这三座墓出土材料报告如下：

一、金　墓

该墓在张家庄西 10 公里下吐京村东北。墓系砖砌平面八角形仿木构建筑的单室墓，墓向 357°。

墓室连墓门洞全长 3.73、宽 2.66 米。墓门高 1.58、宽 0.88、深 1.12 米。墓底方砖错缝平铺。并依八角壁的底部平砌三砖高的台基，台上各角砌成八角形倚柱，上涂墨色。柱头额枋上斗栱系单抄四铺作，东、西、南、北四面补间各一朵。斗栱均饰红底黑边。栱眼壁彩绘花卉。斗栱以上雕飞檐、滴水，墓顶起券用 9 砖横迭，上部用 22 个砖纵列迭涩，最顶处用一块方砖封盖成迭涩顶（图一）。

除南壁做墓门外，其余各壁均砖雕墓主人生前生活情况，兹分别叙述如下。

北壁，房屋一间。两边为菱花形的隔扇门，门框着丹色，额上红底绘团花，中央绘竹帘，上卷，内（凹于垟内 5 厘米）作红底白梅花垟。雕出墓主夫妇及侍女。墓主，男居左，有须，黑幞头，袖手，身穿黄袍（已褪成白色，以下凡黄色者均同），腰束带，坐于椅上，脚穿乌靴，下踏于床。中间有条几，前绘红色桌帏。墓主妇坐于桌后，露出上身黄袍，后梳发髻，并饰双笄，头罩红巾，袖手。几右侧站一中年侍女，高 85 厘米，头梳髻，身穿黄色长袍，腰束带，双手捧杯向主人送去。

东北壁，二侍女送餐。房屋一间，门框的额上彩绘干枝梅。前边侍女高 65 厘米，头梳髻，穿黄袍，双手捧瓶，向前徐行，头侧与后边幼童说话。幼童紧靠着前边侍女，左手持食物歪头对话慢行。后边侍女的服饰与前边侍女相同，双手端着一盘食物，同向主人方向走去。

西北壁，墓主人内屋，左端残破。中间横雕一几，墓主（男）于几后持杯欲饮。右端，几前站一侍女，高 48 厘米，头梳髻，身穿红袍，双手端盒，好像听候主人有所吩咐。

东壁，妇人半启门。有四扇隔扇门，上悬卷竹帘，两边的门扇上为连锁钱纹，中间两扇为卍字纹，下部裙板均为花卉。中间靠北端的一扇门半开，有一妇人半身露于门外（服饰与西北壁侍女同），右手牵一幼童，似有不让幼童外走之意。幼童身穿黄袍，腰中束带，头梳长辫，坠于胸前，左手依着侍女，右手拿着一根鞭子。

西壁，墓主人卧室。两旁为连锁钱纹的隔扇门，额上亦悬卷竹帘。卧室内横设床，床前左右各立一侍女；左边侍女半身露出门外，身穿红色长袍，右手搭于腹部。右边侍女，亦穿长袍，右手持笤帚，左手亦搭于腹部，似乎是为主人打扫卧室后往外行走之状。

东南壁，墓主人（男）写字状。上部为直棂窗，并将敞开，墓主伏几作写字状；下部裙板内作壶门。

西南壁，墓主人的女儿梳妆状。在门框额上彩绘有山水人物，已模糊不清。屋内构设卧床，梳妆者坐于床的中央，右手持镜照面，左手梳头，腿旁队着一只黑猫，并放着食盒。床后衣架上搭着一件衣服。床前两侧立二侍女，左侧侍女一手持团扇，一手平举。右侧侍女略低于左侧侍女，手持圆镜，双袖下垂。

南壁为墓门，门内右侧上部凸出一砖砌之灯台。于靠近拱券处墨构一小人（男性高8厘米），在小人与灯台的中间又墨书"承安三年二月十五日汾州在城，抟匠史贵"17字。下部因剥落严重

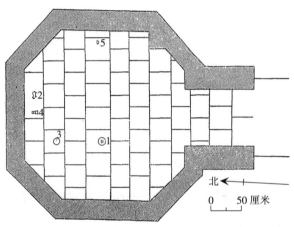

图一　下吐京金墓平、剖面图
1. 铜镜　2. 铁牛　3. 铁环　4. 陶罐　5. 陶杯

仅可看出墨构一个，身穿红袍的中年男子。门左侧上部墨书"汾州北郭汾倪镇"7字，下部浮雕出一只守门的家犬——卧狗（图二－4）。

门洞两壁，各以红色绘一长方形边框，框内各绘一老者。西壁，老者乌帽乌靴身穿红色长袍，腰束带，双手扶弓，坐于床上，面向门外。东壁，剥落不清，大体与西壁相同。

墓内人骨架1具已腐朽，随葬器物有菱花形铜镜一面，铁灯、牛及残陶罐、杯各1件；其中铜镜的廓边作宽厚的菱花形，内雕一周卷草纹，中央为长方形钮，钮内有悬挂的铁环一个，钮与卷草纹之间作二龙，雕刻较精工，廓边针刻三字（已不清）（图二－2、3）。铁牛虽氧化严重，仅存牛身及前右腿，尾属长下垂但却生动有力（图二－1）。

这座砖雕墓门右侧有墨迹，即承安三年（1197年），为今后我们在鉴别这类墓葬的年代上，提供了宝贵的材料。砖雕的内容系墓主生前生活情景，反映了富豪之家的奢侈生活。而雕刻的技法，为我省晋中地区几年来发掘的金墓所不及，特别是人物之造型，尚有闻名的晋祠宋塑侍女的风格，且人物本身都与埠壁分开雕造的，背后都用榫头与卯眼衔接。这样，人物的立体感亦非常强。此外，虽然壁

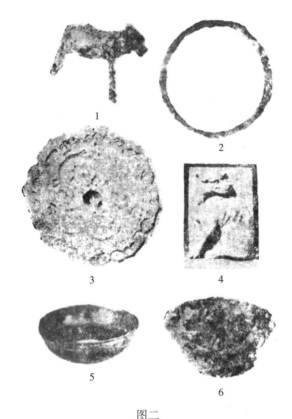

图二

1. 铁牛　2. 铁环　3. 菱花镜　4. 砖雕犬　5. 黑瓷碗　6. 铁灯

（1～4 金，5～6 元）

深 2.6 米。甬道长耳 8、宽 65、高 90 厘米。墓室内底部依东、西、南三壁砌棺床，高 5 厘米。八角均墨刷方柱，柱头额枋上砖砌斗拱，四铺作，四飞面补间各一垛，栱眼壁均涂白底墨饰云纹。墓室周壁均饰彩画，兹简述于后（图四）。

南壁，绘四扇隔扇门，东南、西南各绘两扇隔扇门，门框黄色，四角抹头，上部墨构连锁钱纹，中间绦环板构唐草，下部裙板的纹饰剥落不清。

东壁，白底，中间墨构长方形框，内计书五言诗一首"鹤来松有客，云去石无衣，黄金浮世在，白发故人希"。

西壁，框内有诗曰"终南山色里，独坐对天涯，有客问浮世，无言示□□"（图三 –3）。

东北、西北两壁作白底，绘直棂窗。

墓内棺床上，南北置骨架 3 具（头南向），东边一具较完整，其余两具零乱，当系迁移合葬，为一夫二妇。随葬器物很少，有黑瓷罐 1 件，放在一个磁盘

画少，且残缺，但也是这一时代民间艺术的代表作品，因而我们感到这座墓葬是研究金代社会生活、雕刻、绘画艺术的宝贵资料。

二、元　墓

共发掘了两座，一座在梁家庄村北（该村在张家庄村西 2.5 公里），一座在下吐京村东，与金墓相连。

梁家庄元墓，坐南向北，砖砌八角形单室墓，墓室南北长 2.6、东西宽 2.76，墓顶至底

1. 墓门

2. 斗拱

3. 西壁

图三　梁家庄元墓

内，另有一个铁门钉其次后壁下有一块朱书砖买地券，字迹大部剥落，其一前五行是："维大元大德元年岁次丁酉十一月初一，日庚申据河东北路太原府汾州孝义县下坊村祭主男曹和甫弟曹顺甫曹直甫伏(9)绿父母□遂（?）未□坟□□忧界不遑所遂今……袭吉地属本处……五拾蔡（?）禽（?）一座长……"等。

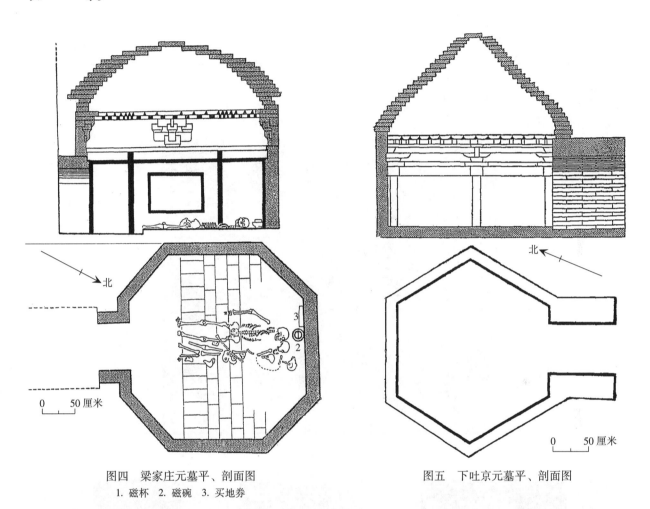

图四　梁家庄元墓平、剖面图
1. 磁杯　2. 磁碗　3. 买地券

图五　下吐京元墓平、剖面图

下吐京元墓：坐北向南，砖砌六角形仿木构建筑的单室墓，室长2.08、宽2.36米。甬道长92、宽64、券顶高100厘米（图五）。墓室的六角用砖砌角柱斗栱橡瓦外，六壁均以红、黄、绿三色画人物花卉炊具等，分别简述于后。

北壁，画一房屋，檐下悬卷竹帘，内着黄色帐子，拆开的两角略折起，中间坐着墓主夫妇，男左女右。男穿乌靴，戴乌帽，身穿黄袍，右手搭于膝上，左手握住腰带。女也作乌靴，乌帽，身穿粉红长袍，着黄披肩，袖手，与男主人同坐于长凳上。一男侍站于男主人后面（右侧），着红色短衣黄裤，腰束绿色围裙，拱手，袖上搭着一件衣服。一女侍站于女主人的右侧，头梳发髻，穿红袍，着绿披肩，双手捧盆，仰面，似有与主人说话之意。在二主人的前边，左侧站一男侍，着乌靴，乌帽，穿蓝色长袍，腰束带，双手捧盘，盘内有两杯。右侧站一女侍，头梳发髻，身穿红袍，着绿边的红披肩，袖手。

东北及西北壁，各绘一黄色帐幕，两垂角翘起，内有一条几，几上有酒壶、小坛、盆、杯、锅勺等饮食用具。

东南与西南两壁，各于北端画一个三条腿的花盆，内插一束衬有绿叶的红莲花。各于南端画一武士，东南壁的武士年长，黑发丛丛。西南壁的武士年青。均着乌靴乌帽，黄色长袍手持仪仗之物，面向门外。

南壁，作墓门，门东侧画一飞天，身着黄衣长带。在头上方有一只飞鸟。门西侧画一只啼鸟。

墓内人骨已腐，仅发现黑磁盌一个。

上述两座元墓，梁家庄一座内出土有砖质朱书（元大德元年的）买地券；下吐京墓无有文字记载，但从它的建筑形式和壁画的风格以及人物服饰等观察，与梁家庄元墓大体相同，因而我们推测它的年代应与梁家庄元墓是同一时期的。

执笔者：解希恭

2. 西北壁

3. 西南壁

4. 东南壁北端

5. 东南壁

（原载《考古》1960 年第 7 期）

山西汾阳小相墓地发掘简报

韩炳华　张喜斌

（山西省考古研究所）

小相墓地位于山西省汾阳市杏花村镇小相村北约 500 米，北临青银高速公路。2010 年 12 月，为配合汾阳杏花酒业集中发展区（一期）建设工程，山西省考古研究所对该墓地进行了发掘，共发掘墓葬 13 座（图一）。现择要介绍如下。

一、2010SFXM3

该墓为仿木结构八边形穹隆顶单室砖墓。由墓道、甬道和墓室三部分组成（图二）。方向 342°。墓葬开口于耕土层下，距现地表 0.25 米。

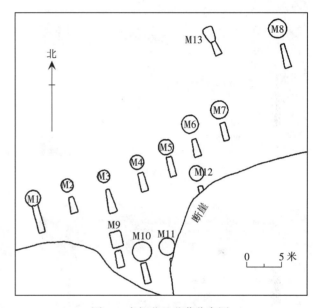

图一　小相墓地墓葬分布图

墓道呈阶梯状，上口长 3.5、宽 0.65 ～ 1.35 米，底长 2.05、宽 1.05 · 1.65 米，深 1.65 ~ 3.3 米。甬道长 0.8、宽 0.95、高 0.85 ～ 1 米。墓门呈拱形，高 0.85、宽 0.6 米，由条砖立砌封堵。

墓室为八边形，用长 31、宽 15、厚 4.5 厘米的条砖错缝平砌，东西 2.2、南北 2.17、高 2.8 米。墓室八角共砌八根檐柱，均为四方抹角，刷成黑色，上托普拍枋，其上为斗栱，共 8 朵。斗栱均涂红色，勾以黑边。栱眼壁为白底黑边。斗栱之上有撩檐枋，以红色为底，勾以黑边，上铺一周由条砖磨制的板瓦，其上逐层叠涩内收成穹隆顶（图三）。

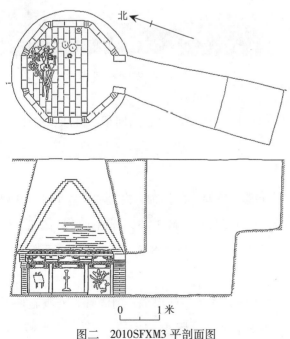

图二　2010SFXM3 平剖面图

墓壁绘画较为简单，在砖墙上刷一层厚 0.2～0.4 厘米的白灰后施以彩绘。北壁正中绘两扇板门，板门紧闭，涂朱色，勾以黑边。每扇各有 3 排 12 个黑色门钉。两门相交处各设一铺首，铺首上各有一门环。板门两侧各绘一直棂窗，由黑色棂条拼出方格（图四）。东北壁绘一方桌，桌面为红色，四条桌腿为黑色。桌面上置壶、碗、杯各一件，碗内置一曲柄勺，桌上器物均为黑色（图五）。东壁绘一长柄灯，涂成红色，勾以黑边，柄中部偏上左右两侧各伸出一盏小灯（图六）。东南壁绘一红色莲花；南壁中开墓门，砖券部分及墓门两侧均勾黑框，内绘卷云纹；西南壁绘忍冬纹，涂成红色。西壁绘花瓦墙。西北壁绘一红色衣架，勾以黑边。

图三　2010SFXM3 墓室

图四　2010SFXM3 北壁

图五　2010SFXM3 东北壁

图六　2010SFXM3 东壁

墓室北部设棺床，以条砖错缝平铺而成。上置人骨两具，为一男一女，头向东。男性在女性右侧，骨骼较为凌乱，应为迁葬。女性为仰身直肢，身长约 1.5 米。

出土遗物 4 件。

瓷碗　2 件。标本 2010SFXM 3∶2，圆唇，敛口，斜腹，圈足。施黑釉，内全釉，外半釉。灰白瓷胎。口径 15.3、足径 6.6、通高 6.1 厘米（图八 -4）。标本 2010SFXM 3∶3，圆唇，敛口微残，斜弧腹，圈足。施黑釉，内全釉，外半釉，有垂釉现象。灰白瓷胎。口径 18.3、足径 5.9、通高 7 厘米（图八 -7）。

瓷罐　1 件。标本 2010SFXM 3∶4，圆唇，侈口，圆腹，圈足。施黑釉，内满釉，外腹施釉不到底，有垂釉现象。灰白瓷胎。口径 7.8、足径 5.8、通高 9.8 厘米（图八 -10）。

瓷灯盏　1件。标本 2010SFXM 3：1，方唇，敞口，斜腹，平底略内凹。内腹口沿以下施黄绿色釉。口径 7.1、底径 4.2、通高 2.1 厘米（图八 -2）。

二、2010SFXM8

该墓为仿木结构八边形穹隆顶单室砖墓。由墓道、甬道和墓室三部分组成（图七）。方向 340°。墓葬开口于耕土层下，距现地表 0.25 米。

墓道平面为梯形，上口长 3.2、宽 0.4 ~ 0.9 米，墓底长 2.9、宽 0.56 ~ 0.62、深 2.74 米。甬道长 1.28、宽 0.56、高 0.8 米。甬道与墓道之间用条砖封堵。墓门呈拱形，高 0.8、宽 0.56 米。

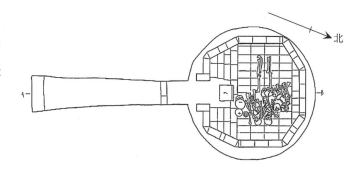

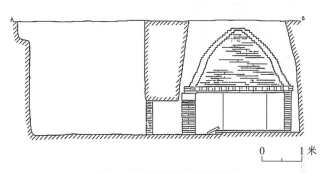

图七　2010SFXM8 平剖面图

墓室为八角形，东西 2.3、南北 2.24、高 2.56 米。墓壁宽 0.8 ~ 1.64、高 1.16 米。墓室由长 36.5、宽 16、厚 6 厘米的条砖错缝平砌。墓壁上方有一周由双层条砖砌成的菱角牙子，其上逐层叠涩内收成穹隆顶。

墓内清理人骨三具，头向东，为一男二女，男性位于中间，身长 1.7 米。女性骨骼均较为凌乱，应为迁葬。

随葬品有瓷碗 3 件、瓷碟 1 件、瓷罐 1 件、买地券 1 件。

瓷碗　3 件。形制、釉色均相同，大小略有差异。标本 2010SFXM 8：2，尖圆唇，敞口，斜腹，圈足略外撇。施白釉，内底有涩圈，露出灰白瓷胎。口径 22、足径 7.7、通高 7.5 厘米（图八 -11）。

瓷盘　1 件。标本 2010SFXM 8：4，尖圆唇，敛口，斜弧腹，圈足。内底及圈足各有 5 个支钉痕。施白釉。口径 15.8、足径 6.4、通高 3.4 厘米（图八 -1）。

瓷罐　1 件。标本 2010SFXM 8：5，圆唇，

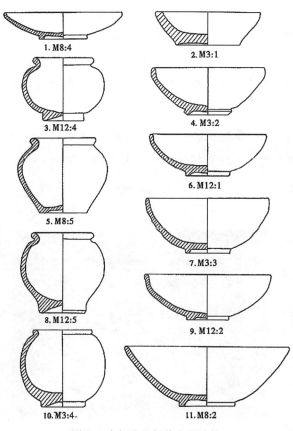

1.M8:4　　2.M3:1
3.M12:4　　4.M3:2
5.M8:5　　6.M12:1
7.M3:3
8.M12:5　　9.M12:2
10.M3:4-　　11.M8:2

图八　小相墓地部分出土遗物

侈口，束颈，弧腹下斜收，隐圈足。圈足上有 5
个支钉痕。施褐釉。口径 8.9、足径 6.5、通高
9.6 厘米（图八 -5）。

买地券　1 件。标本 2010SFXM8：6，为一方
形青砖，边长 32、厚 5 厘米。其上朱书铭文 10
行，共 123 字，个别字迹漫漶不清。录文如下：

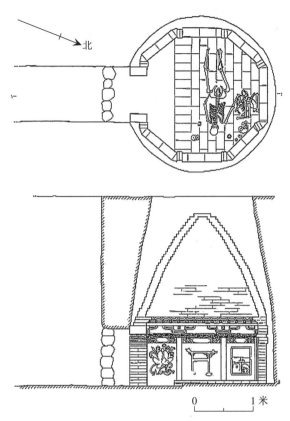

> 维大元国河东北路汾州西河县大夏乡小
> 相村」葬主陈和□告」右伏为安厝慈父宅兆
> 言用钱九千九百」九十九贯文□五綵信币
> 就」皇天父后土母社稷十二边买得□□」墓
> 地一段东至青龙南至朱雀西至白虎」北至玄
> 武上至苍天下至黄泉四至分明」即日钱财分
> 付」天地神明□保」至元式拾三年二月□陈
> 和券

图九　2010SFXM12 平剖面图

三、2010SFXM12

该墓为仿木结构八边形穹隆顶单室砖墓。由墓道、甬道和墓室三部分组成（图九）。方向 342°。
墓葬开口于耕土层下，距现地表 0.3 米。

墓道大部已毁，上口残长 0.9、宽 0.7 米，墓底残长 0.8、宽 0.96、深 3.3 米。甬道长 0.8，宽
0.66～0.95、高 0.85～1 米。墓门呈拱形，高 0.85、宽 0.66 米，由大小不一的石块封堵。

墓室为八边形（图一〇），东西 2、南北 2、高 3 米。墓壁宽 0.7～0.95、高 1.1 米。墓室有壁画装
饰。墓室八角共砌八根檐柱，均为四方抹角，刷成黑色，上托普拍枋，其上为斗栱，共 8 朵。斗栱均
涂红色，勾以黑边。栱眼壁为白底黑边。斗栱之上有撩檐枋，以红色为底，勾以黑边，上铺一周由条
砖磨制的板瓦，其上逐层叠涩内收成穹隆顶。

图一〇　2010SFXM12 俯视

图一一　2010SFXM12 北壁

图一二　2010SFXM12 东北壁

图一三　2010SFXM12 东壁

墓壁绘画较为简单。北壁正中绘两扇格扇门，涂朱色，勾以黑边。格扇门两侧各绘一直棂窗（图一一）；东北壁绘一方桌，桌面为红底黑边，上置壶、盘等物（图一二）；东壁绘一灯，涂成红色（图一三）；东南壁以黑色绘一花瓶，花瓶上绘黑色宝相花；南壁正中为墓门，砖券部分勾以红边；西南壁绘一红色牡丹；西壁绘一衣架；西北壁绘一家具。

棺床由条砖错缝平铺，东西 2、南北 1.5、高 0.1 米。

墓内清理人骨二具，头向东，一男一女。男性位于女性左侧，身长约 1.6 米。女性骨骼凌乱，应为迁葬。

出土遗物共 7 件。

瓷碗　3 件。标本 2010SFXM 12∶1，圆唇，敛口，斜弧腹，圈足。施黑釉，内腹有 5 块铁锈斑，周边有稀疏的小铁斑点，外腹施半釉，有垂釉现象。灰白胎。内底有 3 个支钉痕。口径 15.5、足径 5.8、通高 5.4 厘米（图八 - 6）。标本 2010SFXM 12∶2，圆唇，敛口略残，斜弧腹，圈足。施黑釉，内满釉，外半釉露出灰白瓷胎。口径 14.5、足径 5.7、通高 4.9 厘米（图八 - 9）。标本 2010SFXM 12∶3，圆唇，侈口略残，折腹下弧收，圈足。施黑釉，内满釉，外半釉露灰白胎，有垂釉现象。口径 17、足径 5.5、通高 5.9 厘米。

瓷罐　2 件。标本 2010SFXM 12∶4，圆唇，侈口，束颈，扁圆腹，圈足内凹。施黑釉略发绿色。口径 8.2、足径 5.5、通高 7.9 厘米（图八 - 3）。标本 2010SFXM 12∶5，圆唇，侈口，束颈，圆弧腹，圈足内凹。黑釉。口径 8.3、足径 6.5、通高 10.2 厘米（图八 - 8）。

瓷灯盏　2 件。形制、釉色及大小相同。方唇，敞口，斜腹，半底。内腹施黄绿色釉，口沿及外腹无釉，灰白胎。标本 2010SFXM 12∶6，口径 6、底径 3、通高 2 厘米。

四、结　语

本次发掘的 13 座墓葬包括 12 座砖室墓和 1 座土洞墓，墓葬方向均为南北向，大致在 345°左右，且呈一定规律分布，特别是 M1～M7 大致呈东西向一字排开，间距 3、4 米。砖室墓（编号 M1～M12）均为单室墓，均由墓道、甬道和多边形墓室三部分组成。墓室内均有简单的仿木结构建筑，与汾阳市高级护理学校[1]、北偏城[2]、东龙观[3]等地清理过的宋元时期墓葬相似。M5 和 M6 墓室为六边形，其余 10 座均为八边形。M13 为土洞墓，由墓道和墓室组成。13 座墓葬均为夫妇合葬墓，其中 M5 和 M8 为三人合葬，其余为二人合葬。除 M3 和 M7 人骨为男右女左外，其余墓葬人骨均呈男左女右放置。出土遗物主要以瓷器为主，包括瓷罐、瓷碗、瓷灯盏三类，均具有金元时期的特点。

汾阳，五代、宋、金、元县名均称西河，属于汾州。"汾州，唐改西河郡为浩州，又改汾州，又改西河郡，又为汾州。金置汾阳军。元初立汾州元帅府，割灵石县隶平阳路之霍州，仍析置小灵石县，后废府。至元二年，复行州事，省小灵石入介休。三年，并温泉入孝义。领四县：西河、孝义、平遥、介休。"[4] 又："汾州，金故州，属河东北路。……领县四，西河、孝义、平遥、介休。"[5]

M8 买地券中的"河东北路汾州西河县"，与史书中关于此地行政区划的记载一致，券文中又有"至元式拾三年"（1287 年）纪年，说明该墓年代为元代早期。

综合以上我们推断这批墓葬的为金元时期家族墓群。墓葬的发现为研究晋中地区古代的社会生活习俗、埋葬风俗、墓葬布局及建筑结构、家族死亡年龄及遗传病等具有重要的价值。

（原载《文物世界》2011 年第 6 期）

---

① 山西省考古研究所、汾阳县博物馆：《山西汾阳金墓发掘简报》，《文物》1991 年第 12 期。

② 张茂生：《山西汾阳县北偏城宋墓》，《考古》1994 年第 3 期。

③ 山西省考古研究所、汾阳市文物旅游局：《2008 年山西汾阳东龙观宋金墓地发掘简报》，《文物》2010 年第 2 期。

④ （明）宋濂：《元史·卷五十八·志第十》，中华书局，1976 年，第 1377 页。

⑤ 柯绍忞：《元史二种·新元史·志第十三》，上海古籍出版社，1989 年，第 238 页。

汾阳杏花村西堡墓地发掘简报

山西省考古研究所

为配合山西杏花村汾酒厂股份有限公司2万吨保健酒扩建工程，2011年3月下旬至5月下旬，山西省考古研究所对汾阳市杏花村镇西堡村北的古墓葬进行了考古发掘，发现部分金至清时期墓葬。现将这批墓葬择要报告如下。

西堡墓地位于山西省汾阳市杏花村镇西堡村西北，西距汾阳市15公里，东北距汾阳火车站2.5公里，青银高速公路从其北缘穿过（图一）。墓地地势平坦，地表起伏较小，北依吕梁山支脉

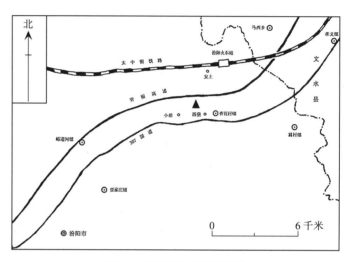

图一　西堡墓地位置示意图

墙板山，季节性河流文峪西河经墓地与山脉之间的山前地带，向东在孝义境内汇入汾河。

一、M601

该墓为仿木结构八边形穹隆顶单室砖墓，墓向10°，由墓道、甬道、墓室三部分组成（图二）。墓葬开口距地表0.5米。

墓道为竖穴式土坑，位于墓室南部，长2.2、宽0.7、深3.7米，底部平坦，墓道南端东西两壁各有五个脚窝，两两对称。

生土过洞略有坍塌，甬道呈拱形券顶，16层起券，进深0.32、宽0.5、高1.1米，外侧砖墙封堵。封门用条砖曲尺形立砌，条砖长0.3、宽0.15、厚0.05米，现存五层，下三层完好，上两层已成乱砖。

墓室系在圆柱形土坑内青砖砌筑而成，圆柱坑直径3.1、深3.7米。墓室平面呈八边形，东西2.2、南北2.3、高1.86米，顶距墓室开口0.46米。墓底用条砖铺砌，不甚规则，距墓室北壁1.2米处用两层平砖砌筑棺床，高0.2米，棺床南沿两端与墓壁立柱相接，棺床表面用条砖横向一排，竖向一排，交错铺筑，隔排对缝。墓室内壁为仿木结构条砖垒砌，壁面檐瓦以下以白灰泥抹底，八角砌筑

八根抹角立柱，立柱顶部砌出阑额和普柏枋，阑额上描绘白底黑边花卉形象，普柏枋用白底黑边回纹装饰，柱头上置斗栱，立柱、枋木及斗栱均涂成朱红色，黑线勾边。斗栱之间砌栱眼壁，壁面彩绘由黑线勾边的简单红花图案。斗栱上平砌撩檐枋，枋上砌筑檐椽，砖角斜置出棱，檐椽上砌筑一层用条砖磨制而成的滴水形象。滴水以上逐层叠涩内收呈穹隆顶，至顶部形成方形口，用方砖覆盖封口。墓室内布满淤土，淹没檐瓦。砖室顶部填土中夹杂有大小不等的砾石块，直径在 5～40 厘米，可能用于防盗。

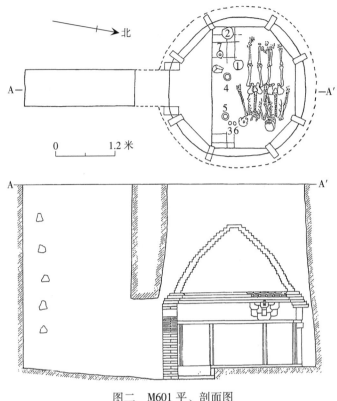

图二　M601 平、剖面图
1、2. 黑釉碗　3、6. 灯盏　4、5. 黑釉罐　7. 双耳瓶

棺床北侧平躺两具人骨架，保存较为完整，一男一女，骨骼粗壮，无葬具，仰身直肢，头向东，面向上，男性居南，女性居北，因而判断此墓为一座夫妻合葬墓。从女性左臂骨放置在男性右臂骨之上的情况来看，女性的下葬时间要晚于男性。

出土遗物共计 7 件，均为瓷器，摆放位置多在棺床南沿，值得一提的是，在棺床南沿西侧，放置一石块。

黑釉碗　2 件。M601：1，圆唇，敞口，斜腹，圜底，圈足。腹底有一周弦纹。内外施黑釉，内底环状露胎，外腹底及圈足露胎。口沿残缺。口径 18.4、底径 6.7、通高 6.7 厘米（图三 -6）。M601：2，网唇，敞口，斜腹，圜底，圈足。下腹两道弦纹，腹底与圈足相接处有一道弦纹。内外施黑釉，内底环状露胎，外腹底及圈足露胎。口沿残缺。口径 18.6、底径 6、通高 6.7 厘米（图三 -7）。

黑釉罐　2 件。M601：4，圆唇，短颈，溜肩，弧腹，圜底，圈足。内外施黑釉，外腹底及圈足露胎。口径 8.5、腹径 11.5、底径 5.9、通高 9.4 厘米（图三 -2）。M601：5，侈口，短颈，溜肩，鼓腹，圜底，圈足。内外施黑釉，口沿、外腹底及圈足露胎。口径 6.7、腹径 12.2、底径 6.5、通高 8.4 厘米（图三 -5）。

灯盏　2 件。M601：6，网唇，斜腹，平底。内底施褐釉，其余部位露胎。口径 6.5、底径 3.5、通高 2 厘米（图三 -4）。M601：3，网唇，斜腹，平底。内底施黑釉，其余部位露胎。口径 5.9、底径 3.1、通高 1.9 厘米（图三 -1）。

双耳瓶　1 件。M601：7，小口，颈部置两个对称的小桥耳，溜肩，鼓腹，圈足。外施黑釉，釉色纯正。口径 4.4、腹径 11.3、底径 5、通高 13.8 厘米（图三 -3）。

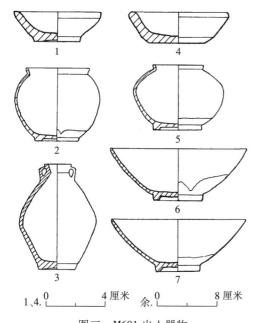

图三 M601 出土器物

1、4. 灯盏（M601：3、6） 2、5. 黑釉罐（M601：4、5）
3. 双耳瓶（M601：7） 6、7. 黑釉碗（M601：1、2）

二、M603

该墓为仿木结构八边形穹隆顶单室砖墓，墓向10°，由墓道、甬道、墓室三部分组成。墓葬已遭盗扰，盗洞位于墓室北壁上方，起券部分被破坏（图四）。墓葬开口距地表0.5米。

墓道为竖穴式土坑，位于墓室南部，长2.9、宽0.7、深3.1米，底部缓坡，墓道南端东西两壁各有五个脚窝，两两对称。

甬道呈拱形券顶，15层起券，进深0.6、宽0.5、高1米，外侧用石板封堵。

墓室系在圆柱形土坑内青砖砌筑而成，圆柱坑直径2.9、深3.3米。墓室平面呈八边形，东西2.4、南北2.2、高2.6米，顶距墓室开口0.4米。墓底用条砖铺砌，距墓室北壁1.4米处用两层平砖砌筑棺床，高0.2米，棺床南沿两端与墓壁立柱相接，棺床及墓底地面用条砖横向一排，竖向一排，交错铺筑，隔排对缝。

墓室内壁为仿木结构条砖垒砌，构造及彩绘均与M601基本一致。壁面檐瓦以下粉刷白灰作底，八角砌筑八根抹角立柱，立柱顶部砌出阑额和普柏枋，阑额上用黑色线条勾画简单的花卉图案，普柏枋用白底黑边回纹装饰，柱头上置斗栱，立柱、枋木及斗栱均涂成朱红色，斗栱用黑线勾边。斗栱之间砌拱眼壁，壁面彩绘由黑线勾边的简单红花图案。斗栱上平砌撩檐枋，枋上砌筑檐椽，砖角斜置出棱，檐椽上砌筑一层用条砖磨制而成的滴水形象。滴水以上逐层叠涩内收呈穹隆顶，至顶部形

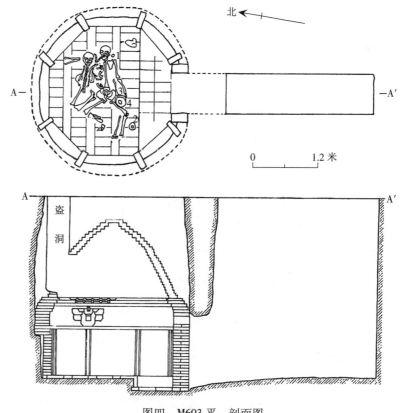

图四 M603 平、剖面图
1. 灯盏 2. 黑釉罐 3、4. 黑釉碗

成方形口，用方砖覆盖封口。墓室内布满淤土，淹没檐瓦。

棺床中部平躺两具人骨架，一男一女，头骨及躯干部分保存完整，四肢已遭破坏，无葬具，葬式不详，头向东，面向上，男性居南，女性居北，判断为一座夫妻合葬墓。

出土遗物共计 4 件，均为瓷器，摆放位置靠近棺床南沿，瓷盏位于男性头骨南侧，2 件黑釉碗叠放倒扣在男性盆骨南侧，黑釉罐位于男性小腿骨南侧。另外，在棺床南沿东端，放置一石块。

灯盏　1 件。M603：1，圆唇，斜腹，平底。内底施褐釉，其余部位露胎。口径 6、底径 3.6、通高 1.9 厘米（图五 - 1）。

黑釉碗　2 件。M603：3。圆唇，敞口，斜腹，圈足，外沿下饰三周凹弦纹。口径 17.9、底径 6.4、通高 8.4 厘米（图五 - 3）。M603：4。尖圆唇，敞口，斜腹，圈足。口径 18.4、底径 6.5、通高 74 厘米（图五 - 4）。

黑釉罐　1 件。M603：2，圆唇，短束颈，溜肩，鼓腹，圜底，圈足。内外施黑釉。内壁一侧、外腹底及圈足露胎。外腹底近圈足处有一周弦纹。口径 9.4、腹径 12.4、底径 6.3、通高 10.1 厘米（图五 - 2）。

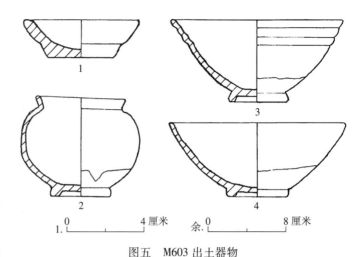

图五　M603 出土器物
1. 灯盏（M603：1）　2. 黑釉罐（M603：2）　3、4. 黑釉碗（M603：3、4）

三、M701

该墓为仿木结构六边形单室砖墓，墓向 15°，由墓道、甬道、墓室三部分组成（图六）。

墓道为竖穴式土坑，位于墓室南部，长 2、宽 0.6 ~ 0.8、深 2.8 米，底部呈坡状。

甬道呈拱形券顶，13 层起券，进深 0.31、宽 0.7、高 0.8 米，外侧砖墙封堵。封门用条砖斜向侧立砌筑，条砖长 0.3、宽 0.15、厚 0.05 米，仅存二层，且不完整。

墓室系在圆柱形土坑内青砖砌筑而成，

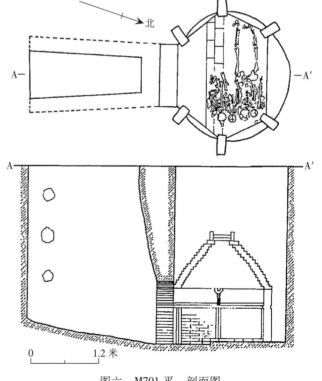

图六　M701 平、剖面图
1、2. 黑釉罐　3. 钧釉碗　4. 黑釉碗

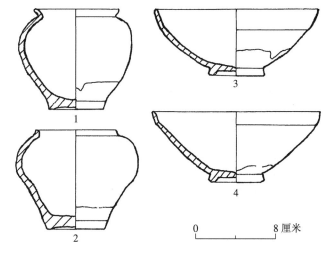

图七　M701 出土器物

1、2. 黑釉罐（M701：1、2）　3. 黑釉碗（M701：4）

4. 钧釉碗（M701：3）

圆柱坑直径 2.8、深 2.9 米。墓室平面呈六边形，东西 2、南北 1.4、高 1.8 米。墓底为生土地面，距墓室北壁 1.1 米处用两层平砖砌筑棺床，高 0.1 米，棺床南沿两端分别与墓壁相接，棺床用条砖错缝平砌。

墓室内壁为仿木结构条砖垒砌，做丁粗糙，壁面用条砖错缝砌筑，素面无粉饰，六角砌筑六根抹角立柱，系用两块条石侧面合拢立砌而成，柱头平砌一周出棱砖，形成普柏枋，六角普柏枋上置简略的斗栱形象。斗栱以上直接逐层叠涩内收呈穹隆顶，至顶部形成方形口，用两块条砖封口。墓室内布满淤土，淹没斗栱。

棺床上发现两具人骨架，一男一女，均无葬具，判断为一座夫妻合葬墓。其中男性居北，保存较为完整，头向东，面向上，仰身直肢；女性居南，骨架散乱，为二次迁葬。

出土遗物共计 4 件，均为瓷器，摆放在男性头骨两侧，各一罐一碗。另外，在男性头骨顶端放置一石块。

黑釉罐　2 件。M701：1，圆唇，翻沿，短颈，溜肩，鼓腹，内圜底，外平底内凹。内外施淡黑釉，外壁腹底露胎。口径 8.3、腹径 11.3、底径 5.6、通高 9.7 厘米（图七－1）。M701：2，网唇，口沿微外侈，溜肩，弧腹斜收，内圜底，外平底内凹。内外施黑釉，内沿、外腹底露胎，平底内凹处一侧略有露胎。口径 8、腹径 12.5、底径 5.9、通高 9.6 厘米（图七－2）。

黑釉碗　1 件。M701：4，圆唇，直口，折腹斜收，尖圜底，圈足。内外施黑釉，外下腹露胎。露胎部分墨书"武道家"三字。口径 16.5、底径 5.5、通高 6.5 厘米（图七－3）。

钧釉碗　1 件。M701：3，网唇，口略侈，折腹斜收，尖圜底，圈足。通体施钧釉，釉色明快，略微发白。口径 16.8、底径 5.6、通高 6.8 厘米（图七－4）。

四、明嘉靖四十五年墓志

当地村民在征地范围内迁祖坟时挖出墓志一合，青石质地，卷云纹勾边，用铁条双系，保存完整。志盖篆书，分 5 行，每行 4 字（图八）。志石长 51、宽 67、厚 14.5 厘米。志铭楷书，共 31 行，正文 27 行，满行 23 字（图九）。

志盖标题：

大明故朝/列大夫王/公深州郡/君朱氏合/葬墓志铭

志底铭文：

　　明故朝列大夫王公深州郡君合葬墓志铭/南野王公深州郡君咸以疾卒于正寝其子凤仪婿郝天禄/持状泣而征铭予与公幼相识弗忍辞按状公讳廷玘字伯/珍世为汾郡尽善南里人家世农贩谱统攸传祖文节生琴/琴生公并弟廷琰公行一以嘉靖十二年四月初七日宗人/府诰封朝列大夫配　永和靖惠王孙女封深州郡/君郡君性严洁内政攸举内范攸端盖女中特出者公抱朴/尚素履白蹈贞富而不奢贵而不骄于不给者则施舍以济/之于争兢者则和劝以解之其循礼之名著于一方又好交/知名之士故儒林多赞之晚年愈恬静身居村落足迹不履/城市者十余年载隐然有士君子之风盖天性使然而非出于/矫也且与弟琰甚相友爱犹子凤位亦授

　　永和王府仪/宾爵乃公郡君诱掖而成就之也生子五长凤仪配任氏次/凤仁配郝氏次凤佶配孙氏次凤佐凤佑俱未娶女四长适/生员任邦基富而好礼次适生员郝天禄俊而有才次适侯/世香次适卢应恕孙男一王克明凤仁出也公享年五十有/四生于正德七年三月初一日卒于嘉靖四十四年十月初/八日郡君享年五十生于正德十二年十二月廿九日卒于/嘉靖四十五年正月十七日祔于本里之北岗即此地也夫/以夫妻之贵家道充盈子孙繁衍然一殂于一年之前一殒/一年之后其先也夫夫之道尽而无愧于后其后也妇妇之/道尽而无愧于前可谓生则同荣死则同哀者矣呜呼惜哉/故为之铭曰/毓汾之秀　孕商之刚　联名王篆　环佩冠裳/母仪不忒　父道维彰　家声克振　于前有光/积善余庆　谱系乃昌

　　财货大饶　孙子成行/生则同德　殁则同藏　瞻北高岗　后世不忘/

　　嘉靖岁次丙寅春三月壬辰庚申日知直隶河涧府青县事/

　　卜阳李得春　撰/

　　郡　庠　生　虹洲　王国忠书/

　　郡　庠　生　婿三槐　郝天禄篆/

　　石工郭廷仕镌/

　　该墓志刊于明嘉靖四十五年（1566）4 月 18 日，阴历三月二十九日，记载了杏花村王廷玘生平及其家族谱系。"朝列大夫"，文散官名，按阶品授官，有官名，但无任何职务。金始置，原名奉德大夫，海陵王天德二年（1150）改朝列大夫，从五品下，元升为从四品，明为从四品初授之阶，清废；"郡君"，妇女封号，《明史·公主列传》载："亲王女曰郡主，郡王女曰县主，孙女曰郡君，曾孙女曰县君，玄孙女曰乡君，婿皆仪宾。郡主禄八百石，余递减有差。"[1] "永和靖惠王"，《明史·诸王世表》载，明洪武三年（1370）朱元璋陆续封藩皇子，三子晋恭王朱㭎就藩太原，永乐九年（1411）朱棣封晋恭王六子朱济娘为永和郡王（昭定王），永乐十二年涉汾州就藩。永和靖惠王朱表为朱济娘侄子，弘治四年（1491）袭封，正德十三年薨[2]。"直隶河间府青县"，即现今的河北省沧州市青县；"卜阳"，即杏花村镇小相村，古称卜阳镇；"王国忠"，尽善南里九甲（现杏花村西堡上斜街）酒铺院王氏六世祖[3]，贡生，曾为宜川迪功郎（正八品）。

---

① （清）张廷玉等：《明史》第十二册，中华书局，1974 年，第 3661 页。
② （清）张廷玉等：《明史》第九册，中华书局，1974 年，第 2505、2521、2527 页。
③ 此据杏花村镇西堡村王氏家谱记载。

图八　墓志志底

图九　墓志志底

五、结　语

本次发掘的这批墓葬，墓向均为南北向，大致在 0～15°，由墓道、墓门、甬道、墓室等几部分组成，墓室用简单的仿木结构装饰，砖券穹隆顶，大多为夫妇合葬墓，也有个别的三人合葬。其中六区 M601～M606 分布相对较为集中，错行排列，家族墓地的特征比较明显，其余墓葬分布零散，无一定规律。墓室结构与汾阳市高级护理学校①、北偏城②、东龙观③等地清理过的金元时期墓葬相似。出土的随葬品也显示了这一时期的特征。另外，墓室装饰比较朴素，未见墓志，出土瓷器等也是一般民窑烧制的产品。墓室棺床上均放置石块作为镇墓石，应是这一时期葬俗的一个特点。④

综合以上现象，我们推断这批墓葬为金元时期的一般富户墓葬。

这批墓葬的发掘，不仅为金元时期该地区的墓葬形制、随葬习俗及民俗文化研究等提供了宝贵资料，同时双耳瓶等酒器的出土也为源远流长的杏花村汾酒文化研究增添了新的重要内容。明嘉靖四十五年王公墓志记载了王廷纪生平及其家族谱系，其中"王国忠"与当地王氏家谱记载相合，也颇具史料价值，为地方史和近代社会史研究积累了资料。

执笔：武俊华、韩炳华、张喜斌

（原载《三晋考古》第四辑）

---

① 山西省考古研究所、汾阳县博物馆：《山西汾阳金墓发掘简报》，《文物》1991 年第 12 期。
② 张茂生：《山西汾阳县北偏城宋墓》，《考古》1994 年第 3 期。
③ 山西省考古研究所、汾阳市文物旅游局：《2008 年山西汾阳东龙观宋金墓地发掘简报》，《文物》2010 年第 2 期。
④ 西安市文物保护考古所：《西安东郊元代壁画墓》，《文物》2004 年第 1 期。

山西交城县的一座元代石室墓

商彤流　解光启

（山西省考古研究所 交城县文管所）

1993 年 7 月初，山西省考古研究所和交城县文管所在交城县洪相乡裴家山村西侧山崖旁，清理了一座元代石砌八角叠涩顶单室墓。墓已被盗，扰土中遗有零星骨骸，虽仅出土 1 件褐绿釉瓷罐，但完整的石刻人物、花卉等别具特色。

一、形制与结构

此墓全部由黄褐色砂岩质条石构筑而成，以白灰泥粘接合缝，壁面整齐且十分牢固（图一）。

墓向南，土坑墓道宽 1.20 米，南部被冲蚀，长度约 4 米左右，底部距现山崖地表深 3.50 米。墓道前端为甬道，进深 0.96、横宽 0.90、石板平顶高 1.10 米。甬道前端两旁有门柱及上下门槛，门口宽 0.74、高 1.00 米；有 4 块石板从上至下嵌于两门柱间的凹槽内用以封闭门口。甬道后端两旁也有门柱，上下门槛，门口宽 0.68、高 0.82 米；有向墓内推启的两扇素面石门，门扇外侧上下有门枢。甬道后端连接墓室。墓室平面呈八角形，南北 2.54、东西 2.42 米。墓内八角，除南壁墓门的二根门柱外，周有 6 根宽大的四方抹角石柱，下无础，直接砌在墓底石板上。柱高 1.02 米处，柱头承托普柏枋，上置斗拱 8 朵，结构极其简单。斗拱之上再垒砌四块大石条，将八角形墓壁收束成四角平顶；又以二层石条分三次抹角垒砌为叠涩藻井。顶中央嵌置一根垂莲柱。墓室通高 2.22 米。墓底北部有石砌棺床，宽 1.52 米，长度与墓室东西宽度相若。

二、墓内装饰

墓室八面墙壁（除南壁墓门外）及拱眼壁，

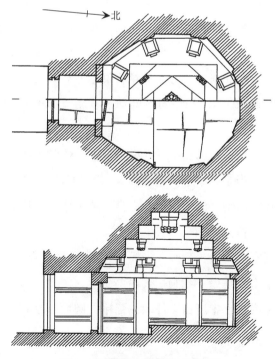

图一　墓葬平、剖面图（3/100）

布满描绘墓主人生活情景以及各式翎毛花卉线刻装饰，其形象生动、线条流畅，颇有价值。现依次介绍如下：

甬道：东壁刻鞍马人物出行图，朝向墓外。主人乘马策缰，一仆持钱幡在前，一仆担笼箱从后（图二）；西壁刻鞍马人物回归，朝墓内。主人乘马缓行，神情疲惫；二仆人随后，一抱奁，一担箱，作交耳互谈貌（图三）。人物皆头戴盔帽，衣襟左衽作蒙古人装束。

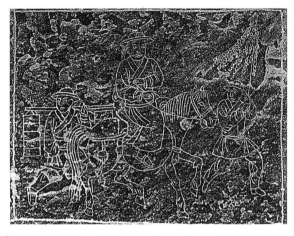 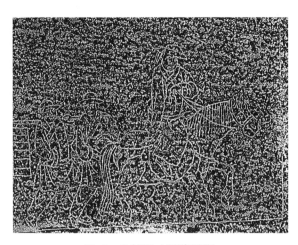

图二　出行图（通道东壁）　　　　　　　图三　出行图（通道西壁）

拱眼壁中：北壁为双钩线刻的行书"寿堂"二字，南壁阴刻楷书"恒斋"二字，外刻以门云形纹（图七、八）。其余各壁则刻画折枝花叶，有鸟雀栖于枝叶间。

墓室北壁：绘墓主人"燕居图"。墓主夫妇正襟端坐在榻前，身后正面刻"宗祖之位"华带牌位。左右两边一男仆持盏，一女佣捧奁。夫妇二人身边有榜题，男"裴资荣"、女"闫氏"（图五上）。

墓室东北壁：背景刻画勾栏，右植松树一株，松下有灶，笼内置壶温酒。中间刻二侍女，一端果盘，一执壶。皆头梳双辫，长裙拽地，面右缓步而行（图五中）。

墓室西北壁：二侍女衣着装束亦为双辫长裙，各自端杯执壶，旁刻一桐树，树下置曲足方几，上置荷叶盖罐、瓶、碗、杯等器皿。右侧又有花头蜀柱勾栏，右边框阴刻楷书"至正十六年三月　吉日建"（图五下）。

墓室东壁：画面中一人束发袍服，朝左下跪，右手指天，左袖掩面哭泣，身前有竹三竿，旁有山石流云，当是"孝子孟宗哭竹生笋"的故事（图六 –1）。

墓室西壁：画面中一人赤身侧卧于冰面，其下有两条鱼，背有山石、树木相陪衬。应是"孝子王祥卧冰求鱼"的故事（图六 –2）。

墓室东南壁：刻画一大幅牡丹图（图六 –3）。

墓室西南壁：刻画一大幅莲荷图（图六 –4）。

墓内扰土中遗留 1 件绿釉瓷罐。圆唇，平口，沿外侈，短束颈，圆肩鼓腹，平底。口径 8、腹径 11.6、器高 10 厘米。

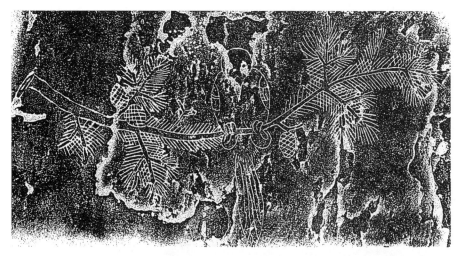

◀东南壁

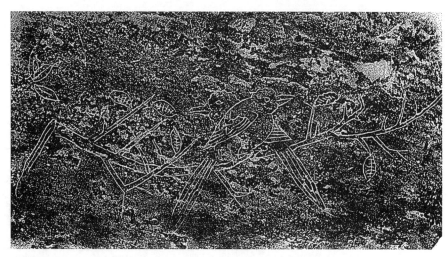

东壁▶

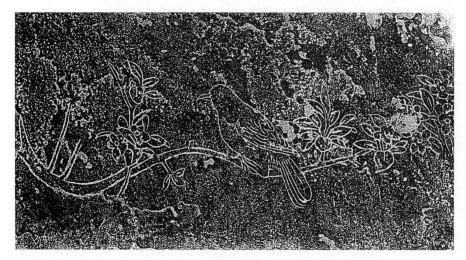

◀东北壁

图四 拱眼壁中的石刻图

◀北壁

东北壁▶

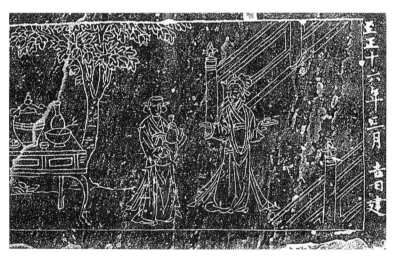

◀西北壁

图五　墓壁石刻图

1.东壁

2.西壁

3.东南壁

4.西南壁

图六　墓壁石刻图

图七　拱眼壁中北壁石刻图

图八　拱眼壁中南壁石刻图

三、结　语

　　此墓根据"至正十六年"（1356年）刻铭可知，当为元末遗迹，但墓中未出墓志，墓主当为本地富豪人家。墓中仿木结构比较简单，但仿木结构的石室墓较为罕见。以墓主人"燕居图"与孝子故事图为主要内容的雕刻装饰，到了元末仍保持了宋金以来的传统形式，尤其画面生动自然，人物形象比例适当，线条纤细流畅，是省内考古发掘中较为难得的珍贵资料。

　　参加工作的人员还有王传勋、李大兵。

（原载《文物季刊》1996年第4期）

山西兴县红峪村元至大二年壁画墓

山西大学科学技术哲学研究中心　山西省考古研究所　山西博物院

2008年4月，山西兴县康宁镇附近发现被盗墓葬，随即考古工作者作了实地调查，并于5月5日对其进行了抢救性清理和搬迁保护。现将墓葬情况介绍如下。

一、墓葬位置及形制

墓葬位于兴县康宁镇红峪村北山梁上，南距红峪村3公里。墓葬以西60公里为黄河，以北25公里为兴县县城（图一）。

墓葬位于山梁东坡，地势西高东低。墓葬坐西向东，方向110°，为石砌八角形单室壁画墓，主要由墓道、封门石、甬道、墓门及墓室五部分组成，墓室为八角叠涩顶（图二）。其构造方法是先从坡面向下挖出一个近似直筒状的土坑和斜坡墓道，然后在坑内以较规整的石板砌筑墓室和墓顶。墓门外以条石砌拱券甬道，再以石板封门，最后填土掩埋。

墓道保存基本完好，为半斜坡式，上窄下宽，平面呈不规则长方形，通长2.5、墓道口宽0.9、靠近甬道处宽0.82米。东端近墓道口处壁面上有四个脚窝。

封门石分两层，内层由两块石板拼接成近方形，外层为一块长方形石板，长0.8、宽0.7、厚0.07米。

甬道为拱顶，以纵向条石砌筑，白灰勾缝。长1、宽0.8、高0.82米。甬道石壁厚0.12米。

墓门已经遭到破坏，残存有厚度为0.06米的石板。

墓室平面接近正八边形，室内底部铺有石板，因人为扰乱铺设范围已不清。从残存部分可知石板厚度为0.05米。8块长方形条石环绕墓室铺砌，作为墓壁的基础。每块条石长0.94、高0.95、厚0.06米。自基础之上为墓壁，

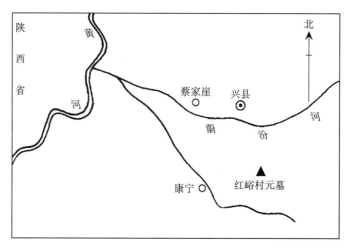

图一　墓葬位置示意图

上绘壁画主体部分。再上为墓顶，绘仿木作壁画。墓顶层层叠涩，但部分损坏，根据遗迹判定应有 12 层。墓室南北长 2.04、东西宽 2.04、墓底距墓顶残高 2.3 米。由于多次被盗，墓主人遗骸完全被扰乱，从残存的遗骸看应该为夫妇二人。

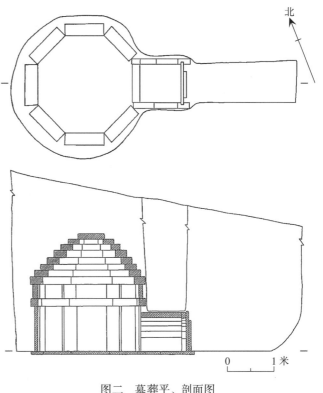

图二　墓葬平、剖面图

二、壁　画

墓葬壁画可分为两部分，即墓顶壁画和墓壁壁画。

墓顶共 10 层，自下而上描述如下：第一层为绘有木纹的阑额和菱角牙子。第二层绘一斗三升斗拱，拱眼壁间补绘花卉，共 8 幅。斗拱与花卉均为青灰色，黑色勾边。第三层为浅浮雕青灰色橡檐及滴水，橡檐与滴水间为黄色连檐（图三）。第四层以上无绘画，为层层叠涩的石板，石板上有细密的錾刻痕。墓顶最上三层遭破坏缺失。墓顶壁画除第一层是在白灰上作画外，其余均在石板上直接着色，色泽沉着，不易脱落。

墓壁壁画共 15 幅，西壁为墓主人夫妇图，面向墓门，各壁连接处砌 8 个长方形倚柱，柱上均有绘画。自墓门按顺时针方向将壁画内容介绍如下：

第 1、15 幅分别位于墓门两侧，绘对称分布的枣红色格扇门，作向墓室内敞开状。皆为菱花格心，腰华板与障水板间绘雕花壶门，中间为浅红色。角叶及兽头门钹为黄色。

第 2 幅画面上画一匹黄褐色马，系在红色木桩上，马扬起前蹄，向墓门回首，头系辔头，前缨向后飘起，鬃毛向两侧飘散。马背置深红色鞍鞯，下有红色障泥和马镫，系向股后的皮带上有红色装饰（图四）。

图三　墓顶壁画

图四　壁画第 1、2 幅

第 3 幅画面绘三竿修竹，下有竹笋，一男子头扎黑巾，着白色右衽窄袖袍，腰束带，双膝跪于地上，左手抚竹作哭泣状。画面上方题记："孟宗哭笋"。

第 4 幅画面中间有一长方形桌，桌上置玉壶春瓶、罐、食盒等，为备酒图。桌边三人正在筹备酒食。桌前一女子手端圆盘面向西壁墓主人方向站立，头饰红色包髻，身穿红色右衽长袍，外穿抱肚，束坤带，带头下垂。中间女子正在斟酒，头梳双螺髻，外穿交领右衽短袖衫，内着红色窄袖长袍，腰上

图五　壁画第 3~5 幅

束带。另一人背对画面，从服饰看似为一男子，手捧圆盘面向方桌，头包巾，着褐色窄袖长袍，腰束带，足着尖头履。画面远处地面为盘口圆肩花瓶和方形围栏，围栏中有竹数竿。

第 5 幅画面中绘一军士，头戴红缨盔，着红色团领宽袖袍，下为黄色裤，脚着黄色靴，右手执剑，左手指向一男童。男童着米黄色袍，腰系红色带，双手抱于胸前，躬身仰望军士。男童身前为两个筐子，内盛桑葚。画面上方题记为："蔡顺分椹"（图五）。

第 6 幅画面中绘一池塘，池中绘浮萍、莲花等，水中有两只禽鸟追逐嬉戏（图六）。

第 7 幅画面中绘三男子，一男子头戴红色笠帽，内着青灰色交领襦衫，外着浅青交领右衽短袖衫，脚穿褐色尖头短靴，腰束带，手持玉壶春瓶。中间一男子头戴褐色四方瓦楞帽，内着团领米黄色窄袖长袍，外着交领右衽短袖衫，脚穿红色络缝靴。另一男子头戴米黄色四方瓦楞帽，内着红色窄袖交领长袍，外着交领右衽短袖衫，脚穿黄色络缝靴。

图六　壁画第 6 幅

图七　壁画第 10 幅

图八　壁画第 11 幅

图九　壁画第 12 幅

画面上方为含有元至大二年（1309年）纪年的长段题记：

安措（厝）尊灵至孝贤」西州□尔得皆先」荣昌后代绵又继」岁服人心乐自然」维大元至大二年岁次己酉蕤宾有十日建

第8幅画面为墓主夫妇对坐图。男女墓主人略侧身对坐。女主人身穿对襟直领短袖衫，内着左衽襦衫，腰系带，坐于方凳之

图一〇　壁画第13~15幅

上。男主人头戴四方瓦楞帽，穿交领右衽长袍，腰束绮带，坐于交椅之上。夫妇之间置红色矮足小供桌，桌上放有立耳三足香炉、小盒等物。夫妇二人身后有一方形座屏，屏前为长条形供桌。桌面为白色，裙板为红色。桌上立有牌位，上饰莲叶，下作仰莲，中间题记：

祖父武玄圭」父武庆」母景氏

供桌后座屏四周为黄色宽边框，上方为白色屏面，下方为两块黄色栏板，左侧一角露出座屏底座一角。屏面上题字为：

瘦藤高树」昏鸦小桥流水」人家古道西」风瘦马夕阳」西下己独不在」天涯」西江月

第9幅画面上绘两个出家人形象，较高者身着深褐色右衽交领广袖长袍，脚着黑色圆头布鞋，双手捧一盏，盏下有托。较矮者着浅色右衽交领长袍，双手捧一灰色包裹，包裹内露出红色物品（封三）。

画面上方题记：

莹（茔）域皆然莫悬量」尽终孝子岂容常」但愿」尊公千岁后子孙」无不出贤良

第10幅画面中绘湖石牡丹，牡丹三朵盛开，一朵含苞欲放，湖石造型较为独特，与花朵相映成趣（图七）。

第11幅画面上方绘出茅屋一角，屋前站一老妪，着淡黄色直领对襟长袍，腰束带，双手拄杖。老妪对面为一拱手站立的女子，头饰包髻，内着青色右衽交领窄袖襦，外着浅黄色半袖衫，下为红色百褶曳地裙。女子前方置两木桶，桶上置扁担，桶前为一眼涌出的泉水，水中两鲤鱼行将跃出。画面上题记："时礼涌泉"（图八）。

第12幅画面为备茶图。画面中绘一长方形桌，桌前站立两个女子，一女子面向前方，头饰红色包髻，内着浅色交领长袍，外着红色团领窄袖襦衫，腰部着黄色抱肚，双手端盘，盘中置圆形盛具。另一女子面对方桌，头饰包髻，上身内着窄袖红色襦衫，外着青色半袖衫，下着浅红色裙。四足桌上置盖罐、执壶、小碗、盏托、勺、圆腹小罐、函盒等，画面下方绘有一块湖石（图九）。

第13幅画面上方绘一枝叶茂密的大树，树下有一长方形木榻和一老一少两男子。老者背向木榻，

头系条巾，着淡黄色对襟直领长袍，持杖站立。年轻男子面对木榻，着团领窄袖袍，右手执扇，正在对一枕头扇凉。画面上方题记"黄香扇枕"。

第 14 幅画面与第 2 幅画面相对称，绘一匹枣红色马，系于白色木桩上，扬一蹄，向墓门回首，胸前系一大红缨，浅色黄边鞍鞯，马尾打一小结（图一〇）。

三、结　语

1. 墓葬的年代

迄今发现的元代壁画墓主要集中在山西和内蒙古地区，并且保存基本完好，多有纪年。如平定东回村元墓①、太原瓦窑村元墓②、孝义梁家庄元墓③、文水北峪口元墓④、大同冯道真墓⑤等。纪年涉及"延佑""至元""大德"等，"至大"年的墓葬尚属首次发现，它为元代壁画墓的断代提供了客观标准。红峪村墓葬的纪年为"维人元至大二年岁次己酉蕤宾有十日建"。"至大二年"即 1309 年，"己酉"为该年的干支纪年，"蕤宾"则为五月。《礼记·月令》："仲夏之月，日在东井，昏亢中，旦危中。其日丙丁……其音徵，律中蕤宾。"引郑玄"蕤宾者，应钟之所生，三分益一，律长六寸八十一分之二六。仲夏气至，则蕤宾之律应。"又引《汉书·律历志》"蕤，继也。宾，导也。言阳始导阴气使继养物也。位在午，在五月。"⑥ 由此推断墓葬建造的确切时间为 1309 年五月初十。

2. 其他问题

墓葬壁画中题记较多，成为研究当时社会历史状况非常重要的史料。墓室西壁题记内容应源自元代马致远［越调·天净沙］《秋思》。世传马致远所作《天净沙·秋思》一般为：

> 枯藤老树昏鸦，小桥流水人家，古道西风瘦马。夕阳西下，断肠人在天涯。

最早见于元周德清《中原音韵》。⑦ 元盛如梓《庶斋老学丛谈》卷中下，收录文字略有差异，曰：

> 北方士友传沙漠小词三阕，颇能状其景：瘦藤老树昏鸦，远山流水人家，古道西风瘦马。斜阳西下，断肠人去天涯。⑧

今人范春义钩稽史料，以为此曲元人著录均作无名氏，明人始系于马致远名下。⑨

由此看来，此曲当时在北方颇为流行，且版本多异，元人著录失其名氏，亦近情理。马致远被誉为元曲四大家之一，在当时就已经非常出名，元代钟嗣成《录鬼簿》称其为："万花丛里马神仙，后

---

① 山西省文物管理委员会：《山西平定东回村古墓中的彩画》，《文物参考资料》1954 年第 12 期。
② 代尊德：《山西太原郊区宋金元代砖墓》，《考古》1965 年第 1 期。
③ 山西省文物管理委员会、山西省考古研究所：《山西孝义下吐京和梁家庄金、元墓发掘简报》，《考古》1960 年第 10 期。
④ 山西省文物管理委员会、山西省考古研究所：《山西文水北峪口的一座古墓》，《考古》1961 年第 3 期。
⑤ 大同市文物陈列馆、山西云冈文物管理所：《山西省大同市元代冯道真、王青墓清理简报》，《文物》1962 年第 10 期。
⑥ ［清］孙希旦：《礼记集解》，中华书局，1989 年。
⑦ ［元］周德清：《中原音韵》，中国戏剧出版社，1959 年。
⑧ ［元］盛如梓：《庶斋老学丛谈》，商务印书馆，1941 年。
⑨ 范春义：《〈天净沙·秋思〉是马致远作的吗》，《古典文学知识》2008 年第 3 期。

世集中说致远，战文场，曲状元……"①此墓葬的建造年代离马致远活动的时间不远，墓葬所处地点在当时也是比较偏僻的地方，可见这首曲子在当时有较大影响力。壁画作者将其写为"西江月"，内容也与现在流行的版本稍有不同，可能是传诵中导致。另外，在第7幅壁画题记中提到"西州"，元以前的"西州"多指今库车、阿克苏一带②或陕西地区③，此处应指后者。

墓主人所戴帽子的实物在大同冯道真、王青墓中亦有出土，是一种藤帽。④《事林广记》插图也有与此形制相同的帽子，⑤戴这种帽子的主人应该是有一定身份的官吏。另外，墓葬倚柱壁画描绘的是当时广为流传的二十四孝中的四个故事，"孟宗哭笋""蔡顺分椹""时礼涌泉"和"黄香扇枕"。"时礼涌泉"这种表述在二十四孝中从未出现过，但通过画面可以推断是"姜诗行孝"的故事。从题记可知墓主人夫妇为武庆和景氏，结合孝悌故事及其他信息推测，他们应是富庶的汉族地主或小官吏。

墓葬其他壁画内容皆是当时较为流行的，揭示了当时民间画匠相似的艺术风格和传统。壁画构图简括，色彩丰富，线条流畅，笔法细腻，是迄今发现的山西元代壁画中的精品。

后记：文中部分资料由北京大学考古文博学院刘未先生提供，谨致谢忱。

执笔：韩炳华、霍宝强

图一一　山西兴县红峪村元至大二年壁画墓壁画（第7~9幅）

（原载《文物》2011年第2期）

①　王纲校订：《校订录鬼簿三种》，中州古籍出版社，1991年。
②　谭其骧：《中国历史地图集》，中国地图出版社，2002年。
③　《晋书·张轨传》："张凉州一时名士，威著西州。"第2223页，中华书局，1974年。
④　大同市文物陈列馆、山西云冈文物管理所：《山西省大同市元代冯道真墓、王青墓清理简报》，《文物》1962年第10期。
⑤　[宋]陈元靓：《事林广记》，中华书局，1999年。

山西医科大学汾阳学院墓地发掘简报

山西省考古研究所　吕梁市文物技术开发中心　吕梁市文物考古调查勘探队

受山西省文物局委派，依《山西省文物局关于做好山西医科大学汾阳学院改扩建二期工程所涉及古墓葬保护工作的意见》文件精神，山西省考古研究所和吕梁市文物技术中心、吕梁市文物考古调查勘探队组成联合考古队，于2015年3月30日至5月25日，对山西医科大学汾阳学院改扩建二期工程项目占地范围内经勘探发现的22座古墓葬进行了田野考古发掘。

墓区位于汾阳市北关园村西北约

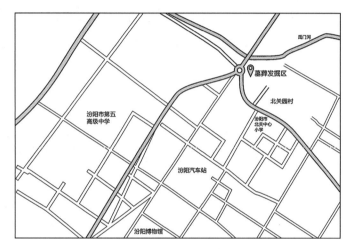

图一　墓地位置示意图

200米（图一），面积1150平方米。发掘区域北临禹门河，地势较平坦。本次发掘清理墓葬22座，本简报拟选取有代表性的M16和M23进行报告，内容如下。

一、M16

（一）墓葬形制

M16是小型叠涩穹隆顶砖室墓，由墓道、墓门、甬道、墓室四部分组成，方向为349°（图二）。所用条砖长28、宽14、厚5.5厘米。

墓道位于墓室南部，呈不规则长方形竖井式。口小底大，上口长2.06、宽0.9～0.72、口距地面0.9米。底略呈斜坡，坡长2.94、下端宽1.1～1.13、白深2.38～3.04米。共有土质台阶两级，均为黑色硬土。在墓口下2.38米处为第一台阶，该台阶宽0.25、高0.3米。第二台阶宽0.48、高0.26米，第二台阶下有一段长1.53米斜坡向北至墓门。墓道填土为杂土，土质较松，内含大量碎瓷片，有明显的二次葬迹象。

墓门呈拱形，条砖垒砌，高1.51、宽1.38米。距墓口1.52、距墓底0.99米起券，券高0.52米。

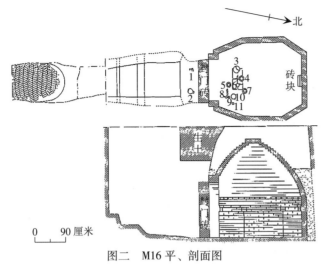

图二　M16 平、剖面图

1. 白釉高足杯　2. 黑釉双耳瓷瓶　3、10. 黑釉瓷碗　4、5、7. 褐釉瓷碗
6. 铜镜　8. 兽角　9、11. 黑釉瓷盏

用条砖封门，封门砖共十一层，第一层为侧立封堵，第二层至第十层为左右斜向交错封堵，第十一层用条砖 4 块平砌封堵墓门。封门高 1.53、宽 1.1 米。

甬道呈拱形，土洞式，长 0.79、宽 1.08、高 2.1 米，底部较平坦，为黑色硬土。

墓室土圹平面呈圆形，东西径 2.12、南北径 2.38 米，圹壁略呈袋状。砖室底面呈八角形，长 2.36、宽 1.94、墓深 3.94 米，墓底为黑色硬土面。墓壁分为八壁，南壁为墓门，其宽 1.38、东南壁宽 0.77、东壁宽 1.10、东北壁宽 0.66、北壁宽 1.28、西北壁宽 0.63、西壁宽 1.05、西南壁宽 0.76 米，高均为 0.71 米。墓壁除墓门所居之面，其余七面首先用条砖错缝平砌十三层，以上为内收二层普拍枋，在此二层内的各转角处用砖块拼对成简易斗栱，以连接加固墓壁，斗栱之上为撩檐枋，撩檐枋上错缝平砌三层，之上有牙角一周。牙角之上用二十七层条砖叠涩，最后用条砖盖顶。

（二）葬式葬具

墓室内积满淤土。棺木、骨架零散于淤土中。判断人骨应为 2 具，头向北足向南，面向不详，推测为仰身直肢葬，骨骼保存较差。

（三）出土遗物

出土遗物共 11 件，包括瓷器 9 件，铜器 1 件，兽角 1 件。

白釉褐彩高足杯 M16：1 和黑釉双耳瓷瓶 M16：2 位于墓道距地面 3.1 米封门处。

黑釉瓷碗 M16：3，褐釉瓷罐 M16：4、5、7，铜镜 M16：6，位于墓室南部。兽角 M16：8，黑釉瓷盏 M16：9、11，黑釉瓷碗 M16：10 位于墓室的东南部。

1. 瓷器

白釉褐彩高足杯　M16：1，口径 8.4、高 10、底径 4 厘米。口残，身有裂纹。侈口折沿，斜直腹，口沿下与下腹部各饰有褐彩两周。高足喇叭底，高足中部有凸弦纹两周，底有细小支钉。器身施白釉，釉不及足，有流釉现象（图三 -1、图六）。

黑釉双耳瓷瓶　M16：2，口径 5、高 16、底径 7 厘米。唇口外侈，颈部两侧分饰双耳，鸡心形器身，圈足，黑釉不及底（图三 -9、图七）。

黑釉瓷碗　M16：3，口径 13.5、高 6、底径 5.9 厘米。敛口，斜腹，圈足，足心外凸。内外底不施釉（图三 -6、图八）。M16：10，口径 17.5、高 6.4、底径 6.4 厘米。侈口，斜弧腹，圈足。内外底不施釉（图三 -7、图九）。

褐釉瓷罐　直口，鼓腹，圈足，釉不及底。M16：4、5、7，大小类同，以 M16：4 为例，口径 9、高 10.7、底径 7 厘米（图三 -4、5、8、图一〇、图一一、图一二）。

黑釉瓷盏　M16：9、11，大小类同，以 M16：9 为例，口径 5、高 2、底径 3.2 厘米。敞口，斜腹，小平底，器外素胎无釉，内施黑釉（图三 - 2、3，图一四，图一五）。

2. 铜镜

M16：6，直径 8.3 厘米。中有钮，纹饰已锈蚀不清（图三 - 10、图一三）。

3. 兽角

M16：8，长 23.5 厘米。为鹿角，分为两个枝杈（图三 - 11、图一六）。

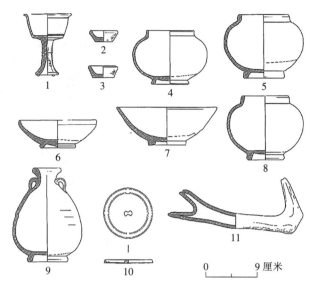

图三　M16 出土文物

1. 白釉褐彩高足杯（M16：1）　2、3. 黑釉瓷盏（M16：9、11）
4、5、8. 褐釉瓷罐（M16：4、5、7）　6、7. 黑釉瓷碗（M16：3、10）
9. 黑釉双耳瓷瓶（M16：2）　10. 铜镜（M16：6）　11. 兽角（M16：8）

二、M23

（一）墓葬形制

M23 是一座小型叠涩穹隆顶砖室墓。由墓道、墓门、甬道和墓室组成。方向 36°（图四）。所用条砖规格有多种，其中墓室条砖长 31、宽 15、厚 5 厘米，墓底方砖长 33、宽 33、厚 5 厘米。

墓道位于墓室南部，样式为不规则长方形竖井式。上口长 2.3、宽 0.72～0.7、口距地面 0.6 米。底略呈斜坡，坡长 2.1、下端宽 0.4～0.76、自深 2.04～2.17 米。墓道填土为杂土，土质较松，内含少量碎砖。

墓门呈拱形，条砖垒砌，

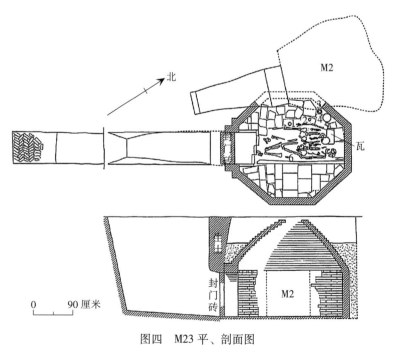

图四　M23 平、剖面图

1、2. 黑釉瓷盏　3. 黑釉瓷罐　4、5. 黑釉瓷碗　6. 钱币两枚高 0.95、宽 1、距墓口 1.23 米。距墓底 0.45 米起券，券高 0.5 米。条砖封门，封门砖为左右斜向交错封堵，封门高 68.5、宽 0.7 米。

甬道呈拱形，土洞式，长 0.34、宽 0.7、高 0.95 米，底部较平坦，为生土。

墓室，土圹平面呈圆形，东西径 2.9、南北径 2.8 米，圹壁略呈袋状。砖室底面呈八角形，长 2.35、宽 2.2、墓深距地面 2.17 米，墓底用条砖和方砖错缝铺地。墓壁分为八壁，南壁为墓门，其宽 1、东南壁 0.94、东壁宽 0.9、东北壁宽 0.96、北壁宽 0.92、西北壁残留 0.67 米，西壁被全部破坏，西南壁残留 0.6 米，壁高均为 0.9 米。墓壁除墓门所居之面，其余七面首先用条砖错缝平砌十九层，之上有牙角一周。牙角之上用二十二层条砖叠涩至顶，顶部用四块残砖盖顶。

（二）葬式葬具

墓室内积满淤土。棺木、骨架零散于淤土中。清理人骨 2 具，头向北足向南，面向不详，仰身直肢葬，骨骼保存较差，西侧人骨头枕陶瓦两块。

（三）出土遗物

出土遗物共 6 件，瓷器 5 件，钱币 2 枚。

黑釉瓷盏 M23：1 出土于墓室内西侧人腿骨处，黑釉瓷盏 M23：2 出土于墓室西内侧人手骨处，黑釉瓷罐 M23：3，黑釉瓷碗 M23：4，黑釉瓷碗 M23：5 均出土于墓室内西北壁。钱币 2 枚出土于墓室内东侧人腿骨处，腐朽严重。

1. 瓷器

黑釉瓷盏　敞口，弧腹，小平底，器外素胎无釉，内施黑釉。M23：1、2，大小类同，以 M23：1 为例，口径 6.8、底径 3.9、高 2.3 厘米（图五－1、2、图一七、图一八）。

黑釉瓷罐　M23：3，口径 7、底径 4.9、高 9.6 厘米。唇口外侈，鼓腹，圈足，鸡心底，釉不及底（图五－3、图一九）。

黑釉瓷碗　两件瓷碗尺寸相同，口径 18、底径 5.8、高 6.4 厘米。M23：4，直口，斜腹，圈足。器身内外施黑釉，釉不及底，口沿附近在黑釉基础之上又施酱釉。M23：5 样式与 M23：4 类同，但碗内有铁锈斑（图五－4、5、图二〇、图二一）。

2. 铜钱

阔缘，方孔，孔周楷书旋读四字"祥符元宝"。腐蚀严重。

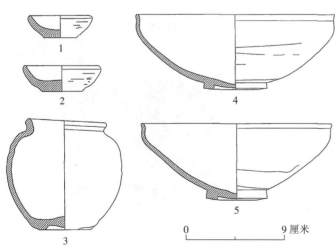

图五　M23 出土文物

1、2. 黑釉瓷盏（M23：1、2）　3. 黑釉瓷罐（M23：3）

4、5. 黑釉瓷碗（M23：4、M23：5）

图六　白釉　褐彩高足杯（M16：1）

图七　黑釉　双耳瓷瓶（M16：2）

图八　黑釉瓷碗（M16：3）

图九　黑釉瓷碗（M16：10）

图一〇　褐釉瓷罐（M16：4）

图一一　褐釉瓷罐（M16：5）

图一二　褐釉瓷罐（M16：7）

图一三　铜镜（M16：6）

图一四　黑釉瓷盏（M16∶91）

图一五　黑釉瓷盏（M16∶11）

图一六　兽角（M16∶8）

图一七　黑釉瓷盏（M23∶1）

图一八　黑釉瓷盏（M23∶2）

图一九　黑釉瓷罐（M23∶3）

图二〇　黑釉瓷碗（M23∶4）

图二一　黑釉瓷碗（M23∶5）

三、结　语

关于这两座墓葬的年代，虽没有发现可供断代的纪年文字资料，但随葬器物仍表现出了较鲜明的时代特性。M16 出土的白釉褐彩高足杯，与《故宫博物院藏中国古代窑址标本·山西甘肃内蒙古》①中山西霍窑的高足杯形式相同。这些高足杯标本属于元明之际。另黑釉双耳瓷瓶 M16∶2 也是元代习见器物，其他如黑釉瓷碗、褐釉瓷罐等与汾阳东龙观元代墓葬器物相同。M23 出土有祥符元宝，这是北

① 故宫出版社编著：《故宫博物院藏中国古代窑址标本·山西甘肃内蒙古》，故宫出版社，2005 年，第 236~237 页。

宋真宗大中祥符年间发行使用的货币，发行量很大，之后历代多有随葬。但 M23 黑釉直口瓷碗和山西曲沃曲村出土的黑釉 B 型碗一致。[①] M23 墓葬形式、随葬品组合（瓷盏、瓷罐、瓷碗等）及器物特征与汾阳东龙观元代墓葬 M37 同类器物相似。[②] 这两座墓葬墓室形制均是小型叠涩穹隆顶砖室墓，这种形式的墓葬多见于金元时期。因此初步判断此两座墓的入葬年代应是元代。

本次发掘出土的瓷器以碗、灯盏、罐为大宗（除白釉褐彩高足杯 M16：1 外），以黑釉与褐釉为主，多素面无纹饰。根据观察瓷器的支烧痕、窑粘现象、流釉状况，可推知当时的烧造瓷器方法为仰口叠烧。白釉褐彩高足杯 M16：1 足底有 3 个细小的支钉痕，碗内底釉被刮掉，可能使用了圆形垫片。瓷罐 M16：3、4，瓷罐 M23：3 与瓷碗 M23：4、5 底部有明显的粘砂和修整痕迹，可能是口底相叠支烧而成。这批瓷器较为粗糙，应是民窑烧造。

此批墓葬以 M16、M23 为代表，时代相近，葬俗相似，初步判断为一处小型家族墓地，此墓地的发掘为元代墓制的研究提供了较好的材料，出土的瓷器成为研究该时代社会经济生活的极好素材，有利于充实元代墓葬考古研究的资料。

绘图：范有根；摄影：郭明明；执笔：白权森

（原载《文物世界》2018 年第 4 期）

---

① 北京大学考古学系商周组、山西省考古研究所编著：《天马——曲村》，科学出版社，2000 年。

② 山西省考古研究所、汾阳市文物旅游局、汾阳市博物馆编著：《汾阳东龙观宋金壁画墓》，文物出版社，2012 年，第 165 页。

山西岚县丁家沟元代壁画墓（M1）发掘简报

山西省考古研究所　岚县博物馆

1998 年 5 月，山西省吕梁山腹地岚县敦厚乡丁家沟村西侧 1 公里的冲沟旁发现了几座遭扰动的砖室墓（图一）。山西省考古研究所随即进行了实地勘查、清理，又发现两座砖室墓，闽。墓葬由北向南依次排列，相互之间无打破关系，系一处埋葬时代相近的家族墓地，其中一座砖室壁画墓（M1）保存较为完好。现将该墓发掘情况简报如下。

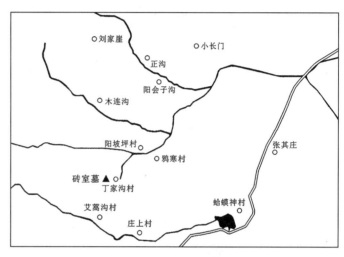

图一　墓地位置示意图

一、墓葬形制

该墓位于墓地区域的南部，为砖砌单室墓，坐北朝南，方向 165°（图二）。

墓道　竖穴斜坡式，南端被台阶地埂截断，清理长度 2.1 米。近墓室墓道处距地表 4.2、宽 1 米。

甬道　半圆弧形拱券洞。内宽 0.5、进深 0.9、顶高 1.12 米。外侧有横排的错缝垒砌封门砖。

墓室平面近圆形，进深 2.6、横宽 2.5 米。墓底北部以方砖作棺床，纵宽 1.68、高 0.25 米。墓室周壁砌有两侧相互对称的六根方形倚柱，其南北两壁倚柱间距离较宽。柱头上砌作抱头梁，出方直梁头，内设骑马状栓门一道，以

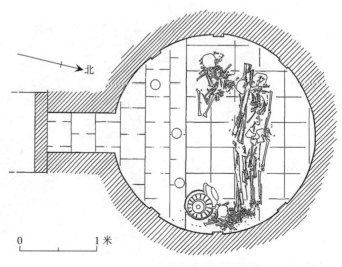

图二　墓葬平面图

图三　墓室局部

红色界画出横拱，承托三才升斗。其上再砌一道普拍枋，各置一挑尖梁头，内设银锭状栓门一道，又以红色界画出横拱，再承托三才升斗。其上砌作撩檐枋、檐椽，覆压板瓦，承以条砖砌出的穹隆形弧券墓顶，内高 3.23 米。

墓内壁面由 1~2 层草拌泥抹平，又外敷一遍白灰泥，用红色界画出仿木结构与构件图案。柱间壁面绘有居家壁画及生宅菱窗，拱眼壁内绘有成对的孝子故事图（图三）。棺床上置一具头向西骸骨，伴有一块圆石和数根朽蚀棺木，其头、脚处的外侧各有一堆二次葬骨骸，可辨识墓主为男性，堆骨为女性。墓底近棺床处有 3 件白瓷碗，棺床东部外侧竖立 1 套组合而成的陶魂塔，又侧靠 1 件陶盆。

二、墓室壁画

墓室北壁存有墓主夫妇宴饮图，其两侧的西北、东北壁残存檐内菱窗样，东南壁还有庖厨图。其余壁画已脱落，从残存画迹看，似为侍奉图。拱眼间壁画保存尚好，六壁中每幅绘画两个孝子故事，伴有字迹潦草的墨书榜题。皆以墨线勾勒形象，施以红、黄、青、赭色平染，技法熟练，形象生动。

（一）墓室壁

北壁　宴饮图。壁画中砖砌一桌二椅，桌面上绘食碟，右侧坐一老翁，旁有侍男二人，右侧坐二老妇，旁有侍女二人。壁面上方绘帐幔、悬球。老翁面相宽圆，留胡须，头戴黑色高帽，身穿红色圆领袍服，一臂倚于椅背，一手端浅腹碗。侍男年轻，皆穿或赭或青的圆领长袍，一人捧温酒壶，一人双手拱拳。二老妇面相端庄，头束红色包髻巾，身穿或青或红的对襟上襦，着重叠长裙，皆双手拱于胸前。侍女年轻，均着对襟长裙，一人抱圆奁盒，一人捧盏杯（图四）。

图四　墓室北壁宴饮图

东南壁　庖厨图。画面上有围幔悬垂、横置的长方形案板，板上有面团、面饼、小碗、双钳等。案板后有三名男子正在制作炊饼，人物面相朴实，皆头扎包髻幞头，身穿右衽交领便服，分别为白、赭、红色。三人或挽袖或赤臂膊，又或揉面，或做饼，或烙制，相互间似在交谈（图五）。

图五　墓室东南壁庖厨图

（二）拱眼壁

自甬道处从左至右介绍。

南壁　左侧榜题为鲁义姑。一妇束髻巾，穿襦裙，旁有大、小二子，正举两指说事。侧有一男戴帽穿袍，倚坐交椅上倾身询问，旁立一持棒随从。应是鲁义姑义举退敌（图六）。右侧榜题为曾参子。一男子头束披发，穿白色袍服，左手拄苴杖，右袖掩面哭泣。旁立一女相伴痛悼，皆面对两烛五供的新建坟冢。应是曾参孝贤（图七）。

图六　拱眼南壁鲁义姑

西南壁　左侧榜题为曹娥。一女子散发披巾，身穿白色长袍服，持削杖立泣于江边。应是曹娥投江（图八左）。右侧榜题为王（裒）。一男子扎髻巾，身着圆领红色长袍，扑伏于一坟冢旁哀哭。应是王裒闻雷泣墓（图八右）。

西北壁　左侧榜题为（刘殷）。一男子束髻穿袍，左手提篮，右袖捂嘴，边走边哭。应是刘殷冬采堇菜（图九左）。右侧榜题为王相。一男子赤裸上身，斜躺于冰面上，旁有两鱼露出头部。应是王祥卧冰求鲤（图九右）。

图七　拱眼南壁曾参子

北壁　左侧榜题为郭具。一男子穿红色长袍，袍摆束于腰间，持锹掘地。对面一妇人穿交领上襦、长裙、便鞋，拉一子举两指。应是郭巨埋儿（图一〇）。右侧榜题为（江革）。一男子推独轮车前行，车载老幼及家什。前有一女子拱手牵引绳。应是江革负母（图一一）。

东北壁　左侧榜题为□□□。字体难识。一女子头束髻巾，着交领上襦，双手提长裙下摆，携物走向一座未就坟丘。孝子故事题材不详（图一二左）。右侧榜题为孟宗。一男头顶包髻，穿红色袍服、便鞋，身旁有一篮，手扶枯竹做哭泣状。应是孟宗哭竹（图一二右）。

东南壁　左侧榜题为王武。一女子包头帕，穿交领短上襦，束长裙，双手捧碗，移步进奉。近前一老妇拱袖盘坐于炕台上（图一三左）。右侧榜题为□子。一男子身穿红色圆领上衣，双束胸腹，着长裤，蹬便鞋，右肩扛一柄长刀。欲远行而侧身向一妇举两指作交代状。似为朱寿昌弃官寻母（图一三右）。

3. 随葬器物

共 3 件（套）。包括陶魂塔、陶盆、白瓷碗各 1 件。

图八　拱眼西南壁壁画

图九　拱眼西北壁壁画

图一〇　拱眼北壁壁画

陶魂塔　1 件（M1:1）。由 4 件器物组合而成。自上而下由带盖鼓腹罐、莲瓣口筒形罐、檐口筒形罐、敞栏口束腰空底座组成。其莲瓣口筒形罐颈部贴附力士，腹部刻划丛山与折枝花草。檐口筒形罐腹部塑出板门，两侧贴附力士，门槛下一周附加堆纹，再下又间隔贴附力士。敞栏口束腰空底座的束腰间为一周附加堆纹，底座斜腹壁上附加宝相珠。底径 36、通高约 84 厘米（图一四-1）。

陶盆　1件（M1：2）。圆唇，宽平口沿，鼓肩收腹，圆平底。盆外素面，盆内底压印一绽开的暗花纹样。口径33、高9厘米（图一四-2）。

白瓷碗　3件。形制相近。侈口，广沿，浅斜弧腹，圈足，碗底内有涩圈。标本M1：3，口径12、高4.5厘米（图一四-3）。

四、结语

墓内未发现纪年题记，根据墓葬形制及仿木构建筑式样、随葬器物与壁画人物服饰，对比邻近地域出土的同期墓葬资料，初步判断其埋葬年代为元代初期。墓壁宴饮图一翁二妇与墓内遗骸一男二女相吻合。孝贤图中的个体与金代常见二十四孝组合略有差异，可见随时间早晚、地域不同其题材有所变化。出土的陶魂塔可与离石马茂庄金代洞室墓的同类器相比较，可知其大致演变。①

该墓形制在岚县较为罕见，又因其位于所处墓地范围的南侧，推测此墓地形成于金、元之际。该墓地诸墓中均未见墓志，参照《政和五礼新仪》卷二六"凶礼、品官丧仪、葬"条："非

图一一　拱眼北壁壁画

图一二　拱眼东北壁壁画

图一三　拱眼东南壁壁画

---

① 商彤流、王金元：《离石马茂庄发现一座金墓》，《文物季刊》1994年第1期。

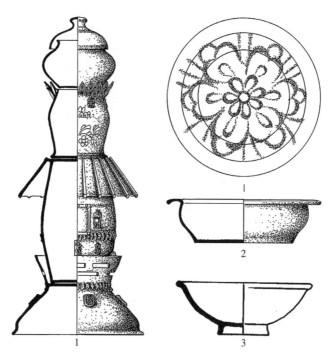

图一四　出土器物

1. 陶魂塔（M1∶1）　　2. 陶盆（M1∶2）　　3. 白瓷碗（M1∶3）

官不志"的习俗，推测墓主应为无官职的地主阶层。

执笔：商彤流、袁秀明、牛海贵；摄影、绘图：商彤流

（原载《文物》2018 年第 6 期）

山西兴县麻子塔元代壁画墓发掘简报

山西省考古研究所　山西博物院

2008 年 4 月，山西省兴县康宁镇麻子塔村村民在耕地时发现地中有一座被盗墓葬，随后山西省考古研究所和山西博物院派人进行了调查，同时对周边进行细致的钻探，发现有 5 个形制与此墓相同的墓葬，推测它们可能为家族墓地。其后，对这些墓葬中唯一有壁画的一座（M1）进行抢救性发掘和搬迁保护。现将该墓葬发掘情况报告如下。

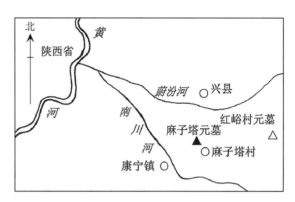

图一　麻子塔元代壁画墓地理位置示意图

墓葬位于山西省兴县康宁镇麻子塔村希望小学西北 1000 米的黄土梁上，地理坐标为北纬 38°21′05.1″、东经 110°05′57.6″、海拔 1123 米。墓葬西距黄河约 45 公里，北距兴县县城 25 公里（图一）。由于墓葬多次被盗，墓主人遗骸被完全扰乱和破坏，根据残存骨骼判定为一男一女。墓葬中随葬品全部被盗，仅墓室壁画保存完好。

一　墓葬形制

墓葬为石砌单室八角方形壁画墓，穹窿顶，方向 185°。墓底距现地面高 3.46 米。墓葬南北长 4.27 米，东西宽 2.87 米，由墓道、甬道及墓室三部分组成（图二）。

墓道平面呈长方形，为较短的斜坡式。墓道前端被晚期墓葬打破，残长 1 米，宽 0.62 米。

甬道为一长方形土洞，位于墓室南壁正中，前端为两块条形石块作为立颊，长 0.13、宽 0.17、高 0.93 米。甬道前端有封门石，由内外两层组成，内层为多块不规则条形石板垒砌，外层为一块长方形石板，长 0.68、宽 0.40、厚 0.08 米。

墓室为从斜坡地形向下挖出的一个近似直筒的土坑，坑内石砌墓室。墓室平面接近正八边形，室内无棺床及葬具，北部地面涂厚 0.3 厘米的白灰象征棺床。墓室封门保存完好，为两块长方形的石板。两石板的大小形制完全相同，每扇长 0.96、宽 0.3、厚 0.11 米（图三）。墓室壁上除 8 块长方形条石组成的倚柱外，其余各壁均分别由 7 块不规则的石块砌成。墓顶层层叠涩，虽只保存 10 层，但依据残存部分推测，墓顶由 12 层组成，每层均由八块方石围砌（图四、五）。壁画分布于墓顶和墓壁，绘制于 0 . 5 厘米厚的白灰面上。

二　墓葬壁画

墓葬壁画分别绘制于墓顶和墓室。墓顶主要绘制建筑彩画，有瓦垄、云头、卷草、柿蒂等（图六）。这些绘画绘在墓顶底部的方石上，第 1～5 层无绘画，仅涂以白灰。

墓室壁画为该墓壁画的主要组成部分，内容以人物故事为主。

北壁：夫妇对坐图（图七、八）。画面正中绘三人：墓主人夫妇及一侍女。右侧为男主人，头戴黑色细藤笠帽，内衬青色襦衫，外着红色广袖长袍，腰系青色织带，脚着白底靴，一手抚须，二目凝神。

左侧为女主人，头梳团髻，内着浅青右衽交领襦，外着橘黄右衽交领比甲，下着衫裙，脚着红色尖头履，双手相拥置于腹上。她所坐的椅背上置红色长袍。女主人的左后方为一站立的侍女，头梳双丫髻，身着青色团领袍，手捧圆形盒。夫妇对坐，其身后正中绘一方形直仗直足供桌，桌上置一香炉与两花边盘口花瓶，瓶内插花。

两瓶中间置红色香盒。画面上部绘檐椽、檐垫板及撩檐枋，枋下绘青色幔帐、红色组绶和一黄色竹卷帘。

西北壁：菩萨图（图九）。画面正中

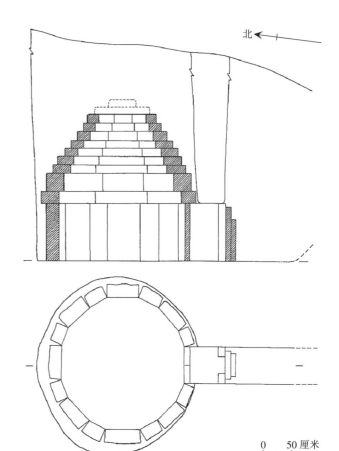

图二　麻子塔元代壁画墓平、剖面图

图三　墓门

绘一女二童。中间似菩萨，容貌丰腴，鼻梁隆起，额正中有一印记，头梳红色鬟髻，戴莲花冠，内着黑色右衽交领襦，外着青灰色黑边右衽广袖长袍，外披红色偏袒左肩袈裟，袈裟一角搭在右臂上，赤脚，双手合十。右侧男童回头面朝中间女子，头饰双丫髻，上着红色团领广袖方袍，下着黄色曳地裙，脚着红色尖头履，手捧如意柄香炉。左侧女童，也面向中间女子，头梳双丫髻，外着浅青团领广袖袍，内着红色百褶曳地裙，脚着浅红翘尖履，手捧红色系带的经卷。三人身后绘九层台阶，升入一室，室内橘黄色背景墙壁的正中为一水墨写意画，室前上方绘青色幔帐，红色组绶（图一〇）。

图四　墓室穹窿顶（外观）

图六　墓顶建筑壁画

图五　墓室穹窿顶（内观）

图七　北壁整体图

图八　北壁夫妇对坐图

图九　西北壁整体图

图一〇　西北壁菩萨图

图一一　西壁整体图

图一二　西壁升仙图局部（老叟）

图一三 西壁升仙图局部（老妪）

图一四 西南壁整体观

图一五 西南壁"孟宗哭竹"图

图一六 东北壁整体图

图一七　东北壁侍宴图局部（男侍）　　　　　图一八　东北壁侍宴图局部（女侍）

图一九　东壁整体图　　　　　　　　　图二〇　东壁"挨杖伤老"图

西壁：升仙图（图一一），讲述奈何桥的故事。画面绘一莲瓣形拱桥，桥下水流湍急，桥上绘有四人，神态安然。右侧一人，走在前面，侧面回视，手执红幡，头梳双丫髻，身着红色团领广袖袍，面向另外三人；她的身后为一老叟，头戴垂角幞头，身着橘黄色团领广袖袍，腰束织带，双手合十，庄严肃然（图一二）；老叟身后为一老妪，头梳团髻，上着青色团领对襟窄袖襦，下着浅红色百褶裙，双手合十（图一三）；画面最左侧为一男童，似小僧，光头，通肩披着红色袈裟，双手合十。桥下还有一人在水中游。

西南壁：二十四孝之"孟宗哭竹"图（图一四）。画面远处为一远山，郁郁葱葱，山前几棵茅竹依山而立，竹前跪立一男子，身后为一黄色竹篮，内盛竹叶。男子头梳包髻，身着红色团领窄袖长袍，腰束革带，一手托颌，一手抚竹，表情悲戚（图一五）。

东北壁：侍宴图（图一六）。画中三位侍者，面向北壁墓主人站立。左侧侍者为一男子，头戴朝天角幞头，上着红色窄袖襦外套白色比甲，下着青色百褶裙，脚着红色翘尖鞋，手托方巾，上置红色漆盘，盘内为包子（图一七）；中间一女子头梳包髻，扎红巾，脸朝向左侧，上身着青色右衽窄袖襦，外着白色比甲，下着红色百褶裙，脚着红色翘尖鞋，手托方巾，巾上为一执壶；右侧女子，头梳双丫髻，扎黄色发带，上着红色右衽窄袖襦，外着白色比甲，下着青色百褶曳地裙，腰系红色佩绶，手执白色方巾，巾上托红色漆盘，盘上扣四方食物罩，罩内有一白色瓷碗（图一八）。整个画面上部绘青色幔帐，红色组绶。

图二一　东南壁整体图

图二二　东南壁"董永行孝"图

东壁：二十四孝之"挨杖伤老"图（图一九）。画面远处危峰兀立，近处古树遒劲葱翠。古树下绘有二人，左侧为一老妪，坐在石阶上，右手执龙首曲体仗，头梳高髻，上着红色团领对襟窄袖襦，下着浅青色裙，脚着红色尖头履。在其面前跪一男子，身着红色圆领广袖袍，腰系褐色绔带，脚着褐色短靴，右手置于额际，似掩面而泣（图二〇）。

东南壁：二十四孝之"董永行孝"图（图二一）。画面远处层峦叠翠，近处共有二人，左上方为一女子，立于云头之上，似仙女，梳高髻，上着红色团领广袖襦，臂间青色披帛飘于头上，下着白色百褶裙，双手相拥至于腹前（图二二）。对面地面跪立一人。由于壁面剥落残缺，从现存的内容判断，应为一男子，其身着红色长袍，腰系绔带，双膝弯曲。从二人姿势推断，当为分别场景。

三、结　语

麻子塔墓葬的形制为八角形，与山西其他地区出土的元代墓葬相似，均为晋西北和陕北地区宋金元时期最为流行的墓葬形制。壁画所绘"夫妇对坐"的方式、家具的布置、花瓶与执壶的样式都与元代壁画墓所见有相似之处。侍宴图中人物头饰包髻、身着曳地长裙、上身穿比甲等装饰同元代至元十三年（1276 年）屯留康庄村 2 号墓①和兴县红峪村至大二年（1309 年）壁画墓②的备酒图中女子装饰接近。与该墓枋上建筑彩画相比较，红峪元墓是出尖如意头，枋心绘木纹，彩画较为严谨精致；而麻子塔墓在藻头部分则表现多半个柿蒂，在枋心与半花之间增加了补充性图案，形成二破式如意头，藻头部位空间变大，枋心变小。麻子塔墓另以黑白两色作为图案的分界线，形成简单的旋花图案，所绘花瓣均有晕染感觉，这都是宋金彩画技法的孑遗，此形式为明代旋子彩画的形成奠定了基础。由以上判断，麻子塔墓的年代应稍晚于红峪村元至大二年墓，为元代晚期壁画墓。

在晋西北地区发现的宋金元壁画墓葬多达 20 余座，多数墓葬壁画的形式、题材、技法与红峪村元至大二年墓的壁画相似，唯有此墓迥然不同。

绘画技法上，此墓壁画以墨线为骨干重彩勾填，将红色作为主色调，施以青、橘黄渲染，凸显庄严富贵，华丽深沉。人物景色疏密相间，树木山石皴法自然，相对于附近墓葬来说，画法更加娴熟，有一定的艺术代表性。

绘画题材中增加了佛教的内容，在附近的同时代壁画墓中并不多见。西北壁"菩萨图"与西壁"过奈何桥"描述的都应是佛教中观音菩萨接引墓主人夫妇到极乐世界的场景。西北壁壁画为"菩萨图"，因为女子赤足的形象只有在佛教文化中常见，如敦煌石窟中北魏的佛像一律赤足。此处所绘观音仪态端庄典雅，表情安恬，神色庄重。左右二童为观音菩萨普渡众生时的两个左右协侍，即善财和龙女。但此墓壁画所绘观音的袈裟披着方式为"偏袒左肩"，与律典所规定的袈裟披着方式只有"偏袒右肩"和"通肩"两式③完全相悖，这可能是表现生死两个空间的差异。西壁所绘"奈何桥"上引渡翁婆场景及桥下"忘川河"的野鬼形象都再现了当时传统的民间信仰。在今天的山西民间，多数地方

---

① 杨林中、王进先、李永杰：《山西屯留县康庄工业园区元代壁画墓》，《考古》2009 年第 12 期。
② 韩炳华、霍宝强：《山西兴县红峪村元至大二年壁画墓》，《文物》2011 年第 2 期。
③ 费泳：《佛像袈裟的披着方式与"象鼻祖"问题》，《敦煌研究》2008 年第 2 期。

还有"奈何桥"的故事流传。"奈何桥"在唐《宣室志》① 和浙江黄岩灵石寺塔天宫北宋《佛说预修十王生七经》② 均有记载。在宋金元墓葬壁画中，以"奈何桥"引渡墓主人场景的还有河南登封黑山沟北宋绍圣四年墓③、山西长治南垂金贞元元年壁画墓④和河南新密平陌北宋大观二年墓⑤等。其中新密平陌墓葬的壁画中除"奈何桥"外，还有"四（泗）洲大圣度翁婆"图像，说明该墓主人的接引人为"泗州大圣"，即地藏菩萨，⑥ 这与山西兴县的这座墓葬墓主人夫妇接引人净土信仰中的观音菩萨有别。

麻子塔墓葬壁画绘墓主人夫妇对坐图、侍宴图、二十四孝的故事以及体现佛教信仰的菩萨引渡升仙图等融合一体，揭示了自唐宋以来，各种信仰文化之间的相互影响日益加深的实际情况，这对研究宋金元社会文化和民间信仰的流变有重要的价值。

附记：本次发掘领队韩炳华，参加发掘的有韩炳华、霍宝强等。

执笔：韩炳华 霍宝强；摄影：厉晋春

（原载《江汉考古》2019 年第 2 期）

---

① 张读：《宣室志》卷四，第 51~52 页，中华书局，1983 年。
② 台州地区文管会、黄岩市博物馆：《浙江黄岩灵石寺塔文物清理报告》，《东南文化》1991 年第 5 期。
③ 郑州市文物考古研究所、登封市文物局：《河南登封黑山沟宋代壁画墓》，《文物》2001 年第 10 期。
④ 马昇主编：《中国出土壁画全集（山西）》，第 141 页，科学出版社，2012 年。
⑤ 郑州市文物考古研究所：《郑州宋金壁画墓》，科学出版社，2005 年。
⑥ 扬之水：《造型和纹样的发生、传播与演变———以仙山楼阁图为例》，《传统中国研究集刊（第六辑）》，上海社会科学院《传统中国研究集刊》编辑委员会编，上海人民出版社，2009 年。

离石县文物勘察

崔斗辰

一九五一年十一月间，在"三反运动"前挤出时间，又赴离石县勘察，兹将勘察的一般情形及汉代古墓残石画刻十石的概况写出以供参考。

一、离石县城关附近勘察

离石县在抗日战争中一般为老根据地。县故城在新东门之北隅，遗址尚历历可辨。

约了贺昌中学校、县立师范与县人民文化馆各单位负责同志协助进行勘察，首先在城内看到邮局与粮食局所占房屋外表像是古代建筑，进邮局院里巡视，古建却在粮食局，这里看不清楚，但从垃圾堆上发现现明代万历年间的石刻两方，字体颇秀丽。在合作社门前发现一块明代石刻作为铺地石，因嘱文化馆同志设法移置文化馆陈列。进粮食局的空仓库细看，房屋是斗栱重叠，昂嘴突出。创建年月，无从考查，如非元代建筑，亦可能是明代建筑却仍保存着前代建筑的优良手法。当嘱粮食局对此古建，应妥为保护。

现在城内东北的公共体育场，即天宁万寿寺遗址，寺系元大德四年建，明洪武间增修，内有石刻十六应真像，作、画、写、刻时称"四绝"，万历间又修补，现在已一无所有，只有空旷的广场一所。

城外东关汽车站原是关帝庙，即旧石州的武庙。庙向南，先是大门，次是戏楼，最后是大殿。大殿前面的献殿小而玲珑，特别是献殿前堂的三面石栏以及踏道两旁的石曲栏20余石所刻莲花、牡丹花、太平花以及孙叔敖埋蛇等故事，即是明或清代雕刻，亦为其他地方所不多的东西，最引人注目的是那些建筑上琉璃瓦与琉璃兽脊，"宋营造法式"的某些手法，在地方建筑上，尚保留着丰富的参考材料。

东行出旧城遗址折而北行数步，渡离石水，即上陡峻里许曲折小道的三阳云凤山，峰峦秀拔，即县治东北二里许的玄都观，明洪武间，曾置道正司，亦即凤山道院所在地，为离石县城附近的唯一的风景区域，据记，这观是"元中统年间创建"。又记"宋初陈希夷殿，羽客孙际云亦曾栖焉，有凌虚楼白云洞，明洪武甲子天真观道人王混然与道者张仲谦、许孟和撰记，正统六年重修河东王撰记"。

凌虚楼即黄箓宝坛阁，为"大明景泰七年长春真人派七代孙守玄创建凤山道院"之凤山洞，或即元中统间创建，明初又重修。现洞内尚有明代残缺壁画，大体尚完整，这是凤山上的唯一古代建筑，琉璃脊比东关关帝庙的更为美丽完整。

最后下山，转到下凤山，古建圮毁无存。一般房舍已分配给群众居住。又向西南三里许，勘察石佛寺。这寺一名龙兴寺，在县西二里虎山旁，残垣断瓦，亦无一椽，三门前踏道石曲，尚有二石，与东关关帝庙雕刻略似。石佛一尊，卧躺于地，亦残缺不全。剔答检碑，"寺之建也始于唐太和年间"，其后重修事迹，亦历历可考，至清雍正八年（1730年）十月，又曾重修一次，最后检出八面经幢一石，六面有文，两面阴刻佛教故事，亦经幢中之别一种，当嘱文化馆同志与寺三门踏道上的曲栏雕刻，均设法保存，不应散置以免遗失。

以上是离石县附近文物的初步勘察，有粮食局，关帝庙与凤山洞的古建、雕刻、壁画，以及石佛寺的唐代经幢与城内的明代石刻，谁能说偏僻山县，没有文物可保管呢？

二、柳林镇附近东西两路勘察

柳林镇在离石县西六十里，比离石县繁荣，街西端有小学校在双塔寺里。双塔近代物，似无足轻重，但戏楼与大殿，以形式观察可能是元代古建，最迟亦是明代建筑。再西里许，即庙湾村，村旁高地一小庙，偶尔进去一看，是破烂的玄武庙，建筑尚古，细看写"大明隆庆七年创建"，尚有壁画数块，鲜红鲜绿，殊觉可爱。出庙过桥，往看水泉寺，据传这寺有半部藏经，但寺已于清光绪三十年拆毁，寺址已为耕田，因嘱村中群众注意寺旁的发现物，并应保护那一所破烂的小玄武庙古代建筑。从水泉寺出来，过一华佗庙，尚完整，像近代重修过的，但仍算是古庙，因内有大明正统九年与弘治五年等碑。再西行里许，将近杜家湾，即下到河底看七星庙残洞，相传是宋代无敌将军杨继业与畲彩花战争相遇成婚的处所。洞很小，原有七尊石像，据说1924年间，有个日本人曾在那里考察过，后即被奸商与地方上恶霸，以九百五十元银元全部出卖了，某某拾了一个佛头，也曾卖到一百二十五元银元。大道崖下，流水之旁，也有丰富的伟大祖国文物，而帝国主义强盗，也是无孔不入的来盗窃。

再北折上大道，即杜家湾村的龙泉寺。该寺在大道北，居高隔大道临河，三门、大殿，已拆毁三五年了，而大殿释迦牟尼像，尚露天巍然独存，栩栩如生，头顶稍破烂。大殿东北壁画，阿难尊者等身画像，亦尚约略可辨。殿前东厢房有一佛像与大殿后北房佛像尚古，均宜保存。寺内只有创建龙潭禅院万历二十九年（1601年）碑记，我疑此寺尚古，后翻州志，龙泉寺系金大定初，赐龙泉讲院额，元至元中重修，名凤背禅院，才肯定这样美丽庄严，风吹雨淋日晒历年不坏的古物，即非明代艺术品，因嘱该寺小学校转达村人应特别保护。

再西三里许即杨家坪，这里有古慕，据说是刘武周墓。往勘察，在一个祠堂里见有石柱两条，浮雕朴素，人物像宫廷间两人对话，或像一人奏事于地主，又有两人相从。由村干部引导到村后古墓地方去，看该村向北，坡道倾斜。至墓地回首四顾，如再里许即近岭颠，群众相传那是古团城的城门，西北十数里另一岭凹，传为古代花园，内有八卦琉璃井。来时经过比较高而突出的脊梁，据传叫大金鹏梁，又说那里有金盆。俯视脚下即离石水，在这里叫清河，由东向西再二十多里即入黄河。岭上古砖古瓦随地皆是。古墓是近岭顶一块倾斜的梯田，田边竖一"古墓"二字小碑，据说原在田间，后移崖头。而隰成县故址在县治西七十里穆村，实即此岭上一带，城址轮廓，约略可辨。

柳树峁在杨家坪北约二里，有一古墓小碑，刻有"永宁州示，堂示，此地南北长……丈，东西宽……毋许在此界内开掘，致干……嘉靖二年五月"，有……系字渺不清处，或许是被人镌毁。这墓地原是刘五蝎子的地，从前，他家在古墓下获得东西不少，现在地已分给群众。

回去时村干部看见我们沿途捡那些浅砖烂瓦，即将他们历年来所保存的一块汉瓦赠送政府陈列。再向柳林镇以东附近勘察。完小教职员中爱好文物的同志也参加协助。

一、玄武庙是柳林镇第十阁的一个小庙，不在文物保管之列。一个生产机关，既没取得群众同意，也没得政府许可，却在那里搬门搬窗，群众极不乐意，告到区政府，区政府也不管？这说明群众爱护地方文物，比干部还认真。庙内有万历二十七（1599 年）年碑，创建重修不明，按斗拱重叠供棹前砖刻花纹看，可能是明建，也可能是元代建筑。

二、石勒庙，有大明嘉靖二年（1523 年）碑，戏楼特别工细，虽无文字考证，初步确定为元代建筑，从前有高小学校设此，现在为粮库占用，相传庙外西北尚有石勒墓。

三、关帝庙，明万历四十二年（1614 年）修，戏楼可能为元明间的建筑物？献殿前有铁旗杆一对，高约三丈，大门外壁上有万历四十年（1612 年）文昌帝君太上感应篇之碑。

四、香严寺，在离石县治西六十里，柳林镇东北隅高地。据记载"唐贞观中敕赐额，金正隆大定赐重修有碑"，金碑没找到，只看到元至正七年（1347 年）"清住上人塔铭并序碑"，元大德二年（1298 年）"香严寺宗派图碑"，明正统十四年（1449 年）、明正统六年（1441 年）与清乾隆二十年（1755 年）等碑，这说明此寺自唐以来，历代重视，洵为离石上刹。其规模宏敞，建筑庄严，亦为他寺所不及。三门、前殿、中殿、后殿以及两边二十多间厢房，尽是坚固的上等木料建造，结构又是非凡的严整，即旁院房间，亦系明正德十六年（1521 年）修建。东北角与西北角十多尊地藏菩萨塑像特工，西厢的壁画，人物丰富秀丽。总之此寺的三殿系元代建筑，可能还保存些唐宋以来的古代手法，即以其他三十多间建筑论，一般可能为早明建筑或明以前建筑。现在寺的周围，成行成列小树布满，寺中住持有一位选为植树英雄，这也是将来柳林镇的一个最好的风景区。

五、青龙镇玉虚宫。青龙镇与柳林镇，只是一水之隔，青龙镇在柳林镇的东南方，进青龙镇即有一株古槐，像是千年以上的乔木。玉虚宫远不及香严寺的规模伟大，但也相当宽敞，内有宝宁山玉虚宫玄天殿，系明万历二十八年（1600 年）建，更有明景泰三年（1452 年）成化年间与万历三十六年（1608 年）等碑，与明万历四十年（1612 年）的双塔阁，这也算是一座道教的古庙。在建筑上看不到什么特点，只是雕刻玲珑的隔扇窗门给人以莫大的吸引力，就是那一座琉璃香炉其精微奇巧也引人十分注意。特别是大明万历四十年（1612 年）双塔阁的塑像，一般尚很完整，这样丰富的堂皇的佛教故事的雕塑，就山西年来所见，也还是稀有。

六、青龙镇白中丞生祠，距当时陕人三原李橘所记，大意是明代青龙镇"距县境六十里，东达宁乡，南联古陇，北通赤岭，西界黄河为襟带，秦晋的咽喉。其地有一驿以通往来，一巡检以缉地方。明万历间有延安人白希绣进京考试经此小住，后为山西巡抚，即檄地方抱山为城，阻水为池，建筑青龙城，镇人感动，为立生祠，正建大堂三楹，左右各三庙外，并置大门牌坊，中则绘容塑像，披一品服色"。这些说明：（一）明人魏忠贤生祠前也就有人建生祠，生祠在明代，可能是一种风气。（二）青龙镇先于柳林镇。（三）这生祠是明万历丙午间落成，也是明末建筑的官式典型。（四）可以考证明代万历间的服饰。

七、龙王庙，据志所记："青龙泉在州治西六十里青龙镇，其泉出山石间，流与河会，大旱亦不涸，严冬亦常温"。是否温泉？大家亲试了几处，温度却是有限，未能与骊山下的温泉相比，但是严冬邻村妇女洗衣服都是聚集于此，离石水经此，也就叫清河了。河旁近山，有龙王庙一座，院中有二级石塔，上两层为经幢，系明万历七年造。特别是庙里壁画龙王出巡施雨的故事，不算什么名画。按人的样子制造神，按人的想象，画神的施雨工作，非常显著。

八、大觉禅寺。从龙王庙再东行约二里，即龙家会，那里小学校即设在大觉禅寺里，有明正德三年（1508年）"重修古刹大觉禅寺碑记"。所记："乃先朝大唐始建之寺，大定年间，改名为大觉禅寺，大定四年，敕赐大觉禅院名额"。南殿窑洞，可能还是唐代遗迹，窑洞上东三楹有半间已坍塌，尚系古建，嘱村干部设法修补，不应拆毁。这里有木刻佛最著名，一再询问，先说是烧了，后说是某部门带走并未烧，最后有人反映说被帝国主义者盗买去了。

九、杨家港石佛古洞。从龙家会返回龙王庙折而北行渡河即杨家港村口，偏东即石佛古洞，内有佛像三尊，中一尊系塑像，左右二尊均系石像，面貌略长，不像唐像圆阔丰满，也不像魏像瘦削，以衣纹讲，可能是东西魏与隋唐之间的造像。据说抗战前有古董奸商出价五百银元，农民以水涨有神制止未卖，因保存至今。

这是柳林镇附近东路文物勘察概况，使人感觉到离石县偏僻的山县地区，也遍地是文物。限于时间，只能这样略略勘察。

三、马茂庄附近汉墓勘察

了解马茂庄汉慕浅石画刻，是我们赴离石县调查文物的主要目的。据离石县贺昌中学校校长70多岁的刘菊初先生的记载和谈话介绍：马茂庄在离石县治西约三里，村西面，离石水北面有地名塌崖湾（俗叫鱼塔岭），这湾原来不大，因受离石水的冲激，湾度一年比一年逐渐深了。有座古墓即在塌崖湾六七丈高的崖头上。崖陷墓亦出。崖是马茂庄丘陵起伏的南面临水的最低地带，所以离石水有时距湾里许，有时却紧靠此湾，1919年有刘寡妇勾结古董奸商，先将墓地买归自己所有，即从事盗墓。这发掘很容易，只将泥土向河滩一推就行，古墓石室的石柱石壁也是这样推下河滩的，所有古物都盗卖给了帝国主义的代办者古董奸商，刻字石柱等先运走。据刘先生记忆，左边石注上刻有"大汉中郎将骠骑将军左表之墓"，右边石注上有汉桓帝某年年号，有"侄左元义奉敕监修"。后米奸商再来将卜余有画无字的12块也收买去，已运至离石县东关，将要上车，县绅刘廷俊等出面拦阻起诉，将墓石交存高小学校明伦堂内。日寇来后，搬至县府。

残石现在只见大小10块，其中一块已破为二，共11块，计石柱1，石牌3，石璧6，俱系浮雕。10石四周并饰以云纹形图案，刀工细致，姿态生动，从人物车骑的装束上可以看出汉代封建统治阶级的生活的一斑，确有历史与艺术上的参考价值。已将浅石画刻运回交由山西省图书博物馆保管陈列。

马茂庄的岭上，明代古墓，累累皆是。庄外西南崖头上汉墓被盗掘的痕迹，历历可辨。崖头所堆的大小绳纹浅砖，即是墓内掘出的，有几百块，特拾了两块带回。

　　离石县的文物勘察工作，至此基本上告一段落。又据志载"吕梁山旧传山半有蛤蠡"，又谓："山有刘汉耽碑，可辨者六十字，言禹治水时事"，因限于时间，不能前往一看究竟。至于还有梁代金阁寺，唐代南山寺、安国寺，宋代柳溪寺，金代华严寺，元代金容寺、兴禅寺、三教寺、崇佛寺、北裤寺、玉泉寺、崇兴寺，法兴寺，可能遗留有文物如古建，造像，壁画等，只好留给地方人士去调查了。短短几天的勘察，使我又深深感到每县的深山僻野都有文物宝藏，需要我们大力地去调查收集。

（原载《文物参考资料》1952 年第 1 期）

再记山西离石出土的一件琉璃熏炉

任志录

（深圳市文物考古鉴定所）

　　近日读到《文物世界》2006 年第 6 期董楼平的《记山西离石出土的一件琉璃熏炉》，觉得很亲切。当年在山西工作时，这一件琉璃熏炉的年代曾争执不下，记得当时柴泽俊先生[①]说此熏炉是离石计划委员会建设大楼时出土，应该属于宋代，[②] 后来山西省博物馆又含糊地定为元明时代，[③] 都是苦无依据，所以这件山西琉璃器中最为完整且有纪年的熏炉的时代问题一直扑朔迷离。楼平同志查阅了相关资料，将这件熏炉定为明代早期，我觉得是更进一步地接近了实际。

　　这件荷叶托狻猊盖的双龙戏珠纹撇耳熏炉，山西博物院藏，1982 年山西吕梁地区石楼县出土，通高 56.8、炉高 29.4、口径 23.5 厘米。两耳外撇，三狮足外撇而立；口沿折出，口沿部外墙上下饰以连珠纹，中间为连云纹；颈部饰以缠枝莲纹。腹部为黄绿二色浮雕的牡丹和龙纹。耳上端刻有"呼延"铭文，口内沿沿面刻有"己丑年壬申月己酉日辛时朱成造"铭文（图一）。其实应该很清楚其年代，但因为对这种类型的炉式的基本年代不明，所以难以对其甲子款做出具体判定，从而使我们对这一类香炉的时代判定缺乏依据。年前到美国纽约出差，则在大都会博物馆看到了一件与上述熏炉相同的龙纹撇耳琉璃熏炉，仅留炉身，无盖，高 46.5 厘米。这件熏炉是一位名叫 Harry Payne Bingham 的人捐给大都会博物馆的。此器两耳外卷，三狮足外撇而立；口沿折出，口沿部外墙上下为凸边线，中间为云纹和珠纹；颈部和炉身装饰为牡丹纹和二龙戏珠纹（图二）。其炉身的色彩、纹饰、工艺与山西石楼出土的熏炉基本相同，唯纹饰更满，耳部外撇为弧形。炉的耳部下也有铭文，为"正德七年六月造"，即1512 年。后又查《东洋陶瓷12 大都会博物馆》彩图 20 也登录了这件熏炉。[④] 这就为我们解决这件熏炉的年代提供了依据，山西石楼的熏炉为"己丑"年，查明代正德年前后有两个"己丑"，一是成化五年（1469 年），二是嘉靖八年（1529 年），这正好处在明代的中期。再早的一个"己丑"就是永乐七年（1409 年），已经到了明早期，再晚的一个"己丑"就是万历十七年（1589 年），已经到了明晚期。我们知道明代的艺术风格有三变，明早期疏朗，明中期规范，明晚期粗放。而以这两件熏炉的造型和工艺来看，应该均属于规范严谨，而再结合山西石楼的熏炉的铭文"己丑"来看，它一

---

　　① 对山西琉璃的调查与研究，先后有陈万里先生：《谈山西琉璃》，《文物参考资料》1956 年第 7 期；高寿田先生：《山西琉璃》，《文物》1962 年第 4、5 合期；尤其是柴泽俊先生曾经对现存建筑实物和遗存作过大量的调查，见《山西琉璃》，文物出版社，1991 年；作者也曾经对早期中国建筑琉璃包括山西琉璃的渊源、烧造历史做过探讨，见《汉唐之间的建筑琉璃》，《艺术史研究》第三辑。

　　② 柴泽俊：《山西琉璃》，文物出版社，1991 年。

　　③ 《山西博物院》，山西人民出版社，2005 年。

　　④ 《东洋陶瓷12 大都会博物馆》，彩图 20。

定属于明中期。但是仔细观察的话，这类香炉又可区分为两种器型，山西博物院所藏者耳部为外撇，而美国大都会所藏者为外卷。所以这类香炉，我们将其区分为两种器型。山西所藏者的铭文刻在口内沿上，美国大都会所藏者的铭文在香炉耳部。山西石楼出土"己丑"香炉的外撇耳与元代香炉的立耳（下文详）有着过渡关系，所以山西石楼的"己丑"香炉的年代或许为成化五年（1469 年），之后再过渡到美国大都会藏正德七年（1512 年）式样的外卷耳式样的香炉。这符合我们分析艺术风格相同作品的规律，而且它们基本上处于明中期的中段。可以资证的还有大同市博物馆所藏的孔雀蓝釉黑花炉，耳部外撇（图三），根据《明代磁州窑瓷器》一书的排比，其时代在嘉靖时期，[1] 仍在明中期的范围，这可以确认这一类香炉的下限，此后这种外撇耳的香炉很少出现。当然这同时也互证纽约大都会博物馆所藏的琉璃熏炉为明代山西制品。以此为依据，还可以排比出山西所藏的其他同类香炉的年代。

图一　双龙戏珠纹撇耳熏炉

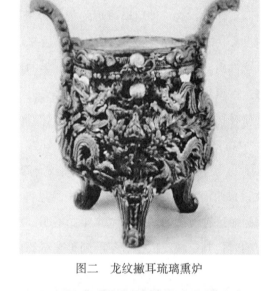

图二　龙纹撇耳琉璃熏炉

图三　孔雀蓝釉黑花炉

图四　琉璃香炉

---

① 郭学雷：《明代磁州窑瓷器》，文物出版社，2005 年。

外撇耳式香炉。除上述香炉外，还有：

山西博物院藏琉璃香炉（图四），[1] 高 43 厘米。两耳外撇，三狮足外撇而立，口沿折出，口沿部外墙饰以连珠纹，下为云纹；颈部饰以海马纹。腹部为黄绿二色的牡丹和二龙追珠纹。腹部略小而鼓圆，绿黄二色，腹部到颈部均为牡丹花叶的浮雕。

长治市博物馆藏琉璃香炉（图五），有盖，两耳外撇，三狮足外撇而立，口沿折出，腹部略小而鼓圆，炉身为绿釉，盖为海水狻猊。

山西博物院藏琉璃香炉（图六），两耳外撇，三狮足外撇而立，口沿折出，腹部略小而鼓圆；口沿部外墙饰以连珠纹，下为如意云纹；颈部饰以缠枝纹。腹部为黄绿二色浮雕的牡丹花叶和龙纹。

山西博物院藏黑釉香炉（图七），两耳外撇，三狮足外撇而立，口沿折出，腹部略小而鼓圆，全身黑釉。

图五　琉璃香炉

图六　琉璃香炉

图七　黑釉香炉

① 柴泽俊：《山西琉璃》，文物出版社，1991 年，第 276 图。

　　这些炉的基本特征为：体形方正、腹部扁凸、三足外撇、两耳外撇，形成一个较方的了"）（"形状。

　　外卷耳式香炉。除上述香炉以外，还有：

　　山西博物院藏琉璃香炉（图八），① 高 46 厘米。两耳外卷，三狮足外撇而立，口沿折出，腹部略小扁圆，口沿墙上下为凸线，中间为花卉，颈部为缠枝菊花。腹部为黄绿二色浮雕的莲花和二龙戏珠纹。

　　山西博物院藏琉璃香炉（图九），② 高 60 厘米。两耳外卷，三狮足外撇而立，口沿折出，腹部略小扁圆；口沿墙上下为凸线，中间为缠枝莲花；颈部为缠枝花，并饰以龙纹；腹部为浮雕的牡丹莲花和龙纹。全身以孔雀蓝为地色，牡丹花和龙纹为黄褐色。

　　大同市博物馆藏孔雀蓝釉香炉（图一○）。两耳外卷，三狮足外撇而立，口沿折出，腹部略小扁圆。全身为孔雀蓝釉。

　　另外，山西博物院藏宝宁寺水陆画上"堕胎产亡严寒大暑孤魂众"上也有一幅图中妇人炕前矮几上放置一双外卷耳式香炉的图样，也为其年代提供了依据（图一一）。③ 山西右玉宝宁寺创建于明天顺四年（1460 年），重修于弘治元年（1488 年）、清康熙四十八年（1709 年），可是"从画风上看，这堂水陆画的人物多是丰颐厚颐，大部服装为明代制度，偶有元人衣履，绝无清朝装饰"④。作者同意这一观点。那么宝宁寺水陆画的图样就也应是明代弘治元年左右。

　　这些香炉的基本特征是：体形变瘦、腹部扁小、三足外撇、两耳外卷，形成一个上下较长的"）（"形状。

　　山西博物院藏山西石楼出土的琉璃熏炉和美国大都会博物馆所藏的琉璃熏炉均为明代中期，这就为我们解决了明代琉璃熏炉的基本造型问题：其炉身造型均为适度扁腹、狮足外撇，耳部外撇或卷，基本形成一个"）（"形。

　　而元代的这类琉璃熏炉年代比较明确的有：

　　　　图八　琉璃香炉　　　　　　　图九　琉璃香炉　　　　　图一○　孔雀蓝釉香炉

---

① 柴泽俊：《山西琉璃》，文物出版社，1991 年，337 图。
② 柴泽俊：《山西琉璃》，文物出版社，1991 年，338 图。
③ 山西省博物馆编：《宝宁寺水陆画》，文物出版社，1985 年，第 174～175 页。
④ 吴连城：《宝宁寺明代水陆画》，山西省博物馆编《宝宁寺水陆画》，文物出版社，1985 年。

图一一 宝宁寺明代水陆画

图一二 钧釉香炉

图一三 玻璃熏炉

山西大同博物馆藏 1958 年发掘的至元二年（1265 年）冯道真墓出土钧釉香炉，天蓝釉，双立耳三足炉，高 18.8、口径 14.8 厘米（图一二）。[①] 两耳直立，三足直立，口沿墙外折，腹部饱满扁圆。

西安曲江池西村元墓（壬子～乙丑年，约 1265 年）出土的陶炉，双立耳三足炉。[②] 两耳直立，三足直立，口沿墙外折，腹部饱满扁圆。

北京故宫博物院所藏的"岁次大元国至大元年（1308 年）四月初拾记汾阳琉璃待诏任塘成造"的琉璃熏炉（图一三），双立耳三足炉，高 39 厘米。[③] 两耳直立，三足直立，腹部饱满扁圆。口沿折出，沿墙为回纹，颈部为长方形开光花卉。腹部为黄绿二色浮雕的莲花和龙纹。

内蒙古博物馆藏呼和浩特市 1970 年出土的"己酉年（1309 年）九月十五小宋自造香炉一个"铭文的钧釉炉，[④] 双立耳三足炉，高 42.7 厘米（图一四）。两耳直立，三足直立，口沿墙外折，腹部饱满扁圆。

北京首都博物馆所藏 1964 年北京德胜门外出土元代琉璃镂空龙凤熏炉，[⑤] 双立耳三足炉，高 37 厘米（图一五）。两耳直立，三足直立，腹部饱满扁圆。口沿折出，沿墙为连云纹，颈部为浮雕的莲花。腹部为黄绿二色浮雕的牡丹花叶和龙凤纹。盖为博山式。

图一四 钧釉炉

图一五 琉璃镂空龙凤熏炉

① 《山西大同市元代冯道真、王青墓清理简报》，《文物》1962 年第 10 期。
② 陕西省文物工作委员会：《西安曲江池西村元墓清理简报》，《文物参考资料》1958 年第 6 期。
③ 陈万里：《谈山西琉璃》，《文物参考资料》1956 年第 7 期。
④ 《呼和浩特市东郊出土的几件元代瓷器》，《文物》1977 年第 5 期。
⑤ 张宁：《记元大都出土文物》，《考古》1972 年第 6 期。

可为这类炉提供时代依据和使用方法的还有永乐宫元至正十八年（1358 年）纯阳帝君神游显化之图壁画中供桌上放置一双立耳三足炉。[①]

可见，从元代的蒙古时期到元代晚期，这种炉式一直流传，虽然腹部和耳部有一些扁圆或肥瘦的变化，但基本形制，均为扁圆腹、立耳、狮足直立，基本形成一个"Ⅱ"形。这可以视为元代该类琉璃香炉的基本造型。

这就基本可以确立元、明两代该类琉璃熏炉的基本造型排序。元代为扁圆腹、立耳、狮足直立，基本形成一个"Ⅱ"形。明代中期偏早为这些炉的基本特征为：体形方正、腹部扁凸、三足外撇、两耳外撇，形成一个较方的")("形状。这些香炉的基本特征是：体形变瘦、腹部扁小、三足外撇、两耳外卷，形成一个上下较长的")("形状。而外卷式耳香炉一直流传至晚明、清代，并且更加夸张，成为各种材质此种香炉的流行式。在装饰上，元代比较简练，浮雕也较为平缓，明代则比较复杂，浮雕则比较高凸。当然这只是一个粗略的勾画，细致的风格研究还需对山西琉璃做认真而大量的排序以后才可进行。

所以山西博物院藏山西石楼县出土的这件荷叶托狻猊盖的双龙戏珠纹撇耳熏炉是这一类熏炉排序中很重要的一个依据，同时也是目前所见最为完整、最为漂亮的明代琉璃熏炉。这一类熏炉排序问题的解决，可使我们对山西琉璃的造型、装饰和工艺的研究又会有所推进。

（原载《文物世界》2002 年第 2 期）

---

① 　山西省文物管理工作委员会：《永乐宫》，人民美术出版社，1964 年，155 图。

山西汾阳天宁寺塔塔基清理简报

汾阳市博物馆汾阳市文物管理所

汾阳天宁寺位于汾阳城东关木桥街、寺巷街交汇的丁字路口、原汾阳市五金厂院内，寺院已毁。寺院有塔，名为天宁寺塔。山西省平遥冠宇房地产开发有限公司汾阳公司 2012 年 1 月在此区域施工建设，为了确定天宁寺塔的位置、时代及该塔有无地宫等问题，2012 年 2 月 29 日至 3 月 7 日，汾阳市文物管理所对天宁寺塔塔基进行了抢救性的勘探、清理和发掘，现将此次清理发掘情况报告如下：

一、历史沿革

汾阳天宁寺，始建年代不详，据民国时期蒋维乔的《中国佛教史》载："禅之五派中，其末最盛者，临济宗也。至宋时分杨岐、黄龙二派。……临济义玄，嗣黄檗希运之法；由南方北来，居镇州临济院，后移大名府兴华寺东堂。入寂于唐懿宗咸通八年；敕谥号慧照禅师。临济之后……首山嗣法中，有名者为汝州叶县广教院之归省……汾阳太子院之善昭。善昭传之石霜楚圆：杨岐、黄龙，分于石霜之下。"①

《汾州沧桑》②《汾上访古》③ 记载，天宁寺为汾州自隋唐以来就有的佛教大寺，唐代时改建为大钟寺，宋代嘉祐八年（1063 年）重修，改名太子院，元代至顺三年（1332 年）再修，明洪武十四年（1381 年）寺庙大加增建，更名天宁寺，明万历二十三年（1595 年）汾州升为府，设有僧纲司④；明崇祯十一年（1638 年），院内有增建；清顺治五年重修。清代中后期至民国期间，整座寺院已沦为断壁残垣；50 年代，该寺已成为一片废墟，只有寺塔独存；1974 年夏，原汾阳县五金厂在此新建钢球网架车间，寺塔由县房地产管理委员会主持拆除，现地表遗存只有塔基。

二、塔基形制

从清理现场看，该塔基坐南朝北，平面呈六边形，每边边长 2.97 米，平行宽度为 5.51 米，面积

① 蒋维乔导读：《中国佛教史》，上海古籍出版社，2011 年，第 244 页。
② 刘瑞祥：《汾州沧桑》第一卷，北岳文艺出版社，1998 年。
③ 吕世宏：《汾上访古》，北岳文艺出版社，2010 年，第 256 页。
④ 蒋维乔：《中国佛教史》，上海古籍出版社，2011 年，第 212 页："（明洪武时期）为处理僧侣寺院计，详定僧官之制；（京师）设僧道衙门，置僧录司、道录司，各任其官；品佚甚高，待遇优渥。"；"（地方）各府僧纲司，掌本府僧事，称为僧纲。"

约 23 平方米。现遗存塔身为砖灰结构，砖长 28.5 厘米，宽 14 厘米，厚 5.5 厘米。入口处两侧放置有门限石，为当时放置门槛与板门之用；之下为红砂石质长条形石板，长 128 厘米，宽 55 厘米，厚 8 厘米；石板以下又为青砖砌筑，转角处向外突出。

三、地层堆积

遗存塔基地表清理有少量琉璃构件（残），以及瓷器残片数件，陶质瓦当 1 件，发掘范围为南北长 2.88 米，东西宽 0.93 米，面积 2.68 平方米。地层堆积可分为四层：

第一层，三合土卵石层，比较坚硬，卵石属人工平铺于三合土之内，此层深度厚 0.5 米，未发现遗物。

第二层，土与白灰相交的地层，白灰层共有五层，较为坚硬，此层深度厚 1.03 米，未发现遗物。

第三层，褐色土，较纯净，质地较软，此层深度为 2.18 米，包含物有大量白瓷碗残片，豆绿釉瓷碗残片 1 件，泥质灰陶瓦当 1 件。

第四层，褐黄色生土层（图一）。

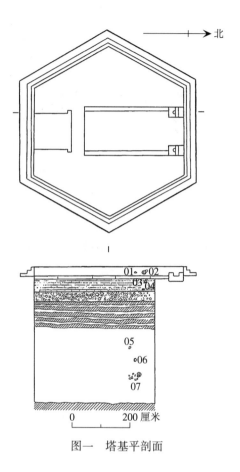

图一　塔基平剖面

四、遗物介绍

根据地表和文化层清理出的遗物，可分为两个时代——宋代与明代，种类可分为陶器、琉璃、瓷器等。

1. 宋金遗物

兽面纹瓦当　1 件。残，当面直径 16 厘米。泥质灰陶，轮边上宽下窄，左右均等，当面纹饰略凸出，内圈饰兽面纹，兽面周围有鬃毛，双目圆睁，阔口大张，面目威猛；外圈素平无饰。

瓷碗残片　1 件。耀州窑系产品，圈足直径为 8 厘米，残高 4 厘米。豆绿釉，灰胎细腻，内外施釉到底，光滑，鼓腹，玉环底足稍高。腹外部饰刻划仰莲瓣纹，碗内底部饰九个小双圈纹（图二、图三）。

瓷碗残片　数量较大。其中一件标本圈足，直径 7 厘米。青白色釉未及底，釉面有砂眼，褐灰胎，斜腹，圈足。碗内有模印菊花图案，圈足上有支钉五枚或六枚不等，其中一件碗外底部圈足内墨书繁体字"宁"（图四）。

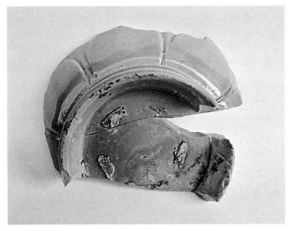
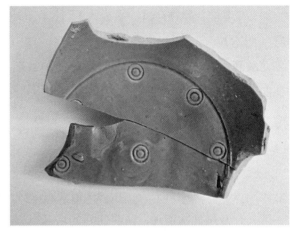

图二　宋代耀州青瓷碗外底　　　　　　　　　图三　宋代耀州青瓷碗内底

2. 明代遗物

均为地表采集：

龙纹瓦当　1件。残存一半，瓦当直径8、残宽7、残长12厘米。琉璃质，绿釉，灰白色胎，胎质坚硬。瓦当外面饰龙纹，体型肥壮，龙头向上曲身呈圆形，外圈平素无纹饰。

盏　1件。圈底直径4、残高2.5厘米，里外施黑釉未及底，灰白胎，矮圈足，底部由外至内略凸起（图五）。

图四　宋金白釉印花碗内底　　　　　　　　　图五　明代黑釉盏外底

图六　明代黑釉罐盖　　　　　　　　　　　　图七　明代龙纹琉璃滴水

器盖 1 件。残损严重，直径约 15 厘米。外施黑黄釉相间，光滑，灰白胎，葫芦形钮盖，双圈，斜肩（图六）。

龙纹滴水 1 件。残损严重，琉璃质，绿釉，灰白色胎，胎质坚硬，正面模印龙纹，龙头高昂，像似曲颈折腰，轮廓为如意形边廓，残宽 8、残高 7 厘米（图七）。

五、结 语

汾阳市现存古塔有五座，均为明清建筑。这次对天宁寺塔塔基的清理，整理得出以下两点认识：

第一，经过此次清理，证明此处的塔基时代为明代与三泉东赵村明代建筑奇峰塔砖的尺寸相似，且塔基以下并无地宫存在。

第二，在地层堆积的第三层，清理出大量的宋金代时期的瓷碗残片，说明该塔所处的位置的确是宋代太子院的范围，特别是"宁"字碗的出土，可证宋代太子院已用"宁"字碗作为寺院专用铭记。

此次清理发掘得到了山西省平遥冠宇房地产开发有限公司汾阳公司解庆伟经理的大力支持，谨致谢意！

执笔：王术峰

（原载《文物世界》2012 年第 5 期）

山西文水苍儿兰寨峁调查简报

李雁　刘斌　梁建忠

（河南省洛阳市文物考古研究院　山西省文水县文物旅游局）

在山西省文水县西部山区苍儿会乡的三道川地区，沿河谷两侧的山顶上分布着大小十余座用石块和石片垒筑而成的石头寨堡，居高临下，视野开阔，当地人将这些石头寨堡称作"寨峁"。这些寨峁形状不一，或圆或方，均依山势地形而建，面积从四五百平方米到两三千平方米不等。三道川地区北部与属交城县的四道川交界，西部与离石吴城交界，东西走向，西端向南转，地势东低西高，全长约26公里，共有17个村庄，分布寨峁14个，几乎每个村都有一个寨峁。该地区位于自然保护区，分布着大片原始森林，多数寨峁分布在这些原始森林内，人迹罕至，长期以来对于这些寨峁的年代、作用和性质一直缺乏清楚的认识，甚至连最基本的图像资料都没有，民间传说寨峁为匪盗所用，但缺乏文献和实物证据，而且如此众多的寨峁都为匪盗所建也讲不通。为了搞清楚这些寨峁的面貌以及功能，洛阳市文物考古研究院联合文水县文物旅游局组织专业队伍对其进行了一次系统的调查和清理，现将保存较好，原格局较为完整的寨峁简报如下。

一、概　况

目前现存有十余座寨峁，因为建造年代久远，又历经战乱，所有寨峁的顶部已经全部坍塌无存，其中不少寨峁的原有格局已经被破坏，无法搞清，有些寨峁的墙体已经坍塌到底。但有一部分保存较好的寨峁，原有格局保存基本完整，墙体保存尚可，内部的石室也保存了下来，如李家庄寨峁、岳家庄寨峁、龙兴寨峁、刘家嶂寨峁、军村寨峁等。

由于对寨峁的年代、性质以及功用缺乏应有的认识，再加上多数寨峁位于人迹罕至的原始森林中，导致了对寨峁保护的缺失。一些离村庄较近的寨峁由于人为原因损毁较为严重，如陈家社寨峁，由于20世纪80年代修建差转台塔时选在了寨峁这一地势较高又较为平缓地区，导致寨峁遭到较为严重的人为损害。龙兴寨峁的四孔窑洞所用的青砖，在20世纪50年代时被拆走另作他用，致使这四孔窑洞中的三孔坍塌。那些人迹较为罕至的寨峁则被各种植被所覆盖，一些较为高大植被的根系对寨峁的墙体造成了一定程度的破坏，这些茂密的植被也给观察寨峁的全貌造成了困难，但在客观上也对这些寨峁起到了保护作用。

二、调查及清理情况

在2009年5月到6月间，调查人员深入原始森林对这些寨峁进行了调查和清理，并对其中保存较好，较有代表性的李家庄寨峁、岳家庄寨峁、龙兴寨峁、刘家嶂寨峁、军村寨峁进行了清理，取得了第一手材料，对这些寨峁的性质有了一个初步的认识。

1. 李家庄寨峁

李家庄寨峁位于219省道84公里处，李家庄村东南1.5公里外的山顶上，山上为茂密的原始森林，平日人迹罕至。寨峁分布面积约2600平方米，形状略呈椭圆形，东北西南向布局。整个寨峁依山势而建，西高东低，入口开在寨峁东侧，整个寨峁可分为内外两部分。外寨建在寨峁所在山头的东侧，地势较为陡峭，仅在外寨寨门北侧和内寨寨门两侧建有3个石室。内寨是寨峁的主要部分，建在山顶，中间高四周低，内寨共建有石室18间。李家庄寨峁保存完整，整个建筑依托山势，略加修整后用石块和石片垒筑而成，石墙残高1.2米~3.5米，宽0.4米~0.5米，外墙稍宽，内墙稍窄，西南角处有一段石墙宽2米，长3.5米，应为原来的瞭望台，东面和南面的寨墙保存较好，余处较差。寨峁内部的石室面积在4~6平方米，清理发现每个石室均有高0.3米左右的石炕，石炕面积一般占石室面积的一半左右。石炕由石条铺设成烟道，上面再铺设石板，在清理中发现了大量烟灰，在保存较为完整的石室（F8）还在石炕旁边发现了残存的石灶。在李家庄寨峁清理石室的过程中，出土了不少有价值的标本。

F1　位于寨峁最西部，南北长4米，东西宽2.6米，所处地势较低。入口处开在石室东部，F1内部覆盖有约0.2米厚的自然因素形成的扰土，清理完扰土以后，在F1西南角发现堆放整齐的泥制灰陶外素面内布纹板瓦50余片，在北部扰土中清理出完整的泥制灰陶外素面内布纹筒瓦3片，还有许多板瓦、筒瓦残片。另外还清理出青花瓷残片和黑彩白瓷片。需要说明的是，这些板瓦的形制均不尽相同，依大小可以分为三种，应该是从他处拆来的旧瓦。在F1东部发现有用石条和石板垒砌的石炕一座，损毁较为严重，仅存南半部，但结构仍清晰可见。F1的地面一部分利用自然山体，另一部分用土及碎石垫成。

F6　位于寨峁中部偏北，所处地势较高，东西长2.4米，南北宽1.7米，南墙利用了自然山体，入口处开在石室西部。F6是李家庄寨峁的石室中保存最为完整的一个，清理发现的石炕位于F6东部，保存完整，在石炕西北发现有石灶遗存，并有烟道和石炕相连。F6地面利用天然山体，室内有一天然石块正好可以作为石桌使用。在清理过程中，发现有少量泥制灰陶筒瓦、板瓦残片。

F7　位于内寨东部，东西长2.6米，南北宽2.3米，其东墙也即内寨的东墙，入口处开在石室西部（图一）。清理完0.2米厚的扰土之后，在其北半部发现了该石室的石炕，其形制与其他石室的石炕无异。清理F7扰土时，发现了"大明成化年制"款的青花瓷碗残片（图二），该瓷碗的发现对研究该寨峁的使用年代有一定意义。

2. 岳家庄寨峁

岳家庄寨峁是三道川最西端的一个寨峁，位于岳家庄村西南约1公里处，寨峁所在山头位于三道川南部，紧邻三道川，东部为羊圈沟，寨峁所在山头荆棘密布，根本无路上山。寨峁分布面积约500平方米，形状呈圆角方形，南北长约30米，东西宽约14米，东北西南向布局。寨峁所在山头地势较为平坦，石寨全部用石块和石片垒筑而成，石墙厚约1.5~2米，中间填以碎石块（图三），寨墙残高1.5米~6米，南部保存较好。寨门开在寨峁东北侧，寨峁中部有一条宽约2米的南北向通道，东侧建有4间石室，西侧建有5间石室，面积4~6平方米不等。寨峁南部的瞭望台保存较为完整，台高约5米，垛墙高1.5米（图四）。岳家庄寨峁的石室形制相同，均为方形，大小相差不多，均为4平方米左右，其中西侧的石室较有代表性。

F4　位于寨峁西南部，方形，面积4平方米左右。入口处开在石室东部，清理完表层约0.2米厚的扰土后，在南部发现了该石室的石炕，保存较为完整。在扰土中清理出黑彩白瓷碗残片以及黑釉粗瓷片，泥制灰陶瓦片也有发现，但数量并不多。

F2、F3的情况和F4基本相同。调查和清理表明岳家庄寨峁的形制，建筑风格以及出土遗物均和李家庄寨峁较为一致，两者的建造年代以及使用经过也应该是较为一致的。

3. 龙兴寨峁

兴寨峁位于219省道90公里处，龙兴村东南约800米处的一座小山上，山上为茂密的原始森林，

图一　李家庄寨峁 F7

图二　李家庄寨峁 F7 出土瓷碗

图三　岳家庄寨峁东墙

图四　岳家庄寨峁瞭望台

图五　龙兴寨峁石窑

图六　龙兴寨峁 F2

平日人迹罕至。寨峁分布面积约 1200 平方米，龙兴寨峁由两部分组成：寨峁及其东部 30 米处的 4 孔石窑，寨峁所在山顶地势十分半坦，面积约 4000 平方米左右，寨峁位于山顶的西部。寨峁形状呈方形，边长约 35 米，保存较为完整，全部用石块和石片垒筑而成。石墙高约 8 米，宽 1.2 米左右。北墙较宽，约为 2 米，应为原瞭望台，寨墙整体保存较好。入口处在寨峁北墙东端，石砌拱券门，宽 2.4 米，高 2.3 米。寨峁内部北部高，南部低，石室十余间。4 孔石窑位于寨峁东部约 30 米，4 孔石窑连为一体，坐西朝东，南北长约 16 米，东西宽约 7 米（图五）。窑洞主要用石块砌成，唯内部拱券部分用青砖砌成。石窑顶部垫土包含有许多泥制灰陶外素面内布纹板瓦残片，4 孔石窑由南向北依次编号 F1 ~ F4，F2 保存基本完整，其余均已坍塌。本次调查清理了 1 孔石窑，以及石寨内部的石室，清理出不少生活用品，收获较大。

　　F2　该孔石窑是 4 孔石窑中唯一一孔保存完好没有坍塌的，宽 3 米，高 3 米，入深 6 米（图六）。主体用石块砌成，内部拱券部分用青砖砌成，墙壁原用草拌泥涂抹，现多已剥落。窑内漫有厚约 0.3 米厚的扰土，地面为灰土地面，较为坚硬。清理过程中发现有黑釉油灯盏（图七，直径 4 厘米，中部有插灯芯的小孔）、兽面瓦当（图八），另外发现有木匾残迹，已经破碎成块，上面的文字也已经漫漶不清。有一块应该是原匾的右部，其上墨书楷体一"罡"字，右侧朱书"…捌年六月…"惜年号残缺。

图七　龙兴寨峁 F2 清理出的灯盏

图八　龙兴寨峁 F2 清理出的瓦当

F5 位于石寨南部地势较低处，方形，面积9平方米左右（图九）。入口处开在石室北部，清理完表层约0.2米厚的扰土后，在西部发现了该石室的石炕，保存较为完整。清理发现有黑彩白瓷碗残片以及黑釉粗瓷片，泥制灰陶外素面内布纹筒瓦板瓦残片以及青砖碎块。

龙兴寨峁的建筑样式风格以及出土遗物表明，其与李家庄寨峁和岳家庄寨峁在同一时代被使用过，石窑的存在表明龙兴寨峁的级别和规模是要高于其他寨峁的，这可能同龙兴寨峁所处的地理位置有关系：此处寨峁位于三道川的西南端，距离石的吴城不过六七公里，而且此处是三道川较为开阔的地段，可以视为三道川的门户，军事意义显得尤为重要。

4. 刘家嶂寨峁

刘家嶂寨峁位于三道川中部的刘家嶂沟内，寨峁所在的山顶位于刘家嶂村东北约500米（刘家嶂村已于20世纪90年代废弃），山前为一块开阔地，当地人称"四十亩地"。整个寨峁依山而建，南北向布局，南低北高，从半山腰一直修建到山顶，该寨峁占地面积较大，初步估算不少于3000平方米，由于寨峁布局较为复杂，后期损毁又较为严重，原格局已不可能完全搞清楚。从现存情况来看，寨峁可以分为上中下三部分。下部寨峁修建在半山腰一处较为平整的地方，南墙和东墙尚存，残高0.8～1.3米，宽0.4米，形状大致呈方形，面积约300平方米。北部为一处峭壁，沿峭壁东部铺有石阶通向中部寨峁。中部寨峁也为一小块平地，植被非常茂盛，四周围墙基本无存，仅剩东北角处可见遗存，具体形状及面积不详。再向上走便到达山顶，山顶地势较为平坦，上部寨峁也即现存刘家嶂寨峁的主要部分便修建于此。寨峁北墙位于山顶中部（图一〇），北墙略呈弧形向外鼓出，长30米，高8～11米，依山势两侧较高，中部较低，墙厚2～2.7米下宽上窄有收分，顶部有宽1米左右的通道，北侧建有垛口和观察孔，北墙中部墙体已经向内坍塌。在北墙西侧开有一座宽1.3米、高1.6米的拱券门，应为刘家嶂寨峁的寨门，外部有1米见方的石砌照壁一处。

图九 龙兴寨峁F5　　　　　　　　　　　图一〇 刘家嶂寨峁北墙上部

刘家嶂寨峁格局虽已不甚完整，但北墙保存尚可。存有拱券门以及垛墙，其寨墙的长度和高度也是其他寨峁所难以企及的，可以想象其当年的雄伟，具有较高的历史价值和文化价值。

5. 军村寨峁

军村寨峁位于龙兴村西部一条东西走向的沟内，寨峁所在的山顶位于军村西北部，距军村约300

米（军村位于龙兴村西约 3 公里，20 世纪 50 年代就已经废弃）。山顶地势较为平坦，寨峁南北向布局，形状呈圆角长方形，南北长约 35 米，东西宽约 12 米，分布面积约 500 平方米。寨门开在东墙南端，方形门，在 4 根石条上搭砌石板建成，围墙残高 2 米左右，厚 0.4 米，除东墙部分坍塌以外，其余部分均保存完好，北墙较厚，宽 1 米左右，应为原瞭望台。山顶地势平缓，中部直接使用天然山体作为地面。在寨峁北部残存有约 6 间石室。

其余各寨峁破坏较为严重，有的已经坍塌到底，在此便不再赘述。

三、年代、性质及其意义

从此次调查采集的标本来看，以青花瓷片最富时代特征，特别是李家庄寨峁"大明成化年制"款的瓷碗的发现，其他寨峁虽未发现青花瓷片，但采集到了黑彩白瓷片，该种瓷片在李家庄寨峁是和青花瓷片同时出土的，其时代也应为明代。在龙兴寨峁发现的 4 孔石窑，内部用青砖发券，这也是明代多见的建造手法。综合以上这些情况表明这些寨峁的最后使用时期应该是在明代。

沿三道川一直向东可以进入汾河谷地，进而北上太原，而三道川向西约 30 公里就到了离石。离石明代称石州，明代蒙古俺答部曾多次攻陷石州，进而进入汾河谷地大肆劫掠。如《明实录》中记载的嘉靖十九年（1540 年）八月，"虏万骑……劫岢岚、兴岚、石州、静乐等处"，隆庆元年（1567 年）九月，"俺答所部攻陷山西石州，诛杀知州王亮，大掠交、汾等处，山西骚动。蒙古骑兵大肆抢掠二十余日"。这些记载充分说明了三道川在明代所处的军事地位，也就解释了这些寨峁在明代使用的原因，所以我们认为这些寨峁在明代被使用过是可信的。

但是，在明代的史料以及地方志中，我们却找不到修建这些寨峁的记载，明代修建的长城以及堡寨多用夯土以及青砖，就地取材使用石料修建的也有，但一般均用规整的石料，像三道川这种用不规则的，个体较小的石块和石片在不使用黏合剂的情况下垒筑起来的石寨是从未见过的，这种修造手法反而和北齐长城的修造手法是一致的。北齐的西线长城南起汾阳西北的黄栌岭，沿着汾河西岸的吕梁山主脉逶迤向北，至五寨县城南面而止，呈南北走向。[①] 吕梁山的西侧便是黄河，是北周和山胡的势力范围；东侧是平坦的太原盆地，这条长城的修建旨在拱卫北齐的陪都——并州的西翼，用来防御北周和山胡的进攻。在五寨县城南 1 公里处的山上发现有长城墙体，砂石垒砌，残长约 1500 米，宽约 2～5 米，残高约 1～4 米，这条长城就应是北齐天保三年修建的长城。

三道川的西南端距吴城不过六七公里，而且可以通向汾河谷地进而北上并州，在三道川建立如此众多的防御性质的石寨自然是完全必要的，虽然史籍中并无关于修建这些寨峁的明确记载，但这并不能说明北齐时没有修建这些寨峁，因为即使是关于北齐修筑的这一段长城在史籍中的相关记载也只有上面提到的只言片语而已。

在从北齐到明朝的这将近 1000 年中，这些寨峁是否被湮没了呢？在这期间有没有被使用过呢？我们推断是有的，最有可能使用的时代便是北汉。北汉（951－979 年）为五代时十国之一，一称东汉，

[①]　关于北齐长城的考证可参看尚珩《北齐长城考》，《文物春秋》2012 年第 1 期。

刘崇所建，都晋阳（今山西太原南）。吕梁山东麓为北汉统治的核心区域。《续资治通鉴》记载宋乾德四年（966年），北汉石盆寨招收巡检使阎章以寨来降。根据《读史方舆纪要》的记载以及《中国历史地图集》①的标示，石盆寨就位于三道川西端，北汉的石盆寨也极有可能是沿用北齐时期的旧寨。

综合上面的分析，我们认为三道川的这些寨峁很有可能是修建于北齐时代，而到了北汉时期又被沿用，到了明代由于防御蒙古人的需要又继续使用，并修补或增建了这些寨峁。这样的结论才能较为妥善地解决关于这些寨峁的年代以及功能上存在的疑问。

（原载《文物世界》2013年第1期）

---

① 谭其骧：《中国历史地图集》第6册，中国地图出版社，1996年，第16～17页。

黑釉剔花填白彩嘟噜瓶

韩思元

    黑釉瓷器是由青瓷派生出来的一个品种。从浙江上虞窑址和东晋德清窑址的出土物来看，当时长江以南地区已经烧出了黑釉瓷器。10世纪末，我国南北地区黑釉瓷已形成了争相竞逐的局面，南方为龙窑烧木柴，黑釉多温润，北方为马蹄窑烧煤炭，黑釉多光亮。

    2001年6月，山西省孝义市兑镇中学综合楼修建时，出土了一件黑釉剔花填白彩嘟噜瓶。嘟噜瓶器形，主要流行于我国金元时期的北方地区，为盛储酒器。人们称其为嘟噜瓶，可能是因为该瓶在倒酒时发出的"嘟噜、嘟噜"的声响。该瓶高24.3厘米，口径3.5厘米，底径11.7厘米，小菌口，丰肩，鼓腹，下敛，圈足，底施釉。该瓶用料精细，制作考究，器形规正。肩腹部装饰有两层环绕瓶体的蔓草主题纹装饰，中间被一弦纹隔开，主题纹饰下是连续不断的曲带纹边饰。该瓶剔划手法粗犷豪放，潇洒自如，纹饰部局严谨规整，繁而不乱；画面布局充实，主题纹饰突出；其制作理念处处求均匀，处处求饱满，使瓶体显得更加稳重美观。

    黑釉剔花填白彩嘟噜瓶，在器形上没有梅瓶的亭亭玉立，没有玉壶春瓶的曲线优雅，但是给人有敦实端庄的另类美感。其制作工艺和我国金元时期的北方地区其他黑釉剔划花瓷一样，在胎体成形后，施一层含铁量很高的黑釉，在需要装饰的部位勾画出装饰纹样，用竹刀剔去纹饰以外的黑釉，特别的是把白彩（白色化妆土泥浆）直接填嵌到剔出的凹纹地内，再罩一层透明釉入窑烧成。由于北方马蹄式烧煤窑的高温氛围，出窑后白地黑花十分明快光亮，黑白对比强烈。

    这种把白彩直接填嵌到剔出的凹纹地内，再罩一层透明釉的工艺，和朝鲜高丽镶嵌瓷类似。"镶嵌瓷"过去一直被认为是朝鲜独有的民族特色，称为高丽镶嵌瓷。其主要的工艺是先在器胎上划出阴纹，用赭土或白土填平刻纹，再罩一层透明釉入窑烧成，烧出的镶嵌填彩呈现出黑色和白色的花纹。

    近年来，笔者在各种媒体看到学者们在镶嵌瓷研究方面不断地有了新发现，不断取得研究成果，也看到了我国古代各窑口生产出的各种风格精美的镶嵌瓷及瓷片标本，让人心慰，令人振奋。

    镶嵌瓷工艺，其实在我国丰富的古代

瓷器的装饰技法中，只是沧海一粟，现在学术界一致公认朝鲜高丽瓷是受中国晚唐五代及北宋时期越窑、汝窑等瓷窑的影响。可是根据诸多考古报告，当时剔划填彩、嵌粉工艺在我国已十分成熟，笔者认为这种工艺也同样影响了高丽瓷的发展。这种工艺传到朝鲜后，加入了其民族的审美因素，形成了独特的民族风格。而这件黑釉剔花填白彩嘟噜瓶的工艺称"剔花填白彩"更符合中国传统命名，也更加准确。

黑釉剔花填白彩嘟噜瓶现藏山西省吕梁市汉画像石博物馆。

附注发表此文只是想把该黑釉剔花填白彩嘟噜瓶介绍给大家共同鉴赏研究；一些学术观点曾与山西省博物院的王爱国先生商榷并得到指点表示感谢！

（原载《中国文物报》2011 年 9 月 7 日）

吕梁地区文物考古工作概述

杨绍舜

　　吕梁地区位于山西省中部西侧，隔黄河与陕西搭界。雄伟的吕梁山纵贯全区，美丽的南川河环山绕谷注入黄河，境内山峦起伏，沟壑纵横，地势险要。吕梁地区组建于一九七一年，所辖 13 县，原为晋中、临汾、忻县三区的交界处，交通闭塞、经济落后，是块未开发的处女地。

　　建国以来，遵循毛主席"古为今用"的指导思想，在各级党政领导下，坚决贯彻了中央对文物考古工作所制定的一系列政策、法令，取得了一定成绩。值此建国三十五周年之际，回顾我区前进的里程，将会激励我们更加奋起直追，为提高中华民族的科学文化水平，为振兴中华而努力奋斗。

（一）

　　吕梁地区保存下来的古文化遗址很多，内涵遗物极其丰富，而且大都比较典型。1957 年，中国科学院古脊椎动物研究室太原工作站的同志，在交城县西冶河和瓦窑河之间一带，发现了一处古文化遗址。这个遗址南起卢子崖（白玉崖），北经范家庄、西岭、高家屹台、木槽村、细曲、横头圪、马岭，一直到野则咀，在南北 20 公里，东西 10 公里的范围内都有零星的材料发现。前后两次，45 个地点，发现石器包括人工打击的石片和石核等一千余件。其中大部分是石片。原料以角页岩为最多。这批文化材料的性质，无论由原料、打击石片的方法和第二步加工的情形观察，和丁村文化十分相近，可能为旧石器时代初期后一阶段的产物[①]。汾阳峪道河遗址是近年来山西省发现的一处重要遗址。1981 年 3 月，山西省考古研究所对该遗址进行了一次比较细致的调查。遗址分布绵延数里，总面积约 680 万平方米，南起峪道河乡的李家沟，向北经田褚、水泉，东扩至崖头、峪口等几个自然村，以李家沟至田褚间较集中，并与汾阳杏花东堡，文水上贤等遗址连成一线。在这个遗址中有仰韶文化时期的陶器残片，器形有小口尖底瓶、弦纹罐、彩陶钵、彩陶盆和泥质盆等，龙山文化时期的遗物有：石斧、石刀、盘状器和陶刀等生产工具，生活用具有瓮棺葬具和蛋形三足瓮、鬲、尊、甑、罐、豆、斝、盉、折肩罐等。这处遗址所跨的时代很长，有仰韶、龙山、夏、商、东周和汉等几个时期，其中以仰韶、龙山时期的遗存较丰富而集中。遗址范围之大，年代延续之久，这在山西其它地区是不多见的[②]。1983 年又在离石县的马茂庄和王家沟乡一带，发现多处仰韶和龙

---

　　① 《山西交城旧石器文化的发现》，《考古通讯》1957 年第 5 期。
　　② 《山西汾阳峪道河遗址调查》，《考古》1983 年第 11 期。

山文化遗址，出土有彩陶，灰陶器物和陶片。在乔家沟猫嘴梁上发现一处深达 5 米，上面口径为 1.5 米，下面底径为 3.5 米的龙山文化早期袋状坑。出土有大小陶鬲、陶鼎以及石刀、陶纺轮、骨锥、骨镞等物，并在袋状坑附近，发现一处居住地点，像保存这样完整的袋状灰坑是比较少见的。① 另外，中國社会科学院考古研究所，于 1982 年，在石楼县岔沟村一带，发掘清理了一处很丰富的古人居住遗址。其中有一所院落式的遗址比较典型，并排列着三座窑穴遗址，内有灶火痕迹及贮藏用的偏室遗址，且安有石头门栏，窑外还有一处类似厨房的遗址，根据发现的陶片、石器和灰层关系进行研究，当属龙山文化时期的遗址。

（二）

先秦文化遗存，吕梁地区更为丰富，主要分布在石楼、柳林、临县等地。其中以石楼出土的商代青铜器为最佳。过去人们一直认为，石楼是个穷山秃岭、地广人稀的不毛之地，哪有什么古代遗存呢？想不到从 1956 年开始，连续在二郎坡②、后兰家沟③、下庄④、桃花者⑤、义牒⑥、褚家峪、曹家垣⑦、罗村、城关⑧等 10 多个地点，先后出土金器、玉器、骨器及青铜器共 200 余件。其中桃花者出土的龙纹铜觥（图一），与一般常见到的兕觥形象不同，体作长形，兽头昂起，作张口状，头上有二角，全身饰龙纹和蹻纹，造型别致奇特，是前所罕见的⑨，是解放以来最重要的出土青铜器之一⑩，还有的专家学者称龙纹铜觥为稀有宝物⑪。这件铜器前后多次参加出国展览。二郎坡出土的饕餮纹铜斝，中国历史博物馆一建立，就将此器调去，作为精品展出研究和收藏（图二）。另一件兽面纹壶，器颈上有提梁，两端作龙头形。商代扁壶通常两侧有贯耳，可系绳索，用青铜作提梁的很少见。这个壶的提梁两端紧靠器体，遮蔽了一部分花纹，由此可见它的铸造过程是先铸器身，脱范后再在器上安装铸提梁的陶范，再灌注铜液。这种铸造法是中国铸造业上的一个进步。此器正是说明青铜器活动部件浇铸过程的典型实物资料（图三）。⑫ 1978 年 4 月，柳林县的高红村发现了一座商代墓葬，出土的青铜器也是相当珍贵。其中铜盔的发现，在山西省还是首次（图四）。另一件铜靴形器，此器体形不大，但很大方雅致，花纹朴实，造型优美，靴尖向上翘起。值得一提的是远在三千多年前的商代，人们已经知道运用鞋底花纹来增加磨擦，增强爬登能力以促前进这一科学道理。⑬ 1975 年秋，在临县窑头古城，发现一批青铜器。其中有战国时期带铭文的铜戈 2 件最为重要。其次还出土有铜剑、矛头、错釭花纹鐏、

① 《离石县新近发现仰韶，龙山文化遗址》，《山西科技报》1983 年第 5 期。
② 《山西石楼二郎坡出土商周铜器》，《文物参考资料》1958 年第 1 期。
③ 《石楼后兰家沟发现商代青铜器简报》，《文物》1962 年第 4 期。
④ 《石楼发现古代铜器》，《文物》1959 年第 3 期。
⑤ 《山西吕梁县石楼镇现发现铜器》，《文物》1960 年第 7 期。
⑥ 《山西石楼义牒发现商代铜器》，《考古》1972 年第 4 期。《山西石楼义牒会坪发现商代兵器》，《文物》1974 年第 2 期；《山西石楼义牒又发现商代铜器》，《考古》1972 年第 7 期。
⑦ 《山西石楼褚家峪，曹家垣发现商代铜器》，《文物》1981 年第 8 期。
⑧ 《山西石楼新征集到的几件商代青铜器》，《文物》1976 年第 2 期。
⑨ 《中国古代青铜器简说》，书目文献出版社，1984 年。
⑩ 《殷商时期的方国遗存》，《新中国的考古发现和研究》，文物出版社，1984 年。
⑪ 《从河南郑州出土的商代前期育铜器谈起》，《文物》1973 年第 7 期。
⑫ 《中国青铜器选》，文物出版社，1976 年，第 275 页。
⑬ 《沿黄河一带出土的商代铜器》，《山西科技报》1983 年第 3 期。

车盖弓帽以及战国早期的尖足布和刀布若干种，尖足布上的地名有"兹氏""大阴""平州"，刀布上有"白人"等，这些大都是战国时期赵国的城邑。这将对研究吕梁在战国时期的历史提供了有力的物证。① 1981 年，在文水县上贤村的上贤坡上发现一批铜器，出土有铜鼎、铜鍪、铜壶，共 4 件。铜壶造型别致，口小似瓶，短颈丰腹，特别是刻错艮，刻铭篆体特殊，两行 9 字。② 其铭文经研究员李学勤同志研究，应释为"永存札涅，受六口四口"，其时代应属秦代。③

汉代画像石，目前在山西省只有在吕梁地区的离石、柳林、中阳沿三川河流域两岸发现。早在 1919 年，离石县马茂庄发现过一座汉墓，出土了一批汉画像石，并有刻铭石柱，被古董商人勾结帝国主义分子盗运国外，其余 10 块画像石，解放后运省博物馆陈列。④ 于 1980 年又在离石贺昌中学发现画像残石两块，经多方调查研究，从内容和刻法艺术上看，这两块残石仍系当年马茂庄汉墓出土之物。这样先后共出土画像石 14 块。⑤ 经谢国桢教授撰文并公开发表有刻铭石柱拓片，二石皆为隶书，一石书"和平元年西河中阳光里左元异造作万年庐舍" 19 字，另一石书"使者持节中郎将莫府奏曹西河左表字元异之墓" 21 字。现存英国伦敦博物馆。⑥ 1984 年，文物普查中，在中阳县道棠村，发现一座带有刻铭的汉画像石墓。其石柱铭文为"和平元年十月五日甲王故中郎将安集口平宅沐口孙宝舍" 24 字。这次发现对研究离石一带汉画像石又提供了极为珍贵的实物资料。近年来，我室陆续征集到汉画像石 20 多块，并有一残石柱上刻着"延熹四年"的字样，这些都是有较高价值的资料。

（三）

宋元时期的墓葬在我区也有多处发现。1956 年，石楼中学发现一处宋代罐葬墓群。每座墓只有一个陶罐内装骨骸，没有任何殉葬物，口复盖方砖，上刻铭记。从墓志看，这些墓主人都是早年死于他乡，先后于崇宁、大观、政和等年间移葬此地。墓记特别简单，只记有男女性别，于某年收拾骨骸下葬等，其余不记。这批宋墓的发现，将对研究宋代社会制度用处颇大⑦。1959 年，在孝义下吐京和梁家庄，发掘清理了金、元墓各三座，金墓系承安三年，墓内有精刻的砖雕，内容系墓主人生前生活情景，反映了富豪家的奢侈生活。雕工技法高超，特别是人物造型，尚有闻名的晋祠宋塑侍女的风格，是这时代民间艺术的代表作品。这座墓葬是研究金代社会生活、雕刻绘画艺术的宝贵资料⑧。1960 年 6 月，文水县北峪口发现了一座画像石墓。此墓为石砌八角形仿木构建筑的单室墓，墓壁都系线刻画像，只棋眼内为彩绘花纹。此墓年代，根据随葬品的形制及石刻中人物服饰推测，可断定在元末明初之际。象这类石砌线刻画像石墓室，在我区还是首次发现，故而比较珍贵。

吕梁地区遍布大山深谷，有些断崖地层次序非常明显，地内蕴藏着很多不同种类的动物化石。几

---

① 《山西临县窑头古城出土"宜安""阙舆"二戈铭文解释》，《古文字第四届年会论文》，1981 年。

② 《山西文水县上贤村发现青铜器》，《文物》1984 年第 6 期。

③ 《谈文水出土的错银铭文铜壶》，《文物》1984 年第 6 期。

④ 《离石县文物勘察》，《文物参考资料》1952 年第 1 期。

⑤ 《山西离石马茂庄汉画像石又有新发现》，《文物》1984 年第 6 期。

⑥ 《跋汉左元异墓石陶片拓本》，《文物》1979 年第 11 期。

⑦ 《吕梁县发现了罐葬墓群》，《文物》1959 年第 6 期。

⑧ 《山西孝义下吐京和梁家庄金元墓发掘简报》，《考古》1960 年第 7 期。

十年来，曾发现和采集到不少珍贵的实物标本资料。1971 年，在石楼县板桥村，发现一龟化石。经中国科学院古脊椎动物研究所专家们研究鉴定，认为发现的这只龟是一个新属种，定名为"石楼陆龟"，是目前中国陆龟化石中最大的一种，时代为上新世初期（1200～200 万年）。① 1980 年在柳林薛村附近，发现了一锯齿类骨架，经专家研究，定名为"柳林黄河龙"，为晚二叠世（2.85 亿年～5500 万年）。② 另外，石楼县还出土有象牙化石、犀牛下颌骨化石。孝义、交城、岚县等地均发现有鸵鸟蛋化石。岚县曾采集到一只古牛角化石。这些化石的发现，对研究吕梁区的古地理、古气候以及研究地球史的发展规律等，对改造大自然，使之更好的为人类服务，都有着十分现实的意义。

（四）

吕梁地区除地下有着丰富的文化遗存，而地上的文物如古建筑、石刻以及琉璃、壁画等遗留也很可观。建国三十五年来，历经两次文物普查，现有古建筑 57 处。为了更好的保护这些古代文化，政府先后拨款，对金代建筑：汾阳太符观，文水武则天圣母庙，元代建筑：石楼张家河殿山寺戏台，交口山神峪千佛洞；明清建筑：汾阳田村圣母庙，交城天宁寺、玄中寺，文水石永市楼，石楼城内古楼，柳林香岩寺钟楼，中阳柏洼山傅山碑亭，离石凤山天贞观凌虚楼以及孝义旧城内的民国建筑中阳楼，都一一进行了维修和彩饰。有的还设立了文物保管机构，如汾阳大待观，交城玄中寺、天宁寺等都有专管人员，其余古建筑都设有业余保护组织。有一部分古建筑已对外开放，供广大人民群众游览观赏。上述古建筑虽经历年重修，但始终都保持着原来的风格和结构。随着这些建筑的存在，也保存下来不少的塑像、石刻、琉璃、壁画等附属文物。汾阳田村圣母庙大殿内的明代壁画，分布在东西北三壁，总面积为 59.64 平方米。壁画场面壮阔，人物众多，内容都是描写圣母的生活情景。壁画的艺术风格是承袭了宋元画风，而又具有明代典型的特色。壁画虽然表现的宗教内容，但都充满了世俗气息，宛然是明代宫廷生活的写照。这对研究明代建筑、衣冠服制、车马仪仗、音乐舞蹈、工艺器用等都有重要的参考价值。汾阳有几处古建筑上的琉璃装饰是比较独特的。城内南街关帝庙大殿屋顶，全部系琉璃瓦脊走兽、飞禽、花纹图案，其构图严谨，造形大方，色泽鲜艳。特殊的是每个棋眼内部，都以整块琉璃构件填满，尺寸恰合，安排得当，真不愧为巧匠们的独创艺术之妙。碑帖刻石方面，为了更好地保存和研究起见，我们曾举办了一次碑帖传拓技术培训班，有二十多人掌握了这门技术。在全区开展了一次碑帖大普查，对现有的七百多块碑石，逐块进行了登记，并传拓了二百多通碑石资料。其中有汉代隶书、篆书石柱、北魏碑、唐郭君碑、唐高氏碑以及清代著名学者傅山题字碑石等等都是珍贵的文物。

吕梁地区文物考古工作在党的领导下和有关单位的协助下，取得了一定成绩。但是，我们的工作做的还很不够，业务水平还很低，远远不能适应时代对我们的要求。我们一定努力学习，认真研究，为振兴吕梁地区的文物考古工作而奋斗。

（原载《山西省考古学论文集》，山西人民出版社，1992 年）

---

① 《山西石楼县一陆龟化石》，《古脊椎动物与古人类》1973 年第 1 期。
② 《山西柳林的锯齿龙化石》，《古脊椎动物与古人类》1983 年第 1 期。

后　记

　　《吕梁考古成果集》以年代先后为主线，系统收集了上起旧石器，下迄明清时期吕梁考古取得的主要收获。书中所用资料以 2019 年以前发表于期刊上的考古报告为主，全书共收录文章 85 篇，可谓集吕梁考古 60 年之大成，是至今有关吕梁考古发掘资料较为全面的辑录。

　　该书是由山西吕梁市文物考古调查勘探队刘吉祥、李海龙收集整理；文物出版社人文图书中心做了大量编辑审核工作，付出了辛勤劳动，在此我们谨致以诚挚的感谢。为统一体例编辑时对个别图文进行了删改。遗憾的是，受资料与编者水平所囿，所收论文图版难以呈现清晰。

　　最后需要特别指出的是，该书收入了山西考古界许多老同志毕生的研究成果和省内外考古单位、大专院校在山西工作的主要收获，我们对他们为山西吕梁考古事业付出的辛勤劳动和做出的重要贡献表示由衷的敬意，并将一如既往与各位长期合作，共同迎接山西吕梁考古事业更加辉煌的未来。

编者

2020 年 10 月

图版一　2015 碧村遗址发掘现场航拍图

摄影：张光辉

图版二 碧村遗址出土器物

兴县碧村遗址出土和采集的陶器
龙山文化晚期（约公元前2100—前1870年）
1-7兴县碧村遗址出土&兴县碧村遗址采集。

碧村发掘器物组合图

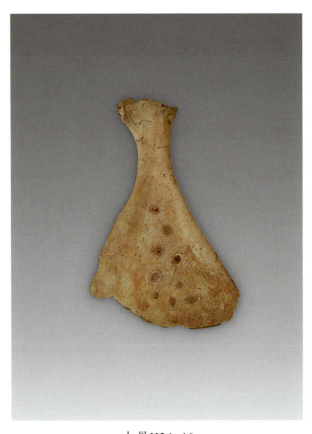

卜骨H24-46

玉璧H24-39

摄影：张光辉　　　图片来源：山西省考古研究院

发掘区航拍图

F3

H2内出土鹿骨

发掘器物组合图

摄影：张光辉

图版四　石楼桃花者出土龙形觥

摄影：厉晋春　秦　剑　　　图片来源：山西博物院

摄影：厉晋春 秦 剑 图片来源：山西博物院

摄影：厉晋春　秦　剑　　　图片来源：山西博物院

摄影：厉晋春　秦　剑　　　图片来源：山西博物院

摄影：厉晋春　秦　剑　　　图片来源：山西博物院

M12

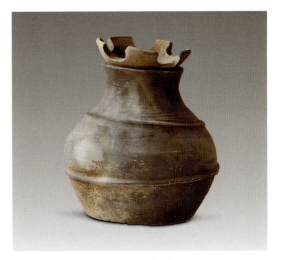

M12：1陶壶

M12：2陶壶

M12：3陶豆

摄影：李海龙

图版十二　离石车家湾墓地 M39 出土器物

M39

M39：3陶鼎

M39：6陶鼎

M39：4陶碗

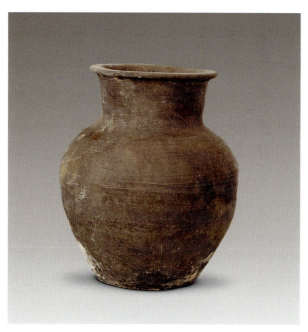

M39：5陶罐

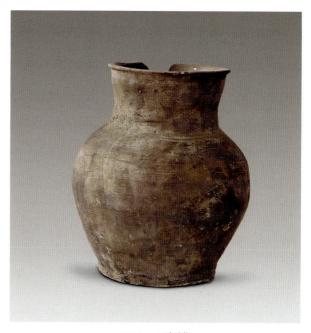

M39：2陶罐

摄影：李海龙

1号　门楣车骑出行

2号　左门框　西王母和持慧门吏

4号　朱雀和铺首衔环

7号　绶带穿璧

摄影：

图版十四 东龙观墓地出土器物

M2宴饮图

M2妇人启门图

M2:7 瓷腰圆枕

M48:10 亚腰方枕

摄影：王　俊

西瓷窑沟瓷窑址

柿色彩渣斗

柿色彩盆

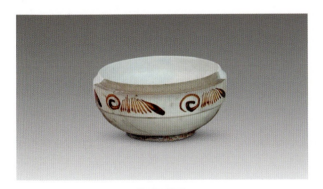

柿色彩盒

柿色彩碗

摄影：郭东芳、王传浩

三彩瓷枕

单柄白釉小盏

瓷碗

钧窑碗

玉壶春瓶

梅瓶

摄影：郭明明